Conserver la couverture

LETTRES

DE MADAME

DE SÉVIGNÉ

AVEC LES NOTES

DE TOUS LES COMMENTATEURS.

TOME DEUXIÈME.

PARIS,
LIBRAIRIE DE FIRMIN DIDOT FRÈRES,
IMPRIMEURS DE L'INSTITUT DE FRANCE,
RUE JACOB, 56.

1853

LETTRES

DE

MADAME DE SÉVIGNÉ.

TOME II.

PARIS. — TYPOGRAPHIE DE FIRMIN DIDOT FRÈRES, RUE JACOB, 56.

LETTRES

DE MADAME

DE SÉVIGNÉ

AVEC LES NOTES

DE TOUS LES COMMENTATEURS.

TOME DEUXIÈME.

PARIS,
LIBRAIRIE DE FIRMIN DIDOT FRÈRES,
IMPRIMEURS DE L'INSTITUT DE FRANCE,
RUE JACOB, 56.

1853.

LETTRES

DE

MADAME DE SÉVIGNÉ.

---

244. — DU COMTE DE BUSSY A MADAME DE SÉVIGNÉ.

A Chaseu, ce 19 mars 1672.

Un honnête marchand de Semur, parent des *Lamaison*, vos fermiers, qui me fait crédit quelquefois et qui ne me presse pas trop, a une affaire à Paris qu'il vous dira, Madame. Je vous supplie de l'y servir; vous me ferez un très-grand plaisir : il s'appelle Versy.

J'espère que vous me ferez réponse, encore que vous ne soyez pas dans la cellule de notre petite sœur Jacqueline-Thérèse[1]. Vous ne commencez à m'écrire que des Saintes Maries, mais vous me faites réponse de partout.

Enfin voici la guerre, Madame; si ce n'est que pour une campagne, cela ne vaut pas la peine de me faire sortir de chez moi; si elle dure davantage, peut-être me verra-t-on encore sur les rangs. J'ai écrit au roi pour lui offrir mes services, comme j'ai déjà fait cinq fois depuis que je suis en Bourgogne; je suis content de sa réponse. Que ceci

---

[1] Noms de religion de madamoiselle de Rabutin; elle s'appelait Diane-Charlotte. (M.)

soit entre nous, ma belle cousine, car vous savez que rien ne réussit que par le secret. Je ne vous le cacherais pas si j'en avais de plus grande conséquence.

245. — DE MADAME DE SÉVIGNÉ AU COMTE DE BUSSY.

A Paris, ce 24 avril 1672.

Savez-vous bien que je reçus hier seulement votre lettre, du 19 mars par cet honnête marchand qui fait crédit et qui ne presse pas trop? Plût à Dieu qu'il s'en trouvât ici présentement d'aussi bonne composition! Ils sont devenus chagrins depuis quelque temps. Chacun sait si je ne dis pas vrai. On est au désespoir, on n'a pas un sou, on ne trouve rien à emprunter, les fermiers ne payent point, on n'ose faire de la fausse monnaie, on ne voudrait pas se donner au diable, et cependant tout le monde s'en va à l'armée avec un équipage. De vous dire comment cela se fait, il n'est pas aisé. Le miracle des cinq pains n'est pas plus incompréhensible. Mais revenons à votre marchand (j'admire où m'a transportée la chaleur du discours); je vous assure que je lui rendrai tout le service que je pourrai. Vous avez dû croire que je ne faisais réponse qu'à Sainte-Marie, par la longueur du temps que vous avez été à recevoir celle-ci, mais ce n'est pas ma faute. Je vous trouve fort heureux, dans votre malheur, de ne point aller à la guerre. Je serais fâchée que depuis longtemps vous n'eussiez obtenu d'autre grâce que celle d'y aller. C'est assez que le roi sache vos bonnes intentions; quand il aura besoin de vous, il saura bien où vous prendre; et comme il n'oublie rien, il n'aura peut-être pas oublié ce que vous valez. En attendant, jouissez du plaisir d'être présentement le seul homme de votre volée qui puisse se vanter d'avoir du pain.

Je ne sais si je ne vous ai pas parlé de quelques-unes de vos lettres au roi, mais je les admire toujours. J'ai vu au collége de Clermont un jeune gentil-homme¹ qui paraît fort digne d'être votre fils. Je lui ai fait une petite visite ; je l'enverrai querir l'un de ces jours pour dîner avec moi. Je soupai l'autre jour avec Manicamp² et avec sa sœur la maréchale d'Estrées. Elle me dit qu'elle irait voir notre Rabutin au collége. Nous parlâmes fort de vous, elle et moi. Pour Manicamp et moi, nous ne finissons point en quelque endroit que nous soyons, mais d'un souvenir agréable, vous regrettant, ne trouvant rien qui vous vaille, chacun de nous redisant quelque morceau de votre esprit ; enfin vous devez être fort content de nous. Adieu, mon cher cousin ; mille compliments, je vous prie, à madame votre femme ; elle m'a écrit une très-honnête lettre, mais j'ai passé le temps de lui faire réponse. Me voilà dans l'impénitence finale ; j'ai tort, je ne saurais plus y revenir ; faites ma paix. Je ne sais si vous savez que les maréchaux d'Humières et de Bellefonds sont exilés pour ne vouloir pas obéir à M. de Turenne quand les armées seront jointes.

246. — DU COMTE DE BUSSY A MADAME DE SÉVIGNÉ.

A Chaseu, ce 1ᵉʳ mai 1672.

Vous me remettez en goût de vos lettres, Madame. Je n'ai pas encore bien démêlé si c'est parce que vous ne m'offensez plus, ou parce que vous me flattez, ou parce qu'il y a toujours un petit air naturel et brillant qui me réjouit.

Pour vous parler des pas que je fais pour me relever de ma chute, je vous dirai qu'on demande quelquefois des choses qu'on est bien aise de ne pas obtenir. Je suis aujourd'hui en cet état sur la permission que j'ai demandée au roi d'aller à l'armée. Mais voici des maréchaux exilés qui en augmentent la bonne compagnie. Ce sont ces gens-là qui sont heureux d'être exilés quand leur fortune est

---

¹ Amé-Nicolas de Rabutin, fils aîné de Bussy, mais du deuxième lit.
² Bertrand de Longueval, marquis de Manicamp.

faite, car enfin ils ont des établissements que vraisemblablement on ne leur ôtera pas, et, au pis aller, des titres et des honneurs qu'on ne leur saurait ôter. Le roi a grand'-raison d'être mal satisfait d'eux, et ils reconnaissent bien mal l'obligation infinie qu'ils lui ont de les avoir faits ce qu'ils eussent eu peine à mériter d'être après dix ans encore de grands services à la guerre. Ce serait une question de savoir si, étant aussi redevables au roi qu'ils l'étaient, ils eussent été excusables de refuser de lui obéir aux choses qui eussent effectivement intéressé l'honneur de leurs charges; mais désobéir à leur bon maître en chose où ils ont tout à fait tort, c'est une tache dont leur ignorance ne saurait se laver. Je leur apprends que les maréchaux de camp généraux ont été faits pour faire la fonction de connétable. Lesdiguières, n'étant encore que maréchal de camp général, commanda, au siége de Clérac, le maréchal de Saint-Géran, qui venait d'être son camarade. A plus forte raison M. de Turenne, qui commandait des armées quand ces messieurs étaient au collége, et qui leur a appris ce peu qu'ils savent.

Il faut qu'on me croie quand je parle ainsi; du moins ne saurait-on penser que ce soit une amitié aveugle qui me fasse parler en faveur du parti que je tiens, c'est la seule vérité qui m'y oblige; et il y a dix ans que j'ai appris ce que je viens de vous dire, Madame, au maréchal de Clérambault, qui me disait déjà que la charge de maréchal de camp général de M. de Turenne n'avait que des prétentions chimériques.

Ce qu'il y a de plus surprenant en cette rencontre, c'est qu'il y a un de ces messieurs qui doit son bâton aux seuls bons offices de M. de Turenne. Le voilà bien payé.

J'ai cru que vous ne seriez pas fâchée de savoir ceci, Madame, tant parce que vous aimez à savoir la vérité, que parce que celle-ci, à mon avis, ne vous sera pas désagréable.

Je vous sais bon gré des amitiés que vous faites à notre petit Rabutin. Je souhaite qu'il soit heureux, mais je souhaite qu'il soit honnête homme, préférablement à toutes choses, car je fais bien plus de cas d'un particulier de mérite, quand il serait exilé, que d'un indigne maréchal de France à la tête d'une armée. Je viens d'écrire à Humières et à sa femme sur leur disgrâce; ils sont mes parents et mes amis.

Je passai dernièrement un après-dîner avec la marquise de Saint-Martin; nous passâmes légèrement sur le chapitre de toute la cour, mais nous nous arrêtâmes sur le vôtre, que nous rebattîmes à plusieurs reprises. Vous savez quel torrent d'éloquence c'est que le sien. Je vous assure que de ce qu'elle dit de vous, en y ajoutant quelques passages de l'Écriture sainte et des Pères, on ferait bien un jour votre oraison funèbre. Pour moi, qui ne lui cédais en rien, quant à l'intention, je prenais mon temps entre deux périodes pour y fourrer un trait de ma façon. Car, il faut dire la vérité, elle avait tellement pris le dessus sur moi, que j'étais comme Scaramouche quand Trivelin ne le voulait pas laisser parler. Conclusion : Madame, nous fîmes bien tous deux notre devoir de vous louer, et cependant nous ne pûmes jamais aller jusqu'à la flatterie.

247. — DE MADAME DE SÉVIGNÉ A MADAME DE GRIGNAN.

A Paris, mercredi 27 avril 1672.

Je m'en vais faire réponse à vos deux lettres, et puis je vous parlerai de ce pays-ci. M. de Pomponne a vu la première, et je lui ferai voir encore une grande partie de la seconde; il est parti : ce fut en lui disant adieu que je lui montrai votre lettre, ne pouvant jamais mieux dire que ce que vous écrivez sur vos affaires. Il vous trouve admirable; je n'ose vous dire à quel style il compare le vôtre, ni les louanges qu'il lui donne; enfin il m'a fort priée de vous assurer de son estime et des soins qu'il aura toujours de tout ce qui pourra vous le témoigner. Il a été ravi de votre description de la Sainte-Baume, il le sera encore davantage de votre seconde lettre. On ne peut pas mieux écrire sur cette affaire, ni plus nettement; je suis très-assurée que votre lettre obtiendra tout ce que vous souhaitez; vous en verrez la réponse. Je n'écrirai qu'un mot, car en vérité, ma bonne, vous n'avez pas besoin d'être secourue dans cette occasion; je trouve toute la raison de votre côté. Je n'ai jamais su cette affaire par vous; ce fut M. de Pomponne qui me l'apprit comme on la lui avait apprise; mais il n'y a rien à répondre à ce que vous m'en écrivez, il aura le plaisir de le lire. L'évêque (*de Marseille*) témoigne en toute rencontre qu'il sera fort aise de se raccommoder avec vous : il a trouvé ici toutes choses assez bien disposées pour lui faire souhaiter une réconciliation dont il se fait honneur, comme d'un sentiment convenable à sa profession. On croit que nous aurons, entre ci et demain, un premier président de Provence. Je vous remercie de votre relation de la Sainte-Baume et de votre jolie bague; je vois que le sang n'a pas bien bouilli à votre gré. Madame la Palatine a eu une fois la même curiosité que vous : elle n'en fut pas plus satisfaite. Vous ne m'ôterez pas l'envie de voir cette affreuse grotte : plus on y a de peine, plus il faut y aller; et, au bout du compte, je ne m'en soucie que faiblement : je ne cherche que vous en Provence; quand je vous aurai, j'aurai tout ce que je souhaite. Ma tante est toujours très-mal. Laissez-nous le soin de partir, nous ne souhaitons autre chose; et même s'il y avait quelque espérance de langueur, nous prendrions notre parti. Je lui dis mille tendresses de votre part, qu'elle reçoit très-bien. M. de La Trousse lui en a écrit d'excessives; ce sont des amitiés de l'agonie, dont je ne fais pas grand cas; j'en quitte ceux qui ne commenceraient que là à m'aimer. Ma fille, il faut aimer pendant la vie, comme vous faites, la rendre douce et agréable, ne point noyer d'amertume et combler de douleur ceux qui nous aiment; il est trop tard de changer quand on expire. Vous savez comme j'ai toujours ri des bons fonds; je n'en connais que d'une sorte, et le vôtre doit contenter les plus difficiles. Je vois les choses comme elles sont; croyez-moi, je ne suis point folle; et pour vous le montrer, c'est qu'on ne peut jamais être plus contente d'une personne que je le suis de vous. J'enverrai à madame de Coulanges ce qui lui appartient de votre lettre : elle sera mise en pièces; il m'en restera encore quelques centaines pour m'en consoler; tout aimables qu'elles sont, je souhaite extrêmement de n'en plus recevoir. Venons aux nouvelles.

Le roi part demain. Il y aura cent mille hommes hors de Paris; on a fait ce calcul dans les quartiers à peu près. Il y a quatre jours que je ne dis que des adieux. Je fus hier à l'Arsenal; je voulais dire adieu au grand maître [1], qui m'était venu chercher; je ne le trouvai pas, mais je trouvai la Troche, qui pleurait son fils, et la comtesse [2], qui pleurait son mari : elle avait un chapeau gris, qu'elle enfonçait, dans l'excès de ses déplaisirs; c'était une chose plaisante; je crois que jamais chapeau ne s'est trouvé à une pareille fête : j'aurais voulu ce jour-là mettre une coiffe ou une cornette. Enfin ils sont partis tous deux ce matin, la femme pour le Lude, et le mari pour la guerre : mais quelle guerre! la plus cruelle, la plus périlleuse dont on ait jamais ouï parler, depuis le passage de Charles VIII en Italie. On l'a dit au roi. L'Issel est défendu et bordé de deux cents pièces de canon, de soixante mille hommes de pied, de trois grosses villes, d'une large rivière qui est encore au-devant. Le comte de Guiche, qui sait le pays, nous montra l'autre jour cette carte chez madame de Verneuil; c'est une chose

---

[1] Le comte du Lude, grand maître de l'artillerie. (P.)
[2] Renée-Éléonore de Bouillé, première femme du comte du Lude, aimait beaucoup la chasse et était toujours vêtue en homme. Elle passait sa vie à la campagne. (P.)

étonnante, M. le Prince est fort occupé de cette grande affaire. Il lui vint l'autre jour une manière de fou assez plaisant, qui lui dit qu'il savait fort bien faire de la monnaie. « Mon ami, *lui dit-il*, je te remercie ; mais si tu sais une « invention pour nous faire passer l'Issel sans être assom— « més, tu me feras grand plaisir, car je n'en sais point. » Il aura pour lieutenants généraux messieurs les maréchaux d'Humières et de Bellefonds. Voici un détail qu'on est bien aise de savoir. Les deux armées se joindront, le roi commandera à Monsieur ; Monsieur, à M. le Prince ; M. le Prince, à M. de Turenne, et M. de Turenne aux deux maréchaux, et même à l'armée du maréchal de Créqui. Le roi parla donc à M. de Bellefonds, et lui dit que son intention était qu'il obéît à M. de Turenne, sans conséquence. Le maréchal, sans demander du temps (voilà sa faute), répondit qu'il ne serait pas digne de l'honneur que lui a fait Sa Majesté s'il se déshonorait par une obéissance sans exemple. Le roi le pria fort bonnement de songer à ce qu'il lui répondait, ajoutant qu'il souhaitait cette preuve de son amitié, qu'il y allait de sa disgrâce. Le maréchal lui dit qu'il voyait bien qu'il perdait les bonnes grâces de Sa Majesté et sa fortune ; mais qu'il s'y résolvait plutôt que de perdre son estime ; qu'il ne pouvait obéir à M. de Turenne sans dégrader la dignité où il l'avait élevé. Le roi lui dit : Monsieur le maréchal, il faut donc se séparer. Le maréchal lui fit une profonde révérence, et partit. M. de Louvois, qui ne l'aime point, lui expédia tout aussitôt un ordre d'aller à Tours : il a été rayé de dessus l'état de la maison du roi. Il a cinquante mille écus de dettes au delà de son bien : il est abîmé, mais il est content, et l'on ne doute pas qu'il n'aille à la Trappe. Il a offert au roi son équipage, qui était fait aux dépens de Sa Majesté, pour en faire ce qu'il lui plairait ; on a pris cela comme s'il eût voulu braver le roi. Jamais rien ne fut si innocent. Tous ses parents, les Villars, et tout ce qui est attaché à lui est inconsolable. Ne manquez pas d'écrire à madame de Villars [1] et au pauvre maréchal. Cependant le maréchal d'Humières, soutenu par M. de Louvois, n'avait point paru, et attendait que le maréchal de Créqui eût répondu : ce dernier est venu de son armée en poste répondre lui-même : il arriva avant-hier, il eut une conversation d'une heure avec le roi. Le maréchal de Gramont, qui fut appelé, soutint le droit des maréchaux de France, et fit le roi juge de ceux qui faisaient le plus de cas de cette dignité, ou ceux qui pour en soutenir la grandeur s'exposaient au danger d'être mal avec lui; ou celui (*M. de Turenne*) qui était honteux d'en porter le titre, qui l'avait effacé de tous les lieux où il pouvait être, qui tenait le nom de maréchal pour une injure, et qui voulait commander en qualité de prince. Enfin la conclusion fut que le maréchal de Créqui est allé à la campagne, dans sa maison, planter des choux, aussi bien que le maréchal d'Humières. Voilà de quoi on parle uniquement; les uns disent qu'ils ont bien fait, d'autres qu'ils ont mal fait. La comtesse (*de Fiesque*) s'égosille; le comte de Guiche prend son fausset; il les faut séparer; c'est une comédie. Ce qui est vrai, c'est que voilà trois hommes d'une grande importance pour la guerre, et qu'on aura bien de la peine à remplacer. M. le Prince les regrette fort pour l'intérêt du roi. M. de Schomberg n'est pas plus disposé que les autres à obéir à M. de Turenne, ayant commandé des armées en chef. Enfin la France, qui est pleine de grands capitaines, n'en trouvera pas assez par la circonstance de ce malheureux contre-temps.

M. d'Aligre a les sceaux; il a quatre-vingts ans : c'est un dépôt; c'est un pape.

Je viens de faire un tour de ville : j'ai été chez M. de La Rochefoucauld. Il est accablé de douleur d'avoir dit adieu à tous ses enfants : au travers de cela, il m'a priée

---

[1] Madame de Villars était Bellefonds, et tante du maréchal. (P.)

de vous dire mille tendresses de sa part : nous avons fort causé. Tout le monde pleure son fils, son frère, son mari, son amant : il faudrait être bien misérable pour ne pas se trouver intéressée au départ de la France tout entière. Dangeau et le comte de Sault [1] sont venus nous dire adieu : ils nous ont appris que le roi, afin d'éviter les larmes, est parti ce matin à dix heures, sans que personne l'ait su, au lieu de partir demain, comme tout le monde le croyait. Il est parti lui douzième; tout le reste courra après. Au lieu d'aller à Villers-Cotterets, il est allé à Nanteuil, où l'on croit que d'autres, qui ont disparu aussi, se trouveront [2] : il ira demain à Soissons, et tout de suite, comme il l'avait résolu : si vous ne trouvez cela galant, vous n'avez qu'à le dire. La tristesse où tout le monde se trouve est une chose qu'on ne saurait imaginer au point qu'elle est. La reine est demeurée régente : toutes les compagnies souveraines l'ont été saluer. Voici une étrange guerre, qui commence bien tristement.

En revenant ici j'ai trouvé notre pauvre cardinal, qui venait me dire adieu : nous avons causé une heure ensemble; il part demain matin; M. d'Uzès part aussi. Qui est-ce qui ne part point? Hélas! c'est moi; mais j'aurai mon tour comme les autres. J'approuve fort votre promenade et le voyage de Monaco : il est vrai, comme vous dites, que c'est une chose cruelle de faire cent lieues pour se retrouver à Aix; mais la tournée que vous allez faire s'accordera bien avec mon retardement. Je crois que j'arriverai à Grignan un peu après vous. Je vous conjure, ma fille, de m'écrire toujours soigneusement; je suis désolée quand je n'ai point de vos lettres. Je suis ravie que vous ne soyez point grosse; j'en aime M. de Grignan de tout mon cœur. Mandez-moi si on doit ce bonheur à sa tempérance ou à sa tendresse pour vous, et si vous n'êtes point

---

[1] Il fut fait duc de Lesdiguières au passage du Rhin.
[2] Il paraît qu'il s'agit ici de madame de Montespan.

ravie de pouvoir un peu trotter, et vous promener dans cette Provence, et me recevoir sans crainte de tomber et d'accoucher.

248. — A LA MÊME.

A Paris, vendredi 29 avril 1672.

Enfin M. d'Uzès est parti ce matin : je lui dis hier adieu avec douleur de perdre ici pour vous le plus habile et le meilleur ami du monde. Je suis fort touchée de son mérite ; je l'aime et l'honore beaucoup ; j'espère le revoir en Provence, où vous devez suivre tous ses conseils aveuglément : il sait l'air de ce pays-ci, et n'oubliera pas de soutenir dans l'occasion l'honneur des Grignan. J'ai écrit à M. de Pomponne, et n'ai pas manqué de lui envoyer deux feuilles de votre lettre. On ne saurait mieux dire que vous ; si j'avais copié, cela aurait été réchauffé, ou, pour mieux dire, refroidi, et aurait perdu la moitié de sa force : je soutiens votre lettre d'une des miennes, où je le prie de remarquer le tour qu'on avait donné à cette affaire, et que voilà comme on cache sous des manières douces et adroites un désir perpétuel de choquer M. de Grignan en toutes choses. Je suis assuré que M. de Pomponne en sera touché ; car c'est ce qui est directement opposé aux gens sincères et honnêtes. Quand je tiens une chose comme celle-là, par exemple, je sais assez bien la mettre en son jour et la faire valoir ; j'attends sa réponse avec impatience.

Notre cardinal partit hier. Il n'y a pas un homme de qualité à Paris ; tout est avec le roi, ou dans ses gouvernements, ou chez soi ; mais il y en a peu de ces derniers. Je trouve que M. de S...[1] a plus de courage que ceux qui passeront d'Issel : il a soutenu ici de voir partir tout le monde, lui jeune, riche, en santé, sans avoir été non plus ébranlé de suivre les autres, que s'il avait vu faire une

---

[1] C'est du duc de Sully qu'il s'agit ici.

partie d'aller ramasser des coquilles, je n'ai pas dit une partie de chasse, car il y serait allé; il s'en va paisiblement à S..., *tayau*; le voilà pour son été; il est plus sage que les autres qui sont soumis à *l'opinione, regina del mondo* : il vaut bien mieux être philosophe. Toute le monde est triste et affligé : on voit partir tous ses proches, tous ses amis pour s'exposer à de grands périls; cela presse le cœur. Le roi même ne fut pas exempt de tendresse dans son départ précipité : on tient toujours pour assuré qu'il y eut des gens qui le reçurent à Nanteuil; ces gens-là ne retourneront pas si tôt à Saint-Germain, parce qu'ils ont une affaire entre ci et trois mois, qu'ils feront à quelque maison de campagne [1]. Il y a moins d'aigreur contre le maréchal de Créqui que contre les deux autres; c'est qu'il a parfaitement bien dit ses raisons. Le maréchal de Bellefonds a été trop sec et trop d'une pièce. N'oubliez point de faire ce qui convient sur tout cela.

Vous voilà, ma fille, dans votre grand voyage; vous ne sauriez mieux faire présentement; on n'est pas toujours en état ni en humeur de se promener. Si vous étiez moins hasardeuse, j'aurais plus de repos; mais vous voudrez faire des chefs-d'œuvre, et passer où jamais carrosse n'a passé, cela me trouble. Croyez-moi, mon enfant, ne forcez point la nature : allez à cheval et en litière comme les autres; songez ce que c'est que d'avoir des bras, des jambes et des têtes cassés. Ecrivez-moi le plus souvent que vous pourrez, et surtout de Monaco. Je suis fort bien avec le comte de Guiche : je l'ai vu plusieurs fois chez M. de La Rochefoucauld et à l'hôtel de Sully. Il m'attaque toujours; il s'imagine que j'ai de l'esprit. Nous avons fort causé; il me conta à quel point sa sœur (*madame de Monaco*) est estropiée de cette saignée : cela fait peur et pitié. Je ne l'ai jamais vu avec sa *Chimène* (*madame de Brissac*); ils sont telle-

---

[1] Madame de Montespan, qui accoucha le 20 juin, du comte de Vexin.
(A. G.)

ment sophistiqués tous deux, qu'on ne croit rien de grossier à leur amour; et l'on est persuadé qu'ils ont chacun leurs raisons d'être sages. Il y a deux mois que la Marans n'a vu *son fils*[1]; il n'a pas si bonne opinion d'elle. Voici ce qu'elle disait l'autre jour; vous savez que ses dits sont remarquables : Que, pour elle, elle aimerait mieux mourir que de faire des faveurs à un homme qu'elle aimerait; mais que si elle en trouvait jamais un qui l'aimât et qui ne fût point haïssable, pourvu qu'elle ne l'aimât point, elle se mettrait en œuvre. Son fils a recueilli cet honnête discours, et en fait bien son profit pour juger de ses occupations; il lui disait : *Ma mère*, je vous approuve d'autant plus, que cette distinction est délicate et nouvelle; jusqu'ici je n'avais trouvé que des âmes grossières, qui ne faisaient qu'une personne de ces deux, et qui confondaient l'aimé et le favorisé; mais, *ma mère*, il vous appartenait de changer ces vieilles maximes, qui n'ont rien de *précieux* en comparaison de celles que vous allez introduire. Il fait bon l'entendre là-dessus. Depuis ce jour-là il l'a perdue de vue, et tire ses conséquences sans nulle difficulté.

Vendredi au soir.

J'ai vu madame du Plessis-Bellière il y a deux heures; elle m'a conté la conversation du roi et du maréchal de Créqui[2]. Elle est longue, et forte, et touchante, et raisonnable : si on lui avait parlé le premier, la chose serait accommodée; il proposa cinq ou six tempéraments qui auraient été reçus, si le roi ne s'était fait une loi de n'en recevoir aucun. Le maréchal de Bellefonds a gâté cette affaire. M. de La Rochefoucauld dit que c'est qu'il n'a point de jointures dans l'esprit. Le maréchal de Créqui parut

---

[1] Il s'agit de M. de La Rochefoucauld toutes les fois qu'il est parlé du *fils* de madame de Marans : elle l'appelait *son fils*, et il l'appelait *sa mère*.
(A. G.)

[2] Le maréchal de Créqui était gendre de madame du Plessis-Bellière. Cette dame avait été l'amie de Fouquet, et elle avait partagé sa disgrâce.

désespéré, et dit au roi : Sire, ôtez-moi le bâton; n'êtes-vous pas le maître? Laissez-moi servir cette campagne comme le marquis de Créqui ; peut-être que je mériterai que Votre Majesté me rende le bâton à la fin de la guerre. Le roi fut touché de l'état où il le voyait; et comme il sortit de son cabinet tout transporté, ne connaissant personne, Sa Majesté dit au maréchal de Villeroi : Suivez le maréchal de Créqui, il est hors de lui. Le roi en a parlé depuis avec estime et sans aigreur, et fait servir dans l'armée la compagnie de ses gardes. Le maréchal de Créqui est allé dans une de ses terres près de Pontoise (*à Marines*), avec sa femme et ses enfants. Le maréchal d'Humières est allé à Angers. Voilà, ma fille, de quoi il a été question depuis quatre jours. Il n'y a plus personne à Paris.

>Voici votre tour,
>Venez, messieurs de la ville;
>Parlez-nous d'amour,
>Mais jusqu'à leur retour.

Ma tante n'est plus si excessivement mal ; nous sommes résolus de partir dans le mois de mai. Je vous écrirai soigneusement : je déménage présentement. Ma petite maison est bien jolie ; votre logement vous y paraîtra bien à souhait, pourvu que vous m'aimiez toujours, car nous ne serons pas à cent lieues l'une de l'autre. Je prends plaisir de m'y ranger, dans l'espérance de vous y voir. Adieu, ma très-aimable enfant, je suis à vous sans aucune distinction ni restriction.

249. — A LA MÊME.

A Paris, mercredi 4 mai 1672.

Je ne puis vous dire combien je vous plains, ma fille, combien je vous loue, combien je vous admire : voilà mon discours divisé en trois points. *Je vous plains* d'être sujette à des humeurs noires, qui vous font assurément beaucoup de mal ; *je vous loue* d'en être la maîtresse quand il le faut, et principalement pour M. de Grignan, qui en serait pénétré : c'est une marque de l'amitié et de la complaisance que vous avez pour lui ; *et je vous admire* de vous contraindre pour paraître ce que vous n'êtes pas : voilà qui est héroïque et le fruit de votre philosophie ; vous avez en vous de quoi l'exercer. Nous trouvions l'autre jour qu'il n'y avait de véritable mal dans la vie que les grandes douleurs ; tout le reste est dans l'imagination, et dépend de la manière dont on conçoit les choses. Tous les autres maux trouvent leur remède, ou dans le temps, ou dans la modération, ou dans la force de l'esprit ; les réflexions, la dévotion, la philosophie, les peuvent adoucir. Quant aux douleurs, elles tiennent l'âme et le corps ; la vue de Dieu les fait souffrir avec patience ; elle fait qu'on en profite, mais elle ne les diminue point.

Voilà un discours qui aurait tout l'air d'avoir été rapporté tout entier du faubourg Saint-Germain [1] ; cependant il est de chez ma pauvre tante, où j'étais l'aigle de la conversation : elle nous en donnait le sujet par ses extrêmes souffrances, qu'elle ne veut pas qu'on mette en comparaison avec nul autre mal de la vie. M. de La Rochefoucauld est bien de cet avis : il est toujours accablé de gouttes. Il a perdu sa vraie mère [2], dont il est véritablement affligé ; je l'en ai vu pleurer avec une tendresse qui me le faisait adorer : C'était une femme d'un extrême mérite ; et enfin, dit-il, c'était la seule qui n'a jamais cessé de m'aimer. Ne manquez pas de lui écrire, et M. de Grignan aussi. Le cœur de M. de La Rochefoucauld pour sa famille est une chose incomparable ; il prétend que c'est une des chaînes qui nous attachent l'un à l'autre. Nous avons bien découvert, et

---

[1] C'est-à-dire de chez madame de La Fayette, où se rendait tous les jours M. de La Rochefoucauld et en même temps la compagnie la plus choisie. (P.)

[2] Gabrielle du Plessis de Liancourt. (P.)

rapporté et rajusté des choses de sa folle de *mère*[1], qui nous font bien entendre ce que vous nous disiez quelquefois, que ce n'était point ce qu'on pensait, que c'était autre chose. Vraiment oui, c'était autre chose, ou, pour mieux dire, c'était tout ensemble; l'un était sans préjudice de l'autre; elle mariait le luth avec la voix et le spirituel avec les grossièretés. Ma fille, nous avons trouvé une bonne veine, et qui nous explique bien une querelle que vous eûtes une fois dans la grande chambre de madame de La Fayette : je vous dirai le reste en Provence.

Ma tante est dans un état qui tirera dans une grande longueur. Votre voyage est parfaitement bien placé; peut-être que le nôtre s'y rapportera. Nous mourons d'envie de passer la Pentecôte en chemin, ou à Moulins, ou à Lyon; l'abbé le souhaite comme moi. Il n'y a pas un homme de qualité (d'épée s'entend) à Paris. Je fus dimanche à la messe aux Minimes; je dis à mademoiselle de la Trousse : Nous allons trouver nos pauvres Minimes bien déserts, il n'y doit avoir que le marquis d'Alluye[2]. Nous entrons dans l'église : le premier homme et l'unique que je trouve, c'est le marquis d'Alluye. Mon enfant, cette sottise me fit rire aux larmes. Enfin il est demeuré, et s'en va à son gouvernement, sur le bord de la mer : il faut garder les côtes, comme vous savez. L'amant de celle que vous avez nommée *l'incomparable* (madame de Montespan) ne la trouva point à la première couchée, mais sur le chemin, dans une maison de Sanguin, au delà de celle que vous connaissez; il y fut deux heures : on croit qu'il y vit ses enfants pour la première fois. La belle y est demeurée avec des gardes et une de ses amies; elle y sera trois ou quatre mois sans en partir. Madame de la Vallière est à Saint-Germain; madame de Thianges ici, chez son père : je vis

---

[1] Madame de Marans. (P.)
[2] Paul d'Escoubleau, marquis d'Alluye et de Sourdis, gouverneur de la ville d'Orléans, Orléanais et pays Chartrain. (P.)

l'autre jour sa fille; elle est au-dessus de tout ce qu'on peut imaginer de plus beau. Il y a des gens qui disent que le roi fut droit à Nanteuil ; mais ce qui est de fait, c'est que la belle est à cette maison qui s'appelle le *Genitoi* [1]. Je ne vous mande rien que de vrai; je hais et méprise les fausses nouvelles.

Vous voilà donc partie, ma fille ; j'espère bien que vous m'écrirez de partout; je vous écris toujours. J'ai si bien fait que j'ai retrouvé un petit ami à la poste, qui prend soin de nos lettres. J'ai été ces jours-ci fort occupée à parer ma petite maison ; Saint-Aubain y a fait des merveilles ; j'y coucherai demain. Je vous jure que je ne l'aime que parce qu'elle est faite pour vous; vous serez très-bien logée dans mon appartement, et moi très-bien aussi. Je vous conterai comme tout cela est tourné joliment. J'ai des inquiétudes extrêmes de votre pauvre frère : on croit cette guerre si terrible, qu'on ne peut assez craindre pour ceux que l'on aime ; et puis tout d'un coup j'espère que ce ne sera point tout ce que l'on pense, parce que je n'ai jamais vu arriver les choses comme on les imagine.

Mandez-moi, je vous prie, ce qu'il y a entre la princesse d'Harcourt [2] et vous; Brancas est désespéré de penser que vous n'aimez point sa fille? M. d'Uzès a promis de remettre la paix partout ; je serai bien aise de savoir de vous ce qui vous a mises en froideur.

Vous me dites que la beauté de votre fils diminue, et que son mérite augmente; j'ai regret à sa beauté, et je me réjouis qu'il aime le vin : voilà un petit brin de Bretagne et de Bourgogne, qui fera un fort bel effet, avec la sagesse des Grignan. Votre fille est tout le contraire : sa beauté augmente, et son mérite diminue. Je vous assure

---

[1] Seigneurie dans la Brie. (G.)
[2] Françoise de Brancas, femme d'Alphonse-Henri-Charles de Lorraine, prince d'Harcourt, et fille de Charles de Brancas, chevalier d'honneur de la reine Anne d'Autriche. (P.)

qu'elle est fort jolie, et qu'elle est opiniâtre comme un petit démon; elle a ses petites volontés et ses petits desseins : elle me divertit extrêmement. Son teint est admirable; ses yeux sont bleus, ses cheveux noirs, son nez ni beau ni laid; son menton, ses joues, son tour de visage, très-parfaits; je ne dis rien de sa bouche, elle s'accommodera; le son de sa voix est joli : madame de Coulanges trouvait qu'il pouvait fort bien passer par sa bouche.

Je pense, ma fille, qu'à la fin je serai de votre avis. Je trouve des chagrins dans la vie qui sont insupportables; et malgré le beau raisonnement du commencement de ma lettre, il y a bien d'autres maux qui, pour être moindres que les douleurs, se font également redouter. Je suis si souvent traversée dans ce que je souhaite le plus, qu'en vérité la vie me paraît fort désobligeante.

Quand le chevalier de Lorraine partit, il faisait l'amoureux de l'*Ange*[1], et MONSIEUR le voulait bien. Madame de Coëtquen n'a osé, dit-on, reprendre le fil de son discours. Madame de Rohan a quitté la place; elle est logée à l'hôtel de Vitri, et toute sa famille. J'attends des réponses de M. de Pomponne; nous n'avons point encore de premier président.

250. — A LA MÊME.

A Paris, vendredi 6 mai 1672.

Ma fille, il faut que je vous conte; c'est une radoterie que je ne puis éviter. Je fus hier à un service de M. le chancelier (*Séguier*) à l'Oratoire. Ce sont les peintres, les sculpteurs, les musiciens et les orateurs qui en ont fait la dépense; en un mot, les quatre arts libéraux. C'était la plus belle décoration qu'on puisse imaginer. Le Brun avait fait le dessin; le mausolée touchait à la voûte, orné de mille lumières et de plusieurs figures convenables à celui qu'on

---

[1] Louise-Élisabeth Rouxel, fille du maréchal de Grancey. (P.)
[2] Il s'agissait de la place de premier président du parlement en Provence, vacante par la mort de M. d'Oppède. (P.)

voulait louer. Quatre squelettes en bas étaient chargés des marques de sa dignité, comme lui ayant ôté les honneurs avec la vie. L'un portait son mortier, l'autre sa couronne de duc, l'autre son ordre, l'autre les masses de chancelier. Les quatre Arts étaient éplorés et désolés d'avoir perdu leur protecteur, la Peinture, la Musique, l'Éloquence et la Sculpture. Quatre Vertus soutenaient la première représentation : la Force, la Justice, la Tempérance et la Religion. Quatre Anges ou quatre Génies recevaient au-dessus cette belle âme. Le mausolée était encore orné de plusieurs Anges, qui soutenaient une chapelle ardente, laquelle tenait à la voûte. Jamais il ne s'est rien vu de si magnifique, ni de si bien imaginé ; c'est le chef-d'œuvre de Le Brun. Toute l'église était parée de tableaux, de devises et d'emblèmes qui avaient rapport aux armes ou à la vie du chancelier. Plusieurs actions principales y étaient peintes. Madame de Verneuil [1] voulait acheter toute cette décoration un prix excessif. Ils ont tous, en corps, résolu d'en parer une galerie, et de laisser cette marque de leur reconnaissance et de leur magnificence à l'éternité. L'assemblée était belle et grande, mais sans confusion : j'étais auprès de M. de Tulle, de M. Colbert, de M. de Monmouth [2], beau comme du temps du Palais-Royal, qui, par parenthèse, s'en va à l'armée trouver le roi. Il est venu un jeune père de l'Oratoire pour faire l'oraison funèbre. J'ai dit à M. de Tulle (*Mascaron*) de le faire descendre, et de monter à sa place, et que rien ne pouvait soutenir la beauté du spectacle et la perfection de la musique, que la force de son éloquence. Ma fille, ce jeune homme a commencé en tremblant, tout le monde tremblait aussi ; il a débuté par un accent provençal : il est de Marseille ; il s'appelle Léné [3]. Mais en

[1] Charlotte Séguier, sa fille, mariée, 1º à Maximilien de Béthune, duc de Sully ; 2º à Henri de Bourbon, duc de Verneuil. (P.)
[2] Fils naturel de Charles II, roi d'Angleterre, et le même qui fut décapité en 1685. (A. G.)
[3] Il naquit à Lucques, et fut élevé à Marseille. Il se nommait *Vincent*

sortant de son trouble il est entré dans un chemin si lumineux, il a si bien établi son discours, il a donné au défunt des louanges si mesurées, il a passé par tous les endroits délicats avec tant d'adresse, il a si bien mis dans tout son jour tout ce qui pouvait être admiré, il a fait des traits d'éloquence et des coups de maître si à propos et de si bonne grâce, que tout le monde, je dis tout le monde, sans exception, s'en est écrié, et chacun était charmé d'une action si parfaite et si achevée. C'est un homme de vingt-huit ans, intime ami de M. de Tulle, qui l'emmène avec lui dans son diocèse. Nous le voulions nommer le chevalier Mascaron ; mais je crois qu'il surpassera son aîné. Pour la musique, c'est une chose qu'on ne peut expliquer. *Baptiste* (*Lully*) avait fait un dernier effort de toute la musique du roi. Ce beau *Miserere* y était encore augmenté : il y eut un *Libera* où tous les yeux étaient pleins de larmes. Je ne crois point qu'il y ait une autre musique dans le ciel. Il y avait beaucoup de prélats. J'ai dit à Guitaud : Cherchons un peu notre ami *Marseille*, nous ne l'avons point vu ; je lui ai dit tout bas : Si c'était l'oraison funèbre de quelqu'un qui fût vivant, il n'y manquerait pas. Cette folie a fait rire Guitaud sans aucun respect pour la pompe funèbre. Ma chère enfant, quelle espèce de lettre est-ce ceci ? Je pense que je suis folle. A quoi peut servir une si grande narration ? Vraiment, j'ai bien satisfait le désir que j'avais de conter.

Le roi est à Charleroi, et y fera un assez long séjour. Il n'y a point encore de fourrages ; les équipages portent la

---

Léné. Comme il serait difficile de rien ajouter à l'éloge que fait ici Madame de Sévigné de ce jeune orateur, il suffira de dire qu'il mourut à l'âge de quarante-quatre ans, et que la délicatesse de sa santé ne lui ayant point permis de continuer les fonctions pénibles de la chaire, il s'était borné à faire des conférences sur l'Écriture Sainte, ce qui ne laissa pas de lui faire une grande réputation dans tous les lieux où il fut envoyé par ses supérieurs. Les oraisons funèbres du chancelier Séguier et du maréchal du Plessis-Praslin sont les seuls ouvrages imprimés qui restent d'un si excellent homme. (P.)

famine avec eux ; on est assez embarrassé dès le premier pas de cette campagne. Guitaud m'a montré votre lettre, et à l'abbé, *envoyez-moi ma mère*. Ma fille, que vous êtes aimable, et que vous justifiez agréablement l'excessive tendresse qu'on voit que j'ai pour vous! Hélas! je ne songe qu'à partir, laissez-m'en le soin. Je conduis des yeux toutes choses; et si ma tante prenait le chemin de languir, en vérité je partirais. Vous seule au monde me pouvez faire résoudre à la quêter dans un si pitoyable état. Nous verrons. Je vis au jour la journée, et n'ai pas encore le courage de rien décider. Un jour je pars, le lendemain je n'ose; enfin vous dites vrai : il y a des choses bien désobligeantes dans la vie. Vous me priez de ne point songer à vous en changeant de maison, et moi je vous prie de croire que je ne songe qu'à vous, et que vous m'êtes si extrêmement chère, que vous faites toute l'occupation de mon cœur. J'irai coucher demain dans ce joli appartement où vous serez placée sans me déplacer. Demandez au marquis d'Oppède, il l'a vu. Il dit qu'il s'en va vous trouver; hélas! qu'il est heureux! Adieu! ma belle petite. Vous êtes au bout du monde; vous voyagez; je crains votre humeur hasardeuse. Je ne me fie ni à vous ni à M. de Grignan. Il est vrai que c'est une chose étrange, comme vous dites, de se trouver à Aix après avoir fait cent lieues, et au Saint-Pilon[1] après avoir grimpé si haut. Il y a quelquefois dans vos lettres des endroits qui sont très-plaisants, mais il vous échappe des périodes comme dans Tacite; j'ai trouvé cette comparaison : il n'y a rien de plus vrai. J'embrasse Grignan et le baise à la joue droite, au-dessous de sa *touffe ébouriffée*[2].

---

[1] Le Saint-Pilon est une chapelle en forme de dôme, bâtie sur la pointe du rocher de la Sainte-Baume. On n'y arrive qu'avec des peines infinies et par un chemin pratiqué dans la montagne. (A. G.)

[2] Allusion à des bouts rimés que Madame de Grignan avait faits à Livry.

251. — A LA MÊME.

A Paris, vendredi 13 mai 1672.

Il est vrai, ma fille, que l'extrême beauté de Livry serait bien capable de donner de la joie à mon pauvre esprit, si je n'étais accablée de la triste vue de ma tante, de la véritable envie que j'ai de partir, et de la langueur de madame de La Fayette, qui, après avoir été un mois à la campagne à se reposer, à se purger, à se rafraîchir, revient comme un gardon. La première chose qui lui arrive, c'est la fièvre tierce avec des accès, qui la font rêver, qui la dévorent, et qui ne peuvent faire autre chose que la consumer, car elle est extrêmement maigre et n'a rien dans le corps; mais, quoique je sois touchée de cette maladie, elle ne m'effraye point; celle de ma tante est ce qui m'embarrasse. Cependant fiez-vous à nous; laissez-nous faire : nous n'irions de longtemps en Provence, si nous n'y allions cette année. Quoique vous soyez en état de revenir avec moi, laissez-nous partir; et si la présence de l'abbé vous paraît nécessaire à donner quelque ordre dans vos affaires, profitez de sa bonne intention. On fait bien des choses en peu de temps : ayez pitié de notre impatience; aidez-nous à la soutenir, et ne croyez pas que nous perdions un moment à partir, quand même il en devrait coûter quelque petite chose à la bienséance. Parmi tant de devoirs, vous jugez bien que je péris. Ce que je fais m'accable, et ce que je ne fais pas m'inquiète. Ainsi le printemps qui me redonnerait la vie n'est pas pour moi : *Ah! ce n'est pas pour moi que sont faits les beaux jours!* voilà ma chanson. Je fais pourtant de petites équipées de temps en temps, qui me soutiennent l'âme dans le corps.

Je comprends fort bien l'envie que vous avez quelquefois de voir Livry; j'espère que vous en jouirez à votre tour. Ce n'est pas que M. d'Uzès ne vous dise

comme le roi s'est fait une loi de n'accorder aucune grâce
là-dessus; il vous dira ce qu'il lui dit : vous entendez bien
ce que je veux dire. Mais vous en jouirez, s'il plaît à Dieu,
pendant la vie de notre abbé. Je me faisais conter l'autre
jour ce que c'est que votre printemps, et où se mettent
vos rossignols pour chanter. Je ne vois que des pierres,
des rochers affreux, ou des orangers et des oliviers dont
l'amertume ne leur plaît pas : remettez-moi votre pays en
honneur. J'approuve fort le voyage que vous faites; je le
crois divertissant; le bruit du canon me paraît d'une dignité de convenance : il y a quelque chose de romanesque
à recevoir partout sa princesse avec cette sorte de magnificence. Pour des étrangers et des princes Trasybules qui arrivent à point nommé, je ne crois pas que vous en ayez
beaucoup; voilà ce qui manque à votre roman : cette petite circonstance n'est pas considérable. Vous deviez bien
me mander qui vous accompagne dans cette promenade.
M. de Martel[1] a écrit ici qu'il vous recevrait comme la
reine de France. Je trouve fort plaisante la belle passion
du général des galères[2] : quand il voudra jouer l'homme
saisi et suffoqué, il n'aura guère de peine; de la façon dont
vous me le représentez, il crèvera aux pieds de sa maîtresse : il me paraît que vous êtes mieux ensemble que
vous n'étiez : je comprends qu'à Marseille il m'aime fort
tendrement.

Vos lettres sont envoyées fidèlement : vous pourriez
m'en adresser davantage, sans craindre de m'incommoder. Mais pourquoi ne m'avez-vous point mandé le sujet
de votre chagrin de l'autre jour? J'ai pensé à tout ce qui
peut en donner dans la vie; depuis votre dernière lettre,
je me renferme à comprendre qu'on vous fait des méchancetés; je ne puis les deviner, et je ne vois point d'où elles

---

[1] Commandant la marine à Toulon. (P.)
[2] Louis-Victor de Rochechouart, duc de Vivonne. Il était extrêmement gros. (P.)

peuvent venir. La Marans a d'autres affaires. Vous êtes loin, vous ne l'incommodez sur rien ; sa sorte de malice ne va point à ces choses-là où il faut du soin et de l'application; vous devriez bien m'éclaircir là-dessus. Mais, bon Dieu, que peut-on dire de vous? Je ne puis en être en peine, étant persuadée, comme je le suis, que ce qui est faux ne dure point : quand vous voudrez, ma chère enfant, vous m'instruirez mieux que vous n'avez fait.

M. de Turenne est parti de Charleroi avec vingt mille hommes : on ne sait encore quel dessein il a. Mon fils est toujours en Allemagne; il est vrai que désormais on sera bien triste en apprenant des nouvelles de la guerre. On craint que Ruyter[1], qui, comme vous savez, est le plus grand capitaine de la mer, n'ait combattu et battu le comte d'Estrées dans la Manche. On sait très-peu de nouvelles ici ; on dit que le roi ne veut pas qu'on en écrive : il faut espérer au moins qu'il ne nous cachera pas ses victoires.

Je donnai hier à dîner à La Troche, à l'abbé Arnauld, à M. de Varennes, dans ma petite maison, que j'aime, parce qu'il semble qu'elle n'ait été faite que pour me donner la joie de vous y recevoir tous deux. Depuis que j'ai commencé cette lettre, j'ai vu le *Marseille*; il m'a paru doux comme un mouton; nous ne sommes entrés dans aucune controverse; nous avons parlé des merveilles que nous ferons, M. d'Uzès et moi, pour cimenter une bonne paix. Je ne souffrirais pas aisément le retour de madame de Monaco, sans l'espérance de vous ramener aussi : mon bon naturel n'est point changé. Je sais, à n'en pouvoir douter, que la Marans craint votre retour au delà de tout ce qu'on craint le plus ; soyez persuadée qu'elle l'empêcherait si elle pouvait; elle ne saurait soutenir votre présence. Si vous vouliez me dire un petit mot de plus sur les méchancetés qu'on vous a faites, peut-être vous pourrais-je don-

---

[1] Amiral de la république de Hollande.

ner de grandes lumières pour découvrir d'où elles viennent. Vous avez de l'obligation à Langlade; ce n'est point un *écriveux*, mais il paraît votre ami en toute occasion; il a dit des merveilles à M. de Marseille, et l'a plus embarrassé que tous les autres. M. d'Irval est parti pour Lyon, et puis à Venise [1]; l'équipage de Jean de Paris n'était qu'un peigne dans un chausson au prix du sien. Il dit de vous, *tanto t'odiaro, quanto t'amai*; il prétend que vous l'avez méprisé. M. de Marseille mande qu'ils sont partis le 10 pour une grande expédition : M. de Turenne a marché le premier avec vingt mille hommes.

252. — DE MADAME DE SÉVIGNÉ AU COMTE DE BUSSY.

A Paris, ce 16 mai 1672.

Il faudrait que je fusse bien changée pour ne pas entendre vos turlupinades et tous les beaux endroits de vos lettres. Vous savez bien, monsieur le Comte, qu'autrefois nous avions le droit de nous entendre avant que d'avoir parlé. L'un de nous répondait fort bien à ce que l'autre avait envie de dire; et si nous n'eussions point voulu nous donner le plaisir de prononcer assez facilement des paroles, notre intelligence aurait quasi fait tous les frais de la conversation. Quand on s'est si bien entendu, on ne peut jamais devenir pesant. C'est une jolie chose à mon gré que d'entendre vite, cela fait voir une vivacité qui plaît, et dont l'amour-propre sait un gré nonpareil. M. de La Rochefoucauld dit vrai dans ses Maximes : *Nous aimons mieux ceux qui nous entendent bien que ceux qui se font écouter.* Nous devons nous aimer à la pareille, pour nous être toujours si bien entendus. Vous dites des merveilles sur l'affaire des maréchaux de France; je ne saurais entrer dans le procès, je suis toujours de l'avis de celui que j'entends le dernier.

---

[1] En qualité d'ambassadeur extraordinaire.

Les uns disent oui, les autres disent non, et moi je dis oui et non; vous souvenez-vous que cela nous a fait rire à une comédie italienne? Je vous prie de parler toujours de moi à tous venants, et de ne pas perdre le temps de donner quelques petits traits de votre façon au panégyrique que fait de moi la marquise de Saint-Martin[1]. Soyez alerte, et vous placez entre deux périodes avec autant d'habileté qu'elle a de facilité à parler.

Nous ne savons ici aucunes nouvelles. Le roi marche, on ne sait où. Les desseins de S. M. sont cachés, comme il le souhaite. Un officier d'armée mandait l'autre jour à un de ses amis qui est ici : Je vous prie de me mander si nous allons assiéger Maëstricht, ou si nous allons passer l'Issel.

Je vous assure que cette campagne me fait peur. Ceux qui ne sont point à la guerre, par leur malheur plutôt que par leur volonté, ne me paraissent point malheureux. Une marque que le roi n'est pas fatigué de vos lettres, c'est qu'il les lit : il ne se contraindrait pas. Adieu, Comte, je suis fort aise que vous aimiez mes lettres, c'est signe que vous ne me haïssez pas. Je vous laisse avec notre ami.

DE MONSIEUR DE CORBINELLI.

J'ai bien dans la tête de refaire encore un voyage en Bourgogne, Monsieur : je meurs d'envie de discourir de toutes sortes de choses avec vous ; car ce que j'ai fait en passant a été trop précipité. Je n'ai pas laissé de bien profiter de la lecture de ces endroits que vous m'avez montrés. J'en ai l'esprit rempli ; car personne à mon gré ne dit de si bonnes choses, ni si bien que vous. Vous savez que je ne suis point flatteur. Gardez toujours bien cette divine manière que vous avez au suprême degré, qui est celle d'un homme de qualité, et qui plaît au dernier point ; je veux dire, d'avoir toujours plus de choses que de paroles, et de

---

[1] *Voyez* ce panégyrique dans la lettre du 1er mai précédent.

ne pas dire un mot superflu. Ce n'est pas pour faire tomber à propos le précepte d'Horace que je vous dis cela : car je suis homme à dire un précepte hors de propos, et seulement pour montrer que je le sais, si la fantaisie m'en prenait : il y a longtemps que vous me connaissez sur ce pied-là. Voici donc le précepte que vous suivez mieux que personne, à mon gré. Horace parle du genre d'écrire appelé *satire*, sous lequel il entend un certain discours agréable, et des réflexions utiles et douces sur les mœurs, tant bonnes que mauvaises; et voici comment il dit qu'il les faut faire. Ce n'est pas assez, dit-il, de faire rire, quoique ce soit un très-grand talent,

Ergo non satis est risu diducere rictum
Auditoris; et est quædam tamen hic quoque virtus;

il faut encore, dit-il, écrire ou parler bref, et ne pas dire plus de paroles que de choses, afin que nos pensées se voient tout d'un coup, et qu'elles ne soient point enveloppées dans un tas de paroles qui les offusquent :

Est brevitate opus, ut currat sententia, neu se
Impediat verbis lassas onerantibus aures.

De plus, il ne faut pas être ni toujours grave et sévère, ni toujours plaisant dans nos discours :

Et sermone opus est modo tristi, sæpe jocoso;

il ne faut pas même ni toujours argumenter les preuves en main, comme un orateur, ni aussi n'être que dans les agréments de l'éloquence des poëtes, qui ne songent qu'à divertir et à plaire, et non pas à profiter :

Defendente vicem modo rhetoris atque poetæ.

De plus, il faut quelquefois n'être rien de tout cela, mais simplement un galant homme, qui parle sans trop d'ordre ni de règle, et qui ne laisse pas de charmer par sa négligence, qui ne pousse jamais trop avant tout son esprit, qui supprime souvent mille belles choses qui lui viennent en foule sur son sujet, parce qu'il ne veut point paraître bel-esprit.

> — *Interdum. . . . . . , parcentis viribus, atque
> Extenuantis eas consulto*[1].

Voilà, Monsieur, sur mon Dieu et sur mon honneur, ce qu'il me paraît que vous observez mieux que personne que je connaisse. Je le dis incessamment parmi nos savants. Si je vais à Bussy, je veux lire avec vous les satires et les épîtres d'Horace, et vous demeurerez d'accord qu'il n'y a que lui dans l'antiquité, et qu'il n'y aura que lui dans les siècles à venir qui soit incomparable. Voici le caractère qu'en fait Perse[2] :

> *Omne vafer vitium ridenti Flaccus amico
> Tangit, et admissus circum præcordia ludit.*

Madame de Sévigné me charge de l'éloge de vos épîtres[3]. En vérité, Monsieur, elles mériteraient qu'Ovide le fît lui-même, par reconnaissance de se voir si fort embelli.

253. — DU COMTE DE BUSSY A MADAME DE SÉVIGNÉ.

A Chaseu, ce 25 mai 1672.

Je vois bien, ma belle cousine, que vous avez cela de commun avec beaucoup d'honnêtes gens, qu'il vous faut louer pour avoir du plaisir de vous : parce que je vous assurai, il y a quelque temps, de l'agrément que j'avais trouvé dans une de vos lettres, vous venez d'en remplir toute celle-ci. Je sais bien qu'il faut avoir de l'esprit pour

---

[1] Tous ces vers appartiennent à la dixième satire du 1er livre d'Horace.
[2] Dans sa première satire.
[3] C'est la traduction en vers des Héroïdes de Pâris à Hélène et d'Hélène à Pâris.

bien écrire, qu'il faut être en bonne humeur, et que les matières soient heureuses; mais il faut surtout que l'on y croie que les agréments qu'on aura ne seront pas perdus; et sans cela, l'on se néglige. En vérité, rien n'est plus beau ni plus joli que votre lettre : car il y a bien des choses du meilleur sens du monde, écrites le plus agréablement. Je demeure d'accord avec vous que nous nous devons aimer. Personne ne sait si bien que moi ce que vous valez, ni ce que je vaux, que vous. Nous nous aimons aussi, ce me semble, et cela durera toujours, pourvu que nous n'ayons pas plus de confiance en autrui qu'en nous-mêmes; pour moi, je vous réponds de résister aux tentations de vos ennemis plus qu'à celles du diable. Nous ne savons aucunes nouvelles, parce que non-seulement les desseins sont fort cachés, mais, après même qu'ils sont découverts, on ne veut pas qu'on les mande; passe pour le premier, il est juste, les secrets éventés réussissent rarement; pour le second, il est inutile et malin. Vous avez raison de dire que cette campagne fait peur. Je crois, comme vous, qu'elle sera terrible, et voilà comme je les aime; si j'y étais, je prétendrais acquérir de la gloire ou mourir; et n'y étant pas, la fortune me détrompera de bien des gens que je n'aime point. Vous savez que les spectateurs sont cruels; et je vous apprends que les spectateurs malheureux sont mille fois plus cruels que les autres. Je ne demande à Dieu que la conservation du roi, de Monsieur, de M. le Prince, de M. le Duc, et d'un petit nombre d'amis. Après cela, je ne trouve pas mauvais que les Hollandais se défendent en gens d'honneur; mais je veux à la fin que le roi prenne leurs places; car j'ai soin de la réputation de mon maître aussi bien que de sa vie. Adieu, ma belle cousine, je vous assure que je vous trouve fort aimable, et que je vous aime fort aussi.

A MONSIEUR DE CORBINELLI.

Vous me réjouissez fort, Monsieur, de me dire que j'ai de l'air d'Horace. Si cela est, c'est à la nature à qui j'en ai l'obligation, car je ne l'ai jamais lu. Je ne sais pas si c'est à cause de la ressemblance que ce qu'il dit me touche extrêmement ; mais rien ne me touche davantage. Ma modestie m'empêchera pourtant désormais de lui donner beaucoup de louanges, de peur que vous ne croyiez que je me loue sous son nom, comme on fait quelquefois quand on estime un homme contre qui l'on s'est battu. Cependant il faut encore que je vous dise, pour la dernière fois, qu'Horace me charme ; mais que s'il voyait le commentaire que vous faites de lui, il en serait charmé ; mon Dieu, que vous l'entendez bien, et que vous l'expliquez agréablement ! Si le roi pensait sur cela ce que je pense de vous, je suis assuré qu'il vous ferait lire Horace à monseigneur le dauphin, et peut-être à lui-même.

254. — DE MADAME DE SÉVIGNÉ A MADAME DE GRIGNAN.

A Paris, lundi 16 mai 1672.

Votre relation est admirable, ma fille : je crois lire un joli roman, dont l'héroïne m'est extrêmement chère. Je prends un grand intérêt à toutes ses aventures ; je ne puis croire que cette promenade dans les plus beaux lieux du monde, dans les délices de tous vos admirables parfums, reçue partout comme la reine, ce morceau de votre vie si extraordinaire et si nouveau, et si loin de pouvoir être ennuyeux ; je ne puis croire que vous n'y trouviez du plaisir ; et, quoique votre cœur me souhaite quelquefois, je suis assurée que vous vous êtes laissé divertir, et j'en ai une véritable joie. Si vous avez eu cette année le même dessein que l'autre, de vous éloigner de moi, vous avez encore mieux réussi. Pour moi, je n'ai pas fait de mon côté les mêmes pas, et j'ai dessein d'en faire de bien opposés à ceux que je fis; soyez sûre, ma fille, que vous me verrez à Grignan; laissez-moi conduire cette résolution. Il y a bien de la témérité à répondre ainsi de ses actions; mais comme il est toujours sous-entendu que la Providence est la maîtresse, en attendant qu'elle se déclare, on peut prendre la liberté de dire au moins ses volontés.

Je verrai madame de Martel; la réception que son mari vous a faite [1] mérite bien cette politesse. Je reçois avec plaisir toutes vos petites lettres de recommandation; il y a toujours la marque de l'ouvrière, qui ne peut jamais ne me pas plaire. Mon fils me donne souvent de ses nouvelles : j'ai le cœur affligé de la guerre; ils vont joindre l'armée du roi. On parle du siége de Maëstricht; cela est un peu moins épouvantable que le passage de l'Issel. En vérité, on tremble en recevant des lettres; et ce sera bien pis dans quinze jours. M. de La Rochefoucauld et moi nous nous consolons et nous nous affligeons ensemble; il a trois ou quatre fils, où son cœur s'intéresse bien tendrement. Madame de Marans vint hier chez madame de La Fayette; elle nous parut d'une noirceur, comme quand on fait un pacte avec le diable, et que le jour approche de se livrer : il y a bien quelque douleur profonde pour un guerrier [2] qui ne la regrette pas. Je ne finirais point de vous dire les amitiés de M. de La Rochefoucauld, combien il aime à parler de vous, à me faire lire quelquefois des endroits de vos lettres : c'est l'homme le plus aimable que j'aie jamais vu. Madame de La Fayette me prie fort aussi de vous parler d'elle; sa santé n'est jamais bonne, et cependant elle vous mande qu'elle n'en aime pas mieux la mort; au contraire. Pour moi, j'avoue qu'il y a des choses désagréables dans la vie; mais je n'en suis pas encore si dégoûtée que

---

[1] Il commandait dans le port de Marseille.
[2] M. le Duc, depuis M. le Prince. Elle en avait un enfant. (P.)

votre philosophie pourrait le souhaiter : vous aurez bien de la peine, ma petite, à m'ôter cette fantaisie de la tête.

Vous aurez su des nouvelles de M. de Coulanges par lui-même¹, et comme ils ont vu M. de Vivonne à son passage, et comme ils passent doucement leur vie avec le marquis de Villeroi. Ma pauvre tante est toujours très-mal ; c'est un objet de tristesse qui fait fendre le cœur. Notre abbé vous embrasse, La Mousse vous honore ; ils prétendent bien voir votre Provence ; pour moi, je ne demande qu'à vous voir ; et quoi encore ? à vous voir, et toujours à vous voir. Valcroissant a mandé ici qu'il vous avait vue à Marseille, et que vous y étiez beaucoup plus belle qu'un ange : gardez-moi bien toute cette beauté. Votre fille est aimable, je crois que je vous la mènerai ; mais j'observerai tout ce qui sera nécessaire pour ne la point hasarder : on ne me fera jamais croire qu'on n'aime point sa fille, quand elle est jolie.

Je ne sais point de nouvelles ; mes lettres sont bien ennuyeuses auprès des vôtres. Je ne pouvais jamais mieux faire que d'envoyer à M. de Pomponne ce que vous m'écriviez de si bon sens sur l'affaire de Marseille. Votre président de Bouc me voit quelquefois ; je ne crois pas que ce soit lui qui ait inventé la poudre à canon ni l'imprimerie.

Je ne sais quand vous aurez un premier président ; hors les Provençaux, on trouve peu de gens qui désirent cette place. Madame de Coëtquen a eu la rougeole ; madame de Sully s'en va à Sully avec son mari ; madame de Verneuil est à Rosny avec le sien ; madame de Castelnau est avec madame de Louvigny : la maréchale (*de Castelnau*) est seule comme une tourterelle. D'Hacqueville s'en va en Bretagne. Si vous avez envie de savoir autre chose, mandez-le lui ; car, pour nous, notre vie est triste et languissante. On croit que Maëstricht est investi ; rien n'est encore as-

---

¹ M. et madame de Coulanges étaient à Lyon dans ce temps-là. (P.)

suré. Adieu, mon ange, je vous baise, et vous embrasse avec une tendresse qui ne peut recevoir de comparaison.

255. — A LA MÊME.

A Paris, vendredi 20 mai 1672.

Je comprends fort bien, ma fille, et l'agrément, et la magnificence, et la dépense de votre voyage; je l'avais dit à notre abbé comme une chose pesante pour vous : mais ce sont des nécessités; il faut cependant examiner, si l'on veut bien courir le hasard de l'abîme où conduit la grande dépense; nous en parlerons. Il n'importe guère d'avoir du repos pour soi-même, quand on entre véritablement dans les intérêts des personnes qui nous sont chères, et qu'on sent tous leurs chagrins peut-être plus qu'elles-mêmes; c'est le moyen de n'avoir guère de plaisirs dans la vie, et il faut être bien enragée pour l'aimer autant qu'on fait. Je dis la même chose de la santé : j'en ai beaucoup; mais à quoi me sert-elle? A garder ceux qui n'en ont point. La fièvre a repris traîtreusement à madame de La Fayette; ma tante est bien plus mal que jamais; elle s'en va tous les jours. Que fais-je? Je sors de chez ma tante, et je vais chez cette pauvre Fayette; et puis je sors de chez La Fayette pour revenir chez ma tante. Ni Livry, ni les promenades, ni ma jolie maison, tout cela ne m'est de rien : il faut pourtant que je coure à Livry un moment, car je n'en puis plus. Voilà comme la Providence partage les chagrins et les maux; après tout, les miens ne sont rien en comparaison de l'état où est ma pauvre tante. Ah! noble indifférence, où êtes-vous? Il ne faut que vous pour être heureuse, et sans vous, tout est inutile; mais puisqu'il faut souffrir de quelque façon que ce soit, il vaut encore mieux souffrir par là que par les autres endroits. J'ai vu madame de Martel chez elle, et je lui ai dit tout ce que vous pouvez penser. Son mari lui a écrit des ravissements de votre beauté; il est comblé de vos politesses; il vous loue et vous admire. Sa femme m'était venue chercher pour me montrer cette lettre; je la trouvai enfin, et je vous acquittai de tout. Rien n'est plus romanesque que vos fêtes sur la mer, et vos festins dans le *Royal Louis*, ce vaisseau d'une si grande réputation. Le véritable Louis est en chemin avec toute son armée; les lettres ne disent rien de positif, par la raison qu'on ne sait point où l'on va. Il n'est plus question de Maëstricht: on dit qu'on va prendre trois places, l'une sur le Rhin, l'autre sur l'Issel, et la troisième tout auprès; je vous manderai leurs noms quand je les saurai. Rien n'est plus confus que toutes les nouvelles de l'armée : ce n'est pas faire sa cour que d'en mander, ni de se mêler de deviner et de raisonner. Les lettres sont plaisantes à voir; vous jugez bien que je passe ma vie avec des gens qui ont des fils assez bien instruits; mais il est vrai que le secret est grand sur les intentions de Sa Majesté.

L'autre jour un homme de bonne maison [1] écrivait à un de ses amis : *Je vous prie de me mander où nous allons, et si nous passerons l'Issel, ou si nous assiégerons Maëstricht.* Vous pouvez juger par là des lumières que nous avons ici; je vous assure que le cœur est en presse. Vous êtes heureuse d'avoir votre cher mari en sûreté, qui n'a d'autre fatigue que d'avoir toujours votre chien de visage dans une litière vis-à-vis de lui : *le pauvre homme!* Il avait raison de monter quelquefois à cheval pour l'éviter; le moyen de le regarder si longtemps! Hélas! il me souvient qu'une fois en revenant de Bretagne, vous étiez vis-à-vis de moi; quel plaisir ne sentais-je point de voir toujours cet aimable visage? Il est vrai que c'était dans un carrosse; il faut donc qu'il y ait quelque malédiction sur la litière.

Madame du Puy-du-Fou ne veut pas que je mène ma petite enfant : elle dit que c'est hasarder, et là-dessus je

[1] M. le Duc. (P.)

rends les armes : je ne voudrais pas mettre en péril sa petite personne; je l'aime tout à fait; je lui ai fait couper les cheveux; elle est coiffée *hurluberlu*, cette coiffure est faite pour elle : son teint, sa gorge, tout son petit corps est admirable; elle fait cent petites choses, elle parle, elle caresse, elle bat, elle fait le signe de la croix, elle demande pardon, elle fait la révérence, elle baise la main, elle hausse les épaules, elle danse, elle flatte, elle prend le menton; enfin elle est jolie de tout point; je m'y amuse des heures entières; je ne veux point que cela meure. Je vous le disais l'autre jour; je ne sais point comme l'on fait pour ne point aimer sa fille.

256. — A LA MÊME.

A Paris, lundi 23 mai 1672.

Mon petit ami de la poste ne se trouva pas hier à l'arrivée du courrier, de sorte que mon laquais ne rapporta point mes lettres; elles sont par la ville; je les attends à tous les moments, et j'espère les avoir avant que de faire mon paquet. Ce retardement me déplaît beaucoup; mon petit nouvel ami m'en demande excuse, mais je ne lui pardonne pas; en attendant, ma fille, je m'en vais causer avec vous. J'ai vu ce matin M. de Marignanes[1]; je l'ai pris pour M. de Maillanes; je me suis embarrassée; enfin, pour avoir plus tôt fait, je l'ai prié de me démêler ces deux noms; il l'a fait en galant homme. Il a compris qu'il est très-possible que je me confonde; il m'a remise; il est très-content de moi, et moi très-contente de lui. Il a vu votre fille; il dit que son frère est beau comme un ange, et vous comme deux. Il admire votre esprit, votre personne; il adore M. de Grignan.

Je dînai hier chez La Troche avec l'abbé Arnauld et madame de Valentiné. Après dîner, nous eûmes Le Camus,

---

[1] Joseph-Gaspard Couet, marquis de Marignanes.

son fils et Iter ; cela fit une petite symphonie très-parfaite : ensuite arrive mademoiselle de Grignan avec son écuyer : c'était *Beaulieu*; sa gouvernante : c'était *Hélène*; sa femme de chambre : c'était *Marie*; son petit laquais : c'était *Jaquot*, fils de sa nourrice, et la nourrice avec ses habits des dimanches; c'est la plus aimable femme de village que j'aie jamais vue. Tout cela parut beaucoup. On les envoya dans le jardin, on les regarda fort : j'aime trop tout ce petit ménage-là. Madame du Puy-du-Fou m'a brouillé la tête, en ne voulant pas que je mène ma petite-enfant; car, après tout, les enfants de la nourrice ne me plaisent point auprès d'elle, et je connais dans son visage que jamais elle ne passera l'été ici sans en mourir d'ennui. Mais, ma fille, il est question de partir. Un jour nous disons, l'abbé et moi : Allons-nous-en ; ma tante ira jusqu'à l'automne : voilà qui est résolu. Le jour d'après nous la trouvons si extrêmement bas, que nous nous disons : Il ne faut pas songer à partir, ce serait une barbarie; la lune de mai l'emportera. Et ainsi nous passons d'un jour à l'autre, avec le désespoir dans le cœur. Vous comprenez bien cet état; il est cruel. Ce qui me ferait souhaiter d'être en Provence, ce serait afin d'être sincèrement affligée de la perte d'une personne qui m'a toujours été si chère, et je sens que si je suis ici, la liberté qu'elle me donnera m'ôtera une partie de ma tendresse et de mon bon naturel. N'admirez-vous point la bizarre disposition des choses de ce monde, et de quelle manière elles viennent croiser notre chemin? Ce qu'il y a de certain, c'est que, de quelque manière que ce puisse être, nous irons cet été à Grignan. Laissez-nous démêler toute cette triste aventure, et soyez assurée que l'abbé et moi nous sommes plus près d'offenser la bienséance, en partant trop tôt, que l'amitié que nous avons pour vous, en demeurant sans nécessité. Voilà un billet de l'abbé Arnauld, qui vous apprendra les nouvelles : son frère [1], en partant, le pria

---

[1] M. de Pomponne. (P.)

de me faire part de celles qu'il lui manderait; la première page est un ravaudage de rien pour choisir un jour, afin de dîner chez M. d'Harouïs. On fait du mieux qu'on peut à cet abbé Arnauld; il n'est pas souvent à Paris[1], et l'on est aise d'obliger les gens de ce nom-là. Il me pria l'autre jour de lui montrer un morceau de votre style : son frère lui en a dit du bien; en le lui montrant, je fus surprise moi-même de la justesse de vos périodes : elles sont quelquefois harmonieuses; votre style est devenu comme on le peut souhaiter : il est fait et parfait; vous n'avez qu'à continuer, et vous bien garder de vouloir le rendre meilleur.

Voilà dix heures, il faut faire mon paquet : je n'ai point reçu votre lettre. J'ai passé à la poste : mon petit homme m'a fait beaucoup d'excuses, mais je n'en suis pas plus riche : ma lettre est entre les mains des facteurs, c'est-à-dire la mer à boire. Je la recevrai demain, et n'y ferai réponse que vendredi. Adieu, ma chère enfant; vous dirai-je que je vous aime? Il me semble que c'est une chose inutile, vous le croyez assurément; croyez-le donc, ma chère enfant, et ne craignez point d'aller trop avant; si je n'avais point le cœur triste, je vous porterais de jolies chansons : M. de Grignan les chanterait comme un ange. Je l'embrasse très-tendrement, et vous encore plus de mille fois.

257. — A LA MÊME.

A Paris, vendredi 27 mai 1672.

Vous ne devez souhaiter personne pour faire des relations; on ne peut les faire plus agréablement que vous. Je crois de votre Provence toutes les merveilles que vous m'en dites; mais vous savez très-bien les mettre dans leur jour; et si le beau pays que vous avez vu pouvait vous témoigner les obligations qu'il vous a, je suis assurée qu'il

---

[1] Il demeurait à Angers, auprès de son oncle Henri Arnauld, évêque d'Angers. (M.)

n'y manquerait pas. Je crois qu'il vous dirait aussi l'étonnement où il doit être de votre dégoût pour ces divines senteurs; jamais il n'a vu personne s'en restaurer sur un panier de fumier. Rien n'est plus extraordinaire que l'état où vous avez été; et cependant, ma fille, je le comprends, la chose du monde la plus malsaine, c'est de dormir parmi des odeurs; tous les excès sont fâcheux, et les meilleures choses sont dégoûtantes quand elles sont jetées à la tête. Ah! le beau sujet de faire des réflexions! Votre oncle de Sévigné craindra bien pour votre salut, jusqu'à ce qu'il ait compris cette vérité. Vous me disiez l'autre jour un mot admirable là-dessus, qu'il n'y a point de délices qui ne perdent ce nom quand l'abondance et la facilité les accompagnent. Je vous avoue que j'ai une extrême envie de faire cette épreuve; comment vous y prendrez-vous pour me faire voir un petit morceau de vos pays enchantés?

Je comprends la joie que vous aurez eue de voir madame de Monaco, et la sienne aussi : hélas! vous aurez bien causé; elle ouvre assez son cœur sur les chapitres même les plus délicats : je serai fort aise si vous me mandez quelque chose des sujets de votre conversation. Notre d'Hacqueville est ravi que vous ayez fait cette jolie course; il s'en va en Bretagne. Il a vu votre lettre, et Guitaud, et M. de La Rochefoucauld. Ils sont tous fort contents de votre relation, mais surtout de l'histoire tragique; elle est contée en perfection. Nous avons peur que vous n'ayez tué cette pauvre Diane pour faire un beau dénoûment; nous voulons pourtant vous en croire, et vous remercier d'avoir fait chasser l'amant de votre chambre. Si vous l'aviez fait jeter dans la mer, vous auriez encore mieux fait : sa barbarie est fort haïssable, et le mauvais goût de Diane nous console quasi de sa mort : son âme devrait bien revenir, à l'exemple de celle de M. de B......[1].

---

[1] On ne trouve dans les lettres ci-dessus que M. de Boufflers. (A. G.)

Je vous ai mandé la mort de ce dernier : il ne voulut point se confesser, et envoya tout au diable, et lui après. Son corps est en dépôt à Saint-Nicolas : le peuple s'est mis dans la tête que son âme revient la nuit tout en feu dans l'église; qu'il crie, qu'il jure, qu'il menace; et là-dessus ils veulent jeter le corps à la voirie et assassiner le curé qui l'a reçu. Cette folie est venue à tel point, qu'il a fallu ôter le corps habilement de la chapelle, et faire venir la justice pour défendre de faire insulte au curé. Voilà qui est tout neuf d'hier au matin; mais cela n'est pas digne de déchausser votre histoire amoureuse.

Nous attendons demain notre petit Coulanges. Je suis très-ennuyée de n'avoir point de lettres de mon fils; il y a un tel dérangement au commerce de l'armée, qu'on n'en reçoit quasi que par des courriers extraordinaires. Je ne sais nulle nouvelle aujourd'hui; je hais tant de dire des faussetés, que j'aime mieux ne rien dire : ce que je vous mande est toujours vrai, et vient de bon lieu. Je m'en vais présentement à Livry, j'y mène ma petite enfant, et sa nourrice, et tout le petit ménage; je veux qu'ils respirent cet air de printemps. Je reviens demain, ne pouvant quitter ma tante plus longtemps; et pour la petite, je l'y laisserai quatre ou cinq jours; je ne puis m'en passer ici : elle me réjouit tous les matins. Il y a si longtemps que je n'ai respiré et marché, qu'il faut que j'aie pitié de moi un moment aussi bien que des autres. Je me prépare tous les jours : mes habits se font, mon carrosse est prêt il y a huit jours; enfin, ma fille, j'ai un pied en l'air, et si Dieu nous conserve notre pauvre tante plus longtemps qu'on ne croit, je ferai ce que vous m'avez conseillé, c'est-à-dire je partirai, dans l'espérance de la revoir.

Écrivez à M. de Laon[1], qui enfin est cardinal; vous pourrez comprendre sa joie, si vous savez qu'il n'a jamais

---

[1] César d'Estrées, qui était cardinal *in petto* de la promotion du mois d'août de l'année 1671, ne fut déclaré qu'en ce temps-là.

souhaité que cette dignité : je viens de lui écrire. M. d'Harouïs s'en va en Bretagne; il emmène d'Hacqueville et notre ami Chésières, qui désormais sera plus Breton que Parisien. Le comte de Chapelles m'a écrit de l'armée : il me prie de vous faire cinq cent mille compliments; il dit qu'hier, je ne sais quel jour c'était que son hier, il s'était trouvé dans une compagnie de grande conséquence, où votre mérite, votre sagesse, votre beauté, avaient été élevés jusqu'au-dessus des nues, et que même on y avait compris le goût et l'amitié que vous avez pour moi. Si cette fin est une flatterie, elle m'est si agréable que je la reçois à bras ouverts.

258. — A LA MÊME.

A Paris, lundi 30 mai 1672.

Je ne reçus point hier de vos lettres, ma pauvre enfant; votre voyage de Monaco vous avait mise hors de toute mesure : je me doutais que ce petit malheur m'arriverait. Je vous envoie les nouvelles de M. de Pomponne; voilà déjà la mode d'être blessé qui commence : j'ai le cœur fort triste dans la crainte de cette campagne. Mon fils m'écrit fort souvent; il se porte bien jusqu'à présent. Ma tante est toujours dans un état déplorable; et nous avons pourtant le courage d'envisager un jour pour notre départ, en jouant une espérance que de bonne foi nous n'avons point. J'en suis toujours à trouver certaines choses fort mal arrangées parmi les événements de notre vie; ce sont de grosses pierres dans le chemin, trop lourdes pour être déplacées : je crois que nous passerons par-dessus; ce n'est pas sans peine. La comparaison est juste. Je ne mènerai point ma petite enfant; elle se porte très-bien à Livry, elle y passera tout l'été. La beauté de Livry est au-dessus de tout ce que vous avez vu; les arbres sont d'un vert admirable; tout est plein de chèvrefeuilles : cette odeur ne m'a point encore dégoûtée. Mais vous méprisez bien nos petits buissons, au prix de vos forêts d'orangers.

Voici une histoire tragique de Livry : vous vous souvenez bien de ce prétendant si dévot, qui n'osait tourner les yeux ni la tête; je disais qu'il semblait qu'il y portât un verre d'eau. La dévotion l'a rendu fou : une belle nuit il se donna cinq ou six coups de couteau; et tout nu, et tout en sang, il se mit à genoux au milieu de sa chambre. On entre; on le trouve en cet état : Eh! mon dieu! mon frère, que faites-vous? et qui vous a maltraité ainsi? Mon père, dit-il froidement, c'est que je fais pénitence. Il tombe évanoui; on le couche, on le panse, on le trouve très-blessé; on le guérit après trois mois de soins, et puis ils l'ont renvoyé à Lyon, à ses parents. Si vous ne trouvez pas cette tête-là assez renversée, vous n'avez qu'à le dire, et je vous donnerai celle de madame Paul[1], qui est devenue éperdue, et s'est amourachée d'un grand benêt de vingt-cinq ou de vingt-six ans, qu'elle avait pris pour faire le jardin. Vraiment il a fait un beau ménage : cette femme l'épouse. Ce garçon est brutal, il est fou; il la battra comme plâtre; il l'a déjà menacée. N'importe, elle en veut passer par là; je n'ai jamais vu tant de passion. Ce sont tous les plus violents sentiments qu'on puisse imaginer; mais ils sont croqués comme les grosses peintures : toutes les couleurs y sont, il n'y aurait qu'à les étaler. Je me suis extrêmement divertie à méditer sur ces caprices de l'amour; je me suis effrayée moi-même voyant de tels attentats. Quelle insolence! s'attaquer à madame Paul, c'est-à-dire à l'austère, l'antique et grossière vertu; où trouvera-t-on quelque sûreté?

Voilà de belles nouvelles, ma chère enfant, au lieu de vos aimables relations.

Madame de La Fayette est toujours languissante,

---

[1] Veuve de maître Paul, jardinier de Livry.

M. de La Rochefoucauld toujours écloppé; nous faisons quelquefois des conversations d'une tristesse qu'il semble qu'il n'y ait plus qu'à nous enterrer. Le jardin de madame de La Fayette est la plus jolie chose du monde; tout est fleuri, tout est parfumé; nous y passons bien des soirées, car la pauvre femme n'ose aller en carrosse. Nous vous souhaiterions bien quelquefois derrière une palissade pour entendre certains discours de certaines terres inconnues[1] que nous croyons avoir découvertes. Enfin, ma fille, en attendant ce jour heureux de mon départ, je passe du faubourg au coin du feu de ma tante, et du coin du feu de ma tante à ce pauvre faubourg. Je vous prie de ne pas oublier M. d'Harouïs, dont le cœur est un chef-d'œuvre de perfection, et qui vous adore. Adieu, ma très-aimable, j'ai extrêmement envie de savoir de vos nouvelles et de celles de votre fils. Il fait bien chaud chez vous autres; je crains cette saison pour lui, et pour vous beaucoup plus, car je n'ai pas encore pensé qu'on pût aimer quelque chose plus que vous. J'embrasse mon cher Grignan; vous aime-t-il toujours bien? Je le prie de m'aimer aussi.

259. — A LA MÊME.

A Livry, jeudi 2 juin 1672.

Je l'ai reçu, cet aimable volume; jamais je n'en ai vu un si divertissant, ni si bien écrit, ni où je prisse tant d'intérêt : je ne puis assez vous dire l'obligation que je vous en ai, aussi bien que de l'application que vous avez aux dates; c'est une marque assurée du plaisir et de l'intérêt qu'on prend à un commerce. Au contraire, quand les commerces pèsent, nous nous moquons bien de tant compter, nous voudrions que tout se perdît. Mais vous êtes bien sur ce point comme je le puis souhaiter; et ce ne m'est

---

[1] Allusion à la carte de *Tendre*, du roman de *Clélie*, de mademoiselle de Scudéri.

pas une médiocre joie, à moi qui mets au premier rang le commerce que j'ai avec vous.

Il est donc vrai, ma fille, qu'il y a eu une de mes lettres de perdue; mais je ne jette les yeux sur personne : ceux qui pourraient s'en soucier n'ont pas détourné les lettres qui devaient leur donner le plus de curiosité : elles ont toujours été jusqu'à vous; des autres, ils ne s'en soucient guère. Vous êtes contente de ce ministre, et vous le serez toujours très-assurément; vous entendez bien que c'est du grand Pomponne que je parle, et c'est de lui que je croyais qu'on voudrait voir ce que je disais. Je ne sais donc qui peut faire ce misérable larcin; il n'y a pas un grand goût à prendre des lettres, au degré de parenté où nous sommes : si elles sont agréables, c'est un miracle; ordinairement elles ne le sont point. Enfin, voilà qui est fait, sans que je puisse imaginer à qui je dois m'en prendre. Dieu vous garde donc d'une plus grande perte!

Nous ne savons point la vie cachée de la Marans; mais madame de La Fayette doit vous écrire ses visions passées, dès qu'elle aura une tête pour cela. Nous croyons avoir entrevu un épisode d'un jeune prince[1], au milieu de l'enivrement, qui la rendait si troublée; et toutes ses paroles ramassées nous confirmaient cette vision. Je vous fais entendre notre folie : elle vous sera expliquée plus nettement.

Vous ne m'expliquez que trop bien les périls de votre voyage : je ne les comprends pas, c'est-à-dire je ne comprends pas comment on peut s'y exposer : j'aimerais mieux aller à l'occasion; j'affronterais plus aisément la mort dans la chaleur du combat, avec l'émulation des autres et le bruit des trompettes, que de voir de grosses vagues me marchander et me mettre à loisir à deux doigts de ma perte; et d'un autre côté, vos Alpes, dont les che-

---

[1] Le duc de Longueville. *Voyez* la lettre du 8 juillet suivant.

mins sont plus étroits que vos litières, en sorte que votre vie dépend de la fermeté du pied de vos mulets. Ma fille, cette pensée me fait transir depuis les pieds jusqu'à la tête; je suis servante de ces pays-là, je n'irai de ma vie, et je tremble quand je songe que vous en venez.

Jamais les amants de madame de Monaco [1] n'en ont tant fait pour elle; ce que vous dites du premier et du dernier est admirable : c'est cela qui est une épigramme. Ne parlâtes-vous point un peu de MADAME [2]? en est-elle consolée? est-elle bien estropiée [3]? est-elle bien désespérée de se voir au delà des Alpes? est-elle dans l'attente de venir à Paris? Je comprends la grande joie qu'elle a eue de vous voir; vos conversations doivent avoir été infinies, et l'obligation d'une telle visite ne se doit jamais oublier : elle vous l'a rendue promptement; mais ce n'est pas avec les mêmes circonstances. Vous me parlez très-plaisamment de la princesse d'Harcourt [4]. Brancas s'est inquiété, je ne sais pourquoi; il est volontaire à l'armée, et comme il est désespéré de mille choses, il n'évitera pas trop de rêver ou de s'endormir vis-à-vis d'un canon : il ne voit guère d'autre porte pour sortir de tous ses embarras. Il écrivait l'autre jour à madame de Villars et à moi; le dessus de la lettre était : *à M. de Villars, à Madrid.* Madame de Villars, qui le connaît, devina la vérité; elle ouvre la lettre, et y trouve d'abord : *Mes très-chères.* Nous n'avons point encore fait réponse.

Vous dites que je ne vous parle point de votre frère; je ne sais pourquoi, car j'y pense à tout moment et j'en suis dans des inquiétudes extrêmes; je l'aime fort, et il vit avec moi d'une manière charmante : ses lettres sont aussi d'un style que, si on les trouve jamais dans ma cassette,

---

[1] Selon M. de Montmerqué, Madame de Sévigné désigne le duc de Lauzun et le chevalier de Lorraine.
[2] Madame de Monaco avait été la principale favorite de MADAME. (P.)
[3] D'une saignée mal faite. (P.)
[4] Françoise de Brancas. (P.)

on croira qu'elles sont du plus honnête homme de mon temps ; je ne crois pas qu'il y ait un air de politesse et d'agrément pareil à celui qu'il a pour moi. Cette guerre me touche donc au dernier point ; mon fils est présentement dans l'armée du roi, c'est-à-dire à la gueule du loup, comme les autres.

On ne sera pas longtemps sans apprendre de grandes nouvelles : le cœur bat en attendant. Le marquis de Castelnau a la petite-vérole. On disait hier que Desmarêts[1], le fils du grand fauconnier, et Bouligneux, étaient morts de maladie : si je ne vous mande point le contraire avant que de fermer demain ma lettre à Paris, c'est signe que cela est vrai. Je suis venue ici ce matin toute seule dans une calèche, afin de remener ma petite enfant ; il faut qu'elle essaye un bonnet et une robe ; je m'en jouerai jusqu'à ce que je parte, et ne la ramènerai ici que trois jours devant : elle se porte très-bien ; elle est aimable sans être belle ; elle fait cent petites sottises, qui réjouissent.

Mais la veuve de maître Paul est outrée : il s'est trouvé une anicroche à son mariage. Son grand benêt d'amant ne l'aime guère ; il trouve Marie[2] bien jolie, bien douce. Ma fille, cela ne vaut rien, je vous le dis franchement : je vous aurais fait cacher, si j'avais voulu être aimée. Ce qui se passe ici est ce qui fait tous les romans, toutes les comédies, toutes les tragédies, *in rozzi petti, tutte le fiamme, tutte le furie d'amor.* Il me semble que je vois un de ces petits amours qui sont si bien dépeints dans le prologue de l'*Aminte*, qui se cachent et qui demeurent dans les forêts : je crois, pour son honneur, que celui-là visait à Marie ; mais le plus juste s'abuse : il a tiré sur la jardinière, et le mal est incurable. Si vous étiez ici, cet original grossier vous divertirait extrêmement ; pour moi, j'en suis occupée, et

---

[1] Alexis-François Dauvet, comte Desmarêts ; il succéda à Nicolas Dauvet, son père, en 1678. (M.)

[2] Fille de madame Paul. (P.)

j'emmène Marie, pour l'empêcher de couper l'herbe sous le pied de sa mère : ces pauvres mères!

Je ne laisse pas de me promener avec plaisir ; les chèvrefeuilles ne m'entêtent point. M. de Coulanges est charmé du marquis de Villeroi ; il arriva hier au soir. Sa femme, comme vous dites, a donné tout au travers des louanges et des approbations de ce marquis. Cela est naturel ; il faut avoir trop d'application pour s'en garantir : je me suis mirée dans sa lettre, mais je l'excuse mieux qu'on ne m'excusait.

Ne croyez point, ma fille, que la maladie de madame de La Fayette puisse m'arrêter ; elle n'est pas en état de faire peur ; et puisque j'envisage bien de partir dans l'état où est ma tante, il faut croire que rien ne peut m'en empêcher. M. de Coulanges ne croyait plus la revoir ; il l'a trouvée méconnaissable ; elle ne prend plus de plaisir à rien ; elle est à demi dans le ciel : c'est une véritable sainte ; elle ne songe plus qu'à son grand voyage, et comprend fort bien celui que je vais faire ; elle me donne congé d'un cœur déjà tout détaché de la terre ; elle entre dans mes raisons, cela touche sensiblement ; et j'admire le contre-poids que Dieu veut mettre à la joie sensible que j'aurai de vous aller voir. Je laisserai ma tante à demi morte ; cette idée blesse le cœur, et j'emporterai une inquiétude continuelle de mon fils : ah ! que voilà bien le monde ! Vous dites qu'il faut se désaccoutumer de souhaiter quelque chose ; ajoutez-y, et de croire être parfaitement contente : cet état n'est pas réservé pour les mortels.

Vous êtes donc à Grignan ; eh bien, ma chère enfant, tenez-vous y jusqu'à ce que je vous en ôte. Notre cher abbé pense comme moi, et La Mousse ; vous ne vîtes jamais une petite troupe aller de si bon cœur à vous. Adieu, ma très-aimable, jusqu'à demain à Paris ; je m'en vais me promener et penser à vous très-assurément dans toutes ces belles allées où je vous ai vue mille fois.

À MONSIEUR DE GRIGNAN.

Vous me flattez trop, mon cher Comte : je ne prends qu'une partie de vos douceurs, qui est le remerciement que vous me faites de vous avoir donné une femme qui fait tout l'agrément de votre vie : oh! pour cela, je crois que j'y ai un peu contribué; mais pour votre autorité dans la province, vous l'avez par vous-même, par votre mérite, votre naissance, votre conduite; tout cela ne vient pas de moi. Ah! que vous perdez que je n'aie pas le cœur content! Le Camus m'a prise en amitié; il dit que je chante bien ses airs : il en a fait de divins; mais je suis triste, et je n'apprends rien; vous les chanteriez comme un ange : Le Camus estime fort votre voix et votre science. J'ai regret à ces sortes de petits agréments que nous négligeons; pourquoi les perdre! Je dis toujours qu'il ne faut point s'en défaire, et que ce n'est pas trop de tout. Mais que faire quand on a un nœud à la gorge? Vous avez fait faire à ma fille le plus beau voyage du monde : elle en est ravie; mais vous l'avez bien menée par monts et par vaux, et bien exposée sur vos Alpes, et aux flots de votre Méditerranée : j'ai quasi envie de vous gronder, après vous avoir embrassé tendrement.

A MADAME DE GRIGNAN.

Vendredi 5 juin.

Me voici à Paris, où je trouve que ces deux Messieurs[1] ne sont pas si morts qu'ils l'étaient hier. La maréchale de Villeroi[2] est à l'extrémité. Je ne sais rien de l'armée. Adieu.

---

[1] Messieurs Desmarêts et Bouligneux. (P.).
[2] Madeleine de Créqui, fille du maréchal de Lesdiguières. Elle ne mourut qu'en 1675.

260. — A LA MÊME.

A Paris, lundi 6 juin 1672.

Comme je n'ai point reçu de vos lettres, et que c'est toujours un grand chagrin pour moi, je me suis imaginé que vous aviez été occupée à recevoir madame de Monaco : ce qui me console, c'est que vous êtes en lieu de planter des choux, et que vos Alpes ni votre mer Méditerranée ne sauraient plus vous faire périr. J'ai bien sué en pensant aux périls de votre voyage.

Ma tante a reçu encore aujourd'hui le viatique dans la vue de faire le sien, où elle est appliquée avec une dévotion angélique; sa préparation, sa patience, sa résignation, sont des choses si peu naturelles, qu'il faut les considérer comme autant de miracles qui persuadent la religion. Elle est entièrement détachée de la terre; son état, quoique infiniment douloureux, est la chose du monde la plus souhaitable à ceux qui sont véritablement chrétiens. Elle nous chasse tous, comme je vous ai déjà dit; et, quoique nous ayons dessein de lui obéir, nous croyons quelquefois qu'elle s'en ira encore plus tôt que nous. Enfin nous voyons un jour; et si je n'étais accoutumée depuis quelque temps à ne point faire ce que je désire, je vous manderais dès aujourd'hui de ne me plus écrire. Mais non, j'aime mieux recevoir quelqu'une de vos lettres à Grignan, que d'en manquer ici.

Voilà les nouvelles de M. de Pomponne : il est déjà question d'un nom de connaissance qui afflige; Dieu nous fasse la grâce de n'en point voir d'autres. M. de La Rochefoucauld ne sait encore rien : il sera sensiblement touché; car il est patriarche, et connaît quasi aussi bien que moi la tendresse maternelle; il me pria fort hier de vous faire mille amitiés pour lui. Madame de La Fayette me pria fort aussi de vous dire l'état où elle est, afin que vous ne soyez point étonnée de ne point voir de ses lettres; la fièvre tierce l'a reprise. Elle vous conjure de croire que ce n'est ni un prêtre, ni un conseiller qui cause l'ennui de la Marans; c'est un des mieux chaussés, dont nous ne savons ni le nom ni la devise, ni les couleurs, mais que nous jugeons bien qui est à la guerre, à voir les sombres horreurs dont elle est accablée; si elle aimait un conseiller, elle serait gaillarde. Dans ma lettre qui a été perdue, je crois que je vous répondais sur quelque chagrin que vous aviez d'une méchanceté qu'on vous avait faite; je vous mandais que si vous en aviez dit davantage, on aurait peut-être bien pu deviner d'où cette malice pouvait venir.

J'ai appris quelque chose depuis de ce qui vous fâchait; il y a des gens fort alertes pour s'éclaircir des soupçons qu'ils ont sur certaines gens. Nous sommes éveillés aussi pour un premier président [1], que nous croyons que M. de Marseille fera faire à Saint-Germain, au conseil de la reine, en l'absence du roi et de M. de Pomponne, avec M. Colbert et M. Le Tellier. Je mis hier Langlade en campagne pour parler à des gens qui nous doivent instruire, et que nous voulons instruire à notre tour; il trouve que l'amitié me donne de l'esprit et des vues : je n'exécute rien qu'avec de bons conseils. J'ai vu une lettre de vous à Sainte-Marie, dont je vous loue et vous remercie mille fois; je n'ai jamais rien vu de si honnête ni de si politique : vous faites mieux que moi. M. de Coulanges et M. de Guitaud m'en ont montré d'autres, dont vous êtes louable d'une autre façon.

Vous savez bien que le marquis de Villeroi a quitté Lyon et madame de Coulanges, pour s'en aller, comme le chevalier des armes noires, dans l'armée de l'électeur de Cologne, voulant servir le roi au moins dans l'armée de ses alliés; il y a plusieurs avis pour savoir s'il a bien ou

---

[1] Du parlement d'Aix. (P.)

mal fait. Le roi n'aime pas qu'on lui désobéisse ; peut-être aussi qu'il aimera cette ardeur martiale : le succès fera voir ce que l'on en doit juger.

Je reçois dans ce moment votre lettre du 27, d'Aix et de Lambesc. Je pensais déjà que vous ne m'écriviez point du tout à cause de votre princesse (*de Monaco*) : c'est la plus raisonnable excuse que vous me puissiez donner ; je la comprends très-bien ; vous n'avez pas tous les jours de telles compagnies ; il faut bien profiter de ces occasions, que le bonheur et le hasard vous envoient. Parlez-moi des déplaisirs qu'elle a eus de la mort de MADAME, et des espérances qu'elle a pour Paris.

Vous avez donc eu des comédiens ; je vous réponds que, de quelque façon que votre théâtre fût garni, il l'était toujours mieux que celui de Paris. J'en parlais l'autre jour en m'amusant avec *Beaulieu*[1] ; il me disait : Madame, il n'y a plus que des garçons de boutique à la comédie ; il n'y a pas seulement des filous, ni des pages, ni de grands laquais, tout est à l'armée : quand on voit un homme avec une épée dans les rues, les petits enfants crient sur lui ; voilà quel est Paris présentement, mais il changera de face dans quelques mois.

Vous faites bien de me demander pardon, de dire que vous me laissez reposer de vos grandes lettres ; vous avez réparé cette faute très-promptement : hélas, ma fille! ce sont des petites qu'il faut que je me repose. Vous êtes d'un très-bon commerce ; je n'eusse jamais cru que le mien vous eût été si agréable : je m'en estime bien plus que je ne faisais. Vous me dites plaisamment que vous croiriez m'ôter quelque chose en polissant vos lettres : gardez-vous bien d'y toucher, vous en feriez des pièces d'éloquence. Cette pure nature dont vous parlez est précisément ce qui est bon, et ce qui plaît uniquement. Gardez

---

[1] Valet de chambre de Madame de Sévigné.

bien votre aimable esprit, il a les yeux plus grands que ceux de votre tête, qui sont pourtant fort jolis, pour ce qu'ils contiennent! Votre comparaison est plaisante, d'une femme grosse de neuf, dix, onze ou douze mois; oui ma fille, vous accoucherez enfin heureusement; votre enfant ne sera point pétrifié. Ne m'envoyez point vos eaux ni vos gants, vous me les donnerez à Grignan; je ne ferai point d'autre provision que celle-là : je vous manderai que je pars à l'heure que vous y penserez le moins. La maréchale de Villeroi[1] se porte mieux. Il n'y a point de meilleures nouvelles que celles que je vous envoie; j'en demande toujours, et l'on prend plaisir à m'en dire, parce qu'on sait bien que ce n'est pas pour moi. Je suis en peine de vos jambes; pourquoi sont-elles enflées? pourquoi la fièvre n'aura-t-elle pas de suite? Il m'est impossible de ne pas souhaiter au moins d'être à demain, afin d'avoir encore de vos nouvelles, et de cette fièvre que vous dites qui n'aura point de suite. Je vous embrasse avec une tendresse extrême.

261. — A LA MÊME.

À Paris, lundi 13 juin 1672.

Ma petite, hélas! vous avez été bien malade; je comprends ce mal, et le crains comme un de ceux qui donnent le plus de frayeur. Sans la bonté qu'a eue M. de Grignan de m'écrire, je vous avoue que j'aurais été dans une inquiétude mortelle; mais il vous aime si passionnément, que je le tiendrais peu en état de songer à soulager mes craintes, si vous aviez été un moment en péril. J'attends demain avec impatience; j'espère que vous me direz vous-même comme vous vous portez, et pourquoi vous vous êtes mise en colère; j'y suis beaucoup contre ceux qui vous en ont donné sujet.

Voilà une lettre de mon fils qui vous divertira, ce sont

---

[1] Madeleine de Créqui. (P.)

des détails qui font plaisir. Vous verrez que le roi est si parfaitement heureux[1], que désormais il n'aura qu'à dire ce qu'il souhaite dans l'Europe, sans prendre la peine d'aller lui-même à la tête de son armée; on se trouvera heureux de le lui donner. Je suis assurée qu'il passera l'Issel comme la Seine. La terreur prépare partout une victoire aisée : la joie de tous les courtisans est un bon augure. Brancas me mande qu'on ne cesse de rire depuis le matin jusqu'au soir; voici une petite histoire qu'il faut que je vous mande.

Dès que le vieux Bourdeille[2] fut mort, M. de Montausier écrivit au roi pour lui demander la charge de sénéchal de Poitou pour M. de Laurière[3] son beau-frère. Le roi la lui accorda. Un peu après le jeune Matha la demanda, et dit au roi qu'il y avait très-longtemps que cette charge était dans leur maison. Le roi écrivit à M. de Montausier, et le pria de la lui rendre, en l'assurant qu'il donnerait autre chose à M. de Laurière. M. de Montausier répondit que pour lui il serait ravi de le pouvoir faire ; mais que son beau-frère en ayant reçu les compliments dans la province, il était impossible, et que Sa Majesté pourrait faire d'autres biens au petit Matha. Le roi en parut piqué, et se mordant les lèvres : Eh bien! dit-il, je lui laisse la charge pour trois ans; mais je la donne ensuite pour toujours au petit Matha. Ce contre-temps a été fâcheux pour M. de Montausier. C'était à M. de Grignan que je devais mander ceci[4]; il n'importe, mes deux lettres sont à tous deux, et n'en valent pas une bonne.

Vous n'aurez point de Provençal pour premier président, on m'en a fort assurée. M. de Marseille me vint voir

---

[1] En huit jours l'armée du roi et celle des alliés prirent six villes. Après quoi, l'armée passa le Rhin.
[2] François Sicaire, marquis de Bourdeille et d'Archiac, sénéchal et gouverneur du Périgord.
[3] Le marquis de Laurière avait épousé la sœur du duc de Montausier.
[4] La première femme de M. de Grignan était fille du duc de Montausier. (M.)

hier avec le marquis de Vence et deux députés ; je crus que c'était une harangue.

Adieu, ma chère enfant ; je vous prie d'être bien aise de me voir en quelque temps que ce soit, et de songer au plaisir que j'en recevrai. Ma fille, voilà une petite sotte bête de lettre ; je ferais bien mieux de dormir.

262. — A LA MÊME.

A Paris, vendredi 17 juin 1672, à onze heures du soir.

Je viens d'apprendre, ma fille, une triste nouvelle, dont je ne vous dirai point le détail, parce que je ne le sais pas : mais je sais qu'au passage de l'Issel[1], sous les ordres de M. le Prince, M. de Longueville a été tué ; cette nouvelle accable. J'étais chez madame de La Fayette quand on vint l'apprendre à M. de La Rochefoucauld, avec la blessure de M. de Marsillac et la mort du chevalier de Marsillac : cette grêle est tombée sur lui en ma présence. Il a été très-vivement affligé, ses larmes ont coulé du fond du cœur, et sa fermeté l'a empêché d'éclater. Après ces nouvelles, je ne me suis pas donné la patience de rien demander : j'ai couru chez M. de Pomponne, qui m'a fait souvenir que mon fils est dans l'armée du roi, laquelle n'a eu nulle part à cette expédition ; elle était réservée à M. le Prince : on dit qu'il est blessé ; on dit qu'il a passé la rivière dans un petit bateau ; on dit que Nogent a été noyé ; on dit que Guitry est tué ; on dit que M. de Roquelaure et M. de La Feuillade sont blessés, qu'il y en a une infinité qui ont péri en cette rude occasion. Quand je saurai le détail de cette nouvelle, je vous le manderai. Voilà Guitaud qui m'envoie un gentil-homme qui vient de l'hôtel de Condé ; il me dit que M. le Prince a été blessé à la main. M. de Longueville avait forcé la barrière, où il s'était présenté le premier ; il

[1] C'est-à-dire au passage du Rhin, l'Issel fut abandonné. (P.)

a été aussi le premier tué sur-le-champ[1]; tout le reste est assez pareil : M. Guitry noyé, et M. de Nogent aussi ; M. de Marsillac blessé, comme j'ai dit, et une grande quantité d'autres qu'on ne sait pas encore. Mais enfin l'Issel est passé. M. le Prince l'a passé trois ou quatre fois en bateau, tout paisiblement, donnant ses ordres partout avec ce sang-froid et cette valeur divine qu'on lui connaît. On assure qu'après cette première difficulté on ne trouve plus d'ennemis : ils sont retirés dans leurs places. La blessure de M. de Marsillac est un coup de mousquet dans l'épaule, et un autre dans la mâchoire, sans casser l'os. Adieu, ma chère enfant : j'ai l'esprit un peu hors de sa place, quoique mon fils soit dans l'armée du roi ; mais il y aura tant d'autres occasions que cela fait trembler et mourir.

263. — DE MADAME DE SÉVIGNÉ AU COMTE DE BUSSY.

À Paris, ce 19 juin 1672.

J'ai présentement dans ma chambre votre grand garçon[2]. Je l'ai envoyé querir dans mon carrosse pour venir dîner avec moi. Mon oncle l'abbé, qui y était aussi, a présenté d'abord à mon neveu un grand papier plié, et l'ayant ouvert, il a trouvé que c'était une généalogie des Rabutins. Il en a été tout réjoui; et il s'amuse présentement à regarder d'où il vient. Si tout d'un train il s'amuse à méditer où il va, nous ne dînerons pas si tôt ; mais je lui épargnerai la peine de faire cette méditation, en l'assurant qu'il va droit à la mort, et à une mort assez prompte, s'il fait votre métier, comme il y a beaucoup d'apparence. Je suis certaine que cette pensée ne l'empêchera pas de dîner : il est d'une trop bonne race pour être surpris d'une si triste nouvelle. Mais enfin je ne comprends pas qu'on puisse s'exposer mille

---

[1] *Voyez* ci-après les lettres du 20 juin et 8 juillet.
[2] Amé-Nicolas de Rabutin, né le 26 mars 1656, fils aîné du comte de Bussy. Il faisait ses études à Paris. Comme son père, il prit le parti des armes. (*Voyez* la peinture de son caractère, de son tempérament, dans la lettre de Bussy, 5 mars 1686.)

fois, comme vous avez fait, et qu'on ne soit pas tué mille fois aussi. Je suis aujourd'hui bien remplie de cette réflexion. La mort de M. de Longueville, celle de Guitry, de Nogent et de plusieurs autres ; les blessures de M. le Prince, de Marsillac, de Vivonne, de Montrevel, de Revel, du comte de Saulx, de Termes et de mille gens inconnus, me donnent une idée bien funeste de la guerre. Je ne comprends point le passage du Rhin à la nage. Se jeter dedans à cheval, comme des chiens après un cerf, et n'être ni noyé, ni assommé en abordant, tout cela passe tellement mon imagination que la tête m'en tourne. Dieu a conservé mon fils jusques ici ; mais peut-on compter sur ceux qui sont à la guerre ? Adieu, mon cher cousin, je m'en vais dîner. Je trouve votre fils bien fait et aimable. Je suis fort aise que vous aimiez mes lettres. On ne peut être à votre goût sans beaucoup de vanité.

264. — DU COMTE DE BUSSY A MADAME DE SÉVIGNÉ.

A Chaseu[1], ce 26 juin 1672.

Ne dirait-on pas, comme vous en parlez, Madame, qu'il n'y a que les gens de guerre qui meurent ? Cependant la vérité est que la guerre ne fait que hâter la mort de quelques-uns, qui auraient vécu davantage s'ils n'y étaient point allés. Pour moi, je me suis trouvé en plusieurs occasions assez périlleuses sans avoir seulement été blessé. Mon malheur a roulé sur d'autres choses ; et pour parler franchement, j'aime mieux avoir été moins heureux que d'être mort jeune. Il y a cent mille gens qui ont été tués à la première occasion où ils se sont trouvés, et cent mille autres à la seconde : *Così l'ha voluto il fato.* Cependant je vous vois dans de grandes alarmes ; mais il faut que je vous rassure, Madame, en vous apprenant qu'on fait quelquefois dix campagnes sans tirer une fois l'épée, et qu'on se

---

[1] Paroisse de Loisy, près d'Autun.

trouve souvent dans des batailles sans voir l'ennemi : par exemple, quand on est à la seconde ligne, ou à l'arrière-garde, et que la première ligne a décidé du combat, comme il arriva à la bataille des Dunes, en 1658. Dans une guerre de campagne, les officiers de cavalerie courent plus de hasard que les autres. Dans une guerre de sièges, les officiers d'infanterie sont mille fois plus exposés : et sur cela, Madame, il faut que je vous dise ce que M. de Turenne m'a conté avoir ouï dire au feu prince d'Orange Guillaume : que les jeunes filles croyaient que les hommes étaient toujours en état; et que les moines croyaient que les gens de guerre avaient toujours, à l'armée, l'épée à la main. L'intérêt que vous avez à cette campagne vous fait faire des réflexions que vous n'aviez jamais faites. Si monsieur votre fils n'était pas là, vous regarderiez cette action comme cent autres dont vous avez ouï parler sans être émue, et vous trouveriez seulement de la hardiesse au passage du Rhin, où vous trouvez aujourd'hui de la témérité. Croyez-moi, ma chère cousine, la plupart des choses ne sont grandes ou petites qu'autant que notre esprit les fait ainsi. Le passage du Rhin à la nage est une belle action, mais elle n'est pas si téméraire que vous pensez. Deux mille chevaux passent pour en aller attaquer quatre ou cinq cents. Les deux mille sont soutenus d'une grande armée où le roi est en personne, et les quatre ou cinq cents sont des troupes épouvantées par la manière brusque et vigoureuse dont on a commencé la campagne. Quand les Hollandais auraient eu plus de fermeté en cette rencontre, ils n'auraient tué qu'un peu plus de gens, et enfin ils auraient été accablés par le nombre. Si le prince d'Orange avait été à l'autre bord du Rhin avec son armée, je ne pense pas que l'on eût essayé de passer à la nage devant lui, et c'est ce qui aurait été téméraire si on l'avait hasardé[1]. Cependant c'est ce que fit Alexandre au

---

[1] Bussy touchait au vif bien des amours-propres dans la censure qu'il fait sur le passage du Rhin. Il paraît que quelques indiscrets dévoilèrent à la cour

passage du Granique. Il passa avec quarante mille hommes cette rivière à la nage, malgré cent mille qui s'y opposaient. Il est vrai que s'il eût été battu, on aurait dit que c'eût été un fou; et ce ne fut que parce qu'il réussit, que l'on dit qu'il avait fait la plus belle action du monde.

Je suis fort aise, ma belle cousine, que votre déchaînement contre la guerre n'ait d'autre raison que la crainte de l'avenir, et que M. de Sévigné se soit tiré heureusement d'affaire. Il faut espérer qu'il sera toujours heureux. Ce n'est pas que le maréchal de La Ferté ne dise que la guerre dit : *Attends-moi, je t'aurai*. Mandez-moi si monsieur votre fils était commandé de passer. Si mon fils vous plaît, Madame, il peut bien plaire à d'autres. Vous avez le goût bon.

265. — DE MADAME DE SÉVIGNÉ A MADAME DE GRIGNAN.

A Paris, 20 juin 1672.

Il m'est impossible de me représenter l'état où vous avez été, ma chère enfant, sans une extrême émotion; et quoique je sache que vous en êtes quitte, Dieu merci! je ne puis tourner les yeux sur le passé, sans une horreur qui me trouble. Hélas! que j'étais mal instruite d'une santé qui m'est si chère! Qui m'eût dit en ce temps-là : votre fille est plus en danger que si elle était à l'armée? J'étais bien loin de le croire. Faut-il donc que je me trouve cette tristesse avec tant d'autres qui sont présentement dans mon cœur? Le péril extrême où se trouve mon fils; la guerre, qui s'échauffe tous les jours; les courriers qui n'apportent plus que la mort de quelqu'un de nos amis ou de nos connaissances, et qui peuvent apporter pis; la crainte que l'on a des mauvaises nouvelles, et la curiosité qu'on a de les apprendre; la désolation de ceux qui sont outrés de douleur, et avec qui je

son opinion à cet égard, et on prolongea son exil; du moins on attribua à ce motif, cumulé avec d'autres, la disgrâce dont il se plaint si souvent et si amèrement. (G.)

passe une partie de ma vie; l'inconcevable état de ma tante, et l'envie que j'ai de vous voir, tout cela me déchire, me tue, et me fait mener une vie si contraire à mon humeur et à mon tempérament, qu'en vérité il faut que j'aie une bonne santé pour y résister. Vous n'avez jamais vu Paris comme il est; tout le monde pleure ou craint de pleurer : l'esprit tourne à la pauvre madame de Nogent; madame de Longueville fait fendre le cœur, à ce qu'on dit; je ne l'ai point vue, mais voici ce que je sais.

Mademoiselle de Vertus[1] était retournée depuis deux jours à Port-Royal, où elle est presque toujours; on est allé la querir avec M. Arnauld, pour dire cette terrible nouvelle. Mademoiselle de Vertus n'avait qu'à se montrer; ce retour si précipité marquait bien quelque chose de funeste. En effet, dès qu'elle parut : Ah, mademoiselle! comment se porte monsieur mon frère (*le Grand Condé*)? Sa pensée n'osa aller plus loin. — Madame, il se porte bien de sa blessure. — Il y a eu un combat. Et mon fils? — On ne lui répondit rien. — Ah, mademoiselle! mon fils, mon cher enfant, répondez-moi, est-il mort? — Madame, je n'ai point de parole pour vous répondre. — Ah! mon cher fils! est-il mort sur-le-champ? n'a-t-il pas eu un seul moment? Ah, mon Dieu! quel sacrifice! Et là-dessus elle tombe sur son lit, et tout ce que la plus vive douleur peut faire, et par des convulsions, et par des évanouissements, et par un silence mortel, et par des cris étouffés, et par des larmes amères, et par des élans vers le ciel, et par des plaintes tendres et pitoyables, elle a tout éprouvé. Elle voit certaines gens, elle prend des bouillons, parce que Dieu le veut; elle n'a aucun repos; sa santé, déjà très-mauvaise, est visiblement altérée. Pour moi, je lui souhaite la mort, ne comprenant pas qu'elle puisse vivre après une telle perte.

Il y a un homme[2] dans le monde qui n'est guère moins

---

[1] Sœur de la duchesse de Montbazon. Elle mourut à Port-Royal. (A. G.)
[2] M. de La Rochefoucauld. On sait qu'il avait aimé Madame de Longue-

touché; j'ai dans la tête que s'ils s'étaient rencontrés tous deux dans ces premiers moments, et qu'il n'y eût eu personne avec eux, tous les autres sentiments auraient fait place à des cris et à des larmes, que l'on aurait redoublés de bon cœur : c'est une vision.

Mais enfin quelle affliction ne montre point notre grosse marquise d'Huxelles sur le pied de la bonne amitié? Les maîtresses ne s'en contraignent pas. Toute sa pauvre maison revient; et son écuyer, qui arriva hier, ne paraît pas un homme raisonnable : cette mort efface les autres. Un courrier d'hier au soir apporta la mort du comte du Plessis[1], qui faisait faire un pont; un coup de canon l'a emporté. M. de Turenne assiège Arnheim : on parle aussi du fort de Skenk. Ah! que ces beaux commencements seront suivis d'une fin tragique pour bien des gens! Dieu conserve mon pauvre fils! il n'a point été de ce passage. S'il y avait quelque chose de bon à un tel métier, ce serait d'être attaché à une charge. Mais la campagne n'est point finie.

Au milieu de nos chagrins, la description que vous me faites de madame Colonne et de sa sœur est une chose divine; elle réveille malgré qu'on en ait; c'est une peinture admirable[2]. La comtesse de Soissons et madame de Bouillon (*leurs sœurs*) sont en furie contre ces folles, et disent qu'il les faut enfermer; elles se déclarent fort contre cette étrange folie. On ne croit pas que le roi veuille fâcher M. le connétable (*Colonne*), qui est assurément le plus grand seigneur de Rome. En attendant, nous les verrons arri-

---

ville; mais cette liaison n'existait plus. Un des éditeurs de Madame de Sévigné dit que La Rochefoucauld avait quelque raison de penser que le duc de Longueville était son fils.

[1] Alexandre de Choiseul, comte du Plessis. (P.)

[2] Madame de Colonne et madame Mazarin avaient été arrêtées à Aix. Elles étaient déguisées en hommes, et venaient chercher, l'une le chevalier de Lorraine, l'autre le comte de Marsan. Le roi, dit-on, fut fâché qu'on les eût arrêtées; car, dit mademoiselle de Scuderi, qui raconte cette aventure dans une de ses lettres, « il aime madame de Colonne, et ne lui voudrait pas nuire ».

ver comme mademoiselle *de l'Étoile*[1] : la comparaison est admirable.

Voilà des relations : il n'y en a point de meilleures ; vous verrez dans toutes que M. de Longueville est cause de sa mort et de celle des autres, et que M. le Prince a été père uniquement dans cette occasion, et point du tout général d'armée. Je disais hier, et l'on m'approuva, que si la guerre continue, M. le Duc[2] sera la cause de la mort de M. le Prince ; son amour pour lui passe toutes ses autres passions. La Marans est abîmée ; elle dit qu'elle voit bien qu'on lui cache les nouvelles, et qu'avec M. de Longueville, M. le Prince et M. le Duc sont morts aussi ; et qu'on le lui dise, et qu'au nom de Dieu on ne l'épargne point ; qu'aussi bien elle est dans un état qu'il est inutile de ménager. Si l'on pouvait rire, on rirait : ah ! si elle savait combien peu on songe à lui cacher quelque chose, et combien chacun est occupé de ses douleurs et de ses craintes, elle ne croirait pas qu'on eût tant d'application à la tromper.

Les nouvelles que je vous mande sont d'original ; c'est de Gourville qui était avec madame de Longueville, quand elle a reçu ses lettres : tous les courriers viennent droit à lui. M. de Longueville avait fait son testament avant que de partir ; il laisse une grande partie de son bien à un fils qu'il a, et qui, à mon avis, paraîtra sous le nom de chevalier d'Orléans[3], sans rien coûter à ses parents, quoiqu'ils ne soient point gueux. Savez-vous où l'on mit le corps de M. de Longueville ? Dans le même bateau où il avait passé tout vivant, il y avait deux heures. M. le Prince, qui était blessé, le fit mettre auprès de lui, couvert d'un manteau, en repassant le Rhin avec plusieurs autres blessés pour se faire panser dans une ville en deçà de ce fleuve, de sorte

---

[1] Du *Roman comique* de Scarron. (P.)
[2] Henri-Jules de Bourbon, fils de M. le Prince. (P.)
[3] Il parut sous le nom du chevalier de Longueville, et fut tué pendant le siége de Philisbourg, en 1688, par un soldat qui tirait une bécassine. *Voyez* la lettre du 8 juillet suivant. (P.)

que ce retour fut la plus triste chose du monde. On dit que le chevalier de Montchevreuil, qui était attaché à M. de Longueville, ne veut point qu'on le panse d'une blessure qu'il a reçue auprès de lui [1].

Mon fils m'a écrit : il est sensiblement touché de la perte de M. de Longueville. Il n'était point à cette première expédition ; mais il sera d'une autre : peut-on trouver quelque sûreté dans un tel métier ? Je vous conseille d'écrire à M. de La Rochefoucauld sur la mort de son chevalier et sur la blessure de M. de Marsillac. J'ai vu son cœur à découvert dans cette cruelle aventure ; il est au premier rang de tout ce que j'ai jamais vu de courage, de mérite, de tendresse et de raison : je compte pour rien son esprit et son agrément. Je ne m'amuserai point aujourd'hui à vous dire combien je vous aime.

Du même jour, à dix heures du soir.

Il y a deux heures que j'ai fait mon paquet, et en revenant de la ville je trouve la paix faite, selon une lettre qu'on m'a envoyée. Il est aisé de croire que toute la Hollande est en alarmes et soumise : le bonheur du roi est au-dessus de tout ce qu'on a jamais vu. On va commencer à respirer ; mais quel redoublement de douleur à madame de Longueville et à ceux qui ont perdu leurs chers enfants ! J'ai vu le maréchal du Plessis, il est très-affligé, mais en grand capitaine. La maréchale [2] pleure amèrement, et la comtesse [3] est fâchée de n'être point duchesse ; et puis c'est tout. Ah, ma fille ! sans l'emportement de M. de Longueville, songez que nous aurions la Hollande sans qu'il nous en eût rien coûté [4].

---

[1] Philippe de Mornay, chevalier de Malte ; il mourut de cette blessure. (M.)
[2] Colombe Le Charron, morte en 1681. (P.)
[3] Marie-Louise Le Loup de Bellenave. (P.)
[4] Le duc de Longueville, avec la crânerie d'un soldat sans prudence, sans politique, criait dans le combat : *point de quartier pour cette canaille*, en tirant sur les Hollandais, qui demandaient quartier. (G.)

266. — A LA MÊME.

À Paris, vendredi 24 juin 1672.

Je suis présentement dans la chambre de ma tante : si vous pouviez la voir en l'état qu'elle est, vous ne douteriez pas que je ne partisse demain matin. Elle a reçu aujourd'hui le viatique pour la dernière fois ; mais comme son mal est d'être entièrement consumée, cette dernière goutte d'huile ne se trouve pas si tôt. Elle est debout, c'est-à-dire dans sa chaise, avec sa robe de chambre, sa cornette, une coiffe noire par-dessus, et ses gants : nulle senteur, nulle malpropreté dans sa chambre ; mais son visage est plus changé que si elle était morte depuis huit jours ; les os lui percent la peau ; elle est entièrement étique et desséchée ; elle n'avale qu'avec des difficultés extrêmes, elle a perdu la parole. M. Vesou lui a signifié son arrêt ; elle ne prend plus de remèdes : la nature ne retient plus rien ; elle n'est quasi plus enflée, parce que l'hydropisie a causé le dessèchement ; elle n'a plus de douleurs, parce qu'il n'y a plus rien à consumer ; elle est fort assoupie, mais elle respire encore ; et voilà à quoi elle tient : elle a eu des froids et des faiblesses qui nous ont fait croire qu'elle était passée ; on a voulu une fois lui donner l'extrême-onction. Je ne quitte plus ce quartier, de peur d'accident. Je vous assure que, quelque chose que je voie au delà, cette dernière scène me coûtera bien des larmes ; c'est un spectacle difficile à soutenir quand on est tendre comme moi. Voilà, ma fille, où nous en sommes. Il y a trois semaines qu'elle nous donna congé à tous, parce qu'elle avait encore un reste de cérémonie ; mais présentement que le masque est ôté, elle nous a fait entendre, à l'abbé et à moi, en nous tendant la main, qu'elle recevait une extrême consolation de nous avoir tous deux dans ces derniers moments : cela nous creva le cœur, et nous fit voir qu'on joue longtemps la comédie, et qu'à la mort on dit la vérité. Je ne vous dis plus, ma fille, le jour de mon départ :

> Comment pourrais-je vous le dire?
> Rien n'est plus incertain que l'heure de la mort [1].

Mais enfin, pourvu que vous vouliez bien ne nous point mander de ne pas partir, il est très-certain que nous partirons. Laissez-nous donc faire; vous savez comme je hais les remords : ce m'eût été un *dragon* perpétuel que de n'avoir pas rendu les derniers devoirs à ma pauvre tante. Je n'oublie rien de ce que je crois lui devoir dans cette triste occasion.

Je n'ai point vu madame de Longueville, on ne la voit point; elle est malade : il y a eu des personnes distinguées, mais je n'en ai pas été, et n'ai point de titre pour cela. Il ne paraît pas que la paix soit si proche que je vous l'avais mandé; mais il paraît un air d'intelligence partout, et une si grande promptitude à se soumettre, qu'il semble que le roi n'ait qu'à s'approcher d'une ville pour qu'elle se rende à lui. Sans l'excès de bravoure de M. de Longueville, qui lui a causé la mort et à beaucoup d'autres, tout aurait été à souhait; mais, en vérité, la Hollande entière ne vaut pas un tel prince. N'oubliez pas d'écrire à M. de La Rochefoucauld sur la mort de son chevalier et la blessure de M. de Marsillac; n'allez pas vous fourvoyer; voilà ce qui l'afflige : hélas! je mens; entre nous, ma fille, il n'a pas senti la perte du chevalier, et il est inconsolable de celui que tout le monde regrette. Il faut écrire aussi au maréchal du Plessis. Tous nos pauvres amis sont encore en santé. Le petit La Troche [2] a passé des premiers à la nage : on l'a distingué. Si je suis encore ici, dites-en un mot à sa mère, cela lui fera plaisir.

Ma pauvre tante me pria l'autre jour, par signes, de

---

[1] C'est la pensée d'un joli madrigal de Montreuil. (A. G.)
[2] François-Martin de Savonnières de La Troche, alors âgé de seize ans.

vous faire mille amitiés et de vous dire adieu : elle nous fit pleurer. Elle a été en peine de la pensée de votre maladie. Notre abbé vous en fait mille compliments : il faut que vous lui disiez toujours quelque petite douceur pour soutenir l'extrême envie qu'il a de vous aller voir. Vous êtes présentement à Grignan ; j'espère que j'y serai à mon tour aussi bien que les autres : hélas! je suis toute prête. J'admire mon malheur : c'est assez que je désire quelque chose pour y trouver de l'embarras. Je suis très-contente des soins et de l'amitié du coadjuteur ; je ne lui écrirai point, il m'en aimera mieux : je serai ravie de le voir et de causer avec lui.

Le marquis de Villeroi est renvoyé à Lyon ; le roi n'a pas voulu qu'il soit demeuré. Jarzé était avec M. de Munster ; il a eu permission de se faire assommer, et il y a bien réussi. Vous savez que Jarzé était aussi exilé [1].

267. — A LA MÊME.

A Paris, lundi 27 juin 1672.

Ma pauvre tante reçut hier l'extrême-onction ; vous ne vîtes jamais un spectacle plus triste : elle respire encore, voilà tout ce que je puis vous dire ; vous saurez le reste dans son temps. Mais enfin il est impossible de n'être pas sensiblement touchée de voir finir si cruellement une personne qu'on a toujours aimée et fort honorée. Vous dites là-dessus tout ce qui peut se dire de plus honnête et de plus raisonnable ; j'en userai selon vos avis, et, après avoir décidé, je vous ferai part de la victoire, et partirai sans avoir les remords et les inquiétudes que je prévoyais ; tant il est impossible de ne se pas tromper dans tout ce que

---

[1] René du Plessis de La Roche Pichemer, comte de Jarzé. C'est le même qui pendant la régence, à l'instigation du grand Condé, afficha une folle passion pour la reine Anne d'Autriche. Alors il fut chassé de la cour, et il n'y revint que pour se faire exiler. Ménage en parle comme d'un homme à bons mots.

l'on pense : j'avais imaginé que je serais déchirée entre le déplaisir de quitter ma tante et les craintes de la guerre pour mon fils : Dieu a mis ordre à l'un, je rendrai tous mes derniers devoirs ; et le bonheur du roi a pourvu à l'autre, puisque toute la Hollande se rend sans résistance, et que les députés sont à la cour, comme je vous l'avais mandé l'autre jour. Ainsi, ma fille, défaisons-nous de croire que nous puissions rien penser de juste sur l'avenir ; et considérons seulement le malheur de madame de Longueville, puisque c'est une chose passée : voilà sur quoi nous pouvons parler. Enfin la guerre n'a été faite que pour tuer son pauvre enfant ; le moment d'après, tout se tourne à la paix ; et enfin le roi n'est plus occupé qu'à recevoir les députés des villes qui se rendent. Il reviendra *comte de Hollande*. Cette victoire est admirable, et fait voir que rien ne peut résister aux forces et à la conduite de Sa Majesté : le plus sûr est de l'honorer et de le craindre, et de n'en parler qu'avec admiration.

J'ai vu enfin madame de Longueville ; le hasard me plaça près de son lit : elle m'en fit approcher encore davantage, et me parla la première, car, pour moi, je ne sais point de paroles dans une telle occasion. Elle me dit qu'elle ne doutait pas qu'elle ne m'eût fait pitié, que rien ne manquait à son malheur ; elle me parla de madame de la Fayette, de M. d'Hacqueville, comme de ceux qui la plaindraient le plus ; elle me parla de mon fils, et de l'amitié que son fils avait pour lui. Je ne vous dis point mes réponses : elles furent comme elles devaient être ; et, de bonne foi, j'étais si touchée que je ne pouvais pas mal dire. La foule me chassa. Mais enfin la circonstance de la paix est une sorte d'amertume qui me blesse jusqu'au cœur, quand je me mets à sa place ; quand je me tiens à la mienne, j'en loue Dieu, puisqu'elle conserve mon pauvre Sévigné et tous nos amis.

Vous êtes présentement à Grignan ; vous me voulez effrayer de la pensée de ne me point promener, et de n'avoir ni poires ni pêches; mais, ma très-aimable, vous y serez peut-être; et quand je serai lasse de compter vos solives, ne pourrai-je point aller sur vos belles terrasses? et ne me voulez-vous point donner des figues et des muscats? Vous avez beau dire, je m'exposerai à la sécheresse du pays, espérant bien de n'en trouver que là. Je prévois seulement une brouillerie entre nous : c'est que vous voudrez que j'aime votre fils plus que votre fille, et je ne crois pas que cela puisse être; je me suis tellement engagée d'amitié avec cette petite, que je sens un véritable chagrin de ne la pouvoir mener.

M. de La Rochefoucauld est fort en peine de la blessure de M. de Marsillac; il craint que son malheur ne lui donne la gangrène. Je ne sais si vous devez écrire à madame de Longueville, je crois que oui.

On a fait une assez plaisante folie de la Hollande : c'est une comtesse âgée d'environ cent ans; elle est bien malade; elle a autour d'elle quatre médecins : ce sont les rois d'Angleterre, d'Espagne, de France et de Suède. Le roi d'Angleterre lui dit : Montrez la langue : ah! la mauvaise langue! Le roi de France tient le pouls et dit : Il faut une grande saignée. Je ne sais ce que disent les deux autres, car je suis abîmée dans la mort; mais enfin cela est assez juste et assez plaisant.

Je suis fort aise que vous ne soyez point grosse; vous serez bientôt remise de tous vos autres maux; je n'ai pas de foi à votre laideur. J'ai vu deux ou trois Provençaux : j'ai oublié leurs noms; mais enfin la Provence m'est devenue fort chère; elle m'a effacé la Bretagne et la Bourgogne : je les méprise.

268. — A LA MÊME.

A Paris, vendredi 1er juillet 1672.

Enfin, ma fille, notre chère tante a fini sa malheureuse vie : la pauvre femme nous a fait bien pleurer dans cette triste occasion ; et pour moi, qui suis tendre aux larmes, j'en ai beaucoup répandu. Elle mourut hier matin à quatre heures, sans que personne s'en aperçût ; on la trouva morte dans son lit : la veille, elle était extraordinairement mal, et, par inquiétude, elle voulut se lever ; elle était si faible, qu'elle ne pouvait se tenir dans sa chaise, et s'affaissait et coulait jusqu'à terre ; on la relevait. Mademoiselle de La Trousse se flattait, et trouvait que c'était qu'elle avait besoin de nourriture ; elle avait des convulsions à la bouche : ma cousine disait que c'était un embarras que le lait avait fait dans sa bouche et dans ses dents : pour moi, je la trouvais très-mal. A onze heures, elle me fit signe de m'en aller : je lui baisai la main, elle me donna sa bénédiction, et je partis. Ensuite elle prit son lait, par complaisance pour mademoiselle de La Trousse ; mais, en vérité, elle ne put rien avaler, et elle lui dit qu'elle n'en pouvait plus. On la recoucha ; elle chassa tout le monde, et dit qu'elle s'en allait dormir. A trois heures elle eut besoin de quelque chose, et fit encore signe qu'on la laissât en repos. A quatre heures on dit à mademoiselle de La Trousse que sa mère dormait ; ma cousine dit qu'il ne fallait pas l'éveiller pour prendre son lait. A cinq heures elle dit qu'il fallait voir si elle dormait. On approche de son lit, on la trouve morte : on crie, on ouvre les rideaux ; sa fille se jette sur cette pauvre femme, elle la veut réchauffer, ressusciter : elle l'appelle, elle crie, elle se désespère ; enfin on l'arrache, et on la met par force dans une autre chambre. On me vient avertir ; je cours tout émue ; je trouve cette pauvre tante toute froide, et couchée si à son aise, que je ne crois pas que depuis six mois elle ait eu un moment si doux que celui de sa mort; elle n'était quasi point changée, à force de l'avoir été auparavant. Je me mis à genoux, et vous pouvez penser si je pleurai abondamment en voyant ce triste spectacle. J'allai voir ensuite mademoiselle de La Trousse, dont la douleur fend les pierres : je les amenai toutes deux ici[1] : le soir, madame de La Trousse vint prendre ma cousine pour la mener chez elle et à La Trousse[2] dans trois jours, en attendant le retour de M. de La Trousse. Mademoiselle de Méri a couché ici : nous avons été ce matin au service; elle retourne ce soir chez elle, parce qu'elle le veut; et me voilà prête à partir. Ne m'écrivez donc plus, ma belle; pour moi, je vous écrirai encore, car, quelque diligence que je fasse, je ne puis quitter encore de quelques jours, mais je ne puis plus recevoir de vos lettres ici.

Vous ne m'avez point écrit le dernier ordinaire; vous deviez m'en avertir pour m'y préparer : je ne vous puis dire quel chagrin cet oubli m'a donné, ni de quelle longueur m'a paru cette semaine : c'est la première fois que cela vous est arrivé; j'aime encore mieux en avoir été plus touchée, par n'y être pas accoutumée : j'espère de vos nouvelles dimanche. Adieu donc, ma chère enfant.

On m'a promis une relation, je l'attends : il me semble que le roi continue ses conquêtes. Vous ne m'avez pas dit un mot sur la mort de M. de Longueville, ni sur tout le soin que j'ai eu de vous instruire, ni sur toutes mes lettres; je parle à une sourde ou à une muette; je vois bien qu'il faut que j'aille à Grignan : vos soins sont usés, on voit la corde. Adieu donc, jusqu'au revoir. Notre abbé vous fait mille amitiés; il est adorable du bon courage qu'il a de vouloir venir en Provence.

---

[1] Mademoiselle de La Trousse et mademoiselle de Méri, toutes deux filles de madame de La Trousse.
[2] Terre à douze lieues de Paris, près Lizy-sur-Ourq.

269. — A LA MÊME.

A Paris, dimanche 3 juillet 1672.

Je m'en vais à Livry mener ma petite enfant; ne vous mettez nullement en peine d'elle, j'en ai des soins extrêmes, et je l'aime assurément beaucoup plus que vous ne l'aimez. J'irai demain dire adieu à M. d'Andilly, et reviendrai mardi pour achever quelques bagatelles, et partir ce qui s'appelle incessamment. Je laisse cette lettre à ma belle Troche, qui se charge de vous mander toutes les nouvelles; elle s'en acquittera mieux que moi : l'intérêt qu'elle a dans l'armée la rend mieux instruite qu'une autre, et principalement qu'une autre qui depuis quatre jours n'a vu que des larmes, du deuil, des services, des enterrements, et la mort enfin. Je vous avoue que j'ai été fort accablée de chagrin quand mon laquais est venu me dire qu'il n'y avait point de lettres pour moi à la poste : voici la deuxième fois que je n'ai pas un mot de vous; je crois que ce pourrait être la faute de la poste, ou de votre voyage; mais cela ne laisse pas de déplaire beaucoup : comme je ne suis point accoutumée à la peine que je souffre dans cette occasion, je la soutiens d'assez mauvaise grâce. Vous avez été si malade, qu'il me semble toujours qu'il vous arrivera quelque malheur; et vous en avez été si entourée depuis que vous n'êtes plus avec moi, que j'ai raison de les craindre tous puisque vous n'en craignez pas un. Adieu, ma très-chère; je vous en dirais davantage si j'avais reçu de vos nouvelles.

270. — A LA MÊME.

A Livry, dimanche au soir 3 juillet 1672.

Ah, ma fille! j'ai bien des excuses à vous faire de la lettre que je vous ai écrite ce matin en partant pour venir ici. Je n'avais point reçu votre lettre; mon ami de la poste m'avait mandé que je n'en avais point : j'étais au désespoir. J'ai laissé le soin à madame de La Troche de vous mander toutes les nouvelles, et je suis partie là-dessus. Il est dix heures du soir; et M. de Coulanges, que j'aime comme ma vie, et qui est le plus joli homme du monde, m'envoie votre lettre, qui était dans son paquet; et pour me donner cette joie, il ne craint point de faire partir son laquais au clair de la lune : il est vrai, mon enfant, qu'il ne s'est point trompé dans l'opinion de m'avoir fait un grand plaisir. Je suis fâchée que vous ayez perdu un de mes paquets; comme ils sont pleins de nouvelles, cela vous dérange, et vous ôte du train de ce qui se passe.

Vous devez avoir reçu des relations fort exactes; elles vous auront fait voir que le Rhin était mal défendu; le grand miracle, c'est de l'avoir passé à la nage. M. le Prince et ses Argonautes étaient dans un bateau : les premières troupes qu'ils rencontrèrent au delà demandaient quartier; quand le malheur voulut que M. de Longueville, qui sans doute ne l'entendit pas, s'approche de leurs retranchements, et, poussé d'une bouillante ardeur, arrive à la barrière, où il tue le premier qui se trouve sous sa main : en même temps on le perce de cinq ou six coups. M. le Duc le suit, M. le Prince suit son fils, et tous les autres suivent M. le Prince : voilà où se fit la tuerie, qu'on aurait, comme vous voyez, très-bien évitée, si l'on avait su l'envie que ces gens-là avaient de se rendre; mais tout est marqué dans l'ordre de la Providence.

Le comte de Guiche a fait une action dont le succès le couvre de gloire, car si elle eût tourné autrement, il eût été criminel. Il se charge de reconnaître si la rivière est guéable; il dit qu'oui : elle ne l'est pas. Des escadrons entiers passent à la nage sans se déranger : il est vrai qu'il passe le premier. Cela ne s'est jamais hasardé; cela réussit, il enveloppe des escadrons, et les force à se rendre : vous voyez bien que son bonheur et sa valeur ne se sont point séparés; mais vous devez avoir de grandes relations de tout cela.

Le chevalier de Nantouillet[1] était tombé de cheval; il va au fond de l'eau, il revient, il retourne, il revient encore; enfin il trouve la queue d'un cheval, il s'y attache; ce cheval le mène à bord, il monte sur le cheval, se trouve à la mêlée, reçoit deux coups dans son chapeau, et revient gaillard : voilà qui est d'un sang-froid qui me fait souvenir d'Oronte, prince des Massagètes.

Au reste, il n'est rien de plus vrai que M. de Longueville avait été à confesse avant que de partir. Comme il ne se vantait jamais de rien, il n'en avait pas même fait sa cour à madame sa mère; mais ce fut une confession conduite par nos amis (*de Port-Royal*), et dont l'absolution fut différée plus de deux mois : cela s'est trouvé si vrai, que madame de Longueville n'en peut pas douter : vous pouvez penser quelle consolation. Il faisait une infinité de libéralités et de charités que personne ne savait, et qu'il ne faisait qu'à condition qu'on n'en parlât point : jamais un homme n'a eu tant de solides vertus; il ne lui manquait que des vices, c'est-à-dire un peu d'orgueil, de vanité, de hauteur : mais, du reste, jamais on n'a été si près de la perfection : *pago lui, pago il mondo*. Il était au-dessus des louanges; pourvu qu'il fût content de lui, c'était assez. Je vois souvent des gens qui sont encore fort éloignés de se consoler de cette perte; mais, pour tout le gros du monde, ma pauvre enfant, cela est passé; cette triste nouvelle n'a assommé que trois ou quatre jours; la mort de MADAME[2] dura bien plus longtemps. Les intérêts particuliers de chacun pour ce qui se passe à l'armée empêchent la grande application pour les malheurs d'autrui. Depuis ce premier combat, il n'a été question que de villes rendues et de députés qui viennent demander la grâce

---

[1] François Duprat, descendant du chancelier.
[2] Henriette-Anne d'Angleterre, duchesse d'Orléans. (P.)

d'être reçus au nombre des sujets nouvellement conquis de Sa Majesté.

N'oubliez pas d'écrire un petit mot à La Troche, sur ce que son fils s'est distingué et a passé à la nage; on l'a loué devant le roi, comme un des plus hardis. Il n'y a nulle apparence qu'on se défende contre une armée si victorieuse. Les Français sont jolis assurément : il faut que tout leur cède pour les actions d'éclat et de témérité; enfin il n'y a plus de rivière présentement qui serve de défense contre leur excessive valeur.

Au reste, voici bien des nouvelles; j'avais amené ici ma petite enfant pour y passer l'été; j'ai trouvé qu'il y fait sec, il n'y a point d'eau; la nourrice craint de s'y ennuyer : que fais-je à votre avis? Je la ramènerai après-demain chez moi tout paisiblement; elle sera avec *la mère Jeanne*, qui fera leur petit ménage. Madame de Sanzei sera à Paris; elle ira la voir : j'en saurai des nouvelles très-souvent. Voilà qui est fait, je change d'avis; ma maison est jolie, et ma petite ne manquera de rien : il ne faut pas croire que Livry soit charmant pour une nourrice comme pour moi. Adieu, ma divine enfant; pardonnez le chagrin que j'avais d'avoir été si longtemps sans recevoir de vos lettres; elles me sont toujours si agréables, qu'il n'y a que vous qui puissiez me consoler de n'en avoir point.

271. — A MADAME LA COMTESSE DE BUSSY.

A Paris, ce 7 juillet 1672.

J'avais résolu, je ne sais pourquoi, de pousser mon impertinence jusqu'au bout, et puisque j'avais manqué une fois à vous faire réponse, je croyais bien n'en pas demeurer là, et continuer tant que vous me feriez l'honneur de m'écrire [1]. Mais, malgré cette belle résolution, je me sens

---

[1] La fin de la lettre du 24 avril précédent explique l'excuse plaisante de Madame de Sévigné à la comtesse de Bussy. (G.)

forcée de le faire. Votre lettre me désarme, je ne sais plus où trouver de la brutalité, je n'eusse jamais cru voir en moi une telle faiblesse. J'ai trouvé très-plaisant tout ce que vous m'avez mandé, et j'ai plutôt manqué de vous faire réponse par la crainte de ne rien dire qui vaille, que par l'envie de vous faire un affront, comme j'ai déjà fait. Est-ce ainsi que vous écrivez, madame la Comtesse? Il y a du Rouville et du Rabutin dans votre style, la province ne l'a point gâté; et bien loin de vous apostropher dans la lettre de mon cousin, je lui écrirai dans celle-ci, si je m'en avise. Voilà un changement qui vous doit surprendre. Vous me donnez une nouvelle envie d'avoir soin de mon petit rejeton[1], et je la passerais sans doute, cette envie, si je ne m'en allais point en Provence; mais je m'en vais voir cette pauvre Grignan. Je ne sais si je passerai en Bourgogne : quoi qu'il en soit, si je ne vous en donne avis, c'est que je passerai trop loin de vous, et que je ne veux point m'arrêter. Voilà un assez long temps que j'abandonnerai notre écolier. Je ne me dédis point de tout le bien que j'ai dit de lui; son esprit paraît doux et aimable. J'ai perdu depuis huit jours ma pauvre tante de La Trousse, après une maladie de sept mois. Cette longue souffrance, et cette mort ensuite, m'a bien fait répandre des larmes : je l'aimais et honorais parfaitement. Je ne lui ferai donc point vos compliments, mais bien à mon oncle l'abbé, qui vous honore toujours, et qui vous est trop obligé de votre souvenir.

272. — A MADAME DE GRIGNAN.

A Paris, vendredi 8 juillet 1672.

Enfin, ma fille, vous êtes à Grignan, et vous m'attendez sur votre lit : pour moi, je suis dans l'agitation du départ, et si je voulais être tout le jour à rêver, je ne vous verrais pas si tôt; mais je pars, et si je vous écris encore lundi,

---

[1] Le fils aîné du comte de Rabutin.

c'est le bout du monde. Soyez bien paresseuse avant que j'arrive, afin de n'avoir plus aucune paresse dans le corps quand j'arriverai. Il est vrai que nos humeurs sont un peu opposées; mais il y a bien d'autres choses sur quoi nous sommes d'accord; et puis, comme vous dites, nos cœurs nous répondent quasi de notre degré de parenté. J'ai été à Saint-Maur faire mes adieux, sans les faire pourtant; car, sans vanité, la délicatesse de madame de La Fayette ne peut souffrir sans émotion le départ d'une amie comme moi : je vous dis ce qu'elle dit. J'y fus avec M. de La Rochefoucauld, qui me montra la lettre que vous lui écrivez, qui est très-bien faite; il ne trouve personne qui écrive mieux que vous; il a raison. Nous causâmes fort en chemin. Nous trouvâmes là madame du Plessis, deux demoiselles de La Rochefoucauld, et Courville, qui, avec un coup de baguette, nous fit sortir de terre un souper admirable. Madame de La Fayette me retint à coucher. Le lendemain, La Troche et l'abbé Arnauld me vinrent quérir; et me voilà faisant mes paquets. J'ai dit adieu à M. d'Andilly; je m'en vais courir encore pour mille affaires : il y a bien longtemps que je n'ai eu le cœur si content.

Mon fils m'a écrit, et me parle comme un homme qui croit avoir fini sa campagne, et attrapé M. de Grignan[1] : il dit que tout est soumis au roi, que Grotius[2] est revenu pour achever de conclure la paix, et que la seule chose qui soit impossible à Sa Majesté, c'est de trouver des ennemis qui lui résistent. Il ajoute que si les armées se retirent d'aussi bonne heure qu'on le croit, il viendra nous trouver à Grignan. Il me parle fort de vous; quand vous lui écrirez, priez-le bien de faire cette jolie équipée. Il a vu le chevalier de Grignan, qui se porte bien, et qui lui a dit

---

[1] En ne se faisant pas tuer; car alors madame de Grignan serait seule héritière de sa mère.
[2] Ambassadeur de la république de Hollande en France, et pensionnaire de Rotterdam. C'était le fils du célèbre publiciste. (A. G.)

qu'il ne m'écrivait pas souvent; mais il ne s'est pas vanté de n'avoir seulement pas fait de réponse à un billet que je lui avais écrit : c'est *le petit glorieux*; on lui pardonne, pourvu qu'il ne soit pas tué.

Il y a un nombre infini de pleureuses de la mort de M. de Longueville : cela décrédite un peu le métier; elles voulaient toutes avoir des conversations avec M. de La Rochefoucauld; mais lui, qui craint d'être ridicule plus que toutes les choses du monde, il les a fort bien envoyées se consoler ailleurs.

La Marans est abîmée. Il y a dix mois qu'elle n'a vu sa sœur[1], elles sont mal ensemble: elle y fut, il y a trois jours, toute masquée; et sans aucun préambule, ni se démasquer, quoique sa sœur la reconnût d'abord, elle lui dit en pleurant : Ma sœur, je viens ici pour vous prier de me dire comment vous étiez quand votre amant mourut; pleurâtes-vous longtemps? ne dormiez-vous point? aviez-vous quelque chose qui vous pesait sur le cœur? Mon Dieu, comment faisiez-vous? cela est bien cruel! parliez-vous à quelqu'un? étiez-vous en état de lire? sortiez-vous? Mon Dieu, que cela est triste! que fait-on à cela? Enfin, ma fille, vous l'entendez d'ici. Sa sœur lui dit ce qu'elle veut, et courut conter cette scène à M. de La Rochefoucauld, qui en rirait s'il pouvait rire. Pour nous, il est vrai que nous avons trouvé cette folie digne d'elle, et pareille à la belle équipée qu'elle fit quand elle alla trouver le bon homme d'Andilly, le croyant le druide Adamas, à qui toutes les bergères du Lignon allaient conter leurs histoires et leurs infortunes, et en recevaient une grande consolation. J'ai cru que ce récit vous divertirait aussi bien que nous. Dampierre est très-affligée; mais elle cède à Théobon, qui pour

---

[1] Mademoiselle de Montalais. C'était une fille d'esprit, mais fort intrigante. Elle avait été dans le même temps confidente de *Madame*, de mademoiselle de La Vallière, de madame de Montespan, alors mademoiselle de Tonnay, etc.

la mort de son frère[1] s'est enfermée à nos Sœurs de Sainte-Marie de la rue Saint-Antoine. La Castelnau est consolée : on lui a dit que M. de Longueville disait à Ninon : Mademoiselle, délivrez-moi donc de cette grosse marquise de Castelnau; là-dessus elle danse. Pour la marquise d'Uxelles, elle est affligée comme une honnête et véritable amie. Le petit enfant de M. de Longueville est ce même petit apôtre dont vous avez tant ouï parler; c'est une des plus belles histoires de nos jours[2]. Je crois que vous n'oublierez pas d'écrire à ma cousine de La Trousse, dont la douleur et le mérite à l'égard des soins qu'elle a eus de sa mère sont au-dessus de toute louange.

Je vous prie, quoi qu'on dise, de faire faire de l'huile de scorpion, afin que nous trouvions en même temps les maux et les médecines. Pour vos cousins, j'en parlais l'autre jour; un Provençal m'assura que ce n'étaient pas les plus importuns que vous eussiez à Grignan, et qu'il y en avait d'une autre espèce, qui, sans vous blesser en trahison, vous faisaient bien plus de mal. Je comprends assez que vous avez présentement un peu l'air de madame *de Solenville*[3]; mais bientôt vous aurez à recevoir une compagnie qui vous fera mettre en œuvre le colombier et la garenne, et même la basse-cour. Ah! c'est bien pour dire des fadaises que je dis tout cela; car si vous en mettez un pigeon davantage, nous ne le souffrirons pas : c'est le moyen de faire mourir notre abbé que de le tenter de mangeaille : votre ordinaire n'est que trop bon. La Mousse[4] a été un

---

[1] Le comte de Rochefort Théobon, tué au passage du Rhin. (M.)

[2] C'était un enfant qu'il avait eu de la maréchale de La Ferté. Il lui laissa 500,000 livres. Quelques années après, lorsque Louis XIV pensa à reconnaître ses enfants naturels, pour préparer le public à ce grand scandale, on fit reconnaître le bâtard de M. de Longueville. Il était dans le même cas que les enfants de madame de Montespan, puisque madame de La Ferté l'avait eu du vivant de son mari. (A. G.)

[3] L'un des personnages de Molière dans *George-Dandin*.

[4] Il devait faire le voyage de Grignan avec madame de Sévigné et l'abbé de Coulanges. (P.)

peu ébranlé de la crainte des puces, des punaises, des scorpions, des chemins et du bruit qu'il trouvera peut-être : tout cela lui faisait un monstre, dont je me suis bien moquée; et puis de dire : *Quelle figure, hélas ! je ne suis rien; il y aura tant de monde !* Nous appelons cela des humilités glorieuses.

D'Hacqueville reviendra bientôt; mais il ne me trouvera plus. J'ai fait faire vos compliments à madame de Termes; et pourquoi non? M. de Vivonne est fort mal de sa blessure, M. de Marsillac pas trop bien de la sienne, et M. le Prince est quasi guéri. Je ne sais point de nouvelles particulières. On espère toujours la paix et la conquête entière de la Hollande. Nimègue fait mine de se défendre, mais on s'en moque. Je vous envoie un joli madrigal et la gazette de Hollande; j'y trouve l'article des deux sœurs[1] et celui d'Amsterdam fort plaisants. Adieu, ma très-chère enfant; pensez-vous que je vous aime?

273. — A LA MÊME.

A Paris, lundi 11 juillet 1672.

Ne parlons plus de mon voyage, ma fille; il y a si longtemps que nous ne disons autre chose, qu'enfin cela fatigue; les longues espérances usent la joie, comme les longues maladies usent la douleur : vous aurez dépensé tout le plaisir de me voir en m'attendant; quand j'arriverai, vous serez tout accoutumée à moi. J'ai été obligée de rendre les derniers devoirs à ma tante; il a fallu encore quelques jours au delà : enfin voilà qui est fait, je pars mercredi, et vais coucher à Essonne ou à Melun : je vais par la Bourgogne; je ne m'arrêterai point à Dijon : je ne pourrai refuser quelques jours en passant à quelque vieille tante[2],

---

[1] Mesdames Colonne et Mazarin.
[2] Françoise de Rabutin, veuve d'Antoine de Toulongeon, seigneur d'Alonne.

que je n'aime guère. Je vous écrirai d'où je pourrai, je ne puis marquer aucun jour. Le temps est divin, il a plu comme pour le roi; notre abbé est gai et content; La Mousse est un peu effrayé de la longueur du voyage, mais je lui donnerai du courage; pour moi, je suis ravie; et si vous en doutez, mandez-le-moi à Lyon, afin que je m'en retourne sur mes pas.

Voilà, ma fille, tout ce que j'avais à vous dire là-dessus. Votre lettre du 3 est un peu sèche, mais je ne m'en soucie guère; vous me dites que je vous demande pourquoi vous avez ôté *La Porte* : si je l'ai fait, j'ai tort, car je le savais fort bien; mais j'ai cru avoir demandé pourquoi vous ne m'en avez pas avertie, car je fus tout étonnée de le voir; je suis fort aise que vous ne l'ayez plus, vous savez ce que je vous en avais mandé. Mais je veux vous louer de n'être point grosse, et vous conjurer de ne le point devenir; si ce malheur vous arrivait dans l'état où vous êtes de votre maladie, vous seriez maigre et laide pour toujours : donnez-moi le plaisir de vous retrouver aussi bien que je vous ai donnée, et de pouvoir un peu trotter avec vous où la fantaisie nous prendra d'aller; M. de Grignan vous doit donner, et à moi aussi, cette marque de reconnaissance. Ne croyez donc pas que vos belles actions ne soient pas remarquées; les beaux procédés méritent toujours des louanges; continuez, voilà tout. Vous me parlez de votre dauphin : je vous plains de l'aimer si tendrement, vous aurez beaucoup de douleurs et de chagrins à essuyer. Je n'aime que trop la petite Grignan : je l'ai donc ôtée de Livry, contre toutes mes résolutions : elle est cent fois mieux ici. Elle a commencé à me faire trouver que j'avais bien fait, elle a eu depuis son retour une très-jolie petite-vérole volante, dont elle n'a point du tout été malade: ce que le petit Pecquet[1] a traité en deux visites aurait fait

---

[1] Médecin de Fouquet. Il était grand anatomiste. Il découvrit une veine lactée qui a reçu le nom de réservoir de *Pecquet*. Il donnait souvent

un grand embarras, si elle avait été à Livry. Vous me demanderez si je l'ai toujours vue, je vous dirai qu'oui, je ne l'ai point abandonnée; je suis pour le mauvais air, comme vous êtes pour les précipices; il y a des gens avec qui je ne le crains pas. Enfin je la laisse en parfaite santé au milieu de toutes sortes de secours. Madame du Puy-du-Fou[1] et Pecquet la sèvreront à la fin d'août; et comme la nourrice est une femme attachée à son mari, à ses enfants, à ses vendanges et à tout son ménage, madame du Puy-du-Fou m'a promis de me donner une femme pour avoir soin de ma petite, quand la nourrice ne sera plus auprès d'elle. Cette femme sera aidée de *Marie*, que la petite aime et connaît fort, et la bonne *mère Jeanne* fera toujours leur petit ménage; M. de Coulanges et madame de Sanzei en auront un soin extrême, en sorte que nous en aurons l'esprit en repos. J'ai été fort approuvée de l'avoir ramenée ici; Livry n'est pas trop bon sans moi pour ces sortes de gens-là. Voilà qui est donc réglé. Adieu, ma très-aimable. M. de Grignan veut-il bien que je lui rende une visite dans son beau château?

274. — A LA MÊME.

A Auxerre, samedi 16 juillet 1672.

Enfin, ma fille, nous voilà. Je suis encore bien loin de vous, et je sens pourtant déjà le plaisir d'en être plus près. Je partis mercredi de Paris, avec le chagrin de n'avoir pas reçu de vos lettres le mardi; l'espérance de vous trouver au bout d'une si longue carrière me console. Tout le monde nous assurait agréablement que je voulais faire mourir notre cher abbé, de l'exposer dans un voyage de Provence, au milieu de l'été; il a eu le courage de se moquer de tous

l'eau-de-vie comme remède; mais il en usait aussi, et son remède le tua.
(A. G.)

[1] Madeleine de Bellièvre, mariée à Gabriel du Puy-du-Fou, marquis de Combronde.

ces discours, et Dieu l'en a récompensé par un temps à souhait. Il n'y a point de poussière, il fait frais, et les jours sont d'une longueur infinie : voilà tout ce qu'on peut souhaiter. Notre Mousse prend courage, nous voyageons un peu gravement ; M. de Coulanges nous eût été bon pour nous réjouir. Nous n'avons point trouvé de lecture qui fût digne de nous que Virgile, non pas *travesti*, mais dans toute la majesté du latin et de l'italien[1]. Pour avoir de la joie, il faut être avec des gens réjouis ; vous savez que je suis comme on veut, mais je n'invente rien. Je suis un peu triste de ne plus savoir ce qui se passe en Hollande ; quand je suis partie, on était entre la paix et la guerre ; c'était le pas le plus important où la France se soit trouvée depuis très-longtemps ; les intérêts particuliers s'y rencontrent avec ceux de l'État. Adieu donc, ma chère enfant ; j'espère que je trouverai de vos nouvelles à Lyon. Vous êtes très-obligée à notre cher abbé et à La Mousse, a moi point du tout.

275. — AU COMTE DE BUSSY.

Montjeu, ce 22 juillet 1672.

Vous dites toujours des merveilles, monsieur le Comte ; tous vos raisonnements sont justes ; et il est fort vrai que souvent à la guerre l'événement fait un héros ou un étourdi. Si le comte de Guiche avait été battu en passant le Rhin, il aurait eu le plus grand tort du monde, puisqu'on lui avait commandé de savoir seulement si la rivière était guéable ; qu'il avait mandé qu'oui, quoiqu'elle ne le fût pas ; et c'est parce que ce passage a bien réussi qu'il est couronné de gloire. Le conte du prince d'Orange m'a réjoui. Je crois, ma foi, qu'il disait vrai, et que la plupart des filles se flattent. Pour les moines, je ne pensais pas

---

[1] Annibal Caro a fait une traduction de l'*Énéide* en vers italiens, qui est une de celles qui approchent le plus de l'original. (A. G.)

tout à fait comme eux; mais il ne s'en fallait guère. Vous m'avez fait plaisir de me désabuser. Je commence un peu à respirer. Le roi ne fait plus que voyager, et prendre la Hollande, en chemin faisant. Je n'avais jamais tant pris d'intérêt à la guerre, je l'avoue; mais la raison n'en est pas difficile à trouver. Mon fils n'était pas commandé pour cette occasion. Il est guidon des gendarmes de monseigneur le dauphin, sous M. de La Trousse : je l'aime mieux là que volontaire. J'ai été chez M. Bailly pour votre procès; je ne l'ai pas trouvé, mais je lui ai écrit un billet fort *amiable*. Pour M. le président Briçonnet [1], je ne lui saurais pardonner les fautes que j'ai faites depuis trois ou quatre ans à son égard; il a été malade, je l'ai abandonné; c'est un abîme, je suis toute pleine de torts; je me trouve encore le bienfait après tout cela de ne lui pas souhaiter la mort. N'en parlons plus. J'ai vu un petit mot d'italien dans votre lettre, il me semblait que c'était d'un homme qui l'apprenait, et plût à Dieu! Vous savez que j'ai toujours trouvé que cela manquait à vos perfections. Apprenez-le, mon cousin, je vous en prie, vous y trouverez du plaisir. Puisque vous trouvez que j'ai le goût bon, fiez-vous-en à moi. Si vous n'aviez pas été à Dijon occupé à voir perdre le procès du pauvre comte de Limoges, vous auriez été en ce pays quand j'y ai passé; et, suivant l'avis que je vous aurais donné, vous auriez su de mes nouvelles chez mon cousin de Toulongeon : mais mon malheur a dérangé tout ce qui nous pouvait faire trouver à ce rendez-vous, qui s'est trouvé comme une petite maison de Polémon. Madame de Toulongeon, ma tante, y vint lundi me voir, et M. Jeannin m'a priée si instamment de venir ici, que je n'ai pu lui refuser. Il me fait regagner le jour que je lui donne par un relais qui me mènera demain coucher à Châlons, comme je l'avais résolu. J'ai trouvé cette maison

---

[1] Guillaume Briçonnet, président au grand-conseil.

embellie de la moitié, depuis seize ans que j'y étais venue; mais je ne suis pas de même, et le temps, qui a donné de grandes beautés à ses jardins, m'a ôté un air de jeunesse que je ne pense pas que je recouvre jamais. Vous m'en eussiez rendu plus que personne par la joie que j'aurais eue de vous voir, et par les épanouissements de rate à quoi nous sommes fort sujets quand nous sommes ensemble. Mais enfin Dieu ne l'a pas voulu, ni le grand Jupiter, qui s'est contenté de me mettre sur sa montagne[1] sans vouloir me faire voir ma famille entière. Je trouve madame de Toulongeon, ma cousine, fort jolie et fort aimable. Je ne la croyais pas si bien faite ni qu'elle entendît si bien les choses. Elle m'a dit mille biens de vos filles, je n'ai pas eu de peine à le croire. Adieu, mon cher cousin; je m'en vais en Provence voir cette pauvre Grignan. Voilà ce qui s'appelle aimer. Je vous souhaite tout le bonheur que vous méritez.

276. — A MADAME DE GRIGNAN.

A Lyon, mercredi 27 juillet 1672.

Si cette date ne vous plaît pas, ma fille, je ne sais plus que vous faire. Je reçus hier deux de vos lettres, par madame de Rochebonne[2], dont la ressemblance me surprit au delà de tout ce que j'ai jamais vu; enfin c'est M. de Grignan qui compose une très-aimable femme. Elle vous adore; je ne vous dirai point combien je l'aime, ni combien je comprends que vous devez l'aimer. Pour M. son beau-frère[3], c'est un homme qui emporte le cœur; une facilité,

---

[1] Madame de Sévigné écrit le grand Jupiter : *Mons Jovis*, nom antique d'une montagne située à une lieue d'Autun, et qui porte aujourd'hui le nom de Montjeu. La lettre est datée de Montjeu.
[2] Thérèse Adhémar de Monteil, sœur de M. de Grignan. (P.)
[3] Charles de Châteauneuf, chanoine-comte et chamarier de l'église de Saint-Jean de Lyon, frère du feu comte de Rochebonne, commandant pour le roi en Lyonnais. (P.)

une liberté dans l'esprit qui me convient et qui me charme. Je suis logée chez lui. M. l'intendant¹, madame sa femme et madame de Coulanges vinrent me prendre au sortir du bateau, lundi; je soupai chez eux, j'y dînai hier; on me promène, on me montre; je reçois mille civilités, j'en suis honteuse; je ne sais ce qu'on a à me tant estimer. Je voulais partir demain; madame de Coulanges a voulu encore un jour, et met à ce prix son voyage de Grignan : j'ai cru vous faire plaisir de conclure ce marché. Je ne partirai donc que vendredi matin; nous irons coucher à Valence. J'ai de bons patrons; surtout j'ai prié qu'on ne me donnât pas les vôtres, qui sont de francs coquins : on me recommande comme une princesse. Je serai samedi à une heure après midi à *Robinet*², à ce que dit M. le chamarier : si vous m'y laissez, j'y demeurerai.

Je ne vous parlerai point du tout de ma joie; notre cher abbé se porte bien; c'est à lui que vous devez adresser tous vos compliments. La Mousse est encore en vie. Nous vous souhaitons, et le cœur me bat quand j'y pense. Mon équipage est venu jusque ici sans aucun malheur ni aucune incommodité. Hier au soir il se noya un de mes chevaux à l'abreuvoir, de sorte que je n'en ai plus que cinq; je vous ferai honte, mais ce n'est pas ma faute. On me fait des compliments sur cette perte; je la soutiens en grande âme. Je n'aurai point mon carrosse à ce *Robinet*. Nous sommes cinq, comptez là-dessus : notre abbé, La Mousse, deux femmes de chambre, et moi. J'ai fait la paix avec M. de Rochebonne; j'ai reçu madame de Senneterre³; j'ai été à Pierre-Encise⁴ voir F..., prisonnier; je vais aujourd'hui voir le cabinet de M... et ses antiquailles. Madame

---

[1] M. du Gué-Bagnois, père de madame de Coulanges. (P.)

[2] C'est où l'on débarque pour se rendre à Grignan, situé à cinq lieues plus loin.

[3] Anne de Longueval, veuve de M. de Senneterre, qui était parente de Bussy-Rabutin.

[4] Prison d'État. Cette forteresse n'existe plus.

de Coulanges me veut persuader de passer l'été ici, et qu'il est ridicule d'aller plus loin, et que je vous envoie seulement un compliment : je voudrais que vous lui entendissiez dire ces folies. Elle nous viendra voir, et nous réjouira. Bagnols s'en va à Paris; vous vous passerez très-bien de sa femme : je ne laisse pas de faire valoir vos honnêtetés, et je redouble les miennes, quand je vois qu'elle n'a nul dessein de venir à Grignan. Adieu, ma très-chère fille : la vôtre se porte bien, elle est à Paris au milieu de tous les secours, et plus visitée que moi; j'ai eu le bon esprit de la laisser là; je l'aime, cette petite. Voilà madame de Rochebonne, je la baise, et je crois baiser son frère (*M. de Grignan*), ce qui fait que je ne lui ferai aucune autre amitié. Ah! quelle joie d'aller à vous, ma belle Comtesse!

277. — DE MADAME DE COULANGES A MADAME DE SÉVIGNÉ.

Lyon, le 1er août 1672.

J'ai reçu vos deux lettres, ma belle; je vous rends mille grâces d'avoir songé à moi dans le lieu où vous êtes. Il fait un chaud mortel; je n'ai d'espérance qu'en sa violence[1]. Je meurs d'envie d'aller à Grignan; ce mois-ci passé, il n'y faudra pas songer : ainsi je vous irai voir assurément, s'il est possible que je puisse arriver en vie; au retour, vous croyez bien que je ne serai pas dans cet embarras. Le marquis de Villeroi passe sa vie à regretter le malheur qui l'a empêché de vous voir. Les violons sont tous les soirs en Bellecour[2]; je m'y trouve peu, par la raison que je quitte peu ma mère : dans l'espérance d'aller à Grignan, je fais mon devoir à merveille; cela m'adoucit l'esprit. Mais quel changement! vous souvient-il de la figure que madame de

---

[1] Selon le proverbe, *que ce qui est violent ne dure pas.* (P.)
[2] Place publique de la ville de Lyon.

Solus faisait dans le temps que vous étiez ici? Elle a fait imprudemment ses délices de madame Carle : celle-ci avait, dit-on, ses desseins; pour moi, je n'en crois rien; cependant c'est le bruit de Lyon; en un mot, c'est de madame Carle que M. le marquis paraît amoureux. Madame Solus se désespère; mais elle aime mieux voir M. le marquis infidèle que de ne le point voir : cela fait croire qu'elle ne prendra jamais le parti de se jeter dans un couvent[1]. Cette histoire vous paraît-elle avoir la grâce de la nouveauté? Continuez à m'écrire, ma très-belle, vos lettres me touchent le cœur. Madame de Rochebonne est toujours dans le dessein de vous aller voir. Je ne savais point que madame de Grignan eût été malade; si c'est une maladie sans suite, sa beauté n'en souffrira pas longtemps. Vous savez l'intérêt que je prends à tout ce qui pourrait cet hiver vous empêcher l'une et l'autre de revenir de bonne heure.

Adieu, ma très-chère amie; j'oubliais de vous dire que le marquis de Villeroi se propose d'aller à Grignan avec votre ami le comte de Rochebonne. Je vous suis très-obligée de vouloir bien de moi : il y a peu de choses que je souhaite davantage que de me rendre au plus vite dans votre château; mon impatience, *quoique violente*, dure toujours : cela me fait craindre pour le chaud; il doit être insupportable, puisque je ne m'y expose pas. La rapidité du Rhône convient à l'envie que j'ai de vous embrasser; ainsi, Madame, je ne désespère point du tout de vous aller conter les plaisirs de Bellecour. Vous me promettez de ne me point dire : *Allez, allez, vous êtes une laide;* cela me suffit. J'ai peur que vous ne traitiez mal notre gouverneur[2]; vos manières m'ont toujours paru différentes de celles de madame de Solus. Vous savez bien que l'on dit à Paris que Vardes et lui se sont rencontrés; devinez où?

---

[1] M. de Monmerqué dit qu'on voit dans des chansons du temps que madame de Solus était la femme d'un financier.
[2] Le marquis de Villeroi.

278. — DE M. DE CORBINELLI AU COMTE DE BUSSY-RABUTIN.

A Grignan, ce 15 septembre 1672.

J'ai reçu ici votre lettre, Monsieur, avec d'autant plus de joie que je l'ai pu montrer à Madame de Sévigné, et parler de vous avec elle, comme vous pouvez juger qu'on doit faire. J'ai eu un plaisir extrême d'apprendre d'elle que vous étiez mieux ensemble que jamais; je ne doute pas que vous ne la voyiez en repassant. Le marquis d'Oraison m'a dit vous avoir vu à Dijon, et qu'il était fort de vos amis. Au reste, Monsieur, il me semble que nous devrions nous adresser nos lettres en droiture; Madame de Sévigné est de mon avis. Je vous prie de me dire comment vous avez digéré le déplaisir de n'être pas témoin des grandes victoires du roi et de la ruine de toute une république en une demi-campagne. Comment persuaderiez-vous ce prodige à la postérité, si vous étiez son historien? *Hoc opus, hic labor est.* Je sais que votre éloquence égale ses hauts faits; mais égalera-t-elle le peu de disposition que cette postérité aura de croire des choses si peu vraisemblables? Mais que dira-t-elle, cette postérité, pour justifier le roi de vous avoir traité comme il l'a fait, après tant de services considérables? Et que direz-vous vous-même pour le mettre à couvert du blâme qu'il en pourrait recevoir? Comment se portent mesdemoiselles de Bussy? On m'a dit qu'elles apprenaient l'italien, c'est très-bien fait à elles : je meurs d'envie de voir ce qu'elles savent dans le *Pastor fido* et dans l'*Aminte*; car je ne les crois pas encore assez habiles pour entendre le *Tasse.*

DE MADAME DE SÉVIGNÉ.

Les oreilles ne vous ont-elles point corné depuis que j'ai ici notre cher Corbinelli, et surtout l'oreille droite, qui corne quand on dit du bien ? Quand nous avons fini de vous louer par tout ce que vous avez de louable, nous pleurons sur votre malheur et sur l'abîme où votre étoile vous a jeté. Mais finissons ce triste chapitre, en attendant que la mort finisse tout. Je vous conseille de vous mettre dans l'italien, c'est une nouveauté qui vous réjouira. Mes nièces vos filles sont aimables, elles ont bien de l'esprit ; mais le moyen d'être auprès de vous sans en avoir ? M. et madame de Grignan vous font mille compliments ; si Bussy était en Provence, ou Grignan en Bourgogne, nous nous en trouverions tous très-bien.

279. — DU COMTE DE BUSSY-RABUTIN A M. DE CORBINELLI.

À Bussy, le 24 octobre 1672.

J'ai eu bien de la joie, Monsieur, de recevoir votre lettre avec celle de ma cousine, c'est-à-dire des deux personnes du monde que j'aime et que j'estime le plus. J'ai été quinze jours à Dijon, où j'ai vu le marquis d'Oraison quatre ou cinq fois à la comédie, et une ou deux fois à une symphonie qui se fait chez un conseiller du parlement tous les dimanches, et nous nous sommes parlé deux ou trois fois. S'il ne faut que cela en Provence pour faire une grande amitié, on y va bien vite, et je vois bien par là qu'il y fait fort chaud. Vous voulez savoir comment j'ai supporté le chagrin de n'avoir pas été auprès du roi pendant cette campagne : avec toutes les peines du monde. Ma philosophie, qui me sert fort bien sur l'état de ma fortune, est une bête quand il est question de me consoler de n'avoir pas passé le Rhin à la vue du roi. Vous me demandez comment je ferais, si j'étais son historien, pour persuader à la postérité les merveilles de sa campagne : je dirais la chose uniment, et sans faire tant de façons, qui d'ordinaire sont suspectes de fausseté, ou au moins d'exagération ; et je ne ferais pas comme Despréaux, qui, dans une épître¹ qu'il adresse au roi, fait une fable des actions de sa campagne, parce que, dit-il, elles sont si extraordinaires, qu'elles ont déjà un grand air de fable. Vous me mandez ce que je crois que dira la postérité sur l'état de ma fortune, après les services que j'ai rendus : elle dira que j'étais bien malheureux ; et sachant, comme elle le saura, la droiture du cœur du roi, elle le plaindra de n'avoir pu me connaître et de ne m'avoir vu que par les yeux de gens qui ne m'aimaient pas ; elle dira encore que j'étais sage de parler comme je fais, et que se plaindre de ses disgrâces avec autant de discrétion est une grande marque qu'on ne les mérite pas.

280. — DE MADAME DE COULANGES A MADAME DE SÉVIGNÉ.

Lyon, le 11 septembre 1672.

Je suis ravie de pouvoir croire que vous m'avez un peu regrettée ; ce qui me persuade que je le mérite, c'est le chagrin que j'ai eu de ne vous plus voir. J'ai fait vos compliments au *charmant*² ; il les a reçus comme il le devait, j'en suis contente : si je prenais autant d'intérêt en lui que M. de Coulanges, je serais plus aise de ce qu'il dit de vous, pour lui que pour vous. Madame d'Assigni a gagné son procès tout d'une voix. Envoyez-moi M. de Corbinelli, son appartement est tout prêt ; je l'attends avec une impatience qui mérite qu'il fasse ce petit voyage : toutes nos beautés attendent, et ne veulent point partir pour la campagne qu'il ne soit arrivé ; s'il abuse de ma simplicité, et que tout ceci se tourne en projets, je romps pour toujours avec lui. Adieu, ma vraie amie ; c'est à madame la comtesse de Grignan que j'en veux.

¹ Sur le passage du Rhin, *Épître IV*.
² Le marquis de Villeroi.

A MADAME DE GRIGNAN.

Je n'ai plus de goût pour l'ouvrage, Madame; on ne sait travailler qu'à Grignan; le *charmant* et moi, nous en commençâmes un il y a deux jours : vous y aviez beaucoup de part; vous me trouveriez une grande ouvrière à l'heure qu'il est. Il me paraît que le *charmant* vous voudrait bien envoyer des patrons ; mais le bruit court que vous ne travaillez point à patrons, et que ceux que vous donnez sont inimitables. Adieu, ma chère Madame; je trouve une grande facilité à me défaire de ma sécheresse, quand je songe que c'est à vous que j'écris.

281. — A MADAME DE SÉVIGNÉ.

Lyon, le 30 octobre 1672.

Je suis très en peine de vous, ma belle; aurez-vous toujours la fantaisie de faire le bon corps? fallait-il vous mettre sur ce pied-là après avoir été saignée? Je meurs d'impatience d'avoir de vos nouvelles, et il se passera des temps infinis avant que j'en puisse recevoir. Hélas! voici un adieu, ma délicieuse amie; je m'en vais faire cent lieues pour m'éloigner de vous! quelle extravagance! depuis que le jour est pris pour m'en aller à Paris, je suis enragée de penser à tout ce que je quitte; je laisse ma famille, une pauvre famille désolée; et cependant je pars le jour même de la Toussaint pour Bagnols, de Bagnols à Roanne, et puis *vogue la galère*. N'êtes-vous pas ravie du présent que le roi a fait à M. de Marsillac [1]? N'êtes-vous pas charmée de la lettre que le roi lui a écrite? Je suis au vingtième livre de l'*Arioste*; j'en suis ravie. Je vous dirai, sans prétendre abuser de votre crédulité, que si j'étais reçue dans

---

[1] De la charge de grand maître de la garde-robe. (P.)

votre troupe, à Grignan, je me passerais bien mieux de Paris, que je ne me passerai de vous à Paris. Mais, adieu, ma vraie amie, je garde le *charmant* pour la belle comtesse. Écoutez, Madame, le procédé du *charmant* : il y a un mois que je ne l'ai vu; il est à Neufville[1], outré de tristesse, et quand on prend la liberté de lui en parler, il dit que son exil est long; et voilà les seules paroles qu'il a proférées depuis l'infidélité de son *Alcine*[2]; il hait mortellement la chasse, et il ne fait que chasser; il ne lit plus, ou du moins il ne sait ce qu'il lit; plus de *Solus*, plus d'amusement : il a un mépris pour les femmes qui empêche de croire qu'il méprise celle qui outrage son amour et sa gloire; le bruit court qu'il viendra me dire adieu le jour que je partirai. Je vous manderai le changement qui est arrivé en sa personne. Je suis de votre avis, Madame, je ne comprends point qu'un amant ait tort parce qu'il est absent; mais qu'il ait tort étant présent, je le comprends mieux; il me paraît plus aisé de conserver son idée sans défauts pendant l'absence; *Alcine* n'est pas de ce goût : le *charmant* l'aime de bien bonne foi; c'est la seule personne qui m'ait fait croire à l'inclination naturelle. J'ai été surprise de ce que je lui ai entendu dire là-dessus; mais que deviendra-t-elle, comme vous dites, cette inclination? Peut-être arrivera-t-il un jour que le *charmant* croira s'être mépris, et qu'il contera les appas trompeurs d'*Alcine*. Le bruit de la reconnaissance que l'on a pour l'amour de mon gros cousin[3] se confirme; je ne crois que médiocrement aux méchantes langues; mais mon cousin, tout gros qu'il est, a été préféré à des tailles plus fines; et puis, après un petit, un grand; pourquoi ne voulez-vous pas qu'un gros trouve sa place? Adieu, Madame; que je hais de m'éloigner de vous!

---

[1] Château de la maison de Villeroi, à quatre lieues de Lyon. (P.)
[2] La lettre du 4 février 1672 peut faire soupçonner madame la comtesse de Soissons d'être ici cachée sous le nom d'*Alcine*.
[3] M. de Louvois, ministre. (P.)

Venez, mon cher confident[1], que je vous dise adieu ; je ne puis me consoler de ne vous avoir point vu ; j'ai beau songer au chagrin que j'aurais eu de vous quitter, il n'importe ; je préférerais ce chagrin à celui de ne vous avoir point fait connaître les sentiments que j'ai pour vous. Je suis ravie du talent qu'a M. de Grignan pour la friponnerie ; ce talent est nécessaire pour représenter le vraisemblable. Adieu, mon cher Monsieur ; quand vous me promettez d'être mon confident, je me repens de n'être pas digne d'accepter une pareille offre ; mais venez vous faire refuser à Paris. Adieu, mon amie ; adieu, madame la Comtesse ; adieu, monsieur de Corbinelli : je sens le plaisir de ne vous point quitter en m'éloignant ; mais je sens bien vivement le chagrin d'être assurée de ne trouver aucun de vous où je vais.

Je ne veux point oublier de vous dire que je suis si aise de l'abbaye que le roi a donnée à M. le coadjuteur, qu'il me semble qu'il y a de l'incivilité à ne m'en point faire de compliment.

282. — DE MADAME DE SÉVIGNÉ A MADAME DE GRIGNAN.

A Marseille, mercredi. . . . . 1672.

Je vous écris après la visite de madame l'intendante et une harangue très-belle. J'attends un présent, et le présent attend ma pistole. Je suis ravie de la beauté singulière de cette ville. Hier le temps fut divin, et l'endroit[2] d'où je découvris la mer, *les bastides*, les montagnes et la ville, est une chose étonnante ; mais surtout je suis ravie de madame de Montfuron[3] ; elle est aimable, et on l'aime sans balancer. La foule des chevaliers qui vinrent hier voir

---

[1] M. de Corbinelli. (P.)
[2] Ce lieu s'appelle, en langage du pays, *la visto*. On s'y arrête ordinairement pour admirer la beauté de ce point de vue. (P.)
[3] Marie de Ponteves de Buous, femme de Léon de Valbelle, marquise de Montfuron, et cousine germaine de M. de Grignan. (P.)

M. de Grignan à son arrivée; des noms connus des Saint-Hérem, etc.; des aventuriers, des épées, des chapeaux du bel air, une idée de guerre, de roman, d'embarquement, d'aventures, des chaînes, de fers, d'esclaves, de servitude, de captivité; moi, qui aime les romans, je suis transportée. M. de Marseille vint hier au soir : nous dînons chez lui; c'est l'affaire des deux doigts de la main. Il fait aujourd'hui un temps abominable, j'en suis triste; nous ne verrons ni mer, ni galères, ni port. Je demande pardon à Aix, mais Marseille est bien plus joli, et plus peuplé que Paris à proportion; il y a cent mille âmes au moins; de vous dire combien il y en a de belles, c'est ce que je n'ai pas le loisir de compter; l'air en gros y est un peu scélérat, et parmi tout cela je voudrais être avec vous. Je n'aime aucun lieu sans vous, et moins la Provence qu'un autre; c'est un vol que je regretterai. Remerciez Dieu d'avoir plus de courage que moi, mais ne vous moquez pas de mes faiblesses ni de mes *chaînes*.

283. — A LA MÊME.

A Marseille, jeudi à midi. . . . . 1672.

Le diable est déchaîné en cette ville; de mémoire d'homme, on n'a point vu de temps si vilain. J'admire plus que jamais de donner avec tant d'ostentation les choses du dehors, de refuser en particulier ce qui tient au cœur; poignarder et embrasser, ce sont des manières : on voudrait m'avoir ôté l'esprit; car, au milieu de mes honnêtetés, on voit que je vois; et je crois qu'on rirait avec moi si on l'osait; tout est de carême-prenant [1]. Nous dînâmes hier chez M. de Marseille; ce fut un très-bon repas. Il me mena l'après-dîner faire des visites nécessaires, et me laissa le soir ici. Le gouverneur me donna des violons,

---

[1] Tout ceci a rapport à l'évêque de Marseille. *Voyez* la lettre suivante. (M.)

que je trouvai très-bons; il vint des masques plaisants : il y avait une petite Grecque fort jolie; votre mari tournait tout autour : ma fille, c'est un fripon; si vous étiez bien glorieuse, vous ne le regarderiez jamais. Il y a un chevalier de Saint-Mêmes qui danse bien à mon gré; il était en Turc : il ne hait pas la Grecque, à ce qu'on dit. Je trouve, comme vous, que Bétomas ressemble à Lauzun, et madame de Montfuron à madame d'Armagnac, et mademoiselle des Pennes à feu mademoiselle de Cossé. Nous ne parlons que de mademoiselle de Scuderi et de La Troche avec la Brétèche, et de toutes choses, avec plusieurs qui connaissent Paris. Si tantôt il fait un moment de soleil, M. de Marseille me mènera *béer*. En un mot, j'ai déjà de Marseille et de votre absence jusque là, et en même temps je porte ma main un peu au-dessus de mes yeux. La *Santa-Crux*[1] est belle, fraîche, gaie et naturelle; rien n'est faux ni emprunté chez elle. Je vous prie de songer déjà à des remercîments pour elle, et à la louer du rigodon, où elle triomphe. Adieu, ma chère enfant : hélas! je ne vous ai point vue ici, cette pensée gâte ce qu'on voit. Adhémar, qui, par parenthèse, a pris le nom de chevalier de Grignan[2], a fait le petit démon quand je lui ai dit que vous m'aviez envoyé de l'argent pour lui : il n'en a que faire, il a dix mille écus; il les jettera par la place. Vous êtes folle, il ne vous le pardonnera jamais; mais là-dessus je me sers de ce pouvoir souverain que j'ai sur lui, et j'ai obtenu qu'il recevra seulement un sac de mille francs. Cela est fait, et, quoi qu'il dise, je crois qu'il sera dépensé avant que vous receviez cette lettre; le reste viendra en peu de temps; n'en soyez point en peine, ma fille; ôtez cette bagatelle de votre esprit.

---

[1] Marguerite de Galéans des Issarts, femme de Henri de Forbin de Sainte-Croix. (P.)
[2] Depuis la mort du chevalier de Grignan son frère. (M.)

284. — A LA MÊME.

A Marseille, jeudi à minuit... 1672.

Je vous ai écrit ce matin, ma fille, voici ce que j'ai fait depuis : j'ai été à la messe à Saint-Victor avec l'évêque ; de là par mer voir la Réale, et l'exercice, et toutes les banderoles, et des coups de canon, et des sauts périlleux d'un Turc ; enfin on dîne, et après dîné, me revoilà sur le poing de M. de Marseille, à voir la citadelle et la vue qu'on y découvre ; et puis à l'arsenal, voir tous les magasins et l'hôpital, et puis sur le port, et puis souper chez ce prélat, où il y avait toutes sortes de musiques.

Nous avons eu une conversation où j'ai bien dit, ce me semble, et où, sans aucune rudesse, ni brutalité, ni colère, mais raisonnablement et de sang-froid, je lui ai fait voir l'horreur de son procédé pour moi, et combien il m'eût été plus cher de m'avoir témoigné une véritable amitié à Lambesc, que de m'accabler de cérémonies et de festins à Marseille, et que mon cœur étant encore blessé, tout cela n'était que pour le public : il m'a paru un peu embarrassé ; et en effet plus la chose s'éloigne, plus il la voit comme elle est. Il n'y a point de réponse à ne me vouloir pas obliger dans une bagatelle où lui-même, s'il m'avait véritablement estimée, il aurait trouvé vingt expédients au lieu d'un. J'ai repassé sur la manière dont sa haine a paru dans cette occasion ; j'ai dit que, le prétexte étant si petit et si mince, on voyait la corde et le fond ; enfin nous nous sommes séparés ; mais soyez certaine que quand je serais en faveur, il ne m'aurait pas mieux reçue ici. Nous partons demain à cinq heures du matin. Je vous quitte, ma petite ; j'ai reçu votre lettre, et lu vos tendresses avec des sentiments qui ne s'expliquent point.

285. — A M. ARNAULD-D'ANDILLY.

A Aix, 11 décembre 1672.

Au lieu d'aller à Pomponne vous faire une visite, vous voulez bien que je vous écrive; je sens la différence de l'un à l'autre, mais il faut que je me console, au moins de ce qui est en mon pouvoir. Vous seriez bien étonné si j'allais devenir bonne à Aix; je m'y sens quelquefois portée par un esprit de contradiction, et, voyant combien Dieu y est peu aimé, je me trouve chargée d'en faire mon devoir. Sérieusement, les provinces sont peu instruites des devoirs du christianisme; je suis plus coupable que les autres, car j'en sais beaucoup; je suis assurée que vous ne m'oubliez jamais dans vos prières, et je crois en sentir des effets toutes les fois que je sens une bonne pensée. J'espère que j'aurai l'honneur de vous revoir ce printemps, et qu'étant mieux instruite, je serai plus en état de vous persuader tout ce que vous m'assurez que je ne vous persuadais point. Tout ce que vous saurez entre ci et là, c'est que si le prélat qui a le don de gouverner les provinces avait la conscience aussi délicate que M. de Grignan, il serait un très-bon évêque, *ma basta* [1]. Faites-moi la grâce de me mander de vos nouvelles, parlez-moi de votre santé, parlez-moi de l'amitié que vous avez pour moi, donnez-moi la joie de voir que vous êtes persuadé que vous êtes au premier rang de tout ce qui m'est le plus cher au monde; voilà ce qui m'est nécessaire pour me consoler de votre absence, dont je sens l'amertume au travers de toute l'amour maternelle.

DE RABUTIN-CHANTAL.

---

[1] Il s'agit de l'évêque de Marseille, Forbin de Janson, qui empiétait sur les attributions de M. de Grignan, gouverneur de Provence.

286. — A MADAME DE GRIGNAN.

À Lambesc, mardi 20 décembre 1672,
à dix heures du matin.

Quand on compte sans la Providence, il faut très-souvent compter deux fois. J'étais tout habillée à huit heures, j'avais pris mon café, entendu la messe, tous les adieux faits, le bardot chargé, les sonnettes des mulets me faisaient souvenir qu'il fallait monter en litière ; ma chambre était pleine de monde ; on me priait de ne point partir, parce que depuis plusieurs jours il pleut beaucoup, et depuis hier continuellement, et même dans ce moment plus qu'à l'ordinaire. Je résistais hardiment à tous ces discours, faisant honneur à la résolution que j'avais prise et à tout ce que je vous mandai hier par la poste, en assurant que j'arriverais jeudi, lorsque tout d'un coup M. de Grignan, en robe de chambre d'omelette, m'a parlé si sérieusement de la témérité de mon entreprise, disant que mon muletier ne suivrait pas ma litière, que mes mulets tomberaient dans les fossés, que mes gens seraient mouillés et hors d'état de me secourir, qu'en un moment j'ai changé d'avis, et j'ai cédé entièrement à ses sages remontrances. Aussi, ma fille, coffres qu'on rapporte, mulets qu'on détèle, filles et laquais qui se sèchent pour avoir seulement traversé la cour, et messager que l'on vous envoie, connaissant vos bontés et vos inquiétudes, et voulant aussi apaiser les miennes, parce que je suis en peine de votre santé, et que cet homme ou reviendra nous en apporter des nouvelles, ou me retrouvera par les chemins. En un mot, ma chère enfant, il arrivera à Grignan jeudi au lieu de moi, et moi, je partirai bien véritablement quand il plaira au ciel et à M. de Grignan, qui me gouverne de bonne foi, et qui comprend toutes les raisons qui me font souhaiter passionnément d'être à Grignan. Si M. de La Garde pouvait ignorer tout ceci, j'en serais aise, car il va triompher du plaisir de m'avoir prédit tout l'embarras où je me trouve; mais qu'il prenne garde à la vaine gloire qui pourrait accompagner le don de prophétie dont il pourrait se flatter. Enfin, ma fille, me voilà, ne m'attendez plus du tout; je vous surprendrai, et ne me hasarderai point, de peur de vous donner de la peine, et à moi aussi. Adieu, ma très-chère et très-aimable; je vous assure que je suis fort affligée d'être prisonnière à Lambesc; mais le moyen de deviner des pluies qu'on n'a point vues dans ce pays depuis un siècle?

287. — DE MADAME DE COULANGES A MADAME DE SÉVIGNÉ.

A Paris, ce 26 décembre 1672.

Le siége de Charleroi est enfin levé[1]; je ne vous mande aucun détail de ce qui s'y est passé, sachant que mademoiselle de Méri en envoie une relation à Madame de Grignan. On ignore jusqu'à présent quelle route le roi prendra; les uns disent qu'il retournera tout droit à Saint-Germain; les autres, qu'il ira en Flandre: nous serons bientôt éclaircis de sa marche. Sans vanité, je sais des nouvelles à l'arrivée des courriers; c'est chez M. Le Tellier[2] qu'ils descendent, et j'y passe mes journées; il est malade, et il paraît que je l'amuse: cela me suffit pour m'obliger à une grande assiduité. Je ne comprends point par quelle aventure vous n'avez pas reçu la lettre de M. de Coulanges, dans laquelle je vous écrivais: c'est une médiocre perte pour vous; j'ai cependant la confiance de croire que vous regrettez cette lettre, parce que je vous aime, ma très-belle, et que vous m'avez toujours paru reconnaissante.

---

[1] Le prince d'Orange fut obligé de lever le siége de Charleroi le 22 décembre 1672. (P.)

[2] Madame de Coulanges était nièce de M. Le Tellier, depuis chancelier de France. (P.)

J'ai été à la messe de minuit, j'ai mangé du petit salé au retour ; en un mot, j'ai un assez bon corps cette année pour être digne du vôtre. J'ai fait des visites avec madame de La Fayette ; je me trouve si bien d'elle, que je crois qu'elle s'accommode de moi. Nous avons encore ici madame de Richelieu ; j'y soupe ce soir avec madame Dufresnoi ; il y a grande presse de cette dernière à la cour : il ne se fait rien de considérable dans l'État où elle n'ait part[1]. Pour madame Scarron, c'est une chose étonnante que sa vie[2] : aucun mortel, sans exception, n'a commerce avec elle. J'ai reçu une de ses lettres ; mais je me garde bien de m'en vanter, de peur des questions infinies que cela attire. Le rendez-vous du beau monde est les soirs chez la maréchale d'Estrées ; Manicamp et ses deux sœurs[3] sont assurément bonne compagnie ; madame de Senneterre s'y trouve quelquefois, mais toujours sous la figure d'Andromaque. On est ennuyé de sa douleur ; pour elle, je comprends qu'elle s'en accommode mieux que de son mari : cette raison devrait pourtant lui faire oublier qu'elle est affligée. Je la crois de bonne foi, ainsi je la plains. Les gendarmes-dauphins sont dans l'armée de M. le Prince ; il faut espérer qu'on les mettra bientôt en quartier d'hiver, et qu'ils auront un moment pour donner ordre à leurs affaires : je connais des gens qui en sont accablés. Adieu, ma très-aimable ; je vais me préparer pour la grande occasion de ce soir ; il faut être bien modeste pour se coiffer, quand on soupe avec madame Dufresnoi. Permettez-moi de faire mille compliments à madame de Grignan ; je voudrais bien que ce fût des amitiés, mais vous ne voulez pas.

La princesse d'Harcourt a paru à la cour sans rouge, par pure dévotion : voilà une nouvelle qui efface toutes

---

[1] Elle était maitresse de Louvois.

[2] Cachée dans une petite maison au fond du faubourg Saint-Germain, elle élevait dans le plus grand mystère le duc du Maine et le comte de Vexin, enfants de madame de Montespan. (A. G.)

[3] Bernard de Longueval, marquis de Manicamp.

les autres ; on peut dire aussi que c'est un grand sacrifice : Brancas[1] en est ravi. Il vous adore ; mon amie, ne le désapprouvez donc pas lorsqu'il censure les plaisirs que vous avez sans lui, c'est la jalousie qui l'y oblige ; mais vous ne voudriez de la jalousie que de ceux dont vous pourriez être jalouse : il faut plaindre Brancas.

288. — DE MADAME DE LA FAYETTE A MADAME DE SÉVIGNÉ.

A Paris, ce 30 décembre 1672.

J'ai vu votre grande lettre à d'Hacqueville. Je comprends fort bien tout ce que vous lui mandez sur l'évêque[2] ; il faut que le prélat ait tort, puisque vous vous en plaignez. Je montrerai votre lettre à Langlade, et j'ai bien envie encore de la faire voir à madame du Plessis, car elle est très-prévenue en faveur de l'évêque. Les Provençaux sont des gens d'un caractère tout à fait particulier.

Voilà un paquet que je vous envoie pour madame de Northumberland ; vous ne comprendrez pas aisément pourquoi je suis chargée de ce paquet : il vient du comte de Sunderland, qui est présentement ici ambassadeur ; il est fort de ses amis. Il lui a écrit plusieurs fois ; mais n'ayant point de réponse, il croit qu'on arrête ses lettres ; et M. de La Rochefoucauld, qu'il voit très-souvent, s'est chargé de faire tenir le paquet dont il s'agit. Je vous supplie donc, comme vous n'êtes plus à Aix, de l'envoyer par quelqu'un de confiance, et d'écrire un mot à madame de Northumberland, afin qu'elle vous fasse réponse et qu'elle vous mande qu'elle l'a reçu ; vous m'enverrez sa réponse. On dit ici que si M. de Montaigu n'a pas un heureux succès de son voyage, il passera en Italie, pour faire voir que ce n'est pas pour les beaux yeux de madame de Northumberland qu'il court

---

[1] Charles de Brancas, père de la princesse d'Harcourt, et chevalier d'honneur de la reine Anne d'Autriche. (P.)
[2] De Marseille. (P.)

le pays : mandez-nous un peu ce que vous verrez de cette affaire, et comme quoi il sera traité.

La Marans est dans une dévotion et dans un esprit de douceur et de pénitence qui ne se peut comprendre : sa sœur[1], qui ne l'aime pas, en est surprise et charmée; sa personne est changée à n'être pas connaissable; elle paraît soixante ans. Elle trouva mauvais que sa sœur m'eût conté ce qu'elle lui avait dit sur cet enfant de M. de Longueville, et elle se plaignit aussi de moi de ce que je l'avais redonné au public; mais des plaintes si douces que Montalais en était confondue pour elle et pour moi. En sorte que pour m'excuser, elle lui dit que j'étais informée de la belle opinion qu'elle avait que j'aimais M. de Longueville; la Marans, avec une justice admirable, répondit que puisque je savais cela, elle s'étonnait que je n'en eusse pas dit davantage, et que j'avais raison de me plaindre d'elle. On parla de madame de Grignan; elle en dit beaucoup de bien, mais sans aucune affectation. Elle ne voit plus qui que ce soit au monde, sans exception : si Dieu fixe cette bonne tête-là, c'est un des grands miracles que j'aie jamais vus.

J'allai hier au Palais-Royal avec madame de Monaco; je m'y enrhumai à mourir. J'y pleurai MADAME[2] de tout mon cœur; je fus surprise de l'esprit de celle-ci[3], non pas de son esprit agréable, mais de son esprit de bon sens; elle se mit sur le ridicule de M. de Meckelbourg d'être à Paris présentement, et je vous assure que l'on ne peut mieux dire. C'est une personne très-opiniâtre et très-résolue, et assurément de bon goût, car elle hait madame de Gourdon à ne la pouvoir souffrir. MONSIEUR me fit toutes les caresses du monde, au nez de la maréchale de Clérem-

---

[1] Mademoiselle de Montalais, fille d'honneur de MADAME, Henriette-Anne d'Angleterre. (P.)

[2] Henriette-Anne d'Angleterre, morte le 29 juin 1670.

[3] Élisabeth-Charlotte, palatine du Rhin, que MONSIEUR, frère unique de Louis XIV, épousa en secondes noces, le 21 novembre 1671. (P.)

bault¹ ; j'étais soutenue de la Fienne, qui la hait mortellement, et à qui j'avais donné à dîner il n'y a que deux jours. Tout le monde croit que la comtesse du Plessis² va épouser Clérembault.

M. de La Rochefoucauld vous fait cent mille compliments ; il y a quatre ou cinq jours qu'il ne sort point ; il a la goutte en miniature. J'ai mandé à madame de Plessis que vous m'aviez écrit des merveilles de son fils. Adieu, ma belle ; vous savez combien je vous aime.

289. — DE M. DUC DE LA ROCHEFOUCAULD A MADAME DE SÉVIGNÉ.

A Paris, le 9 février 1673.

Vous ne sauriez croire le plaisir que vous m'avez fait de m'envoyer la plus agréable lettre qui ait jamais été écrite ; elle a été lue et admirée, comme vous le pouvez souhaiter. Il me serait difficile de vous rien envoyer de ce prix-là ; mais je chercherai à m'acquitter, sans espérer néanmoins d'en trouver les moyens, dans le soin de votre santé, car vous vous portez si bien, que vous n'avez pas besoin de mes remèdes. Madame la comtesse (*de La Fayette*) est allée ce matin à Saint-Germain remercier le roi d'une pension de cinq cents écus qu'on lui a donnée sur une abbaye ; cela lui en vaudra mille avec le temps, parce que c'est sur un homme qui a la même pension sur l'abbé de La Fayette ; ainsi ils sont quittes présentement ; et quand ce premier mourra, la pension demeurera toujours sur son abbaye. Le roi a même accompagné ce présent de tant de paroles agréables, qu'il y a lieu d'attendre de plus grandes grâces. Si je suis le premier à vous apprendre ceci, voilà déjà la lettre de M. de Coulanges à demi payée ; mais qui

---
¹ Gouvernante des enfants de Monsieur. (P.)
² Marie-Louise Le Loup de Bellenave, veuve d'Alexandre de Choiseul, comte du Plessis. (P.)

nous payera le temps que nous passons ici sans vous? Cette perte est si grande pour moi, que vous seule pouvez m'en récompenser; mais vous ne payez point ces sortes de dettes-là; j'en ai bien perdu d'autres, et pour être ancien créancier, je n'en suis que plus exposé à de telles banqueroutes. L'affaire de M. le chevalier de Lorraine et de M. de Rohan est heureusement terminée; le roi a jugé de leurs intentions, et personne n'a eu dessein de s'offenser. M. le Duc est revenu, M. le Prince arrive dans deux jours : on espère la paix; mais vous ne revenez pas, et c'est assez pour ne rien espérer.

Quoi que vous me disiez de madame de Grignan, je pense qu'elle ne se souvient guère de moi; je lui rends cependant mille très-humbles grâces, ou à vous, de ce que vous me dites de sa part. Ma *mère*[1] est un miroir de dévotion : elle a fait un cantique pour ses ennemis, où *la reine de Provence*[2] n'est pas oubliée. Embrassez M. l'abbé (*de Coulanges*) à mon intention, dites-lui qu'après le marquis de Villeroi, je suis mieux que personne auprès de M. de Coulanges.

Si vous avez des nouvelles de notre pauvre Corbinelli, je vous supplie de m'en donner : j'ai pensé effacer l'épithète, mais j'apprends toujours, à la honte de nos amis, qu'elle ne lui convient que trop.

MADAME LA FAYETTE.

Voilà une lettre qui vous dit, ma belle, tout ce que j'aurais à vous dire. Je me porte bien de mon voyage de Saint-Germain. J'y vis votre fils, j'en fis comme du mien; il est très-joli. Adieu.

---

[1] Madame de Marans, que M. de La Rochefoucauld appelait *sa mère*. (P.)
[2] C'est-à-dire Madame de Grignan, que madame de Marans n'aimait point. (P.)

290. — DE MADAME DE COULANGES A MADAME DE SÉVIGNÉ.

A Paris, 24 février 1673.

Si vous étiez en lieu où je vous pusse conter mes chagrins, ma très-belle, je suis persuadée que je n'en aurais plus. Quand je songe que le retour de madame de Grignan dépend de la paix, et le vôtre du sien, en faut-il davantage pour me la faire souhaiter bien vivement? Le comte Tot a passé l'après-dînée ici : nous avons fort parlé de vous. Il se souvient de tout ce qu'il vous a entendu dire; jugez si sa mémoire ne le rend pas de très-bonne compagnie. Au reste, ma belle, je ne pars plus de Saint-Germain ; j'y trouve une dame d'honneur[1] que j'aime, et qui a de la bonté pour moi ; j'y vois peu la reine ; je couche chez madame Dufresnoi, dans une chambre charmante : tout cela me fait résoudre à y faire de fréquents voyages. Nos pauvres amis sont repartis, c'est-à-dire M. de La Trousse[2], sur la nouvelle qu'a eue le roi d'une révolte en Franche-Comté : comme il n'aimerait point que les Espagnols envoyassent des troupes qui passeraient sur ses terres, il a nommé Vaubrun[3] et La Trousse pour aller commander en ce pays-là. La Trousse a beaucoup de peine à se réjouir de cette distinction ; cependant c'en est une, qui pourrait ne pas déplaire à un homme moins fatigué de voyages. Celui-ci joindra la campagne; cela est fort triste pour ses amis : le guidon[4] nous demeure ; mais ce n'était point trop *de tout*. Je menai ce guidon avant-hier à Saint-Germain ; nous dînâmes chez madame de Richelieu : il est aimé de tout le monde presque autant que de moi. *Mithridate* est une pièce

---

[1] Madame de Richelieu. (P.)

[2] Capitaine des gendarmes-dauphins. (P.)

[3] Nicolas de Beautru, marquis de Vaubrun, frère du comte de Nogent ; il fut tué en 1675.

[4] M. de Sévigné était guidon des gendarmes-dauphins. (P.)

charmante : on y pleure ; on y est dans une continuelle admiration ; on la voit trente fois, on la trouve plus belle la trentième que la première. *Pulchérie* n'a point réussi. Notre ami Brancas a la fièvre et une fluxion sur la poitrine ; je l'irai voir demain. Je n'ai point vu votre cardinal (*de Retz*) ; j'en ai toujours eu envie, mais il s'est toujours trouvé quelque chose qui m'en a empêchée. La belle Ludres est la meilleure de mes amies ; elle me veut toujours mener chez madame *Talpon* quand les *pougies*[1] sont allumées. Le marquis de Villeroi est si amoureux, qu'on lui fait voir ce que l'on veut : jamais aveuglement n'a été pareil au sien ; tout le monde le trouve digne de pitié, et il me paraît digne d'envie. Il est plus charmé qu'il n'est *charmant* ; il ne compte pour rien sa fortune, mais la belle compte Caderousse pour quelque chose, et puis un autre pour quelque chose encore ; un, deux, trois, c'est la pure vérité ; fi, je hais les médisances. J'embrasse madame la comtesse de Grignan ; je voudrais bien qu'elle fût heureusement accouchée, qu'elle ne fût plus grosse, et qu'elle vînt ici désabuser de tout ce qu'on y admire. Adieu, ma véritable amie ; *vos petites entrailles*[2] se portent bien ; elles sont farouches, elles ont les cheveux coupés, elles sont très-bien vêtues. Madame Scarron ne paraît point ; j'en suis très-fâchée : je n'ai rien cette année de tout ce que j'aime ; l'abbé Têtu et moi, nous sommes contraints de nous aimer. *Mademoiselle* a songé que vous étiez très-malade ; elle s'éveilla en pleurant : elle m'a ordonné de vous le mander.

[1] Selon la manière de prononcer de madame de Ludres. (P.)
[2] Madame de Sévigné nommait ainsi Marie Blanche de Grignan, née le 15 novembre 1670, qu'elle avait laissée à Paris. (P.)

291. — DE MADAME DE LA FAYETTE A MADAME DE SÉVIGNÉ.

A Paris, le 27 février 1673.

Monsieur de Bayard et M. de La Fayette arrivent dans ce moment ; cela fait, ma belle, que je ne vous puis dire que deux mots de votre fils ; il sort d'ici, il m'est venu dire adieu, et me prier de vous écrire ses raisons sur l'argent. Elles sont si bonnes que je n'ai pas besoin de vous les expliquer fort au long ; car vous voyez d'où vous êtes la dépense d'une campagne qui ne finit point : tout le monde est au désespoir et se ruine ; il est impossible que votre fils ne fasse pas un peu comme les autres ; et de plus, la grande amitié que vous avez pour madame de Grignan fait qu'il en faut témoigner à son frère. Je laisse au grand d'Hacqueville à vous en dire davantage. Adieu, ma chère.

292. — DE MADAME DE COULANGES A MADAME DE SÉVIGNÉ.

A Paris, le 20 mars 1673.

Je souhaite trop vos reproches pour les mériter ; non, ma belle, la période ne m'emporte point ; je vous dis que je vous aime par la raison que je le sens véritablement, et même je suis plus vive pour vous que je ne vous le dis encore. Nous avons enfin retrouvé madame Scarron, c'est-à-dire que nous savons où elle est ; car pour avoir commerce avec elle, cela n'est pas aisé. Il y a chez une de ses amies un certain homme qui la trouve si aimable et de si bonne compagnie, qu'il souffre impatiemment son absence. Elle est cependant plus occupée de ses anciens amis qu'elle ne l'a jamais été ; elle leur donne le peu de temps qu'elle a avec un plaisir qui fait regretter qu'elle n'en ait pas davantage. Je suis assurée que vous trouvez que deux mille écus de pension sont médiocres ; j'en conviens, mais cela s'est fait d'une manière qui peut laisser espérer d'autres grâces. Le roi vit l'état des pensions ; il trouva deux mille francs pour madame Scarron, il les raya, et mit deux mille écus.

Tout le monde croit la paix ; mais tout le monde est triste d'une parole que le roi a dite, qui est que, paix ou guerre, il n'arriverait à Paris qu'au mois d'octobre. Je viens de recevoir une lettre du jeune guidon (*M. de Sévigné*) ; il s'adresse à moi[1] pour demander son congé ; et ses raisons sont si bonnes, que je ne doute pas que je ne l'obtienne. J'ai vu une lettre admirable que vous avez écrite à M. de Coulanges ; elle est si pleine de bon sens et de raison, que je suis persuadée que ce serait méchant signe pour quelqu'un qui trouverait à y répondre. Je promis hier à madame de La Fayette qu'elle la verrait ; je la trouvai tête à tête avec *un appelé* M. le Duc : on regretta le temps que vous étiez à Paris ; on vous y souhaita ; mais hélas ! qu'ils sont inutiles, les souhaits ! et cependant on ne saurait se corriger d'en faire. M. de Grignan ne s'est point du tout rouillé en province ; il a un très-bon air à la cour, mais il trouve qu'il lui manque quelque chose ; nous sommes de son avis, nous trouvons qu'il lui manque quelque chose. J'ai mandé à M. de La Trousse ce que vous m'écrivez de lui : si ma lettre va jusqu'à lui, je ne doute pas qu'il ne vous en remercie ; je crois que le secret miraculeux qu'il avait de faire comme les gens les plus riches lui manque dans cette occasion ; il me paraît accablé sans ressource.

Madame Dufresnoi fait une figure si considérable, que vous en seriez surprise ; elle a effacé mademoiselle de S..... sans miséricorde : on avait tant vanté la beauté de cette dernière qu'elle n'a plus paru belle : elle a les plus beaux traits du monde, elle a le teint admirable ; mais elle est dé-

---

[1] Madame de Coulanges était cousine germaine de M. de Louvois.

contenancée, et elle ne le veut pas paraître; elle rit toujours, elle a méchante grâce. *Madame* fera souvent voir de nouvelles beautés; l'ombre d'une galerie l'oblige à se défaire de ses filles : ainsi je crois que celles qui lui demeureront se trouveront plus à plaindre que les autres. Mademoiselle de L... la quitte. Madame de Richelieu m'a priée de vous faire mille compliments de sa part.

Adieu, ma très-aimable belle; j'embrasse, avec votre permission et la sienne, madame la comtesse de Grignan : n'est-elle point encore accouchée? M. de Coulanges m'a assurée qu'il vous enverrait *Mithridate*. On me peint aujourd'hui pour M. de Grignan; je croyais avoir renoncé à la peinture. L'histoire du *charmant* est pitoyable; je la sais.... *Orondate*[1] était peu amoureux auprès de lui; il n'y a que lui au monde qui sache aimer : c'est le plus joli homme, et son *Alcine*[2], la plus indigne femme.

293. — A LA MÊME.

A Paris, le 10 avril 1673.

Il est minuit, c'est une raison pour ne vous point écrire; j'en suis enragée : j'avais résolu de répondre à votre aimable lettre; mais voici, ma chère amie, ce qui m'en a empêchée : M. de La Rochefoucauld a passé le jour avec moi, je lui ai fait voir madame Dufresnoi : il en est tout éperdu. Je suis ravie que madame de Grignan ne soit plus qu'accablée de lassitude; la surprise et l'inquiétude que j'ai eues de son mal[3] me devaient faire attendre à toute la joie du retour de sa santé; c'est une barbarie que de souhaiter des enfants.

Je ne veux pas oublier ce qui m'est arrivé ce matin; on m'a dit : Madame, voilà un laquais de madame de Thianges;

---

[1] Héros de roman. (P.)
[2] La comtesse de Soissons.
[3] D'une couche fâcheuse.

j'ai ordonné qu'on le fît entrer. Voici ce qu'il avait à me dire : *Madame, c'est de la part de madame de Thianges, qui vous prie de lui envoyer la lettre du cheval de madame de Sévigné, et celle de la prairie* [1]. J'ai dit au laquais que je les porterais à sa maîtresse, et je m'en suis défaite. Vos lettres font tout le bruit qu'elles méritent, comme vous voyez ; il est certain qu'elles sont délicieuses, et vous êtes comme vos lettres.

Adieu, ma très-aimable belle ; j'embrasse bien doucement cette belle comtesse, de peur de lui faire mal. J'ai bien senti, je vous jure, sa fâcheuse aventure ; je souhaite plus que je ne l'espère qu'elle ne soit jamais exposée à de pareils accidents. Le roi dit hier qu'il partirait le 25, sans aucune remise.

294. — DE MADAME DE LA FAYETTE A MADAME DE SÉVIGNÉ.

A Paris, le 15 avril 1673.

Madame de Northumberland me vint voir hier, j'avais été la chercher avec madame de Coulanges ; elle me parut une femme qui a été fort belle, mais qui n'a plus un seul trait de visage qui se soutienne, ni où il soit resté le moindre air de jeunesse ; j'en fus surprise. Elle est avec cela mal habillée, point de grâce ; enfin je n'en fus point du tout éblouie ; elle me parut entendre fort bien tout ce qu'on dit, ou, pour mieux dire, ce que je dis, car j'étais seule. M. de La Rochefoucauld et madame de Thianges, qui avaient envie de la voir, ne vinrent que comme elle sortait. Montaigu m'avait mandé qu'elle viendrait me voir ; je lui ai fort parlé d'elle. Il ne fait aucune façon d'être embarqué à son service, et paraît très-rempli d'espérance. M. de Chaulnes partit hier, et le comte Tot aussi : ce der-

[1] La lettre du *cheval* n'a pas été conservée, mais celle de la *prairie* a été publiée par M. de Crawfurd ; elle fait partie de cette édition.

nier est très-affligé de quitter la France; je l'ai vu quasi tous les jours pendant qu'il a été ici; nous avons traité votre chapitre plusieurs fois. La maréchale de Gramont s'est trouvée mal; d'Hacqueville y a été, toujours courant, lui mener un médecin; il est, en vérité, un peu étendu dans ses soins. Adieu, mon amie; j'ai le sang si échauffé, et j'ai tant eu de tracas ces jours passés, que je n'en puis plus; je voudrais bien vous voir, pour me rafraîchir le sang.

295. — A LA MÊME.

A Paris, le 19 mai 1675.

Je vais demain à Chantilly; c'est ce même voyage que j'avais commencé l'année passée, jusque sur le Pont-Neuf, où la fièvre me prit; je ne sais pas s'il arrivera quelque chose d'aussi bizarre, qui m'empêche encore de l'exécuter; nous y allons la même compagnie, et rien de plus.

Madame du Plessis était si charmée de votre lettre qu'elle me l'a envoyée; elle est enfin partie pour sa Bretagne. J'ai donné vos lettres à Langlade, qui m'en a paru très-content: il honore toujours beaucoup madame de Grignan. Montaigu s'en va; on dit que ses espérances sont renversées: je crois qu'il y a quelque chose de travers dans l'esprit de la nymphe[1]. Votre fils est amoureux comme un perdu de mademoiselle de Poussai[2]; il n'aspire qu'à être aussi transi que La Fare[3]. M. de La Rochefoucauld dit que l'ambition de Sévigné est de mourir d'un amour qu'il n'a pas; car nous ne le tenons pas du bois dont on fait les fortes passions. Je suis dégoûtée de celle de La Fare, elle est trop grande et trop esclave; sa maîtresse ne répond pas au plus petit de ses sentiments: elle soupa chez Lon-

---

[1] Madame de Northumberland. (P.)

[2] Mademoiselle de Ludres, chanoinesse de *Poussoi*.

[3] Le marquis de La Fare, d'une société douce et agréable. Il est connu par de jolis vers, par l'amitié de Chaulieu, et par des mémoires satiriques.

gueil[1], *et assista* à une musique le soir même qu'il partit : souper en compagnie quand son amant part, et qu'il part pour l'armée, me paraît un crime capital ; je ne sais pas si je m'y connais. Adieu, ma belle.

296. — A LA MÊME.

A Paris, le 26 mai 1675.

Si je n'avais la migraine, je vous rendrais compte de mon voyage de Chantilly, et je vous dirais que de tous les lieux que le soleil éclaire il n'y en a point un pareil à celui-là. Nous n'y avons pas eu trop beau temps ; mais la beauté de la chasse dans des carrosses vitrés a suppléé à ce qui nous manquait. Nous y avons été cinq ou six jours ; nous vous y avons extrêmement souhaitée, non-seulement par amitié, mais parce que vous êtes plus digne que personne du monde d'admirer ces beautés-là. J'ai trouvé ici à mon retour deux de vos lettres. Je ne pus faire achever celle-ci vendredi, et je ne puis l'achever moi-même aujourd'hui, dont je suis bien fâchée ; car il me semble qu'il y a longtemps que je n'ai causé avec vous. Pour répondre à vos questions, je vous dirai que madame de Brissac[2] est toujours à l'hôtel de Conti, environnée de peu d'amants, et d'amants peu propres à faire du bruit, de sorte qu'elle n'a pas grand besoin *du manteau de sainte Ursule.* Le premier président de Bordeaux est amoureux d'elle comme un fou ; il est vrai que ce n'est pas d'ailleurs une tête bien timbrée. M. le Premier et ses enfants sont aussi fort assidus auprès d'elle ; M. de Montaigu ne l'a, je crois, point vue de ce voyage-ci, de peur de déplaire à madame de Northumberland, qui part aujourd'hui ; Montaigu l'a devancée de deux jours : tout cela ne laisse pas douter qu'il ne l'épouse. Madame de Bris-

---

[1] Longueil était frère du président de Maisons. (N.)
[2] Gabrielle-Louise de Saint-Simon, duchesse de Brissac.

sac joue toujours la désolée, et affecte une très-grande négligence. La comtesse du Plessis a servi de dame d'honneur deux jours avant que Monsieur soit parti; sa belle-mère[1] n'y avait pas voulu consentir auparavant. Elle n'égratigne point madame de Monaco; je crois qu'elle se fait justice, et qu'elle trouve que la seconde place de chez Madame est assez bonne pour la femme de Clérembault; elle le sera assurément dans un mois, si elle ne l'est déjà.

Nous allons dîner à Livry, M. de La Rochefoucauld, Morangis, Coulanges et moi : c'est une chose qui me paraît bien étrange d'aller à Livry et que ce ne soit pas avec vous. L'abbé Têtu est allé à Fontevraud; je suis trompée s'il n'eût mieux fait de n'y pas aller, et si ce voyage-là ne déplaît à des gens à qui il est bon de ne pas déplaire.

L'on dit que madame de Montespan est demeurée à Courtray. Je reçois une petite lettre de vous; si vous n'avez pas reçu des miennes, c'est que j'ai bien eu des tracas; je vous conterai mes raisons quand vous serez ici. M. le Duc s'ennuie beaucoup à Utrecht; les femmes y sont horribles. Voici un petit conte sur ce sujet : il se familiarisait avec une jeune femme de ce pays-là, pour se désennuyer apparemment; et comme les familiarités étaient sans doute un peu grandes, elle lui dit : *Pour Dieu, Monseigneur, V. A. a la bonté d'être trop insolente!* C'est Briole qui m'a écrit cela; j'ai jugé que vous en seriez charmée comme moi. Adieu, ma belle; je suis tout à vous assurément.

297. — A LA MÊME.

A Paris, le 30 juin 1673.

Hé bien! hé bien! ma belle, qu'avez-vous à crier comme un aigle? Je vous mande que vous attendiez à juger de moi

---

[1] Colombe Le Charron, femme de César, duc de Choiseul, pair et maréchal de France, et première dame d'honneur de Madame. (P.)

quand vous serez ici; qu'y a-t-il de si terrible à ces paroles? Mes journées sont remplies : il est vrai que Bayard est ici, et qu'il fait mes affaires; mais quand il a couru tout le jour pour mon service, écrirai-je? encore faut-il lui parler. Quand j'ai couru, moi, et que je reviens, je trouve M. de La Rochefoucauld, que je n'ai point vu de tout le jour; écrirai-je? M. de La Rochefoucauld et Gourville sont ici, écrirai-je! Mais quand ils sont sortis? Ah! quand ils sont sortis, il est onze heures, et je sors, moi; je couche chez nos voisins, à cause qu'on bâtit devant mes fenêtres. Mais l'après-dînée? J'ai mal à la tête. Mais le matin? J'y ai mal encore, et je prends des bouillons d'herbes qui m'enivrent. Vous êtes en Provence, ma belle; vos heures sont libres, et votre tête encore plus : le goût d'écrire vous dure encore pour tout le monde; il m'est passé pour tout le monde; et si j'avais un amant qui voulût de mes lettres tous les matins, je romprais avec lui. Ne mesurez donc point notre amitié sur l'écriture; je vous aimerai autant en ne vous écrivant qu'une page en un mois, que vous en m'en écrivant dix en huit jours. Quand je suis à Saint-Maur[1], je puis écrire, parce que j'ai plus de tête et plus de loisir; mais je n'ai pas celui d'y être, je n'y ai passé que huit jours de cette année; Paris me tue. Si vous saviez comme je ferais ma cour à des gens à qui il est très-bon de la faire, d'écrire souvent toutes sortes de folies, et combien je leur en écris peu, vous jugeriez aisément que je ne fais pas ce que je veux là-dessus. Il y a aujourd'hui trois ans que je vis mourir Madame; je relus hier plusieurs de ses lettres, je suis toute pleine d'elle. Adieu, ma très-chère; vos défiances seules composent votre unique défaut, et la

---

[1] Madame de La Fayette s'était emparée de toute la partie du château habitable, excepté d'une petite chambre, qu'elle abandonnait à Gourville, dont cependant elle recevait l'hospitalité. Gourville a peint dans ses Mémoires la prétention qu'elle eut de rester dans le château malgré lui, et tout ce qu'elle fit pour le brouiller avec M. de La Rochefoucauld lorsque enfin elle fut forcée de se retirer.

seule chose qui peut me déplaire en vous. M. de La Rochefoucauld vous écrira.

298. — A LA MÊME.

A Paris, ce 14 juillet 1673.

Voici ce que j'ai fait depuis que je ne vous ai écrit : j'ai eu deux accès de fièvre : il y a six mois que je n'ai été purgée. On me purge une fois, on me purge deux : le lendemain de la deuxième je me mets à table : ah! ah! j'ai mal au cœur, je ne veux point de potage. Mangez donc un peu de viande. Non, je n'en veux point. Mais vous mangerez du fruit. Je crois qu'oui. Eh bien! mangez-en donc. Je ne saurais, je mangerai tantôt; que l'on m'ait ce soir un potage et un poulet. Voici le soir : voilà un potage et un poulet; je n'en veux point. Je suis dégoûtée, je m'en vais me coucher; j'aime mieux dormir que de manger. Je me couche, je me tourne, je me retourne; je n'ai point de mal, mais je n'ai point de sommeil aussi. J'appelle, je prends un livre, je le referme. Le jour vient, je me lève; je vais à la fenêtre : quatre heures sonnent, cinq heures, six heures; je me recouche, je m'endors jusqu'à sept; je me lève à huit, je me mets à table à douze inutilement, comme la veille; je me remets dans mon lit le soir, inutilement comme l'autre nuit. Êtes-vous malade? Nenni. Êtes-vous plus faible? Nenni. Je suis dans cet état trois jours et trois nuits. Je redors présentement; mais je ne mange encore que par machine, comme les chevaux, en me frottant la bouche de vinaigre; du reste, je me porte bien, et je n'ai pas même si mal à la tête. Je viens d'écrire des folies à M. le Duc; si je puis, j'irai dimanche à Livry pour un jour ou deux. Je suis très-aise d'aimer madame de Coulanges, à cause de vous. Résolvez-vous, ma belle, de me voir soutenir toute ma vie, à la pointe de mon éloquence, que je vous aime plus encore que vous ne m'aimez; j'en ferais convenir Corbinelli en un demi-quart d'heure. Au reste, mandez-moi bien de ses nouvelles : tant de bonnes volontés seront-elles toujours inutiles à ce pauvre homme? Pour moi, je crois que c'est son mérite qui leur porte malheur. Segrais porte aussi guignon; madame de Thianges est des amies de Corbinelli, madame Scarron, mille personnes, et je ne lui vois plus aucune espérance de quoi que ce puisse être; on donne des pensions aux beaux esprits, c'est un fonds abandonné à cela; il en mérite mieux que tous ceux qui en ont : point de nouvelles, on ne peut rien obtenir pour lui.

Je dois voir demain madame de Vill....; c'est une certaine ridicule à qui M. d'Ambres a fait un enfant; elle l'a plaidé, et a perdu son procès. Elle conte toutes les circonstances de son aventure : il n'y a rien au monde de pareil; elle prétend avoir été forcée. Vous jugez bien que cela conduit à de beaux détails. La Marans est une sainte; il n'y a point de raillerie, cela me paraît un miracle. La Bonnetot est dévote aussi; elle a ôté son œil de verre; elle ne met plus de rouge ni de boucles. Madame de Monaco ne fait pas de même; elle me vint voir l'autre jour bien blanche; elle est favorite et engouée de cette MADAME-ci, tout comme de l'autre; cela est bizarre. Langlade s'en va demain en Poitou pour deux ou trois mois. M. de Marsillac est ici; il part lundi pour aller à Baréges; il ne s'aide pas de son bras. Madame la comtesse du Plessis[1] va se marier; elle a pensé acheter Frêne. M. de La Rochefoucauld se porte très-bien; il vous fait mille et mille compliments, et à Corbinelli. Voici une question entre deux maximes :

On pardonne les infidélités, mais on ne les oublie point.
On oublie les infidélités, mais on ne les pardonne point.

---

[1] Marie-Louise Le Loup de Bellenave, veuve d'Alexandre de Choiseul, comte du Plessis.

« Aimez-vous mieux avoir fait une infidélité à votre
« amant, que vous aimez pourtant toujours, ou qu'il vous
« en ait fait une, et qu'il vous aime aussi toujours? » On
n'entend pas par infidélité avoir quitté pour un autre,
mais avoir fait une faute considérable. Adieu ; je suis bien
en train de jaser ; voilà ce que c'est que de ne point manger
et de ne point dormir. J'embrasse madame de Grignan et
toutes ses perfections.

299. — DU COMTE DE BUSSY A MADAME DE SÉVIGNÉ.

A Bussy, ce 26 juin 1673.

Je m'ennuie fort, Madame, de n'avoir aucune nouvelle
de vous depuis que vous arrivâtes en Provence. Quand vous
seriez en l'autre monde, je n'en aurais pas moins. Est-ce
qu'on ne songe plus qu'à ce qu'on voit, quand on est en
Provence? Mandez-le-moi, je vous prie, parce qu'en ce
cas-là je vous irais trouver, et j'aimerais mieux me mettre
au hasard de me brouiller à la cour, où je n'ai plus rien à
ménager, que de n'entendre jamais parler de vous. Raillerie
à part, Madame, mandez-moi de vos nouvelles. Je
suis en peine aussi de n'en avoir aucune de notre ami
(*Corbinelli*). Quelqu'un m'a dit qu'il était dans une dévotion
extrême. Si c'était cela qui l'empêchât d'avoir commerce
avec moi, j'aimerais autant qu'il fût déjà en paradis.
Mandez-moi ce que vous en savez.

300. — DE MADAME DE SÉVIGNÉ AU COMTE DE BUSSY.

Grignan, ce 15 juillet 1673.

Vous voyez bien, mon cher cousin, que me voilà à Grignan.
Il y a justement un an que j'y vins ; je vous écrivis
avec notre ami Corbinelli, qui passa deux mois avec nous.
Depuis cela j'ai été dans la Provence me promener. J'ai
passé l'hiver à Aix avec ma fille. Elle a pensé mourir en

accouchant, et moi de la voir accoucher si malheureusement. Nous sommes revenus ici depuis quinze jours, et j'y serai jusqu'au mois de septembre, que j'irai à Bourbilly, où je prétends bien vous voir. Prenez dès à présent des mesures, afin que vous ne soyez pas à Dijon. J'y veux voir aussi notre grand cousin de Toulongeon, mandez-lui. Je vous mènerai peut-être notre cher Corbinelli; il m'est venu trouver ici, et nous avions résolu de vous écrire, quand j'ai reçu votre lettre. Vous le trouverez pour les mœurs aussi peu réglé que vous l'avez vu; mais il sait mieux sa religion qu'il ne savait, et il en sera bien plus damné, s'il ne profite pas de ses lumières. Je l'aime toujours, et son esprit est fait pour me plaire. Que dites-vous de la conquête de Maëstricht? Le roi seul en a toute la gloire[1]. Vos malheurs me font une tristesse au cœur qui me fait bien sentir que je vous aime. Je laisse la plume à notre ami. Nous serions trop heureux si nous le pouvions avoir dans notre *délicieux* château de Bourbilly. Ma fille vous fait une amitié, quoique vous ne songiez pas à elle.

DE MONSIEUR DE CORBINELLI.

J'aurais un fort grand besoin, Monsieur, que le bruit de ma dévotion continuât. Il y a si longtemps que le contraire dure que ce changement en ferait peut-être un à ma fortune. Ce n'est pas que je ne sois pleinement convaincu que le bonheur et le malheur de ce monde ne soient le pur et unique effet de la Providence, où la fortune ni le caprice des rois n'ont aucune part. Je parle si souvent sur ce ton-là, qu'on l'a pris pour le sentiment d'un bon chrétien, quoiqu'il ne soit que celui d'un bon philosophe. Mais quand le bruit qui a couru eût été véritable, ma dévotion n'eût pas été incompatible avec ma persévérance à vous honorer, et

---

[1] Le roi prit Maëstricht le 29 juin 1673, après treize jours de siège.

à vous confirmer souvent les mêmes sentiments que j'ai eus pour vous toute ma vie. Vous savez quel honneur je me suis toujours fait de votre amitié, et si la grâce *efficace* aurait pu détruire une pensée si raisonnable. Nous vous écrivîmes une grande lettre à notre autre voyage ici, et nous avons vingt fois raisonné sur votre indolence. Mais va-t-elle jusqu'à ne point regretter de n'être point à Maëstricht à tuer des Hollandais et des Espagnols à la vue du roi? Qu'en dites-vous? les poëtes vont dire des merveilles; le sujet est ample et beau. Ils diront que leur grand monarque a vaincu la Hollande et l'Espagne en douze jours, en prenant Maëstricht, et qu'il ne manque à sa gloire que la vraisemblance. Ils diront qu'il en est lui-même le destructeur, à force de la rendre incroyable; et mille pensées dont je ne m'avise pas, tant parce que j'ai l'esprit peu fleuri, que parce que je l'ai sec depuis un an, à cause que je me suis adonné à la philosophie de Descartes. Elle me paraît d'autant plus belle qu'elle est facile, et qu'elle n'admet dans le monde que des corps et du mouvement, ne pouvant souffrir tout ce dont on ne peut avoir une idée claire et nette. Sa métaphysique me plaît aussi; ses principes sont aisés et ses inductions naturelles. Que ne l'étudiez-vous? elle vous divertirait avec mesdemoiselles de Bussy. Madame de Grignan la sait à miracle, et en parle divinement. Elle me soutenait l'autre jour que plus il y a d'indifférence dans l'âme, et moins il y a de liberté. C'est une proposition que soutient agréablement M. de La Forge[1], dans un *Traité de l'Esprit de l'Homme*, qu'il a fait en français, et qui m'a paru admirable. Voilà de quoi combattre les ennuis de la province. Nous lisons à Montpellier tout l'hiver Tacite, et nous le traduisons, je vous assure, très-bien. J'ai fait un gros traité de rhétorique en français, et un autre de l'art histo-

---

[1] Louis de La Forge, docteur en médecine, enthousiaste de la philosophie de Descartes. Le livre qui paraît admirable à Corbinelli est aujourd'hui totalement oublié.

rique, comme aussi un gros Commentaire sur l'*Art poétique* d'Horace. Plût à Dieu que vous fussiez avec nous! car l'esprit des provinciaux n'est pas assez beau pour nous contenter dans nos réflexions. Donnez-nous de vos nouvelles quelquefois, s'il vous plaît, et soyez persuadé que quand je serais en paradis, je n'en serais pas moins votre serviteur.

301. — DU COMTE DE BUSSY A MADAME DE SÉVIGNÉ.

A Bussy, ce 27 juillet 1675.

Je reçus la lettre que vous m'écrivîtes de Grignan, l'année passée, Madame, dans laquelle notre ami m'écrivait aussi, comme il le fait aujourd'hui. J'y fis réponse, et vous n'en devez pas douter, car je suis homme à représailles en toutes choses : je ne sais donc qu'est devenue ma lettre C'eût été grand dommage si madame de Grignan fût morte en couches. Quel que soit un jour le mérite de son enfant, il ne vaudra jamais mieux que sa mère; et pour vous, Madame, aimez-la fort pendant sa vie; mais laissez-la mourir si elle ne s'en pouvait pas empêcher une autre fois, et vivez, car il n'est rien tel que de vivre. Vous ne me verrez point à Bourbilly; je vous envoie la Gazette de Hollande, qui vous en dira la raison : voyez l'article de Paris. Cela n'est pas tout à fait comme elle le dit; mais elle a su que le roi m'avait fait quelque grâce, et elle a cru que ce ne pouvait être moins que ce qu'elle dit. Cependant elle se trompe : le roi ne m'a permis que d'aller à Paris pour mettre ordre à mes affaires. Vous connaissez la manière sèche de la cour pour les gens qui ne sont pas heureux; mais enfin j'ai autant de patience qu'elle a de dureté, et je suis en meilleurs termes que je n'étais il y a deux ans. Je pars donc dans huit ou dix jours pour la bonne ville avec ma famille; je ne sais si j'y passerai l'hiver, ce sera suivant les nouvelles que j'aurai de la cour;

mais toujours me trouverez-vous à Paris, si les délices de Bourbilly ne vous y arrêtent point. Je voudrais bien que vous amenassiez notre ami, et que nous pussions un peu moraliser tous trois sur les sottises du monde, dont nous devons être désabusés. Pour moi, je le suis à un point que, sans l'intérêt de mes enfants, je me contenterais d'admirer le roi dans mon cœur, sans me mettre en peine de le lui faire connaître. Je ne trouve pas que ce soit un si grand malheur pour moi qu'on voie que je ne suis pas maréchal de France, pourvu qu'on croie que je le mérite, et je ne pense pas que personne me doive traiter sur le pied de ne l'être pas, mais sur celui que je le devrais être; car il n'appartient qu'au roi de me faire une injustice. Ainsi, Madame, voyez les conquêtes du roi sans me plaindre, puisque aussi bien cela ne sert de rien, et m'aimez toujours, puisque je vous aime de toute mon cœur. Je songe à Madame de Grignan plus que vous ne pensez; mais je suis discret, et je ne dis pas toujours sur le chapitre d'une aussi belle dame qu'elle tout ce que je pense.

A MONSIEUR DE CORBINELLI.

Je crois, Monsieur, que votre dévotion ne ferait point de changement à votre mauvaise fortune, et qu'elle ne vous servirait qu'à vous la faire prendre en gré; mais la philosophie peut faire la même chose : ainsi la dévotion ne vous peut servir que pour l'autre monde, et j'en suis persuadé, non pas encore assez pour la prendre fort à cœur, mais assez pour ne faire à autrui que ce que je voudrais qui me fût fait. Il y a mille petits collets qui ne sont pas si justes. Pour vous répondre maintenant à ce que vous me demandez, si je ne suis pas fâché de n'être point à Maëstricht, je vous dirai qu'il y a si longtemps que j'ai été bien fâché de n'être pas où je devais être, que je ne reprends pas de nouveaux chagrins toutes les fois qu'il se présente de nouvelles occasions de m'en donner. A quoi me servirait ma raison ? Pour le roi, je l'admirerais quand je serais bourgmestre d'Amsterdam ; et pour dire la vérité, il m'a un peu traité à la hollandaise ; cependant je ne laisse pas de le trouver un prince merveilleux : jugez ce que j'en penserais s'il m'avait fait du bien ; car vous savez que, quelque juste qu'on soit, on pense toujours plus favorablement de son bienfaiteur que du contraire.

Si nous avions quelqu'un pour nous mettre en train sur la philosophie de Descartes, nous l'apprendrions ; mais nous ne savons comment enfourner. Puisque Madame de Grignan vous soutient que plus il y a d'indifférence dans une âme, moins il y a de liberté, je crois qu'elle vous peut soutenir qu'on est extrêmement libre quand on est passionnément amoureux. Mais, à propos de Descartes, je vous envoie des vers qu'une fille de mes amies[1] a faits en faveur de son ombre ; vous les trouverez de bon sens, à mon avis.

302. — AU MÊME.

A Grignan, ce 25 août 1673.

En vérité, mon cousin, je suis fort aise que vous soyez à Paris. Il me semble que c'est là le chemin d'aller plus loin, et je n'ai jamais tant souhaité de voir aller quelqu'un à de grands honneurs, que je l'ai souhaité pour vous, quand vous étiez dans le chemin de la fortune. Elle est si extravagante, qu'il n'y a rien qu'on ne puisse attendre de son caprice ; ainsi j'ai toujours un peu d'espérance. Vous avez tant de philosophie, que l'un de ces jours je vous prierai de m'en faire part, pour m'aider à soutenir vos malheurs et mes chagrins. Je me console de ne vous point voir à Bourbilly, puisque je vous verrai à Paris. Je voudrais bien

---

[1] Mademoiselle Dupré. La pièce dont il est question se trouve dans le *Recueil de Vers choisis* donné par le père Bouhours.

que ma fille vous y pût faire son compliment elle-même ; mais, dans l'incertitude, elle vous le fait ici, elle et M. d Grignan.

DE M. DE CORBINELLI.

Vous croyez bien, Monsieur, que je ne suis pas le dernier de vos serviteurs à prendre une bonne part à la petite douceur que le roi vous a faite. M. de Vardes ne l'a jamais pu obtenir pour deux mois à la mort de son oncle, ce qui me fait juger que son affaire tient plus au cœur du roi que la vôtre. Pendant votre séjour de Paris, je vous conseille de vous faire instruire de la philosophie de Descartes : mesdemoiselles de Bussy l'apprendront plus vite qu'aucun jeu. Pour moi, je la trouve délicieuse, non-seulement parce qu'elle détrompe d'un million d'erreurs où est tout le monde, mais encore parce qu'elle apprend à raisonner juste. Sans elle nous serions morts d'ennui dans cette province. Les vers que vous me faites l'honneur de m'envoyer sont très-bons et très-justes. Je vous montrerai aussi mes traités de rhétorique, de poétique et de l'art historique ; je les ai faits sur les principes des meilleurs maîtres, mais je crois plus intelligiblement et plus succinctement qu'eux. Je ne douterai point de leur bonté s'ils parviennent à vous plaire. J'estime fort votre résignation : on est bien heureux, quand on a autant de mérite que vous en avez, de se passer des récompenses des rois courageusement et sans chagrin. Je m'imagine que vous dites assez souvent comme Horace :

Et mea me virtute involvo.
Je m'enveloppe de ma vertu.

303. — DE MADAME DE LA FAYETTE A MADAME DE SÉVIGNÉ.

Ce 4 septembre 1673.

Je suis à Saint-Maur ; j'ai quitté toutes mes affaires et tous mes maris ; j'ai mes enfants et le beau temps, cela me suffit. Je prends des eaux de Forges; je songe à ma santé; je ne vois personne; je ne m'en soucie point du tout: tout le monde me paraît si attaché à ses plaisirs, et à des plaisirs qui dépendent entièrement des autres, que je me trouve avoir un don des fées d'être de l'humeur dont je suis.

Je ne sais si madame de Coulanges ne vous aura point mandé une conversation d'une après-dînée de chez Gourville, où étaient madame Scarron et l'abbé Têtu, sur les personnes *qui ont le goût au-dessus ou au-dessous de leur esprit;* nous nous jetâmes dans des subtilités où nous n'entendions plus rien. Si l'air de Provence, qui subtilise encore toutes choses, vous augmente nos visions là-dessus, vous serez dans les nues. *Vous avez le goût au-dessous de votre esprit, et M. de La Rochefoucauld aussi, et moi encore, mais pas tant que vous deux.* Voilà des exemples qui vous guideront.

M. de Coulanges m'a dit que votre voyage était encore retardé; pourvu que vous rameniez madame de Grignan, je n'en murmure pas; si vous ne la ramenez point, c'est une trop longue absence. Mon goût augmente à vue d'œil pour la supérieure du Calvaire; j'espère qu'elle me rendra bonne. Le cardinal de Retz est brouillé pour jamais avec moi, de m'avoir refusé la permission d'entrer chez elle; je la vois quasi tous les jours. J'ai vu enfin son visage [1]; il est agréable, et l'on s'aperçoit bien qu'il a été beau: elle n'a que quarante ans, mais l'austérité de sa règle l'a fort changée. Madame de Grignan a fait des merveilles d'avoir écrit à la Marans; je n'ai pas été si sage, car je fus l'autre jour chercher madame de Schomberg [2], et je ne la demandai point. Adieu, ma belle; je souhaite votre retour avec une impatience digne de notre amitié.

---

[1] Les religieuses du Calvaire ont leur voile baissé au parloir, excepté pour leurs proches parents, ou dans des cas particuliers. (P.)

[2] Madame de Schomberg et madame de Marans étaient logées dans la même maison. (P.)

J'ai reçu les cinq cents livres il y a longtemps. Il me semble que l'argent est si rare qu'on n'en devrait point prendre de ses amis : faites mes excuses à M. l'abbé (*de Coulanges*) de ce que je l'ai reçu [1].

304. — DE MADAME SÉVIGNÉ A MADAME DE GRIGNAN.

A Montélimar, jeudi 5 octobre 1673.

Voici un terrible jour [2], ma chère enfant; je vous avoue que je n'en puis plus. Je vous ai quittée dans un état qui augmente ma douleur. Je songe à tous les pas que vous faites et à tous ceux que je fais, et combien il s'en faut qu'en marchant toujours de cette sorte nous puissions jamais nous rencontrer. Mon cœur est en repos quand il est auprès de vous; c'est son état naturel, et le seul qui peut lui plaire. Ce qui s'est passé ce matin me donne une douleur sensible, et me fait un déchirement dont votre philosophie sait les raisons : je les ai senties et les sentirai longtemps. J'ai le cœur et l'imagination tout remplis de vous; je n'y puis penser sans pleurer, et j'y pense toujours; de sorte que l'état où je suis n'est pas une chose soutenable; comme il est extrême, j'espère qu'il ne durera pas dans cette violence. Je vous cherche toujours, et je trouve que tout me manque, parce que vous me manquez. Mes yeux, qui vous ont tant rencontrée depuis quatorze mois, ne vous trouvent plus : le temps agréable qui est passé rend celui-ci douloureux, jusqu'à ce que j'y sois un peu accoutumée; mais ce ne sera jamais assez pour ne pas souhaiter ardemment de vous revoir et de vous embrasser. Je ne dois pas espérer mieux de l'avenir que du passé; je sais ce que votre

---

[1] L'abbé de Coulanges, comme le dit Madame de Sévigné dans la lettre 505, aimait singulièrement *les beaux yeux de sa cassette.* (M.)

[2] C'était le même jour de son départ de Grignan pour Paris et de celui de Madame de Grignan pour Salon et pour Aix. Montélimar n'est qu'à trois ou quatre lieues du château de Grignan. (P.)

absence m'a fait souffrir; je serai encore plus à plaindre, parce que je me suis fait imprudemment une habitude nécessaire de vous voir. Il me semble que je ne vous ai point assez embrassée en partant: qu'avais-je à ménager! Je ne vous ai point assez dit combien je suis contente de votre tendresse; je ne vous ai point assez recommandée à M. de Grignan; je ne l'ai point assez remercié de ses politesses et de toute l'amitié qu'il a pour moi; j'en attendrai les effets sur tous les chapitres: il y en a où il a plus d'intérêt que moi, quoique j'en sois plus touchée que lui. Je suis déjà dévorée de curiosité; je n'espère de consolation que de vos lettres, qui me feront encore bien soupirer. En un mot, ma fille, je ne vis que pour vous : Dieu me fasse la grâce de l'aimer quelque jour comme je vous aime. Je songe aux *Pichons*; je suis toute pétrie de Grignan; je tiens partout. Jamais un voyage n'a été si triste que le nôtre; nous ne disons pas un mot. Adieu, ma chère enfant; aimez-moi toujours; hélas! nous revoilà dans les lettres. Assurez M. l'archevêque de mon respect très-tendre, et embrassez le coadjuteur; je vous recommande à lui. Nous avons encore dîné à vos dépens. Voilà M. de Saint-Géniez qui vient me consoler. Ma fille, plaignez-moi de vous avoir quittée.

305. — A LA MÊME.

A Valence, vendredi 6 octobre 1673.

Mon unique plaisir consiste à vous écrire : la paresse du coadjuteur est bien étonnée de cette sorte de divertissement. Vous êtes à Salon, ma pauvre petite; vous avez passé la Durance, et moi je suis arrivée ici. Je regarde tous les chemins qui vous verront passer cet hiver, et je fais des remarques sur les endroits difficiles. Le plus sûr dans l'hiver, c'est une litière; il y a des pas où il faut descendre de carrosse ou périr. M. de Valence[1] m'a envoyé son carrosse avec Montreuil et Le Clair, pour me laisser plus de liberté : j'ai été droit chez le prélat. Il a bien de l'esprit ; nous avons causé une heure ; ses malheurs et votre mérite ont fait les deux principaux points de la conversation. Il a deux dames de ses parentes avec lui. J'ai vu un moment les filles de Sainte-Marie et madame votre belle-sœur[2] : sa belle abbesse se meurt ; on court pour l'abbaye ; une grosse fièvre continue au milieu de la plus grande santé : voilà qui est expédié. J'ai soupé chez Le Clair avec Montreuil ; j'y suis logée. M. de Valence et ses nièces, fort parées, me sont venus voir.

On dit ici que le roi est allé joindre M. le Prince ; on ne parle point de la paix. Tout le cœur me bat quand je puis douter de votre voyage de Paris. Je *cuis* incessamment, et me passe fort bien de parler. Pour notre abbé, vous le connaissez ; il ne lui faut que *les beaux yeux de sa cassette*. J'ai une envie extrême de savoir de vos nouvelles ; il me semble qu'il y a déjà bien longtemps que je ne vous ai vue.

309. — A LA MÊME.

A Lyon, mardi 10 octobre 1673.

Me voilà déjà loin de vous, ma fille : mais comprenez-vous avec quelle douleur j'y pense ? Je fus reçue chez M. le chamarier par lui et par M. et madame de Rochebonne. J'eus le cœur extrêmement serré en embrassant cette jolie femme ; elle l'eut aussi : nous nous entendîmes

---

[1] Daniel de Cosnac, évêque de Valence. Le caractère de cet évêque est un des plus singuliers du siècle. On trouve dans les Mémoires de Choisy des détails curieux sur la vie de ce prélat, tour à tour favori du prince de Conti, de MONSIEUR, frère de Louis XIV, et de MADAME Henriette d'Angleterre.

[2] Marie Adhémar de Monteil, religieuse à Aubenas, sœur de M. de Grignan. (P.)

fort bien, nous causâmes beaucoup. J'ai commencé dès ici à défendre le procédé de M. de Grignan; le chamarier ne le savait pas tout à fait comme il est. C'est la meilleure cause du monde à soutenir ; elle ne saurait périr que par n'être pas bien expliquée ou bien entendue.

Je veux vous dire encore une fois que si vous aviez quelque envie d'éviter les dangers en venant cet hiver, il faudrait descendre de carrosse quasi aussi souvent que j'ai fait : mais une litière serait admirable; ou bien monter à cheval, comme font mesdames de Verneuil ou d'Arpajon. Le carrosse de M. de Verville tomba l'année dernière. Il y a aussi un chemin qu'on nous fit prendre *par dans* le Rhône. Je descendis, mes chevaux nagèrent, et l'eau entra jusqu'au fond du carrosse : c'est à deux lieues de Montélimar. Quand vous viendrez, les eaux seront grandes, et la place ne sera pas tenable; il faudra faire un chemin dans les terres, et ne vous point hasarder : le danger n'est pas dans l'imagination. Voilà ce que mon amitié et ma prévoyance me forcent de vous dire ; vous vous en moquerez si vous voulez, mais je crois que M. de Grignan ne s'en moquera pas. Vous me direz après cela, voilà qui est bien. Il n'est plus question que de faire la paix, et que nous allions à Paris, il est vrai ; mais si la guerre se déclare contre l'Espagne, comme c'est une affaire qui traînera, et qui ne donnera pas si tôt des affaires aux gouverneurs, je crois qu'en bonne politique M. de Grignan prendra le parti de venir à la cour plus tôt que plus tard. J'attends ce soir de vos nouvelles, j'achèverai cette lettre après les avoir reçues.

Mardi au soir.

Je n'ai pas eu la force de recevoir votre lettre sans pleurer de tout mon cœur. Je vous vois dans Aix, accablée de tristesse, vous achevant de consumer le corps et l'esprit; cette pensée me tue. Il me semble que vous m'échappez, que vous me disparaissez, et que je vous perds pour toujours. Je comprends l'ennui que vous donne mon départ : vous étiez accoutumée à me voir tourner autour de vous. Il est fâcheux de revoir les mêmes lieux : il est vrai que je ne vous ai point vue sur tous ces chemins-ci ; mais quand j'y ai pensé, j'étais comblée de joie, dans l'espérance de vous voir et de vous embrasser, et, en retournant sur mes pas, j'ai une tristesse mortelle dans le cœur, et je regarde avec envie les sentiments que j'avais en ce temps-là ; ceux qui les suivent sont bien différents. J'avais toujours espéré de vous ramener ; vous savez par quelles raisons et par quels tons vous m'avez coupé court là-dessus : il a fallu que tout ait cédé à la force de votre raisonnement, et prendre le parti de vous admirer. Mais croyez que la chose du monde qui paraît la moins naturelle, c'est de me voir retourner toute seule à Paris. Si vous y pouvez venir cet hiver, j'en aurai une joie et une consolation entière ; en ce cas, je ne m'affligerai que pour trois mois, ainsi que vous m'en priez. Mais je vous quitte, je m'éloigne ; voilà ce que je vois, et je ne sais point l'avenir. J'ai une envie continuelle de recevoir de vos lettres ; c'est un plaisir bien douloureux, mais je m'intéresse si fort à tout ce que vous faites, que je ne puis vivre sans le savoir. N'oubliez point de solliciter le petit procès, et de bien compter sur vos doigts les moutons de votre troupeau. Ne mettez point votre pot au feu si matin, craignez d'en faire un *consommé* ; la pensée d'une *oille*[1] me plaît bien, elle vaut mieux qu'une viande seule : pour moi, je n'y mets comme vous qu'une seul chose, avec de la chicorée amère, mais il faut qu'elle soit bonne pour la santé, car, hormis que je suis laide, et que personne ne me reconnaît ici, du reste je ne me portai jamais mieux.

J'ai été fort aise d'embrasser la pauvre Rochebonne ; je

---

[1] Espèce de potage ou de ragoût qui nous est venu d'Espagne, et dans lequel il entre plusieurs sortes d'herbes et de viandes. (P.)

ne puis souffrir que ce qui est Grignan. Je ferai réponse à notre mère de Sainte-Marie; j'ai passé la journée avec celles qui sont ici. Je pars demain pour la Bourgogne : voici encore un agrément pour moi, c'est que je ne recevrai plus de vos lettres que par Paris; adressez-les à M. de Coulanges, il me les fera tenir à Bourbilly. La Rochebonne, que voilà auprès de moi, vous adore: nous nous interrompons toutes deux pour parler de vous avec la dernière tendresse. Adieu, ma très-aimable; vous voulez que je juge de votre cœur par le mien, je le fais, et c'est pour cela que je vous aime et je vous plains.

307. — A LA MÊME.

D'un petit chien de village, à six lieues de Lyon, mercredi au soir 11 octobre 1673.

Me voici arrivée, ma fille, dans un lieu qui me ferait triste quand je ne le serais pas; il n'y a rien, c'est un désert. Je me suis égarée dans les champs pour chercher l'église; j'ai trouvé un curé un peu sauvage, et un commis qui connaît M. l'abbé, et qui m'a promis de vous faire tenir cette lettre. Quand je ne suis pas avec vous, mon unique divertissement est de vous écrire; contez un peu cela au coadjuteur pour lui faire venir des cornes à la tête. Chamarande[1] est à une lieue; il est seigneur de cinq ou six paroisses; il attend le retour du roi. Je sais bien d'autres nouvelles du pays, mais je ne veux pas vous les confier. Je suis partie ce matin à huit heures de Lyon, entourée de tous les Rochebonne, que j'aime et que j'estime fort. M. de Rochebonne s'en va dans ses terres, pour donner ordre à ses affaires; il veut être tout prêt pour la guerre, en cas d'alarme. On ne peut pas voyager plus tristement que je fais. Voici la quatrième fois que je vous écris; sans

---

[1] M. de Chamarande, l'un des quatre premiers valets de chambre du roi. (M.)

cela que serais-je devenue? Voici ce qui me tue un peu, c'est qu'après mon premier sommeil j'entends sonner deux heures, et qu'au lieu de me rendormir, je mets le pot au feu avec de la chicorée amère; cela bout jusqu'au point du jour, qu'il faut monter en carrosse. Je suis assurée que, pour me tirer de peine, vous me manderez que l'air d'Aix vous a toute raccommodée, que vous n'êtes plus si maigre qu'à Grignan. Je n'en croirai rien du tout, ma pauvre enfant; je joins à mon inquiétude le bruit de la rue, dont vous êtes désaccoutumée, et qui vous empêche de dormir; je vous vois, ma fille, et je vous suis pas à pas : je vois entrer, je vois sortir, je vois quelques-unes de vos pensées; enfin je serai morte quand je ne penserai plus à vous.

Nous avons vu des tableaux admirables à Lyon. Je blâme M. de Grignan de n'avoir pas accepté celui que l'archevêque de Vienne[1] voulut lui donner; il ne lui sert de rien, et c'est le plus joli tableau et le plus décevant qu'on puisse voir; pour moi, je ne manquai point tout bonnement de vouloir remettre la toile que je croyais déclouée. A propos, cet archevêque est beau-frère de madame de Villars; il m'attendait, et me fit des visites et des civilités infinies. Adieu, ma très-chère; vous me mandez les choses du monde les plus tendres; cela perce le cœur, et cependant on en est ravi. Vous me parlez de votre amitié; je crois qu'elle est très-forte : je vous aime sur ce pied-là, et je ne crois pas me tromper; mais gardez-vous bien, dans les moments où vous la sentez le plus, de penser ni de dire jamais qu'elle puisse égaler celle que j'ai pour vous.

---

[1] Henri de Villars, mort en 1693, à soixante-douze ans.

308. — A LA MÊME.

A Châlons, vendredi soir, 15 octobre 1675.

Quel ennui de ne plus espérer de vos nouvelles ! cette circonstance augmente ma tristesse. Ma fille, je ne vous dirai point toutes mes misères sur ce chapitre ; tout au moins vous vous moqueriez de moi ; et vous savez combien j'estime votre estime. Ainsi donc j'honore votre force et votre philosophie, et je ne ferai confidence de mes faiblesses qu'à ceux qui n'ont pas plus de courage que moi. Je m'en vais hors du grand chemin, je ne vous écrirai plus si réglément ; voilà encore un de mes chagrins. Quand vous ne recevrez point de mes lettres, croyez bien fermement qu'il m'aura été impossible de vous écrire ; mais pour penser à vous, ah ! je ne fais nulle autre chose : je *cuis* toujours, et, comme vous savez, je m'amuse à éplucher la racine de ma chicorée ; de sorte que mon bouillon est amer comme ceux que nous prenions à Grignan.

Les déclamations de Quintilien m'ont amusée ; il y en a de belles, et d'autres qui m'ont ennuyée. Je m'en vais dans le *Socrate chrétien*[1]. Je vis à Mâcon le fils de M. de Paule ; je le trouvai joli : il ressemble *au Charmant*. Je ne sais point de nouvelles, sinon que madame de Mazarin est avec son mari jusqu'à la première frénésie. On attendait à Lyon cette duchesse d'York[2] ; quel plaisir que vous ne l'ayez point eue sur le corps ! Nous avons trouvé en chemin M. de Sainte-Marthe ; il m'a promis de vous envoyer *ce pain bénit et cet enterrement de* Marigny[3] dont je vous ai tant parlé ; *l'enterrement* me ravit toujours ; le *pain bénit* est sujet à trop de commentaires. Si vous

---

[1] Ouvrage de Balzac.
[2] Marie d'Est, princesse de Modène, depuis reine d'Angleterre. (P.)
[3] Ce petit poëme, recherché aujourd'hui des amateurs, à cause de sa rareté, est une satire vive et spirituelle contre les marguilliers de la paroisse de Saint-Paul, qui voulaient l'obliger à rendre le pain bénit.

avez l'esprit libre quand vous recevrez ce petit ouvrage, et qu'on vous le lise d'un bon ton, vous l'aimerez fort; mais si vous n'êtes pas bien disposée, voilà qui est jeté et méprisé : je trouve que le prix de la plupart des choses dépend de l'état où nous sommes quand nous les recevons. J'embrasse tendrement M. de Grignan; il doit être bien persuadé de mon amitié, de lui avoir donné et laissé ma fille : tout ce que je demande, c'est de conserver votre cœur et le mien; il en sait les moyens. Songez que je recevrai comme une grâce, s'il m'oblige à l'aimer toujours. Le hasard me fit hier parler de lui, et de ses manières nobles et polies, et de ses grandeurs; je voudrais bien qu'il eût été derrière moi, et vous aussi : vous le croyez bien, ma chère Comtesse.

309. — A LA MÊME.

A Bourbilly, lundi 16 octobre 1673.

Enfin, ma chère fille, j'arrive présentement dans le vieux château de mes pères. Voici où ils ont triomphé, suivant la mode de ce temps-là. Je trouve mes belles prairies, ma petite rivière, mes magnifiques bois et mon beau moulin, à la même place où je les avais laissés. Il y a ici de plus honnêtes gens que moi; et cependant, au sortir de Grignan, après vous avoir quittée, je m'y meurs de tristesse. Je pleurerais présentement de tout mon cœur, si je m'en voulais croire; mais je m'en détourne, suivant vos conseils. Je vous ai vue ici; Bussy y était, qui nous empêchait fort de nous y ennuyer. Voilà où vous m'appelâtes *marâtre* d'un si bon ton. On a élagué des arbres devant cette porte, ce qui fait une allée fort agréable. Tout crève ici de blé, et *de Caron pas un mot*[1], c'est-à-dire pas un sol. Il pleut à verse : je suis désaccoutumée de ces conti-

---

[1] Allusion au dialogue de Lucien intitulé *Caron, ou le Contemplateur.*

nuels orages, j'en suis en colère. M. de Guitaud est à Époisses : il envoie tous les jours ici pour savoir quand j'arriverai, et pour m'emmener chez lui ; mais ce n'est pas ainsi qu'on fait ses affaires ; j'irai pourtant le voir, et vous prévoyez bien que nous parlerons de vous : je vous prie d'avoir l'esprit en repos sur tout ce que je dirai : je ne suis pas assurément fort imprudente. Nous vous écrirons, Guitaud et moi. Je ne puis m'accoutumer à ne vous plus voir ; et si vous m'aimez, vous m'en donnerez une marque certaine cette année. Adieu, mon enfant ; j'arrive, je suis un peu fatiguée ; quand j'aurai les pieds chauds, je vous en dirai davantage.

310. — A LA MÊME.

A Bourbilly, samedi 24 octobre 1673.

J'arrivai ici lundi au soir, comme je vous l'écrivis sur-le-champ. Je trouvai des lettres de Guitaud, qui m'attendaient. Le lendemain, dès neuf heures, il vint au galop, mouillé comme un canard, car il pleut continuellement. Nous causâmes extrêmement ; il me parla fort de vous, et m'entretint ensuite de ses affaires et de ses dégoûts ; il me dit que le roi est revenu à Versailles ; il me montra les nouvelles de la guerre : il trouva que la politique obligerait sans doute M. de Grignan à venir expliquer sa conduite à Sa Majesté, et même à venir prendre les ordres de sa propre bouche pour la guerre, si elle se déclare. Voilà ce qu'il me dit sans vouloir me plaire, et même sans intérêt ; car il me paraît peu disposé à retourner cet hiver à Paris. Après qui nous eûmes dîné très-bien, malgré la rusticité de mon château, voilà un carrosse à six chevaux qui entre dans ma cour, et Guitaud à pâmer de rire.

Je vois en même temps la comtesse de Fiesque et madame de Guitaud qui m'embrassent. Je ne puis vous représenter mon étonnement, ni le plaisir qu'avait pris Guitaud à me surprendre. Enfin voilà donc la comtesse à Bourbilly ; comprenez-vous bien cela? plus belle, plus fraîche, plus magnifique, et plus gaie que vous ne l'avez jamais vue. Après les exclamations de part et d'autre, que vous pouvez penser, on s'assied, on se chauffe, on parle de vous ; vous savez bien encore ce qu'on dit, et combien la comtesse comprend peu que vous ne soyez pas venue avec moi : cette compagnie me parut toute pleine d'estime pour vous. On parla de nouvelles ; Guitaud me conta comme Monsieur veut faire mademoiselle de Grancey dame d'atour de Madame, à la place de la Gourdon, à qui il faut donner cinquante mille écus. Voilà qui est un peu difficile, car le maréchal de Grancey ne veut donner cette somme que pour marier sa fille ; et comme il craindrait qu'il n'en fallût donner encore autant pour la marier, il veut que Monsieur fasse tout. Madame de Monaco mène cette affaire ; elle est très-bien chez Monsieur et chez Madame, dont elle est également aimée : on est seulement un peu fâché de lui voir faire quelquefois à cette Madame-ci les mêmes petites mines et les mêmes petits discours qu'elle faisait à l'autre. Il y a encore eu quelques bagatelles, mais cela ne s'écrit point. Pour madame de Marey [1] elle quitta Paris par pure sagesse, quand on commença toutes ces collations de cet été, et s'en vint en Bourgogne : on la reçut à Dijon au bruit du canon. Vous pouvez penser comme cela faisait dire de belles choses, et comme ce voyage paraissait au public : la vérité, c'est qu'elle avait un procès à Dijon, qu'elle voulait faire juger : mais cette rencontre est toujours plaisante. La comtesse est bonne là-dessus ; il y a quinze jours qu'elle est à Époisses : elle vient de Guerchy. Il y a un petit homme obscur qui dit que l'abbé Têtu servirait fort bien d'âme à un gros corps : cela m'a paru plai-

---

[1] Tout ce qui suit est ironique. Madame de Marey était, ainsi que sa sœur madame de Grancey, des soupers du duc de Bourbon, ce qui avait fait imaginer que le prince était le but secret de son voyage.

sant. Enfin le soir vint : après avoir admiré les antiquités judaïques de ce château, elles s'en retournèrent; elles voulurent m'emmener, mais j'ai ici des affaires assez importantes, de sorte que je n'irai que demain à Époisses, pour revenir après-demain. Nous vous écrirons tous ensemble. Si je vous avais amenée, vous auriez trouvé cette compagnie, qui vous aurait fort empêchée de vous ennuyer. Pour l'air d'ici, il n'y a qu'à respirer pour être grasse; il est humide et épais : il est admirable pour rétablir ce que l'air de Provence a desséché.

Je conclus aujourd'hui toutes mes affaires : si vous n'aviez du blé, je vous offrirais du mien; j'en ai vingt mille boisseaux à vendre; je crie famine sur un tas de blé. J'ai pourtant assuré quatorze mille francs, et fait un nouveau bail sans rabaisser. Voilà tout ce que j'avais à faire, et j'ai l'honneur d'avoir trouvé des expédients que le bon esprit de l'abbé ne trouvait pas. Je suis triste à mourir de n'avoir point de vos lettres, et de ne pouvoir faire ici un pas qui puisse vous être bon à quelque chose; cet état n'est point supportable; j'espère qu'il en viendra un autre. Bussy est encore à Paris, faisant tous les jours des réconciliations; il a commencé par madame de La Baume[1]; ce brouillon de temps, qui change tout, changera peut-être sa fortune. Vous serez bien aise de savoir qu'avant de partir il se fît habiller à Semur, lui et sa famille; jugez comme il sera d'un bon air. Il s'est raccommodé en ce pays avec Jeannin et avec l'abbé Fouquet[2].

Je reçois un paquet de Guitaud : il m'envoie des nouvelles que vous aurez de votre côté; il me viendra prendre demain ou lundi. Adieu, ma chère enfant; puis-je vous trop aimer? J'embrasse M. de Grignan, et je l'assure qu'il

---

[1] Madame de la Baume, en publiant les *Amours des Gaules*, avait causé la disgrâce de Bussy.
[2] Ces deux personnages jouent dans les *Amours des Gaules* le premier un rôle ridicule, le second un rôle scandaleux. Ce dernier était le frère du surintendant. (A. G.)

aurait pitié de moi, s'il savait ce que je souffre de votre absence; et vous, ma fille, je vous embrasse avec une tendresse qu'il n'appartient pas à tout le monde de concevoir.

311. — A LA MÊME.

A Époisses, mercredi 25 octobre 1675.

Je n'achevai qu'avant-hier toutes mes affaires à Bourbilly, et le même jour je vins ici, où l'on m'attendait avec quelque impatience. J'ai trouvé le maître et la maîtresse du logis avec tout le mérite que vous leur connaissez, et la comtesse (*de Fiesque*), qui pare et qui donne de la joie à tout un pays. J'ai mené avec moi M. et madame de Toulongeon, qui ne sont pas étrangers dans cette maison : il est survenu encore madame de Chatelus et M. le marquis de Bonneval; de sorte que la compagnie est complète. Cette maison est d'une grandeur et d'une beauté surprenantes; M. de Guitaud[1] se divertit fort à la faire ajuster, et y dépense bien de l'argent : il se trouve heureux de n'avoir point d'autre dépense à faire. Nous avons causé à l'infini, le maître du logis et moi, c'est-à-dire, j'ai eu le mérite de savoir bien écouter. On passerait bien des jours dans cette maison sans s'y ennuyer : vous y avez été extrêmement célébrée. Je ne crois pas que j'en pusse sortir, si on y recevait de vos nouvelles; mais, ma fille, sans vous faire valoir ce que vous occupez dans mon cœur et dans mon souvenir, cet état d'ignorance m'est insoutenable. Je me creuse la tête à deviner ce que vous m'avez écrit, et ce qui vous est arrivé depuis trois semaines, et cette application inutile trouble fort mon repos. Je trouverai cinq ou six de vos lettres à Paris; je ne comprends pas pourquoi M. de Coulanges ne me les a pas envoyées, je l'en avais prié. Enfin je pars demain pour prendre le chemin de Paris; car vous vous

---

[1] Guillaume de Pechpeirou Comenge, comte de Guitaud, était gouverneur des îles Sainte-Marguerite.

souvenez bien que de Bourbilly on passe devant cette porte où M. de Guitaud vint nous faire un jour des civilités. Je ne serai à Paris que la veille de la Toussaint. On dit que les chemins sont déjà épouvantables dans cette province. Je ne vous parle point de la guerre : on mande qu'elle est déclarée ; d'autres, qui sont des manières de ministres, disent que c'est le chemin de la paix : voilà ce qu'un peu de temps nous apprendra. M. d'Autun (*Gabriel de Roquette*) est en ce pays ; ce n'est pas ici où je l'ai vu, mais il en est près, et l'on voit des gens qui ont eu le bonheur de recevoir sa bénédiction. Adieu, ma très-chère et très-aimable enfant ; je ne trouve personne qui ne s'imagine que vous avez raison de m'aimer, en voyant de quelle façon je vous aime.

312. — A LA MÊME.

A Auxerre, vendredi 27 octobre 1673.

Je quittai hier Époisses et toute la compagnie que je vous ai dite. J'ai été neuf jours entiers en Bourgogne, et je puis dire que ma présence et celle de notre abbé étaient très-nécessaires à Bourbilly. J'ai extrêmement causé avec Guitaud ; il m'a fort divertie par ses détails, dont je ne savais que l'autre côté ; il est bon d'entendre les deux parties. Il m'a flattée d'avoir pris plaisir à me redonner pour lui toute l'estime qu'on aurait pu m'ôter, si je ne m'étais miraculeusement fiée à sa bonne mine ; il m'a paru sincère et fort honnête homme ; et je trouve qu'on l'a voulu chasser proprement de l'hôtel de Condé, parce qu'il faisait ombre aux autres : un tel favori n'est pas agréable dans une petite cour. Il y a des endroits bien extraordinaires dans son roman ; la conclusion m'en paraît une retraite dans son château ; c'est pourtant ce que je ne voudrais pas assurer.

La comtesse (*de Fiesque*) m'a dit des choses admirables

de l'hôtel de Grancey[1]; le plan de cette maison est une chose curieuse. Mais, je vous supplie, que toutes les jalousies du monde se taisent devant celle de l'homme (*M. le Duc*) qui est acteur dans cette scène; c'est de la quintessence de jalousie, c'est la jalousie même; j'admire qu'il en soit resté dans le monde, après le partage qui lui en est échu. Je prendrais un grand plaisir de causer de tout cela avec vous; ces sortes de choses sont amusantes dans le commerce. Tout le monde dit la guerre, et d'Hacqueville mande qu'il y a encore des parieurs pour la paix. Dieu le veuille!

Je voudrais bien savoir, ma fille, comment vous vous portez; je crains le pot au feu que vous faites bouillir jour et nuit; il me semble que je vous vois creuser les yeux et la tête; je vous souhaite une *oille* plutôt qu'un *consommé*; un *consommé* est une chose étrange. Notre cher abbé se porte bien, Dieu merci, et j'en suis toute glorieuse; il vous salue tendrement, et voudrait bien savoir quelque petite chose de vos affaires, et si vous vous souvenez de ses avis; vous savez la part qu'il prend à tous vos intérêts, aux dépens d'être haï; mais il ne s'en soucie guère. J'embrasse M. de Grignan; faites bien mes compliments à M. l'archevêque, si vous êtes à Salon; et assurez le coadjuteur qu'en attendant le temps où il me promet que je dois tant l'aimer, je l'aime beaucoup.

313. — A LA MÊME.

A Moret, lundi au soir 30 octobre 1673.

Me voici bien près de Paris; mais sans l'espérance d'y trouver toutes vos lettres, je n'aurais aucune joie d'y arriver. Je me représente l'occupation que je pourrai avoir

---

[1] Madame de Marey et madame de Grancey, qu'on appelait dans le monde les *anges*, étaient filles du maréchal de Grancey, et toutes deux très-belles. On disait M. le Duc amoureux de l'aînée, et Monsieur de la cadette. (A. G.)

pour vous; tout ce que j'aurai à dire à MM. de Brancas, La Garde, l'abbé de Grignan, d'Hacqueville, à M. de Pomponne, à M. Le Camus. Hors cela, où je vous trouve, je ne prévois aucun plaisir : je mériterais que mes amis me battissent et me renvoyassent sur mes pas; plût à Dieu! Peut-être que cette humeur me passera, et que mon cœur, qui est toujours pressé, se mettra un peu plus au large; mais il ne peut jamais arriver que je ne souhaite uniquement et passionnément de vous revoir. Parler de vous, en attendant, sera mon sensible plaisir; mais je choisirai mes gens et mes discours : je sais un peu vivre; je sais ce qui est bon aux uns et mauvais aux autres; je n'ai pas tout à fait oublié le monde, j'en connais les tendresses et les bontés, pour entrer dans les sentiments des autres. Je vous demande la grâce de vous fier à moi, et de ne rien craindre de l'excès de ma tendresse. Si mes délicatesses, et les mesures injustes que je prends sur moi, ont donné quelquefois du désagrément à mon amitié, je vous conjure de tout mon cœur, ma fille, de les excuser en faveur de leur cause : je la conserverai toute ma vie cette cause, très-précieusement; et j'espère que, sans lui faire aucun tort, je pourrai me rendre moins imparfaite que je ne suis. Je tâche tous les jours à profiter de mes réflexions; et si je pouvais, comme je vous ai dit quelquefois, vivre seulement deux cents ans, il me semble que je serais une personne bien admirable.

Si M. de Sens (*Louis-Henri de Gondrin*) avait été à Sens, je l'aurais vu; il me semble que je dois cette civilité à la manière dont il pense pour vous. Je regarde tous les lieux où je passai il y a quinze mois avec un fonds de joie si véritable, et je considère avec quels sentiments j'y repasse maintenant, et j'admire ce que c'est que d'aimer comme je vous aime.

J'ai reçu des nouvelles de mon fils; c'est de la veille d'un jour qu'ils croyaient donner bataille; il me paraît aise de voir des ennemis; il n'en croyait non plus que des sorciers; il avait une grande envie de mettre un peu flamberge au vent, par curiosité seulement. Cette lettre m'aurait bien effrayée, si je ne savais très-bien la marche des Impériaux et le respect qu'ils ont eu pour *l'armée de votre frère.*

Mon Dieu! ma fille, j'abuse de vous : voyez quels fagots je vous conte. Peut-être que de Paris je vous manderai des bagatelles qui pourront vous divertir : soyez bien persuadée que mes véritables affaires viendront du côté de Provence; mais votre santé, voilà ce qui me tue : je crains que vous ne dormiez point, et qu'enfin vous ne tombiez malade. Vous ne m'en direz rien, mais je n'en aurai pas moins d'inquiétude.

314. — A LA MÊME.

A Paris, jeudi 2 novembre 1673.

Enfin, ma chère enfant, me voilà arrivée après quatre semaines de voyage, ce qui m'a pourtant moins fatiguée que la nuit que je viens de passer dans le meilleur lit du monde : je n'ai pas fermé les yeux; j'ai compté toutes les heures de ma montre; et enfin, à la pointe du jour, je me suis levée : *car que faire en un lit, à moins que l'on ne dorme*[1]? J'avais le pot au feu, c'était une *oille* et un *consommé* qui cuisaient séparément. Nous arrivâmes hier, jour de la Toussaint, bon jour, bonne œuvre; nous descendîmes chez M. de Coulanges : je ne vous dirai point mes faiblesses ni mes sottises en rentrant dans Paris; enfin je vis l'heure et le moment que je n'étais pas visible; mais je détournai mes pensées, et je dis que le vent m'avait rougi le nez. Je trouve M. de Coulanges qui m'embrasse; M. de Rarai, un moment après; arrivent ensuite ma-

---

[1] Allusion à deux vers de la fable *du Lièvre et des Grenouilles,* livre II, fable XIV.

dame de Sanzei, madame de Bagnols, M. l'archevêque de Reims (*M. Le Tellier*), tout transporté d'amour pour le coadjuteur; un moment après, madame de La Fayette, M. de La Rochefoucauld, madame Scarron, d'Hacqueville, La Garde, l'abbé de Grignan, l'abbé Têtu : vous voyez d'où vous êtes tout ce qui se dit et la joie qu'on témoigne; *et madame de Grignan, et votre voyage?* et tout ce qui n'a point de liaison ni de suite. Enfin on soupe, on se sépare, et je passe cette belle nuit. Ce matin, à neuf heures, La Garde, l'abbé de Grignan, Brancas, d'Hacqueville, sont entrés dans ma chambre pour ce qui s'appelle raisonner *pantoufle.* Premièrement, je vous dirai que vous ne sauriez trop aimer Brancas, La Garde et d'Hacqueville; pour l'abbé de Grignan, cela s'en va sans dire. J'oubliais de vous mander qu'hier au soir, avant toutes choses, je lus vos quatre lettres des 15, 18, 22 et 25 octobre : je sentis tout ce que vous expliquez si bien; mais puis-je assez vous remercier, ni de votre bonne et tendre amitié, dont je suis très-convaincue, ni du soin que vous prenez de me parler de toutes vos affaires? Ah, ma fille! c'est une grande justice; car rien au monde ne me tient tant au cœur que tous vos intérêts, quels qu'ils puissent être : vos lettres sont ma vie, en attendant mieux.

J'admire que le petit mal de M. de Grignan ait prospéré au point que vous me le mandez, c'est-à-dire qu'il faut prendre garde en Provence au pli de sa chaussette; je souhaite qu'il se porte bien, et que la fièvre le quitte, car il faut mettre flamberge au vent : je hais fort cette petite guerre[1].

Je reviens à vos trois hommes que vous devez aimer très-solidement : ils n'ont tous que vos affaires dans la tête; ils ont trouvé à qui parler, et notre conférence a duré jusqu'à midi. La Garde m'assure fort de l'amitié de M. de

[1] Il s'agissait du siège d'Orange. (P.)

Pomponne : ils sont tous contents de lui. Si vous me demandez ce qu'on dit à Paris, et de quoi il est question, je vous dirai que l'on n'y parle que de M. et madame de Grignan, de leurs affaires, de leurs intérêts, de leur retour; enfin, jusque ici je ne me suis pas aperçue qu'il s'agisse d'autres choses; les bonnes têtes vous diront ce qui leur semble de votre retour; je ne veux pas que vous m'en croyiez, croyez-en M. de La Garde. Nous avons examiné combien de choses doivent vous obliger de venir rajuster ce qu'a dérangé votre bon ami[1], et envers le maître et envers tous les principaux; enfin il n'y a point de porte où il n'ait heurté, et rien qu'il n'ait ébranlé par ses discours, dont le fond est du poison chamarré d'un faux agrément : il sera bon même de dire tout haut que vous venez, et vous l'y trouverez peut-être encore, car il a dit qu'il reviendra, et c'est alors que M. de Pomponne et tous vos amis vous attendent pour régler vos allures à l'avenir. Tant que vous serez éloignés, vous leur échapperez toujours; et en vérité celui qui parle ici a trop d'avantage sur celui qui ne dit mot. Quand vous irez à Orange, c'est-à-dire M. de Grignan, écrivez à M. de Louvois l'état des choses, afin qu'il n'en soit point surpris. Ce siége d'Orange me déplaît par mille raisons. J'ai vu tantôt M. de Pomponne, M. de Bezons, madame d'Uxelles, madame de Villars, l'abbé de Pontcarré, madame de Rarai, tout cela vous fait mille compliments, et vous souhaite; enfin croyez-en La Garde, voilà tout ce que j'ai à vous dire. On ne vous conseille point ici d'envoyer des ambassadeurs, on trouve qu'il faut M. de Grignan et vous : on se moque de la raison de la guerre. M. de Pomponne a dit à d'Hacqueville que les affaires ne se démêleraient pas en Provence, et que quelquefois on a la paix lorsqu'on parle le plus de la guerre.

Voici des plaisanteries : madame de Ra.... et madame

---

[1] Il s'agit de l'évêque de Marseille, qui cabalait à Paris contre M. de Grignan. (A. G.)

de Bu...... se querellaient pour douze pistoles; la Bu......, lassée, lui dit : Ce n'est pas la peine de tant disputer, je vous les quitte. Ah! madame, dit l'autre, cela est bon pour vous, qui avez des amants qui vous donnent de l'argent. Madame, dit la Bu..... je ne suis pas obligée de vous dire ce qui en est; mais je sais bien que quand j'entrai il y a dix ans dans le monde, vous en donniez déjà aux vôtres[1].

Despréaux a été avec Gourville voir M. le Prince. M. le Prince voulut qu'il vît son armée. Hé bien! qu'en dites-vous? dit M. le prince. Monseigneur, dit Despréaux, je crois qu'elle sera fort bonne quand elle sera majeure. C'est que le plus âgé n'a pas dix-huit ans.

La princesse de Modène[2] était sur mes talons à Fontainebleau; elle est arrivée ce soir; elle loge à l'Arsenal. Le roi la viendra voir demain, elle ira voir la reine à Versailles; et puis adieu.

Vendredi au soir, 5 novembre.

M. de Pomponne m'est venu faire une visite de civilité : j'attends demain son heure pour l'aller entretenir chez lui. Il n'a pas ouï parler d'une lettre de suspension; voici un pays où l'on voit les choses d'une autre manière qu'en Provence. Toutes les bonnes têtes la voudraient, cette suspension, crainte que vous ne soyez trompés, et dans la vue d'une paix qu'ils veulent absolument; cependant on vous croit en lieu de voir plus clair sur l'événement du syndic; ainsi on ne veut pas faire une chose qui vous pourrait déplaire. La distance qui est entre nous ôte toute sorte de raisonnement juste. Lisez bien les lettres de d'Hacqueville; tout ce qu'il mande est d'importance : vous ne sauriez trop l'aimer. Votre frère se porte très-bien : il ne sait encore où

---

[1] Pour qui a lu les mémoires du temps, ces initiales désignent l'une madame de Rambures, et l'autre madame de Buzanval. (A. G.)

[2] Marie d'Este, qui allait épouser le duc d'York, frère de Charles II, roi d'Angleterre, après la mort duquel le duc d'York fut proclamé roi sous le nom de Jacques II. (P.)

il passera l'hiver. Je suis instruite sur tous vos intérêts, et je dis bien mieux ici qu'à Grignan. Nous avons ri du soin que vous prenez de me dire d'envoyer querir La Garde et l'abbé de Grignan : hélas! les pauvres gens étaient au guet, et ne respiraient que moi. Je suis à vous, ma très-aimable, et je ne trouve de bien employé que le temps que je vous donne : tout cède au moindre de vos intérêts. J'embrasse ce pauvre Comte : dois-je l'aimer toujours? en êtes-vous contente?

315. — A LA MÊME.

A Paris, lundi 6 novembre 1673.

J'ai eu une très-bonne conversation de deux heures avec M. de Pomponne; jamais il n'y aura une plus favorable audience ni une réception plus charmante : M. d'Hacqueville y était, il pourra vous le dire; nous fûmes parfaitement contents de lui. Je ne sais si c'est qu'il entrevoit la paix; mais il nous assure que la guerre n'empêcherait point du tout qu'il ne demandât le congé de M. de Grignan après l'assemblée, et qu'il croyait que vous ne pouviez jamais mieux prendre votre temps pour faire ce voyage. Vous avez raison de dire que les honneurs ne me changeront pas pour vous : hélas! ma pauvre belle, vous m'êtes toutes choses, et tout tourne autour de vous, sans vous approcher ni me distraire. N'êtes-vous point trop jolie d'avoir écrit à mon ami Corbinelli et à madame de La Fayette? Cette dernière est charmée de vous, elle vous aime plus qu'elle n'a jamais fait, et vous souhaite avec empressement; vous la connaissez, il faut la croire sur sa parole. M. de La Rochefoucauld est aimable comme à son ordinaire : il a gardé deux jours ma chambre; vous pouvez compter sur son amitié et sur celle de bien d'autres que je ne dis pas, car c'est une litanie. J'ai eu quelques visites du bel air, et mes cousines de Bussy, qui sont fort parées des belles étoffes qu'elles ont achetées à Semur¹. La duchesse d'York est à l'Arsenal : tout le monde y court. Le roi est venu la voir² : elle a été à Versailles voir la reine, qui lui donne un fauteuil; la reine lui rendra demain sa visite, et jeudi elle décampera.

J'ai dîné aujourd'hui chez madame de La Fayette pour ma première sortie, car j'ai fait jusque ici l'entendue dans mon joli appartement. J'ai entendu chanter *Hilaire* tout le jour; j'ai bien souhaité M. de Grignan.

Je ne comprendrai guère que vos politiques ne s'accordent pas avec les raisonnements qu'on fait ici pour votre retour; il faut suivre l'avis des sages : s'il n'y avait que moi, vous en pourriez douter, car je suis trop intéressée; mais vous voyez ce qu'on vous dit. Au moins ne décidez rien que pendant l'assemblée, et ne faites rien d'opposé à votre retour. Si vous avez autant d'amitié pour moi que vous le dites, vous vous laisserez un peu gouverner là-dessus, et vous céderez aux vues que nous avons ici. Il faut toujours dire un mot de la suite d'Orange, et du troupeau, et du petit procès. N'irez-vous point à Salon³ quand M. de Grignan ira à Orange? J'ai reçu des réponses de tous vos messieurs; faites-les quelquefois souvenir de moi, et vos dames, que j'honore et estime très-fort. Madame de Beaumont arrive-t-elle toujours comme *l'oublieur*⁴? Quoi que vous me disiez, ma chère enfant, je suis en peine de votre santé et de votre conservation. Je ne dis rien à M. de Grignan; il ne peut pas me soupçonner de ne pas penser à lui.

---

¹ *Voyez* la lettre du 21 octobre précédent.
² On verra dans la suite cette duchesse, devenue reine, ramenée à la cour de France par la révolution qui détrôna son mari, Jacques II.
³ Petite ville du diocèse d'Arles, à cinq lieues d'Aix. M. l'archevêque d'Arles y demeurait en ce temps-là. (P.)
⁴ Apparemment comme le marchand d'oublies, en parlant très-haut. (M.)

316. — A LA MÊME.

A Paris, vendredi 10 novembre 1673.

Je vous aime trop, ma chère belle, pour être contente ici sans vous : hélas! j'ai apporté la Provence et toutes vos affaires avec moi : *In van si fugge quel che nel cor si porta.* Je l'éprouve, et je ne fais que languir sans vous. J'ai peu de résignation pour l'ordre de la Providence, dans l'arrangement qu'elle a fait de nous : jamais personne n'a eu tant besoin de dévotion que j'en ai ; mais, mon enfant, parlons de nos affaires. J'avais écrit à M. de Pomponne selon vos désirs ; et parce que je n'ai point envoyé ma lettre, et que je la trouvais bonne, je l'ai montrée à mademoiselle de Méri pour contenter mon amour-propre. J'ai dîné céans avec l'abbé de Grignan et La Garde ; après dîner nous avons été chez d'Hacqueville, nous avons fort raisonné ; et comme ils ont le meilleur esprit du monde, et que je ne fais rien sans eux, je ne puis jamais manquer. Ils ont trouvé qu'il n'y eut jamais un voyage plus nécessaire que celui de M. de Grignan. Vous me direz : et le moyen d'avoir un congé, puisque la guerre est déclarée? Je vous répondrai qu'elle est plus déclarée dans les gazettes qu'ici : tout est suspendu en ce pays; on attend quelque chose, on ne sait ce que c'est; mais enfin l'assemblée de Cologne n'est point rompue, et M. de Chaulnes, à ce qu'on m'a assuré aujourd'hui, ne tiendra point nos états ; c'est M. de Lavardin, qui arriva hier, et part lundi avec M. Boucherat : tout cela fait espérer quelque négociation. On ne parle point ici de la guerre ; enfin on verra entre ci et peu de temps; il faut toujours vous tenir en état, ne rien faire qui puisse vous couper la gorge en détournant votre voyage, et vous fier à vos amis, qui ne voudraient pas vous faire faire quelque chose de ridicule en vous faisant demander votre congé mal à propos. Ils n'approuvent point que vous envoyiez un ambassadeur; il faut vous-même, ou rien du tout; et si vous trouvez quelque moyen honnête d'essayer encore un accommodement, n'en croyez point votre colère, et cédez au conseil de vos amis, dont le mérite, l'esprit, l'application et l'affection sont au delà de ce que je vous puis dire. Quand vous serez ici, vous verrez les choses d'un autre œil qu'en Provence. Hé! mon Dieu! quand il n'y aurait que cette raison, venez vous sauver la vie, venez vous empêcher d'être dévorée, venez mettre cuire d'autres pensées, venez reprendre de la considération, et détruire tous les maux qu'on vous a faits. Si j'étais seule à tenir ce langage, je vous conseillerais de ne m'en pas croire; mais les gens qui vous donnent ce conseil ne sont pas aisés à corrompre et n'ont pas accoutumé de me flatter.

Nous avons été, l'abbé de Grignan, La Garde et moi, rendre visite à votre premier président; il est retourné à Orléans. Il salua le roi avant-hier, et le roi lui dit : Vous aurez d'étranges esprits à gouverner en Provence. C'est un homme qui mettra le bon sens et la raison partout; c'est un homme enfin..... Je m'ennuie de voir que vous ne recevez encore que mes lettres des chemins : hé! bon Dieu! ne parlerez-vous jamais notre langue? Hé! qu'il y a loin, ma fille, du coin de mon feu au coin du vôtre! Hé! que j'étais heureuse quand j'y étais! J'ai bien senti cette joie, je ne me reproche rien ; j'ai bien tâché à retenir tous les moments, et ne les ai laissés passer qu'à l'extrémité.

La reine a prié *Quantova (madame de Montespan)* qu'on lui fit revenir auprès d'elle une Espagnole qui n'était pas partie. La chose a été faite : la reine est ravie, et dit qu'elle n'oubliera jamais cette obligation. J'ai été étonnée que madame de Monaco ne m'ait pas envoyé un compliment à cause de vous. On n'est pas persuadé que madame de Louvigny soit si occupée de son mari. J'ai eu bien des visites et des civilités de Versailles. Mon fils se porte très-bien.

M. de Turenne est toujours *dans l'armée de mon fils*. Ils sont à Philisbourg; les Impériaux sont très-forts : vous savez bien qu'ils ont fait un pont sur le Mein. Je trouvai Guitaud dans une telle fatigue de ces nouvelles, qu'il en mourait : je lui dis que rien ne m'avait fait résoudre à quitter la Provence que le déplaisir de ne savoir plus de nouvelles ou de les voir d'un autre œil. L'abbé Têtu est entêté de madame de Coulanges jusqu'à votre retour, à ce qu'il dit. Je soupe quasi tous les soirs chez elle. Le cabinet de M. de Coulanges est trois fois plus beau qu'il n'était ; vos petits tableaux sont en leur lustre, et placés dignement. On conserve ici de vous un souvenir plein de respect, d'estime et d'approbation, peu s'en faut que je ne dise de tendresse, mais ce dernier sentiment ne peut pas être si général. J'embrasse M. de Grignan, et lui souhaite toutes sortes de bonheurs. Voilà Brancas qui vous embrasse, et M. de Caumartin qui ne vous embrasse pas, mais qui a eu une conversation admirable avec le bon homme M. Marin, pour instruire son fils[1] de la conduite qu'il doit tenir avec M. de Grignan. Je suis tout entière à vous, ma chère enfant.

317. — A LA MÊME.

A Paris, lundi 13 novembre 1673.

J'ai reçu, ma très-chère enfant, votre grande, bonne et admirable lettre du 5, par le chevalier de Chaumont. Je connais ces sortes de dépêches; elles soulagent le cœur, et sont écrites avec une impétuosité qui contente ceux qui les écrivent. De tous ceux à qui l'on peut écrire de semblables paquets, je suis au premier rang pour les bien recevoir, pour être pénétrée de tout ce qu'on y voit et de tout ce qu'on y apprend. J'entre dans tous vos sentiments : il me

---

[1] M. Marin venait d'être nommé à la place de premier président du parlement d'Aix. (P.)

semble que je vous vois, que je vous entends, et que j'y suis moi-même. J'ai lu votre lettre avec notre cher d'Hacqueville, que vous ne sauriez trop aimer, et qui gronde de vous voir si emportée : il voudrait que vous imitassiez vos ennemis, qui disent des douceurs et donnent des coups de poignard ; ou que du moins, si vous ne voulez pas suivre cette parfaite trahison, vous sussiez mesurer vos paroles et vos ressentiments ; que vous allassiez votre chemin, sans vous consumer ni vous faire malade ; que vous n'eussiez point approuvé la guerre déclarée, et surtout que jamais vous ne missiez en jeu M. de Pomponne sur ce qu'il vous écrit en secret, et dont la source peut aisément se découvrir ; car ce que l'on fait là-dessus, c'est de haïr ceux qui nous attirent des éclaircissements, et de ne leur dire jamais rien : je vous exhorte à prendre garde à cet article. L'évêque de Marseille dit que ce n'est pas lui qui a dit du mal de Maillanes [1] ; il a raison de le nier, c'est son cousin et son ami ; de savoir qui les a fait agir, c'est une belle question, et une équivoque où vous vous perdrez, car il n'y a point de prise à cette accusation. Ce que l'on voit, c'est Maillanes déshonoré et exclu. Faut-il être sorcier pour deviner comment la chose s'est faite ? A l'égard de vos 5,000 livres, il faut toujours les demander comme à l'ordinaire : vous avez sujet d'en espérer un très-bon succès ; il serait mal d'en parler d'avance ; mais M. de Marseille est si déclaré contre vous, qu'il ne peut plus vous faire de mal, il faudrait des preuves. Si vous n'étiez point si honnêtes gens que vous l'êtes, vous en auriez contre lui ; vous lui laissez faire sans envie le métier de délateur ; vous vous contentez, il est vrai, de parler et de vous dévorer. Nous désapprouvons encore cette manière ; l'une vous tue, l'autre nuit à vos affaires. Si vous croyez être mal en ce pays-ci, vous vous trompez ; mais nous croyons que vous ne pouvez vous dis-

---

[1] Jean-Antoine Porcelet, marquis de Maillanes. D. Vaissette fait mention de cette famille dans son *Histoire du Languedoc*.

penser d'y venir avec M. de Grignan. Quant au voyage de M. le coadjuteur, il nous paraît très-agréable pour le divertir, mais entièrement inutile pour vous, si vous n'avez point votre congé; il n'y faut employer personne, et laisser dormir et oublier toute chose jusqu'à ce que M. de Grignan puisse revenir, et aller directement au maître, car votre réputation est ici à tous deux comme vous pouvez la désirer. Mais quand vous dites que vous vous moquez de 8,000 livres de rente, cela nous fait rire, c'est-à-dire pleurer. Je voudrais que vous eussiez les 5,000 livres qu'on veut jeter pour corrompre les consuls, et que le syndicat fût au diantre. Vous devez vous fier un peu à d'Hacqueville et à La Garde, soutenus de M. de Pomponne, pour savoir demander un congé à propos. Le premier président de Provence ne passe point pour neveu de M. de Colbert; je ne sais où vous avez pris cette proximité : c'est le fils de M. Marin, qui porte le nom de La Châtaigneraie, et qui a été intendant à Orléans : je ne puis vous dire le reste. Je vous ai mandé que nous avions été le voir; c'est avec lui qu'il faut que vous régliez toutes vos prétentions. Soyez persuadée, ma très-chère, que M. de Grignan se soutiendra toujours très-bien, pourvu qu'il ne se détruise pas lui-même.

Vous avez une idée plus grande que nous de ce présent de madame de Montespan à madame de La Fayette : c'est une petite écritoire de bois de Sainte-Lucie, bien garnie à la vérité, et un crucifix tout simple. Comme cette belle est magnifique, elle se plaît ainsi à donner à plusieurs dames : nous ne voyons point que cela signifie rien pour notre amie. Nous fûmes l'autre jour deux heures chez elle avec M. de Pomponne; nous reparlâmes encore de Provence sur nouveaux frais; je dis encore mieux que l'autre fois; et je vous assure qu'il fait une grande différence du procédé et du fonds de M. de Grignan et de celui des autres. Il trouva bas et vilain, sans le dire toutefois, que dans le temps du siége d'Orange et de vos infinies dépenses ce soit par là qu'on fasse éclater sa colère. Ayez soin de nous instruire toujours, et dites-nous ce que vous avez sur le cœur ; vos paroles sont tranchantes, et mettent de l'huile dans le feu. Soyez assurée que j'ai la dernière application à dire et à faire tout ce que je puis imaginer qui peut vous être bon ; mais il y a des temps où les choses sont poussées si avant qu'il ne faut plus reculer, surtout quand on a connu un fonds si noir et si mauvais dans son ennemi, qu'il y a lieu de croire qu'il ne pense à la paix que pour être plus en état de faire du mal. Vous êtes sur les lieux, c'est à vous de conduire la barque et d'agir comme vous le jugerez à propos : il n'est pas possible de conseiller de si loin. Je viens d'apprendre que votre premier président n'est rien à M. Colbert ; mais sa sœur, qui épousera le marquis d'Oppède, est fille de la troisième femme de son père, laquelle était sœur de M. Colbert du Teron : voilà la généalogie.

Enfin, ma fille, quand je songe en quel état je suis, à deux cents lieues du champ de bataille, et comme je me réveille au milieu de la nuit sur cette pensée, sans pouvoir me rendormir, je tremble pour vous, et je comprends que n'ayant nulle diversion, et n'étant entourée que de cette affaire, vous n'avez aucun repos, vous ne dormez point, et vous tomberez malade assurément. Plût à Dieu que vous fussiez ici avec moi ! vous y seriez plus nécessaire pour vos affaires qu'à Lambesc. M. de Chaulnes revient, mais c'est pour retourner après les états ; et les autres sont demeurés à Cologne[1]. M. de Lavardin m'a vue un pauvre moment qu'il a été ici ; c'est un ami que je mettrai bien en œuvre à son retour. Je ne m'endors pas auprès de madame de Coulanges et de l'abbé Têtu ; cette route est bien disposée et fort en notre main ; mais il faut ménager longtemps avant que d'entreprendre quelque chose d'utile.

[1] La France avait en ce temps-là des plénipotentiaires à Cologne, où la paix se négociait. (P.)

M. Chapelain se meurt : il a eu une manière d'apoplexie qui l'empêche de parler; il se confesse en serrant la main ; il est dans sa chaise comme une statue : ainsi Dieu confond l'orgueil des philosophes [1]. Adieu, ma bonne.

318. — A LA MÊME.

A Paris, vendredi 17 novembre 1673.

Nous faisons valoir ici le donjon d'Orange. M. de Gordes [2], qui le connaît, craint que cela ne dure plus longtemps qu'on ne pense; en sorte que si M. de Grignan a bientôt expédié ce siége, il en sera loué ; et s'il a besoin de plus de troupes qu'il n'en a, on ne sera point surpris du retardement, et il ne sera point blâmé. On parle aussi de la dépense, qui ne sera pas médiocre; et enfin tous vos amis, qui ne sont pas en petit nombre, font parfaitement bien leur devoir, sans qu'il leur en coûte autre chose que de dire la vérité toute pure. Le premier président de la cour des aides [3] était au coin de mon feu quand l'abbé de Grignan arriva de Versailles : je voudrais que vous eussiez pu voir de quelle manière il entre dans tous nos intérêts; il s'en faut bien qu'il ne soit la dupe de *La Grêle (l'évêque de Marseille)*. J'ai soupé avec Dangeau chez madame de Coulanges ; nous parlâmes extrêmement de vous. Il jure que s'il ne vous eût trouvée à Aix, il eût mené à Grignan la

---

[1] L'étendue de ses connaissances et le refus d'une place d'instituteur de M. le dauphin lui avaient mérité ce nom ; mais s'il dédaignait les honneurs, il aimait beaucoup l'argent. On cite de son avarice des traits dignes de figurer dans la comédie : il portait au cœur de l'été un manteau, pour cacher un habit si souvent raccommodé, qu'il était devenu semblable à une toile d'araignée. Il mourut victime de son vice. Au milieu de l'hiver, allant à l'Académie, il aima mieux passer dans l'eau que de payer pour franchir sur une planche un grand ruisseau ; le froid le saisit, et causa l'accident dont il mourut. On trouva chez lui cinquante mille écus en argent. (A. G.)

[2] François de Simiane, marquis de Gordes, grand sénéchal de Provence.

[3] Nicolas Le Camus.

princesse qu'il gouverne¹ : il avait parlé de vous dès Modène. Cette princesse est toujours très-mal de la dyssenterie. Les affaires d'Angleterre ne vont pas à souhait; le parlement ne veut point de cette alliance, et veut désunir l'Angleterre de la France² : c'est présentement la grande *pétoffe* de l'Europe. On parle fort d'une trêve; si cela est, il ne faudra pas balancer à venir. Votre premier président³ s'en ira ce carême. M. le Prince et M. le Duc sont revenus, et Gourville en même temps. On vous fait mille amitiés chez madame de La Fayette; vous êtes fort aimée et fort estimée dans cette maison; on y est entré le plus follement du monde dans la vision du *saboulage*; nous en avons trouvé de cinq façons différentes : ce fut une conversation digne d'être comparée à celle *des petits docteurs*.

319. — A LA MÊME.

A Paris, le 19 novembre 1673.

Nous fûmes arrêtés l'autre jour tout court par M. de Pomponne, qui nous assura qu'il avait écrit à M. l'intendant pour le prier que s'il ne peut empêcher l'opposition, au moins il laisse à l'assemblée la liberté d'opiner; l'on n'osa lui faire connaître qu'on souhaite quelque chose de plus. Mais comme je rêve sans cesse à vos affaires, j'ai dit à M. d'Hacqueville que j'eusse voulu avoir le cœur éclairci une bonne fois sur la difficulté qu'il y aurait de parler au roi de cette affaire, afin de savoir où l'on doit s'en tenir, et de tâcher de sortir de cet esclavage dont M. de Marseille sait user si généreusement. Dans cette pensée, madame de La Fayette nous a soutenus, et demain nous partons, d'Hacqueville et moi, tête à tête, sans autre projet que de dîner

---

[1] M. Dangeau, après avoir conclu le mariage de la princesse de Modène avec le duc d'York, fut chargé de la conduire en Angleterre. (P.)
[2] Charles II fit la paix le 19 février 1674 avec la Hollande, mais il refusa à son parlement de se déclarer contre la France. (P.)
[3] M. Marin.

avec M. de Pomponne, et voir quel tour il faut donner à cette affaire ; nous ne voulons mêler ce dessein d'aucune autre chose ; nous ne verrons ni roi ni reine, je serai en habit gris, et nous ne verrons que la maison de Pomponne. Quand on pense à faire sa cour, cela donne une certaine distraction qui ne me plaît pas : je retournerai dans quelques jours pour rendre mes devoirs. Pour demain, le grand d'Hacqueville et moi nous n'avons que vous dans la tête ; je reviendrai vous écrire.

Je vis hier madame de *Souliers*, avec qui j'ai raisonné *pantoufle* assez longtemps ; elle me dit que Bodinar était entièrement à M. de Marseille : je lui dis que je ne le croyais pas ; elle m'assura qu'elle le savait bien : je lui dis que nous verrions ; elle me dit cent petites choses qui m'échauffèrent fort la cervelle ; mais comme vous n'avez pas besoin qu'on vous échauffe plus que vous ne l'êtes, je ne vous les dirai point.

Jamais je n'ai eu plus d'inquiétude que j'en ai, et du siége d'Orange, et de vos affaires de l'assemblée ; j'en suis plus occupée que si j'étais avec vous.

M. le marquis de *Souliers*[1] m'est venu voir aujourd'hui avec le petit La Garde, que j'ai trouvé fort joli ; dites-le à la présidente. Ils s'en vont tous dans très-peu de jours. Il me paraît que M. de Souliers va se ranger sous le manteau de *Sainte-Ursule*, et apparemment augmenter le nombre de vos ennemis. Bonsoir, ma très-bonne, jusqu'à demain au soir au retour de Versailles.

320. — A LA MÊME.

A Paris, lundi 20 novembre 1675.

Ma très-chère bonne, me voilà revenue de Versailles, où j'étais allée en écharpe noire : je n'ai vu que M. de Pom-

---

[1] Madame de Sévigné désigne ainsi M. de Forbin, marquis de Souliers.

ponne; nous avons très-bien dîné avec lui : sa femme et sa belle-sœur étaient à Pomponne. Après dîner, nous avons causé tous trois une très-grande heure, voyant, et raisonnant sur ce qu'il fallait faire pour laisser à l'assemblée la liberté de délibérer malgré l'opposition. Vous auriez aimé M. de Pomponne si vous aviez vu de quelle sorte il entre dans ce raisonnement et dans le choix de ce qui vous est le meilleur : jamais je n'ai vu un si aimable ami; car c'était aujourd'hui son personnage. Après avoir donc bien tourné et retourné mille fois, d'Hacqueville et lui, avec une application et un loisir qui ne laissaient rien à désirer, ils ont conclu qu'il fallait laisser finir le siége d'Orange, afin d'en faire une raison favorable pour rendre cette opposition odieuse, et d'attendre qu'elle soit faite, parce qu'alors il y aura assez de temps pour que Sa Majesté ordonne de délibérer. L'assemblée n'est pas encore finie, et c'est assez. On a trouvé que d'en parler présentement, c'était prévenir une chose qui n'est point faite et qui ne le sera peut-être pas; et comme l'affaire d'Orange n'est point faite aussi, la dépense qu'on y fera n'a point de force sans le succès. Ainsi, une réponse peu favorable et indécise serait à craindre, et dans quelques jours on tournera cette affaire d'une manière dont vous aurez sans doute toutes sortes de contentements. M. de Pomponne est au désespoir de l'excès de vos divisions; il est persuadé que M. l'intendant empêchera l'opposition, et qu'on laissera opiner. On ne peut pas écrire plus fortement qu'il a fait là-dessus, et même à M. de Marseille. Il vous veut tous avoir après l'assemblée pour vous accorder une bonne fois. Fiez-vous à lui pour savoir quand il faudra ou ne faudra pas demander votre congé; il ne faut pas croire qu'il fasse rien de mal à propos : il n'a jamais été prié de remettre à autre qu'à vous le soin d'ouvrir et de tenir l'assemblée; ce sont des visions creuses. Il trouve que M. de Grignan est longtemps à partir pour Orange. Tout le monde parle ici de ce siége; et vous avez l'obligation à M. de Vivonne et à M. de Gordes qu'ils ne traitent pas cette affaire de bagatelle, et qu'ils disent partout que quand vous n'y réussiriez pas avec votre méchant régiment des Galères, qu'on n'estime pas beaucoup pour un siége, et vos gentils-hommes brodés, qui ne seront que pour la décoration, il ne faudrait pas s'en étonner ; qu'il vous faudra peut-être une augmentation de troupes ; que l'exemple de Trèves fait voir qu'on peut être longtemps devant une bicoque ; que le gouverneur d'Orange est un aventurier qui ne craint point d'être pendu, qui a deux cents hommes avec lui, vingt pièces de canon, très-peu de terrain à défendre, une seule entrée pour y arriver, une grande provision de poudre et de blé. Voilà comme ces messieurs en parlent, et plusieurs échos répondent; ainsi la chose est au point que M. de Grignan n'en saurait être blâmé, et peut y faire une jolie action. Il y a certains tours à donner, et certains discours à faire valoir, qui ne sont pas inutiles en ce pays.

C'est une routine qu'ils ont tous prise de dire que je suis belle; ils m'en importunent : je crois que c'est qu'ils ne savent de quoi m'entretenir. Hélas! mes pauvres petits yeux sont abîmés; j'ai la rage de ne dormir que jusqu'à cinq heures, et puis ils me viennent admirer. Notre d'Hacqueville ne vous écrit point ce soir; voilà des nouvelles qu'il vous avait écrites dès le matin. Il est bien content de notre voyage, quoique nous n'ayons rien fait ; c'est quelque chose d'être déterminé et de savoir ce qu'on doit faire. M. le Prince et M. le Duc sont revenus ; ils sont ravis que votre imagination ne les cherche plus en Flandre : s'ils n'avaient point fait d'anciennes provisions de lauriers, ceux de cette année ne les mettraient pas à couvert. Bonn est prise, c'en est fait. M. de Turenne a bien envie de revenir, et de mettre l'*armée de mon fils* dans les quartiers d'hiver : tous les officiers disent *amen*. M. de la Rochefoucauld ne bouge plus de Versailles ; le roi le fait entrer et asseoir chez madame de Montespan, pour entendre les répétitions d'un opéra qui passera tous les autres ; il faut que vous le voyiez : nous ne doutons point de votre congé, ni du besoin que vous avez d'être ici avec M. de Marseille; il ne vous faudra qu'un même carrosse, nous le disions tantôt. Enfin, il faudrait trouver des expédients; au moins ne négligez jamais de consulter M. l'archevêque (*d'Arles*) : c'est la source du bon sens, de la sagesse des expédients; enfin, s'il n'était point dans votre famille, vous l'iriez chercher au bout de la Provence ; il y a des occasions où peut-être sa présence ferait un grand effet; je suis persuadée qu'il n'épargnerait ni sa peine ni sa santé pour vous être utile. Quand je songe que l'évêque jette de l'argent, je ne comprends pas qu'il puisse succomber. Pour la paix entre vous, je la souhaite et la souhaiterai toujours, quand je songe au mal que fait la guerre à votre corps et à votre âme. Je ne suis pas seule de ce sentiment. L'archevêque de Reims vous est fort acquis; tant d'autres encore vous font des compliments, et songent à vous, que je n'aurais jamais fait s'il fallait vous les nommer. Je vous demande une amitié pour le grand et divin Roquesante : dites-lui qu'il m'a promis de ne me point oublier. Monsieur de Grignan, monsieur le coadjuteur, vous faites bien de m'aimer; mais je vous défie tous deux d'aimer mieux madame de Grignan que moi, c'est-à-dire que je l'aime.

321. — A LA MÊME.

A Paris, vendredi 24 novembre 1673.

Je vous assure, ma chère fille, que je suis très-inquiète de votre siége d'Orange : je ne puis avoir aucun repos que M. de Grignan ne soit hors de cette ridicule affaire. D'abord on a cru ici qu'il ne fallait que des pommes cuites pour ce siége. Guilleragues¹ disait que c'était un duel, un combat seul à seul, entre M. de Grignan et le gouverneur d'Orange; qu'il fallait faire le procès et couper la tête à M. de Grignan. Nous avons un peu répandu la vérité contre ces méchantes plaisanteries; et madame de Richelieu, avec sa bonté ordinaire, a conté au dîner du roi comme la chose va; bien des gens la savent présentement, et l'on passe d'une extrémité à l'autre, disant que M. de Grignan en aura l'affront, et qu'il ne doit pas entreprendre de forcer deux cents hommes avec du canon, ayant aussi peu de troupes qu'il en a. M. le duc et M. de la Rochefoucauld sont persuadés qu'il n'en viendra pas à bout. Vous reconnaissez le monde, toujours dans l'excès. L'événement réglera tout : je le souhaite heureux, n'espérant ni joie ni tranquillité que lorsque je saurai la fin de cette affaire. Je serais fort fâchée que M. de Grignan allât perdre sa petite bataille.

M. le Duc me demanda fort de vos nouvelles l'autre jour. M. et madame de Noailles, mesdames de Leuville et d'Effiat, les Rarai, les Beuvron, qui vous dirai-je encore? tout le monde se souvient de vous et de M. de Grignan. J'ai vu madame de Monaco : elle me parut toujours entêtée de vous, et me dit cent choses très-tendres, et madame de Louvigny aussi. On répète la musique d'un opéra qui effacera *Venise*. Madame Colonne² a été trouvée dans un bateau sur le Rhin, avec des paysannes : elle s'en va je ne sais où, dans le fond de l'Allemagne.

Si vous m'aimez, ma fille, et si vous en croyez vos amis, vous ferez l'impossible pour venir cet hiver : vous ne le pourrez jamais mieux, et vous n'aurez jamais plus d'affaires qui vous y engagent. J'embrasse les Grignans; l'aîné

---

[1] Secrétaire du cabinet du roi; il fut depuis envoyé à Constantinople comme ambassadeur, et y mourut, le 15 janvier 1689. Boileau lui adressa sa cinquième Épître. (A. G.)

[2] Marie de Mancini, nièce du cardinal Mazarin, et femme du connétable Colonne. (A. G.)

me tient bien tendrement au cœur. En êtes-vous contente? car c'est tout. Je voudrais bien savoir comment vous vous portez, et si vous êtes bien dévorée : cette pensée me dévore, et cette grande beauté dont on vous parle ne dort pas toute la nuit : il s'en faut beaucoup, ma chère enfant.

Mademoiselle de Méri me mande qu'elle a si mal à la tête, qu'elle ne vous peut écrire ; elle me prie de vous faire ses amitiés : celles que vous me faites, ma bonne, dans toutes les lettres que vous m'écrivez, sont tellement tendres et naturelles, qu'il n'est bruit que de l'excès de notre bonne intelligence. J'ai dans ma poche des lettres de M. de Coulanges et de M. d'Hacqueville qui ne parlent que de moi. Il est vrai que j'ai plus joui de votre amitié et de votre bon cœur, dans mon voyage, que je n'aurais fait en toute ma vie ; je le sentais bien, et ce temps m'était bien précieux : vous ne savez point aussi le déplaisir que j'avais de le voir passer. Vous êtes trop reconnaissante, ma bonne, eh! de quoi? Quand je songe que toute ma bonne volonté ne produit rien d'effectif, je suis honteuse de tout ce que vous me dites ; il est vrai que pour l'intention, elle est bonne, et qu'elle me donne quelquefois des tours et des arrangements de paroles, quand il s'agit de vos intérêts, qui ne seraient pas désagréables si j'avais autant de pouvoir que j'ai la langue déliée. En un mot comme en mille, je suis à vous ; c'est une vérité que je sens à tous les moments de ma vie.

322. — A LA MÊME.

A Paris, lundi 27 novembre 1675.

Votre lettre, ma chère fille, me paraît d'un style triomphant : vous aviez votre compte quand vous me l'avez écrite ; vous aviez gagné vos petits procès ; vos ennemis paraissaient confondus ; vous aviez vu partir votre mari à la tête d'un *drapello eletto* ; vous espériez un bon succès d'Orange. Le soleil de Provence dissipe au moins à midi les plus épais chagrins ; enfin votre humeur est peinte dans votre lettre : Dieu vous maintienne dans cette bonne disposition. Vous avez raison de voir, d'où vous êtes, les choses comme vous les voyez, et nous avons raison aussi de les voir d'ici comme nous les voyons. Vous croyez avoir l'avantage, nous le souhaitons autant que vous : et en ce cas nous disons qu'il ne faut aucun accommodement ; mais supposé que l'argent, que nous regardons comme une divinité à laquelle on ne résiste point, vous fît trouver du mécompte dans votre calcul, vous m'avouerez que tous les expédients vous paraîtraient bons comme ils nous le paraissaient. Ce qui fait que nous ne pensons pas toujours les mêmes choses, c'est que nous sommes loin ; hélas ! nous sommes très-loin. Ainsi l'on ne sait ce qu'on dit ; mais il faut se faire honneur réciproquement de croire que chacun dit bien selon son point de vue ; que si vous étiez ici, vous diriez comme nous, et que si nous étions là, nous aurions toutes vos pensées. Il y a bien des gens en ce pays qui sont curieux de savoir comment vous sortirez de votre syndicat ; mais je dis encore vrai quand je vous assure que la perte de cette petite bataille ne ferait pas ici le même effet qu'en Provence. Nous disons en tous lieux et à propos tout ce qui se peut dire ; et sur la dépense de M. de Grignan, et sur la manière dont il sert le roi, et comme il est aimé : nous n'oublions rien ; et pour des tons naturels, et des paroles rangées, et dites assez facilement, sans vanité, nous ne céderons pas à ceux qui font des visites le matin aux flambeaux [1]. Mais cependant M. de La Garde ne trouve rien de si nécessaire que votre présence. On parle d'une trêve ; soyez en repos sur la conduite de ceux qui sauront demander votre congé. Je comprends les dépenses de ce siége d'Orange : j'admire les inventions que

---

[1] Allusion à l'espionnage de la police dirigée par l'évêque de Marseille contre M. de Grignan.

le démon trouve pour vous faire jeter de l'argent ; j'en suis plus affligée qu'une autre, car, outre toutes les raisons de vos affaires, j'en ai une particulière pour vous souhaiter cette année, c'est que le bon abbé veut rendre le compte de ma tutèle, et c'est une nécessité que ce soit aux enfants dont on a été tutrice. Mon fils viendra si vous venez : voyez, et jugez vous-même du plaisir que vous me ferez. Il y a de l'imprudence à retarder cette affaire ; le bon abbé peut mourir, je ne saurais plus par où m'y prendre, et je serais abandonnée pour le reste de ma vie à la chicane des Bretons. Je ne vous en dirai pas davantage : jugez de mon intérêt, et de l'extrême envie que j'ai de sortir d'une affaire aussi importante. Vous avez encore le temps de finir votre assemblée; mais ensuite je vous demande cette marque de votre amitié, afin que je meure en repos. Je laisse à votre bon cœur cette pensée à digérer.

Toutes les filles de la reine furent chassées hier, on ne sait pourquoi [1]. On soupçonne qu'il y en a une qu'on aura voulu ôter, et que pour brouiller les espèces on a fait tout égal. Mademoiselle de Coëtlogon [2] est avec madame de Richelieu, La Mothe [3] avec la maréchale, La Marck [4] avec madame de Crussol ; Ludres et Dampierre [5] retournent chez MADAME ; du Rouvroi avec sa mère, qui s'en va chez elle; Lannoi [6] se mariera, et paraît contente ; Théobon [7] apparemment ne demeurera pas sur le pavé. Voilà ce qu'on sait jusqu'à présent.

J'ai fait voir votre lettre à mademoiselle de Méry ; elle

---

[1] Dans un chapitre du *Siècle de Louis XIV*, Voltaire dit : « L'aventure « infortunée d'une fille d'honneur de la reine donna lieu à ce renvoi. » Cette fille d'honneur, que Voltaire ne nomme pas, était mademoiselle de Ludres.

[2] Depuis madame de Cavoie.
[3] Depuis duchesse de La Ferté.
[4] Depuis comtesse de Lannion.
[5] Depuis comtesse de Moreuil.
[6] Depuis comtesse de Montrevel.
[7] Depuis comtesse de Beauvron,

est toujours languissante. J'ai fait vos compliments à tous ceux que vous me marquez. L'abbé Têtu est fort content de ce que vous me dites pour lui; nous soupons souvent ensemble. Vous êtes très-bien avec l'archevêque de Reims. Madame de Coulanges n'est pas fort bien avec le frère de ce prélat (*M. de Louvois*); ainsi ne comptez pas sur ce chemin-là pour aller à lui. Brancas vous est tout acquis. Vous êtes toujours tendrement aimée chez madame de Villars. Nous avons enfin vu, La Garde et moi, votre premier président; c'est un homme très-bien fait et d'une physionomie agréable. Besons dit : C'est un beau mâtin, s'il voulait mordre. Il nous reçut très-civilement : nous lui fimes les compliments de M. de Grignan et les vôtres. Il y a des gens qui disent qu'il tournera casaque, et qu'il vous aimera au lieu d'aimer l'évêque. *Le flux les amena, le reflux les emmène.* Ne vous ai-je point mandé que le chevalier de Buous[1] est ici? Je le croyais je ne sais où, je fus ravie de l'embrasser; il me semble qu'il vous est plus proche que les autres. Il vient de Brest; il a passé par Vitré; il a eu un dialogue admirable avec *Rahuel*[2]; il lui demande ce que c'était que M. de Grignan, et qui j'étais. *Rahuel* disait : « Ce M. de « Grignan, c'est un homme de grande condition : il est le « premier de la Provence; mais il y a bien loin d'ici. Ma« dame aurait bien mieux fait de marier mademoiselle au« près de Rennes. » Le chevalier se divertissait fort. Adieu, ma très-aimable, je suis à vous : cette vérité est avec celle de *deux et deux font quatre.*

323. — A LA MÊME.

A Paris, vendredi 1er décembre 1673.

Ce siége d'Orange me déplaît comme à vous. Quelle sottise ! quelle dépense ! La seule chose qui me paraisse bonne,

---

[1] Capitaine de vaisseau, et cousin germain de M. de Grignan. (P.)
[2] Concierge de la tour de Sévigné à Vitré.

c'est de faire voir, par cette suite de M. de Grignan¹, combien il est aimé et considéré dans sa province : ses ennemis en doivent enrager; mais on a beau faire des merveilles, cette occasion n'apportera ni récompense ni réputation : je voudrais qu'elle fût déjà passée.

J'ai soupé avec l'amie² de *Quanto*. Vous ne serez point attaquée en ce pays-là, que vous ne soyez bien défendue. Cette dame a parlé de vous avec une estime et une tendresse extraordinaires : elle dit que personne n'a jamais tant touché son goût; qu'il n'y a rien de si aimable ni de si assorti que votre esprit et votre personne. On vous a fort regrettée, et d'un ton qui n'avait rien de suspect. J'ai causé aussi avec l'archevêque de Reims, qui vous est fort acquis. Son frère n'est point du tout dans la manche de madame de Coulanges. Volonne a acheté la charge de Purnon³, maître d'hôtel de MADAME : voilà un joli établissement : voilà où la Providence place madame de Volonne. Il est certain que *Quanto* (*madame de Montespan*) a trouvé que c'était une hydre que cette chambre des filles (*de la reine*); le plus sûr est de la couper : ce qui n'arrive pas aujourd'hui peut arriver demain. On tient pour assuré que M. de Vivonne a la charge de colonel général des Suisses⁴. On nomme M. de Monaco pour celle de général des galères. Je vous ai mandé combien la femme de ce dernier m'avait bien reçue pour l'amour de vous. On répète souvent la symphonie de l'opéra; c'est une chose qui passe tout ce qu'on a jamais ouï. Le roi disait l'autre jour que s'il était à Paris quand on jouera l'opéra, il irait tous les

---

¹ Toute la noblesse de Provence suivit M. de Grignan dans cette occasion. (P.)

² Madame Scarron, amie de madame de Montespan. (P.)

³ Ce Purnon était soupçonné d'avoir participé à l'empoisonnement de madame Henriette d'Angleterre. Voyez l'*État de la France*, Paris, 1665, et les fragments de lettres de madame de Bavières.

⁴ Cette charge, qui était vacante par la mort de M. le comte de Soissons, fut donnée peu de temps après à M. le duc du Maine; elle passa depuis à M. le prince de Dombes, son fils. (P.)

jours. Ce mot vaudra cent mille francs à *Baptiste (Lully)*.

M. de Turenne a son congé. *L'armée de votre frère*[1] va être mise dans les quartiers d'hiver. J'attends mon fils au premier jour; et vous arriverez un peu après, si vous me voulez témoigner un peu d'amitié. L'abbé Têtu ne perd point l'occasion de vous rendre service en bon lieu : c'est encore un de mes hommes que j'ai bien désabusés. Ma chère enfant, ayez quelquefois soin de votre santé; tâchez surtout de dormir, et d'éloigner dès le soir toutes les pensées qui vous réveillent.

324. — A LA MÊME.

A Paris, lundi 4 décembre 1673.

Me voilà toute soulagée de n'avoir plus Orange sur le cœur; c'était une augmentation par-dessus ce que j'ai accoutumé de penser, qui m'importunait. Il n'est plus question maintenant que de la guerre du syndicat : je voudrais qu'elle fût déjà finie. Je crois qu'après avoir gagné votre petite bataille d'Orange, vous n'aurez pas tardé à commencer l'autre. Vous ne sauriez croire la curiosité qu'on avait pour être informé du bon succès de ce beau siége, et on en parlait dans le rang des nouvelles. J'embrasse le vainqueur d'Orange, et je ne lui ferai point d'autre compliment que de l'assurer ici que j'ai une véritable joie que cette petite aventure ait pris un tour aussi heureux; je désire le même succès à tous ses desseins, et l'embrasse de tout mon cœur. C'est une chose agréable que l'attachement et l'amour de toute la noblesse pour lui : il y a très-peu de gens qui pussent faire voir une si belle suite pour une si légère semonce. M. de La Garde vient de partir pour savoir un peu ce qu'on dit de cette prise d'Orange; il est chargé de toutes nos instructions, et, sur le tout, de son bon esprit

---

[1] Expression impropre, qui échappe quelquefois dans la conversation, et dont madame de Sévigné se sert par ironie. (A. G.)

et de son affection pour vous. D'Hacqueville me mande qu'il conseille à M. de Grignan d'écrire au roi : il serait à souhaiter que, par effet de magie, cette lettre fût déjà entre les mains de M. de Pomponne ou de M. de La Garde; car je ne crois pas qu'elle puisse venir à propos. L'affaire du syndic s'est fortifiée dans ma tête par l'absence du siége d'Orange.

Nous soupâmes encore hier avec madame Scarron et l'abbé Têtu chez madame de Coulanges; nous causâmes fort, vous n'êtes jamais oubliée. Nous trouvâmes plaisant d'aller remener madame Scarron à minuit au fin fond du faubourg Saint-Germain, fort au delà de madame de La Fayette, quasi auprès de Vaugirard, dans la campagne; une belle et grande maison[1], où l'on n'entre point; il y a un grand jardin, de beaux et grands appartements; elle a un carrosse, des gens et des chevaux; elle est habillée modestement et magnifiquement, comme une femme qui passe sa vie avec des personnes de qualité; elle est aimable, belle, bonne et négligée : on cause fort bien avec elle. Nous revînmes gaiement à la faveur des lanternes, et dans la sûreté des voleurs. Madame d'Heudicourt[2] est allée rendre ses devoirs : il y avait longtemps qu'elle n'avait paru en ce pays-là. On est persuadé que si elle n'était point grosse, elle rentrerait bientôt dans ses premières familiarités : on juge par là que madame Scarron n'a plus de vif ressentiment contre elle; son retour a pourtant été ménagé par d'autres, et ce n'est qu'une tolérance. La petite d'Heudicourt[3] est jolie comme un ange; elle a été de son chef huit ou dix jours à la cour, toujours pendue au cou du roi : cette petite avait adouci les esprits par sa jolie présence; c'est la plus belle vocation pour plaire que vous ayez ja-

---

[1] C'est dans cette maison qu'étaient élevés les enfants du roi et de madame de Montespan, dont madame Scarron était gouvernante. (P.)

[2] Bonne de Pons, marquise d'Heudicourt. *Voyez* la lettre du 9 février 1672. (P.)

[3] Depuis marquise de Montgon. (P.)

mais vue : elle a cinq ans; elle sait mieux la cour que les vieux courtisans.

On disait l'autre jour à M. le dauphin qu'il y avait un homme à Paris qui avait fait pour chef-d'œuvre un petit chariot traîné par des puces. M. le dauphin dit à M. le prince de Conti : Mon cousin, qui est-ce qui a fait les harnais? Quelque araignée du voisinage, dit le prince. Cela n'est-il pas joli? Ces pauvres filles (*de la reine*) sont toujours dispersées : on parle de faire des dames du palais, du lit, de la table, pour servir au lieu des filles. Tout cela se réduira à quatre du palais, qui seront, à ce qu'on croit, la princesse d'Harcourt, madame de Soubise, madame de Bouillon, madame de Rochefort; et rien n'est encore assuré. Adieu, ma très-aimable. Je voulus hier aller à confesse; un fort habile homme me refusa très-bien l'absolution, à cause de ma haine pour l'évêque : si les vôtres ne vous traitent pas de même, ce sont des ignorants qui ne savent pas leur métier.

Madame de Coulanges vous embrasse : elle voulait vous écrire aujourd'hui; elle ne perd pas une occasion de vous rendre service; elle y est appliquée, et tout ce qu'elle dit est d'un style qui plaît infiniment; elle se réjouit de la prise d'Orange; elle va quelquefois à la cour, et jamais sans avoir dit quelque chose d'agréable pour nous.

MONSIEUR DE COULANGES.

Que madame d'Heudicourt [1]
Est une belle femme!
Chacun disait à la cour,
Quoi! la voilà de retour!
Tredame, tredame, tredame,

---

[1] C'est d'elle que madame de Maintenon disait : « Je ris des choses qu'elle dit, mais je ne me souviens pas de lui avoir jamais rien entendu dire que je voulusse avoir dit. »

> Vos guerriers étant partis,
> C'eût été chose étrange.
> Que votre époux n'eût pas pris,
> Au milieu de son pays,
> Orange, Orange, Orange.

Je m'en réjouis avec vous, madame la Comtesse ; j'ai dit mon *Te Deum* très-dévotement. Voilà tout ce que je puis vous dire, et à M. le Comte, que j'aime et honore toujours comme il le mérite.

325. — A LA MÊME.

A Paris, vendredi 8 décembre 1673.

Il faut commencer, ma chère enfant, par la mort du comte de Guiche : voilà de quoi il est question présentement. Ce pauvre garçon est mort de maladie et de langueur dans l'armée de M. de Turenne ; la nouvelle en vint mardi matin. Le père Bourdaloue l'a annoncée au maréchal de Gramont, qui s'en douta, sachant l'extrémité de son fils. Il fit sortir tout le monde de sa chambre ; il était dans un petit appartement qu'il a au-dehors des Capucines : quand il fut seul avec ce père, il se jeta à son cou, disant qu'il devinait bien ce qu'il avait à lui dire ; que c'était le coup de sa mort, qu'il le recevait de la main de Dieu ; qu'il perdait le seul et véritable objet de toute sa tendresse et de toute son inclination naturelle ; que jamais il n'avait eu de sensible joie ou de violente douleur que par ce fils, qui avait des choses admirables : il se jeta sur un lit, n'en pouvant plus, mais sans pleurer, car on ne pleure point dans cet état. Le père pleurait, et n'avait encore rien dit ; enfin il lui parla de Dieu, comme vous savez qu'il en parle : ils furent six heures ensemble ; et puis le père, pour lui faire faire son sacrifice entier, le mena à l'église de ces bonnes capucines, où l'on disait vigiles pour ce cher fils : le maréchal y entra en tombant, en tremblant, plutôt traîné et poussé que sur ses jambes; son visage n'était plus connaissable. M. le Duc le vit en cet état; et en nous le contant chez madame de La Fayette, il pleurait. Ce pauvre maréchal revint enfin dans sa petite chambre; il est comme un homme condamné; le roi lui a écrit; personne ne le voit. Madame de Monaco[1] est entièrement inconsolable; madame de Louvigny[2] l'est aussi, mais c'est par la raison qu'elle n'est point affligée. N'admirez-vous point le bonheur de cette dernière? La voilà dans un moment duchesse de Gramont. La chancelière[3] est transportée de joie. La comtesse de Guiche[4] fait fort bien; elle pleure quand on lui conte les honnêtetés et les excuses que son mari lui a faites en mourant. Elle dit : « Il était aimable, je l'aurais « aimé passionnément s'il m'avait un peu aimée; j'ai souf- « fert ses mépris avec douleur; sa mort me touche et me « fait pitié; j'espérais toujours qu'il changerait de senti- « ments pour moi. » Voilà qui est vrai, il n'y a point là de comédie. Madame de Verneuil[5] en est véritablement touchée. Je crois qu'en me priant de lui faire vos compliments, vous en serez quitte. Vous n'avez donc qu'à écrire à la comtesse de Guiche, à madame de Monaco, et à madame de Louvigny. Pour le bon d'Hacqueville, il a eu le paquet d'aller à Frazé, à trente lieues d'ici, annoncer cette nouvelle à la maréchale de Gramont, et lui porter une lettre de ce pauvre garçon, lequel a fait une grande amende honorable de sa vie passée, s'en est repenti, en a demandé pardon publiquement; il a fait demander pardon à Vardes, et lui a mandé mille choses qui pourront peut-être lui être bonnes. Enfin il a fort bien fini la *comédie*, et laissé une

---

[1] Catherine-Charlotte de Gramont, sœur du comte de Guiche. (P.)
[2] Marie-Charlotte de Castelnau, belle-sœur du comte de Guiche. (P.)
[3] La chancelière Séguier, grand-mère de la comtesse de Guiche. (P.)
[4] Marguerite-Louise-Suzanne de Béthune-Sully. (P.)
[5] Charlotte Séguier, mère de la comtesse de Guiche, avait épousé en premières noces le duc de Sully, et en secondes Henri de Bourbon, duc de Verneuil. (P.)

riche et heureuse veuve[1]. La chancelière a été si pénétrée du peu ou point de satisfaction, dit-elle, que sa petite-fille a eu pendant son mariage, qu'elle ne va songer qu'à réparer ce malheur; et s'il se rencontrait un roi d'Éthiopie, elle mettrait jusqu'à son patin pour lui donner sa petite-fille. Nous ne voyons point de mari pour elle; vous allez nommer, comme nous, M. de Marsillac : elle ni lui ne veulent point l'un de l'autre; les autres ducs sont trop jeunes : M. de Foix est pour mademoiselle de Roquelaure. Cherchez un peu de votre côté, car cela presse. Voilà un grand détail, ma chère petite; mais vous m'avez dit quelquefois que vous les aimiez.

L'affaire d'Orange fait ici un bruit très-agréable pour M. de Grignan : cette grande quantité de noblesse qui l'a suivi par le seul attachement qu'on a pour lui; cette grande dépense, cet heureux succès, car voilà tout, tout cela fait honneur et donne de la joie à ses amis, qui ne sont pas ici en petit nombre. Le roi dit à son souper : « Orange est « pris; Grignan avait sept cents gentils-hommes avec lui; « on a tiraillé du dedans, et enfin on s'est rendu le troi- « sième jour : je suis fort content de Grignan. » On m'a rapporté ce discours, que La Garde sait encore mieux que moi. Pour notre archevêque de Reims, je ne sais à qui il en avait; La Garde lui pensa parler de la dépense; — Bon! dit-il, de la dépense; voilà toujours comme on dit, on aime à se plaindre. — Mais, monsieur, lui dit-on, M. de Grignan ne pouvait pas s'en dispenser, avec tant de noblesse qui était venue pour l'amour de lui. — Dites pour le service du roi. — Monsieur, répliqua-t-on, il est vrai; mais il n'y avait point d'ordre, et c'était pour suivre M. de Grignan, à l'occasion du service du roi, que toute cette assemblée

---

[1] Ce comte de Guiche avait été l'amant de madame Henriette d'Angleterre. Il était aussi entré dans les intrigues de M. de Vardes. Il avait fait une campagne brillante en Pologne. Il était beau et aussi spirituel qu'il était brave. (A. G.).

s'est faite. Enfin, ma fille, cela n'est rien : vous savez que d'ailleurs il est très-bon ami; mais il y a des jours où la bile domine, et ces jours-là sont malheureux. On me mande des nouvelles de nos états de Bretagne. M. le marquis de Coëtquen le fils a voulu attaquer M. d'Harouïs, disant qu'il était seul riche, pendant que toute la Bretagne gémissait, et qu'il savait des gens qui feraient mieux que lui sa charge. M. Boucherat, M. de Lavardin et toute la Bretagne l'ont voulu lapider, et ont eu horreur de son ingratitude; car il a mille obligations à M. d'Harouïs. Sur cela il a reçu une lettre de madame de Rohan, qui lui mande de venir à Paris, parce que M. de Chaulnes a ordre de lui défendre d'être aux états; de sorte qu'il est disparu la veille de l'arrivée du gouverneur; il est demeuré en abomination par l'infâme accusation qu'il voulait faire contre M. d'Harouïs. Voilà, ma bonne, ce que vous êtes obligée d'entendre à cause de votre nom [1].

Je viens de voir M. de Pomponne; il était seul : j'ai été deux bonnes heures avec lui et mademoiselle Lavocat [2], qui est très-jolie. M. de Pomponne a très-bien compris ce que nous souhaitons de lui, en cas qu'il vienne un courrier, et il le fera sans doute; mais il dit une chose vraie, c'est que votre syndic sera fait avant qu'on entende parler ici de la rupture de votre conseil; il croit que présentement c'en est fait. De vous conter tout ce qui s'est dit d'agréable et d'obligeant pour vous, et quelles aimables conversations on a avec ce ministre, tout le papier de mon portefeuille n'y suffirait pas; en un mot, je suis parfaitement contente de lui; soyez-le aussi sur ma parole; il sera ravi de vous voir, et il compte sur votre retour.

Nous avons lu avec plaisir une grande partie de vos lettres; vous avez été admirée, et dans votre style, et dans

---

[1] M. d'Harouïs avait épousé Marie-Madelaine de Coulanges, cousine germaine de madame de Sévigné.

[2] Sœur de madame de Pomponne.

l'intérêt que vous prenez à ces sortes d'affaires. Ne me dites donc plus de mal de votre façon d'écrire : on croit quelquefois que les lettres qu'on écrit ne valent rien, parce qu'on est embarrassé de mille pensées différentes ; mais cette confusion se passe dans la tête, tandis que la lettre est nette et naturelle. Voilà comme sont les vôtres. Il y a des endroits si plaisants, que ceux à qui je fais l'honneur de les montrer en sont ravis. Adieu, ma très-aimable enfant ; j'attends votre frère tous les jours ; et pour vos lettres, j'en voudrais à toute heure.

326. — A LA MÊME.

A Paris, lundi 11 décembre 1675.

Je viens de Saint-Germain, où j'ai été deux jours entiers avec madame de Coulanges et M. de La Rochefoucauld ; nous logions chez lui. Nous fîmes le soir notre cour à la reine, qui me dit bien des choses obligeantes pour vous ; mais s'il fallait vous dire tous les bonjours, tous les compliments d'hommes et de femmes, vieux et jeunes, qui m'accablèrent et me parlèrent de vous, ce serait nommer quasi toute la cour ; je n'ai rien vu de pareil : et comment se porte madame de Grignan? quand reviendra-t-elle? et ceci, et cela ; enfin, représentez-vous que chacun, n'ayant rien à faire et me disant un mot, me faisait répondre à vingt personnes à la fois. J'ai dîné avec madame de Louvois ; il y avait presse à qui nous en donnerait. Je voulais revenir hier ; on nous arrêta d'autorité, pour souper chez M. de Marsillac, dans son appartement enchanté, avec madame de Thianges, madame Scarron, M. le Duc, M. de La Rochefoucauld, M. de Vivonne, une musique céleste. Ce matin nous sommes revenues.

Voici une querelle qui faisait la nouvelle de Saint-Germain. M. le chevalier de Vendôme et M. de Vivonne font les amoureux de madame de Ludres : M. le chevalier de

Vendôme veut chasser M. de Vivonne; on s'écrie, Et de quel droit? Sur cela, il dit qu'il veut se battre contre M. de Vivonne : on se moque de lui; non, il n'y a point de raillerie; il veut se battre, et monte à cheval, et prend la campagne. Voici ce qui ne peut se payer, c'est d'entendre Vivonne : il était dans sa chambre, très-mal de son bras[1], recevant les compliments de toute la cour; car il n'y a point eu de partage. « Moi, Messieurs, *dit-il*, moi me battre; il « peut fort bien me battre s'il veut, mais je le défie de faire « que je veuille me battre: qu'il se fasse casser l'épaule, qu'on « lui fasse dix-huit incisions; et puis (on croit qu'il va dire, « *et puis nous nous battrons*), et puis, *dit-il*, nous nous « accommoderons. Mais se moque-t-il de vouloir tirer sur « moi? Voilà un beau dessein; c'est comme qui voudrait « tirer dans une porte cochère[2]. Je me repens bien de lui « avoir sauvé la vie au passage du Rhin : je ne veux plus « faire de ces actions sans faire tirer l'horoscope de ceux « pour qui je les fais; eussiez-vous jamais cru que c'eût « été pour me percer le sein que je l'eusse remis sur la « selle? » Mais tout cela d'un ton et d'une manière si folle, qu'on ne parlait d'autre chose à Saint-Germain.

J'ai trouvé votre siége d'Orange fort étalé à la cour : le roi en avait parlé agréablement, et on trouva très-beau que sans ordre du roi, et seulement pour suivre M. de Grignan, il se soit trouvé sept cents gentils-hommes à cette occasion; car le roi avait dit *sept cents*, tout le monde dit *sept cents*. On ajoute qu'il y avait deux cents litières : et de rire; mais on croit sérieusement qu'il y a peu de gouverneurs qui puissent avoir une pareille suite.

J'ai causé trois heures en deux fois avec M. de Pomponne; j'en suis contente au delà de ce que j'espérais; mademoiselle Lavocat est dans notre confidence; elle est très-aimable; elle sait notre syndicat, notre procureur, notre

---

[1] Il avait été blessé au passage du Rhin.
[2] M. de Vivonne était excessivement gros.

gratification, notre opposition, notre délibération, comme elle sait la carte et les intérêts des princes, c'est-à-dire sur le bout du doigt : on l'appelle le *petit ministre*; elle est dans tous nos intérêts. Il y a des entr'actes à nos conversations, que M. de Pomponne appelle des traits de rhétorique, pour captiver la bienveillance des auditeurs. Il y a des articles dans vos lettres sur lesquels je ne réponds pas : il est ordinaire d'être ridicule quand on répond de si loin. Vous savez quel déplaisir nous avions de la perte de je ne sais quelle ville, lorsqu'il y avait dix jours qu'à Paris on se réjouissait que le prince d'Orange en eût levé le siége; c'est le malheur de l'éloignement. Adieu, ma très-aimable : je vous embrasse bien tendrement.

327. — A LA MÊME.

A Paris, vendredi 15 décembre 1675.

Quand je disais que vous ne seriez pas moins estimée ici pour n'avoir pas fait un syndic, et que je vous rabaissais le plus que je le pouvais cette petite victoire, soyez très-persuadée, ma chère belle, que c'était par pure politique, et par un dessein prémédité entre nous, afin que si vous étiez battus, comme nous en avions peur, vous ne prissiez pas la résolution de vous pendre; mais présentement que par votre lettre, qui me donne la vie, nous voyons votre triomphe quasi assuré, je vous avoue franchement que par tout pays c'est la plus jolie chose du monde que d'avoir emporté cette affaire, malgré toutes les précautions, les prévoyances, les prières, les menaces, les sollicitations, les corruptions et les vanteries de vos ennemis. En vérité, cela est délicieux, et fait voir, autant que le siége d'Orange, l'extrême considération de M. de Grignan dans la province. M. de Pomponne, d'Hacqueville, Brancas, les Grignans et plusieurs de vos amis avaient une attention particulière pour le dénoûment de cette affaire, et ils ne la mettaient pas à si bas prix que je vous le mandais; mais nous étions convenus de ce style, afin de vous soutenir le courage, dans le cas d'un revers de la fortune. Mademoiselle Lavocat est dans cette affaire par dessus les yeux, et, pour vous parler franchement, j'ai envoyé à M. de Pomponne les deux premiers feuillets de votre lettre, et à d'Hacqueville, qui était chez lui, afin de les réjouir. Ne croyez donc pas que nous voyions si fort les choses autrement que vous : tout ce qui touche la gloire se voit assez également par tous pays. Ne soyez point fâchée contre nous; louez nos bonnes intentions, et pensez que nous ne sommes que trop dans vos sentiments, et moi particulièrement, qui n'en ai point d'autres.

Vous me faites assez entendre ce qui vous peut manquer pour faire le voyage de Paris; mais quand je songe que le coadjuteur est prêt à partir, lui qui avait engagé son abbaye pour deux ans, qui voulait vivre de l'air, qui voulait chasser tous ses gens et ses chevaux, et que je vois qu'on fait donc quelquefois de la magie noire, cela me fait croire que vous en devez faire comme les autres, cette année, ou jamais. Voilà mon raisonnement : vous aurez un air bien victorieux sur toutes sortes de chapitres, et vous aurez bien effacé l'exclusion de votre ami[1] par la suite.

J'attends mon fils à tout moment. Je dînai hier avec M. le Duc, M. de La Rochefoucauld, madame de Thianges, madame de La Fayette, madame de Coulanges, l'abbé Têtu, M. de Marsillac et Guilleragues, chez Gourville : vous y fûtes célébrée et souhaitée; et puis on écouta la Poétique de Despréaux, qui est un chef-d'œuvre[2]. M. de La Rochefoucauld n'a point d'autre faveur que celle de son fils, qui est très-bien placé : il entra l'autre jour, comme

---

[1] L'exclusion du marquis de Maillanes. (*Voyez* la lettre 518.)
[2] L'*Art poétique*, commencé en 1669, ne parut avec les quatre premières épîtres qu'en 1674.

je vous l'ai déjà mandé, à une musique chez madame de Montespan : on le fit asseoir. Le moyen de ne le pas faire ? Cela n'est rien du tout. Madame de La Fayette voit madame de Montespan un quart d'heure, quand elle va en un mois une fois à Saint-Germain : il ne me paraît pas que ce soit là une faveur. Les filles *(de la reine)* s'en vont chacune à leur *chacunière*, comme je vous l'ai dit. Le chevalier de Vendôme a demandé quartier de plaisanterie à M. de Vivonne, qui ne s'épuisait point sur l'horreur qu'il avait de se battre : l'accommodement s'est fait, et on n'en parle plus. Soyecourt[1] demandait hier à Vivonne : *Quand est-ce que le roi ira à la chasse ?* Vivonne[2] répondit brusquement : *Quand est-ce que les galères partiront ?* Je suis fort bien avec ce général ; il ne croit point avoir *les Suisses*[3]. Il avait dit de son côté, comme moi du mien, que c'étaient des *armes parlantes*. Madame de La Vallière ne parle plus d'aucune retraite ; c'est assez de l'avoir dit ; sa femme de chambre s'est jetée à ses pieds pour l'en empêcher : peut-on résister à cela ?

D'Hacqueville est revenu de poignarder la maréchale de Gramont ; il est tellement abîmé dans la mort du comte de Guiche qu'il n'est plus sociable : je doute qu'il vous écrive encore aujourd'hui. La Garde veut toujours que si M. de Grignan ne vient pas, vous veniez à sa place ; et pour cela, je vous renvoie à cette magie noire du coadjuteur dont je vous ai parlé ; vous êtes habile, et vous feriez présentement un autre personnage que celui d'une dame de dix-huit ans. J'ai ici Corbinelli ; il est échauffé pour vos affaires, comme à Grignan. Nous serons transportés de joie du syndic ; et quand nous l'aurons emporté hautement, on pourra parler d'accommodement tant qu'on voudra, il faut être doux après la victoire. Despréaux vous ravira par

---

[1] Il était grand veneur. (P.)
[2] Il était général des galères. (P.)
[3] *Voyez* la lettre du 1ᵉʳ décembre courant.

ses vers ; il est attendri pour le pauvre Chapelain : je lui dis qu'il est tendre en prose et cruel en vers ¹. Adieu, ma très-chère enfant ; que je vous serai obligée si vous venez m'embrasser ! Il y a bien du bruit à nos états de Bretagne ; vous êtes bien plus sages que nous. Bussy a ordre de s'en retourner en Bourgogne ; il n'a pas fait la paix avec ses principaux ennemis ; il veut toujours marier sa fille avec le comte de Limoges ² : c'est la faim et la soif ensemble ; mais la beauté du nom le charme. J'attends mon fils à tout moment.

328. — A LA MÊME.

A Livry, lundi 18 décembre 1673.

J'attends vos lettres avec une juste impatience. Je ne puis être tranquille que le marquis de Buous ³ ne soit syndic : je l'espère ; mais comme je crains toujours, je voudrais que cette affaire fût déjà finie. J'ai vu deux heures M. de Pomponne à Paris ; il souffre fort patiemment la longueur de mes conversations ; elles sont mêlées d'une manière qu'il ne me paraît pas qu'il en soit fatigué : il ne se cache pas de dire qu'il souhaite que M. de Buous soit syndic, que cela lui paraît juste et raisonnable, et que M. de Grignan aurait grand sujet de se plaindre si, après ce qui s'est passé à la cour, il avait encore ce chagrin-là dans la province. Ce ministre aime vos lettres ; il vous estime et vous admire ; il voit clairement le pouvoir que vous avez dans la province, et sur la noblesse, et au parlement, et dans les communautés ; et cela sera remarqué en bon lieu.

M. de Louvigny est revenu avec plusieurs autres : on dit qu'il se plaint du *Torrent* ⁴, d'avoir ôté à *la Rosée* la

---

¹ *Voyez* la satire IX de Despréaux.

² Charles-François de Rochechouart. (P.)

³ N.... de Pontevez, marquis de Buous, cousin germain de M. de Grignan. (P.)

⁴ On croit que *le Torrent* est la sœur de M. de Louvigny, la princesse de Monaco, dont le caractère était bouillant et impétueux, et que *la Rosée* est madame de Louvigny.

bonne conduite qu'elle avait, et de lui avoir donné un air fort contraire à cette tendresse légitime qui lui seyait si bien. Hors la maréchale de Gramont, on ne songe déjà plus au comte de Guiche ; voilà qui est fait, *le Torrent* reprend son cours ordinaire : voici un bon pays pour oublier les gens. La Troche, qui est arrivée, vous dit mille belles choses ; écrivez quelque douceur qu'on puisse lui montrer. Je me suis fort louée à mademoiselle de Scudéry de l'honnête procédé de M. de Péruis. Guitaud a dîné avec moi ; La Troche et Coulanges y étaient ; on a bu votre santé, et l'on a admiré votre politique de vouloir ajouter encore des années aux trois que vous avez été en Provence : c'est une belle chose que de se laisser effacer et oublier dans un lieu où l'on a tous les jours affaire, et d'où l'on tire toute sa considération ; on y veut jouir aussi de celle qu'on a dans son gouvernement, et l'une sert à l'autre ; mais on ne travaille que pour être bien ici.

Je reçois votre lettre du 10 ; il me semble que j'y ai fait réponse par avance, en vous assurant qu'il ne vous viendra rien d'ici qui vous coupe la gorge : mais que ne finissez-vous promptement ? que ne vous ôtez-vous, et à nous, cette épine du pied ? Nous comprenons très-bien le plaisir de votre triomphe. Nous demeurions d'accord l'autre jour, *La Pluie* (*M. de Pomponne*) et moi, que rien n'est sensible dans la vie comme ces sortes de choses qui touchent la gloire, et nous conclûmes, comme M. d'Agen (*Claude Joly*), que cela venait d'une profonde humilité. Je vous assure qu'on ne peut pas entrer plus entièrement dans vos intérêts, ni les mieux comprendre, ni voir plus clair que fait cette aimable *Pluie*. Ah ! que je lui ai dit de plaisantes choses, et qu'il les a bien écoutées ! Je vous assure qu'il attend avec impatience la fin de votre syndicat : il rira bien de votre lettre ; puisque vous me renvoyez mes périodes, je vous renverrai celle-ci, qui vaut un empire : *Si Sa Majesté voulait avoir la bonté de nous laisser man-*

ger le blanc des yeux, elle verrait qu'elle en serait bien mieux servie. Vous ne vous fâcherez donc point contre moi ni contre la cour, puisque vous avez toutes vos coudées franches pour votre syndic; mais finissez donc, et que nous recevions une lettre qui nous ôte toute sorte de peine.

Vous seriez bien étonnée si vous saviez que l'on a fort parlé de vous pour être dame du palais; je vous l'apprends, et c'est assez : vous êtes fort estimée dans les lieux qu'on estime le plus. Cherchez donc d'autres prétextes pour nous menacer de ne plus venir jamais en ce pays. Je comprends votre beau temps, je le vois d'ici, et m'en souviens avec tendresse : nous mourons de froid présentement, et puis nous serons noyés.

On ne peut, ma fille, ni vous aimer davantage, ni être plus contente de vous que je le suis, ni prendre plus de plaisir à le dire; il est vrai que le voyage de Provence m'a plus attachée à vous que je n'étais encore; je ne vous avais jamais tant vue; je n'avais jamais tant joui de votre esprit et de votre cœur; je ne vois et ne sens que ce que je vous dis, et je rachète bien cher toutes ces douceurs. d'Hacqueville a raison de ne vouloir rien de pareil; pour moi, je m'en trouve fort bien, pourvu que Dieu me fasse la grâce de l'aimer encore plus que vous : voilà de quoi il est question. Cette petite circonstance d'un cœur que l'on ôte au Créateur pour le donner à la créature me donne quelquefois de grandes agitations : *La Pluie* et moi, nous en parlions l'autre jour très-sérieusement. Mon Dieu! quelle est à mon goût, cette *Pluie!* Je crois que je suis au sien : nous retrouvons avec plaisir nos anciennes liaisons.

Tous nos Allemands[1] reviennent à la file : je n'ai point encore mon fils. J'embrasse tendrement M. de Grignan;

---

[1] C'est-à-dire tous les *amants*, à cause de la chanson du poëte Sarrazin :

    Tircis, la plupart des amants
    Sont des Allemands, etc.

Et par une double allusion, les officiers français qui servaient en Allemagne.

il aurait bien du plaisir à m'entendre quelquefois parler de lui; il a un beau point de vue, et je suis ravie de dire ses belles et bonnes qualités. Adieu, ma chère Comtesse.

329. — A LA MÊME.

A Paris, vendredi 22 décembre 1673.

Il y a une nouvelle de l'Europe qui m'est entrée dans la tête : je vais vous la mander, contre mon ordinaire. Vous savez la mort du roi de Pologne [1]. Le grand-maréchal [2], mari de mademoiselle d'Arquien, est à la tête d'une armée contre les Turcs; il a gagné une bataille [3] si pleine et si entière, qu'il est demeuré quinze mille Turcs sur la place : il a pris deux bassas; il s'est logé dans la tente du général, et cette victoire est si grande, qu'on ne doute point qu'il ne soit élu roi, d'autant plus qu'il est à la tête d'une armée, et que la fortune est toujours pour les gros bataillons : voilà une nouvelle qui m'a plu.

Je ne vois plus le chevalier de Buous : il a été enragé qu'on ne l'ait pas fait chef d'escadre; il est à Saint-Germain, et je crois qu'il fera si bien qu'à la fin il sera content : je le souhaite fort. M. l'archevêque (*d'Arles*) me mande sa joie sur la prise d'Orange, et qu'il croit l'affaire du syndicat achevée selon nos désirs; qu'il est contraint d'avouer que, par l'événement, votre vigueur a mieux valu que sa prudence; et qu'enfin, à votre exemple, il s'est tout à fait jeté dans la bravoure : cela m'a réjouie.

Au reste, ma chère enfant, quand je me représente votre maigreur et votre agitation; quand je pense combien

---

[1] Michel Koribut Wiesnovieski, mort le 10 novembre 1673. (P.)
[2] Jean Sobieski, grand-maréchal, élu roi de Pologne le 20 mai 1674. Il avait épousé la petite-fille du maréchal d'Arquien, laquelle, après sa mort, revint en France.
[3] La bataille de Choczim, sur le Niester, gagnée le 11 novembre 1673, le lendemain de la mort du roi de Pologne. Le même Jean Sobieski sauva l'empereur Léopold et l'Empire, en battant les Turcs sous les murs de Vienne, le 12 septembre 1683.

vous êtes échauffée, et que la moindre fièvre vous mettrait à l'extrémité, cela me fait souffrir et le jour et la nuit : quelle joie de vous restaurer un peu auprès de moi dans un air moins dévorant et où vous êtes née! Je suis surprise que, vous aimant comme on fait en Provence, on ne vous propose point ce remède. Je vous trouve si nécessaire jusqu'à présent, et je crois que vous avez tant soulagé M. de Grignan dans toutes ses affaires, que je n'ose me repentir de ne vous avoir point emmenée; mais quand tout sera fini, hélas! pourquoi ne me pas donner cette satisfaction? Adieu, ma très-aimable, j'ai une grande impatience de savoir de vos nouvelles : vous avez toujours dans la fantaisie de vous jeter dans le feu pour me persuader votre amitié; ma fille, je n'en suis que trop persuadée, et sans cette preuve extraordinaire, vous pouvez m'en donner une qui sera plus convaincante et plus à mon gré.

330. — A LA MÊME.

A Paris, dimanche 24 décembre 1675.

Il y a longtemps, ma très-chère, que je n'ai eu une joie si sensible que j'eus hier à onze heures du soir. J'étais chez madame de Coulanges : on vint me dire que Janet[1] était arrivé; je cours chez moi, je le trouve, je l'embrasse : Hé bien! avons-nous un syndic? est-ce M. de Buous? Oui, Madame, c'est M. de Buous. Me voilà transportée. Nous lisons nos lettres; j'envoie dire à d'Hacqueville que nous avions tout ce que nous souhaitions, et que M. de Janet, qu'il connaît, est arrivé. D'Hacqueville m'écrit un grand billet de joie et de soulagement de cœur. Je cause un peu avec Janet; nous soupons, et puis il se va coucher bien à son aise; pour moi, je ne me suis endormie qu'à quatre heures : la joie n'est point bonne pour assoupir les sens.

---

[1] Gentil-homme de Provence, fort attaché à la maison de Grignan. (P.)

M. de Pomponne vient aujourd'hui. Voilà présentement ce que je vous puis dire ; mais entre ci et demain que partira cette lettre, il y aura bien des augmentations. Dès huit heures ce matin, toute ma chambre était pleine, La Garde, l'abbé de Grignan, le chevalier de Buous, le *bien Bon* [1], Coulanges, Corbinelli, chacun discourait, raisonnait, et lisait les relations : elles sont admirables, ma fille ; jamais il n'y eut une si délicieuse conclusion. Ah ! quel succès, quel succès ! l'eussions-nous cru à Grignan ? Hélas ! nous faisions nos délices d'une suspension : le moyen de croire qu'on renverse en un mois des mesures prises depuis un an ? et quelles mesures, puisqu'on offrait de l'argent ! J'aime bien le consul de Colmar [2], à qui vous rendîtes un si grand service l'année passée, et qui vous a manqué ensuite ; vous voulez bien que cette petite ingratitude soit mise dans le livre que nous avions envie de composer à l'honneur de cette vertu. Nous trouvons l'évêque toujours habile, et toujours prenant les bons partis ; il voit que vous êtes les plus forts, et que vous nommez M. de Buous, il nomme M. de Buous. Nous voulons tous que présentement vous changiez de style, et que vous soyez aussi modestes dans la victoire que fiers dans le combat. La Garde me fait agir pour votre congé ; je vous déclare que ce n'est pas moi ; je vous renvoie à sa lettre, vous verrez son raisonnement. Vous le connaissez, et que comme un autre M. de Montausier,

> Pour le Saint-Père, il ne dirait
> Une chose qu'il ne croirait.

Vous êtes en bonheur, il faut songer à ce pays aussi bien qu'à la Provence ; jamais vous ne trouverez une année comme celle-ci : elle est bien différente encore pour la considération qu'on a pour moi. Je serais bien fâchée

---

[1] L'abbé de Coulanges. (P.)
[2] Petite ville à quelques lieues de Digne.

d'être traitée ici comme je le fus à Lambesc, lorsqu'au nom de cette amitié de huit ans, dont M. de Marseille avait tant parlé, et de la paix éternelle avec les Grignans, je le priai de m'accorder le payement du courrier, à quoi il ne voulut jamais consentir; et quand j'allai chez M. l'intendant le conjurer instamment d'écrire par votre courrier, vous savez comme il me refusa nettement : j'ai ces deux petits articles sur le cœur; et cependant je ne veux pas que l'intérêt des alliés vous empêche de faire la paix. Dès que je ne suis plus à Lambesc, le courrier est payé. M. l'intendant l'accable de ses paquets; ma fille, c'est que je suis malheureuse; Dieu ne permet pas que dans les désirs extrêmes que j'ai de vous servir j'aie la joie de réussir. En vérité, cette mine de prospérité du coadjuteur, qui attire les abbayes et les heureux succès, vous a été bien plus profitable; sa paresse était allée se promener bien loin pendant cette affaire; sa vigilance, son habileté, son application, ses vues, ses expédients, son courage, sa considération, vous ont été souverainement nécessaires. J'avais toujours en lui une grande confiance; mais vous, quelles merveilles n'avez-vous point faites? et que n'a point fait aussi mon cher Comte? Il a joué son rôle divinement. Enfin, vous avez fait tous trois vos personnages en perfection. Il y a avait dix ou douze personnes qui envoyaient tous les jours ici pour savoir des nouvelles du syndic; de sorte que ce matin j'ai écrit dix billets. Madame de Verneuil, M. de Meaux[1], madame de La Troche, M. de Brancas, madame de Villars, madame de La Fayette, M. de La Rochefoucauld, Coulanges, l'abbé Têtu : tout cela se serait offensé qu'après tant de soins on ne leur eût rien dit. Il faut présentement aller à confesse : cette conclusion m'a adouci l'esprit. Je suis comme un mouton; bien loin de me refuser l'absolu-

---

[1] Dominique de Ligny, évêque de Meaux, mort le 27 avril 1681. Bossuet lui succéda. (M.)

tion, on m'en donnera deux. Je crois que de votre côté vous aurez fait votre devoir.

Lundi, jour de Noël.

Ha! fort, fort bien, nous voici dans les lamentations du comte de Guiche : hélas, ma pauvre enfant! nous n'y pensons plus ici, pas même le maréchal (*de Gramont*), qui a repris le soin de faire sa cour. Pour votre princesse (*de Monaco*), comme vous dites très-bien, après ce qu'elle a oublié[1], il ne faut rien craindre de sa tendresse. Madame de Louvigny et son mari sont transportés. La comtesse de Guiche voudrait bien ne point se remarier ; mais un tabouret la tentera. Il n'y a plus que la maréchale (*de Gramont*) qui se meurt de douleur.

Vous recevrez encore deux ou trois de mes lettres sur mes inquiétudes du syndicat : cela fait rire ; mais aussi vous me parlez du comte de Guiche ; ainsi on est quitte : l'éloignement cause nécessairement ces propos rompus. Mais parlons d'affaires : M. du Janet est allé ce soir à Saint-Germain, afin d'être demain à l'arrivée de M. de Pomponne. J'ai écrit à ce ministre une assez grande lettre, où je le prie de remarquer de quelle manière vous êtes avec la noblesse, le parlement et les communautés, et de vous rendre sur cela les bons offices que lui seul peut vous rendre dans la place où il est. J'ai parlé à de bonnes têtes du silence de *la Mer* (*M. de Louvois*) ; on croit qu'il ne vient que de dissipation : on ne comprend pas qu'il pût n'être pas content de la prise d'Orange, puisque *le Nord* (*M. Colbert*) a paru l'être. Il faut que vous vous ôtiez de l'esprit que le frère (*l'archevêque de Reims*) de *la Mer* soit assez son ami pour avoir les mêmes sentiments : chacun parle son langage et suit ses humeurs. Ainsi vous ne tirerez au-

---

[1] Madame de Sévigné désigne ici probablement le roi, dans les bonnes grâces duquel madame de Monaco avait été pendant quelque temps, sans parvenir à le fixer. (M.)

cune conséquence de ce qu'a dit le frère[1]. Le gentil-homme dont vous me parlez est mal instruit : *la Mer* est mieux que jamais, et rien n'est changé dans ce qu'il y a de principal dans ce pays. Madame de Coulanges et deux ou trois amies sont allées voir le *Dégel* (*madame Scarron*) dans sa grande maison. On ne voit rien de plus[2]. Je compte y aller un de ces jours, et je vous en manderai des nouvelles. Tout ce que vous m'écrivez sur l'ennui que vous avez de ne plus être agitée par la haine est extrêmement plaisant ; vous n'avez plus rien à faire, vous ne savez que devenir : hé, mon Dieu! *dormez, dormez, vous ne sauriez mieux faire*[3]. M. du Janet m'a dit que vous ne fermiez pas les yeux. Songez sur toutes choses à vous rétablir, ma chère enfant[4].

331. — A LA MÊME.

A Paris, jeudi 28 décembre 1675.

Je commence dès aujourd'hui ma lettre, et je la finirai demain. Je veux d'abord traiter le chapitre de votre voyage de Paris : vous apprendrez par Janet que La Garde est celui qui l'a trouvé le plus nécessaire, et qui a dit qu'il fallait demander votre congé; peut-être l'a-t-il obtenu, car Janet a vu M. de Pomponne. Mais ce n'est pas, dites-vous, une nécessité de venir ; et le raisonnement que vous me faites est si fort, et vous rendez si peu considérable tout ce qui le paraît aux autres pour vous engager à ce voyage, que pour moi j'en suis accablée. Je sais le ton que vous prenez, ma fille ; je n'en ai point au-dessus du vôtre, et surtout quand vous me demandez *s'il est possible que*

---

[1] *Voyez* la lettre du 8 décembre courant.

[2] C'est-à-dire on n'y voyait point les enfants du roi, dont madame Scarron était depuis peu gouvernante. (P.)

[3] Allusion à une lettre anonyme écrite à d'Hacqueville. *Voyez* la lettre du 14 octobre 1671.

[4] C'est au chevalier Perrin que l'on doit l'interprétation des chiffres contenus dans cette lettre. Il est vraisemblable qu'il la tenait de madame de Simiane, son amie ; ainsi c'est une tradition de famille. (M.)

moi, qui devrais songer plus qu'une autre à la suite de votre vie, je veuille vous embarquer dans une excessive dépense, qui peut donner un grand ébranlement au poids que vous soutenez déjà avec peine; et tout ce qui suit. Non, mon enfant, je ne veux point vous faire tant de mal, Dieu m'en garde; et pendant que vous êtes la raison, la sagesse et la philosophie mêmes, je ne veux point qu'on me puisse accuser d'être une mère folle, injuste et frivole, qui dérange tout, qui ruine tout, qui vous empêche de suivre la droiture de vos sentiments, par une tendresse de femme. Mais j'avais cru que vous pouviez faire ce voyage : vous me l'aviez promis; et quand je songe à ce que vous dépensez à Aix, et en comédiens, et en fêtes, et en repas dans le carnaval, je crois toujours qu'il vous en coûterait moins de venir ici, où vous ne serez point obligée de rien apporter. M. de Pomponne et M. de La Garde me font voir mille affaires où vous et M. de Grignan êtes nécessaires; je joins à cela cette tutelle. Je me trouve disposée à vous recevoir; mon cœur s'abandonne à cette espérance. Vous n'êtes point grosse, vous avez besoin de changer d'air : je me flattais même que M. de Grignan voudrait bien vous laisser avec moi cet été, et qu'ainsi vous ne feriez pas un voyage de deux mois, comme un homme : tous vos amis avaient la complaisance de me dire que j'avais raison de vous souhaiter avec ardeur : voilà sur quoi je marchais. Vous ne trouvez point que tout cela soit ni bon ni vrai, je cède à la nécessité et à la force de vos raisons; je veux tâcher de m'y soumettre à votre exemple, et je prendrai cette douleur, qui n'est pas médiocre, comme une pénitence que Dieu veut que je fasse, et que j'ai bien méritée. Il est difficile de m'en donner une meilleure, ni qui frappe plus droit à mon cœur; mais il faut tout sacrifier, et me résoudre à passer le reste de ma vie séparée de la personne du monde qui m'est la plus sensiblement chère, qui touche mon goût, mon inclination, mes entrailles; qui m'aime plus qu'elle n'a jamais fait. Il faut donner tout cela à Dieu, et je le ferai avec sa grâce, et j'admirerai sa Providence, qui permet qu'avec tant de grandeurs et de choses agréables dans votre établissement, il s'y trouve des abîmes qui ôtent tous les plaisirs de la vie, et une séparation qui me blesse le cœur à toutes les heures du jour, et bien plus que je ne voudrais à celles de la nuit. Voilà mes sentiments; ils ne sont pas exagérés, ils sont simples et sincères; j'en ferai un sacrifice pour mon salut. Voilà qui est fini; je ne vous en parlerai plus, et je méditerai sans cesse sur la force invincible de vos raisons, et sur votre admirable sagesse, dont je vous loue, et que je tâcherai d'imiter.

Janet alla trouver M. de Pomponne à Port-Royal; qu'il vous dise un peu comme il y fut reçu, et la joie qu'eut ce ministre de savoir que M. de Buous était nommé. Je laisse à Janet le plaisir de vous apprendre tous ces détails par la lettre qu'il écrit à sa femme. Voilà un billet de madame d'Herbigny[1], qui entre plus que personne dans les affaires de Provence : elle est aimable et très-obligeante; elle a voulu savoir le syndicat et les gardes. Voilà sa réponse sur les gardes : elle croyait que j'avais autant plu à son frère qu'à elle. Quand je lui ai conté combien j'étais peu dans son goût, et avec quelle fermeté il m'avait refusée l'année passée pour une chose qu'il a faite cette année sans balancer, elle a fait des cris épouvantables; elle ne comprend pas que sa belle-sœur se déclare pour vos ennemis, après toutes vos civilités pour elle : elle retient comme un éloge admirable ce que vous dites de M. Rouillé, que *la justice est sa passion dominante* : en effet, on ne peut rien dire de si beau d'un homme de sa profession.

Il n'y a nulle sorte de finesse à la manière dont M. de La Rochefoucauld, son fils, *Quantova* (madame de Montespan), son amie (madame Scarron) et l'amie de l'amie

---

[1] Sœur de M. Rouillé de Mélai, alors intendant de Provence. (A. G.)

(*madame de Coulanges*), sont à la cour : il n'y a point de nœud qui les lie; le fils (*le prince de Marsillac*) est logé en perfection : ce fut le prétexte du souper¹. Il est très-bien, comme vous savez, avec *le Nord* (*Colbert*), mais rien de nouveau : son père ne va pas en un mois une fois en ce pays-là, non plus que madame de Coulanges; il n'y a ni vue ni dessein pour personne. Cela est ainsi. Je ne vois quasi pas Langlade, je ne sais ce qu'il fait; il n'a point vu Corbinelli : j'ignore si c'est par ses frayeurs politiques².

J'ai fait à mon ami (*Corbinelli*) toutes vos *animosités*; cela est plaisant, il les a très-bien reçues. Je crois qu'il est venu ici pour réveiller un peu la tendresse de ses vieux amis. Nous avons trouvé la pièce des cinq auteurs extrêmement jolie, et très-bien appliquée. Le chevalier de Buous l'a possédée deux jours. Vos deux vers sont très-bien corrigés. Voilà mon fils qui arrive. Je m'en vais fermer cette lettre, et je vous en écrirai une autre demain avec lui, toute pleine des nouvelles que j'aurai reçues de Saint-Germain. On dit que la maréchale de Gramont n'a voulu voir ni Louvigny ni sa femme : ils sont revenus de dix lieues d'ici. Nous ne songeons plus qu'il y ait eu un comte de Guiche au monde. Vous vous moquez avec vos longues douleurs : nous n'aurions jamais fait ici, si nous voulions appuyer autant sur chaque nouvelle : il faut expédier; expédiez à notre exemple.

332 — A LA MÊME.

A Paris, vendredi 29 décembre 1673.

Monsieur de Luxembourg est un peu oppressé près de Maëstricht par l'armée de M. de Monterei³ et du prince d'Orange : il ne peut hasarder de décamper; et il périrait là si on ne lui envoyait du secours. M. le Prince part dans

---

¹ Chez le prince de Marsillac. *Voyez* la lettre du 11 décembre précédent.
² Corbinelli était dans la disgrâce de Louvois.
³ Gouverneur des Pays-Bas espagnols. (P.)

quatre jours avec M. le Duc et M. de Turenne; ce dernier obéissant aux deux princes, et tous trois dans une parfaite intelligence. Ils ont vingt mille hommes de pied et dix mille chevaux. Les volontaires, et ceux dont les compagnies ne marchent point, n'y vont pas; mais tout le reste part. La Trousse et mon fils, qui arrivèrent hier, sont de ce nombre : ils ne sont pas encore débottés, et les revoilà dans la boue. Le rendez-vous est pour le seizième janvier à Charleroi. D'Hacqueville vous mande tout ceci; mais vous verrez plus clair dans ma lettre [1]. Cette nouvelle est grande, et fait un grand mouvement partout; on ne sait où donner de la tête pour de l'argent. Il est certain que M. de Turenne est mal avec M. de Louvois; mais cela n'éclate point; et tant qu'il sera bien avec M. de Colbert, ce sera une affaire sourde. J'ai vu après dîner des hommes du bel air, qui m'ont fort priée de faire leurs compliments à M. de Grignan et à *la femme à Grignan*. C'est le grand maître et *Charmant* [2] : il y avait encore Brancas, l'archevêque de Reims, Charost, La Trousse; tout cela vous envoie des millions de compliments. Ils n'ont parlé que de guerre. Le *Charmant* sait toutes nos *pétoffes*; il entre admirablement dans tous ces tracas : il est gouverneur de province [3]; c'est assez pour comprendre la manière dont on est piqué de ces sortes de choses. Adieu, ma très-aimable enfant; comptez sur moi comme sur la chose du monde qui vous est la plus sûrement acquise : je sens tous vos plaisirs et toutes vos victoires comme vous-même.

MONSIEUR DE SÉVIGNÉ.

J'arrivai hier à midi, et je trouvai en arrivant qu'il fallait partir incessamment pour aller à Charleroi. Que dites-

---

[1] L'écriture de M. d'Hacqueville était fort difficile à déchiffrer. (P.)
[2] Le comte du Lude et le marquis de Villeroi. (P.)
[3] Du Lyonnais, du Forez et du Beaujolais.

vous de cet agrément? On peste, on enrage, et cependant on part. Tous les courtisans du bel air sont au désespoir : ils avaient fait les plus beaux projets du monde pour passer agréablement leur hiver, après vingt mois d'absence; tout est renversé. J'aimerais bien mieux aller à Orange pour y assister M. de Grignan, que de tourner du côté du Nord : pourquoi a-t-il fini si tôt son duel? Je suis fâché d'une si prompte victoire. Je ne sais si vous vous plaignez encore de moi, mais vous avez tort; vous me devez des lettres : je vous pardonne de ne vous être pas encore acquittée, sachant toutes les affaires que vous avez eues; et c'est précisément en ces occasions que je vous permets d'oublier un guidon. Oh! le ridicule nom de charge, quand il y a cinq ans qu'on le porte! Adieu, ma belle petite sœur; vous croyez peut-être que je ne songe qu'à me reposer et à me divertir, pardonnez-moi : mes chevaux sont-ils ferrés, mes bottes sont-elles prêtes? Il me faut un bon chapeau, *piglia lo su signor monsu* : voilà tous mes discours depuis que je suis à Paris. Semble-t-il que l'on ait fait huit mois de campagne?

333. — A LA MÊME.

A Paris, lundi, premier jour de l'an 1674.

Je vous souhaite une heureuse année, ma chère fille, et dans ce souhait je comprends tant de choses que je n'aurais jamais fait si je voulais vous en faire le détail. Je n'ai point encore demandé votre congé, comme vous le craignez, mais je voudrais que vous eussiez entendu La Garde, après dîner, sur la nécessité de votre voyage ici, pour ne pas perdre vos cinq mille francs, et sur ce qu'il faut que M. de Grignan dise au roi. Si c'était un procès qu'il fallût solliciter contre quelqu'un qui voulût vous faire cette injustice, vous viendriez assurément le solliciter; mais comme c'est pour venir en un lieu où vous avez encore mille autres affaires, vous êtes paresseux tous deux. Ah! la belle chose que la paresse! En voilà trop ; lisez La Garde, *chapitre premier*. Cependant vous aurez du plaisir de voir et de recevoir l'approbation du roi. A propos, on a révoqué tous les édits qui nous étranglaient dans notre province : le jour que M. de Chaulnes l'annonça, ce fut un cri de *vive le roi* qui fit pleurer tous les états. Chacun s'embrassait ; on était hors de soi : on ordonna un *Te Deum*, des feux de joie et des remerciements publics à M. de Chaulnes. Mais savez-vous ce que nous donnons au roi pour témoigner notre reconnaissance? Deux millions six cent mille livres, et autant de don gratuit ; c'est justement cinq millions deux cent mille livres. Que dites-vous de cette petite somme? Vous pouvez juger par là de la grâce qu'on nous a faite de nous ôter les édits.

Mon pauvre fils est arrivé, comme vous savez, et s'en retourne jeudi avec plusieurs autres. M. de Monterei est habile homme : il fait enrager tout le monde. Il fatigue notre armée, et la met hors d'état de sortir et d'être en campagne avant la fin du printemps. Toutes les troupes étaient bien à leur aise pour leur hiver ; et quand tout sera bien crotté à Charleroi, il n'aura qu'un pas à faire pour se retirer : en attendant, M. de Luxembourg ne saurait se désopiler. Selon toutes les apparences, le roi ne partira pas si tôt que l'année passée. Si tandis que nous serons en train, nous faisions quelque insulte à quelques grandes villes, et qu'on voulût s'opposer aux deux héros[1], comme il est à présumer que les ennemis seraient battus, la paix serait quasi assurée : voilà ce qu'on entend dire aux gens du métier. Il est certain que M. de Turenne est mal avec M. de Louvois ; mais comme il est bien avec le roi et M. Colbert, cela ne fait aucun éclat.

On a fait cinq dames (*du palais*) : mesdames de Soubise,

---

[1] M. le Prince et M. de Turenne. (P.)

de Chevreuse, la princesse d'Harcourt, madame d'Albret et madame de Rochefort. Les filles ne servent plus ; et madame de Richelieu (*dame d'honneur*) ne servira plus aussi ; ce seront les gentils-hommes servants et les maîtres d'hôtel, comme on faisait autrefois. Il y aura toujours derrière la reine madame de Richelieu, et trois ou quatre dames, afin que la reine ne soit pas seule de femme. Brancas est ravi de sa fille (*la princesse d'Harcourt*), qu'on a si bien clouée.

Le grand maréchal de Pologne [1] a écrit au roi que si Sa Majesté voulait faire quelqu'un roi de Pologne, il le servirait de ses forces ; mais que si elle n'a personne en vue, il lui demande sa protection. Le roi la lui donne ; mais on ne croit pas qu'il soit élu, parce qu'il est d'une religion contraire au peuple.

La dévotion de la Marans est toute des meilleures que vous ayez jamais vues : elle est parfaite, elle est toute divine. Je ne l'ai point encore vue, je m'en hais. Il y a une femme qui a pris plaisir à lui dire que M. de Longueville avait une véritable tendresse pour elle, et surtout une estime singulière, et qu'il avait prédit que quelque jour elle serait une sainte. Ce discours dans le commencement lui a si bien frappé la tête, qu'elle n'a point eu de repos qu'elle n'ait accompli les prophéties. On ne voit point encore ces petits princes ; l'aîné a été trois jours avec père et mère. Il est joli ; mais personne ne l'a vu. Je vous embrasse, ma chère enfant. Je saurai ce qu'on peut faire pour votre ami qui a si généreusement assassiné un homme. Adieu, ma fille ; je vous embrasse avec une tendresse sans égale ; la vôtre me charme : j'ai le bonheur de croire que vous m'aimez.

---

[1] Jean Sobieski, élu roi de Pologne le 20 mai 1674. (P.)

334. — A LA MÊME.

A Paris, vendredi 5 janvier 1674.

Il y a aujourd'hui un an que nous soupâmes chez l'évêque [1] : vous soupez peut-être à l'heure qu'il est chez l'intendant [2] ; vous n'y ferez pas, à mon avis, débauche de sincérité. Tout ce que vous mandez sur cela à Corbinelli et à moi est admirable. Mon âme vous remercie de la bonne opinion que vous avez d'elle, de croire qu'elle ait horreur des vilains procédés; vous ne vous êtes point trompée. Ceux de l'évêque m'épouvantent.

M. de Grignan a raison de dire que madame de Thianges ne met plus de rouge et cache sa gorge. Vous avez peine à la reconnaître avec ce déguisement; mais rien n'est plus vrai. Elle est souvent avec madame de Longueville, et tout à fait dans le bel air de la dévotion. Elle est toujours de très-bonne compagnie, et n'est pas solitaire. J'étais l'autre jour auprès d'elle à dîner : un laquais lui présenta un grand verre de vin de liqueur ; elle me dit : Madame, ce garçon ne sait pas que je suis dévote. Cela nous fit rire. Elle parla fort naturellement de ses bonnes intentions et de son changement : elle prend garde à ce qu'elle dit du prochain, et quand il lui échappe quelque chose, elle s'arrête tout court, et fait un cri en détestant la mauvaise habitude. Pour moi, je la trouve plus aimable qu'elle n'était. On veut parier que la princesse d'Harcourt ne sera pas dévote dans un an, à cette heure qu'elle est dame du palais, et qu'elle remettra du rouge, car ce rouge, c'est la loi et les prophètes, c'est sur ce rouge que roule tout le christianisme. Pour la duchesse d'Aumont, son attrait la porte à ensevelir les morts. On dit que sur la frontière la duchesse de Charost lui tuait les gens avec des remèdes mal com-

---

[1] Toussaint de Forbin de Janson.
[2] M. Rouillé de Mélai, intendant de Provence.

posés ¹, et que l'autre les venait promptement ensevelir. La marquise d'Uxelles est très-bonne à entendre sur tout cela ; mais la Marans est plus que très-bonne. J'ai rencontré madame de Schomberg, qui m'a dit très-sérieusement qu'elle était du premier ordre, et pour la retraite et pour la pénitence, n'étant d'aucune sorte de société, et refusant même les amusements de la dévotion ; enfin c'est ce qui s'appelle adorer Dieu en esprit et en vérité, dans la simplicité de la première Église.

Les dames du palais sont dans une grande sujétion ; le roi s'en est expliqué, et veut que la reine en soit toujours entourée. Madame de Richelieu, quoiqu'elle ne serve plus à table, est toujours au dîner de la reine, avec quatre dames qui sont de garde tour à tour. La comtesse d'Ayen ² est la sixième ; elle a grand-peur de cet attachement, et d'aller tous les jours à vêpres, au sermon ou au salut : ainsi rien n'est pur en ce monde. Quant à la marquise de Castelnau, elle est blanche, fraîche et consolée. *L'Éclair* ³, à ce qu'on dit, n'a fait que changer d'appartement, dont le premier étage est fort mal content. Madame de Louvigny ne paraît pas assez aise de sa bonne fortune ; on ne saurait lui pardonner de ne pas adorer son mari comme au commencement : voilà la première fois que le public s'est scandalisé d'une pareille chose. Madame de Brissac est belle, et loge toujours avec l'ombre de la princesse de Conti ⁴ ; elle est en arbritage avec son père, et ravit le cœur de ce pauvre M. d'Ormesson, qui dit n'avoir jamais vu une femme si honnête ni si franche. Madame de Coëtquen est tout ainsi que vous l'avez vue ; elle a fait faire une jupe de velours

---

¹ Madame de Charost était fille du surintendant Fouquet ; elle tenait probablement ses recettes de sa grand'mère, dont nous avons un recueil imprimé en deux volumes, sous le titre de *Remèdes domestiques de madame Fouquet*.

² Marie-Françoise de Bournonville, depuis maréchale de Noailles. (P.)

³ Chiffre qui peut désigner le marquis de Termes. (G.)

⁴ *Voyez* la lettre du 5 février 1672.

noir avec de grosses broderies d'or et d'argent; et un manteau de tissu couleur de feu, or et argent. Cet habit coûte des sommes immenses; et quand elle a été bien resplendissante, on l'a trouvée mise comme une comédienne, et on s'est si bien moqué d'elle, qu'elle n'ose plus le remettre. La *Manierosa* est un peu fâchée de ne pas être dame du palais; madame de Duras, qui ne veut point de cet honneur, se moque d'elle. La Troche est telle que vous l'avez vue, très-passionnée pour tous vos intérêts; mais je ne puis assez vous dire de quelle manière madame de La Fayette et M. de La Rochefoucauld sont vifs pour tout ce qui vous touche. Nous fûmes voir hier M. de Turenne, qui nous reçut, madame de La Fayette et moi, avec un excès de civilité; il parla extrêmement de vous [1] et de vos victoires, que le chevalier de Grignan lui avait contées. Il vous aurait offert son épée, s'il en était encore besoin; il croit partir dans trois jours. Mon fils partit hier avec bien du chagrin; je n'en avais pas moins d'un voyage si mal placé et si désagréable pour toutes sortes de raisons. M. de La Trousse ne s'en ira que lundi. Corbinelli est très-souvent avec moi; il m'est bon partout.

M. le dauphin voyait l'autre jour madame de Schomberg; on lui contait comme son grand-père (*Louis XIII*) en avait été amoureux; il demanda tout bas : Combien en a-t-elle eu d'enfants? On l'instruisit des modes de ce temps-là [2]. On a vu sourdement M. le duc du Maine, mais non pas encore chez la reine; il était en carrosse, et il ne voit que père et mère seulement. Le chevalier de Châtillon n'est plus à mettre en concurrence, sa fortune est faite; Monsieur a mieux aimé lui donner la charge de capitaine

---

[1] *Voyez* la lettre de Bussy, 15 octobre 1671.
[2] On sait que la galanterie du roi était si respectueuse, que madame de Schomberg, alors mademoiselle d'Hautefort, en plaisantait elle-même. Elle disait qu'il ne lui parlait que de chiens, d'oiseaux et de chasse. Elle était belle et sage. Elle s'attacha à la reine Anne d'Autriche, partagea ses disgrâces du vivant de Louis XIII, puis se brouilla avec elle pendant la régence pour avoir parlé trop franchement contre le Mazarin.

de ses gardes, qu'à mademoiselle de Grancey celle de dame d'atour. Ce jeune homme a donc la charge de Vaillac, et serait un fort bon parti. On dit que Vaillac prend celle de d'Albon, et que d'Albon sort, mais rien n'est sûr que le premier article, sur lequel je ne veux pas dire un mot davantage.

Je fus voir l'autre jour la pauvre madame Matarel [1]; elle pensa fondre en larmes : *pietoso pianse al suo pianto.* Je vous ai mandé la fin de nos états, et comme ils ont racheté les édits de deux millions six cent mille livres, et autant pour le don gratuit; c'est cinq millions deux cent mille livres; et nous avons percé la nue du cri de *Vive le roi!* nous avons fait des feux de joie, et chanté le *Te Deum*, de ce que Sa Majesté a bien voulu prendre cette somme. La pauvre Sanzei a la rougeole bien fort; c'est un feu qui passe vite, mais qui fait peur, par la violence dont il est. Je ne vois pas bien par où l'on peut demander la grâce de cet honnête homme dont l'assassinat est si noir : les criminels qui sont délivrés à Rouen ne sont point de cette qualité; c'est le seul crime qui est réservé : Beuvron l'a dit à l'abbé de Grignan. On a tantôt dénigré les dames du palais d'une manière qui m'a fait rire; je disais, comme Montaigne : Vengeons-nous à en médire; il est pourtant vrai que leur sujétion est excessive. On dit toujours que M. le Prince part lundi. Ce même jour, M. de Saint-Luc épouse mademoiselle de Pompadour : voilà de quoi je ne me soucie point du tout. Adieu, ma très-aimable enfant; voici une lettre qui devient trop longue, je la finis par la raison qu'il faut que tout prenne fin. J'embrasse Grignan, et le supplie de m'excuser si j'ai ouvert la lettre de madame de Guise : j'ai voulu voir son style; m'en voilà contente pour jamais. Guilleragues disait hier que Pellisson abusait de la permission qu'ont les hommes d'être laids [2].

---

[1] Matarel était trésorier des états de Bourgogne; on soupçonna Penautier de l'avoir fait empoisonner.

[2] Pellisson avait été défiguré par la petite vérole.

335. — A LA MÊME.

A Paris, lundi 8 janvier 1674.

Je n'ai jamais vu de si aimables lettres que les vôtres, ma très-chère Comtesse ; je viens d'en lire une qui me charme. Je vous ai ouï dire que j'avais une manière de tourner les moindres choses ; vraiment, ma fille, c'est bien vous qui l'avez : il y a cinq ou six endroits dans votre dernière lettre qui sont d'un éclat et d'un agrément qui ouvrent le cœur. Je ne sais par où commencer à vous y répondre.

J'ai envie de vous parler de votre beau soleil et de vos jolies promenades ; vous avez raison de dire que je suis remariée en Provence : j'en ferai un de mes pays, pourvu que vous n'effaciez pas celui-ci du nombre des vôtres. Vous me dites mille douceurs sur le commencement de l'année ; rien ne peut me flatter davantage : vous m'êtes toutes choses, et je ne suis appliquée qu'à faire que tout le monde ne voie pas toujours à quel point cela est vrai. J'ai passé le commencement de cette année assez brutalement : je ne vous ai dit qu'un pauvre mot ; mais comptez, mon enfant, que cette année et toutes celles de ma vie sont à vous ; c'est un tissu, c'est une vie tout entière qui vous est dévouée jusqu'au dernier soupir. Vos moralités sont admirables : il est vrai que le temps passe partout, et passe vite : vous criez après lui, parce qu'il vous emporte toujours quelque chose de votre belle jeunesse ; mais il vous en reste beaucoup. Pour moi, je le vois courir avec horreur, et m'apporter en passant l'affreuse vieillesse, les incommodités, et enfin la mort[1]. Voilà de quelle couleur sont les réflexions d'une personne de mon âge : priez Dieu, ma fille, qu'il m'en fasse tirer la conclusion que le christianisme nous enseigne.

---

[1] Madame de Sévigné avait alors quarante-huit ans.

Ce grand voyage de M. le Prince et de M. de Turenne pour aller dégager M. de Luxembourg est devenu à rien : on dit qu'on ne part plus, et que l'armée de M. de Monterei a fait la *retirote* : voilà le même mot que dit avant-hier Sa Majesté ; c'est-à-dire que cette armée s'est trouvée incommodée, et que voilà celle de M. de Luxembourg dégagée. Il n'y a que mon fils de parti : je n'ai jamais vu une prudence, une prévoyance, une impatience comme la sienne : il prendra la peine de revenir ; cela n'est rien. Tous les autres guerriers sont ici. M. de Turenne en a beaucoup ramené ; M. de Luxembourg amènera le reste. Les dames du palais sont réglées à servir par semaine : cette sujétion d'être quatre pendant le dîner est une merveille pour les femmes grosses ; il y aura toujours des sages-femmes à tous les voyages. La maréchale d'Humières [1] est bien embarrassée d'être debout avec celles qui sont assises : si elle boude, elle fera mal sa cour, car le roi veut de la soumission. Je crois qu'on s'en fait un jeu chez *Quantova* (*madame de Montespan*) ; il est très-sûr qu'en certain lieu on ne veut séparer aucune femme de son mari ni de ses devoirs ; on n'aime pas le bruit, à moins qu'on ne le fasse [2]. On ne voit point encore les nouveaux princes ; il y en a eu à Saint-Germain, mais ils n'ont pas paru. Il y a des comédies à la cour, et un bal toutes les semaines. On manque de danseuses. Le roi dansera, et MONSIEUR mènera mademoiselle de Blois [3], pour ne pas mener MADEMOISELLE [4], qu'il laisse à M. le dauphin. On joue jeudi l'opéra [5], qui est un prodige de beauté : il y a des endroits de la musique qui m'ont déjà fait pleurer ; je ne suis pas seule à ne les

---

[1] Louise-Antoinette-Thérèse de La Châtre, maréchale d'Humières, ne fut duchesse qu'en 1690. (P.)

[2] Ceci doit s'entendre de madame de Montespan. (P.)

[3] Marie-Anne de Bourbon, mariée depuis, en 1680, à Louis-Armand de Bourbon, prince de Conti. (P.)

[4] Fille de MONSIEUR, depuis reine d'Espagne en 1679. (P.)

[5] *Cadmus*, opéra de Quinault et de Lully. (P.)

pouvoir soutenir; l'âme de madame de La Fayette en est tout alarmée.

Je vois souvent Corbinelli; il est votre adorateur, et comprend bien aisément les sentiments que j'ai pour vous : je l'en aime encore mieux. J'estime fort Barbantane[1]; c'est un des plus braves hommes du monde, d'une valeur romanesque, dont j'ai ouï parler mille fois à Bussy, qui était son ami; ils sont frères d'armes. Madame de Sanzei[2] a encore la rougeole, mais sur la fin. Coulanges (*son frère*) ne l'a point quittée. Madame de Coulanges est chez madame de Bagnols, qui est dans notre grande maison. J'ai le cœur serré à n'en pouvoir plus, quand je suis dans cette grande chambre où j'ai tant vu ma très-chère et très-aimable enfant; il ne me faut guère toucher sur ce sujet pour me toucher au vif. J'espère des nouvelles de votre paix. *Justitia et pax osculatæ sunt* : savez-vous le latin? Vous êtes trop plaisante. Adieu, ma fille, adieu, la chère tendresse de mon cœur, vous n'êtes oubliée en aucun lieu. Votre frère est très-persuadé de votre amitié; il vous aime de passion, à ce qu'il dit, et je le crois.

Lundi, après avoir envoyé mon paquet à la poste.

Voilà M. d'Hacqueville qui entre, et qui m'apprend une nouvelle que nous voulons que vous sachiez cet ordinaire : c'est que M. le garde des sceaux[3] est chancelier; personne ne doute que ce ne soit pour donner les sceaux à quelque autre; c'est une nouvelle que l'on saura dans quatre jours; elle est d'importance, et sera d'un grand poids pour le côté qu'elle sera.

M. le Prince part dans deux jours, et M. de Turenne,

---

[1] Homme de qualité de Provence, attaché à M. le prince. (P.)
[2] Anne-Marie de Coulanges, femme de Louis Turpin de Crissé, comte de Sanzei. (M.)
[3] Étienne d'Aligre, fils d'Étienne d'Aligre, aussi chancelier de France. (P.)

même avec la goutte, pour s'avancer à leur rendez-vous de Charleroi. Il n'est point vrai que M. de Monterei se soit retiré, ni que M. de Luxembourg soit dégagé : ainsi nous vous ôtons cette fausse nouvelle pour vous remettre dans la vraie.

336. — A LA MÊME.

A Paris, vendredi 12 janvier 1674.

Voilà donc votre paix toute faite. L'archevêque de Reims et Brancas avaient reçu leurs lettres plus tôt que moi, et M. de Pomponne me mandait encore cette grande nouvelle de Saint-Germain : de sorte que j'étais comme une ignorante; mais enfin me voilà instruite. Je vous conseille, ma fille, de vous comporter selon le temps; et puisque le roi veut que vous soyez bien avec l'évêque, il faut lui obéir. Mais parlons de Saint-Germain : j'y fus il y a trois jours. J'allai d'abord chez M. de Pomponne, qui n'avait pu encore demander votre congé; c'est aujourd'hui qu'il le doit envoyer. Je lui fis part de quelques endroits de votre lettre, dont le goût ne se passe point. Vraiment il est resté à M. de Pomponne une idée si parfaite et si avantageuse de mademoiselle de Sévigné, qu'il ne peut s'empêcher d'en reparler quasi toutes les fois qu'il me voit : ce discours nous amuse, il m'attendrit, et son imagination est réjouie. Nous allâmes chez la reine; j'étais avec madame de Chaulnes : il n'y eut que pour moi à parler; et quels discours! La reine dit, sans hésiter, qu'il y avait trois ans que vous étiez partie, et qu'il fallait revenir. Nous fûmes ensuite chez madame Colbert, qui est extrêmement civile, et sait très-bien vivre. Mademoiselle de Blois[1] dansait; c'est un prodige d'agrément et de bonne grâce; *Désairs* dit qu'il n'y a qu'elle qui le fasse souvenir de vous. Il me prenait pour juge de sa

---

[1] Marie-Anne de Bourbon, fille de madame de La Vallière, qui devint princesse de Conti. (M.)

danse, et c'était proprement mon admiration que l'on voulait ; elle l'eut en vérité tout entière. La duchesse de La Vallière y était ; elle appelle sa fille *mademoiselle*, et la princesse l'appelle *belle maman*. M. de Vermandois y était aussi. On ne voit point encore d'autres enfants. Nous allâmes voir Monsieur et Madame ; vous n'êtes point oubliée de Monsieur, et je lui fais toujours vos très-humbles remerciements. Je trouvai Vivonne, qui me dit : *Maman mignonne*, embrassez, je vous prie, le gouverneur de Champagne. Et qui est-il ? lui dis-je. C'est moi, reprit-il. Et qui vous l'a dit? C'est le roi qui vient de me l'apprendre tout à l'heure. Je lui en fis mes compliments tout chauds. Madame la comtesse (*de Soissons*) l'espérait pour son fils. On ne parle point d'ôter les sceaux à M. le chancelier [1] : le bon homme fut si surpris de se voir chancelier encore par-dessus, qu'il crut qu'il y avait quelque anguille sous roche ; et, ne pouvant pas comprendre ce surcroît de dignité, il dit au roi : Sire, est-ce que Votre Majesté m'ôte les sceaux ? Non, lui dit le roi : dormez en repos, monsieur le chancelier. Et en effet, on dit qu'il dort quasi toujours. On philosophe, et on demande pourquoi cette augmentation.

M. le Prince partit il y a deux jours, et M. de Turenne part aujourd'hui. Écrivez un petit mot à Brancas, pour vous réjouir que sa fille soit chez la reine : il en a été fort aise. La Troche vous rend mille grâces de votre souvenir ; son fils a encore assez de nez pour en perdre la moitié au premier siége, sans qu'il y paraisse. On dit que *la Rosée* [2] a commencé à se détraquer avec *le Torrent*; et qu'après le siége de Maëstricht elles se lièrent d'une confidence récipro-

---

[1] Étienne d'Aligre fut garde des sceaux en 1672, après la mort du chancelier Seguier, et chancelier de France en janvier 1674. (P.)

[2] *La Rosée, le Torrent, le Feu, la Neige*, etc., sont des chiffres entre la mère et la fille. Ces chiffres avaient une autre signification que dans la lettre du 18 décembre précédent, et ici l'on doit entendre par *la Rosée* et *le Torrent* mesdames de La Vallière et de Montespan, et par *le Feu* et *la Neige* le roi et la reine. (A. G.)

que, et voyaient tous les jours de leur vie *le Feu* et *la Neige* : vous savez que tout cela ne peut pas être longtemps ensemble, sans faire de grands désordres, ni sans qu'on s'en aperçoive. *La Grêle* [1] me paraît, dans votre réconciliation, comme un homme qui se confesse, et qui garde un gros péché sur sa conscience : peut-on appeler autrement le tour qu'il vous a fait? Cependant les bonnes têtes disent : Il faut parler, il faut demander, on a du temps, c'est assez. Mais n'admirez-vous point le fagotage de mes lettres? Je quitte un discours, on croit en être dehors, et tout d'un coup je le reprends, *versi sciolti*. Savez-vous bien que le marquis de Cessac [2] est ici, qu'il aura de l'emploi à la guerre, et qu'il verra peut-être bientôt le roi? C'est la prédestination toute visible.

Nous parlons tous les jours, Corbinelli et moi, de la Providence; et nous disons qu'il y a ce que vous savez, jour pour jour, heure pour heure, que votre voyage est résolu. Vous êtes bien aise que ce ne soit pas votre affaire de résoudre; car une résolution est quelque chose d'étrange pour vous, c'est votre bête : je vous ai vue longtemps à décider d'une couleur. C'est la marque d'une âme trop éclairée, et qui, voyant d'un coup d'œil toutes les difficultés, demeure en quelque sorte suspendue comme le tombeau de Mahomet. Tel était M. Bignon, le plus bel esprit de son siècle; pour moi, qui suis le plus petit du mien, je hais l'incertitude, et j'aime qu'on me décide. M. de Pomponne me marque que vous avez aujourd'hui votre congé : vous voilà par conséquent en état de faire tout ce que vous voudrez, et de suivre ou de ne pas suivre le conseil de vos amis.

On assure que M. de Turenne n'est pas parti, et qu'il ne partira pas, parce que M. de Monterei s'est enfin retiré, et

---

[1] L'évêque de Marseille. Il a déjà été désigné sous ce chiffre.
[2] Louis-Guilhem de Castelnau, comte de Clermont-Lodéve, marquis de Cessac.

que M. de Luxembourg s'est dégagé, à la faveur de cinq ou six mille hommes que M. de Schomberg a rassemblés, et avec lesquels il harcelait si fort M. de Monterei, qu'il l'a obligé de retirer ses troupes. On doit envoyer à M. le Prince, pour le faire revenir, et tous nos pauvres amis : voilà les nouvelles d'aujourd'hui. Le bal fut fort triste, et finit à onze heures et demie. Le roi menait la reine ; M. le dauphin, Madame ; Monsieur, Mademoiselle ; M. le prince de Conti, la grande Mademoiselle ; M. le comte de La Roche-sur-Yon, mademoiselle de Blois, belle comme un ange, habillée de velours noir avec des diamants, et un tablier et une bavette de point de France. La princesse d'Harcourt était pâle[1] comme le commandeur de la comédie (*du Festin de Pierre*). M. de Pomponne m'a priée de dîner demain avec lui et Despréaux, qui doit lire sa *Poétique*.

337. — A LA MÊME.

A Paris, lundi 15 janvier 1674.

J'allai donc dîner samedi chez M. de Pomponne, comme je vous avais dit ; et puis, jusqu'à cinq heures, il fut enchanté, enlevé, transporté de la perfection des vers de la *Poétique* de Despréaux. D'Hacqueville y était ; nous parlâmes deux ou trois fois du plaisir que j'aurais de vous la voir entendre. M. de Pomponne se souvient d'un jour que vous étiez petite fille chez mon oncle de Sévigné ; vous étiez derrière une vitre avec votre frère, plus belle, dit-il, qu'un ange ; vous disiez que vous étiez prisonnière, que vous étiez une princesse chassée de chez son père ; votre frère était beau comme vous : vous aviez neuf ans. Il me fit souvenir de cette journée ; il n'a jamais oublié aucun moment où il vous ait vue. Il se fait un plaisir de vous

---

[1] Elle ne mettait point de rouge. (P.)

revoir, qui me paraît le plus obligeant du monde. Je vous avoue, ma très-aimable chère [1], que je couve une grande joie; mais elle n'éclatera pas que je ne sache votre résolution.

M. de Villars est arrivé d'Espagne : il nous a conté mille choses fort amusantes des Espagnoles. J'ai vu enfin la Marans dans sa cellule; je disais autrefois dans sa loge. Je la trouvai fort négligée; pas un cheveu, une cornette de vieux point de Venise, un mouchoir noir, un manteau gris effacé, une vieille jupe. Elle fut aise de me voir : nous nous embrassâmes tendrement; elle n'est pas fort changée. Nous parlâmes de vous d'abord; elle vous aime autant que jamais, et me paraît si humiliée, qu'il n'y a pas moyen de ne pas l'aimer. Il fut question ensuite de sa dévotion; elle me dit qu'il était vrai que Dieu lui avait fait des grâces, dont elle a une sensible reconnaissance : ces grâces ne sont rien du tout qu'une grande foi, un tendre amour de Dieu, et une horreur pour le monde; tout cela joint à une si grande défiance d'elle-même et de ses faiblesses, qu'elle est persuadée que si elle prenait l'air un moment, cette grâce si divine s'évaporerait. Je trouvai que c'était une fiole d'essence qu'elle conservait chèrement dans la solitude : elle croit que le monde lui ferait perdre cette liqueur précieuse, et même elle craint le tracas de la dévotion. Madame de Schomberg dit qu'elle est une vagabonde au prix de madame de Marans : cette humeur sauvage que vous connaissiez s'est tournée en passion pour la retraite : le tempérament ne se change pas. Elle n'a pas même la folie, si commune à toutes les femmes, d'aimer leur confesseur : elle n'aime point cette liaison; elle ne lui parle qu'à confesse. Elle va à pied à sa paroisse, et lit tous nos bons li-

---

[1] Expression qui date du temps des *Précieuses*. On disait alors une *chère* comme on aurait dit une *précieuse*. Ces deux mots avaient le même sens, et étaient également à la mode, mais *chère* exprimait surtout l'intimité. Ce mot est resté.

vres ; elle travaille, elle prie Dieu ; ses heures sont réglées ;
elle mange quasi toujours dans sa chambre : elle voit madame de Schomberg à de certaines heures : elle hait autant
les nouvelles du monde qu'elle les aimait ; elle excuse autant le prochain qu'elle l'accusait ; elle aime autant le
Créateur qu'elle aimait la créature. Nous rîmes fort de ses
manières passées ; nous les tournâmes en ridicule. Elle n'a
point le style des sœurs Colettes : elle parle fort sincèrement et fort agréablement de son état. J'y fus deux heures ;
on ne s'ennuie point avec elle : elle se mortifie de ce plaisir, mais c'est sans affectation. Enfin, elle est bien plus
aimable qu'elle n'était. Je ne pense pas, mon enfant, que
vous vous plaigniez que je ne vous mande point de détails.

Je reçois tout présentement votre lettre du 7. Je vous
avoue, ma très-chère, qu'elle me comble d'une joie si vive,
qu'à peine mon cœur, que vous connaissez, la peut contenir : il est sensible à tout, et je le haïrais s'il était pour
mes intérêts comme il est pour les vôtres. Enfin, ma fille,
vous venez : c'est tout ce qui peut m'être le plus agréable ;
mais je m'en vais vous dire à mon tour une chose à quoi
vous ne vous attendez point ; c'est que je vous jure et vous
proteste devant Dieu que si M. de La Garde n'avait trouvé
votre voyage nécessaire, et qu'en effet il ne le fût pas pour
vos affaires, jamais je n'aurais mis en compte, au moins
pour cette année, le désir de vous voir, ni ce que vous devez à la tendresse infinie que j'ai pour vous : je sais la
réduire à la droite raison, quoi qu'il m'en coûte ; et j'ai
quelquefois de la force dans ma faiblesse, comme ceux qui
sont les plus philosophes. Après cette déclaration sincère,
je ne vous cache point que je suis pénétrée de joie, et que
la raison se rencontrant avec mes désirs, je suis, à l'heure
que je vous écris, parfaitement contente, et je ne vais être
occupée qu'à vous bien recevoir. Savez-vous bien que la
chose la plus nécessaire, après vous et M. de Grignan, ce
serait d'amener M. le coadjuteur ? Peut-être n'aurez-vous

pas toujours La Garde; et s'il vous manque, vous savez que M. de Grignan n'est pas sur ses intérêts comme sur ceux du roi son maître : il a une religion et un zèle pour ceux-ci, qui ne se peuvent comparer qu'à la négligence qu'il a pour les siens. Quand il veut prendre la peine de parler, il fait très-bien : personne ne peut tenir sa place ; c'est ce qui fait que nous le souhaitons. Vous n'êtes point sur le pied de madame de Calvisson [1], pour agir toute seule : il vous faut encore huit ou dix années ; mais M. de Grignan, vous et M. le coadjuteur, voilà ce qui serait d'une utilité admirable. Le cardinal de Retz arrive : il sera ravi de vous voir. Ma fille, quelle joie! Mais, sur toutes choses, ne vous faites point de bravoure ridicule; ne nous donnez point d'un pont d'Avignon ni d'une montagne de Tarare. Venez sagement : c'est à M. de Grignan que je recommande cette barque; c'est lui qui m'en répondra. J'écris à M. le coadjuteur, pour le conjurer de venir : il nous facilitera l'audience de deux ministres, il soutiendra l'intérêt de son frère. M. le coadjuteur est hardi, il est heureux; vous vous donnez de la considération les uns aux autres. Je parlerais d'ici à demain là-dessus. J'en écris à M. l'archevêque : gagnez cela sur le coadjuteur, et faites-lui tenir ma lettre.

M. le Prince revient de trente lieues. M. de Turenne n'est point parti. M. de Monterei s'est retiré. M. de Luxembourg est dégagé. Mon fils sera ici dans deux jours. Depuis vingt-quatre heures, on a volé dans la chapelle de Saint-Germain la lampe d'argent de sept mille francs, et six chandeliers plus hauts que moi. Voilà une extrême insolence. On a trouvé des cordes du côté de la tribune de madame de Richelieu. On ne comprend pas comment cela s'est pu faire; il y a des gardes qui vont et viennent, et tournent toute la nuit.

[1] Anne-Madeleine de l'Isle, fille du marquis de Marivaux, mariée en 1661 à Jean-Louis de Louet, marquis de Calvisson. (M.)

Savez-vous que l'on parle de la paix? M. de Chaulnes arrive de Bretagne, et repart pour Cologne.

DE MONSIEUR DE CORBINELLI.

Mademoiselle de Méry ne peut pas encore vous écrire : le rhume l'accable, et je lui ai promis de vous le mander. Venez, Madame, tous vos amis font des cris de joie, et vous préparent un triomphe. M. de Coulanges et moi nous songeons aux couplets qui l'accompagneront.

338. — A MONSIEUR DE GRIGNAN.

A Paris, ce 15 janvier 1674.

Je reconnais bien, mon cher Comte, votre politesse ordinaire, et la bonté de votre cœur, qui vous rend sensible à toute la tendresse du mien. Je sens avec plaisir toutes les douceurs de votre aimable lettre, et ce n'est point pour les payer que je vous jure que, pour ma seule considération, j'aurais cédé cette année aux raisons de ma fille, si l'intérêt de vos affaires n'avait décidé. Vous connaissez M. de La Garde, et comme il serait d'humeur à vous déranger tous deux, s'il n'était question que du plaisir de venir me voir. Il a été persuadé, et l'est plus que jamais, de la nécessité de votre voyage : vous seul avez bonne grâce à parler au roi de vos affaires; madame de Grignan tiendra sa place d'une autre manière, et si vous pouviez amener M. le coadjuteur, votre troupe serait complète. Voilà mon sentiment et celui de tous vos amis. M. de Pomponne est du nombre, et sera très-aise de vous voir tous. Au reste, c'est à vous que je confie la conduite du chemin. N'allez point en carrosse sur le bord du Rhône; évitez une eau qui est à une lieue de Montélimar : cette eau, ce n'est que le Rhône, où ils firent entrer mon carrosse l'année dernière : mes chevaux nageaient agréablement. Au nom de Dieu, ne vous moquez pas de mes précautions : ce n'est qu'avec de la sagesse et de la prévoyance qu'on voyage bien. Adieu, mon cher Comte ; je puis donc espérer de vous embrasser bientôt. Quelle obligation ne vous ai-je point ! Si j'ai pour vous une véritable amitié et une inclination naturelle, vous savez bien au moins que ce n'est pas d'aujourd'hui.

339. — A MADAME DE GRIGNAN.

A Paris, vendredi 19 janvier 1674.

Je serais bien fâchée, ma fille, qu'aucun courrier fût noyé ; ils vous portent tous des lettres et des congés qu'il faut que vous receviez. Vous êtes admirable de vous souvenir de ce que j'ai dit de cette Durance. Pour moi, je n'oublie rien de tout ce qui a seulement rapport à vous ; jugez donc si je me souviens de Nové et de notre Espagnol, et de nos chartreux, et de nos chansons de Grignan, et de mille et mille autres choses ! Vous voudriez donc que je visse votre cœur sur mon sujet ; je suis persuadée que j'en serais contente. Vous n'êtes point une *diseuse*, vous êtes assez sincère ; et, en un mot, sans étendre ce discours, que je rendrais *asiatique* si je voulais, je suis assurée que vous m'aimez tendrement ; mais vous êtes cruelle de recevoir avec tant de chagrin des riens que je donne à mes *pichons*. Je vous prie de n'en plus parler, et de songer que toute ma cassette ne valait pas un des petits chariots que le coadjuteur leur a donnés. Voilà qui est donc fini, et qu'il n'en soit plus question, s'il vous plaît, dans ma tutelle : c'est tout de bon que je m'en vais la rendre ; mais je crains vos chicanes : vous trouverez à redire à tout, et M. de Grignan ne songe à l'heure qu'il est qu'à me plaider. Je vous connais tous deux ; le *bien bon* en tremble, et se prépare à recevoir un affront : il meurt d'envie que vous soyez ici. Je l'aime de tout mon cœur, car tout roule là-dessus. M. de La Garde est plus que jamais persuadé que vous ferez tous deux des merveilles ici. Il voudrait, aussi bien que moi, que le coadjuteur fût du voyage; cela serait digne de son amitié, et achèverait tout ce qu'il a si bien fait à Lambesc : il a des amis et de la considération; il parle aux ministres; il est hardi, il est heureux; enfin je vous en écrivis l'autre jour amplement. Nous fîmes le discours que M. de Grignan doit faire au roi : il a un style propre pour plaire à Sa Majesté, c'est-à-dire doux et respectueux. Le vôtre sera un peu plus animé : enfin nous prîmes tous vos tons, et nous trouvâmes que cela composait ce qui est nécessaire et ce qu'on peut souhaiter.

Vous savez bien que M. le Prince est revenu, et que voilà qui est fait. J'attends mon fils à tout moment. Je vous ai mandé ce vol qu'on a fait dans la chapelle de Saint-Germain. On m'a assuré que le roi savait qui était le voleur; qu'il avait fait cesser les poursuites : que c'était un homme de qualité, mais qui n'était pas de sa maison. La princesse d'Harcourt danse au bal, et même toutes les petites danses : vous pouvez penser combien on trouve qu'elle a jeté le froc aux orties, et qu'elle a fait la dévote pour être dame du palais. Elle disait, il y a deux jours : Je suis une païenne auprès de *ma sœur* d'Aumont. On trouve qu'elle dit bien présentement; *la sœur* d'Aumont n'a pris goût à rien; elle est toujours de méchante humeur, et ne cherche qu'à ensevelir des morts. La princesse d'Harcourt n'a point encore mis de rouge; elle dit à tout moment : J'en mettrai si la reine ou M. le prince d'Harcourt me le commandent. La reine ne lui commande point, ni le prince d'Harcourt; de sorte qu'elle se pince les joues, et l'on croit que M. de Sainte-Beuve[1] entrera dans ce tempérament. Voilà bien des folies que je ne vou-

---

[1] Célèbre directeur de ce temps-là.

drais dire qu'à vous, car la fille de Brancas est sacrée pour moi; je vous prie que cela ne retourne jamais. Ces bals sont pleins de petits enfants; madame de Montespan y est négligée, mais placée en perfection; elle dit que mademoiselle de Rouvroi est déjà trop vieille pour danser au bal. MADEMOISELLE, mademoiselle de Blois, les petites de Piennes, mademoiselle de Roquelaure (un peu trop vieille, elle a quinze ans). Mademoiselle de Blois est un chef-d'œuvre : le roi et tout le monde en est ravi; elle vint dire au milieu du bal, à madame de Richelieu : Madame, ne sauriez-vous me dire si le roi est content de moi? Elle passe près de madame de Montespan, et lui dit : Madame, vous ne regardez pas aujourd'hui vos amies. Enfin, avec de certaines *chosettes* sorties de sa belle bouche, elle en chante par son esprit, sans qu'on croie qu'on puisse en avoir davantage. Je fais réparation à ma grande MADEMOISELLE : elle ne danse plus, Dieu merci ¹. On ne voit point encore les autres enfants; on voit un peu madame Scarron. J'ai eu une très-bonne conversation avec *le Brouillard* ²; elle a remonté au *Dégel* (*madame Scarron*), et peut-être plus haut. Rien n'est plus important que le chemin qui vous est sûr par *le Brouillard*, qui est en vérité tout plein de zèle et d'affection pour vous : ce sera là une de vos affaires. *La Feuille* est la plus frivole et la plus légère marchandise que vous ayez jamais vue; celui qui gouverne le tronc de son arbre s'en va le planter pour reverdir, et veut se dépêtrer de ce soin, qu'il croit au-dessous de lui, et ne veut point semer en terre ingrate; cet *Orage*, je pense que c'est son nom, est de vos intérêts plus que vous ne sauriez croire.

---

¹ Mademoiselle de Montpensier avait quarante-sept ans.
² *Le Brouillard*, *le Dégel*, *la Feuille*, *l'Orage*, chiffres. *Le Dégel* était madame Scarron, *le Brouillard* madame de La Fayette, et *la Feuille* madame de Coulanges. Quant à *l'Orage*, c'était ou l'abbé Têtu, ou Le Tellier, archevêque de Reims, frère de Louvois, dont le caractère était très-violent.

L'abbé de Valbelle [1] sort d'ici; il m'a conté qu'hier à la messe Sa Majesté, d'un air riant, donna à ses aumôniers un imprimé qu'un inconnu a répandu à Saint-Germain, et où la noblesse supplie le roi de réformer l'immodestie de son clergé, qui cause et parle haut, et tourne le dos à l'autel avant que Sa Majesté arrive à la chapelle; et de leur ordonner d'être au moins, quand il n'y a que Dieu dans la chapelle, comme quand le roi y est entré : cette requête est extrêmement bien faite; les prélats en sont en furie, surtout quelques-uns, qui prenaient ce temps pour parler de bas en haut aux musiciens, au grand scandale de l'Église gallicane. Il m'a dit encore que l'archevêque de Reims rompait à feu et à sang avec le coadjuteur, s'il ne venait avec vous; ce que l'on a jugé en Languedoc vous doit être bon, selon toutes les règles. Voilà un temps favorable, et M. de Pomponne sera toujours pour la justice : c'est tout ce que vous demandez pour votre hôtel de ville. L'histoire de R..... est plaisante : l'évêque pesta, jura, tempêta, furibonda, et fut contraint de venir à vous; et vous fîtes bien de donner grâce.

R...... de tes conseils voilà le juste fruit.

N'est-ce pas cet honnête homme-là [2] ?

Voilà Corbinelli qui vous écrit le triomphe des lieutenants de roi; cette décision règle toutes vos affaires, et jamais rien n'a été si favorable que cette conjoncture; mais apportez bien des paperasses de ce que vous trouverez sur vos registres qui vous sera avantageux : les paroles servent de peu quand il s'agit de prouver. On a admiré ici votre honnêteté, en avouant qu'avec de méchants cœurs comme ceux de ces gens-là, on perd tout par être généreux. Je suis bien tendrement à vous, ma très-aimable, et j'em-

---

[1] Louis-Alphonse de Valbelle, aumônier ordinaire du roi, depuis évêque d'Alet, et transféré dans la suite à Saint-Omer. (P.)
[2] C'était un greffier des états de Provence. (P.)

brasse tout autant de Grignans qu'il y en a autour de vous.

MONSIEUR DE CORBINELLI.

La décision contre les évêques de Languedoc, en faveur du commissaire du roi, est un bon titre pour celui de Provence. Autre victoire, autre triomphe, autre gloire pour nous, et nouveau chagrin pour nos ennemis : tout va s'aplanir insensiblement; et si par hasard il faut que nous perdions quelque chose en Provence, nous le recouvrerons ici. Venez seulement, et nous politiquerons d'un air à faire trembler tout ce qui nous hait. Je ne sais si madame votre mère vous a fait une belle peinture du bal de Saint-Germain ; mais je sais bien que vous ranimerez tout par votre présence. J'ai admiré ce qui s'est passé dans l'affaire de R.....: Si vous aviez retenu mes leçons touchant les générosités de province, vous auriez promis votre protection, et vous auriez magnifiquement manqué à votre parole, sous quelque beau prétexte. Vous oubliez les belles maximes et les plus sûres, le roi vous reprochera un jour cette conduite; vous immolez toute la province à un faux éclat d'honnêteté. Il fallait dire que vous ne pouviez accorder cette grâce en conscience; mais l'ayant accordée, que ne la révoquez-vous sous main ; que ne cherchez-vous dans les mystères de la politique une trahison honnête pour faire déposséder le greffier ! O belles âmes, indignes de régner en Provence !

340. — A LA MÊME.

A Paris, lundi 22 janvier 1674.

Je ne sais si l'espérance de vous embrasser, qui me dilate le cœur, me donne une disposition tout extraordinaire à la joie; mais il est vrai, ma fille, que j'ai extrémement ri de ce que vous me dites de Pellisson et de M. de Grignan ¹ : Corbinelli en est ravi, et ceux qui verront cet endroit seront heureux. On ne peut pas se mieux jouer que vous faites là-dessus, ni le reprendre plus plaisamment en deux ou trois endroits de votre lettre ; fiez-vous à nous, il est impossible d'écrire plus délicieusement. C'est une grande consolation pour moi que la vivacité de notre commerce, dont je ne crois pas qu'il y ait d'exemple. Vous dites trop de bien de mes lettres : je ne trouve à dire que cela dans les vôtres ; cependant je vous avoue, voyez quelle bizarrerie, que je meurs d'envie de n'en plus recevoir ; et en disant cela je prétends élever bien haut les charmes de votre présence.

Ce que vous dites au sujet de *la Grêle* (*l'évêque de Marseille*), qui parle selon ses désirs et selon ses vues, sans faire aucune attention ni sur la vérité, ni sur la vraisemblance, est très-bien observé. Je pense, pour moi, qu'il n'y a rien tel que d'être insolent : ne serait-ce point là comme il faut être ? J'ai toujours haï ce style ; mais s'il réussit, il faut changer d'avis. Je prends l'affaire de votre ami l'*assassinateur* pour la mettre dans mon livre de l'*ingratitude :* je la trouve belle ; mais ce qui me flatte, c'est la délicatesse de cet homme, qui ne veut pas qu'on soit amoureux de sa mère, et qui poignarde son ami et son bienfaiteur : les consciences de Provence sont admirables. Celle de *la Grêle* est en miniature sur le moule de celle-ci. Ses scrupules, ses relâchements, ses propositions, ses oppositions, en augmentant et noircissant les doses, on en ferait fort bien votre ami *le scélérat*.

Ma fille, laissons ce discours : vous venez donc, et j'aurai le plaisir de vous recevoir, de vous embrasser et de vous donner mille petites marques de mon amitié et de mes soins. Cette espérance répand une douce joie dans mon cœur ; je suis assurée que vous le croyez, et que vous ne

---

¹ Il s'agit de la laideur aimable de Pellisson, qui en cela ressemblait à M. de Grignan. (A. G.)

craignez point que je vous chasse. J'ai été aujourd'hui à
Saint-Germain; toutes les dames m'ont parlé de votre retour. La comtesse de Guiche m'a priée de vous dire qu'elle
ne vous écrira point, puisque vous venez chercher sa réponse : elle est au dîner, quoique *Andromaque* [1]; la reine
l'a voulu. J'ai donc vu cette scène. Le roi et la reine mangent tristement. Madame de Richelieu [2] est assise, et puis
les dames, selon leurs dignités, les unes assises, et les autres debout; celles qui n'ont point dîné sont prêtes à s'élancer sur les plats; celles qui ont dîné ont mal au cœur,
et sont suffoquées de la vapeur des viandes : ainsi cette
troupe est souffrante. Madame de Crussol était coiffée dans
l'excès de la belle coiffure; elle sera parée mercredi toute
de rubis; elle a pris tous ceux de M. le duc et de madame
de Meckelbourg. Je soupai hier chez Gourville avec cette
princesse; madame de La Fayette et M. de La Rochefoucauld y étaient : nous épuisâmes le chapitre de l'Allemagne, sans en excepter une seule principauté. Adieu, ma
chère enfant; je vous quitte pour causer avec d'Hacqueville
et Corbinelli : ils ne font point de façon de m'interrompre,
puisque vous allez arriver.

Le roi a donné à M. le comte du Vexin [3] la charge de
colonel général des Suisses, qu'avait M. le comte de Soissons [4]. C'est M. de Louvois qui l'exercera.

341. — A LA MÊME.

A Paris, vendredi 26 janvier 1674.

D'Hacqueville et La Garde sont toujours persuadés que
vous ne sauriez mieux faire que de venir : venez donc, ma
chère enfant, et vous ferez changer toutes choses : *se me*

---

[1] C'est-à-dire quoique en habit de veuve. (P.)
[2] Dame d'honneur de la reine. (P.)
[3] Louis-César de Bourbon, fils de madame de Montespan, né en 1672. (P.)
[4] Eugène-Maurice de Savoie, comte de Soissons, mort le 7 juin 1675. (P.)

miras, me miran; cela est divinement bien appliqué : il faut mettre votre cadran au soleil, afin qu'on le regarde. Votre intendant ne quittera pas si tôt la Provence : il a mandé à M^e d'Herbigny que vous lui faisiez tort de croire que la justice seule le mit dans vos intérêts, puisque votre beauté et votre mérite y avaient part.

Il n'y eut personne au bal de mercredi dernier; le roi et la reine avaient toutes les pierreries de la couronne. Le malheur voulut que ni MONSIEUR, ni MADAME, ni MADEMOISELLE, ni mesdames de Soubise, Sully, d'Harcourt, Ventadour, Coëtquen, Grancey, ne purent s'y trouver par diverses raisons; ce fut une pitié; Sa Majesté en était chagrine.

Je revins hier du Mêni, où j'étais allée pour voir le lendemain M. d'Andilly; je fus six heures avec lui : j'eus toute la joie que peut donner la conversation d'un homme admirable. Je vis aussi mon oncle de Sévigné[1], mais un moment. Ce Port-Royal est une Thébaïde, c'est un paradis; c'est un désert où toute la dévotion du christianisme s'est rangée; c'est une sainteté répandue dans tout le pays, à une lieue à la ronde. Il y a cinq ou six solitaires qu'on ne connaît point, qui vivent comme les pénitents de Saint-Jean-Climaque; les religieuses sont des anges sur terre. Mademoiselle de Vertus[2] y achève sa vie avec des douleurs inconcevables et une résignation extrême. Tout ce qui les sert, jusqu'aux charretiers, aux bergers, aux ouvriers, tout est modeste. Je vous avoue que j'ai été ravie de voir cette divine solitude, dont j'avais tant ouï parler; c'est un vallon affreux, tout propre à inspirer le goût de faire son salut. Je revins coucher au Mêni, et hier ici, après avoir encore embrassé M. d'Andilly en passant. Je crois que je dînerai demain chez M. de Pomponne; ce ne sera pas sans parler

---

[1] M. d'Andilly et M. de Sévigné s'étaient retirés depuis plusieurs années à Port-Royal-des-Champs. (P.)

[2] Sœur de madame de Montbazon.

de son père et de ma fille : voilà deux chapitres qui nous tiennent au cœur. J'attends tous les jours mon fils; il m'écrit des tendresses infinies. Il est parti plus tôt et revient plus tard que les autres. Nous croyons que cela roule sur une amitié qu'il a à Sézanne; mais comme ce n'est pas pour épouser, je n'en suis point inquiète.

Il est vrai que l'on a attaqué M. de Villars et ses gens en revenant d'Espagne : c'étaient les gens de l'ambassadeur (*d'Espagne*) qui revenait de France. C'est un assez ridicule combat; les maîtres s'exposèrent, on tirait de tous côtés; il y a eu quelques valets de tués. On n'a point fait de compliment à madame de Villars; elle a son mari, elle est contente. M. de Luxembourg est ici. On parle fort de la paix, c'est-à-dire selon les désirs de la France, plus que sur la disposition des affaires; cependant on la peut vouloir de telle sorte qu'elle se ferait.

J'espère, ma fille, que vous serez plus contente et plus décidée, quand vous aurez votre congé. On ne doute point ici que votre retour n'y soit très-bon : si vous n'étiez bien en ce pays, vous vous en sentiriez bientôt en Provence : *se me miras, me miran*; rien ne peut être mieux dit, il en faut revenir là. M. et madame de Coulanges, la Sanzei et le *bien bon* vous souhaitent avec impatience, et veulent tous, comme moi, que vous ameniez le coadjuteur, qui vous fortifiera considérablement. J'ai fort entretenu La Garde; vous ne sauriez trop estimer ses conseils : il parlait l'autre jour à Gordes de vos affaires; il les sait, et les range, et les dit en perfection; il donne un tour admirable à tout ce qu'il faut dire à Sa Majesté : vous ne pouvez consulter personne qui connaisse mieux ce pays-ci que lui.

On est toujours charmé de mademoiselle de Blois et du prince de Conti. D'Hacqueville vous parlera des nouvelles de l'Europe, et comme l'Angleterre est présentement la grande affaire. C'est M. le duc du Maine[1] qui a les Suisses;

---

[1] Louis-Auguste de Bourbon, né le 31 mars 1670. (P.)

ce n'est plus M. le comte du Vexin, lequel, en récompense, a l'abbaye de Saint-Germain-des-Prés.

342. — A LA MÊME.

A Paris, lundi 29 janvier 1674.

Il me semble, ma fille, que vous deviez compter sur votre congé plus fortement que vous n'avez fait; le billet de M. de Pomponne, que je vous ai envoyé, vous en assurait assez : un homme comme lui ne se serait pas engagé à le demander, sans être sûr de l'obtenir. Vous l'aurez eu le lendemain du jour que vous m'avez écrit, et il eût fallu que vous fussiez dès lors toute prête à partir; vous me parlez de plusieurs jours : cela me déplaît. Vous aurez reçu bien des lettres par l'ordinaire du congé, et vous aurez bien puisé à la source du bon sens, c'est-à-dire M. l'archevêque, pour être conduite sur toutes vos affaires. Vous aurez vu ce que La Garde vous conseille pour amener peu de gens; si vous amenez tout ce qui voudra venir, votre voyage de Paris sera comme celui de Madagascar : il faut se rendre léger, et garder le *decorum* pour la province.

Je crois que M. de Grignan est allé à Marseille et à Toulon. Il y a un an, comme à cette heure, que nous y étions ensemble. Vous songez donc à moi en revoyant Salon et les autres endroits où vous m'avez vue; c'est un de mes maux que le souvenir que me donnent les lieux : j'en suis frappée au delà de la raison. Je vous cache, et au monde, et à moi-même, la moitié de la tendresse et de l'inclination naturelle que j'ai pour vous.

On va fort à l'opéra nouveau; on trouve pourtant que l'autre était plus agréable. *Baptiste* croyait l'avoir surpassé : le plus juste s'abuse; ceux qui aiment la symphonie y trouvent toujours des charmes nouveaux. Je crois que je vous attendrai pour y aller. Les bals de Saint-

Germain sont d'une tristesse mortelle : les petits enfants veulent dormir dès dix heures, et le roi n'a cette complaisance que pour marquer le carnaval. Il disait à son dîner : Quand je ne donne point de plaisir, on se plaint ; et quand j'en donne, les dames n'y viennent pas. Il ne dansa la dernière fois qu'avec madame de Crussol, qu'il pria de ne lui point rendre sa courante. M. de Crussol[1], qui tient le premier rang pour les bons mots, disait en regardant sa femme, plus rouge que les rubis dont elle était parée : Messieurs, ma femme n'est pas belle, mais elle a bon visage.

Votre retour est présentement une nouvelle de la cour : vous ne sauriez croire les compliments que l'on m'en fait. Il y a aujourd'hui cinq ans, ma fille, que vous fûtes mariée. Je vous embrasse avec une tendresse infinie.

343. — A LA MÊME.

A Paris, vendredi 2 février 1674.

Vous me parlez de l'ordinaire du 15, et pas un mot du 12 que vous attendiez avec impatience, et qui vous portait votre congé ; mais puisque vous n'en dites rien, c'est signe que vous l'avez reçu. Je trouve que vous ne vous pressez point assez de partir. Tout le monde m'accable de me demander si vous êtes partie, et quand vous arriverez ; je ne puis rien dire de juste : il me semble que vous devez être à Grignan, et que vous en partez demain ou lundi. Enfin, ma chère enfant, je ne pense qu'à vous, et je vous suis partout. Je vous remercie de l'assurance que vous me donnez de ne vous point exposer en carrosse sur les bords du Rhône. Vous voulez prendre la Loire : vous saurez mieux que nous à Lyon ce qui vous sera le meilleur. Arrivez en bonne santé, c'est tout ce que je désire ; mon cœur

---

[1] Depuis duc d'Uzès.

est fortement touché de la joie de vous embrasser. Ira au-devant de vous qui voudra; pour moi, je vous attendrai dans votre chambre, ravie de vous y voir : vous y trouverez du feu, des bougies, de bons fauteuils, et un cœur qui ne saurait être surpassé en tendresse pour vous. J'embrasserai le Comte et le coadjuteur; je les souhaite tous deux. L'archevêque de Reims m'est venu voir; il demande le coadjuteur à cor et à cri. Vraiment vous êtes obligée à M. de Pomponne de la charmante idée qu'il a conservée de vous, et de l'envie qu'il a de vous voir. Voilà votre petit frère qui arrive; le cardinal de Retz me fait dire qu'il est arrivé : arrivez donc tous à la bonne heure. Ma chère enfant, je suis tout à vous; ce n'est point pour finir une lettre, c'est pour dire la plus grande vérité du monde, et celle que je sens le mieux dans mon cœur. Mademoiselle de Méry ne vous écrit point : on commence à négliger ce commerce, dans l'espérance de mieux. Mon fils vous embrasse tendrement, et moi les chers Grignans.

344. — A LA MÊME.

A Paris, lundi 5 février 1674.

Il y a aujourd'hui [1] bien des années, ma fille, qu'il vint au monde une créature destinée à vous aimer préférablement à toutes choses. Je prie votre imagination de n'aller ni à droite ni à gauche, *cet homme-là sire, c'était moi-même* [2]. Il y eut hier trois ans que j'eus une des plus sensibles douleurs de ma vie : vous partîtes pour la Provence, où vous êtes encore. Ma lettre serait longue si je voulais vous expliquer toutes les amertumes que je sentis, et que j'ai senties depuis en conséquence de cette première. Mais revenons : je n'ai point reçu de vos lettres aujourd'hui; je

---

[1] Le 5 février 1626, jour de la naissance de madame de Sévigné (P.)
[2] Vers de Marot, dans son épitre au roi *pour avoir été desrobé*. (P.)

ne sais s'il m'en viendra; je ne le crois pas, il est trop tard. J'en attendais cependant avec impatience; je voulais apprendre votre départ d'Aix, afin de pouvoir supputer un peu juste votre retour; tout le monde m'en assassine, et je ne sais que répondre. Je ne pense qu'à vous et à votre voyage : si je reçois de vos lettres, après avoir envoyé celle-ci, soyez en repos : je ferai assurément tout ce que vous me manderez. Je vous écris aujourd'hui un peu plus tôt qu'à l'ordinaire. M. de Corbinelli et mademoiselle de Méry sont ici, qui ont dîné avec moi. Je m'en vais à un petit opéra de Molière, beau-père d'Itier, qui se chante chez Pélissari; c'est une musique très-parfaite. M. le Prince, M. le Duc et madame la Duchesse y seront. Je m'en irai peut-être de là souper chez Gourville avec madame de La Fayette, M. le Duc, madame de Thianges, M. de Vivonne, à qui l'on dit adieu, et qui s'en va demain. Si cette partie est rompue, j'irai chez madame de Chaulnes; j'en suis extrêmement priée par la maîtresse du logis et par les cardinaux de Retz et de Bouillon, qui me l'avaient fait promettre : le premier est dans une extrême impatience de vous voir; il vous aime chèrement. Voilà une lettre qu'il m'envoie.

On avait cru que mademoiselle de Blois avait la petite vérole, mais cela n'est pas. On ne parle point des nouvelles d'Angleterre : cela fait juger qu'elles ne sont pas bonnes. Il n'y a eu qu'un bal ou deux à Paris dans tout ce carnaval. On y a vu quelques masques, mais peu. La tristesse est grande : les assemblées de Saint-Germain sont des mortifications pour le roi, et seulement pour marquer la cadence du carnaval.

Le père Bourdaloue fit un sermon le jour de Notre-Dame, qui transporta tout le monde : il était d'une force à faire trembler les courtisans; et jamais prédicateur évangélique n'a prêché si hautement ni si généreusement les vérités chrétiennes. Il était question de faire voir que toute puissance doit être soumise à la loi, à l'exemple de Notre-Seigneur, qui fut présenté au temple; enfin, ma fille, cela fut porté au point de la plus haute perfection, et certains endroits furent poussés comme les aurait poussés l'apôtre saint Paul.

L'archevêque de Reims¹ revenait hier fort vite de Saint-Germain; c'était comme un tourbillon : il croit bien être grand seigneur, mais ses gens le croient encore plus que lui. Ils passaient au travers de Nanterre, *tra, tra, tra*; ils rencontrent un homme à cheval : *Gare! gare!* Ce pauvre homme veut se ranger, son cheval ne veut pas; et enfin le carrosse et les six chevaux renversent cul par-dessus tête le pauvre homme et le cheval, et passent par-dessus, et si bien par-dessus, que le carrosse en fut versé et renversé. En même temps l'homme et le cheval, au lieu de s'amuser à être roués et estropiés, se relèvent miraculeusement, remontent l'un sur l'autre, et s'enfuient et courent encore, pendant que les laquais de l'archevêque et le cocher, et l'archevêque même, se mettent à crier : *Arrête, arrête ce coquin! qu'on lui donne cent coups!* L'archevêque en racontant ceci disait : Si j'avais tenu ce maraud-là, je lui aurais rompu les bras et coupé les oreilles.

Je dînai hier encore chez Gourville avec madame de Langeron, madame de La Fayette, madame de Coulanges, Corbinelli, l'abbé Têtu, Briole et mon fils; votre santé y fut célébrée, et un jour pris pour vous y donner à dîner. Adieu, ma très-chère et très-aimable; je ne puis vous dire à quel point je vous souhaite. Je m'en vais encore adresser cette lettre à Lyon. J'ai envoyé les deux premières au chamarier; il me semble que vous y devez être, ou jamais. Je reçois dans ce moment votre lettre du 28; elle me ravit. Ne craignez point, ma bonne, que ma joie se refroidisse. Je ne suis occupée que de cette joie sensible de vous voir, et de vous recevoir, et de vous embrasser avec des sen-

---

¹ M. Le Tellier, frère de M. de Louvois.

timents et des manières d'aimer qui sont d'une étoffe au-dessus du commun, et même de ce que l'on estime le plus[1].

345. — DU COMTE DE BUSSY A MADAME DE SÉVIGNÉ.

A Paris, ce 20 mars 1674.

Je vous envoie le cotignac que je vous ai promis, Madame : vous ne le trouverez pas mauvais ; il ne vaut pourtant pas ce qu'il me coûte, mais je ne suis pas heureux en bons marchés.

Je ne vous aime pas plus que je ne vous aimais hier matin, Madame, mais la conversation d'hier au soir me fait plus sentir ma tendresse; elle était cachée au fond de mon cœur, et le commerce l'a ranimée; je vois bien par là que les longues absences nuisent à la chaleur de l'amitié, aussi bien qu'à celles de l'amour. Je voudrais bien savoir des nouvelles de madame de Grignan, car je l'aime bien aussi, et il entre dans cette amitié autant d'inclination que de reconnaissance.

346. — DE MADAME DE SÉVIGNÉ A M. DE GRIGNAN.

A Paris, mardi 22 mai 1674.

Comme j'ai l'honneur de connaître madame votre femme et le soin qu'elle a des compliments dont on la charge, je trouve à propos de vous dire à vous-même que je vous aime toujours trop, et que vous me ferez un très-grand plaisir si vous voulez m'aimer un peu : voyez si on peut mieux se mettre à la raison; c'est donner que de faire un marché de cette sorte. Vous nous manquez fort ; nous avions de la joie de vous voir revenir les soirs; votre

---

[1] Monsieur et madame de Grignan arrivèrent à Paris peu de jours après. M. de Grignan retourna en Provence au mois de mai 1674, et madame de Grignan alla le rejoindre à la fin de mai 1675. (A. G.)

société est aimable; et, hormis quand on vous hait, on vous aime extrêmement. Ma fille est toujours languissante. Le héros que j'attends ne reviendra pas si tôt; elle est triste, mais je suis accoutumée à la voir ainsi quand vous n'y êtes pas. Il fait plus chaud à Besançon que sur le port de Toulon. Vous savez l'extrême blessure de Saint-Géran, et comme sa jolie femme y est accourue avec madame de Villars; on croyait qu'il était mort : on mande le 18 qu'il se porte mieux. Comme vous ne pourriez pas épouser sa veuve, je suis persuadée que vous voulez bien qu'il vive. Voilà une fable[1] des plus jolies ; ne connaissez-vous personne qui soit aussi bon courtisan que le renard ? Je suis ravie du bien que vous me dites de ma petite ; je prends pour moi toutes les caresses que vous lui faites. Adieu, mon très-cher Comte ; on ne peut guère vous embrasser plus tendrement que je fais. Mon fils vous fait toujours mille compliments.

347. — DE MADAME DE SÉVIGNÉ A MADAME DE GRIGNAN.

A Livry, ce 1er juin 1674.

Il faut, ma bonne, que je sois persuadée de votre fonds pour moi, puisque je vis encore. C'est une chose bien étrange que la tendresse que j'ai pour vous; je ne sais, si contre mon dessein j'en témoigne beaucoup, mais je sais bien que j'en cache encore davantage. Je ne veux point vous dire l'émotion et la joie que m'a données votre laquais et votre lettre. J'ai eu même le plaisir de ne point croire que vous fussiez malade; j'ai été assez heureuse pour croire ce que c'était. Il y a long-temps que je l'ai dit : quand vous voulez, vous êtes adorable; rien ne manque à ce que vous faites. J'écris dans le milieu du jardin, comme vous l'avez imaginé, et les rossignols et les petits oiseaux

---

[1] C'est la fable de La Fontaine qui a pour titre *la Cour du Lion*, livre VII, fable VII. (P.)

ont reçu avec un grand plaisir, mais sans beaucoup de respect, ce que je leur ai dit de votre part; ils sont situés d'une manière qui leur ôte toute sorte d'humilité. Je fus hier deux heures toute seule avec les hamadryades : je leur parlai de vous; elles me contentèrent beaucoup par leur réponse. Je ne sais si ce pays tout entier est bien content de moi, car enfin, après avoir joui de toutes ses beautés, je n'ai pu m'empêcher de dire :

> Mais, quoi que vous ayez, vous n'avez point Calixte.
> Et moi, je ne vois rien quand je ne la vois pas.

Cela est si vrai, que je repars après dîner avec joie. La bienséance n'a nulle part à tout ce que je fais; c'est ce qui est cause que les excès de liberté que vous me donnez me blessent le cœur. Il y a deux ressources dans le mien que vous ne sauriez comprendre. Je vous loue d'avoir gagné vingt pistoles; cette perte a paru légère étant suivie d'un grand honneur et d'une bonne collation. J'ai fait vos compliments à nos oncles et cousines; ils vous adorent et sont ravis de la relation. Cela leur convient, et point du tout en un lieu où je vais dîner; c'est pourquoi je vous la renvoie. J'avais laissé à mon portier une lettre pour Brancas; je vois bien qu'on l'a oubliée. Adieu, ma très-chère et très-aimable enfant; vous savez que je suis à vous.

348. — DU COMTE DE BUSSY A MADAME DE SÉVIGNÉ.

A Chaseu, ce 16 août 1674.

J'ai appris que vous aviez été fort malade, ma chère cousine; cela m'a mis en peine pour l'avenir, et m'a obligé de consulter votre mal à un habile médecin de ce pays-ci. Il m'a dit que les femmes d'un bon tempérament comme vous...., et qui s'étaient un peu contraintes, étaient sujettes à des vapeurs. Cela m'a remis de l'appréhension que j'avais d'un plus grand mal... Vous devriez suivre mon conseil, ma chère cousine, et d'autant plus qu'il ne saurait vous paraître intéressé..... Raillerie à part, ma chère cousine, ayez soin de vous. Faites-vous tirer du sang plus souvent que vous ne faites ; de quelque manière que ce soit, il n'importe, pourvu que vous viviez. Vous savez bien que j'ai dit que *vous étiez de ces gens qui ne devraient jamais mourir, comme il y en a qui ne devraient jamais naître.* Faites votre devoir là-dessus, vous ne sauriez faire un plus grand plaisir à madame de Grignan et à moi. Mais, à propos d'elle, trouvez bon que je lui dise deux mots.

A MADAME DE GRIGNAN.

Comment vous portez-vous de votre grossesse, Madame, et du mal de madame votre mère? Voilà bien des incommodités à la fois. J'ai ouï dire que vous étiez déjà délivrée de l'une; pour l'autre, j'espère que vous en sortirez bientôt heureusement. Voilà ce que c'est d'avoir des maris et des mères : si on n'avait pas tout cela, on ne serait pas exposé à tant de déplaisirs; mais d'un autre côté, on n'aurait pas toutes les douceurs que l'on a. C'est là la vie, du bien, du mal : celui-ci fait trouver l'autre meilleur. J'aurai plus de plaisir de vous revoir après quatre ou cinq mois d'absence, que si je ne vous avais pas quittée.

349. — DE MADAME DE SÉVIGNÉ AU COMTE DE BUSSY.

A Paris, ce 5 septembre 1674.

Votre médecin qui dit que mon mal sont des vapeurs, et vous qui me proposez le moyen d'en guérir, n'êtes pas les premiers qui m'avez conseillé de me mettre dans les remèdes spécifiques; mais la raison de n'avoir point eu de précaution pour prévenir ces vapeurs m'empêchera d'en guérir. Le désintéressement dont vous voulez que je vous loue dans le conseil que vous me donnez n'est pas si estimable qu'il l'aurait été du temps de notre belle jeunesse : peut-être qu'en ce temps-là vous auriez eu plus de mérite. Quoi qu'il en soit, je me porte bien, et si je meurs de cette maladie, ce sera d'une belle épée, et je vous laisserai le soin de mon épitaphe. Que dites-vous de nos victoires? Je n'entends jamais parler de guerre que je ne pense à vous. Votre charge vacante m'a frappé le cœur. Vous savez par qui elle est remplie. Le marquis de Renel n'était-il pas de vos amis et de vos alliés? Quand je vous vois chez vous dans le temps où nous sommes, j'admire le bonheur du roi de se pouvoir passer de tant de braves gens qu'il laisse inutiles. Nous avons tant perdu à cette victoire, que sans le *Te Deum* et quelques drapeaux portés à Notre-Dame, nous croirions avoir perdu le combat[1].

Mon fils a été blessé légèrement à la tête; c'est un miracle qu'il en soit revenu, aussi bien que les quatre escadrons de la maison du roi, qui étaient postés huit heures durant à la portée du feu des ennemis, sans autre mouvement que celui de se presser à mesure qu'il y avait des gens tués. J'ai ouï dire que c'est une souffrance terrible que d'être ainsi exposé. Vos lettres au roi me charment toujours.

DE MADAME DE GRIGNAN.

Je vous remercie d'avoir pensé à moi pour me plaindre du mal de ma mère. Je suis très-contente que vous connaissiez combien mon cœur est pénétré de tout ce qui lui arrive. Il me semble que c'est mon meilleur endroit; et je suis bien aise que vous, dont je veux avoir l'estime, ne l'ignoriez pas. Si j'avais quelque autre bonne qualité essentielle, je vous ferais mon portrait[2]; mais ne voyez que celle-là

---

[1] Il est question ici de la bataille de Senef, qui ne fut qu'un carnage, la dernière action mémorable du grand Condé.
[2] C'était alors la mode. On trouve beaucoup de ces portraits dans le dernier volume des *Mémoires de mademoiselle de Montpensier*. (A. G.)

et le goût que j'ai pour votre mérite, qui ne peut se séparer d'une très-grande indignation contre la fortune pour les injustices qu'elle vous fait.

350. — DU COMTE DE BUSSY A MADAME DE SÉVIGNÉ.

A Chaseu, ce 10 septembre 1674.

Comme je ne trouve aucune conversation qui me plaise tant que la vôtre, Madame, je ne trouve aussi point de lettres si agréables que celles que vous m'écrivez. Il faut dire la vérité; ç'aurait été grand dommage si vous fussiez morte : tous vos amis y auraient fait une perte infinie : pour la mienne, elle aurait été telle, que, quelque intérêt que je prenne en votre vertu, j'aimerais mieux qu'il lui en coûtât quelque chose, et que vous vécussiez toujours; car enfin ce n'est pas seulement comme vertueuse que je vous aime, c'est encore comme la plus aimable femme du monde.

Nos victoires sont fort chères, mais elles en sont plus honorables. Le roi est bien heureux, dites-vous, de se pouvoir passer de tant de braves gens qu'il laisse inutiles : j'en demeure d'accord; mais ce n'est pas une bonne fortune nouvelle pour lui, car il s'est autrefois passé de M. le Prince et de M. de Turenne, et les a même bien battus, eux qui présentement avec ses armes battent tout le reste du monde. Après cela nous pouvons bien nous faire justice, et ne pas trouver étrange qu'on puisse faire la guerre sans nous. Dans d'autres États que celui-ci, nous brillerions, et il faudrait que l'on comptât avec nous quand on aurait de grandes affaires sur les bras; mais en France il y a tant de gens de mérite, et beaucoup plus qui ont apparence d'en avoir, que ceux qui en ont un véritable ne sont distingués bien souvent que par la fortune : quand elle leur manque, on les laisse chez eux, pendant qu'on gagne fort bien des batailles sans eux, avec toutes sortes de gens mêlés. Ma charge est remplie par un galant homme : il a de la naissance et du mérite, et celui auquel il succède n'avait que du courage et de la faveur. Je viens de lui écrire comme à mon ami et à mon allié.

Aussitôt après la nouvelle du combat de Senef, j'écrivis au roi, et je lui offris mes services. Toutes mes honnêtetés et ma bonne conduite sont des œuvres mortes maintenant que la grâce me manque; mais peut-être que tout cela me sera compté, et me tournera à profit, si je reviens jamais à la cour. Il faut espérer, et cependant se réjouir. Monsieur votre fils a été bien heureux d'en être quitte pour une légère blessure à la tête. Ce que le peuple appelle *mener les gens à la boucherie*, c'est les poster où étaient les quatre escadrons de la maison du roi, et qui a passé par là a essuyé les plus grands périls de la guerre. Quand on affronte de la cavalerie ou de l'infanterie, l'action anime; mais ici c'est de sang-froid qu'on est passé par les armes.

A MADAME DE GRIGNAN.

Vous m'avez écrit d'une encre si blanche, Madame, que je n'ai lu que dix ou douze mots par-ci par-là de votre lettre, et ce n'a été que votre bon sens et le mien qui m'ont fait deviner le reste. C'est une vraie encre à écrire des promesses qu'on ne voudrait pas tenir. De l'heure qu'il est tout est effacé; mais enfin il me souvient bien que vous m'y avez dit des choses obligeantes. J'espère que ces bontés auront fait plus d'impression sur votre cœur que sur votre papier. Si cela était égal, vous seriez la plus légère amie du monde. Pour l'amitié que je vous ai promise, Madame, elle est écrite dans mon cœur avec des caractères qui ne s'effaceront jamais. Voilà de grandes paroles !

351. — DE MADAME DE SÉVIGNÉ AU COMTE DE BUSSY.

A Paris, ce 15 octobre 1674.

Il me semble que je n'écris pas bien ; et si c'était une chose nécessaire à moi que d'avoir bonne opinion de mes lettres, je vous prierais de me redonner de la confiance par votre approbation.

J'ai donné à dîner à mon cousin votre fils et à la petite chanoinesse de Rabutin, sa sœur, que j'aime fort. Leur nom touche mon cœur, et leur jeune mérite me réjouit. Je voudrais que le garçon eût une bonne éducation. C'est trop présumer que d'espérer tout du bon naturel. Il y avait deux Rabutins dans le régiment d'Anjou, que Saint-Géran commande ; il m'en a dit des biens infinis : l'un des deux fut tué à la dernière bataille que M. de Turenne a gagnée près de Strasbourg ; l'autre y fut blessé. La valeur de ces deux frères est distinguée. Je trouve plaisant que cette vertu ne soit donnée qu'aux mâles de notre maison, et que nous autres femmes nous ayons pris toute la timidité. Jamais rien ne fut mieux partagé, ni séparé si nettement ; car vous ne nous avez laissé aucune sorte de hardiesse. Il y a des maisons où les vertus et les vices sont un peu plus mêlés. Mais revenons à la bataille.

M. de Turenne a donc encore battu les ennemis, pris huit pièces de canon, beaucoup d'armes et d'équipages, et demeuré maître du champ de bataille [1]. Ces victoires continuelles font grand plaisir au roi. J'ai trouvé la lettre que vous lui écrivez fort bonne ; je voudrais qu'elle pût faire un bon effet. Jamais la fortune ne m'a fait un plus sensible déplaisir qu'en vous abandonnant. Elle a fait encore

---

[1] Turenne avait battu les Impériaux le 16 juin, à Sintzeim ; et il les battit de nouveau à Ensheim, le 4 octobre. (M.)

plus de tort à M. de Rohan. Son affaire va mal[1]. Il faut regarder le malheur de ceux qui sont plus mal que nous, pour souffrir patiemment les nôtres.

Mandez-moi où en est l'histoire de nos Rabutins. Le cardinal de Retz est ici. Il a les généalogies dans la tête. Je serais ravie qu'il connût la nôtre avec l'agrément que vous lui donnez. C'eût été un vrai amusement pour Commercy; mais il ne parle point d'y aller. Je crois que vous le trouverez plutôt ici; c'est notre intérêt qu'il y passe l'hiver : c'est l'homme de la plus charmante société qu'on puisse voir.

Ma fille est fort contente de ce que vous lui écrivez; il n'y a rien de plus galant; elle vous promet de vous écrire, au premier jour, de la bonne encre[2]. Mon fils vous rend mille grâces de votre souvenir. Il est vrai que d'être au poste où étaient les gendarmes au combat de Senef, c'est précisément être passé par les armes. Quel bonheur d'en être revenu ! Adieu, mon cher cousin.

352. — DU COMTE DE BUSSY A MADAME DE SÉVIGNÉ.

A Chaseu, ce 6 janvier 1675.

Il y a, ce me semble, assez long-temps que je vous laisse en repos, madame; c'est que j'ai eu beaucoup d'affaires depuis mon retour de Paris; cela ne m'en eût pourtant pas empêché, si je n'avais craint sottement que si je vous écrivais, vous ne crussiez que j'avais affaire de vous. Il faut dire le vrai : on est quelquefois bien ridicule; mais pour vous montrer mon retour au bon sens, Madame, je vous supplie de me mander la réponse qu'a eue M. le cardinal de Retz sur ce qui me regarde; je n'oserais presque

---

[1] Le chevalier de Rohan avait fait un complot pour livrer à l'ennemi la place de Quillebœuf. On lui trancha la tête le mois suivant. (A. G.)

[2] Bussy s'était plaint de n'avoir pu lire l'apostille de madame de Grignan, écrite d'une encre trop blanche. C'est, disait-il, une encre à écrire des promesses qu'on ne voudrait pas tenir.

vous dire mon indifférence sur mon retour. Vous autres gens de la cour, ne faites guère de différence entre un fou et un philosophe; vous appellerez ma tranquillité comme il vous plaira, mais je l'aime mille fois mieux que de l'inquiétude, qui ne sert de rien. Ce qui me consolera d'ailleurs du méchant succès de cette négociation, ce sera la marque d'amitié que j'aurai reçue de son Éminence; c'est sur cela que je ne serais pas indifférent, et sur votre tendresse, Madame : il me faut l'une et l'autre pour que je ne sois pas tout à fait malheureux.

A MADAME DE GRIGNAN.

Il faut que je sache non pas de quel bois vous vous chauffez, Madame, mais de quelle encre vous écrivez. Si vous n'en pouvez trouver d'autre que celle dont vous vous servites l'année passée, souvenez-vous de m'écrire sur du papier noir, car enfin je veux lire ce que vous m'écrivez. Je n'y trouve qu'un inconvénient, c'est que le commis de la poste, qui n'aura pas assurément de même encre que vous, jettera votre lettre au feu, n'y pouvant mettre de port. Badinerie à part, Madame, je serai fort aise de savoir de vos nouvelles par vous-même, et surtout d'apprendre que vous ne retournerez pas de trois ans en Provence ; car, sans m'informer de ce que vous aimez le mieux, je souhaite de vous retrouver à Paris, et je prends un terme un peu long pour n'y pas manquer.

353. — DE MADAME DE SÉVIGNÉ AU COMTE DE BUSSY.

A Paris, ce 24 janvier 1675.

Et quand j'aurais cru que vous m'auriez écrit parce que vous auriez voulu me dire quelque chose pour vos intérêts, y trouveriez-vous un grand mal? Ne nous sommes-nous pas assez écrit pour rien, ne pourrions-nous pas bien nous écrire pour quelque chose? Il me semble qu'il y a longtemps que nous n'en sommes plus là.

Je songe fort souvent à vous, et je ne trouve jamais la maréchale d'Humières que nous ne fassions, pour le moins, chacune un soupir à votre intention. Elle est toute pleine de bonne volonté aussi bien que moi; et tous nos désirs n'avancent pas d'un moment l'arrangement de la Providence; car j'y crois, mon cousin, c'est ma philosophie. Vous, de votre côté, et moi du mien, avec des pensées différentes, nous allons le même chemin : nous visons tous deux à la tranquillité; vous par vos raisonnements, et moi par ma soumission. La force de votre esprit et la docilité du mien nous conduisent également au mépris de tout ce qui se passe ici-bas. Tout de bon, c'est peu de chose; nous avons peu de part à nos destinées : tout est entre les mains de Dieu. Dans de si solides pensées, jugez si je suis incapable de comprendre votre tranquillité.

Vous me faites grand plaisir d'excepter de votre indifférence les bonnes grâces de notre cardinal; elles me paraissent d'un grand prix. Ce qui fait que je ne vous ai point rendu sa réponse, c'est qu'il n'a point vu M. le Prince depuis que vous êtes parti d'ici; il est à Chantilly, où il a pensé mourir. Il n'a point voulu recevoir la visite de son Éminence qu'il ne fût en état de jouir de sa bonne compagnie. Il ira dans peu de jours; il parlera comme vous pouvez souhaiter, et je vous manderai tous les tons de cette conversation.

Que dites-vous de nos heureux succès, et de la belle action qu'a faite M. de Turenne en faisant repasser le Rhin aux ennemis? Cette fin de campagne nous met dans un grand repos, et donne à la cour une belle disposition pour les plaisirs. Il y a un opéra tout neuf qui est fort beau. Avec votre permission, mon cousin, je veux dire deux mots à ma nièce de Bussy.

A MADEMOISELLE DE BUSSY,
DEPUIS MARQUISE DE COLIGNY.

Je prends toujours un très-grand intérêt à tout ce qui vous touche ; cette raison me fait sentir le bonheur que vous avez eu de n'avoir point épousé un certain homme, dont le mérite est aussi petit que le nom en est grand[1] ; il faut avoir mieux ou rien. Adieu, ma nièce.

Je reviens à vous, mon cousin, pour vous dire que je laisse la plume à madame de Grignan, je dis la plume, car pour l'encre, vous savez qu'elle en a de toute particulière.

DE MADAME DE GRIGNAN.

Je n'ai point trouvé de papier noir, c'est ce qui m'a fait résoudre à me servir de l'encre la plus noire de Paris. Il n'est festin que d'avaricieux : voyez comment celle de ma mère est effacée par la mienne. Je n'ai plus à craindre que les pâtés, qui sont presque indubitables avec une encre de cette épaisseur ; mais enfin il faut vous servir à votre mode. En vérité, Monsieur, vous feriez bien mieux d'épargner notre encre et notre papier, et de nous venir voir, puisque vous me faites le plaisir de m'assurer que mon séjour à Paris ne vous est pas indifférent. Venez donc profiter d'un bien qui vous sera enlevé à la première hirondelle. Si je vous écrivais ailleurs que dans une lettre de ma mère, je vous dirais que c'est même beaucoup retarder mes devoirs, qui m'appellent en Provence ; mais elle trouverait mauvais de n'être pas comptée au nombre de ceux qui doivent régler ma conduite. Elle en est présentement la maîtresse ; et j'ai le chagrin de n'éprouver son autorité qu'en des choses où ma complaisance et mon obéissance seront soupçonnées d'être d'intelligence avec elle. Je ne sais pas pourquoi je

---

[1] Le comte de Limoges.

m'embarque à tout ce discours. Il ne me paraît pas que j'aie besoin d'apologie auprès de vous : c'est donc seulement par le seul plaisir de parler à quelqu'un qui écoute avec plus d'attention et qui répond plus juste que tout ce qui est ici. Je vous demande une petite amitié à mademoiselle de Bussy.

SUITE DE LA LETTRE DE MADAME DE SÉVIGNÉ.

Voilà ce qui s'appelle écrire de la bonne encre. Plût à Dieu que vous fussiez ici ! nous causerions de mille choses, mais surtout des sentiments dont la Provençale vous parle, qu'il faut cacher à la plupart du monde, quelque véritables qu'ils soient, parce qu'ils ne sont pas vraisemblables. Corbinelli est ici; il croit que vous ne songez plus à lui; cependant il vous honore et il vous aime extrêmement. Votre souvenir fait les délices de nos conversations, et des regrets ensuite de vous avoir perdu. Adieu, mon cousin.

354. — DU COMTE DE BUSSY A MADAME DE SÉVIGNÉ.

A Chaseu, ce 20 mars 1675.

J'étais tout prêt à vous faire une *rabutinade*, ma chère cousine, sur ce que je ne recevais pas au 19 mars la réponse que vous deviez à ma lettre du mois de janvier. Je la viens de recevoir, cette réponse, par la diligence, avec une caisse que ma fille de Sainte-Marie envoyait à sa sœur; la caisse a été jusqu'en Provence, au moins a-t-elle pu y aller, et il a fallu plaider pour la ravoir. Encore si la *Sainte-Marie* m'avait mandé que votre lettre y était, elle m'aurait épargné le chagrin que j'ai eu contre vous; mais je crois, Dieu me veuille pardonner, que votre nièce nous voulait brouiller ensemble. Si vous saviez la colère où j'étais contre le maître de la diligence, vous jugeriez bien que j'avais quelque pressentiment qu'il y avait dans cette cassette quelque chose qui m'était plus cher que les manches et que le ruban de ma fille. J'eus deux grands plaisirs à la fois, l'un de trouver que je n'avais pas sujet de me plaindre de vous, et l'autre de lire deux lettres de deux de mes meilleures amies, qui, dans leurs manières différentes, écrivent mieux à mon gré que femmes de France. Je m'étonne, en songeant à cela, que je n'aie pas pris plus de soin de m'en attirer, et c'est à quoi je ne prétends plus manquer à l'avenir. Il y a cinq ou six jours que madame de Bussy m'envoya un billet que vous lui écriviez, par lequel vous lui mandiez que M. le Prince était encore un peu vif sur mon sujet ; il faut avoir patience et espérer qu'on mourra, et c'est aussi le remède que j'attends, et j'ai de la vie et de la santé autant que de la mauvaise fortune. Les héros penseront de moi ce qu'il leur plaira, Madame : j'aime mieux vivre en Bourgogne que dans l'histoire seulement ; et peut-être que si je m'en souciais beaucoup, j'aurais contentement sur l'honneur de ma mémoire, et que la postérité parlerait de moi plus honorablement que de tel prince ou de tel maréchal de France que nous connaissons. Encore une fois, Madame, je vous assure que je ne songe qu'à vivre, et je crois, comme Voiture, que

..... C'est fort peu de chose
Qu'un demi-dieu quand il est mort.

J'écris au cardinal de Retz avec autant de reconnaissance que s'il avait fait ce que nous souhaitons. Au reste, ma chère cousine, ne soupirez point pour mes malheurs avec notre petite maréchale [1] ; ce serait tout ce que vous devriez faire si j'étais mort. Je ne réponds point à vos nouvelles du mois de janvier, il vaudrait autant vous parler de la bataille de Jarnac : je vous dirai seulement que j'aime autant M. de Turenne que je l'ai autrefois haï ; car, pour

[1] La maréchale d'Humières.

dire la vérité, mon cœur ne peut plus tenir contre tant de mérite. Je quitte la plume à mademoiselle de Bussy.

DE MADEMOISELLE DE BUSSY.

Je suis persuadée de la part que vous prenez en ma fortune, ma chère tante, et sur cela je vous aime de tout mon cœur.

En me parlant de ce certain homme que j'ai failli épouser, vous avez oublié d'ajouter à la petitesse du mérite celle du bien et de la personne; je ne sais pas si je trouverai mieux, mais je sais bien que je ne saurais plus mal trouver. Adieu, ma chère tante.

A MADAME DE GRIGNAN.

Je serais bien difficile, Madame, si je n'étais content de votre encre, et même de votre cœur. Il est vrai que l'encre de madame votre mère ne fait que blanchir auprès de la vôtre, et vous l'effacez aujourd'hui. Vous vous êtes même sauvée des pâtés : mais de quels écueils ne vous sauvez-vous pas? La beauté, l'esprit, la jeunesse et les occasions ne vous sauraient faire faire le moindre *pâté* dans votre conduite. Au reste, Madame, si j'avais la liberté d'aller à Paris, vous croyez bien que je la prendrais, mais je vous assure que j'en sortirais quelquefois, quand ce ne serait que pour recevoir de vos lettres. D'aller à Paris sans permission et sans affaire de conséquence, cela ne serait pas trop sage, et l'amitié, quelque tendre qu'elle soit, ne saurait passer pour affaire de conséquence. Je crois que vous aimeriez mieux aller et demeurer en Provence que de faire la moindre chose contre votre devoir; mais je crois que vous souhaiteriez extrêmement que votre devoir s'accordât à demeurer à Paris; et quand je ne devrais pas avoir le plaisir de vous y voir, je ne laisserais pas de souhaiter autant que vous que vous y fussiez toujours.

A MADAME DE SÉVIGNÉ.

Aussitôt que madame de Bussy m'eut mandé que notre ami Corbinelli était à Paris, je lui écrivis, et je voudrais bien, si madame de Grignan va en Provence, que vous et lui prissiez, en la conduisant, votre chemin par la Bourgogne : j'irais au-devant de vous jusqu'à Bussy avec la petite Toulongeon et votre nièce de Bussy ; de là je vous amènerais à Chaseu, et puis à Montjeu, où j'ai des raisons de vous faire meilleure chère qu'en pas un autre endroit.

355. — DE MADAME DE SÉVIGNÉ AU COMTE DE BUSSY.

A Paris, ce 5 avril 1675.

Quand mes lettres vont comme des tortues par la tranquille voie du messager, et que vous les trouvez dans une cassette de hardes qui sont d'ordinaire deux ou trois mois en chemin, je ne m'étonne pas que vous ayez envie d'être en colère contre moi ; je serais même fort fâchée que vous n'eussiez pas envie de me gronder : mais enfin vous voyez que je n'ai point de tort ; et si ma nièce de Sainte-Marie a compté sur le plaisir de nous mettre mal ensemble, elle est bien attrapée, car je crois que nous avons été brouillés ce que nous le serons de notre vie. Vous avez donc su par mon billet la réponse du prince sur votre sujet ; si pourtant le grand prince, par-dessus tous les autres, approuvait votre retour, vous pourriez graisser vos bottes ; mais le bon et généreux ami que vous avez, le paladin par *éminence*[1], le vengeur des torts, l'honneur de la chevalerie, me dit l'autre jour la triste réponse que le roi lui avait faite, et qu'il avait des raisons invincibles pour ne pas vous accorder votre retour. Ce mot d'*invincible* nous glace le cœur ; nous ne

---

[1] François de Beauvilliers, premier duc de Saint-Aignan.

savons sur qui le faire tomber; nous en trouvames trois qui peuvent fort bien donner sujet à cette expression. Nous causâmes près d'une heure ensemble dans une croisée de la chambre de la reine; l'amitié que nous vous portons nous rassembla en un moment, et nous fûmes contents chacun de notre côté des sentiments que nous avions pour vous.

La maréchale d'Humières est encore de notre bande; elle parle pour votre retour quand il est à propos, et parle si bien et avec tant de hardiesse et de raison, qu'elle mériterait de persuader les gens en votre faveur. Mais l'heure n'est pas venue. Celle du départ de tout le monde approche. On avait parlé de la paix, et vous savez même le changement des plénipotentiaires; mais en attendant on va toujours à la guerre, et les gouverneurs et lieutenants généraux des provinces à leurs charges. Toutes ces séparations me touchent sensiblement. Je pense aussi que madame de Grignan ne nous quittera pas sans quelque émotion : elle m'a priée de vous faire mille amitiés pour elle. Vous avez raison d'être content de son cœur : elle ne perd pas une occasion de me faire voir l'estime qu'elle a pour vous; et moi je veux parler de celle que j'ai pour ma nièce de Bussy. Elle pense comme vous, et ce qu'elle m'a écrit me fait souvenir de vos manières.

A MADEMOISELLE DE BUSSY,
DEPUIS MARQUISE DE COLIGNY.

Je vous souhaite, ma très-chère, un très-bon et très-agréable époux. S'il est assorti à votre mérite, il ne lui manquera rien.

AU COMTE DE BUSSY.

Comme j'écris ceci, je reçois une lettre par laquelle on me mande que ce mari est trouvé. Je trouve plaisant que cette nouvelle soit arrivée justement à cet endroit. Je vous conjure, mon cher cousin, de m'en écrire le détail. Pour le nom, il est comme on le pourrait souhaiter si on le faisait faire exprès. Je vous demande un petit mot de la personne, du bien, de l'établissement, et de ce que vous donnez présentement à la future.

A MADEMOISELLE DE BUSSY.

Ma chère nièce, je prends un extrême intérêt à votre destinée. Ma fille vous fait ses compliments par avance, et vous embrasse de tout son cœur.

Adieu, l'aimable père et l'aimable fille, je suis tout à vous.

356. — DU COMTE DE BUSSY A MADAME DE SÉVIGNÉ.

A Chaseu, ce 7 avril 1675.

Je ne vous avais pas mandé la désagréable réponse du roi, que notre paladin (*le duc de Saint-Aignan*) m'avait rendue il y a assez longtemps, parce qu'il m'avait prié de n'en parler à qui que ce fût. Vous savez comme il est circonspect sur les choses qui regardent le maître ; mais puisqu'il vous a dit ce secret, il m'a fait plaisir, j'aime mieux en parler avec vous qu'avec toute autre personne. Il me paraît que vous étendez trop vos soupçons sur le mot d'*invincible*; je crois qu'il ne peut tomber que sur une seule personne, et que vous en conviendrez, quand vous ferez réflexion qu'un grand roi ne peut pas avouer que rien lui paraisse invincible que l'amour. Vous m'entendez bien, Madame ; de vous dire ce qui m'a mis l'amour sur les bras, je l'ignore, car je ne l'ai jamais mérité, au contraire ; je n'en serais pas si surpris si j'avais autant fait contre ce côté-là que contre les deux autres endroits que vous soupçonnez. Ce sont, à mon avis, des gens qui ne m'aiment pas, et que vous connaissez fort, qui m'ont rendu l'amour contraire. Il faut avoir patience; si l'impatience me pouvait servir de quelque chose, je n'en manquerais pas.

Je serai bien fâché quand madame de Grignan vous quittera, parce que vous le serez fort toutes deux. Cependant, il ne faut pas qu'elle se laisse trop aller à son chagrin; outre que sa santé et sa beauté en pourraient pâtir, elle passerait désagréablement sa vie. En quelque lieu qu'elle et moi soyons, je l'aimerai et l'estimerai toujours extrêmement.

DE MADEMOISELLE DE BUSSY.

L'époux qu'on me destine, ma chère tante, me paraît bon et raisonnable; il n'est pas beau, mais il est de belle taille : je ferai ce que je pourrai pour vous le faire voir bientôt, afin que vous en jugiez vous-même; mon père vous va dire le reste.

DU COMTE DE BUSSY.

L'époux donc est presque aussi grand que moi; il a plus de trente ans, l'air bon, le visage long, le nez aquilin et le plus grand du monde, le teint un peu plombé, assez de la couleur de celui de Saucourt; chose considérable en un futur, il a dix mille livres de rente sur la frontière du Comté et de la Brosse, dans les terres de Cressia, de Coligny, d'Andelot, de Valfin et de Loysia, desquelles il jouit présentement par la succession de Joachim de Coligny, frère de sa mère. Le comte de Dalet, son père, remarié, comme vous savez, avec mademoiselle d'Estin, jouit de la terre de Dalet et de celle de Malintras, et après sa mort elles viennent au futur par une donation que son père et sa mère firent, dans leur contrat de mariage, de ces deux terres à leur fils aîné : elles valent encore dix mille livres de rente, et plus; une de ses tantes vient de lui faire donation d'une terre de trois mille livres de rente après sa mort. Son intention est de prendre emploi aussitôt qu'il sera marié, et je ne l'en dissuaderai pas. Sa maison de Cressia, qui sera sa demeure, est à deux journées de Chaseu et à trois de Bussy. J'ai donné à ma fille le bien de sa mère dès à présent, et je ne la fais pas renoncer à ses droits paternels.

DE MADEMOISELLE DE BUSSY.

Je vous rends mille grâces, ma chère tante, et à madame de Grignan, de la part que vous me témoignez prendre à mon établissement; vous ne sauriez toutes deux vous intéresser aux affaires de personne qui vous aime et qui vous honore plus que je fais.

357. — DU MÊME A LA MÊME.

A Chaseu, ce 30 avril 1675.

Ce n'est pas seulement pour vous témoigner la part que je prends à l'affliction que vous avez de la mort du pauvre Chésières que je vous écris, Madame, c'est encore pour m'en plaindre avec vous; je l'ai toujours fort aimé, mais le dernier voyage que j'ai fait à Paris, où je passai une journée avec lui, rafraîchit mon amitié, et me fait aujourd'hui plus sentir ma perte.

Au reste, Madame, mes amis me mandent que je n'ai plus d'obstacles pour mon retour à la cour que M. le Prince, et que la voie infaillible pour le lever est celle de M. le Duc. Ils me proposent pour cela d'en écrire à M. de Langeron ou à M. de Briord; mais je crois que vous pourriez traiter cette affaire avec lui plus habilement que personne, et avec un meilleur prétexte, étant ce que nous sommes. Je vous supplie donc, Madame, de prendre votre temps à la première visite qu'il vous rendra pour lui en parler; je vous fais ma plénipotentiaire : je ne saurais mettre mes intérêts en meilleures mains.

Mandez-moi des nouvelles du départ de madame de Grignan; je voudrais qu'il fût bien reculé, quand je devrais lui déplaire pour ce souhait, car je sais bien que je me raccommoderais avec elle. Mais vous ne m'avez pas fait réponse si vous passeriez en ce pays-ci en la conduisant. Donnez-m'en avis de bonne heure, je vous supplie; je vous veux voir toutes deux.

358. — DE MADAME DE SÉVIGNÉ AU COMTE DE BUSSY.

A Paris, ce 10 mai 1675.

Je pense que je suis folle de ne vous avoir point encore écrit sur le mariage de ma nièce; mais je suis en vérité comme folle, et c'est la seule bonne raison que j'aie à vous donner : mon fils s'en va dans trois jours à l'armée, ma fille dans peu d'autres en Provence; il ne faut pas croire qu'avec de telles séparations je puisse conserver ce que j'ai de bon sens. Ayez donc pitié de moi, et croyez qu'au travers de toutes mes tribulations je sens toutes les injustices qu'on vous a faites. J'approuve extrêmement l'alliance de M. de Coligny ; c'est un établissement pour ma nièce, qui me paraît solide; et pour la peinture du cavalier, j'en suis contente sur votre parole. Je vous fais donc mes compliments à tous deux, et quasi à tous trois, car je m'imagine qu'à présent vous n'êtes pas loin les uns des autres. Je ne vous parle pas de tout ce qui s'est passé ici depuis un mois ; il y aurait beaucoup de choses à dire, et je n'en trouve pas une à écrire [1].

Nous avons perdu le pauvre Chésières en dix jours de maladie; j'en ai été fâchée, et pour lui et pour moi, car j'ai trouvé mauvais qu'une grande santé pût être attaquée et détruite en si peu de temps, sans avoir fait aucun excès,

---

[1] Il s'agit de la retraite de madame de Montespan.

au moins qui nous ait paru. Adieu, mon cher cousin ; adieu, ma chère nièce.

DE MONSIEUR DE CORBINELLI.

J'espère que je me trouverai le jour des noces avec vous : je me fie à mon ami le hasard; en tous cas, ce sera bientôt après. En attendant, je vous dirai qu'il n'y a pas un de vos serviteurs qui en soit plus content que moi. Vous savez que je suis sincère.

A MADEMOISELLE DE BUSSY.

Je vous dis la même chose, Mademoiselle ; je souhaite que vous soyez bientôt Madame, et je ne doute pas que vous ne mêliez alors l'air de gravité que cette qualité donne, à celui des Rabutins, qui sait se faire aimer et respecter également ; madame de Grignan m'arrache la plume.

DE MADAME DE GRIGNAN.

Comme vous n'avez point le malheur de partager le chagrin de mon départ, je vous l'annonce sans prendre la précaution de vous envoyer votre confesseur. C'est donc ici un adieu, monsieur le Comte ; mais un adieu n'est pas rude quand on n'est pas ensemble, et qu'ainsi l'on ne se quitte point : c'est seulement avertir ses amis que l'on change de lieu. Si vous avez besoin de mes services et de l'huile de Provence, je vous en ferai votre provision. Mais ce n'est pas tout ce que je veux vous dire ; c'est un compliment que je veux vous faire sur le mariage de mademoiselle votre fille. Je ne sais pas trop comment il s'en faut démêler, et je ne puis que répéter quelqu'un de ceux qu'on vous aura faits, et dont vous vous êtes déjà moqué. Ce sera donc pour une autre fois ; et si Dieu vous fait la grâce d'être grand-père au bout de l'an, je serai la première à vous dire mille gentillesses, et à elle aussi. En attendant, je vous embrasse tous deux de tout mon cœur.

359. — DU COMTE DE BUSSY A MADAME DE SÉVIGNÉ.

A Chaseu, le 14 mai 1675.

Ce n'est pas l'esprit que vous avez perdu, Madame, c'est la mémoire; car vous m'avez déjà écrit sur le mariage de ma fille, mais je suis fort aise que vous l'ayez oublié : cela m'a encore attiré une de vos lettres. Je ne doute pas que vous ne souffriez étrangement, étant sur le point de vous séparer des personnes que vous aimez le plus, et que vous devez le plus aimer. On vivrait bien plus heureusement si l'on pouvait faire ce que dit l'opéra.

« N'aimons jamais, ou n'aimons guère:
« Il est dangereux d'aimer tant. »

Pour moi, j'aime encore mieux le mal que le remède, et je trouve plus doux d'avoir bien de la peine à quitter les gens que j'aime, que de les aimer médiocrement. L'indolence continuelle ne m'accommode pas ; je veux des hauts et bas dans la vie. Vous voyez, Madame, que la fortune m'a servi à souhait. Cependant il me semble qu'elle fait durer trop longtemps ce méchant état, et qu'elle sort de son caractère d'inconstante pour me persécuter. J'ai bien fait de mettre les affaires au pis. Si je les avais prises à cœur, je serais mort à présent, et je suis dans une santé à survivre à de plus jeunes et à de plus heureux que moi. Ce n'est pas, comme vous dites, que l'exemple de Chésières ne fasse trembler les plus sains, mais il fait encore plus de peur aux infirmes. A tout hasard, Madame, portons-nous bien, je vous réponds que nous irons loin; fiez-vous-en à ma parole. C'est déjà pour vivre longtemps que de l'espérer fortement. Je ne sais pas si sur les choses qui se sont

passées depuis un mois nous pensons de même, vous et moi;
mais je ne doute point que l'amour ne soit égal à ce qu'il
était, et que toute la différence n'aille qu'à plus de mystère,
ce qui le fera durer plus longtemps. Voilà tout ce que j'en
puis juger d'aussi loin [1].

DE MADEMOISELLE DE BUSSY.

Je vous rends mille grâces, ma chère tante, de toutes les
bontés que vous me témoignez.

DU COMTE DE BUSSY A MONSIEUR DE CORBINELLI.

Je vous trouve entre la mère et la fille, Monsieur, et
vous me paraissez là si bien que je ne vous en ôterai pas.
Venez-y, courez-y comme aux noces; vous ne sauriez aller
en aucun lieu du monde où l'on vous aime et où l'on vous
estime davantage.

DE MADEMOISELLE DE BUSSY A CORBINELLI.

Je vous assure, Monsieur, que de tous les compliments
qu'on m'a faits, aucun ne m'a été plus agréable que le vôtre; au reste, je tâcherai de ne pas perdre cet air des Rabutins qui vous plaît tant : je voudrais bien aller me per-
fectionner là-dessus auprès de ma tante. Venez voir si je
profite bien de l'exemple que j'ai ici; il me paraît assez bon
à imiter, j'entends au moins pour l'air.

DU COMTE DE BUSSY A MADAME DE GRIGNAN.

Avec tout cela, Madame, vous avez beau dire, c'est un
malheur pour moi que vous partiez de Paris. Je suis encore
plus près d'y aller qu'en Provence. Ainsi vous n'auriez pas
trop mal fait quand vous m'auriez annoncé votre départ un

---

[1] Il est encore question ici d'une séparation présumée entre le roi et madame de Montespan. (*Voyez* la lettre du 7 juin 1675.)

peu plus délicatement. Au reste, Madame, je vous rends mille grâces de vos offres. Je me passerais bien de votre huile, et j'aimerais mieux ne manger jamais de salade, que de vous aller voir où vous allez. Je sais bien, Madame, que vous prenez part, comme font tous mes amis, au mariage de ma fille, et vous devez savoir aussi que je vous en remercie comme font tous les pères des nouvelles mariées. Je serai fort trompé si je ne suis grand-père au bout de l'an. La demoiselle n'a point du tout l'air d'une *brehaigne* [1].

360. — DE MADAME DE SÉVIGNÉ AU COMTE DE BUSSY.

A Paris, ce 25 mai 1673.

Vous êtes le maître du pavé présentement, Monsieur le Comte. Je reçus votre lettre du 30 avril le propre jour que M. le Prince et M. le Duc partirent pour Chantilly, et ensuite pour l'armée. Quand ils seraient encore ici, je vous assure qu'il n'y aurait rien à faire pour nous du côté de M. le Duc. Je sais qu'il a parlé sur votre sujet d'une manière qui ne doit pas donner si tôt la confiance de vouloir tirer de lui une approbation de votre retour. Servez-vous de leur tolérance, vous ne les trouverez pas sur votre route; que vous faut-il de plus? Le paladin (*le duc de Saint-Aignan*) vous doit conduire à l'égard du maître; c'est le principal en toutes manières.

Je vous remercie de tout ce que vous me dites d'obligeant sur la mort du pauvre Chésières; il me semble que je vous ai déjà écrit là-dessus.

Ma fille ne vous verra point en passant, dont elle est fort fâchée : elle s'en va par des voies qui ne laissent aucune liberté de se détourner. Elle vous embrasse de tout son cœur. Mandez-moi des nouvelles de votre mariage, et

---

[1] Ce mot signifiait autrefois une vieille biche stérile. On le rencontre quelquefois dans les vieux poëtes français.

si vous n'avez pas écrit à madame de Monglas sur la mort de son mari.

Adieu, Comte; j'ai la tête à l'envers du déplaisir d'avoir quitté cette pauvre Comtesse[1]; il y a des endroits dans la vie qui sont bien amers et bien rudes à passer.

361. — DU COMTE DE BUSSY A MADAME DE SÉVIGNÉ.

A Chaseu, ce 28 mai 1675.

Quand je ne vais point à Paris, ce n'est ni M. le Prince ni M. le Duc, à l'hôtel de Condé, qui m'en empêchent; c'est le roi. Ainsi, Madame, leur absence ne me donne pas plus de liberté, et j'ai pour les ordres de Sa Majesté autant de respect quand elle est en Flandre que si elle était au Louvre.

Vous me mandez que M. le Duc parle de moi encore avec aigreur; il faut donc qu'il soit changé, car Briord m'écrivit il y a quelque temps que M. le Duc lui avait commandé de me faire savoir qu'il était fâché de l'état où j'étais avec monsieur son père, et qu'il serait bien aise qu'il se radoucît pour moi. Quand je veux apaiser M. le Prince, c'est afin d'aplanir tous les chemins, et pour n'avoir rien à me reprocher, et non pas que je croie que mon retour ne tient qu'à lui. Vous savez que j'ai d'autres vues, et je vous assure que malgré tous les obstacles, je retournerai à la cour. Ce n'est pas qu'au pis aller je m'en souciasse beaucoup, car c'est plus pour faire enrager les gens qui me craignent que je fais des pas de ce côté-là, que pour les avantages que j'en attends. J'irai droit au maître par le Palatin, et par d'autres, car j'ai plusieurs chemins, et quand tout cela me manquerait, le temps, si je vis, ne me manquera pas.

Nous attendons M. de Coligny à tout moment pour transiger.

---

[1] Les adieux de la mère et de la fille s'étaient faits à Fontainebleau. (P.)

J'ai écrit à madame de Monglas sur la mort de son mari.

Je vous plains fort, ma chère cousine, dans la séparation de notre Comtesse.

362. — DE MADAME DE SÉVIGNÉ A MADAME DE GRIGNAN.

A Livry, lundi 27 mai 1675.

Quel jour, ma fille, que celui qui ouvre l'absence! Comment vous a-t-il paru? Pour moi, je l'ai senti avec toute l'amertume et toute la douleur que j'avais imaginées, et que j'avais appréhendées depuis si longtemps. Quel moment que celui où nous nous séparâmes! quel adieu et quelle tristesse d'aller chacune de son côté, quand on se trouve si bien ensemble! Je ne veux point vous en parler davantage, ni célébrer, comme vous dites, toutes les pensées qui me pressent le cœur. Je veux me représenter votre courage, et tout ce que vous m'avez dit sur ce sujet, qui fait que je vous admire. Il me parut pourtant que vous étiez un peu touchée en m'embrassant. Pour moi, je revins à Paris, comme vous pouvez vous l'imaginer. M. de Coulanges se conforma à mon état : j'allai descendre chez M. le cardinal de Retz, où je renouvelai tellement toute ma douleur, que je fis prier M. de La Rochefoucauld, madame de La Fayette et madame de Coulanges, qui vinrent pour me voir, de trouver bon que je n'eusse point cet honneur. Il faut cacher ses faiblesses devant les forts. M. le cardinal entra dans les miennes : la sorte d'amitié qu'il a pour vous le rend fort sensible à votre départ. Il se fait peindre par un religieux de Saint-Victor. Je crois que, malgré Caumartin, il vous donnera l'original. Il s'en va dans peu de jours : son secret est répandu; ses gens sont fondus en larmes. Je fus avec lui jusqu'à dix heures. Ne blâmez point, mon enfant, ce que je sentis en rentrant chez moi. Quelle différence! quelle solitude! quelle tristesse! votre

chambre, votre cabinet, votre portrait! Ne plus trouver
cette aimable personne! M. de Grignan comprend bien ce
que je veux dire et ce que je sentis. Le lendemain, qui
était hier, je me trouvai tout éveillée à cinq heures : j'allai prendre Corbinelli pour venir ici avec l'abbé. Il y pleut
sans cesse, et je crains fort que vos chemins de Bourgogne ne soient rompus. Nous lisons ici des maximes que
Corbinelli m'explique[1] : il voudrait bien m'apprendre à
gouverner mon cœur. J'aurais beaucoup gagné à mon
voyage, si j'en rapportais cette science. Je m'en retourne
demain : j'avais besoin de ce moment de repos pour remettre un peu ma tête, et reprendre une espèce de contenance.

363. — A LA MÊME.

A Paris, mercredi 29 mai 1675.

Je vous conjure, ma fille, d'être persuadée que vous n'avez manqué à rien : une de vos réflexions pourrait effacer
des crimes, à plus forte raison des choses si légères, qu'il
n'y a que vous et moi qui soyons capables de les remarquer. Croyez que je ne puis conserver d'autres sentiments
pour vous que ceux d'une tendresse qui n'a point d'égale,
et d'un goût si naturel qu'il ne finira qu'avec moi. J'ai tâché d'apprendre à Livry ce qu'il faut faire pour détourner
ces sortes d'idées. Toute la difficulté, c'est qu'il ne s'en
présente point à moi qui ne soient sur votre sujet, et que
je ne sais où en prendre d'autres. Ainsi Corbinelli est bien
empêché; mais il faut espérer que le temps les rendra
moins amères. Un peu de dévotion et d'amour de Dieu
mettraient le calme dans mon âme; ce n'est qu'à cela seul
que vous devez céder. Corbinelli m'a été uniquement bon
à Livry : son esprit me plaît, et son dévouement pour moi

---

[1] Les *Maximes de La Rochefoucauld*. Corbinelli s'occupa plus tard d'un
commentaire sur ces *Maximes*. Cet ouvrage n'a pas été publié.

est si grand, que je ne me contraignais sur rien. J'en revins hier, et je descendis encore chez notre cardinal, à qui je trouvai tant d'amitié pour vous, qu'il me convient par cet endroit-là plus que les autres, sans compter tous les anciens attachements que j'ai pour lui. Il a mille affaires : il passe la Pentecôte à Saint-Denis; mais il reviendra ici pour huit ou dix jours encore. On ne parle aujourd'hui que de sa retraite; mais chacun selon son humeur, quoique l'admiration soit la seule manière de l'envisager[1]. Mesdames de Lavardin, de La Troche et de Villars m'accablent de leurs billets et de leurs soins : je ne suis point encore en état de profiter de leurs bontés. Madame de La Fayette est à Saint-Maur; madame de Langeron a la tête enflée : on croit qu'elle mourra. La reine et madame de Montespan furent lundi aux carmélites de la rue du Bouloi plus de deux heures en conférence : elles en parurent également contentes; elles étaient venues chacune de leur côté, et s'en retournèrent le soir à leurs châteaux. Je vous écrivis avant-hier; je vous adressai la lettre à Lyon chez M. le chamarier. Je serais bien fâchée que cette lettre fût perdue. Il y en avait une de notre cardinal dans le paquet; voici encore un billet de lui. Votre lettre est très-bonne pour pénétrer le cœur et l'âme. M. de Coulanges sera informé de votre souvenir. Il est vrai qu'il faut profiter de tous les moments dans les adieux. Je serais très-fâchée de n'avoir pas été jusqu'à Fontainebleau : l'instant de la séparation fut terrible; mais c'eût été encore pis d'ici. Je ne perdrai jamais aucun temps de vous voir; je ne me reproche rien là-dessus; et pour me raccommoder avec Fontainebleau, j'y veux aller au-devant de vous. Dieu nous enverra des facilités pour me conserver la vie : ne soyez point inquiète de ma santé; je la ménage, puisque vous l'aimez. Ne soyez jamais en peine de ceux qui ont le don

---

[1] M. le cardinal de Retz prit le parti de se retirer à Commerci, dans la vue de payer ses dettes avant sa mort; il eut le bonheur d'y réussir. (P.)

des larmes; je prie Dieu que je ne sente jamais de ces douleurs où les yeux ne soulagent point le cœur. Il est vrai qu'il y a des pensées et des paroles qui sont étranges; mais rien n'est dangereux quand on pleure. J'ai donné de vos nouvelles à vos amis. Je vous remercie, ma chère Comtesse, de votre aimable distinction.

Le maréchal de Créqui assiège Dinan. On dit qu'il y a du désordre à Strasbourg. Les uns veulent laisser passer l'empereur, les autres veulent tenir leur parole à M. de Turenne. Je n'ai point de nouvelles des guerriers. On m'a dit que le chevalier de Grignan avait la fièvre tierce; vous en apprendrez des nouvelles par lui-même.

364. — A LA MÊME.

A Paris, vendredi 31 mai 1675.

Je n'ai reçu encore que votre première lettre; il est vrai, ma fille, qu'elle vaut tout ce qu'on peut valoir. Je ne vois rien depuis votre absence, et je ne trouve personne qui ne m'en fasse souvenir; on m'en parle, et on a pitié de moi: n'est-ce pas sur ces pensées qu'il faut passer légèrement? Passons donc. Je fus hier chez madame de Verneuil, au retour de Saint-Maur, où j'étais allée avec M. le cardinal (*de Retz*). Je trouvai à l'hôtel de Sully mademoiselle de Lannoy[1], mariée au petit-fils du vieux comte de Montrevel. La noce s'est faite là. Jamais vous n'avez vu une mariée si drue; elle va droit à son ménage, et dit déjà *mon mari*. Il avait la fièvre, ce mari, et la devait avoir le lendemain; il ne l'eut point. Fieubet[2] dit: Voilà donc un remède pour la fièvre; mais dites-nous la dose. Mesdames

---

[1] Adrienne-Philippe-Thérèse de Lannoy, qui avait été fille d'honneur de la reine, épousa Jacques-Marie de La Baume-Montrevel, en 1675. (P.)

[2] Gaspart de Fieubet, d'abord conseiller au parlement de Toulouse, puis chancelier de la reine Marie-Thérèse, l'un des esprits les plus polis du siècle, dit Voltaire. On connaît de lui quelques vers, fort bien tournés, entre autres l'épitaphe de Saint-Payen.

de Castelnau, Louvigny, Sully, Fiesque, vous jugez bien ce que toutes ces belles me purent dire. Mes amies ont trop de soin de moi, j'en suis importunée; mais je ne perds aucun des moments dont je puis profiter pour voir notre cher cardinal. Voilà des lettres qui vous apprendront l'arrivée de M. le coadjuteur. Je l'ai vu et embrassé ce matin; il doit ce soir conférer avec Son Éminence et d'Hacqueville, pour savoir la résolution qu'il doit prendre : il a été caché jusqu'ici.

Madame la Duchesse a perdu mademoiselle d'Enghien, un de ses fils s'en va mourir encore, sa mère est malade, madame de Langeron abîmée sous terre, M. le Prince et M. le Duc à la guerre; elle pleure toutes ces choses, à ce qu'on m'a dit. Je laisse à d'Hacqueville à vous parler de la guerre, et aux Grignans à vous parler de la maladie du chevalier : s'il revient ici, j'en aurai soin comme de mon fils. Je compte que vous êtes aujourd'hui sur la tranquille Saône : c'est ainsi que devraient être nos esprits; mais le cœur les débauche sans cesse : le mien est rempli de ma fille. Je vous ai mandé mon embarras : c'est de ne pouvoir détourner mon idée de vous, parce que toutes mes pensées sont de la même couleur.

A dix heures du soir.

Nous voici tous chez mon abbé; le coadjuteur est aussi content ce soir qu'il était embarrassé ce matin : l'abbé de Grignan a si bien ménagé M. de Paris[1], que le coadjuteur en sera reçu comme un député très-agréable et très-cher. Le voilà donc ravi : il verra demain M. de Paris, et reprendra le nom de coadjuteur d'Arles, qu'il avait quitté depuis vingt-quatre heures, pour se cacher sous celui de l'abbé d'Aiguebère. Je ne plains que vous, ma fille, qui n'aurez point sa bonne compagnie; c'est une perte partout, et sur-

---

[1] François de Harlay, archevêque de Paris. (P.)

tout en Provence. L'abbé croit que la fièvre du chevalier s'est rendue assez traitable pour le laisser poursuivre son chemin. D'Hacqueville dit que Dinan est rendu[1]. Adieu, ma très-chère; voici une compagnie où il ne manque que vous; vous y êtes tendrement aimée, vous n'en sauriez douter.

365. — A LA MÊME.

À Paris, mercredi 5 juin 1675.

Je n'ai reçu aucune de vos lettres depuis celle de Sens; et vous savez quelle envie je puis avoir d'apprendre des nouvelles de votre santé et de votre voyage; je suis très-persuadée que vous m'avez écrit : je ne me plains que des arrangements ou des dérangements de la poste. Selon notre calcul, vous êtes à Grignan, à moins qu'on ne vous ait retenue les fêtes à Lyon. Enfin, ma fille, je vous ai suivie partout; et il me semble que le Rhône n'a point manqué au respect qu'il vous doit. J'ai été à Livry avec Corbinelli : j'en suis revenue promptement, pour ne pas perdre un moment de ceux que je puis employer encore à voir notre cardinal. La tendresse qu'il a pour vous et la vieille amitié qu'il a pour moi m'attachent très-tendrement à lui : je le vois tous les soirs, depuis huit heures jusqu'à dix; il me semble qu'il est bien aise de m'avoir jusqu'à son coucher : nous causons sans cesse de vous; c'est un sujet qui nous mène bien loin, et qui nous tient uniquement au cœur. Il veut venir ici; mais je ne puis plus souffrir cette maison où vous me manquez. M. le nonce lui manda hier que, par un courrier qu'il avait reçu de Rome, il venait d'apprendre sa nomination au cardinalat. Le pape[2] a fait une promotion de ses créatures; c'est ainsi qu'on l'appelle : les couronnes sont remises à cinq ou six années d'ici, et par con-

---

[1]. Le roi prit Dinan le 28 mai.
[2]. Clément X.

séquent M. de Marseille [1]. Le nonce dit à Bonvouloir, qui courut lui faire un compliment, qu'il espérait bien que présentement le pape ne reprendrait pas le chapeau de M. le cardinal de Retz, et qu'il s'en allait bien faire ses efforts pour en détourner Sa Sainteté, quand même elle le voudrait, puisqu'il a l'honneur d'être le camarade de M. de Retz. Voici donc encore un cardinal, le cardinal Spada. Le nôtre s'en va mardi ; je crains ce jour, et je sens extrêmement cette séparation et cette perte : son courage augmente à mesure que celui de ses amis diminue.

La duchesse de La Vallière [2] fit hier profession. Madame de Villars m'avait promis de m'y mener, et, par un malentendu, nous crûmes n'avoir point de places. Il n'y avait qu'à se présenter, quoique la reine eût dit qu'elle ne voulait pas que la permission fût étendue ; tant y a, Dieu ne le voulut pas : madame de Villars en a été affligée. Elle fit donc cette action, cette belle et courageuse personne, comme toutes les autres de sa vie, d'une manière noble et charmante : elle était d'une beauté qui surprit tout le monde ; mais ce qui vous étonnera, c'est que le sermon de M. de Condom (*Bossuet*) ne fut point aussi divin qu'on l'espérait. Le coadjuteur y était ; il vous contera comme son affaire va bien à l'égard de M. de Paris et de M. de Saint-Paul [3] ; mais il trouve l'ombre de M. de Toulon et l'esprit de M. de Marseille partout.

Madame de Coulanges part lundi avec Corbinelli ; cela m'ôte ma compagnie : vous savez comme Corbinelli m'est

---

[1] Toussaint de Forbin-Janson, évêque de Marseille, depuis évêque de Beauvais, ne fut cardinal qu'en février 1690, de la promotion d'Alexandre VIII. (P.)

[2] Elle fit profession aux Carmélites de la rue Saint-Jacques. Il y avait plus de trois ans qu'elle ne recevait à la cour que des affronts de sa rivale et des duretés du roi. Elle n'y était restée, disait-elle, que par esprit de pénitence. Elle disait souvent : Quand j'aurai de la peine aux Carmélites, « je me souviendrai de ce que ces gens-là m'ont fait souffrir. » (*Souvenirs* de madame de Caylus.)

[3] Lucas d'Aquin, évêque de Saint-Paul-Trois-Châteaux.

bon, et de quelle sorte il entre dans mes sentiments. Je suis convaincue de son amitié, je sens son absence ; mais, mon enfant, après vous avoir perdue, que peut-il m'arriver dont je doive me plaindre? Je ne m'en plains aussi que par rapport à vous, et comme étant un de ceux avec qui je trouve le plus de consolation ; car il ne faut pas croire que ceux à qui je n'ose en parler autant que je voudrais me soient aussi agréables que ceux qui sont dans mes sentiments. Il me semble que vous avez peur que je ne sois ridicule, et que je ne me répande excessivement sur ce sujet : non, non, ne craignez rien ; je sais gouverner ce torrent : fiez-vous un peu à moi, et me laissez la liberté de vous aimer jusqu'à ce qu'il ait plu à Dieu de vous ôter de mon cœur pour s'y mettre : c'est à lui seul que vous céderez cette place. Enfin, je me suis trouvée si uniquement occupée et remplie de vous, que mon cœur n'étant capable de nulle autre pensée, on m'a défendu de faire mes dévotions à la Pentecôte, et c'est savoir le christianisme. Adieu, ma chère enfant ; j'achèverai ma lettre ce soir.

Je reçois votre lettre de Mâcon. Je n'en suis pas encore à pouvoir lire ce qui me vient de vous, sans que la fontaine joue son jeu : tout est si tendre dans mon cœur, que dès que je touche à la moindre chose, je n'en puis plus. Vous pouvez penser qu'avec cette belle disposition je rencontre souvent des occasions ; mais ne craignez rien pour ma santé, je ne puis jamais oublier cette bouffée de philosophie que vous me vintes souffler ici la veille de votre départ. J'en profite autant que je puis ; mais j'ai une si grande habitude à être faible, que, malgré vos bonnes leçons, je succombe souvent. Vous aurez vu comme ce jour douloureux du départ de M. le cardinal n'est pas encore arrivé : il le sera quand vous recevrez cette lettre. Il est vrai que cela seul mériterait d'ouvrir une source ; mais comme elle est ouverte pour vous, il ne fera qu'y puiser. Ce sera en effet un jour très-douloureux pour moi ; car je suis fort attachée à sa personne, à son mérite, à sa conversation, dont je jouis tant que je puis, et à toutes les amitiés qu'il me témoigne. Il est vrai que son âme est d'un ordre si supérieur, qu'il ne fallait pas attendre de lui une fin toute commune, comme des autres hommes; quand on a pour règle de faire toujours ce qu'il y a de plus grand et de plus héroïque, on place sa retraite en son temps, et on laisse pleurer ses amis.

Que vous êtes plaisante, mon enfant, avec votre gazette à la main! Quoi! si tôt vous en faites vos délices! Je croyais que vous attendriez au moins que vous eussiez passé cette chienne de Durance. Le dialogue du roi et de M. le Prince me paraît plaisant : je crois qu'ici même vous l'auriez pris pour bon. Je reçois une lettre du chevalier, qui se porte bien; il est à l'armée, et n'a eu que cinq accès de fièvre tierce : c'est une inquiétude de moins; mais sa lettre, toute pleine d'amitié, est d'un vrai Allemand, car il ne veut point du tout croire ce qu'on dit d'une retraite du cardinal de Retz : il me prie de lui dire la vérité; je m'en vais la lui dire. Je ferai tous vos compliments; je suis fort assurée qu'ils seront très-bien reçus : chacun se fait un honneur d'être dans votre souvenir; M. de Coulanges en était tout glorieux. Tous nos amis, nos amies, nos commensaux, me parlent de vous quand je les rencontre, et me prient de vous assurer de leur *servitude*. Le coadjuteur vous contera les prospérités de son voyage; mais il ne se vantera pas d'avoir pensé être étouffé chez madame de Louvois par vingt femmes qui se firent un jeu, et qui croyaient chacune être en droit de l'embrasser : cela fit une confusion, une oppression, une suffocation dont la pensée me fait étouffer; tout cela soutenu par les tons les plus hauts et les paroles les plus répétées et les plus effectives qu'on puisse imaginer. Madame de Coulanges conte fort plaisamment cette scène. Je vous souhaite à Grignan la compagnie que vous nommez. Mon fils se porte bien; il vous fait mille amitiés. M. de Grignan voudra bien que je l'embrasse, à présent qu'il n'est pas occupé du tracas du bateau ; je le vois bien d'ici arracher *sa touffe ébouriffée.*

M. de Rochefort assiège Huy ; la ville est rendue, le château résiste un peu. L'autre jour M. de Bagnols donnait une fricassée à mesdames d'Heudicourt et de Sanzei et à Coulanges ; c'était à la Maison Rouge : ils entendent dans la chambre voisine cinq ou six voix éclatantes, des cris, des discours éveillés, des propositions folles ; M. de Coulanges veut voir qui c'est : il trouve madame Baillet, Madaillan, un autre Pourceaugnac, la belle Anglaise et Montalais. En même temps voilà Montalais[1] à genoux, qui prie humblement Coulanges de ne rien dire. Il a si bien fait que tout Paris le sait, et que Montalais se désespère qu'on sache l'usage qu'elle fait de sa précieuse Anglaise. Je finis, ma très-chère, pour ne pas vous accabler. Hélas ! quel changement de n'avoir plus d'autre plaisir que de recevoir de vos lettres, après avoir eu si longtemps celui de vous voir en corps et en âme ! Je ne me reproche pas au moins de ne l'avoir pas senti.

MADAME DE COULANGES.

On ne regrette plus que les gens que l'on hait : je le sais depuis que vous êtes partie ; on ne suit que les gens que l'on hait : je pars samedi pour marcher sur vos pas, et je ne serai contente de mon voyage que quand j'aurai fait quelque trajet sur le Rhône. J'ai été aujourd'hui à Saint-Cloud ; on m'y a parlé de vous, et j'en ai été fort aise, car ma haine pour vous ressemble si fort à de l'amitié, que je m'y méprends toujours. Je suis très-humble servante de M. de Grignan.

---

[1] Mademoiselle de Montalais, sœur de Madame de Marans.

366. — A LA MÊME,

A Paris, vendredi 7 juin 1675.

Enfin, ma fille, me voilà réduite à faire mes délices de vos lettres : il est vrai qu'elles sont d'un grand prix ; mais quand je songe que c'était vous-même que j'avais, et que j'ai eue quinze mois de suite, je ne puis retourner sur ce passé sans une grande tendresse et une grande douleur. Il y a des gens qui m'ont voulu faire croire que l'excès de mon amitié vous incommodait ; que cette grande attention à vouloir découvrir vos volontés, qui tout naturellement devenaient les miennes, vous faisait assurément une grande fadeur et un grand dégoût. Je ne sais, ma chère enfant, si cela est vrai ; ce que je puis vous dire, c'est qu'assurément je n'ai pas eu dessein de vous donner cette sorte de peine. J'ai un peu suivi mon inclination, je l'avoue ; et je vous ai vue autant que je l'ai pu, parce que je n'ai pas eu assez de pouvoir sur moi pour me retrancher ce plaisir ; mais je ne crois point vous avoir été pesante. Enfin, ma fille, aimez au moins la confiance que j'ai en vous, et croyez qu'on ne peut jamais être plus dénuée ni plus touchée que je le suis en votre absence. La Providence m'a traitée bien rudement, et je me trouve fort à plaindre de n'en savoir pas faire mon salut. Vous me dites des merveilles de la conduite qu'il faut avoir pour se gouverner dans ces occasions ; j'écoute vos leçons, et je tâche d'en profiter. Je suis dans le train de mes amis : je vais, je viens ; mais quand je puis parler de vous je suis contente ; et quelques larmes me font un soulagement nonpareil. Je sais les lieux où je puis me donner cette liberté ; vous jugez bien que, vous ayant vue partout, il m'est difficile, dans ces commencements, de n'être pas sensible à mille choses que je trouve en mon chemin. Je vis hier les Villars, dont vous êtes révérée ; nous étions en solitude aux Tuileries ; j'avais dîné chez

M. le cardinal, où je trouvai bien mauvais de ne vous voir
pas. J'y causai avec l'abbé de Saint-Mihel, à qui nous donnons, ce me semble, comme en dépôt, la personne de son
Éminence ; il me parut un fort honnête homme, un esprit
droit et tout plein de raison, qui a de la passion pour lui,
qui le gouvernera même sur sa santé, et l'empêchera bien
de prendre le feu trop chaud sur la pénitence. Ils partiront
mardi ; et ce sera encore un jour douloureux pour moi,
quoiqu'il ne puisse être comparé à celui de Fontainebleau.
Songez, ma fille, qu'il y a déjà quinze jours, et qu'ils vont
enfin, de quelque manière qu'on les passe. Tous ceux que
vous m'avez nommés apprendront votre souvenir avec bien
de la joie ; j'en suis mieux reçue. Je verrai ce soir notre
cardinal ; il veut bien que je passe une heure ou deux chez
lui les soirs avant qu'il se couche, et que je profite ainsi
du peu de temps qui me reste. Corbinelli était ici quand
j'ai reçu votre lettre ; il a pris beaucoup de part au plaisir
que vous avez eu de confondre un jésuite : il voudrait
bien avoir été le témoin de votre victoire. Madame de La
Troche a été charmée de ce que vous dites pour elle. Soyez
en repos de ma santé, ma chère enfant ; je sais que vous
n'entendez pas de raillerie là-dessus. Le chevalier de Grignan est parfaitement guéri. Je m'en vais envoyer votre
lettre chez M. de Turenne. Nos frères sont à Saint-Germain ; j'ai envie de vous envoyer la lettre de La Garde ;
vous y verrez en gros la vie qu'on fait à la cour. Le roi a
fait ses dévotions à la Pentecôte : madame de Montespan
les a faites de son côté[1] : sa vie est exemplaire ; elle est
très-occupée de ses ouvriers, et va à Saint-Cloud, où elle
joue au hoca[2].

---

[1] Le roi, sur les exhortations de Bossuet, s'était séparé de madame de
Montespan ; mais le succès de Bossuet ne fut pas de longue durée. Les
amants se revirent, et les suites de ce rapprochement, dit madame de Caylus,
furent la naissance de la duchesse d'Orléans et du comte de Toulouse.

[2] Le *hoca* était un jeu de hasard très en vogue sous Louis XIV.

A propos, les cheveux me dressèrent l'autre jour à la tête, quand le coadjuteur me dit qu'en allant à Aix il y avait trouvé M. de Grignan jouant au hoca : quelle fureur! au nom de Dieu, ne le souffrez point; il faut que ce soit là une de ces choses que vous devez obtenir, si l'on vous aime. J'espère que Pauline se porte bien, puisque vous ne m'en parlez point; aimez-la pour l'amour de son parrain (*M. de La Garde*). Madame de Coulanges a si bien gouverné la princesse d'Harcourt, que c'est elle qui vous fait mille excuses de ne s'être pas trouvée chez elle quand vous allâtes lui dire adieu : je vous conseille de ne la point chicaner là-dessus. Ce que vous dites des arbres qui changent est admirable; la persévérance de ceux de Provence est triste et ennuyeuse[1]; il vaut mieux reverdir que d'être toujours vert. Corbinelli dit qu'il n'y a que Dieu qui doive être immuable; toute autre immutabilité est une imperfection; il était bien en train de discourir aujourd'hui. Madame de La Troche et le prieur de Livry étaient ici : il s'est bien diverti à leur prouver tous les attributs de la divinité. Adieu, ma très-aimable, je vous embrasse; mais quand pourrai-je vous embrasser de plus près? La vie est si courte; ah! voilà sur quoi il ne faut pas s'arrêter : c'est maintenant vos lettres que j'attends avec impatience.

367. — A LA MÊME.

Paris, mercredi 12 juin 1675.

Je fus hier assez heureuse pour aller me promener avec son Éminence tête à tête au bois de Vincennes : il trouva que l'air me serait bon. Il n'était pas trop accablé d'affaires : nous fûmes quatre heures ensemble; je crois en avoir bien profité; du moins les chapitres que nous traitâmes

---

[1] On voit en Provence plusieurs sortes d'arbres qui ne se dépouillent jamais de leurs feuilles, lesquelles demeurent vertes toute l'année; tels sont l'olivier, l'oranger, les chênes-verts et les lauriers, etc. (P.)

n'étaient pas indignes de lui. C'est ma véritable consolation que je perds en le perdant ; et c'est moi que je pleure, et vous aussi, quand je considère toute la tendresse qu'il a pour nous. Son départ achève de m'accabler.

Madame de Coulanges partit lundi fort triste, mais fort satisfaite d'avoir Corbinelli. Savez-vous l'affaire de M. de Saint-Vallier? Il était amoureux de mademoiselle de Rouvroi ; il a fait signer le contrat de mariage au roi, pas davantage ; il emprunte avec confiance dix mille écus à madame de Rouvroi sur l'argent qu'elle doit donner ; et puis tout d'un coup il envoie une promesse de dix mille écus à madame de Rouvroi, et s'en va je ne sais où. Le roi dit sur cela : Je trouve fort bon qu'il se moque de madame et de mademoiselle de Rouvroi ; mais de moi, c'est ce que je ne souffrirai pas. Sa Majesté lui a fait dire ou qu'il revienne épouser la belle, ou qu'il s'éloigne pour jamais, et qu'il envoie la démission de sa charge, faute de quoi elle sera taxée. Ce procédé est si complétement ridicule du côté de Saint-Vallier, qu'on croit que c'est un jeu pour y faire consentir le père. Le roi avait donné à Saint-Vallier un brevet de retenue de cent mille francs et une pension de six mille francs en faveur du mariage. Vous voyez donc que ces brevets si rares se donnent quelquefois.

J'étais hier au soir avec madame de Sanzei et d'Hacqueville ; je vis entrer Vassé ; nous crûmes que c'était son esprit, c'était son corps très-maléficié. Il est ici *incognito*, et vous fait mille et mille compliments. J'ai regret aux trois semaines que vous pouviez passer avec M. le cardinal de Retz, qui ne part que samedi. J'admire comme jour à jour, et toujours triste, le temps s'est passé depuis votre départ. Vous ai-je mandé que M. le Duc a encore perdu un fils? Ce sont deux enfants en huit jours.

Je reçois votre lettre de Grignan du 5 ; elle m'ôte l'inquiétude de votre santé. Vous dites une chose bien vraie, et que je sens à merveille : c'est que *les jours qu'on n'at-*

tend point de lettres ne sont employés qu'à attendre ceux qu'on en reçoit. Il y a certain degré dans l'amitié où l'on sent toutes les mêmes choses ; mais vous souhaitez de vos amis une tranquillité qu'il est bien difficile de vous promettre ; vous ne voulez point qu'ils vous servent, qu'ils sollicitent, qu'ils s'intéressent pour vous ; je crois vous l'avoir déjà dit, il n'est pas possible de vous accorder avec eux : car il se rencontre malheureusement que leur fantaisie, c'est justement de faire toutes ces choses. Mais comme il est plus établi que ce sont nos amis qui nous servent, que de vouloir que ce soient nos seuls ennemis, je crois, ma chère fille, que vous ne gagnerez pas ce procès-là, et que nous demeurerons en possession de vous témoigner notre amitié toutes les fois que nous le pourrons, comme on l'a toujours observé depuis la création du monde, c'est-à-dire depuis qu'il y a de la tendresse. Vous m'avez fait plaisir de me parler de mes petits-enfants ; je crois que vous vous divertirez à voir débrouiller leur petite raison. Je souhaite fort que vous n'alliez point à Aix ; vous serez bien plus en repos à Grignan, et vous y ferez revenir plus tôt M. de Grignan ; obtenez encore cette petite absence de sa tendresse, et tâchez de faire venir M. l'archevêque passer les chaleurs avec vous ; vous n'en serez point incommodés avec le secours de votre bise. J'attends une grande lettre de M. de Grignan ; est-il possible qu'il trouve les jours trop courts pour m'écrire, et que je les trouve, moi, d'une longueur qui pourrait faire entreprendre un bâtiment, en le commençant un peu matin ?

Madame de Montespan continue le sien ; elle s'amuse fort à ses ouvriers ; MONSIEUR la voit souvent : elle va à Saint-Cloud jouer à l'ombre ; il y a des dames qui la vont voir à Clagny. Madame de Fontevrauld, qui y doit passer quelques jours, venait dans la joie de voir son père [1], qu'elle

---

[1] Gabriel de Rochechouard, duc de Mortemart.

aime; elle pensa mourir de douleur de le trouver sans pouvoir prononcer une parole, tout assoupi, tout prêt à retomber dans l'état où il a été; cette vue la fait mourir. L'abbé Têtu la gouverne fort; j'admire le soin qu'a la Providence de son amusement; quand l'une (*madame de Coulanges*) s'en va à Lyon, il en vient une autre d'Anjou.

On dit chez M. Colbert et chez le maréchal de Villeroi que M. de Montécuculli [1] a repassé humblement le Rhin; que M. de Turenne, par un excès de civilité, l'a reconduit, et a passé la rivière après lui. La tête tourne à nos pauvres ennemis; la vue de M. de Turenne les renverse. Huy n'est pas encore pris. Je fais mon paquet chez M. le cardinal: il a un peu la goutte, j'espère que cela l'arrêtera. Je vous plains de n'avoir pas eu le plaisir de le voir autant qu'il a été ici.

On nous assure que Huy est pris du 5 au 6, sans que personne ait été tué. La reine alla hier faire collation à Trianon; elle descendit à l'église, et puis à Clagny, où elle prit madame de Montespan dans son carrosse, et la mena à Trianon avec elle.

368 — A LA MÊME.

A Paris, vendredi 14 juin 1675.

C'est au lieu d'aller dans votre chambre, que je vous entretiens, ma chère enfant; quand je suis assez malheureuse pour ne vous avoir plus, ma consolation toute naturelle, c'est de vous écrire, de recevoir de vos lettres, de parler de vous, et de faire quelques pas pour vos affaires. Je passai hier l'après-dîner avec notre cardinal : vous ne sauriez jamais deviner de quoi nous parlons quand nous sommes ensemble. Je recommence toujours à vous dire que vous ne pouvez trop l'aimer, et que je vous trouve

---

[1] Général de l'armée impériale, et l'un des plus grands capitaines de son siècle. (P.)

heureuse d'avoir renouvelé si solidement toute l'inclination et la tendresse naturelle qu'il avait déjà pour vous. Mandez-moi comment vous vous portez de l'air de Grignan; s'il vous a déjà bien dévorée, et de quelle façon je me dois représenter votre jolie personne. Votre portrait est très-aimable, mais beaucoup moins que vous, sans compter qu'il ne parle point. Pour moi, n'en soyez point en peine, ma règle présentement est d'être déréglée; je n'en suis point malade. Je dine tristement; je suis chez moi jusqu'à cinq ou six heures; je vais le soir, quand je n'ai point d'affaires, chez quelqu'une de mes amies; je me promène selon les quartiers; mais je fais tout céder au plaisir d'être avec notre cardinal : je ne perds aucune des heures qu'il me peut donner, et il m'en donne beaucoup : j'en sentirai mieux son départ et son absence. Il n'importe ; je ne songe jamais à m'épargner; après vous avoir quittée, je n'ai plus rien à craindre : j'irais un peu à Livry sans lui et sans vos affaires, mais je mets les choses au rang qu'elles doivent être, et ces deux choses sont bien au-dessus de mes fantaisies.

La reine fut voir madame de Montespan à Claguy, le jour que je vous avais dit qu'elle l'avait prise en passant; elle monta dans sa chambre, où elle fut une demi-heure; elle alla dans celle de M. du Vexin, qui était un peu malade, et puis emmena madame de Montespan à Trianon, comme je vous l'avais mandé. Il y a des dames qui ont été à Clagny; elles trouvèrent la belle si occupée des ouvrages et des enchantements que l'on fait pour elle, que, pour moi, je me représente Didon qui fait bâtir Carthage : la suite de cette histoire ne se ressemblera pas. M. de La Rochefoucauld et madame de La Fayette m'ont fort priée de vous faire leurs compliments : nous craignons bien que vous n'ayez tout du long madame la grande-duchesse [1]. On lui

---

[1] Marguerite-Louise d'Orléans, fille de Gaston de France, duc d'Orléans, et de Marguerite de Lorraine, sa seconde femme. (P.)

prépare ici une prison à Montmartre, dont elle serait effrayée, si elle n'espérait point de la faire changer ; c'est à quoi elle sera attrapée : ils sont ravis en Toscane d'en être défaits. Madame de Sully est partie. Paris devient fort désert ; je voudrais déjà en être dehors. Je dînai hier avec le coadjuteur chez M. le cardinal ; je le chargeai de vous faire l'Histoire ecclésiastique. M. Joli (*l'évêque d'Agen*) prêcha à l'ouverture (*de l'assemblée du clergé*); mais comme il ne se servit que d'un vieux évangile, et qu'il ne dit que de vieilles vérités, son sermon parut vieux. Il y aurait de belles choses à dire sur cet article.

La reine a dîné aujourd'hui aux Carmélites du Bouloy avec madame de Montespan et madame de Fontevrauld : vous verrez de quelle manière se tournera cette amitié. On dit que M. de Turenne reconduit les ennemis jusque dans leur logis ; il est assez avant dans leur pays. Vous recevrez un si gros paquet de d'Hacqueville, que c'est se moquer que de vouloir vous apprendre quelque chose aujourd'hui. J'ai le cœur bien pressé de notre cardinal ; je le vois souvent et longtemps : ce redoublement d'amitié et de commerce augmente ma tristesse ; il sort d'ici, et s'en va demain. Je n'ai point encore reçu vos lettres ; croyez, ma bonne, qu'il n'est pas possible d'aimer plus que je vous aime ; je ne suis animée que de ce qui a quelque rapport à vous. Madame de Rochebonne m'a écrit très-tendrement ; elle conte avec quels sentiments vous reçûtes et vous lûtes mes lettres à Lyon. Vous êtes donc faible aussi bien que moi, ma très-chère enfant.

369. — A LA MÊME.

A Paris, mercredi 19 juin 1675.

Je vous assure, ma très-chère, qu'après l'adieu que je vous dis à Fontainebleau, et qui ne peut être comparé à nul autre, je n'en pouvais faire un plus douloureux que celui que je fis hier au cardinal de Retz, chez M. de Caumartin, à quatre lieues d'ici. J'y fus lundi dernier ; je le trouvai au milieu de ses trois fidèles amis ; leur contenance triste me fit venir les larmes aux yeux, et quand je vis son Éminence avec sa fermeté, mais avec toute sa bonté et sa tendresse pour moi, j'eus peine à soutenir cette vue. Après le dîner nous allâmes causer dans les plus agréables bois du monde ; nous y fûmes jusqu'à six heures dans plusieurs sortes de conversations, si bonnes, si tendres, si aimables, si obligeantes, et pour vous et pour moi, que j'en suis pénétrée ; et je vous redis encore, mon enfant, que vous ne sauriez trop l'aimer ni l'honorer. Madame de Caumartin arriva de Paris, et avec tous les hommes qui étaient restés au logis elle vint nous trouver dans ce bois. Je voulus m'en retourner à Paris ; ils m'arrêtèrent à coucher sans beaucoup de peine : j'ai mal dormi. Le matin j'ai embrassé notre cher cardinal avec beaucoup de larmes, et sans pouvoir dire un mot aux autres. Je suis revenue tristement ici, où je ne puis me remettre encore de cette séparation. Elle a trouvé la fontaine assez en train ; mais en vérité elle l'aurait ouverte, quand elle aurait été fermée. Celle de madame de Savoie [1] doit ouvrir tous ses robinets. N'êtes-vous pas bien étonnée de cette mort du duc de Savoie (*Charles-Emmanuel*), si prompte et si peu attendue, à quarante ans ? Je suis fâchée que ce que vous mandez sur l'assemblée du clergé n'ait point été lu ; la fidélité de la poste est quelquefois incommode. Ces prélats donnent quatre millions cinq cent mille livres ; c'est une fois plus qu'à l'autre assemblée. La manière dont on y traite les affaires est admirable ; M. le coadjuteur vous en rendra compte. J'ai trouvé fort plaisant ce que vous dites de Lannoi [2], et de ce que l'on demande sous le nom d'établissement. Je dirai à mes-

---

[1] Marie-Jeanne Baptiste de Savoie-Nemours, duchesse de Savoie. (P.)
[2] Madame de Montrevel. (P.)

dames de Villars et de Vins votre souvenir : c'est à qui sera nommé dans mes lettres.

Il y a eu quelques petites *tranchées* en Bretagne ; il y a eu même à Rennes une colique *pierreuse*. M. de Chaulnes voulut par sa présence dissiper le peuple ; il fut repoussé chez lui à coups de pierres ; il faut avouer que cela est bien insolent. La petite personne mande à sa sœur qu'elle voudrait être à Sully, et qu'elle meurt de peur tous les jours : vous savez bien ce qu'elle cherche en Bretagne.

M. le Duc fait le siége de Limbourg. M. le Prince est demeuré auprès du roi ; vous pouvez juger de son horrible inquiétude. Je ne crois pas que mon fils soit à ce siége, non plus qu'à celui de Huy. Il vous embrasse mille fois : j'attends toujours de ses lettres ; mais des vôtres, mon enfant, puis-je vous dire avec quelle impatience ? Je trouve comme vous, et peut-être plus que vous, qu'il y a loin d'un ordinaire à l'autre ; ce temps, qui me fâche quelquefois de courir si vite, s'arrête tout court, comme vous me dites ; et enfin nous ne sommes jamais contents. Je ne puis encore m'accoutumer à ne vous point voir, ni trouver, ni rencontrer, ni espérer : je suis accablée de votre absence, et je ne sais point bien détourner mes idées. Notre cardinal vous aurait un peu effacée, mais vous êtes tellement mêlée dans notre commerce, qu'après y avoir bien regardé, il se trouve que c'est vous qui me le rendez si cher ; ainsi, je profite mal de votre philosophie : je suis ravie que vous vous sentiez aussi un peu de la faiblesse humaine.

Voilà un portrait qui s'est fait brusquement sur le cardinal : celui qui l'a fait [1] n'est point son intime ami ; il n'a nul dessein que le cardinal le voie, ni que cet écrit coure ; il n'a point prétendu le louer : le portrait m'a paru très-bon par toutes ces raisons. Je vous l'envoie et vous prie de n'en donner aucune copie. On est si lassé de louanges en

---

[1] M. de La Rochefoucauld.

face, qu'il y a du ragoût à pouvoir être assuré que l'on n'a eu nul dessein de faire plaisir, et que voilà ce qu'on dit quand on dit la vérité toute nue, toute naïve. On attend des nouvelles de Limbourg et d'Allemagne ; cela tient tout le monde en inquiétude. Adieu, ma chère fille. Votre portrait est aimable ; on a envie de l'embrasser tant il sort bien de la toile. J'admire de quoi je fais mon bonheur présentement.

PORTRAIT DE M. LE CARDINAL DE RETZ,
PAR M. LE DUC DE LA ROCHEFOUCAULD.

« Paul de Gondi, cardinal de Retz, a beaucoup d'éléva-
« tion, d'étendue d'esprit, et plus d'ostentation que de vraie
« grandeur de courage. Il a une mémoire extraordinaire,
« plus de force que de politesse dans ses paroles ; l'humeur
« facile, de la docilité et de la faiblesse à souffrir les plaintes
« et les reproches de ses amis ; peu de piété, quelques ap-
« parences de religion. Il paraît ambitieux sans l'être ; la
« vanité et ceux qui l'ont conduit lui ont fait entre-
« prendre de grandes choses, presque toutes opposées à sa
« profession ; il a suscité les plus grands désordres de l'É-
« tat, sans avoir un dessein formé de s'en prévaloir ; et,
« bien loin de se déclarer ennemi du cardinal Mazarin
« pour occuper sa place, il n'a pensé qu'à lui paraître re-
« doutable, et à se flatter de la fausse vanité de lui être op-
« posé. Il a su néanmoins profiter avec habileté des mal-
« heurs publics pour se faire cardinal ; il a souffert sa
« prison avec fermeté, et n'a dû sa liberté qu'à sa har-
« diesse. La paresse l'a soutenu avec gloire durant plu-
« sieurs années dans l'obscurité d'une vie errante et
« cachée ; il a conservé l'archevêché de Paris contre la
« puissance du cardinal Mazarin, mais après la mort de
« ce ministre il s'en est démis, sans connaître ce qu'il faisait
« et sans prendre cette conjoncture pour ménager les inté-

« rêts de ses amis et les siens propres. Il est entré dans di-
« vers conclaves, et sa conduite a toujours augmenté sa
« réputation. Sa pente naturelle est l'oisiveté ; il travaille
« néanmoins avec activité dans les affaires qui le pressent,
« et il se repose avec nonchalance quand elles sont finies.
« Il a une grande présence d'esprit, et il sait tellement
« tourner à son avantage les occasions que la fortune lui
« offre, qu'il semble qu'il les ait prévues et désirées.
« Il aime à raconter ; il veut éblouir indifféremment
« tous ceux qui l'écoutent par des aventures extraordi-
« naires, et souvent son imagination lui fournit plus que
« sa mémoire. Il est faux dans la plupart de ses qualités,
« et ce qui a le plus contribué à sa réputation est de sa-
« voir donner un beau jour à ses défauts. Il est insensible
« à la haine et à l'amitié, quelques soins qu'il ait pris de
« paraître occupé de l'une et de l'autre. Il est incapable
« d'envie et d'avarice, soit par vertu, soit par inapplica-
« tion. Il a plus emprunté de ses amis qu'un particulier
« ne pouvait espérer de leur pouvoir rendre : il a senti de
« la vanité à trouver tant de crédit et à entreprendre de
« s'acquitter. Il n'a point de goût ni de délicatesse ; il s'a-
« muse à tout, et ne se plaît à rien ; il évite avec adresse de
« laisser pénétrer qu'il n'a qu'une légère connaissance de
« toutes choses. La retraite qu'il vient de faire est la plus
« éclatante et la plus fausse action de sa vie ; c'est un sacri-
« fice qu'il fait à son orgueil, sous prétexte de dévotion ; il
« quitte la cour, où il ne peut s'attacher, et il s'éloigne du
« monde, qui s'éloigne de lui. »

370. — A LA MÊME.

A Paris, vendredi au soir, 21 juin 1675.

Je suis si triste, ma chère enfant, de n'avoir point eu de vos nouvelles cette semaine, que je ne sais à qui m'en prendre ; du moins sais-je bien que ce n'est pas à vous ;

car je suis fort assurée que vous m'avez écrit. Je crains mon voyage de Bretagne, à cause du dérangement que cela fera à notre commerce. J'achève ici vos deux affaires, et puis je m'en irai, par la raison que je veux revenir, et que je ne puis revenir si je ne pars pas.

Le siége de Limbourg se continue : on tremble en attendant des nouvelles, et du côté de M. de Turenne aussi. On dit qu'il est à portée de se battre avec ce Montécuculli ; j'espère toujours qu'il n'arrivera rien, parce qu'on attend trop de choses : enfin il faut tout abandonner à la Providence. Mon fils n'est point à Limbourg ; mais je ne laisse pas d'y prendre intérêt. Au reste, ma fille, sachez-moi gré si vous voulez, mais je me fis saigner hier du pied dans la vue de vous plaire. J'ai voulu faire cette provision pour mon voyage, et j'avais aussi le cœur un peu serré de toute la tristesse que j'ai eue depuis deux mois : j'ai cru que cette précaution était bonne. J'ai eu tout le jour bien du monde, et je suis si fatiguée d'avoir été au lit, que j'en suis brisée. La plaisanterie, c'était d'admirer la mauvaise grâce que j'avais ; mademoiselle de Méri en pâmait de rire. Voilà une lettre de mon fils : il mande que le fossé et la demi-lune sont pris à Limbourg ; que le mineur est attaché au bastion ; qu'il y a eu plusieurs officiers et soldats tués et blessés, et que M. de La Mark a fait des merveilles. Je suis entièrement à vous, ma très-chère et très-aimable.

371. — A LA MÊME.

A Paris, mercredi 26 juin 1675.

J'ai reçu deux ordinaires à la fois, ma très-chère Comtesse : je me doutais bien que vous m'aviez écrit. Vous êtes d'un commerce admirable, et votre amitié est accompagnée de secours humains qui la rendent délicieuse, et que le coadjuteur méprise. Quand les lettres de Provence arrivent, c'est une joie parmi tous ceux qui m'aiment, comme c'est une tristesse quand je suis longtemps sans en avoir. Lire vos lettres et vous écrire, c'est la première affaire de ma vie; tout fait place à ce commerce : aimer comme je vous aime fait trouver frivoles toutes les autres amitiés. Quoique le coadjuteur méprise tous ces sentiments, je lui ai dit de vos nouvelles; il a dîné avec moi, et nous causâmes fort de vous. Pour ce qui est de vous écrire, soyez assurée que je n'y manque point deux fois la semaine; et si l'on pouvait doubler, j'y serais tout aussi ponctuelle; mais ponctuelle par le plaisir que j'y prends, et non point pour l'avoir promis.

Madame du Puy-du-Fou m'est venue voir; j'avais oublié qu'elle était veuve : son habillement me parut une mascarade. On doute fort ici du départ de madame de Toscane : votre guignon la décidera. Il est vrai, ma fille, que nous sommes bien voisines en comparaison d'Aix et des Rochers : cet excès d'éloignement me fait plus de peine qu'à vous. Hélas! nous voilà tous cruellement séparés, comme nous le prévoyions cet hiver avec douleur, lorsque nous étions si près les uns des autres : c'est ce qu'il y a de plus cruel dans la vie. Notre cardinal sera demain à Châlons : il m'a écrit très-tendrement. Au reste, ma fille, dispensez-moi de retourner misérablement sur cette cassolette : il n'y a rien de noble à cette vision de générosité. Je crois n'avoir pas l'âme trop intéressée, et j'en ai fait des preuves; mais je pense qu'il y a des occasions où c'est une rudesse et une ingratitude de refuser. Que manque-t-il à M. le cardinal pour être en droit de vous faire un tel présent? À qui voulez-vous qu'il envoie cette bagatelle? Il a donné sa vaisselle à ses créanciers; s'il y ajoute ce bijou, il en aura bien cent écus : c'est une curiosité, c'est un souvenir, c'est de quoi parer un cabinet. On reçoit tout simplement avec tendresse et respect ces sortes de présents; et comme il disait cet hiver, il est au-dessous du *magnanime* de les refuser; c'est les estimer trop que d'y faire tant d'attention. En un mot, ma bonne, je ne lui donnerai point ce chagrin : pouvez-vous comprendre le plaisir qu'il a à vous donner cette légère marque de son amitié, sans être honteuse de vouloir grossièrement l'en empêcher? Savez-vous bien que l'excès de cette sorte de gloire est un défaut qui n'est pas estimable? Vous me dites que si je vous priais de quelque chose, je serais bien aise que vous le fissiez : je le crois; mais je suis bien assurée que si vous le désapprouviez, et si vous me disiez vos sentiments, comme je vous dis les miens, vous me feriez changer à l'instant, et je me rendrais sans balancer à votre pensée. Si je tiens ferme dans mon opinion, c'est parce que assurément la raison est de mon côté : j'en fais juge qui vous voudrez, vous n'avez qu'à nommer. En attendant, je ne parlerai point, car je croirais vous faire tort. En tous cas, c'est à M. de Grignan que M. le cardinal la donne. Je crois qu'elle est partie de Commerci : je la remettrai dans le ballot avec votre ouvrage.

Le coadjuteur a bien ri des camaïeux de peinture que vous comparez à l'histoire de France en madrigaux. Il a trouvé bien plaisant aussi tout ce que vous dites de lui et de l'agent (*du clergé*). Vous ne sentez pas l'agrément de vos lettres : il n'y a rien qui n'ait un tour surprenant. Nous avons bien compris votre réponse au capucin : *Mon père, qu'il fait chaud!* et nous ne trouvons pas que, de l'humeur dont vous êtes, vous puissiez jamais aller à confesse; comment aller parler à cœur ouvert à des gens inconnus? C'est bien tout ce que vous pouvez faire à vos meilleurs amis. Nous entendions d'ici votre réponse, mais nous eussions eu besoin de vous-même pour rendre cette conversation plus agréable. Je vous remercie, ma fille, de la peine que vous prenez de vous défendre si bien d'avoir jamais été oppressée de mon amitié. Il n'était pas besoin d'une explication si obligeante : je crois de votre tendresse pour moi tout ce que vous pouvez souhaiter que j'en pense : cette persuasion fait le bonheur de ma vie. Vous expliquez très-bien aussi cette volonté, que je ne pouvais deviner, parce que vous ne vouliez rien. Je devrais vous connaître, et sur cet article je ferai encore mieux que je n'ai fait, parce qu'il n'y a qu'à s'entendre. Quand mon bonheur vous redonnera à moi, croyez, ma bonne, que vous serez encore plus contente de moi mille fois que vous ne l'êtes. Plût à Dieu que nous fussions déjà à portée de voir le jour où nous pourrons nous embrasser.

Vous riez, mon enfant, de la pauvre amitié ; vous trouvez qu'on lui fait trop d'honneur de la prendre pour un empêchement à la dévotion : il ne lui appartient pas d'être un obstacle au salut. On ne la considère jamais que par comparaison ; mais je crois qu'il suffit qu'elle remplisse tout le cœur pour être condamnable ; et quoi que ce puisse être qui nous occupe de cette sorte, c'est plus qu'il n'en faut pour n'être pas en état de communier. Vous voyez que l'affaire du syndic m'avait mise hors de combat ; enfin c'est une pitié que d'être si vive ; il faut tâcher de calmer et de posséder un peu son âme : je n'en serai pas moins à vous, et j'en serai un peu plus à moi-même. Corbinelli me priait fort d'entrer dans ce sentiment ; il est vrai que son absence me donne une augmentation de chagrin : il m'aime fort, je l'aime aussi ; il m'est bon à tout ce que je veux, mais il faut que je sois dénuée de tout pendant mon voyage de Bretagne : j'ai tant de raisons pour y aller, que je ne puis pas y mettre la moindre incertitude.

Gardez-vous bien de faire raser le petit marquis. J'ai consulté les habiles : c'est le moyen d'ébranler son petit cerveau, de lui faire avoir des fluxions, des maux d'yeux, des petites dents noires ; enfin il n'est point assez fort : faites couper ses cheveux fort court, aux ciseaux, voilà tout ce que vous pouvez faire présentement.

Le cuisinier de M. le cardinal de Retz ne le quitte point,

ni son officier; c'est une chose héroïque que les sentiments de ces gens-là : ils préfèrent l'honneur de ne le point quitter aux meilleures conditions de la cour. On ne peut les entendre sans admirer leur affection. Le pauvre *Peau* a mieux fait encore : il est mort; il tomba malade la veille du départ de son Éminence, et beaucoup de saisissement avec une grosse fièvre l'a emporté en neuf jours. Je l'ai vu; et quoique je ne puisse entrer dans cette maison sans douleur, les domestiques qui y étaient encore m'y faisaient passer pour les admirer. D'Hacqueville revint hier au soir : je n'ai pu le revoir sans beaucoup d'émotion. Les trois fidèles amis[1] du cardinal l'ont quitté à Jouare; je crains et souhaite de voir les deux autres. Son Éminence m'a écrit pour me dire encore un adieu : je le prie de ne me point ôter l'espérance de le revoir. Je suis extrêmement touchée de sa retraite. Je vous manderai comme il s'y trouvera. Il nous paraît que son courage est infini; nous voudrions bien qu'il fût soutenu d'une grâce victorieuse.

Je dirai vos douceurs à madame du Plessis : on les estime si fort, que pendant que vous êtes dans le faubourg, je vous conseille d'aller un peu plus loin. Je me porte fort bien de ma saignée du pied. Je partirai pour la Bretagne quand j'aurai fini vos affaires ici; je ne pourrais pas y vivre en repos sans cela. Je suis de votre avis sur ce que dit *Philomèle*[2]; mais quand on ne saurait trouver de lieu qui ne fasse souvenir, ou qu'on porte si vivement le souvenir avec soi, on est à plaindre. Je suis persuadée que notre cardinal ne nous oubliera de longtemps. Il y a des endroits dans vos lettres si aimables et si pleins de tendresse pour moi, que je n'ose entreprendre d'y répondre : je ne me vante que de les bien sentir et d'en connaître tout le prix.

---

[1] Ces trois amis étaient sans doute M. de Caumartin, M. d'Hacqueville et M. de La Garde. (M.)

[2] *Voyez* les Fables de La Fontaine, livre III, fable XV.

RÉPONSE AU 19 JUIN.

Je reçois votre lettre, qui m'apprend la maladie du pauvre petit marquis : j'en suis extrêmement en peine ; et pour cette saignée, je ne comprends pas qu'elle puisse faire de bien à un enfant de trois ans, avec l'agitation qu'elle lui donne : de mon temps on ne savait ce que c'était que de saigner un enfant. Madame de Sanzei s'est opiniâtrée à ne point faire saigner son fils ; elle lui a donné tout simplement de la poudre à vers : il est guéri. Je crains que l'on ne fasse de votre enfant, à force de l'honorer, comme on fait des enfants du roi et de ceux de M. le Duc [1]. Je n'aurai aucun repos que je ne sache la suite de cette fièvre. Je vous plains bien, et M. de Grignan ; dites-lui l'intérêt que je prends à son inquiétude et à la vôtre. Mon Dieu ! ma bonne, que je suis en peine !

Pour ce que vous dites de l'avenir touchant M. le cardinal, il est vrai que je l'ai vu fort possédé de l'envie de vous témoigner en grand volume son amitié, quand il aura payé ses dettes. Ce sentiment me paraît assez obligeant pour que vous en soyez informée ; mais comme il y a deux ans [2] à méditer sur la manière dont vous refuserez ses bienfaits, je pense, ma chère enfant, qu'il ne faut point prendre des mesures de si loin. Dieu nous le conserve, et nous fasse la grâce d'être en état dans ce temps de lui faire entendre vos résolutions ; il est fort inutile entre ci et là de s'en inquiéter. Et pour la cassolette, comme il y a très-longtemps qu'il ne m'en a parlé, j'aurais cru faire comme dans le Boccace, si, sous prétexte de la refuser, je l'en avais fait ressouvenir ; je ne sais point ce qu'il a ordonné là-dessus.

---

[1] M. le Duc venait de perdre deux de ses enfants à peu de jours l'un de l'autre. (P.)

[2] Il fallait encore au cardinal de Retz deux ans pour acquitter entièrement ses dettes. (*Voyez* la lettre de madame de Sévigné au comte de Bussy du 25 mai 1675.) (M.)

M. de Turenne est très-bien posté; son armée ne s'est point battue, comme on disait : tout le monde se porte bien et en Flandre et en Allemagne. La petite madame de Saint-Valery, si belle et si jolie, a la petite vérole très-cruellement.

372. — A LA MÊME.

A Paris, vendredi 28 juin 1675.

Madame de Vins me parut hier fort tendre pour vous, ma fille, c'est-à-dire à sa mode; mais sa mode est bonne : il ne me parut aucun interligne à tout ce qu'elle disait.

Il n'y a point de nouvelles. Le bonheur du roi a fait passer la Meuse au duc de Lorraine et au prince d'Orange. M. de Turenne a ses coudées franches; de sorte que nous ne sommes plus pressés d'aucun endroit. Je crois que vous l'êtes un peu de *la Toscane* [1]; elle doit être passée présentement.

Je suis ravie que vous aimiez mes lettres : je ne pense point qu'elles soient aussi agréables que vous le dites; mais il est vrai que pour *figées*, elles ne le sont pas. Notre bon cardinal est dans sa solitude; son départ m'a donné de la tristesse et m'a fait souvenir du vôtre. Il y a longtemps que j'ai remarqué nos cruelles séparations aux quatre coins de la terre. Il fait un froid horrible : nous nous chauffons, et vous aussi, ce qui est une bien plus grande merveille. Vous jugez très-bien de *Quantova* [2] : si elle peut ne point reprendre ses vieilles brisées, elle poussera son autorité et sa grandeur au delà des nues; mais il faudrait qu'elle se mît en état d'être aimée toute l'année, sans scrupule. En attendant, sa maison est pleine de toute la cour; les visites se font alternativement et la considération est sans bornes.

---

[1] La grande-duchesse.
[2] On a vu que madame de Montespan est également désignée par les chiffres de *Quanto* et de *Quantova*.

Ne vous mettez point en peine de mon voyage de Bretagne ; vous êtes trop bonne et trop appliquée à ma santé. Je ne veux point de la belle *Mousse :* l'ennui des autres me pèse plus que le mien. Je n'ai pas le temps d'aller à Livry : j'expédie vos affaires, dont j'ai fait un vœu. Je dirai toutes vos douceurs à madame de Villars et à madame de La Fayette : cette dernière est toujours avec sa petite fièvre. Adieu, ma très-chère enfant ; je suis entièrement à vous.

373. — A LA MÊME.

A Paris, mercredi 3 juillet 1675.

Mon Dieu, ma fille, que je m'accoutume peu à votre absence ! j'ai quelquefois de si cruels moments, quand je considère comme nous voilà placées, que je ne puis respirer ; et quelque soin que je prenne de détourner cette idée, elle revient toujours. Je demande pardon à votre philosophie de vous faire voir tant de faiblesse ; mais, une fois entre mille, ne soyez point fâchée que je me donne le soulagement de vous dire ce que je souffre si souvent sans en rien dire à personne. Il est vrai que la Bretagne nous va encore éloigner : c'est une rage ; il semble que nous voulions nous aller jeter chacune dans la mer, et laisser toute la France entre nous deux : Dieu nous bénisse.

Je reçus il y a deux jours une lettre de M. le cardinal, qui est à la veille d'entrer dans sa solitude : je crois qu'elle ne lui ôtera de longtemps l'amitié qu'il a pour vous ; je suis plus que satisfaite, en mon particulier, de celle qu'il me témoigne.

Je vous vois user de votre autorité pour faire prendre médecine à votre fils : je crois que vous faites fort bien. Ce n'est pas un rôle qui vous convienne mal que celui du commandement ; mais vous êtes heureuse que votre enfant ne vous ait jamais vue avaler une médecine : votre exemple détruirait vos raisonnements. Je songe à votre frère :

vous souvient-il comme il vous contrefaisait? Je suis ravie que ce petit marquis soit guéri : vous vous servirez du pouvoir que vous avez sur lui pour le conduire; j'ai bonne opinion de lui de vous aimer. Pour moi, je me suis fait saigner pour l'amour de vous; je m'en porte fort bien. Un médecin que j'ai vu chez madame de La Fayette m'a priée de ne me point faire purger si tôt : il me donnera des pillules admirables : c'est le premier médecin de MADAME, qui vaut mieux que tous les autres premiers médecins.

Mais à propos, vous attendez mon conseil pour aller voir madame la grande-duchesse à Montélimart : M. de Grignan vous conseille d'y aller, et vous n'avez point d'équipage. Je ne comprends pas trop bien comme il l'entend; mon avis, c'est d'y aller tout doucement à pied. Je devine à peu près le parti que vous aurez pris, et je l'approuve. On l'attend ici comme une espèce de *Colonne* et de *Mazarin*, pour la folie d'avoir quitté son mari après quinze ans de séjour; car pour tout le reste on fait l'honneur à qui il est dû : sa prison sera rude; mais elle croit qu'on l'adoucira. Je suis persuadée qu'elle aimerait fort cette *maison*[1], qui n'est point à louer : ah! qu'elle n'est point à louer! et que l'autorité et la considération seront poussées loin, si la conduite du retour est habile? Cela est plaisant, que tous les intérêts de *Quanto* et toute sa politique s'accordent avec le christianisme, et que le conseil de ses amis ne soit que la même chose avec celui de M. de Condom (*Bossuet*). Vous ne sauriez vous représenter le triomphe où elle est au milieu de ses ouvriers, qui sont au nombre de douze cents : le palais d'Apollidon[2] et les jardins d'Armide en sont une légère description. La femme de son ami solide (*la reine*) lui fait des visites, et toute la famille tour à tour; elle passe

---

[1] Il faut entendre par *cette maison* le cœur du roi. On disait en effet que la grande-duchesse n'avait quitté l'Italie que dans l'espoir d'une conquête illustre. (A. G.)

[2] La description de ce magnifique palais se trouve dans les Amadis.

nettement devant toutes les duchesses ; et celle qu'elle a placée (*madame de Richelieu*) témoigne tous les jours sa reconnaissance par les pas qu'elle fait faire.

Vous êtes bonne sur vos lamentations de Bretagne : je voudrais avoir Corbinelli ; vous l'aurez à Grignan, je vous le recommande. Et moi j'irai voir ces coquins qui jettent des pierres dans le jardin du patron. On dit qu'il y a cinq ou six cents bonnets bleus en Basse-Bretagne qui auraient bon besoin d'être pendus pour leur apprendre à parler : la Haute-Bretagne est sage, et c'est mon pays.

Mon fils me mande qu'il y a un détachement de dix mille hommes : il n'en est pas ; M. le Prince y est, et M. le Duc ; mais on me dit hier qu'il n'y aurait rien de dangereux, et qu'ils étaient pêle-mêle avec les ennemis, la rivière entre deux, comme disent les goujats. On ne dit rien de M. de Turenne, sinon qu'il est posté à souhait pour ne faire que ce qu'il lui plaira.

Il m'a paru que l'envie d'être approuvé de l'académie d'Arles pourra vous faire avoir quelques *maximes* de M. de La Rochefoucauld. Le *portrait* vient de lui ; et ce qui me le fit trouver bon, et le montrer au cardinal, c'est qu'il n'a jamais été fait pour être vu : c'était un secret, que j'ai forcé, par le goût que je trouvai à des louanges en absence, de la part d'un homme qui n'est ni intime ami ni flatteur. Notre cardinal trouva le même plaisir que moi à voir que c'était ainsi que la vérité forçait à parler de lui, quand on ne l'aimait guère et qu'on croyait qu'il ne le saurait jamais [1]. Nous apprendrons bientôt comme il se trouve dans sa retraite ; il faut souhaiter que Dieu s'en mêle : sans cela tout est mauvais.

Nous avons eu un froid étrange ; mais j'admire bien plus le vôtre : il me semble qu'au mois de juin je n'avais

---

[1] Le cardinal de Retz, qui à cette époque n'avait point encore écrit ses Mémoires, paraît s'être ressouvenu de ce portrait quand il traça à son tour le portrait de La Rochefoucauld. (A. G.)

pas froid en Provence. Je vous vois dans une parfaite solitude ; je vous plains moins qu'une autre : je garde ma pitié pour bien d'autres sujets, et pour moi-même la première. Je trouve qu'il est commode de connaître les lieux où sont les gens à qui l'on pense toujours : ne savoir où les prendre fait une obscurité qui blesse l'imagination. Votre chambre et votre cabinet me font mal, et pourtant j'y suis quelquefois toute seule à songer à vous : c'est que je ne me soucie point de me tant épargner. Ne faites-vous point rétablir votre terrasse ? Cette ruine me déplaît, et vous ôte votre unique promenade. Voilà une lettre infinie ; mais savez-vous que cela me plaît de causer avec vous ? Tous mes autres commerces languissent, par la raison que les gros poissons mangent les petits. J'embrasse le petit marquis; dites-lui qu'il a encore une autre maman au monde ; je crois qu'il ne se souvient pas de moi. Adieu, ma très-chère et très-aimable enfant ; je suis entièrement à vous.

374. — A LA MÊME.

A Paris, vendredi 5 juillet 1675.

Je veux vous entretenir un moment, ma chère fille, de notre bon cardinal : Voilà une lettre qu'il vous écrit : conseillez-lui fort de s'occuper et s'amuser à faire écrire son histoire ; tous ses amis l'en pressent beaucoup. Il me mande qu'il se trouve très-bien dans son désert, qu'il le regarde sans effroi, qu'il espère que la grâce de Dieu y soutiendra sa faiblesse. Il me témoigne une extrême tendresse pour vous, et me prie de ne point partir sans achever vos affaires. Il se souvient du temps que vous aviez la fièvre tierce, et qu'il me priait, pour l'amour de lui, d'avoir soin de votre santé. Je lui réponds sur le même ton. Il m'assure que les plus affreuses solitudes ne seraient pas capables en mille ans de lui faire oublier l'amitié qu'il nous a promise. Il a été reçu à Saint-Mihel avec des transports de joie; tout le peuple était à genoux, et le recevait comme une sauvegarde que Dieu leur envoie. Les troupes qui y étaient sont délogées; les officiers sont venus prendre ses ordres pour s'éloigner et pour épargner qui il voudra. M. le cardinal de Bonzi m'a assurée que le pape, sans avoir encore reçu la lettre du cardinal de Retz, lui avait envoyé un bref, pour lui dire qu'il veut et entend qu'il garde son chapeau; que cette dignité ne l'empêchera pas de faire son salut. Le public ajoute que Sa Sainteté lui ordonne de ne faire sa retraite qu'à Saint-Denis; mais je doute de ce dernier, et je vous nomme mon auteur pour l'autre.

Je suis très-persuadée qu'on ne pense plus à la cassolette : si j'avais prié qu'on ne l'envoyât point, j'en aurais fait souvenir; j'ai donc mieux fait de n'en point parler. Il n'y a point de nouvelle importante : on est toujours alerte du côté de M. de Turenne. Il y avait l'autre jour une madame Noblet, de l'hôtel de Vitry, qui jouait à la bassette avec MONSIEUR; on lui parla de M. de Vitry, qui est très-malade; elle a dit à MONSIEUR : Hélas! Monsieur, j'ai vu ce matin son visage, il est fait comme un vrai *stratagème*. Cela est plaisant : que voulait-elle donc dire? Madame de Richelieu a reçu des lettres du roi si excessivement tendres et obligeantes, qu'elle doit être plus que payée de tout ce qu'elle a fait[1]. Adieu, ma très-chère et très-parfaitement aimée. J'attends demain de vos nouvelles, et je vous embrasse très-tendrement.

375. — A LA MÊME.

A Paris, mercredi 10 juillet 1675.

Je suis, je vous assure, au désespoir de l'inquiétude que vous avez eue de ma santé : hélas! ma belle, vous ne pen-

---

[1] Le rapprochement de la reine et de madame de Montespan était son ouvrage. (A. G.)

sez à autre chose, et votre raisonnement est fait exprès pour vous donner du chagrin. Vous dites que l'on vous fait un mystère de ma saignée; mais, de bonne foi, je ne suis point malade, je n'ai point eu de vapeurs. Je plaçai ma saignée brusquement, selon le besoin de mes affaires, plutôt que sur celui de ma santé; je me sentais un peu plus oppressée; je jugeai bien qu'il fallait me saigner avant que de partir, afin de mettre cette saignée par provision dans mes ballots. M. le cardinal, que j'allais voir tous les jours, était parti; je vis cinq ou six jours de repos, et au delà j'entrevis l'affaire de M. de Bellièvre : je voulais m'y donner tout entière, et à la sollicitation de votre petit procès; cela fit que je rangeai ma saignée pour avoir toute ma liberté. Je ne vous mandai point tout ce détail, parce que cela aurait eu l'air de faire l'empêchée, et cette discrétion vous a coûté mille peines : j'en suis désespérée, ma fille; mais croyez que je ne vous tromperai jamais, et que, suivant nos maximes de ne nous point épargner, je vous manderai toujours sincèrement comme je suis; fiez-vous en moi. Par exemple, on veut encore que je me purge : eh bien, je le ferai dès que j'aurai du temps. N'en soyez donc point effrayée : un peu d'oppression m'avait fait souhaiter plutôt la saignée; je m'en porte fort bien : débarrassez-vous de cette inquiétude. Au reste, ma fille, nous avons gagné notre petit procès de Ventadour; nous en avons fait les marionnettes d'un grand, car nous l'avons sollicité. Les princesses de Tingri étaient à l'entrée des juges, et moi aussi, et nous avons été remercier.

C'est dommage que Molière soit mort; il ferait une très-bonne farce de ce qui se passe à l'hôtel de Bellièvre. Ils ont refusé quatre cent mille francs de cette charmante maison, que vingt marchands voulaient acheter, parce qu'elle donne dans quatre rues, et qu'on y aurait fait vingt maisons; mais ils n'ont jamais voulu la vendre, parce que c'est la maison paternelle, et que les souliers du vieux chancelier en ont touché le pavé, et qu'ils sont accoutumés à la paroisse de Saint-Germain-l'Auxerrois; et sur cette vieille radoterie, ils sont logés pour vingt mille livres de rente. Que dites-vous de cette manière de penser? Madame de Coulanges a vu la grande-duchesse (*à Lyon*), entre deux accès de la colique de sa mère : elle dit que cette princesse est très-changée, et qu'elle sera effacée par madame de Guise ¹; elle lui dit qu'elle vous avait vue à Pierrelate, et qu'elle vous avait trouvée extrêmement belle : mandez-moi quelque détail de son voyage; vous êtes cause que je l'irai voir.

Je m'en vais répondre à votre lettre du 3. Parlons de notre bon cardinal. Il n'était pas encore vrai que le pape lui eût envoyé un bref, quand madame de Vins vous l'a mandé; mais il est vrai présentement : c'était le cardinal Spada qui en avait répondu. Le bon pape a fait, ma très-chère, sans comparaison, comme Trivelin ² : il a fait et donné la réponse avant que d'avoir reçu la lettre. Nous sommes tous ravis, et d'Hacqueville croit que notre cardinal ne fera point d'instance extraordinaire : il répondra seulement que ce n'est point pour avoir cru son salut impossible avec la pourpre, et qu'on verra dans sa lettre les véritables raisons qui l'avaient obligé à vouloir rendre son chapeau; mais que si Sa Sainteté persiste à lui commander de le garder, il est tout disposé à obéir. Ainsi toutes les apparences sont qu'il sera toujours notre très-bon cardinal. Il se porte bien dans sa solitude; il le faut croire, quand il le dit. Il ne m'a point dit adieu pour jamais; au contraire, il m'a donné toute l'espérance du monde de le revoir, et m'a paru même avoir quelque joie non-seulement de m'en donner, mais de conserver pour lui cette petite espérance. Il gardera son équipage de chevaux et de carrosses, car il ne peut plus avoir la modestie d'un pénitent,

---

¹ Élisabeth d'Orléans, sœur puînée de madame la grande-duchesse. (P.)
² Personnage de la comédie italienne. (P.)

à cet égard-là, comme dit la princesse d'Harcourt. Il m'écrit souvent de petits billets, qui me sont bien chers, et me parle toujours de vous : écrivez-lui sur ce chapeau, et conseillez-lui de s'occuper.

On dit que M. de Saint-Vallier a épousé mademoiselle de Rouvroi; c'était un jeu joué que sa disgrâce. La petite Saint-Valery est hors d'affaire pour sa vie, mais sa beauté est fort incertaine[1]. La prospérité du coadjuteur ne l'est point du tout ; il est parfaitement content, et a raison de l'être ; pour moi, je crois, comme vous, qu'il l'est encore plus du séjour de Paris que de l'archevêque de Paris. Vous avez très-bien fait d'aller voir cette princesse : c'eût été une férocité que d'y manquer, et vous avez très-bien fait de demeurer à Grignan : vous y ferez revenir plus tôt M. de Grignan ; vous y aurez peut-être madame de Coulanges, Vardes et Corbinelli. Madame de Coulanges mande que votre *haine* est très-commode, et qu'elle vous fait avoir un commerce admirable. Ma fille, ne me remerciez point de tout ce que je fais pour vous et pour mademoiselle de Méri ; réjouissez-vous plutôt avec moi du plaisir sensible que j'ai de faire des pas et des choses qui ont rapport à vous, et qui vous peuvent plaire.

376. — A LA MÊME.

A Paris, vendredi 12 juillet 1675.

C'est une des belles chasses qu'il est possible de voir, que celle que nous faisons après M. de B..... et M. de M..... Ils courent, ils se relaissent, ils se forlongent, ils rusent ; mais nous sommes toujours sur la voie, nous avons le nez bon, et nous les poursuivons toujours. Si jamais nous les attrapons, comme je l'espère, je vous assure qu'ils seront bien bourrés ; et puis je vous promets encore que, suivant le procédé noble des lévriers, nous les laisserons là pour

---

[1] *Voyez* la lettre du mercredi 12 juin précédent.

jamais, et n'y toucherons pas. Je vous manderai la fin de tout ceci. Je ne pense pas à quitter cette affaire; mais comme je vous empêche, sur l'amitié, d'être le plus grand capitaine du monde, l'abbé (*de Coulanges*) m'empêche d'être la personne la plus agitée et la plus occupée de vos affaires : il m'efface par son activité. Il est vrai qu'étant jointe à son habileté, il doit battre plus de pays que moi; il le fait aussi, et dès sept heures du matin il sort pour consulter les mots, les points et les virgules de cette transaction. Au reste, il y a quelquefois des disputes avec mademoiselle de Méri; mais savez-vous ce qui les cause? C'est assurément l'exactitude de l'abbé, beaucoup plus que l'intérêt; mais quand l'arithmétique est offensée, et que la règle de *deux et deux font quatre* est blessée en quelque chose, le bon abbé est hors de lui; c'est son humeur, il le faut prendre sur ce pied-là. D'un autre côté, mademoiselle de Méri a un style tout différent : quand, par esprit ou par raison, elle soutient un parti, elle ne finit plus, elle le pousse; l'abbé se sent suffoqué par un torrent de paroles ; il se met en colère, et en sort par faire l'oncle, et dire qu'on se taise. On lui dit qu'il n'a point de politesse; *politesse* est un nouvel outrage, et tout est perdu; on ne s'entend plus. Il n'est plus question de l'affaire : ce sont les circonstances qui sont devenues le principal. En même temps je me mets en campagne; je vais à l'un, je vais à l'autre, comme le cuisinier de la comédie [1]; mais je finis mieux, car on en rit. Et au bout du compte, que le lendemain mademoiselle de Méri retourne au bon abbé et lui demande son avis, bonnement il le lui donnera et la servira. Il a ses humeurs : quelqu'un est-il parfait? Je vous réponds toujours d'une chose, c'est qu'il n'y aura qu'à rire de leurs disputes tant que j'en serai témoin.

Adieu, ma très-chère enfant; je ne sais point de nou-

---

[1] *Voyez* la scène de maître Jacques, cuisinier d'Harpagon, dans l'*Avare* de Molière, acte IV, scène IV. (P.)

velles. Notre cardinal se porte très-bien ; écrivez-lui, et qu'il ne s'amuse point à ravauder et répliquer à Rome : il faut qu'il obéisse, et qu'il use ses vieilles calottes, comme dit le gros abbé (*de Pontcarré*), qui se plaint de votre silence. M. de La Rochefoucauld vous mande que sa goutte est si parfaitement revenue, qu'il croit que la pauvreté reviendra aussi ; du moins il ne sent point le plaisir d'être riche avec les douleurs qui le font mourir. Je vous embrasse mille fois.

377. — A LA MÊME.

A Paris, vendredi 19 juillet 1675.

Devinez d'où je vous écris, ma fille : c'est de chez M. de Pomponne ; vous vous en apercevrez par le petit mot que madame de Vins vous dira ici. J'ai été avec elle, l'abbé Arnauld et d'Hacqueville, voir passer la procession de Sainte-Geneviève ; nous en sommes revenus de très-bonne heure : il n'était que deux heures; bien des gens n'en reviendront que ce soir. Savez-vous que c'est une belle chose que cette procession ? Tous les différents religieux, tous les prêtres des paroisses, tous les chanoines de Notre-Dame, et M. l'archevêque pontificalement, qui va à pied, bénissant à droite et à gauche jusqu'à la métropole. Il n'a cependant que la main gauche; et à la droite, c'est l'abbé de Sainte-Geneviève, nu-pieds, précédé de cent cinquante religieux, nu-pieds aussi avec sa crosse et sa mitre, comme l'archevêque, et bénissant de même, mais modestement et dévotement, et à jeun, avec un air de pénitence qui fait voir que c'est lui qui va dire la messe dans Notre-Dame.

Le parlement en robes rouges et toutes les compagnies supérieures suivent cette châsse, qui est brillante de pierreries, portée par vingt hommes habillés de blanc, nu-pieds. On laisse en otage à Sainte-Geneviève le prévôt des marchands et quatre conseillers, jusqu'à ce que ce précieux trésor y soit revenu. Vous allez me demander pourquoi on a descendu cette châsse : c'était pour faire cesser la pluie, et pour demander le chaud ; l'un et l'autre étaient arrivés au moment qu'on a eu ce dessein. De sorte que, comme c'est en général pour nous apporter toutes sortes de biens, je crois que c'est à elle que nous devons le retour du roi : il sera ici dimanche ; je vous manderai mercredi tout ce qui se peut mander. M. de La Trousse mène un détachement de six mille hommes au maréchal de Créqui, pour aller joindre M. de Turenne ; La Fare et les autres demeurent avec les gendarmes-dauphin dans l'armée de M. le Prince. Voici des dames qui attendent leurs maris, au *prorata* de leur impatience. L'autre jour MADAME et madame de Monaco prirent d'Hacqueville à l'hôtel de Gramont, pour s'en aller courir les rues *incognito*, et se promener aux Tuileries. Comme Madame n'est point sur le pied d'être galante, elle se joue parfaitement bien de sa dignité. On attend à toute heure madame de Toscane ; c'est encore un des biens de la châsse de Saint-Geneviève. Je vis hier une de vos lettres entre les mains de l'abbé de Pontcarré : c'est la plus divine lettre du monde ; il n'y a rien qui ne pique et qui ne soit salé. Il en a envoyé une copie à l'Éminence, car l'original est gardé comme la châsse. Adieu, ma très-chère et très-parfaitement aimée ; vous êtes si vraie, que je ne rabats rien sur tout ce que vous me dites de votre tendresse ; vous pouvez juger si j'en suis touchée.

378. — A LA MÊME.

A Paris, mercredi 24 juillet 1675.

Il fait bien chaud aujourd'hui, ma très-chère belle ; et, au lieu de m'inquiéter dans mon lit, la fantaisie m'a pris de me lever, quoiqu'il ne soit que cinq heures du matin, pour causer un peu avec vous.

Le roi arriva dimanche matin à Versailles ; la reine, madame de Montespan et toutes les dames étaient allées dès le samedi reprendre tous leurs appartements ordinaires. Un moment après être arrivé, le roi alla faire ses visites. La seule différence, c'est qu'on joue dans ces grands appartements, que vous connaissez. J'en saurai davantage ce soir avant que de fermer ma lettre. Ce qui fait que je suis si mal instruite de Versailles, c'est que je revins hier au soir de Pomponne, où madame de Pomponne nous avait engagés d'aller, d'Hacqueville et moi, avec tant d'empressement, que nous n'avons pu ni voulu y manquer. M. de Pomponne en vérité fut aise de nous voir : vous avez été célébrée dans ce peu de temps avec toute l'estime et l'amitié imaginables. Nous avons fort causé; une de nos folies a été de souhaiter de découvrir tous les dessous de cartes de toutes les choses que nous croyons voir et que nous ne voyons point, tout ce qui se passe dans les familles, où nous trouverions de la haine, de la jalousie, de la rage, du mépris, au lieu de toutes les belles choses qu'on met au-dessus du panier, et qui passent pour des vérités. Je souhaitais un cabinet tout tapissé de dessous de cartes au lieu de tableaux; cette folie nous mena bien loin, et nous divertit fort. Nous voulions casser la tête à d'Hacqueville pour en avoir, et nous trouvions plaisant d'imaginer que de la plupart des choses que nous croyons voir on nous détromperait. Vous pensez donc que cela est ainsi dans une telle maison; vous pensez que l'on s'adore en cet endroit-là : tenez, voyez : on s'y hait jusqu'à la fureur; et ainsi de tout le reste. Vous pensez que la cause d'un tel événement, c'est une telle chose : c'est le contraire. En un mot, le petit démon qui nous tirerait les rideaux nous divertirait extrêmement. Vous voyez bien, ma très-belle, qu'il faut avoir bien du loisir pour s'amuser à vous dire de telles bagatelles; voilà ce que c'est que de s'éveiller matin; voilà comme fait M. de Marseille : j'aurais fait aujourd'hui des visites aux flambeaux, si nous étions en hiver.

Vous avez donc toujours votre bise : ah! ma fille, qu'elle

est ennuyeuse! Nous avons chaud, nous autres : il n'y a plus qu'en Provence où l'on ait froid. Je suis très-persuadée que notre châsse (*de Sainte-Geneviève*) a fait ce changement; car sans elle nous apercevions comme vous que le procédé du soleil et des saisons était changé; je crois que j'eusse trouvé, comme vous, que c'était la vraie raison qui nous avait précipité tous ces jours auxquels nous avions tant de regret. Pour moi, mon enfant, j'en sentais une véritable tristesse, comme j'ai senti toute la joie de passer les étés et les hivers avec vous; mais quand on a le déplaisir de voir ce temps passé, et passé pour jamais, cela fait mourir : il faut mettre à la place de cette pensée l'espérance de se revoir.

J'attends un peu de frais pour me purger, et un peu de paix en Bretagne pour partir. Madame de Lavardin, madame de La Troche, M. d'Harouïs et moi, nous consultons notre voyage, et nous ne voulons pas nous aller jeter dans la fureur qui agite notre province; elle augmente tous les jours. Ces démons sont venus piller et brûler jusque auprès de Fougères; c'est un peu trop près des Rochers. On a recommencé à piller un bureau à Rennes; madame de Chaulnes est à demi morte des menaces qu'on lui fait tous les jours; on me dit hier qu'elle était arrêtée, et que même les plus sages l'ont retenue, et ont mandé à M. de Chaulnes, qui est au Fort-Louis, que si les troupes qu'il a demandées font un pas dans la province, madame de Chaulnes court risque d'être mise en pièces. Il n'est cependant que trop vrai qu'on doit envoyer des troupes, et on a raison de le faire; car dans l'état où sont les choses il ne faut pas de remèdes anodins; mais ce ne serait pas une sagesse de partir avant que de voir ce qui arrivera de cet extrême désordre. On croit que la récolte pourra séparer toute cette belle assemblée; car enfin il faut bien qu'ils ramassent leurs blés : ils sont six ou sept mille, dont le plus habile n'entend pas un mot de français. M. Boucherat me contait l'autre jour qu'un curé avait reçu devant ses paroissiens une pendule qu'on lui envoyait *de France*, car c'est ainsi qu'ils disent. Ils se mirent tous à crier en leur langage que c'était *la gabelle*, et qu'ils le voyaient fort bien. Le curé, habile, leur dit sur le même ton : Point du tout, mes enfants, ce n'est point *la gabelle*; vous ne vous y connaissez pas : c'est *le jubilé*. En même temps les voilà à genoux. Que dites-vous de l'esprit fin de ces *messieurs*? Quoi qu'il en soit, il faut un peu voir ce que deviendra ce tourbillon. Ce n'est pas sans déplaisir que je retarde mon voyage : il est placé et rangé comme je le désire; il ne peut être remis dans un autre temps sans me déranger beaucoup de desseins. Mais vous savez ma dévotion pour la Providence : il faut toujours en revenir là, et vivre au jour la journée. Mes paroles sont sages, comme vous voyez, mais très-souvent mes pensées ne le sont pas. Vous devinez aisément qu'il y a un point où je ne puis me servir de la résignation que je prêche aux autres.

Mademoiselle d'Eaubonne[1] fut mariée avant-hier. Votre frère voudrait bien donner son guidon pour être colonel du régiment de Champagne : M. de Grignan l'a été; mais toutes nos bonnes têtes ne sont pas trop d'avis qu'il augmente sa dépense de quinze ou seize mille francs dans le temps où nous sommes. Il est revenu une grande quantité de monde avec le roi : le grand maître, messieurs de Soubise, Termes, Brancas, La Garde, Villars, le comte de Fiesque; pour ce dernier, on est tenté de dire : *Di cortesia piu che di guerra amico*. Il n'y avait pas un mois qu'il était arrivé à l'armée. M. de Pomponne dit qu'on ne peut jamais souhaiter la bataille de meilleur cœur, ni vouloir être plus résolument que le roi au premier rang, lorsqu'on crut qu'on serait obligé de la donner à Limbourg. Il nous conta des choses admirables de la manière dont Sa Majesté vivait

---

[1] Antoinette Lefèvre d'Eaubonne, mariée à M. Le Goux de La Berchère.

avec tout le monde, et surtout avec M. le Prince et M. le Duc : tous ces détails sont fort agréables à entendre.

Au reste, ma fille, cette cassolette est venue; elle ressemble assez à un *jubilé*[1] : elle pèse plus, et est beaucoup moins belle que nous ne pensions. C'est une antique qui s'appelle donc une *cassolette*; mais rien n'est plus mal travaillé; cependant c'est une vraie pièce à mettre à Grignan, et nullement à Paris. Notre bon cardinal a fait de cela comme de sa musique, qu'il loue sans s'y connaître. Ce qu'il y a à faire, c'est de l'en remercier tout bonnement, et ne pas lui donner la mortification de croire que l'on n'est pas charmé de son présent. Il ne faut pas aussi vous figurer que ce présent soit autre chose, selon lui, qu'une pure bagatelle, dont le refus serait une très-grande rudesse. Je m'en vais l'en remercier en attendant votre lettre. Quand je vous ai proposé de lui conseiller de s'amuser à écrire son histoire, c'est qu'on m'avait dit de le lui conseiller de mon côté, et que tous ses amis ont voulu être soutenus, afin qu'il parût que tous ceux qui l'aiment sont dans le même sentiment[2]. Il se porte très-bien, je vous en assure; ce n'est plus comme cet hiver : le régime et les viandes simples l'ont entièrement remis. Il est vrai que Castor et Pollux ont porté la nouvelle de Rome. Vous dites fort plaisamment tout ce qu'on a dit ici; mais je n'ai fait que l'entendre redire, sans avoir eu le malheur de me trouver avec ceux qui raisonnent si bien. Je ne vois, Dieu merci, que des gens qui envisagent son action dans toute sa beauté, et qui l'aiment comme nous. Ses amis veulent qu'il ne se cloue point à Saint-Mihel, et lui conseillent d'aller à Commercy, et quelquefois à Saint-Denis. Il gardera son équipage en faveur de sa pourpre; je suis persuadée avec joie que sa vie n'est point finie.

---

[1] Madame de Sévigné emploie ici le mot *jubilé* pour pendule.

[2] C'est aux instances des amis de M. le cardinal de Retz que le public est redevable des Mémoires de sa vie, qui n'ont été imprimés que longtemps après sa mort, et avec des lacunes considérables. (P.)

Madame la grande-duchesse et madame de Sainte-Même[1] ont fort parlé ici de votre beauté. J'aurais vu cette princesse sans notre voyage de Pomponne : tout le monde la trouve comme vous l'avez représentée, c'est-à-dire d'une tristesse effroyable. Madame de Montmartre[2] alla s'emparer d'elle à Fontainebleau; on lui prépare une affreuse prison.

Madame de Montlouet[3] a la petite vérole; les regrets de sa fille sont infinis, et la mère est au désespoir de ce que sa fille ne veut point la quitter pour aller prendre l'air, comme on lui ordonne. Pour de l'esprit, je pense qu'elles n'en ont pas du plus fin; mais pour des sentiments, ma belle, c'est tout comme chez nous, et aussi tendres, et aussi naturels. Vous me dites des choses si extrêmement bonnes sur votre amitié pour moi, et à quel rang vous la mettez, qu'en vérité je n'ose entreprendre de vous dire combien j'en suis touchée, et de joie, et de tendresse, et de reconnaissance; mais vous le comprendrez aisément, puisque vous croyez savoir à quel point je vous aime : le dessous de vos cartes est agréable pour moi. M. de Pomponne disait, en demeurant d'accord que rien n'est général : « Il paraît que madame de Sévigné aime passion- « nément madame de Grignan : savez-vous le dessous des « cartes? Voulez-vous que je vous le dise? *C'est qu'elle* « *l'aime passionnément.* » Il pourrait y ajouter, à mon éternelle gloire, *et qu'elle en est aimée.*

J'ai le paquet de vos soies; je voudrais bien trouver quelqu'un qui vous le portât; il est trop petit pour les voitures, et trop gros pour la poste. Je crois que j'en pourrais dire autant de cette lettre. Adieu, ma très-aimable et très-chère enfant; je ne puis jamais vous trop aimer; quel-

---

[1] Femme du premier écuyer de la grande-duchesse de Toscane.
[2] Françoise-Renée de Lorraine de Guise, abbesse de Montmartre.
[3] Louise-Henriette Rouault de Thiembrune, veuve de François de Bullion, marquis de Montlouet.

ques peines qui soient attachées à cette tendresse, celle que vous avez pour moi mériterait encore plus, s'il était possible.

379. — DE MADAME DE SÉVIGNÉ A MADAME DE LA FAYETTE.

A Paris, le mardi 24....

Vous savez, ma belle, qu'on ne se baigne pas tous les jours; de sorte que pendant les trois jours que je n'ai pu me mettre dans la rivière j'ai été à Livry, d'où je revins hier, avec dessein d'y retourner quand j'aurai achevé mes bains, et que notre abbé aura fait quelques petites affaires qu'il a encore ici. La veille de mon départ pour Livry, j'allai voir MADEMOISELLE, qui me fit les plus grandes caresses du monde; je lui fis vos compliments, et elle les reçut fort bien; du moins ne me parut-il pas qu'elle eût rien sur le cœur. J'étais allée avec mademoiselle de Rambouillet, madame de Valençai et madame de Lavardin. Présentement elle s'en va à la cour, et cet hiver elle sera si aise qu'elle fera bonne chère[1] à tout le monde. Je ne sais point de nouvelles pour vous mander aujourd'hui, car il y a trois jours que je n'ai vu la gazette. Vous saurez pourtant que madame des N..... est morte, et que Trévigny, son amant, en a pensé mourir de douleur; pour moi, j'aurais voulu qu'il en fût mort, pour l'honneur des dames. Je suis toujours couperosée, ma pauvre petite, et je fais toujours des remèdes; mais comme je suis entre les mains de Bourdelot, qui me purge avec des melons et de la glace, et que tout le monde me vient dire que cela me tuera, cette pensée me met dans une telle incertitude, qu'encore que je me trouve bien de ce qu'il m'ordonne, je ne le fais pourtant qu'en tremblant. Adieu, ma très-chère; vous savez bien qu'on ne peut vous aimer plus tendrement que je fais.

[1] Vieux mot qui signifie accueil.

380. — A MADAME DE GRIGNAN.

A Paris, vendredi 26 juillet 1675.

Il me semble, ma très-chère, que je ne vous écrirai aujourd'hui qu'une petite lettre, parce qu'il est fort tard. Croiriez-vous bien que je reviens de l'Opéra avec M. et madame de Pomponne, l'abbé Arnauld [1], madame de Vins, la bonne Troche, et d'Hacqueville? La fête se faisait pour l'abbé Arnauld, qui n'en a pas vu depuis Urbain VIII, qu'il était à Rome avec M. d'Angers [2] : il a été fort content. Je suis chargée des compliments de toute la loge ; mais surtout de M. de Pomponne, qui vous prie bien sérieusement de compter sur son amitié, malgré votre absence.

Je vis hier madame la grande-duchesse; elle me parut comme vous me l'aviez dépeinte : l'ennui est écrit et gravé sur son visage. Elle est très-sage et d'une tristesse qui attendrit; mais je crois qu'elle reprendra ici sa joie et sa beauté. Elle a fort bien réussi à Versailles; le roi l'a trouvée très-aimable, et lui adoucira sa prison. Sa beauté n'effraye pas, et l'on se fait une belle âme de la plaindre et de la louer. Elle fut transportée de Versailles, et des caresses de sa noble famille; elle n'avait point vu M. le dauphin, ni MADEMOISELLE. Comme sa réputation n'a jamais eu ni tour ni atteinte, il y aura une sorte de charité à la divertir. Elle me parla fort de vous et de votre beauté ; je lui dis, comme de moi, ce que vous me mandez : c'est que vous subsistez encore sur l'air de Paris. Elle le croit, et que les airs et les pays chauds donnent la mort.

---

[1] Frère aîné de M. de Pomponne. (P.)

[2] Henri Arnauld, oncle de M. de Pomponne, connu d'abord sous le nom d'abbé de Saint-Nicolas, depuis évêque d'Angers, et l'un des plus saints prélats qu'ait eus l'Église de France. (P.)

Elle ne pouvait se taire de vous et du mauvais souper qu'elle vous avait donné[1]; elle était fort contente de M. de Grignan, et de Ripert[2], qui l'avait relevée de son carrosse versé. Elle a dans la tête madame de C..... comme la plus folle, la plus hardie, la plus coquette, la plus extravagante personne qu'elle ait jamais vue; et qu'on lui dise que madame la grande-duchesse n'a remarqué qu'elle dans la Provence, quelle gloire! Et voilà ce que c'est.

J'ai si bien fait que madame de Monaco est toujours malade : si elle avait de la santé, il faudrait quitter la partie; sa faveur est délicieuse entre MONSIEUR et MADAME. Je crains que madame de Langeron ne se console, et si, j'ai fait de mon mieux. Vous expliquez et comprenez fort bien le *fantôme*; on le dit présentement pour dire un *stratagème*. Nos voyages sont suspendus, comme je vous ai dit; je m'en irai avec M. d'Harouïs; nous prendrons notre temps. La Bretagne est plus enflammée que jamais. Madame de Chaulnes n'est pas prisonnière en forme; mais une de ses amies voudrait de tout son cœur qu'elle ne fût pas à Rennes, d'où elle ne peut sortir, à cause des désordres, qui sont tels que je vous les ai dits.

La cour s'en va à Fontainebleau; c'est MADAME qui le veut. Il est certain que *l'ami de Quantova* (*Louis XIV*) dit à sa femme et à son curé par deux fois : Soyez persuadés que je n'ai pas changé les résolutions que j'avais en partant : fiez-vous à ma parole, et instruisez les curieux de mes sentiments.

Mademoiselle d'Armagnac est mariée à ce Cadaval[3] : elle est belle et jolie; c'est le chevalier de Lorraine qui l'épouse : elle fait pitié d'aller chercher si loin la consomma-

---

[1] A Pierrelate, petite ville du bas Dauphiné, où madame de Grignan s'était rendue pour saluer madame la grande-duchesse à son passage. (P.)
[2] L'homme d'affaires de M. de Grignan.
[3] Nugno-Alvare Péréira de Melio, duc de Cadaval en Portugal. (P.)

tion. J'enverrai bientôt à M. de Grignan les airs de l'opéra. S'il est auprès de vous, je l'embrasse et le conjure d'avoir grand soin de vous. Adieu, ma très-chère enfant; je ne sais si c'est que le cardinal de Retz m'a priée d'avoir soin de vos intérêts, mais je languis quand je ne fais rien pour vous : sa recommandation fait plus en moi que sa bénédiction. Mandez-moi toujours extrêmement de vos nouvelles : rien n'est petit à cet égard, rien n'est indifférent.

381. — A LA MÊME.

A Paris, mercredi 31 juillet 1675.

Ce que vous dites du temps est divin. Il est vrai, ma fille, qu'on ne voit personne demeurer au milieu d'un mois parce qu'on ne saurait venir à bout de le passer : ce sont des bourbiers d'où l'on sort; encore le bourbier nous arrête, et le temps va. Je suis fort aise que vous soyez paisiblement à Grignan jusqu'au mois d'octobre : Aix vous eût paru étrange au sortir d'ici; la solitude et le repos de Grignan délayent un peu les idées. Vous avez eu bien de la raison d'en user ainsi. M. de Grignan vous est présentement une compagnie; votre château en sera rempli, et votre musique perfectionnée. Il faut pâmer de rire de ce que vous dites de l'air italien : le massacre que vos chantres en font, corrigé par vous, est un martyre pour ce pauvre Vorey, qui fait voir la punition qu'il mérite. Vous souvient-il du lieu où vous l'avez entendu, et du joli garçon qui le chantait, qui vous donna si promptement dans la vue? Cet endroit-là de votre lettre est d'une folie charmante : je prie M. de Grignan d'apprendre cet air tout entier; qu'il fasse cet effort pour l'amour de moi, et nous le chanterons ensemble.

Je vous ai mandé, ma très-chère, comme nos folies de Bretagne m'arrêtaient pour quelques jours. M. de Forbin ¹ doit partir avec six mille hommes pour punir notre Bretagne, c'est-à-dire la ruiner. Ils s'en vont par Nantes; c'est ce qui fait que je prendrai la route du Mans avec madame de Lavardin : nous regardons ensemble le temps que nous devons prendre. M. de Pomponne a dit à M. de Forbin qu'il avait des terres en Bretagne, et lui a donné le nom de celles de mon fils. La châsse de sainte Geneviève nous donne ici un temps admirable. La Saint-Géran est dans le chemin du ciel. La bonne Villars n'a point reçu votre lettre : c'est une douleur.

Voici une petite histoire qui se passa il y a trois jours. Un pauvre passementier, dans le faubourg Saint-Marceau, était taxé à dix écus pour un impôt sur les maîtrises : il ne les avait pas. On le presse et represse; il demande du temps : on le lui refuse. On prend son pauvre lit et sa pauvre écuelle; quand il se vit en cet état, la rage s'empara de son cœur : il coupa la gorge à trois de ses enfants, qui étaient dans sa chambre; sa femme sauva le quatrième, et s'enfuit. Le pauvre homme est au Châtelet; il sera pendu dans un jour ou deux. Il dit que tout son déplaisir, c'est de n'avoir pas tué sa femme et l'enfant qu'elle a sauvé. Songez, ma fille, que cela est vrai comme si vous l'aviez vu, et que depuis le siége de Jérusalem il ne s'est point vu une telle fureur.

On devait partir aujourd'hui pour Fontainebleau, où les plaisirs devaient devenir des peines par leur multiplicité. Tout était prêt : il arrive un coup de massue qui rabaisse la joie. Le peuple dit que c'est à cause de *Quantova* (*madame de Montespan*). L'attachement est toujours extrême : on en fait assez pour fâcher le curé et tout le monde, et

---

¹ Le bailli de Forbin, capitaine-lieutenant de la première compagnie des mousquetaires du roi, et lieutenant général des armées de Sa Majesté. (P.)

peut-être pas assez pour elle; car dans son triomphe extérieur il y a un fonds de tristesse.

Vous parlez des plaisirs de Versailles; et dans le temps qu'on allait à Fontainebleau pour s'abîmer dans la joie, voilà M. de Turenne tué; voilà une consternation générale; voilà M. le Prince qui court en Allemagne; voilà la France désolée. Au lieu de voir finir les campagnes, et d'avoir votre frère, on ne sait plus où l'on en est. Voilà le monde dans son triomphe, et voilà des événements surprenants, puisque vous les aimez : je suis assurée que vous serez bien touchée de celui-ci. Je suis épouvantée de la prédestination de ce M. Desbrosses : peut-on douter de la Providence, et que le canon qui a choisi de loin M. de Turenne entre dix hommes qui étaient autour de lui ne fût chargé depuis une éternité? Je m'en vais rendre cette histoire tragique à M. de Grignan pour celle de Toulon : plût à Dieu qu'elles fussent égales!

Vous devez écrire à M. le cardinal de Retz; nous lui écrivons tous : il se porte très-bien, et fait une vie très-religieuse. Il va à tous les offices; il mange au réfectoire les jours maigres. Nous lui conseillons d'aller à Commercy : il sera très-affligé de la mort de M. de Turenne. Écrivez au cardinal de Bouillon; il est inconsolable.

Adieu, ma chère enfant; vous n'êtes que trop reconnaissante; vous faites un jeu de dire du mal de votre âme. Je crois que vous sentez bien qu'il n'y en a pas une plus belle ni meilleure. Vous craignez que je ne meure d'amitié : je serais honteuse de faire ce tort à l'autre; mais laissez-moi vous aimer à ma fantaisie. Vous avez écrit une lettre admirable à Coulanges : quand le bonheur m'en fait voir quelqu'une, j'en suis ravie. Tout le monde se cherche pour parler de M. de Turenne; on s'attroupe : tout était hier en pleurs dans les rues; le commerce de toute autre chose était suspendu.

382. — A MONSIEUR DE GRIGNAN.

À Paris, ce 31 juillet 1675.

C'est à vous que je m'adresse, mon cher comte, pour vous écrire une des plus fâcheuses pertes qui pût arriver en France : c'est la mort de M. de Turenne, dont je suis assurée que vous serez aussi touché et aussi désolé que nous le sommes ici. Cette nouvelle arriva lundi à Versailles. Le roi en a été affligé comme on doit l'être de la mort du plus grand capitaine et du plus honnête homme du monde. Toute la cour fut en larmes, et M. de Condom pensa s'évanouir. On était prêt d'aller se divertir à Fontainebleau ; tout a été rompu. Jamais un homme n'a été regretté si sincèrement : tout ce quartier où il a logé, et tout Paris, et tout le peuple était dans le trouble et dans l'émotion. Chacun parlait et s'attroupait pour regretter ce héros. Je vous envoie une très-bonne relation de ce qu'il a fait quelques jours avant sa mort. C'est après trois mois d'une conduite toute miraculeuse, et que les gens du métier ne se lassent point d'admirer, qu'arrive le dernier jour de sa gloire et de sa vie. Il avait le plaisir de voir décamper l'armée des ennemis devant lui, et le 27, qui était samedi, il alla sur une petite hauteur pour observer leur marche : son dessein était de donner sur l'arrière-garde, et il mandait au roi, à midi, que dans cette pensée il avait envoyé dire à Brissac qu'on fît les prières de quarante heures. Il mande la mort du jeune d'Hocquincourt, et qu'il enverra un courrier pour apprendre au roi la suite de cette entreprise ; il cachette sa lettre[1], et l'envoie à deux heures. Il va sur cette petite colline avec huit ou dix personnes : on tire de loin à l'aventure un malheureux coup de canon, qui le coupe par le milieu du corps, et vous pouvez pen-

[1] Cette dernière lettre de Turenne est imprimée parmi les *Lettres militaires de Louis XIV*, tom. III, p 211.

ser les cris et les pleurs de cette armée. Le courrier part à l'instant ; il arriva lundi, comme je vous ai dit : de sorte qu'à une heure l'une de l'autre le roi eut une lettre de M. de Turenne et la nouvelle de sa mort. Il est arrivé depuis un gentilhomme de M. de Turenne, qui dit que les armées sont assez près l'une de l'autre ; que M. de Lorges commande à la place de son oncle, et que rien ne peut être comparable à la violente affliction de toute cette armée. Le roi a ordonné en même temps à M. le Duc d'y courir en poste, en attendant M. le Prince, qui doit y aller ; mais comme sa santé est assez mauvaise, et que le chemin est long, tout est à craindre dans cet entre-temps. C'est une cruelle chose que cette fatigue pour M. le Prince ; Dieu veuille qu'il en revienne ! M. de Luxembourg demeure en Flandre, pour y commander en chef. Les lieutenants généraux de M. le Prince sont MM. de Duras et de La Feuillade. Le maréchal de Créqui demeure où il est. Dès le lendemain de cette nouvelle, M. de Louvois proposa au roi de réparer cette perte, en faisant huit généraux au lieu d'un ; c'est y gagner [1]. En même temps on fit huit maréchaux de France, savoir : M. de Rochefort [2], à qui les autres doivent un remerciement ; MM. de Luxembourg, Duras, La Feuillade, d'Estrades, Navailles, Schomberg et Vivonne. En voilà huit bien comptés : je vous laisse méditer sur cet endroit. Le grand maître [3] était au désespoir : on l'a fait duc ; mais que lui donne cette dignité ? Il a les honneurs du Louvre par sa charge ; il ne passera point au parlement, à cause des conséquences, et sa femme ne veut de tabouret qu'à Bouillé [4] : cependant

---

[1] Madame de Cornuel disait que c'était la monnaie de Turenne. Il est singulier que ce joli mot si connu ait échappé à madame de Sévigné. (A. G.)

[2] M. de Louvois, voulant faire M. de Rochefort maréchal de France, n'y pouvait parvenir qu'en proposant les sept autres, qui étaient plus anciens lieutenants généraux que M. de Rochefort. (P.)

[3] Le comte du Lude, grand maître de l'artillerie.

[4] Renée-Éléonore de Bouillé, première femme du comte du Lude, passait sa vie à Bouillé, par un goût singulier qu'elle avait pour la chasse. (P.)

c'est une grâce, et s'il était veuf, il pourrait épouser quelque jeune veuve. Vous savez la haine du comte de Gramont pour Rochefort. Je le vis hier; il est enragé. Il lui a écrit, et l'a dit au roi. Voici la lettre :

Monseigneur,

La faveur l'a pu faire autant que le mérite [1].

C'est pourquoi je ne vous en dirai pas davantage.

Le comte DE GRAMONT.

Adieu, Rochefort.

Je crois que vous trouverez ce compliment comme on l'a trouvé ici. Il y a un almanach que j'ai vu, c'est de Milan; on y lit au mois de juillet : *Mort subite d'un grand;* et au mois d'août : *Ah! que vois-je!* On est ici dans des craintes continuelles : cependant nos six mille hommes sont partis pour abîmer notre Bretagne. Ce sont deux Provençaux [2] qui ont cette commission. M. de Pomponne a recommandé nos pauvres terres. M. de Chaulnes et M. de Lavardin sont au désespoir. Voilà ce qui s'appelle des dégoûts. Si jamais vous faites les fous, je ne souhaite pas qu'on vous envoie des Bretons pour vous corriger : admirez combien mon cœur est éloigné de toute vengeance. Voilà, mon cher Comte, tout ce que nous savons jusqu'à l'heure qu'il est. En récompense d'une très-aimable lettre, je vous en écris une qui vous donnera du déplaisir; j'en suis en vérité aussi fâchée que vous. Nous avons passé tout l'hiver à entendre conter les divines perfections de ce héros : jamais un homme n'a été si près d'être parfait; et plus on le connaissait, plus on l'aimait, et plus on le regrette. Adieu, Monsieur et Madame; je vous embrasse

---

[1] Vers du *Cid*.

[2] Le bailli de Forbin, dont il a été mention ci-devant, et le marquis de Vins, capitaine-lieutenant de la seconde compagnie des mousquetaires du roi. (P.)

mille fois. Je vous plains de n'avoir personne à qui parler de cette grande nouvelle; il est naturel de communiquer tout ce qu'on pense là-dessus. Si vous êtes fâchés, vous êtes comme nous sommes ici.

383. — A MADAME DE GRIGNAN.

A Paris, vendredi 2 août 1675.

Je pense toujours, ma fille, à l'étonnement et à la douleur que vous aurez de la mort de M. de Turenne. Le cardinal de Bouillon est inconsolable; il apprit cette nouvelle par un gentil-homme de M. de Louvigny, qui voulut être le premier à lui faire son compliment; il arrêta son carrosse, comme il revenait de Pontoise à Versailles : le cardinal ne comprit rien à ce discours. Comme le gentil-homme s'aperçut de son ignorance, il s'enfuit; le cardinal fit courre après, et sut ainsi cette terrible mort : il s'évanouit; on le ramena à Pontoise, où il a été deux jours sans manger, dans des pleurs et dans des cris continuels. Madame de Guénégaud et Cavoye l'ont été voir; ils ne sont pas moins affligés que lui. Je viens de lui écrire un billet qui m'a paru bon : je lui dis par avance votre affliction, et par l'intérêt que vous prenez à ce qui le touche, et par l'admiration que vous aviez pour le héros. N'oubliez pas de lui écrire; il me paraît que vous écrivez très-bien sur toutes sortes de sujets : pour celui-ci, il n'y a qu'à laisser aller sa plume. On paraît fort touché dans Paris de cette grande mort. Nous attendons avec transissement le courrier d'Allemagne; Montécuculli, qui s'en allait, sera bien revenu sur ses pas, et prétendra bien profiter de cette conjoncture. On dit que les soldats faisaient des cris qui s'entendaient de deux lieues; nulle considération ne les pouvait retenir; ils criaient qu'on les menât au combat; qu'ils voulaient venger la mort de leur père, de leur général, de leur protecteur, de leur défenseur; qu'avec lui ils ne craignaient rien, mais qu'ils vengeraient bien sa mort; qu'on les laissât faire, qu'ils étaient furieux, et qu'on les menât au combat. Ceci est d'un gentil-homme qui était à M. de Turenne, et qui est venu parler au roi; il a toujours été baigné de larmes en racontant ce que je vous dis et les détails de la mort de son maître. M. de Turenne reçut le coup au travers du corps; vous pouvez penser s'il tomba de cheval et s'il mourut! Cependant le reste des esprits fit qu'il se traîna la longueur d'un pas, et que même il serra la main par convulsion; et puis on jeta un manteau sur son corps. Ce Boisguyot, c'est ce gentil-homme, ne le quitta point qu'on ne l'eût porté sans bruit dans la plus prochaine maison. M. de Lorges était à près d'une demi-lieue de là. Jugez de son désespoir; c'est lui qui perd tout, et qui demeure chargé de l'armée et de tous les événements jusqu'à l'arrivée de M. le Prince, qui a vingt-deux jours de marche. Pour moi, je pense mille fois le jour au chevalier de Grignan, et je ne m'imagine pas qu'il puisse soutenir cette perte sans perdre la raison : tous ceux qu'aimait M. de Turenne sont fort à plaindre.

Le roi disait hier en parlant des huit nouveaux maréchaux : Si Gadagne avait eu patience, il serait du nombre; mais il s'est retiré, il s'est impatienté, c'est bien fait. On dit que le comte d'Estrées cherche à vendre sa charge; il est du nombre des désespérés de n'avoir point le bâton. Devinez ce que fait Coulanges; il copie mot à mot, et sans s'incommoder, toutes les nouvelles que je vous écris. Je vous ai mandé comme le grand grand maître [1] est duc; il n'ose se plaindre; il sera maréchal de France à la première voiture; et la manière dont le roi lui a parlé passe de bien loin l'honneur qu'il a reçu. Sa Majesté lui dit de donner à Pomponne son nom et ses qualités; il répondit : Sire, je lui donnerai le brevet de mon grand-père; il n'aura qu'à le faire copier. Il faut lui faire un compliment. M. de Gri-

---

[1] Le comte du Lude.

gnan en a beaucoup à faire, et peut-être des ennemis ; car ils prétendent du *Monseigneur*, et c'est une injustice qu'on ne peut leur faire comprendre.

Je reviens à M. de Turenne, qui en disant adieu à M. le cardinal de Retz lui dit : « Monsieur, je ne suis point un « *diseur* ; mais je vous prie de croire sérieusement que « sans ces affaires-ci, où peut-être on a besoin de moi, je me « retirerais comme vous ; et je vous donne ma parole que « si j'en reviens, je ne mourrai pas sur le coffre [1], et je « mettrai, à votre exemple, quelque temps entre la vie et « la mort. » Je tiens cela de d'Hacqueville, qui ne l'a dit que depuis deux jours. Notre cardinal sera sensiblement touché de cette perte. Il me semble, ma fille, que vous ne vous lassez point d'en entendre parler : nous sommes convenues qu'il y a des choses dont on ne peut trop savoir de détails. J'embrasse M. de Grignan : je vous souhaiterais quelqu'un à tous deux avec qui vous pussiez parler de M. de Turenne. Les Villars vous adorent ; Villars est revenu, mais Saint-Géran et sa tête sont demeurés : sa femme espérait qu'on aurait quelque pitié de lui, et qu'on le ramènerait. Je crois que La Garde vous mande le dessein qu'il a de vous aller voir : j'ai bien envie de lui dire adieu pour ce voyage. Le mien, comme vous savez, est un peu différé : il faut voir l'effet que fera dans notre pays la marche de six mille hommes commandés par deux Provençaux. Il est bien dur à M. de Lavardin d'avoir acheté une charge quatre cent mille francs pour obéir à M. de Forbin ; car encore M. de Chaulnes conserve l'ombre du commandement. Madame de Lavardin et M. d'Harouïs sont mes boussoles. Ne soyez point en peine de moi, ma très-chère, ni de ma santé ; je me purgerai après le plein

---

[1] Cette façon de parler est peut-être une allusion à ces vers d'une épitaphe du poëte Tristan :

Je vécus dans la peine, attendant le bonheur,
Et mourus sur un coffre en attendant mon maître. (A. G.)

de la lune, et quand on aura des nouvelles d'Allemagne.
Adieu, ma chère enfant, je vous aime si passionnément,
que je ne pense pas qu'on puisse aller plus loin; si quelqu'un souhaitait mon amitié, il devrait être content que
je l'aimasse seulement autant que j'aime votre portrait.

384. — A LA MÊME.

A Paris, mercredi 7 août 1675.

Quoi! je ne vous ai point parlé de saint Marcel, en vous
parlant de sainte Geneviève! Je ne sais pas où j'avais l'esprit. Saint Marcel vint prendre sainte Geneviève jusque
chez elle; sans cela on ne l'eût pas fait aller. C'étaient les
orfèvres qui portaient la châsse du saint; il y avait pour
deux millions de pierreries : c'était la plus belle chose du
monde. La sainte allait après, portée par ses enfants, nupieds, avec une dévotion extrême. Au sortir de NotreDame, le bon saint alla reconduire la bonne sainte jusqu'à
un certain endroit marqué, où ils se séparent toujours;
mais savez-vous avec quelle violence? Il faut dix hommes
de plus pour les porter, à cause de l'effort qu'ils font pour
se rejoindre; et si par hasard ils s'étaient approchés,
puissance humaine ni force humaine ne les pourraient
séparer : demandez aux meilleurs bourgeois et au peuple;
mais on les empêche, et ils font seulement l'un à l'autre
une douce inclination, et puis chacun s'en va chez soi. A
quoi pouvais-je penser de ne vous point conter ces merveilles? Pour votre équipée du feu de saint Jean-Baptiste,
je ne puis y penser sans que la sueur m'en monte au front.
Quelle folie en l'état où vous étiez! quelle foule! quelle
chambre! quel échafaud! Ma bonne, je vous prie de ne
m'en plus parler.

Je vous ai mandé que je ne pars pas encore pour la Bretagne. Vous croyez bien que je n'oublierai point de vous
marquer l'adresse de mon nouvel ami de la poste; il sera

plus fidèle que Du Bois, et nous aurons deux fois la semaine des nouvelles : je m'y trouve encore plus intéressée que vous, c'est ma vie partout; mais aux Rochers ce serait mourir que de n'avoir point cette consolation. Je porterai des livres et de l'ouvrage; ces amusements ne vont que bien loin après le soin de notre commerce. Vos lettres seront étranges sur les nouvelles de l'armée, jusqu'à ce que vous ayez su la mort de M. de Turenne. Tout est confondu : il n'y a plus ni Flandre, ni Allemagne, ni petit-frère que l'on puisse espérer. Nous verrons dans quelques jours comme tout se rangera, et le train que prendra notre province et M. de Forbin avec sa petite armée. Je vous conseille d'écrire à notre bon cardinal sur cette grande mort; il en sera touché. On disait l'autre jour, en bon lieu, que l'on ne connaissait que deux hommes au-dessus des autres hommes, lui et M. de Turenne : le voilà donc seul dans ce point d'élévation. Quand vous aurez écrit cette première lettre, croyez-moi, ne vous contraignez point; s'il vous vient quelque folie au bout de votre plume, il en est charmé aussi bien que du sérieux : le fonds de religion n'empêche point encore ces petites *chamarrures*. Il laisse toujours aller les épigrammes à notre gros abbé (*de Pontcarré*).

Voilà votre madame de Schomberg maréchale; elle est fort louable de passer sa vie en Languedoc, pour être plus près de Catalogne [1]; peut-être que sa santé contribue à ce séjour. Ce serait un joli voyage à M. de Grignan et à La Garde, de l'aller voir aux eaux. Tout ceci fera sans doute changer de place à son mari.

Le chevalier de Buous est bien content de moi; je suis sa résidente chez M. de Pomponne. Guilleragues a fait des merveilles dans sa gazette; mais je trouve les dernières louanges un peu embarrassées [2] : j'aimerais mieux un

---

[1] M. de Schomberg était de la promotion des huit maréchaux de France créés le 30 juillet précédent : il commandait alors en Catalogne. (P.)
[2] Il s'agissait d'un éloge de M. de Turenne, qui fut mis dans la *Gazette de*

style plus naturel et moins recherché. Mon fils me mande que la désolation de son armée lui fait comprendre l'excès de celle d'Allemagne; qu'ils sont pourtant heureux qu'on leur laisse M. de Luxembourg, en leur ôtant M. le Prince. La pauvre madame de Vaubrun est entièrement désespérée de la mort de son mari [1]. M. d'Harouïs pleurait hier à chaudes larmes, et pour sa douleur particulière, et pour celle de cette pauvre femme. Les nouvelles d'Allemagne font toute notre attention. Je vis l'autre jour à la messe le comte de Fiesque et d'autres, qui assurément n'y ont point bonne grâce. Je trouvai heureuses celles qui n'avaient leurs enfants ni aux Minimes [2] ni en Allemagne; j'ai voulu dire moi, qui sais mon fils à son devoir, sans aucun péril présentement.

L'autre jour M. le dauphin tirait au blanc; il tira fort loin du but. M. de Montausier se moqua de lui, et dit tout de suite au marquis de Créqui, qui est fort adroit, de tirer; et à M. le dauphin : Voyez comme celui-ci tire droit. Le petit pendard tire un pied plus loin que M. le dauphin. Ah, petit corrompu! s'écria M. de Montausier, il faudrait vous étrangler. M. de Grignan se souviendra bien de ce petit courtisan : il nous en a conté des choses pareilles.

Vous devriez lire les Croisades; vous y verriez un Aimar de Monteil, et un Castellane [3], afin de choisir : ce sont des héros. On veut relire Le Tasse quand on a lu ce livre-là. J'ai vu enfin M. de Péruis; il me paraît passionné pour

---

France, à l'occasion de sa mort. Guilleragues avait la direction de la *Gazette*, qui avait commencé à paraître en 1631. (P.)

[1] Nicolas Beautru, marquis de Vaubrun; il fut tué au combat d'Altenheim, cinq jours après la mort de M. de Turenne. (P.)

[2] C'est-à-dire à la messe des Minimes de la Place-Royale, où madame de Sévigné allait ordinairement. (P.)

[3] Blanche Adhémar de Monteil épousa Gaspard de Castellane en 1498. Leur fils, Gaspard de Castellane, fut héritier de Louis Adhémar de Monteil, comte de Grignan, son oncle, lequel, étant mort sans postérité, le substitua aux nom et armes d'Adhémar; en sorte que les Adhémars de Monteil, comtes de Grignan, qui ont subsisté depuis, et qui sont éteints aujourd'hui, étaient de la maison de Castellane. (P.)

M. de Grignan et pour vous. Je le trouve honnête homme ; il me semble doux, et sincère. Nous avons causé une heure de toute la Provence, où je me trouve encore fort savante. Il est ravi de votre portrait ; je voudrais que le mien fût un peu moins rustaud ; il ne me paraît point propre à être regardé agréablement, ni tendrement. La bonne d'Heudicourt est ravie d'une lettre que vous lui avez écrite ; elle peut vous mander de fort bonnes choses et très-particulières : ce commerce vous divertira extrêmement. J'ai fait conter à Péruis comme il vous a trouvée, à quelle heure, en quel lieu ; je vous ai bien reconnue dans votre lit comme une paresseuse. Il dit que vous êtes belle, et blanche, et grasse ; je n'ai osé le questionner davantage. Il n'y a point de conversation au monde que je puisse préférer à celle d'un homme qui vient de Grignan, et qui me parle de toutes ces choses : je ne pouvais le quitter.

Je gronderai bien Corbinelli de ne pas vous écrire : quelle sottise ! Que peut-il faire de mieux ? Hélas ! je viens d'apprendre que ce pauvre garçon a pensé mourir : il a eu des maux de tête à perdre la raison, et la fièvre en même temps. Il a mis son nom au bas d'une lettre, et a fait écrire qu'on me vienne dire qu'il n'est pas mort, mais qu'il a été à l'extrémité, et que j'ai pensé perdre l'homme du monde qui m'est le plus dévoué. Je voudrais qu'il ne fût pas si bien justifié auprès de vous : écrivez-lui une petite amitié pour l'amour de moi ; c'est un garçon que j'aime, et qui m'a persuadée de son amitié.

J'ai été à Versailles ; je ne sais si je ne vous l'ai point mandé : j'allai avec d'Hacqueville tête à tête ; nous partîmes à trois heures, et nous arrivâmes droit chez M. de Louvois, que nous trouvâmes. Ce bonheur me parut comme de donner droit dans le treize d'un *trou-madame*. Je lui parlai pour mon fils : il ne peut avoir ce régiment, parce que celui qui l'avait n'est point mort. Ce ministre me dit mille choses honnêtes et très-obligeantes ; je lui dis l'ennui que nous avions dans notre guidonnage : enfin tout alla bien. Nous remontâmes en calèche, et nous étions à neuf heures à Paris. J'ai retourné depuis à Versailles avec madame de Verneuil, pour faire ce qui s'appelle sa cour. M. de Condom n'est point encore consolé de M. de Turenne. Le cardinal de Bouillon n'est pas connaissable ; il jeta les yeux sur moi, et craignant de pleurer, il se détourna ; j'en fis autant de mon côté, car je me sentis fort attendrie. Toutes les dames de la reine sont précisément celles qui font la compagnie de madame de Montespan. On y joue tour à tour, on y mange ; il y a des concerts tous les soirs ; rien n'est caché, rien n'est secret ; les promenades en triomphe : cet air déplairait encore plus à une femme qui serait un peu jalouse ; mais tout le monde est content. Nous fûmes à Clagny ; que vous dirai-je ? c'est le palais d'Armide ; le bâtiment s'élève à vue d'œil ; les jardins sont faits : vous connaissez la manière de Le Nôtre[1] ; il a laissé un petit bois sombre, qui fait fort bien ; il y a un bois entier d'orangers dans de grandes caisses ; on s'y promène ; ce sont des allées où l'on est à l'ombre ; et pour cacher les caisses il y a, des deux côtés, des palissades à hauteur d'appui, toutes fleuries de tubéreuses, de roses, de jasmins, d'œillets. C'est assurément la plus belle, la plus surprenante et la plus enchantée nouveauté qui se puisse imaginer ; on aime fort ce bois. Hier au soir je vis La Garde, qui m'apprit qu'un homme revenu de l'armée avait dit au roi tout naïvement des biens infinis du chevalier de Grignan et de son régiment ; il se porte très-bien jusque ici. Dieu le conserve !

Je veux vous faire voir un petit dessous de cartes qui vous surprendra : c'est que cette belle amitié de *Quantova* et de son amie qui voyage[2] est une véritable aversion de-

---

[1] Le même qui a fait les jardins des Tuileries et ceux de Versailles. (P.)
[2] Madame Scarron. Elle conduisait à Anvers le jeune duc du Maine (qui avait une jambe plus courte que l'autre), afin de le faire traiter par un charlatan, dont les remèdes ne produisirent aucun effet. (A. G.)

puis près de deux ans; c'est une aigreur, c'est une antipathie, c'est du blanc, c'est du noir. Vous demandez d'où vient cela? C'est que l'amie est d'un orgueil qui la rend révoltée contre les ordres de *Quanto* : elle n'aime pas à obéir; elle veut bien être au père, mais non pas à la mère. Elle fait le voyage à cause de lui, et point du tout pour l'amour d'elle; elle rend compte à l'un et point à l'autre. On gronde l'ami d'avoir trop d'amitié pour cette glorieuse; mais on ne croit pas que cela dure, à moins que l'aversion ne se change, ou que le bon succès d'un voyage ne fît changer ces cœurs. Ce secret roule sous terre depuis plus de six mois; il se répand un peu, et je crois que vous en serez surprise; les amis de l'amie en sont assez affligés, et l'on croit qu'il y en a deux qui ont senti cet hiver le contre-coup de ces mésintelligences. N'admirez-vous point comme on raisonne quelquefois, et que l'on ne comprend point les choses? C'est quand je dis qu'il y a un fil de manqué; et l'on voit clair quand on voit le dessous des cartes; c'est la plus jolie chose du monde. Il y a une grande femme [1] qui pourrait bien vous en mander si elle voulait, et vous dire à quel point la perte du héros a été promptement oubliée dans cette maison; ç'a été une chose scandaleuse. Savez-vous bien qu'il nous faudrait quelque manière de chiffre? Je m'en vais faire réponse à votre lettre du dernier juillet.

Ma fille, votre commerce est divin, ce sont des conversations que nos lettres : je vous parle, et vous me répondez; j'admire votre soin et votre exactitude; mais, ma très-chère, ne vous en faites point une loi, car si cela vous fait la moindre incommodité et le moindre mal de tête, croyez alors que c'est me plaire que de vous soulager; et, sans vouloir exagérer, votre intérêt, votre plaisir, votre santé,

---

[1] La grande femme est madame d'Heudicourt. La *maison* où on avait oublié Turenne est la cour. On sait que Louvois haïssait ce grand homme, et que le roi paraissait souvent embarrassé des droits que Turenne avait à sa reconnaissance. (A. G.)

le soulagement de quelque chose qui vous peine, tout cela est mis au premier rang de ce qui me tient le plus au cœur; il faut me croire : le dessous des cartes va encore au delà.

Je m'en vais commencer par ma santé : n'en soyez point en peine. Je vois très-souvent M. de Lormes chez madame de Montmort¹, qu'il ressuscite. Il a fort approuvé ma saignée de pied, et m'a empêchée jusque ici de me purger, trouvant que je suis hors d'affaire, et que je n'aurai plus de ces vapeurs de l'année passée. C'étaient les adieux de ce qu'il croit parti : si peu de mal était digne de mon bon tempérament. Il me fera prendre de sa poudre avant que je parte; mais ce sera plus par civilité pour lui que par besoin. Si vous l'entendiez parler, vous seriez rassurée sur mon chapitre pour le reste de vos jours et des miens. Fiez-vous donc à lui, ma chère enfant, et ôtez cette inquiétude des effets de votre tendresse; il vous en reste assez. Pour la proposition d'aller à Grignan au lieu d'aller en Bretagne, elle m'avait déjà passé par la tête; et quand je veux rêver agréablement, c'est la première chose qui se présente à moi que ces jolis châteaux : en reculant un peu celui-ci, il ne sera plus en Espagne, et le tour que vous me proposez est si joli et si faisable, que je m'en vais emporter cette idée en Bretagne, pour me soutenir la vie dans mes bois. Mais pour cette année, mon enfant, l'abbé crie de la proposition en l'air. J'ai d'autres affaires que celle de madame d'Acigné : j'ai le bon abbé, que je n'aurai pas toujours; j'ai mon fils, qui serait bien étonné de me trouver à Lambesc à son retour. Je voudrais bien le marier; mais soyez assurée que le désir et l'espérance de vous revoir ne me quittent jamais, et soutiennent toute ma santé et le reste de joie que j'ai encore dans l'esprit; il faut donc *saler* ² toutes nos propositions.

---

¹ Marie-Henriette de Buade de Frontenac, femme de Henri-Louis Habert de Montmort, qui fut doyen de l'Académie Française. (M.)
² Du mot italien *serbare*, pour conserver, tenir en réserve.

J'attends avec impatience des lettres du chevalier de Grignan; nous voudrions en avoir à toute heure, car jusqu'à ce que notre armée ait repassé le Rhin nous serons toujours en peine. Voilà la relation du combat où M. de Lorges[1] a fait voir qu'il était neveu de son oncle. Dieu veuille que ces prospérités continuent : ce serait l'ombre de M. de Turenne qui serait encore dans cette armée.

Le comte du Lude est ici : il est duc. On n'a pas seulement imaginé de trouver mauvais son retour; mais je vous avoue qu'il y a ici de petits messieurs à la messe, à qui l'on voudrait bien donner *d'une vessie de cochon par le nez*. Si nous eussions pu troquer notre guidon contre le régiment (*de Champagne*), à la bonne heure; mais Montgaillard n'est point mort, et il lui faut de l'argent. C'est ce que me dit M. de Louvois, et que j'étais trop habile femme pour acheter un régiment, ne pouvant me défaire de la charge.

Madame de Saint-Valery sera marquée; j'ai si bien fait, que son joli nez en sera gâté. Madame de Monaco est toujours malade; je ne vois plus où aboutira cette maladie. Que vous m'êtes obligée ! Je suis comme vous, je fais grâce à l'esprit en faveur des sentiments. Je me dédis, au reste, de madame de Langeron ; elle est plus affligée que jamais ; elle est comme une ombre autour de madame la duchesse, mais elle ne parle plus. Ce n'est plus une femme qui entende ni qui réponde : *Sortez, ombres, sortez*; elle pleure sans cesse, et s'est fait une écorchure aux yeux, qui la rend méconnaissable. Je reprends ce que je vous en avais dit. M. le Duc[2] est ici pour un jour ; il ira rejoindre M. le Prince, qui va doucement avec quatre ou cinq mille

---

[1] Gui-Alphonse Durfort, comte de Lorges, depuis duc et maréchal de France, était fils d'Élisabeth de La Tour de Bouillon, sœur de M. de Turenne. (P.)

[2] Henri-Jules de Bourbon-Condé. (P.)

hommes : il a pris ce temps pour voir le roi et madame la duchesse. Madame de Langeron pensa hier mourir en le revoyant. Je suis comme vous, je ne comprends pas bien l'amour de profession : l'été, il n'y a qu'à l'Opéra où Mars et Vénus s'accordent si bien ensemble. Voilà les premiers actes de l'opéra ; quand vous en voudrez davantage, demandez-les à M. de Boissy [1] ; c'est le plus joli garçon du monde, et qui pour toute récompense ne veut que l'honneur d'être nommé dans cette lettre. J'en reçois une de Corbinelli : il est guéri ; il a été très-mal. Ils iront à Grignan ; j'en suis fort aise : vous parlerez de moi, et vous aurez une bonne compagnie. Adieu, ma très-chère et très-aimable ; je crois que vous m'aimez : c'est assurément le dessous de vos cartes, comme la véritable tendresse que j'ai pour vous est le dessous des miennes. Le sermon que vous me fîtes la veille de votre départ ne peut jamais sortir de ma mémoire ; mais comme je ne puis ramener cet endroit sans commencer par vous voir entrer dans ma chambre, et que je n'ai plus cette joie ni cette espérance prochaine, il m'en coûte toujours des larmes ; et quand je médite sur toute cette soirée, le souvenir m'en est d'une amertume que je ne puis encore soutenir. Tout ce que nous fîmes les derniers jours, tous les lieux où nous fûmes, toute la douleur dont j'étais pénétrée avec une bonne contenance, de peur d'attirer vos sermons, tout cela m'arrache encore le cœur. Je repasse tous les temps ; nous étions comme à cette heure à Livry, et ainsi de toutes les saisons. L'amitié que j'ai pour vous porte bien des peines et des amertumes avec elle : une absence continuelle avec la tendresse que j'ai pour vous ne composent pas une paix bien profonde à un cœur aussi dénué de philosophie que le mien ; il faut passer sur cet endroit sans y séjourner. Vous me voyez, ma bonne, et je vois que vous vous moquez de

---

[1] Louis-Urbain Lefèvre de Caumartin. Il portait, du vivant de son père, le nom de la terre de Boissy en Brie. (M.)

moi. Ne croyez point que j'offense ce que j'aime par négliger ma santé : j'en ai un véritable soin pour l'amour de vous, et c'était pour vous plaire que j'allais voir M. Delormes. Je trouvai madame de Frontenac et la *Divine*[1], et la Bertillac, qui y loge, et qui est comme une potée de souris. Cette maison n'est pas ennuyeuse; mais ma lettre, qu'en dites-vous? J'aime à vous parler quasi tous les jours; puisque cela ne vous déplaît pas, et que cela me fait plaisir, quel mal y aurait-il ! Adieu, encore, ma très-chère enfant, croyez-moi bien véritablement et uniquement à vous. J'embrasse M. de Grignan; c'est à lui que j'envoie l'opéra.

385. — DU COMTE DE BUSSY A MADAME DE SÉVIGNÉ.

A Chaseu, ce 15 juillet 1675.

Il y a plus de quinze jours que je balance à vous écrire, Madame; mais comme c'est sur un chapitre de tristesse, j'ai de la peine à m'y résoudre : je ne suis pas bon pour les consolations, je n'aime pas même à être consolé. C'est pour le départ de madame de Grignan et pour la retraite du cardinal de Retz que je vous écris aujourd'hui. Vous savez bien, Madame, en un mot comme en mille, que je suis bien aise de votre joie, et fort fâché de vos chagrins; mais n'en parlons plus, on ne saurait trop tôt finir cette matière.

Comment vous portez-vous? où êtes-vous? et à quoi vous amusez-vous? En attendant votre réponse, Madame, je vous dirai que je me prépare à faire le mariage de mademoiselle de Bussy à la fin d'août. Je vous demanderai votre procuration au premier jour, et je vous en enverrai le modèle; cependant parlons de la guerre. Le roi ne peut pas revenir sans avoir vu une bataille, et je crois qu'il

---

[1] Mademoiselle d'Outrelaise.

en aura le plaisir, car le prince d'Orange le veut aussi, et M. le Prince, Dieu sait combien! Il n'y aura point de combat général, à mon avis, entre M. de Turenne et M. de Montécuculli : l'un ne fera pas une assez fausse démarche devant l'autre pour l'obliger de hasarder une bataille; mais M. de Turenne fera assez s'il empêche le passage du Rhin et la communication de Strasbourg aux Allemands. Je crois qu'il en viendra à bout. Mandez-moi des nouvelles de la belle *Madelonne*; je vous assure que je l'aime bien, mais toujours moins que vous.

386. — DU MÊME A LA MÊME.

A Chaseu, ce 6 août 1675.

J'aurais attendu patiemment la réponse que vous me devez, avant que de vous écrire, Madame, si je n'étais trop rempli des merveilles que je vois pour me taire : M. de Turenne mort, et huit maréchaux pour le remplacer; tout cela est surprenant. Pour le premier, je sais que vous en seriez affligée, mais vous ne savez peut-être pas que je le suis pour le moins autant que vous, je ne dis pas seulement comme un bon Français, je dis même en mon particulier.

Le premier président de Lamoignon se mit dans la tête de me faire ami de M. de Turenne, et il le trouva si bien disposé à cela, qu'il me manda de le remercier des sentiments qu'il lui avait témoignés pour moi. J'écrivis donc à ce grand homme une lettre pleine de reconnaissance, d'estime et de louanges, enfin une lettre où sa gloire trouvait son compte, cette gloire que vous savez qu'il aimait tant. J'en reçus une réponse, qui, dans sa manière courte et sèche, était peut-être une des plus honnêtes lettres qu'il ait jamais écrites. Je perds donc un ami puissant, qui m'aurait servi, ou pour le moins mon fils; j'en suis au désespoir.

Revenons maintenant aux huit maréchaux : en 1668 on en fit trois [1], et ce nombre étonna tout le monde; en voici huit aujourd'hui qu'on vient de faire : je ne doute pas que la surprise publique ne soit extrême. Pour peu qu'on augmente, la première promotion qu'on en fera, ce seront véritablement des maréchaux *à la douzaine*. Ce grand nombre et la condition que le premier commandera au second, et le second au troisième, et que ces messieurs ne roulent plus ensemble comme ils faisaient autrefois, rend cette dignité bien moins considérable qu'elle n'était. Si le roi m'a fait tort en me privant des honneurs que méritaient mes services, il m'a en quelque façon consolé en ne me donnant pas le bâton de maréchal de France, par le rabais où il l'a mis : je dis *en quelque façon consolé*, car, tel qu'il est, je le voudrais avoir, quand ce ne serait que parce qu'il est toujours office de la couronne, et qu'il est une marque des bonnes grâces du prince, qui sont d'ordinaire accompagnées ou suivies de quelque chose de solide, dont j'ai encore plus besoin que d'honneurs. Dieu n'a pas voulu que cela fût, ou que cela fût encore; je n'en murmure point, et, au contraire, je lui rends mille grâces du repos d'esprit qu'il m'a donné sur cela, et de ce qu'il m'a fait le courage encore plus grand que mes malheurs.

387. — DE MADAME DE SÉVIGNÉ AU COMTE DE BUSSY.

A Paris, le 6 août 1675.

Je ne vous parle plus du départ de ma fille, quoique j'y pense toujours, et que je ne puisse jamais bien m'accoutumer à vivre sans elle; mais ce chagrin ne doit être que pour moi. Vous me demandez où je suis, comment je me porte, et à quoi je m'amuse. Je suis à Paris, je me porte bien; et je m'amuse à des bagatelles. Mais ce style est un peu laco-

---

[1] MM. de Créqui, de Bellefonds et d'Humières.

nique; je veux l'étendre. Je serais en Bretagne, où j'ai mille affaires, sans les mouvements de cette province, qui la rendent peu sûre. Il y va six mille hommes commandés par M. de Forbin. La question est de savoir l'effet de cette punition. Je l'attends, et si le repentir prend à ces mutins, et qu'ils rentrent dans leur devoir, je reprendrai le fil de mon voyage, et j'y passerai une partie de l'hiver.

J'ai bien eu des vapeurs; et cette belle santé, que vous avez vue si triomphante, a reçu quelques attaques dont je me suis trouvée humiliée comme si j'avais reçu un affront.

Pour ma vie, vous la connaissez aussi. On la passe avec cinq ou six amies dont la société plaît, et à mille devoirs à quoi l'on est obligé, et ce n'est pas une petite affaire. Mais ce qui me fâche, c'est qu'en ne faisant rien les jours se passent, et notre pauvre vie est composée de ces jours, et l'on vieillit, et l'on meurt. Je trouve cela bien mauvais. La vie est trop courte : à peine avons-nous passé la jeunesse, que nous nous trouvons dans la vieillesse. Je voudrais qu'on eût cent ans d'assurés, et le reste dans l'incertitude. Ne le voulez-vous pas aussi, mon cousin? Mais comment pourrions-nous faire! Ma nièce sera de mon avis, selon le bonheur ou le malheur qu'elle trouvera dans son mariage; elle nous en dira des nouvelles, ou elle ne nous en dira pas ; quoi qu'il en soit, je sais bien qu'il n'y a point de douceur, de commodité, ni d'agrément que je ne lui souhaite dans ce changement de condition. J'en parle quelquefois avec ma nièce la religieuse; je la trouve très-agréable et d'une sorte d'esprit qui fait fort bien souvenir de vous. Selon moi, je ne puis la louer davantage.

Au reste, vous êtes un très-bon almanach : vous avez prévu en homme du métier tout ce qui est arrivé du côté de l'Allemagne; mais vous n'avez pas vu la mort de M. de Turenne, ni ce coup de canon tiré au hasard, qui le prend seul entre dix ou douze. Pour moi, qui vois en tout la Providence, je vois ce canon chargé de toute éternité ; je vois que tout y conduit M. de Turenne, et je n'y trouve rien de funeste pour lui, en supposant sa conscience en bon état. Que lui faut-il ? Il meurt au milieu de sa gloire. Sa réputation ne pouvait plus augmenter ; il jouissait même en ce moment du plaisir de voir retirer les ennemis, et voyait le fruit de sa conduite depuis trois mois. Quelquefois, à force de vivre, l'étoile pâlit. Il est plus sûr de couper dans le vif, principalement pour les héros, dont toutes les actions sont si observées. Si le comte d'Harcourt [1] fût mort après la prise des îles Sainte-Marguerite ou le secours de Casal, et le maréchal du Plessis-Praslin [2] après la bataille de Rhetel, n'auraient-ils pas été plus glorieux ? M. de Turenne n'a point senti la mort ; comptez-vous encore cela pour rien ? Vous savez la douleur générale pour cette perte, et les huit maréchaux de France nouveaux. Le comte de Gramont, qui est en possession de dire toutes choses sans qu'on ose s'en fâcher, écrivit à Rochefort le lendemain [3] :

---

[1] Henri de Lorraine, comte d'Harcourt, frère cadet du duc d'Elbeuf, était l'un des plus grands généraux de Louis XIII. En 1637 il reprit sur les Espagnols les îles Sainte-Marguerite et Saint-Honorat, et en avril 1640 il fit lever le siége de Casal, et s'empara de Turin. Après la mort du roi, il s'attacha au parti du cardinal Mazarin, et il accepta le commandement de l'escorte qui conduisit les princes à la citadelle du Havre. Le public ne le lui pardonna jamais, et toute la gloire que le comte s'était acquise ne put le sauver du ridicule. On fit des caricatures où il était représenté armé de toutes pièces comme un ancien paladin, conduisant Condé prisonnier ; le prince, chemin faisant, fit ce couplet, qu'il fredonnait dans son carrosse assez haut pour être entendu du comte :

> Cet homme gros et court,
> Si connu dans l'histoire,
> Ce grand comte d'Harcourt
> Tout couronné de gloire,
> Qui secourut Casal, et qui reprit Turin,
> Est maintenant recors de Jules Mazarin. (M.)

[2] Le maréchal du Plessis-Praslin se porta en 1650 au-devant de Turenne, qui marchait sur Vincennes pour délivrer les princes, l'atteignit auprès de Rhetel, et le battit, quoique son armée fût moins nombreuse que la sienne. (*Voyez* la lettre 239.) (M.)

[3] Madame de Sévigné avait déjà mandé cette anecdote à sa fille, dans la

Monseigneur,

La faveur l'a pu faire autant que le mérite.

Monseigneur, je suis

Votre très-humble serviteur,

Le Comte DE Gramont.

Mon père est l'original de ce style; quand on fit maréchal de France M. de Schomberg [1], celui qui fut surintendant des finances, il lui écrivit.

Monseigneur,

« Qualité, barbe noire familiarité. »

Chantal.

Vous entendez bien qu'il voulait lui dire qu'il avait été fait maréchal de France parce qu'il avait de la qualité, la barbe noire comme Louis XIII, et qu'il avait la familiarité avec lui. Il était joli, mon père !

Vaubrun a été tué à ce dernier combat, qui comble M. de Lorges de gloire; il en faut voir la fin. Nous sommes toujours transis de peur, jusqu'à ce que nous sachions si nos troupes ont repassé le Rhin. Alors, comme disent les soldats, nous serons pêle-mêle, la rivière entre deux. La pauvre *Madelonne* [2] est dans son château de Provence.

---

lettre 582, page 299 de ce volume. On a dû faire ici cette répétition, pour conserver le texte dans son intégrité. (M.)

[1] Henri de Schomberg, comte de Nanteuil, reçut le bâton de maréchal de France au mois de juin 1625. Son fils obtint le même honneur en octobre 1637. (M.)

[2] M. de Monmerqué croit que madame de Sévigné appelait ainsi madame de Grignan par allusion au délicieux roman de *Pierre de Provence et de la belle Maquelonne*, roman qui fait aujourd'hui partie de la Bibliothèque bleue.

Quelle destinée! Providence! Providence! Adieu, mon cher Comte; adieu, ma très-chère nièce. Je fais mille amitiés à M. et à madame de Toulongeon : je l'aime fort, cette petite comtesse. Je ne fus pas un quart d'heure à Montelon, que nous étions comme si nous nous fussions connues toute notre vie; c'est qu'elle a de la facilité dans l'esprit, et que nous n'avions point de temps à perdre. Mon fils est demeuré en Flandre; il n'ira point en Allemagne. J'ai pensé à vous mille fois depuis tout ceci ; adieu.

388. — DU COMTE DE BUSSY A MADAME DE SÉVIGNÉ.

A Chaseu, ce 11 août 1675.

Je reçus hier votre lettre, Madame, elle est assez longue, et je vous assure que je l'ai trouvée trop courte. Soit que votre style, comme vous dites, soit laconique, soit que vous vous étendiez davantage, il y a, ce me semble, dans vos lettres des agréments qu'on ne voit point ailleurs; et il ne faut pas dire que c'est l'amitié que j'ai pour vous qui me les embellit, puisque de fort honnêtes gens, qui ne vous connaissent pas, les ont admirées. Mais c'est assez vous louer pour cette fois. Les éloges ne doivent pas être comme vos lettres : ils ne sauraient être trop courts pour être bons. Vous passerez, dites-vous, l'hiver en Bretagne; cela est obligeant pour madame de Grignan. On voit bien qu'en son absence tous pays vous sont égaux. Je vous plains d'être sujette aux vapeurs : c'est un mal plus désagréable qu'il n'est dangereux; cependant il se fait craindre. C'est le chagrin qui le fait naître, et la crainte qui l'entretient et qui l'augmente. Il serait bien moindre si l'on ne croyait pas qu'il fît mourir. Il ne le faut donc pas croire; car effectivement il ne le fait pas. Je suis d'accord avec vous que la vie est trop courte : cent ans d'assurés seraient un temps raisonnable. Vous me demandez comment nous pourrions faire pour y parvenir : après y avoir bien songé, voici tout ce que j'ai pu trouver, non pas pour avoir aucune sûreté, mais au moins pour allonger vraisemblablement la vie : Ne dormir guère, manger peu, et ne pas craindre la mort ; s'ennuyer quelquefois, et quelquefois se divertir, car si l'on se divertissait toujours, la vie paraîtrait trop courte ; si l'on s'ennuyait aussi toujours, on mourrait bientôt de chagrin. Mademoiselle de Bussy est de mon avis, et elle prétend user de ce régime. Quand son mari ne serait pas tel qu'elle le souhaiterait, elle n'en veut pas mourir un jour plus tôt. Elle veut, dit-elle, en ce cas-là, essayer à le survivre. Pour les souhaits que vous lui faites, elle en a toute la reconnaissance qu'elle en doit avoir ; mais quand vous ne l'aimeriez pas, elle est comme moi sur votre chapitre, elle ne laisserait pas de vous trouver la plus aimable femme de France. Rien n'est mieux dit, plus agréablement ni plus juste que ce que vous dites de la Providence sur la mort de M. de Turenne, que vous voyez *ce canon chargé de toute éternité*. Il est vrai que c'est un coup du ciel. Dieu, qui laisse ordinairement agir les causes secondes, veut quelquefois agir lui seul. Il l'a fait, ce me semble, en cette occasion : c'est lui qui a pointé cette pièce. Ne vous souvenez-vous pas, Madame, de la physionomie funeste de ce grand homme ? Du temps que je ne l'aimais pas, je disais que c'était une physionomie *patibulaire* [1] ; si j'y avais songé, depuis ma réconciliation avec lui, j'aurais appréhendé ce coup de canon. Tout ce que vous me mandez sur son bonheur de n'avoir pas survécu à sa réputation, comme cela se pouvait, de même que le comte d'Harcourt, le maréchal du Plessis-Praslin, et j'ajoute le connétable Wrangel [2] : tout cela, dis-je, est admirable ; et il n'y a qu'une chose qui me déplaît, c'est que vous me mettez en état que

---

[1] Expression tellement inconvenante, que Grouvelle avait cru devoir supprimer toute la fin de cette lettre. M. de Monmerqué l'a rétablie avec raison, mais en faisant remarquer que Bussy avoue lui-même que ce mot lui était dicté par la passion. Ajoutons que cet aveu ne le justifie pas.

[2] Charles-Gustave Wrangel, maréchal général et connétable de Suède,

je n'en saurais rien dire, si je n'en dis moins. Je m'en tiens donc à ce que vous avez dit en l'honneur de sa mémoire; mais j'ajouterai seulement que cette mémoire n'est rien, et que le mépris qu'on a pour celle du comte d'Harcourt et l'estime qu'on a pour celle de M. de Turenne ne leur font à présent ni bien ni mal; et je conclus qu'il ne sert de rien d'être un héros que pour la gloire qu'on en a pendant sa vie.

Vous avez raison, Madame, de compter pour un bonheur à M. de Turenne de n'avoir pas senti la mort. Cependant il n'y a que deux sortes de gens à qui la mort imprévue soit la meilleure, les saints et les athées. Véritablement M. de Turenne n'était pas de ces derniers, mais aussi n'était-il pas un saint : je doute fort que la gloire du monde, pour qui il avait une si violente passion, soit un sentiment qui sauve les chrétiens.

Je vous écrivis amplement le 6 de ce mois sur les huit maréchaux; je n'ai rien à vous en dire davantage, sinon que ce que le comte de Gramont a dit à Rochefort se pouvait encore fort bien dire à deux autres. Nous sommes deçà le Rhin; mais on me mande que les Allemands y sont aussi; tout cela honore bien la mémoire de M. de Turenne. S'il vivait, nous serions plus proche du Necker que du Rhin. J'espère que M. le Prince remettra pour le moins les affaires au même état qu'elles étaient; mais c'est une chose à faire; et puis M. le Prince guérit avec du vin émétique, et M. de Turenne guérissait avec un bon régime de vivre.

La destinée de la belle *Madelonne* est bizarre, et il y a sujet de s'écrier : Providence! Providence! Mais souvenez-vous du temps que vous m'écriviez que c'était un mari *divin pour la société* : il ne l'est pas pour le commerce. La petite Toulongeon est fort aise du bien que vous dites

mort dans cette charge en 1646, après s'être illustré par de beaux faits d'armes.

d'elle. Vous en diriez encore plus si vous l'aviez vue plus longtemps. Elle est bonne pour ses amies ; elle est merveilleuse pour son mari, elle serait admirable pour un amant si elle en voulait. Ne croyez pas M. de Sévigné plus en sûreté avec M. de Luxembourg qu'avec M. le Prince ; ce nouveau maréchal est aussi désireux de gloire que s'il était encore à parvenir.

J'ai écrit au roi sur la mort de M. de Turenne. Voilà ma lettre. Vous voyez que je me sers de toutes sortes de sujets pour entretenir commerce avec notre maître.

389. — DE MADAME DE SÉVIGNÉ A MADAME DE GRIGNAN.

À Paris, vendredi 9 août 1675.

Comme je ne vous écrivis qu'un petit billet mercredi, j'oubliai plusieurs choses que j'avais à vous dire. M. Boucherat me manda lundi au soir que M. le coadjuteur avait fait merveilles à une conférence à Saint-Germain, pour les affaires du clergé. M. de Condom et M. d'Agen me dirent la même chose à Versailles ; je suis persuadée qu'il fera aussi bien à sa harangue au roi : ainsi il faudra toujours le louer.

Voilà donc nos pauvres amis qui ont repassé le Rhin fort heureusement, fort à loisir, et après avoir battu les ennemis ; c'est une gloire bien complète pour M. de Lorges. Nous avions tous bien envie que le roi lui envoyât le bâton après une si belle action, et si utile, dont il a seul tout l'honneur. Il a eu un cheval tué sous lui d'un coup de canon, qui lui passa entre les jambes : il était à cheval sur un coup de canon. La Providence avait bien donné sa commission à celui-là, aussi bien qu'aux autres. Nous avons perdu Vaubrun dans cette action, et peut-être M. de Montlaur[1], frère du prince d'Harcourt, votre cousin ger-

---

[1] César, comte de Montlaur ; il fut tué d'un coup de canon.

main. La perte des ennemis a été grande ; ils ont eu, de leur aveu, quatre mille hommes de tués ; nous n'en avons perdu que sept ou huit cents. Le duc de Sault et le chevalier de Grignan se sont distingués à la tête de leur cavalerie ; les Anglais surtout ont fait des choses romanesques : enfin voilà un grand bonheur. On dit que Montecuculli [1], après avoir envoyé témoigner à M. de Lorges la douleur qu'il avait de la perte d'un si grand capitaine, lui manda qu'il lui laisserait repasser le Rhin, et qu'il ne voulait point exposer sa réputation à la rage d'une armée furieuse, et à la valeur des jeunes Français, à qui rien ne peut résister dans leur première impétuosité. En effet, le combat n'a point été général, et les troupes qui nous ont attaqués ont été défaites. Plusieurs courtisans, que je n'ose nommer par prudence, se sont signalés pour parler au roi de M. de Lorges, et des raisons sans conséquence qui devaient le faire maréchal de France tout à l'heure ; mais elles ont été inutiles. Il a seulement le commandement d'Alsace, et vingt-cinq mille livres de pension qu'avait Vaubrun. Ah ! ce n'était point cela qu'il voulait. M. le comte d'Auvergne a la charge de colonel général de la cavalerie, et le gouvernement du Limousin. Le cardinal de Bouillon est très-affligé.

Notre bon cardinal a encore écrit au pape, disant qu'il ne peut s'empêcher d'espérer que quand Sa Sainteté aura vu les raisons qui sont dans sa lettre, elle se rendra à ses très-humbles prières ; mais nous croyons que le pape infaillible, et qui ne fait rien d'inutile, ne lira seulement pas ses lettres, ayant fait sa réponse par avance, comme notre petit *ami* que vous connaissez.

Parlons un peu de M. de Turenne ; il y a longtemps que nous n'en avons parlé. N'admirez-vous point que nous

---

[1] Généralisme des armées de l'empereur. Il disait en parlant de Turenne : « Je regrette et ne saurais trop regretter un homme au-dessus de « l'homme, un homme qui faisait honneur à la nature humaine. »

nous trouvions heureux d'avoir repassé le Rhin, et que ce qui aurait été un dégoût, s'il était au monde, nous paraisse une prospérité, parce que nous ne l'avons plus? Voyez ce que fait la perte d'un seul homme. Écoutez, je vous prie, une chose qui est à mon sens fort belle : il me semble que je lis l'histoire romaine. Saint-Hilaire, lieutenant général de l'artillerie, fit donc arrêter M. de Turenne, qui avait toujours galopé, pour lui faire voir une batterie ; c'était comme s'il eût dit : Monsieur, arrêtez-vous un peu, car c'est ici que vous devez être tué. Le coup de canon vient donc, et emporte le bras de Saint-Hilaire, qui montrait cette batterie, et tue M. de Turenne. Le fils de Saint-Hilaire se jette à son père, et se met à crier et à pleurer. *Taisez-vous, mon enfant,* lui dit-il : *voyez,* en lui montrant M. de Turenne roide mort, *voilà ce qu'il faut pleurer éternellement, voilà ce qui est irréparable;* et sans faire nulle attention sur lui, se met à crier et à pleurer cette grande perte. M. de La Rochefoucauld pleure lui-même, en admirant la noblesse de ce sentiment.

Le gentil-homme de M. de Turenne, qui était retourné et qui est revenu, dit qu'il a vu faire des actions héroïques au chevalier de Grignan; qu'il a été jusqu'à cinq fois à la charge, et que sa cavalerie a si bien repoussé les ennemis, que ce fut cette vigueur extraordinaire qui décida du combat. M. de Boufflers et le duc de Sault ont fort bien fait aussi; mais surtout M. de Lorges, qui parut neveu du héros dans cette occasion. Je reviens au chevalier de Grignan, et j'admire qu'il n'ait pas été blessé, à se mêler comme il a fait, et à essuyer tant de fois le feu des ennemis. Le duc de Villeroi ne se peut consoler de M. de Turenne; il écrit que la fortune ne peut plus lui faire de mal, après lui avoir fait celui de lui ôter le plaisir d'être aimé et estimé d'un tel homme : il venait de rhabiller à ses dépens tout un régiment anglais [1], et l'on n'a trouvé que neuf cents francs

---

[1] C'était le régiment de Monmouth. *Voyez* la lettre suivante.

dans sa cassette. Son corps est porté à Turenne; plusieurs de ses gens et même de ses amis l'ont suivi. M. le duc de Bouillon est revenu; le chevalier de Coislin, parce qu'il est malade; mais le chevalier de Vendôme, à la veille du combat : voilà sur quoi on crie; et toute la beauté de madame de Ludres ne l'excuse point.

390. — A LA MÊME.

A Paris, lundi 12 août 1675.

Je vous envoie la plus belle et la meilleure relation qu'on ait eue ici depuis la mort de M. de Turenne; elle est du jeune marquis de Feuquières à madame de Vins, pour M. de Pomponne. Ce ministre me dit qu'elle était meilleure et plus exacte que celle du roi : il est vrai que ce petit Feuquières [1] a un coin d'Arnauld dans sa tête, qui le fait mieux écrire que les autres courtisans.

Je viens de voir le cardinal de Bouillon; il est changé à n'être pas connaissable; il m'a fort parlé de vous : il ne doutait pas de vos sentiments. Il m'a conté mille choses de M. de Turenne qui font mourir; son oncle apparemment était en état de paraître devant Dieu, car sa vie était parfaitement innocente. Il demandait au cardinal à la Pentecôte s'il ne pourrait pas bien communier sans se confesser; son neveu lui dit que non, et que depuis Pâques il ne pouvait guère s'assurer de n'avoir point offensé Dieu. M. de Turenne lui conta son état : il était à mille lieues d'un péché mortel. Il alla pourtant à confesse, pour la coutume; il disait : Mais faut-il dire à ce récollet comme à M. de Saint-Gervais? Est-ce tout de même? En vérité, une telle âme est bien digne du ciel; elle venait trop droit de Dieu pour n'y pas retourner, s'étant si bien préservée de la

---

[1] Antoine de Pas, marquis de Feuquières, auteur des *Mémoires sur la Guerre* qui portent son nom : il était petit-fils d'Anne Arnauld, tante de M. Arnauld d'Andilly. — (P.)

corruption du monde. Il aimait tendrement le fils de M. d'Elbeuf [1] ; c'est un prodige de valeur à quatorze ans. Il l'envoya l'année passée saluer M. de Lorraine, qui lui dit : « Mon petit cousin, vous êtes trop heureux de voir et « d'entendre tous les jours M. de Turenne ; vous n'avez que « lui de parent et de père : baisez les pas par où il passe, « et faites-vous tuer à ses pieds. » Ce pauvre enfant se meurt de douleur ; c'est une affliction de raison et d'enfance, à quoi l'on craint qu'il ne résiste pas. M. le comte d'Auvergne l'a pris avec lui, car il n'a rien à attendre de son père. Cavoye est affligé par les formes. Le duc de Villeroi a écrit ici des lettres dans le transport de sa douleur, qui sont d'une telle force qu'il les faut cacher. Il ne voit rien dans sa fortune au-dessus d'avoir été aimé de ce héros, et déclare qu'il méprise toute autre sorte d'estime. Après celle-là, sauve qui peut. M. de Marsillac s'est signalé en parlant de M. de Lorges comme d'un sujet digne d'une autre récompense que celle de la dépouille de M. de Vaubrun. Jamais rien n'aurait été d'une si grande édification, ni d'un si bon exemple, que de l'honorer du bâton après un si grand succès.

Madame de Coulanges me mande comme vous vous consolerez aisément si elle passe l'hiver à Lyon, et comme elle est aise aussi que vous soyez dans votre château. Je lui mande en général les commissions que vous me donnez, et qui partent de la même bonté, tantôt d'empêcher l'une de se consoler, tantôt de faire que l'autre soit marquée et malade ; enfin la peine que j'ai à faire vos commissions. Elle nous écrit des lettres admirables, et nous parle souvent de la jolie *haine* qui est entre vous deux.

Le chevalier de Lorraine est allé à une abbaye qu'il a en Picardie [2]. Madame de Monaco le fut voir à Chilly ; mais

---

[1] Henri de Lorraine, depuis duc d'Elbeuf, fils de Charles de Lorraine et d'Élisabeth de La Tour de Bouillon, nièce de M. de Turenne. (P.)
[2] A l'abbaye de Saint-Jean-des-Vignes de Soissons.

elle n'a pu l'empêcher de partir ni d'aller plus loin. On ne trouve pas sa politique bonne, et l'on croit qu'il y sera attrapé : c'est un étrange style que de vouloir faire chasser un principal officier, dont on est content; c'est à ce prix qu'il met son retour. Je crois qu'il aurait eu satisfaction il y a quelques années ; mais les temps sont différents : on *n'est pas volage pour ne changer qu'une fois.* Il n'est pas vrai que le marquis d'Effiat et Volonne aient rendu leurs charges; mais comme ils ont accompagné le chevalier jusqu'à Chilly, on peut croire qu'ils auront de grands dégoûts pendant cette disgrâce. La Garde vous a mandé ce que M. de Louvois a dit à la bonne Langlée, et comme le roi est content des merveilles que le chevalier de Grignan a faites : s'il y a quelque chose d'agréable dans la vie, c'est la gloire qu'il s'est acquise dans cette occasion ; il n'y a pas une relation ni pas un homme qui ne parle de lui avec éloge : sans sa cuirasse il était mort ; il a eu plusieurs coups dans cette bienheureuse cuirasse; il n'en avait jamais porté : Providence ! Providence !

On vint éveiller M. de Reims à cinq heures du matin, pour lui dire que M. de Turenne avait été tué. Il demanda si l'armée était défaite : on lui dit que non ; il gronda qu'on l'eût éveillé, appela son valet de chambre *coquin*, fit retirer le rideau, et se rendormit. Adieu, mon enfant; que voulez-vous que je vous dise?

Je vous envoie cette relation à cinq heures du soir : je fais mon paquet toute seule ; M. de Coulanges viendrait ce soir et voudrait la copier ; je hais cela comme la mort. J'ai fait toutes vos amitiés et dit toutes vos douceurs à M. de Pomponne et à madame de Vins ; en vérité, elles sont très-bien reçues. Je lui dis la joie que vous aviez de n'être plus mêlée dans les sottes querelles de Provence; il en rit, et de la raison de votre sagesse : il souhaiterait que les Bretons s'amusassent à se haïr, plutôt qu'à se révolter. J'ai vu madame Rouillé chez elle; je la trouvai toujours aimable. Je croyais être à Aix; je voudrais fort sa fille, mais elle a de plus grandes idées. Adieu, ma très-chère et très-aimée. Madame de Verneuil et la maréchale de Castelnau viennent d'admirer votre portrait; on l'aime tendrement, et il n'est pas si beau que vous. C'est à M. de Grignan, que j'embrasse, à qui j'envoie la relation aussi bien qu'à vous.

391. — A LA MÊME.

A Versailles, mardi 13 août 1675, à minuit.

Voici la nouvelle du jour. Le roi vient de dire que le duc de Zell ayant assiégé Trèves, et le maréchal de Créqui s'étant acheminé pour y aller, ce duc avait quitté le siége, brûlé son propre camp, passé la rivière sur trois ponts, chargé en flanc et battu le maréchal de Créqui, pris son canon et son bagage, l'infanterie défaite, et la cavalerie dans un désordre effroyable. On ne savait pas ce qu'était devenu le maréchal de Créqui. On croit que les ennemis sont retournés à Trèves, qui est sans gouverneur; car M. de Vignori, allant visiter une batterie, fut renversé par son cheval dans le fossé, dont il mourut sur-le-champ [1]. Le pauvre La Mark [2] et le chevalier de Calvisson [3] ont été tués; on saura demain les autres. Voilà ce que Sa Majesté a dit; mais à Paris on dit et on croit savoir que c'est une vraie déroute. Toute l'infanterie a été défaite, et la cavalerie en fuite et en désordre; il n'y a donc pas à douter que ce ne soit une vraie déroute.

---

[1] On a prétendu que M. de Vignori, gouverneur de Trèves, avait ordre de sortir avec la plus grande partie de sa garnison, et de se joindre au maréchal de Créqui pendant le combat; mais que, n'ayant pas pris la précaution de communiquer son ordre à l'officier principal qui commandait sous lui dans Trèves, sa mort avait dérangé toutes les mesures du maréchal de Créqui. (P.)

[2] Henri-Robert Eschallart, comte de La Mark.

[3] Louis de Louet de Calvisson, chevalier de Malte.

Mercredi 14 août.

J'ai couru tout le matin pour savoir des nouvelles de La Trousse et de Sanzei : on ne dit rien de ce dernier ; on dit que La Trousse est blessé, et puis d'autres disent qu'on ne sait où il est : ce qui paraît sûr, c'est qu'il n'est pas mort, puisqu'on sait le nom de tant de gens au-dessous de lui. La consternation est grande. Rien n'empêche cette armée victorieuse de joindre Montecuculli, qui a passé le Rhin à Strasbourg [1], où, malgré la neutralité, on a reçu les troupes allemandes. On ne croit pas que M. le Prince puisse commander notre armée : il ne se porte pas bien ; quelle conjoncture pour lui et pour sa gloire ! Duras est seul à cette armée ; il a mandé au roi, en lui faisant son remercîment, que son frère de Lorges méritait bien mieux l'honneur d'être maréchal de France que lui. Les ennemis sont fiers de la mort de M. de Turenne ; en voilà les effets : ils ont repris courage. On ne peut en écrire davantage ; mais la consternation est grande ici : je vous le dis pour la seconde fois. Mademoiselle de Méri est en peine de son frère ; elle a raison : c'est un beau miracle si La Trousse s'est sauvé de l'état où l'on nous l'a représenté. Nous n'avons point encore la liste des morts ; le nombre en est grand, puisque l'on compte sur les doigts ceux qui se sont sauvés. L'état de la maréchale de Créqui est bien affreux, et de la marquise de La Trousse, qui ne savent point du tout ce que sont devenus leurs maris.

392. — A LA MÊME.

A Paris, vendredi 16 août 1675.

Je voudrais mettre tout ce que vous m'écrivez de M. de Turenne dans une oraison funèbre : vraiment votre style est d'une énergie et d'une beauté extraordinaire ; vous

---

[1] Cette ville se gouvernait alors en république, et n'est soumise à la France que depuis le 30 septembre 1681. (P.)

étiez dans les bouffées d'éloquence que donne l'émotion de la douleur. Ne croyez point, ma fille, que son souvenir soit déjà fini dans ce pays-ci; ce fleuve qui entraîne tout n'entraîne pas si tôt une telle mémoire : elle est consacrée à l'immortalité. J'étais l'autre jour chez M. de La Rochefoucauld avec madame de Lavardin, madame de La Fayette et M. de Marsillac. M. le Premier y vint; la conversation dura deux heures sur les divines qualités de ce véritable héros; tous les yeux étaient baignés de larmes, et vous ne sauriez croire comme la douleur de sa perte était profondément gravée dans les cœurs : vous n'avez rien par-dessus nous que le soulagement de soupirer tout haut et d'écrire son panégyrique. Nous remarquions une chose, c'est que ce n'est pas depuis sa mort que l'on admire la grandeur de son cœur, l'étendue de ses lumières et l'élévation de son âme : tout le monde en était plein pendant sa vie; et vous pouvez penser ce que fait sa perte par-dessus ce qu'on était déjà. Enfin, ne croyez point que cette mort soit ici comme celle des autres. Vous pouvez en parler tant qu'il vous plaira, sans croire que la dose de votre douleur l'emporte sur la nôtre. Pour son âme, c'est encore un miracle qui vient de l'estime parfaite qu'on avait pour lui; il n'est pas tombé dans la tête d'aucun dévot qu'elle ne fût pas en bon état : on ne saurait comprendre que le mal et le péché pussent être dans son cœur. Sa conversion si sincère nous a paru comme un baptême; chacun conte l'innocence de ses mœurs, la pureté de ses intentions, son humilité éloignée de toute sorte d'affectation, la solide gloire dont il était plein sans faste et sans ostentation, aimant la vertu pour elle-même, sans se soucier de l'approbation des hommes, une charité généreuse et chrétienne. Vous ai-je dit comme il rhabilla ce régiment anglais? Il lui en coûta quatorze mille francs, et il resta sans argent. Les Anglais on dit à M. de Lorges qu'ils achèveraient de servir cette campagne pour venger la mort de M. de Turenne, mais qu'après cela ils se retireraient, ne pouvant obéir à d'autres que lui. Il y avait de jeunes soldats qui s'impatientaient un peu dans les marais, où ils étaient dans l'eau jusqu'aux genoux ; et les vieux soldats leur disaient : « Quoi! vous vous plaignez! On voit « bien que vous ne connaissez pas M. de Turenne : il est « plus fâché que nous quand nous sommes mal; il ne songe « à l'heure qu'il est qu'à nous tirer d'ici. Il veille quand « nous dormons; c'est notre père. On voit bien que vous « êtes jeunes. » Et ils les rassuraient ainsi. Tout ce que je vous mande est vrai : je ne me charge point des fadaises dont on croit faire plaisir aux gens éloignés; c'est abuser d'eux, et je choisis bien plus ce que je vous écris que ce que je vous dirais si vous étiez ici. Je reviens à son âme : c'est donc une chose à remarquer que nul dévot ne s'est avisé de douter que Dieu ne l'eût reçue à bras ouverts, comme une des plus belles et des meilleures qui soient jamais sorties de ses mains. Méditez sur cette confiance générale de son salut, et vous trouverez que c'est une espèce de miracle qui n'est que pour lui. Enfin personne n'a osé douter de son repos éternel. Vous verrez dans les nouvelles les effets de cette grande perte.

Le roi a dit d'un certain homme, dont vous aimiez assez l'absence cet hiver, qu'il n'avait ni cœur ni esprit : rien que cela. Madame de Rohan, avec une poignée de gens, a dissipé et fait fuir les mutins qui s'étaient attroupés dans son duché de Rohan. Les troupes sont à Nantes, commandées par Forbin ; car de Vins est toujours subalterne. L'ordre de Forbin est d'obéir à M. de Chaulnes; mais comme ce dernier est dans son Fort-Louis, Forbin avance et commande toujours. Vous entendez bien ce que c'est que ces sortes d'honneurs en idée, que l'on laisse sans action à ceux qui commandent. M. de Lavardin avait fort demandé le commandement; il a été à la tête d'un vieux régiment [1], et prétendait que cet honneur lui était dû;

---

[1] Du régiment de Navarre, l'un des six vieux. (P.)

mais il n'a pas eu contentement. On dit que nos mutins demandent pardon. Je crois qu'on leur pardonnera moyennant quelques pendus. On a ôté M. de Chamillard, qui était odieux à la province, et l'on a donné pour intendant de ces troupes M. de Marillac, qui est fort honnête homme. Ce ne sont plus ces désordres qui m'empêchent de partir, c'est autre chose, que je ne veux pas quitter; je n'ai pu même aller à Livry, quelque envie que j'en aie. Il faut prendre le temps comme il vient; on est assez aise d'être au milieu des nouvelles, dans ces terribles temps.

Écoutez, je vous prie, encore un mot de M. de Turenne. Il avait fait connaissance avec un berger qui savait très-bien les chemins et le pays; il allait seul avec lui, et faisait poster ses troupes selon la connaissance que cet homme lui donnait. Il aimait ce berger, et le trouvait d'un sens admirable; il disait que le colonel Bec était venu comme cela, et qu'il croyait que ce berger ferait sa fortune comme lui. Quand il eut fait passer ses troupes à loisir, il se trouva content, et dit à M. de Roye : « Tout de bon, il me « semble que cela n'est pas trop mal ; et je crois que M. de « Montecuculli trouverait assez bien ce que l'on vient de « faire. » Il est vrai que c'était un chef-d'œuvre d'habileté. Madame de Villars a vu une autre relation depuis le jour du combat, où l'on dit que dans le passage du Rhin le chevalier de Grignan fit encore des merveilles de valeur et de prudence : Dieu le conserve ! car le courage de M. de Turenne semble être passé à nos ennemis : ils ne trouvent plus rien d'impossible.

Depuis la défaite du maréchal de Créqui, M. de La Feuillade a pris la poste, et s'en est venu droit à Versailles, où il surprit le roi, et lui dit : « Sire, les uns font « venir leurs femmes (*c'est Rochefort*); les autres les « viennent voir : pour moi, je viens voir une heure Votre « Majesté, et la remercier mille et mille fois ; je ne verrai « que Votre Majesté, car ce n'est qu'à elle que je dois

« tout. » Il causa assez longtemps, et puis prit congé, et dit :
« Sire, je m'en vais ; je vous supplie de faire mes compli-
« ments à la reine, à M. le dauphin, à ma femme et à mes
« enfants ; » et s'en alla remonter à cheval. Et en effet il n'a
vu âme vivante. Cette petite équipée a fort plu au roi, qui
a raconté en riant comme il était chargé des compliments
de M. de La Feuillade. Il n'y a qu'à être heureux, tout
réussit.

393. — A LA MÊME.

A Paris, vendredi au soir 16 août 1675.

Enfin M. de La Trousse est trouvé ; admirez son bonheur dans toute cette affaire : après avoir fait des merveilles à la tête de ce bataillon, il est enveloppé de deux escadrons, et si bien enveloppé qu'on ne sait ce que tout cela est devenu. Tout d'un coup il se trouve qu'il est prisonnier. De qui ? Du marquis de Grana, qu'il a vu pendant six mois à Cologne, et qui s'était lié d'amitié avec lui. Vous pouvez penser comme il sera traité ; il a aussi une jolie petite blessure, et pourra fort bien faire ses vendanges à La Trousse, car il viendra très-assurément sur sa parole ; et, pour mieux dire, il sera reçu très-agréablement à la cour. Je n'ai jamais vu tant de soin et tant d'amitié que tous ses amis lui en ont témoigné : je le plains d'avoir tant de remerciements à faire ; mais n'est-il pas vrai que si l'on avait fait exprès une destinée, on n'aurait pas imaginé autre chose que ce qui lui est arrivé ? Pour le bon Sanzei, nous n'en avons aucune nouvelle : cela n'est guère bon. Le maréchal de Créqui est à Trèves, à ce que l'on dit : ses gens l'ont vu passer, lui quatrième, dans un petit bateau.

On parle d'eau, de Tibre, et l'on se tait du reste [1].

---

[1] Vers de Corneille dans *Cinna*.

Sa femme est folle de douleur, et n'a pas reçu un mot de lui. Pour moi, je crois qu'il est noyé ou tué par les paysans en allant à Trèves; enfin je trouve que tout va mal, hormis La Trousse. M. le Prince s'achemine vers l'Allemagne; M. le duc y est déjà. M. de La Feuillade est allé ramasser les débris de l'armée du maréchal de Créqui, pour se joindre à M. le Prince. Il ne faut point faire d'almanachs, mais si les ennemis ont pris Haguenau, comme on dit, la carte nous apprend que cela n'est pas bon. Si vous trouvez que vous n'ayez pas assez de nouvelles présentement, vous êtes en vérité, ma fille, bien difficile à contenter; je crois même que de longtemps vous ne manquerez de grands événements. On nous dit ici que votre armée de Messine s'est embarquée tout doucement, et qu'elle s'en revient en Provence.

Le coadjuteur avait pris dans sa harangue le style ordinaire des louanges, mais aujourd'hui cela serait hors de propos; il passe sur l'affaire présente avec une adresse et un esprit admirables. Il vous mandera le tour qu'il donne à ce petit inconvénient; et pourvu que ce morceau soit recousu bien juste, ce sera le plus beau et le plus galant de son discours.

Que dit le Comte de toutes nos nouvelles? c'est à lui que j'adresse la parole pour me réjouir des merveilles du chevalier. Saint-Hérem a perdu deux de ses neveux en huit jours; l'un était à la tête du régiment royal-cavalerie. Je l'avais voulu demander pour mon fils; mais madame de Montrevel le demande avec la même fureur qu'elle demandait un mari : le moyen de le lui refuser? On dit que La Mark n'est point mort : je plains sa femme et peut-être sa maîtresse.

394. — A LA MÊME.

A Paris, lundi 19 août 1675.

Je commence cette lettre, mais je ne la finirai pas sans vous dire beaucoup d'autres choses. Je ballotte présentement. Je vous veux conter des choses si raisonnables que le roi a dites, que c'est un plaisir de les entendre. Il a fort bien compris la perte de M. de Turenne; et quand il rêve et rentre en lui-même, il la prend pour la cause de ce dernier malheur[1]. Un courtisan voulait lui faire croire que ce n'était rien que ce qu'on avait perdu; il répondit qu'il haïssait ces manières, et qu'en un mot c'était une défaite très-complète. On voulut excuser le maréchal de Créqui : il convint que c'était un très-brave homme; mais ce qui est désagréable, dit-il, c'est que mes troupes ont été battues par des gens qui n'ont jamais joué qu'à la bassette : il est vrai que ce duc de Zell est jeune et joueur; mais voilà un joli coup d'essai. Un autre courtisan voulut dire : Mais pourquoi le maréchal de Créqui donnait-il la bataille? Le roi répondit, et se souvint d'un vieux conte du duc de Weimar[2], qu'il appliqua très-bien. Ce Weimar, après la mort du grand Gustave, commandait les Suédois, alliés de la France; un vieux Parabère[3], cordon-bleu, lui dit, en parlant de la dernière bataille qu'il avait perdue : Monsieur, pourquoi la donniez-vous? Monsieur, lui répondit le duc de Weimar, c'est que je croyais la gagner; et puis se tourna. Qui est ce sot cordon-bleu-là? Toute cette application est extrêmement plaisante. M. de Lorraine n'avait pas voulu obéir à ce jeune duc de Zell, qui est frère du duc de Hanovre; et ce duc de Zell, qui avait là toutes ses troupes, avait voulu les commander; tout a

---

[1] *Voyez* la lettre du mardi 13 août 1675.
[2] Bernard, duc de Weimar, dernier fils de Jean, duc de Saxe-Weimar, l'un des plus grands généraux de Louis XIII. (M.)
[3] Henri de Baudeau, comte de Parabère, gouverneur du Poitou.

bien été pour eux. On ne sait encore rien du maréchal de Créqui depuis le petit bateau ; pour moi, je le crois mort. On ne pense plus au chevalier de Lorraine ; il est à son abbaye : voici un méchant temps pour les médiocres nouvelles. J'ai envoyé toutes vos lettres. Je parlerai à M. de Pomponne pour le *Monseigneur* ; en attendant, je crois que M. de Vivonne a son passe-port sans conséquence ; et comme il est sûr que vous ne devez pas vouloir le fâcher, je lui écrirais, à votre place, un billet, et j'y glisserais un *Monseigneur* en faveur de son nom. Pour les autres, il faut chicaner comme Beuvron et Lavardin : ils font écrire leurs sœurs, leurs mères ; ils ont cette conduite, je le sais, et ils évitent la décision[1]. On croit que d'Ambres[2] perdra cette contestation contre le maréchal d'Albret, et que la règle sera générale. C'est le roi qui doit dans peu de jours prononcer sur cette affaire.

Lundi au soir.

J'ai causé une heure avec M. de Pomponne et madame de Vins ; nous avons un peu battu la Provence, après plusieurs autres choses qui font les conversations du temps ; et j'ai parlé enfin du *Monseigneur*. « Ah, mon Dieu ! Ma-
« dame, *m'a dit M. de Pomponne*, que M. de Grignan se
« garde bien du *Monsieur* ; il ferait mal sa cour. Le roi
« s'en est expliqué sur le sujet du marquis d'Ambres ; il
« sera tondu. Le maréchal de Gramont conte en son lan-
« gage que le comte de Guiche n'était pas un misérable,
« sans naissance, sans dignité, et que jamais il n'a mar-
« chandé le *Monseigneur* à aucun maréchal de France :
« je vous prie que M. de Grignan suive sur cela mon con-
« seil. » Voilà ses mêmes paroles, que je vous écris tout

---

[1] Il y eut une dispute en ce temps-là pour savoir si on devait aux maréchaux de France le *Monseigneur* en écrivant. *Voyez* ci-après la lettre du 27 août 1675. (P.)

[2] François Gelas de Voisins, marquis d'Ambres ; il était lieutenant général au gouvernement de la Haute-Guienne, dont le maréchal d'Albret était gouverneur. (M.)

chaudement : ne le marchandez donc pas à M. de Vivonne ; vous pouvez ne point écrire aux autres, mais si vous écrivez, il n'y faut pas balancer. C'est depuis quatre jours que le roi s'est expliqué là-dessus, et que les prônes du maréchal de Gramont ont soutenu l'affaire. Madame de Vins m'a priée de vous bien assurer de son amitié, et de l'estime très-particulière et très-unique qu'elle a pour vous, car elle ne se charge pas d'admirer beaucoup de gens. Mesdames de Villars et de Saint-Géran sont arrivées peu après notre conversation. Cette dernière a parlé au roi, et lui a demandé pour son mari le gouvernement qu'avait Vaubrun. Elle tremblait si fort, qu'elle ne pouvait prononcer ; mais sur la fin il n'y avait plus que pour elle. Je ne crois pas qu'elle obtienne rien.

La harangue de M. le coadjuteur a été la plus belle et la mieux prononcée qu'il est possible : il a passé cet endroit, qui a été fait et rappliqué après coup, avec une grâce et une habileté non pareille ; c'est ce qui a le plus touché tous les courtisans. C'est une chose si nouvelle que de varier la phrase, qu'il a pris l'occasion que souhaitait Voiture pour écrire moins ennuyeusement à M. le Prince, et s'en est aussi bien servi que Voiture aurait fait. Le roi a fort loué cette action, et a dit à M. le dauphin : « Combien voudriez-vous qu'il vous en eût coûté, et parler aussi bien que M. le coadjuteur ? » M. de Montausier a pris la parole, et a dit : « Sire, nous n'en sommes pas là : c'est assez que nous apprenions à bien répondre ». Les ministres et tous les autres ont trouvé un agrément et un air de noblesse dans ce discours, qui donne une véritable admiration. J'ai bien à remercier les Grignans de tout l'honneur qu'ils me font, et des compliments que j'ai reçus depuis peu, et du côté d'Allemagne et de celui de Versailles. Je voudrais bien que l'aîné eût quelque grâce de la cour pour me faire avoir aussi des compliments du côté de Provence. M. de La Trousse a écrit à sa femme : il est prisonnier de son ami le marquis de Grana. Il se porte très-bien sans aucune blessure. Jamais un homme n'a été si heureux : cette affaire n'a été faite que pour sa gloire. Il mande qu'on le vient d'assurer que M. de Sanzei a été tué : je le croirais bien ; car, outre qu'on n'a point de ses nouvelles, c'est que c'était un vrai homme à payer de sa personne, voyant que son régiment faisait mal [1] : nous en saurons de plus sûres nouvelles.

Je n'ai encore rien décidé pour mon départ : cela dépend d'une conférence chez M. de l'Hommeau, où nous raisonnerons beaucoup. Le corps du héros n'est point porté à Turenne, comme on me l'avait dit : on l'apporte à Saint-Denis, au pied de la sépulture des Bourbons ; on destine une chapelle pour les tirer du trou où ils sont, et c'est M. de Turenne qui y entre le premier. Pour moi, je m'étais tant tourmentée de cette place, que, ne pouvant comprendre qui peut avoir donné ce conseil, je crois que c'est moi. Il y a déjà quatre capitaines aux pieds de leurs maîtres [2] ; et s'il n'y en avait point, il me semble que celui-ci devrait être le premier. Partout où passe cette illustre bière, ce sont des pleurs et des cris, des presses, des processions qui ont obligé de marcher et d'arriver de nuit : ce sera une douleur bien grande s'il passe par Paris.

On vient de me dire de très-bon lieu que les courtisans, croyant faire leur cour en perfection, disaient au roi qu'il entrait à tout moment à Thionville et à Metz des escadrons et même des bataillons tout entiers, et que l'on n'avait quasi rien perdu. Le roi, comme un galant homme, sentant

---

[1] La cavalerie qui se débanda fit la déroute de Consarbruck ; mais il y eut de la témérité au maréchal de Créqui de livrer bataille à un ennemi dont l'armée était le double de la sienne.

[2] Par ces quatre capitaines, il faut probablement entendre Bureau de la Rivière, chambellan de Charles V ; Louis de Sancerre, connétable sous Charles VII ; Arnaud de Barbazan, général des armées de ce prince, et Bertrand du Guesclin, connétable de France, tous les quatre inhumés dans le tombeau de nos rois. (C. D. S. G.)

la fadeur de ce discours, et voyant donc rentrer tant de troupes : *Mais*, dit-il, *en voilà plus que je n'en avais*. Le maréchal de Gramont, plus habile que les autres, se jette dans cette pensée : *Oui, Sire, c'est qu'ils ont fait des petits*. Voilà de ces bagatelles que je trouve plaisantes, et qui sont vraies.

Il est venu un courrier qui a vu M. le maréchal de Créqui à Trèves. Nous sommes fort en peine de M. de Sanzei : nous n'avons de ses nouvelles que de traverse : les uns disent qu'il est prisonnier; d'autres, qu'il a été tué; d'autres qu'il est à Trèves avec le maréchal de Créqui : tout cela ne vaut rien du tout. On tient Trèves assiégée. Le roi dit à M. le Premier qu'il était bien aise que son fils fût en sûreté; M. le Premier lui dit : *Sire, j'aimerais mieux qu'il fût prisonnier ou blessé; cette grande sûreté ne me contente pas*. Le roi l'assura qu'il avait fort bien fait. On parle encore du voyage de Fontainebleau. Je n'ai pas encore pardonné à ce beau lieu où nous nous séparâmes : je n'y puis penser sans émotion et sans tristesse. Il me faut vous y aller recevoir pour me remettre bien avec lui.

Madame de Toscane est abîmée dans son Montmartre et dans ses *Guisardes* : elle a témoigné à toutes les dames qu'après la première visite elle n'en souhaitait plus, et a commencé ce discours par madame de Rarai. On trouve cette dureté grande : il est vrai qu'elle ressemble assez à la Diane d'Arles; mais je ne trouve pas qu'elle puisse espérer d'être égayée, à la vie qu'elle fait.

M. le cardinal de Bouillon est venu ici tantôt : il est touché de votre lettre et persuadé de vos sentiments; il a toujours les larmes aux yeux. Je lui ai parlé de vos douleurs; il m'a priée de lui montrer ce que vous m'en dites; je n'y manquerai pas, et rien ne vous fera plus d'honneur. Je lui montrerai aussi une lettre du chevalier (*de Grignan*), qu'on ne peut lire sans pleurer. J'ai eu bien du monde aujourd'hui. Je me porte très-bien de ma petite médecine.

Toutes mes amies m'ont gardée; votre portrait a servi à la conversation : il devient chef-d'œuvre à vue d'œil ; je crois que c'est parce que Mignard n'en veut plus faire. Adieu, ma très-chère et très-aimable enfant. Que ne vous dirais-je point de ma tendresse pour vous, si je voulais me lâcher la bride? Croyez, ma fille, en un seul mot, que vous ne pouvez jamais être plus parfaitement aimée ni plus véritablement estimée que vous l'êtes de moi ; car il y a de tout dans l'amitié que j'ai pour vous : mille raisons confirment mes sentiments. Je n'avais pas dessein d'en tant dire ; mais on ne peut pas toujours s'en empêcher. J'embrasse en vérité M. de Grignan de tout mon cœur. Ne va-t-il pas toujours à la chasse? n'est-ce pas toujours la même vie que je connais? Parlez-moi de nos petits enfants : la mienne[1] se souvient-elle de moi? Mon Dieu! que je voudrais bien vous embrasser! Si vous trouvez mille fautes dans cette lettre, excusez-les ; car le moyen de la relire?

395. — DE M. DE COULANGES A MADAME DE GRIGNAN.

Ce . . . . . août 1675.

Quand je mets sur vos paquets *Montélimart,* c'est dire : *Je vous adore;* ainsi donc je vous dis réglément deux fois par semaine : *Je vous adore,* Madame; madame la comtesse de Grignan, en votre château de Grignan, *je vous adore,* et c'est une espèce de rondeau. Recevez donc agréablement le *chiffre* que je vous ai caché à vous-même jusqu'ici pour le rendre secret à M. de Grignan, à qui il me paraît qu'il est bon de le cacher éternellement. J'ai reçu votre bonne et agréable lettre, que je conserve comme la prunelle de mon œil. Vous avez donc reçu tous les tableaux de votre mari; qu'en dites-vous, et surtout des petits moutons qui font lever la poudre de dessous leurs pieds? Savez-vous

---

[1] Marie-Blanche d'Adhémar de Grignan, qui avait été nourrie auprès de madame de Sévigné. (M.)

bien ce que signifient ces petits moutons ? car vous devez faire votre profit de tout ; ils vous apprennent qu'il faut être mouton comme eux ; soyez donc toujours mon petit mouton. Il n'y eut jamais une meilleure acquisition, c'est de l'or en barre que les tableaux : vous les vendrez toujours au double quand il vous plaira. Ne vous ennuyez donc point d'en voir toujours de nouveaux à Grignan, et parez-en vos cours et avant-cours, quand vous en aurez suffisamment pour toutes vos chambres.

Il ne tiendra pas à moi que je n'aille voir toutes ces merveilles au mois de septembre; je fais tout ce que je puis pour persuader à madame votre mère d'y venir avec moi. Souffrirez-vous qu'elle aille en Bretagne, quand toute la Bretagne est soulevée, qu'on y pille, qu'on y brûle tous les châteaux, qu'on y viole toutes les femmes? Adieu, ma belle Comtesse; *Montélimart*, ma belle Comtesse; je suis tout à vous ; vous entendez bien présentement ce que veut dire *Montélimart*.

396. — DE MADAME DE SÉVIGNÉ A MADAME DE GRIGNAN.

A Livry, mercredi 21 août 1675.

En vérité, ma fille, vous devriez bien être ici avec moi ; j'y suis venue ce matin toute seule, fatiguée et lasse de Paris, au point de n'y pouvoir pas durer. Notre abbé est demeuré pour quelques affaires; pour moi, je n'en ai point jusqu'à samedi. Me voilà donc pour ces trois jours en paix et en repos ; je prends demain ma troisième médecine. Je marcherai beaucoup : je m'imagine que j'en ai besoin. Je penserai extrêmement à vous, pour ne pas dire continuellement : il n'y a ni lieu ni place qui ne me fasse souvenir que nous y étions ensemble il y a un an. Quelle différence, bon Dieu! Il m'est doux de penser à vous ; mais l'absence jette une certaine amertume qui serre le cœur : ce sera pour ce soir la noirceur des pensées. Je me fais un plaisir de vous entretenir dans ce petit cabinet que vous connaissez : rien ne m'interrompt.

J'ai laissé M. de Coulanges bien en peine de M. de Sanzei. Pour M. de La Trousse, depuis mes chers romans, je n'ai rien vu de si parfaitement heureux que lui. N'avez-vous point vu un prince qui se bat jusqu'à l'extrémité? un autre s'avance pour voir qui peut faire une si grande résistance : il voit l'inégalité du combat, il en est honteux; il écarte ses gens, il demande pardon à ce vaillant homme, qui lui rend son épée, à cause de son honnêteté, et qui sans lui ne l'eût jamais rendue. Il le fait son prisonnier; il le reconnaît pour un de ses amis du temps qu'ils étaient tous deux à la cour d'Auguste; il traite son prisonnier comme son propre frère; il le loue de son extrême valeur. Mais il me semble que le prisonnier soupire : je ne sais s'il n'est point amoureux : je crois qu'on lui permettra de revenir sur sa parole. Je ne vois pas bien où la princesse l'attend. Et voilà toute l'histoire.

Quand je vous mande des nouvelles, comptez que je les tiens de gens bien informés; mais ils ne veulent jamais être cités pour les moindres bagatelles. Il y en a d'autres dont je ne prends jamais les nouvelles. Voulez-vous savoir ce que les valets de chambre ont écrit? Vous devinerez d'abord que ceci vient de l'endroit où vous savez qu'on s'amuse des lettres ridicules [1]. L'un fait inventaire de ce qu'il a perdu, comme son étui, sa tasse, son buffle, son caudebec. « C'était, *dit-il*, un désordre du diable; ma foi, si j'avais été général, cela ne serait pas arrivé. » *Un autre dit* : « Nous avons été joliment téméraires; nous n'étions que sept mille hommes, nous en avons attaqué vingt-six mille; aussi faut voir comme nous avons été frottés. » *Un autre dit* : « Nous nous sommes sauvés le plus diligemment que nous avons pu, et si nous n'avons pas laissé d'avoir

---

[1] Vraisemblablement de chez madame de La Fayette.

grand'peur. » Il faut avoir, mon enfant, un étrange loisir pour vous conter toutes ces sottises.

Vous parlez si dignement du cardinal de Retz et de sa retraite, que pour cela seul vous seriez digne de son estime et de son amitié. Je vois des gens qui disent qu'il devrait venir à Saint-Denis, et ce sont ceux-là mêmes qui trouveraient le plus à redire s'il y venait. On voudrait, à quelque prix que ce fût, ternir la beauté de son action; mais j'en défie la plus fine jalousie. Ce que vous dites de M. de Turenne mérite d'entrer dans son panégyrique : le cardinal de Bouillon en aura le plaisir ou le déplaisir, car je suis bien sûre qu'il ne lira point cet endroit de votre lettre sans pleurer. Depuis la mort du héros de la guerre, celui du bréviaire s'est retiré à Commercy; il n'y avait plus de sûreté à Saint-Mihel. Le premier président de la cour des aides a une terre en Champagne; son fermier lui vint signifier l'autre jour, ou de la rabaisser considérablement, ou de rompre le bail qui en fut fait il y a deux ans. On lui demande pourquoi; on dit que ce n'est point la coutume. Il répond que du temps de M. de Turenne on pouvait recueillir avec sûreté, et compter sur les terres de ce pays-là; mais que depuis sa mort tout le monde quittait, croyant que les ennemis vont entrer en Champagne. Voilà des choses simples et naturelles, qui font son éloge aussi magnifiquement que les Fléchier et les Mascaron.

Ne me parlez point tant de vous aller voir : vous me détournez de la pensée de tous mes tristes devoirs. Si j'en croyais mon cœur, j'enverrais paître toutes mes petites affaires, et je m'en irais à Grignan : oh! avec quelle joie je planterais tout là! et pour quatre jours qu'on a à vivre, je vivrais à ma mode et je suivrais mon inclination. Quelle folie de se contraindre pour des routines de devoir et d'affaires! Eh, bon Dieu! qui en sait gré? Je ne suis que trop dans toutes ces pensées; la règle n'est plus, à mon grand regret, que dans toutes mes actions; car, pour mes discours, ils ont pris l'essor, et je me tire au moins de la contrainte d'approuver tout ce que je fais. Vos affaires règlent ma vie présentement, c'est tout ce qui me console. Je m'en vais courir en Bretagne pendant les vacances, et je serai de retour au mois de novembre, pour m'abandonner à toute la chicane que me prépare l'infidélité de M. de Mirepoix¹.

<blockquote>
Dépit mortel, juste courroux,
Je m'abandonne à vous.
</blockquote>

Je ne suis nullement contente de la du Puy-du-Fou ; si elle aimait M. de Grignan, elle aurait tout fini, et nous avons vu que ce qu'elle fit l'autre jour n'était que l'effet de la rage qu'elle avait contre le Mirepoix, qui l'avait pressée par vingt signatures. Quand elle est dans son naturel, elle est incapable d'aucune bonne résolution. La ruine de cette maison fait grand bruit. Je lui dis hier : « Enfin, Ma-
« dame, c'est par le respect que nous avons pour vous
« que nous nous trouvons dans l'embarras des affaires de
« monsieur votre frère : si nous avions fait il y a trois ans
« ce que nous venons de faire, M. de Mirepoix n'aurait pas
« le prétexte de cette déroute pour nous refuser notre rati-
« fication. » On ne sait pas seulement ce qu'elle répond ; elle va regarder aux portes si on ne l'écoute point, et quand elle voit qu'il n'y a personne, elle n'en dit pas davantage. C'est une misère de voir les dissipations de cette maison, depuis les plus grandes jusqu'aux plus petites choses. Sottes gens, sotte besogne ; il faut en revenir là.

Ne craignez rien de notre guerre de Bretagne ; ce n'est plus rien, fiez-vous à ma poltronnerie : je crois que je m'en irai avec le grand d'Harouïs.

Je me porte très-bien ; le bon de Lorme m'a dit que je gardasse sa poudre pour cet hiver, et que je prisse trois jours

---

¹ Gaston-Jean-Baptiste de Lomagne, marquis de Lévi et de Mirepoix, etc., etc., famille qui a la prétention de descendre de la tribu de Lévi.

de cette tisane : c'est un remède de canicule ; il me croit hors d'affaire.

Les amies[1] de la voyageuse (*madame de Maintenon*), s'apercevant que le dessous des cartes se découvre, affectent fort de rire et de tourner cela en plaisanterie ; ou bien elles conviennent qu'il y a eu quelque chose, mais que tout est raccommodé. Je ne réponds ni du présent ni de l'avenir, dans un tel pays ; mais du passé, je vous en assure. Pour la souveraineté, elle est rétablie, comme depuis Pharamond : *Quanto* joue en robe de chambre avec la dame du château (*la reine*), qui se trouve trop heureuse d'être reçue, et qui souvent est chassée par un clin-d'œil qu'on fait à la femme de chambre (*Madame de Richelieu*).

Mon fils est désespéré du guidonnage. Vous souvient-il de vos folies de don Quichotte ? Il se trouve présentement à neuf cents lieues du cap dont nous lui avons tant parlé. Tout ce qui vaque est demandé par des frères blessés, ou par des familles désolées ; en sorte qu'on est honteux d'aller barrer leur chemin inutilement. C'est à la Providence à démêler la fortune de ce pauvre guidon ; je le console tant que je puis. Je vous manderai l'adresse qu'il faudra mettre à vos lettres, si je pars. Hélas ! laissez-moi ce soin, c'est ma pauvre vie ; adieu, pour aujourd'hui. Adieu, ma chère enfant, voilà complies qui sonnent ; vous connaissez mon manége. Il fait très-beau, je me promènerai beaucoup, et je penserai à vous avec une extrême tendresse.

397. — A LA MÊME.

A Livry, jeudi 22 août 1675.

Le pauvre M. de Sanzei est toujours perdu ; on ne le trouve ni dans les morts, ni dans les blessés, ni dans les prisonniers. Guilleragues a demandé au roi s'il ne savait

---

[1] C'est madame de La Fayette, madame de Coulanges et madame d'Heudicourt. (A. G.)

point de ses nouvelles ; il a répondu très-bonnement qu'il en était en peine, et qu'il ne comprenait point du tout où il pouvait être. Jugez de l'état de cette pauvre femme. Je laisse à M. d'Hacqueville à vous mander les nouvelles ; je ne sais que le siége de Trèves. Je crains un détachement pour mon fils : envoyez-moi de votre courage pour l'aimer mieux en Allemagne qu'à la messe aux minimes. Vous dites là-dessus des choses admirables.

Le prince d'Harcourt a perdu son frère, et M. de Grignan son cousin germain[1] ; je ne sais si vous l'avez senti : cette perte a paru ici comme celle d'une aiguille dans une botte de foin. J'ai appris encore que feu Saint-Luc[2] mettait *Monseigneur* à tous les maréchaux de France, parce que son père l'était, et le comte de Guiche par cette raison ; cela donne la loi aux autres, et ce n'est plus la mode d'y marchander quand on fait tant de leur écrire. Je vous conseille, après M. de Pomponne, de n'y pas manquer à M. de Vivonne.

La royauté est établie au delà de ce que vous pouvez vous imaginer ; on ne se lève plus, et on ne regarde personne. L'autre jour une pauvre mère tout en pleurs, qui a perdu le plus joli garçon du monde, demandait cette charge[3] à Sa Majesté : elle passa ; ensuite cette pauvre madame de Froulai se traîna à ses pieds, lui demandant, avec des cris et des sanglots, qu'elle eût pitié d'elle : elle passa sans s'arrêter.

Vous me demandez si M. de La Rochefoucauld a été affligé de M. de Turenne. Oui certainement, et très-sensiblement. Pour son fils, il ne s'est pas ménagé. Demandez à La Garde, il vous dira s'il y a un plus honnête homme à la cour et moins corrompu. Ils sont présentement à Liancourt et à Chantilly ensemble. Il vous contera cent choses.

---

[1] Le comte de Montlaur. *Voyez* ci-dessus la lettre du 9 août 1675.
[2] François d'Espinay, marquis de Saint-Luc.
[3] La charge de grand maréchal des logis de la maison du roi.

Vous serez heureux de l'avoir par mille raisons. Il vous portera aussi la cassolette; M. le cardinal de Retz m'ordonne de vous l'envoyer, et me paraît piqué de ce que je ne l'ai pas encore fait. Je ne sais comme vous avez pu imaginer qu'il fût honnête de refuser une telle chose; ou je radote et ne sais plus vivre, ou c'eût été la plus rude et la moins respectueuse action que vous eussiez jamais pu faire.

J'ai envoyé au cardinal de Bouillon la lettre de M. de Grignan. Adieu, ma très-bonne enfant; pour aujourd'hui vous n'aurez que ces nouvelles.

398. — A LA MÊME.

Ce vendredi 23 août 1675.

Voici notre journal fini. M. de Coulanges et madame de Martel s'en vont tantôt, et je m'en irai demain matin. Madame de Puisieux a trouvé digne d'elle de convertir M. de Mirepoix sur la ratification; elle se pique de faire des choses impossibles, et m'écrit pour me prier d'être demain après dîner chez elle avec un Grignan, ou l'abbé de Coulanges. Je n'y manquerai pas. Pour ce que nous avons fait aujourd'hui, il me paraît que M. de Coulanges se dispose à vous le conter. Je lui laisse la plume après vous avoir embrassée mille et mille fois très-tendrement.

DE MONSIEUR DE COULANGES.

Si j'avais du temps et de la santé, mais je n'ai ni l'un ni l'autre : il en faut remercier Dieu, et le bénir en quelque état qu'il lui plaise de nous mettre; si j'avais donc du temps, de la santé et du repos d'esprit, car je n'en ai aucun depuis la perte du pauvre M. de Sanzei, dont la destinée est très-enveloppée depuis le combat; si j'avais donc du temps, de la santé et du repos d'esprit, je vous prierais de me dire où est la jeune chênaie de madame de Chelles. Madame votre

mère, qui n'ignore jamais rien (car c'est une présomption
enragée) nous mène dans la vieille chênaie que vous connaissez, et là nous fait mettre pied à terre à la bonne Martel
et à Corbinelli par un temps assez équivoque; et comme
l'homme n'est jamais content de ce qu'il possède, elle nous
persuade que nous aurions le souverain bonheur dès que
nous serions parvenus de notre pied à trouver mille jolis
sentiers dans cette haute chênaie de madame de Chelles.
Nous obéissons avec une douceur de moutons, ni plus ni
moins; nous enfilons un petit chemin, nous y marchons
l'un après l'autre, et nous avançons tant à la fin que nous
nous trouvons, devinez où? Dans la chênaie de madame de
Chelles? Point du tout. Dans la plaine de Chelles? Vous n'y
êtes pas encore. Où donc? Au milieu de quatre chemins,
sans savoir lequel prendre pour venir à cette chênaie tant
vantée. Les plus timides proposent d'y renoncer et de revenir sur leurs pas; les autres de prendre un chemin à l'a-
venture, et tant est procédé, que nous opinons à prendre à
gauche, parce, disons-nous, qu'en tout cas celui-là nous
conduira plutôt qu'un autre vers Notre-Dame-des-Anges[1],
et qu'au moins nous nous trouverons. Ce raisonnement
est approuvé, et nous voilà donc dans une petite route avec
des branches mouillées qui nous donnent par le nez; nous
voilà dans les grandes herbes, aussi fort mouillées, et après
avoir marché deux grosses heures, espérant nous retrouver
vers Notre-Dame-des-Anges, devinez où nous avons trouvé
le jour? Devinez. Mais encore? Devinez. Au-dessus précisément du village de Livry? C'est le clocher de Saint-
Denis qui le premier brille à nos yeux, et qui nous fait connaître combien nous possédons la carte du pays. Madame
votre mère, qui aime sa haute forêt et sa belle vue, s'est
consolée; elle a reconnu ce beau pays qui l'a charmée, elle
a reconnu l'herbe verte qu'elle a si souvent foulée avec

---

[1] L'église de l'abbaye de Livry.

sa charmante fille. Mais tout cela ne nous console point, la Martel et moi, qui avions bien faim, et qui nous sommes trouvés bien loin de la cuisine de l'abbaye. Enfin nous avons tant marché que nous avons retrouvé notre abbé et le père prieur, qui nous attendaient impatiemment vers la *Vildottière*; et nous sommes revenus en si pitoyable état, que nous n'avons pas fait autre chose que de nous mettre tous au lit.

Je m'en vais présentement à Paris, à la quête de ce pauvre M. de Sanzei. Adieu, ma belle Comtesse; *Montélimart*, et toujours *Montélimart*, ma belle Comtesse.

399. — A LA MÊME.

A Paris, lundi 26 août 1675.

Je revins samedi matin de Livry; j'allai l'après-dîner chez madame de Lavardin, qui vous a écrit un billet en vous envoyant une relation. Cette marquise vous aime beaucoup, et vous lui répondrez sans doute, comme vous savez si bien faire. Elle s'en va de son côté, et d'Harouïs et moi du nôtre : les vacances de la chicane font partir bien des gens. La cour est partie ce matin pour Fontainebleau[1] : ce mot-là me fait encore trembler; mais enfin on y va pour se divertir : Dieu veuille que nous ne soyons point assommés pendant ce temps-là ! Le siége de Trèves se pousse vivement : s'il y a quelque balle qui ait reçu la commission de tuer le maréchal de Créqui, elle n'aura pas de peine à le trouver, car on dit qu'il s'expose comme un désespéré.

M. le Prince est à l'armée d'Allemagne; il a dit à un homme qui l'a vu depuis peu : « Je voudrais bien avoir « causé seulement deux heures avec l'ombre de M. de Tu- « renne, pour prendre la suite de ses desseins, pour entrer « dans ses vues, et me mettre au fait des connaissances « qu'il avait de ce pays, et des manières de peindre du Mon-

---

[1] Où elle s'était séparée de sa fille. *Voyez* la lettre du 27 mai 1675.

« tecuculli. » Et quand cet homme-là lui dit : « Monsei-
« gneur, vous vous portez bien : Dieu vous conserve, pour
« l'amour de vous et de la France ! » M. le Prince ne répondit qu'en haussant les épaules.

Mon fils me mande que le prince d'Orange fait mine de
vouloir assiéger Le Quesnoy, et que si cela est, ils sont à la
veille d'une action. M. de Luxembourg a bien envie de faire
parler de lui ; il est bien heureux, car il a bien entretenu
l'ombre de M. le Prince. Enfin on tremble de tous côtés.
J'ai demandé à M. de Louvois le régiment de Sanzei à pur
et à plein, avec la permission de vendre le guidon : bien
entendu que le pauvre Sanzei serait mort, dont on n'a encore aucune nouvelle. Le vicomte de Marsilly est mon
résident auprès du ministre, et s'est chargé de m'apprendre la réponse ; je voudrais qu'elle fût apportée par
M. de Sanzei. Vous croyez bien que si madame de Sanzei
y pouvait avoir la moindre prétention, je ne l'aurais pas
barrée, moi qui respecte Saint-Hérem pour le régiment
Royal ; mais le roi, qui avait donné ce petit régiment à
Sanzei, le donnera à quelque autre. Pour celui de Picardie [1],
il n'y faut pas penser, à moins que de vouloir être abîmé
dans deux ans ; mais c'est mal dit *abîmé*, c'est *déshonoré* :
car comme il n'est plus permis de se ruiner ni d'emprunter
comme autrefois, on demeure tout court, avec infamie. Ce
second Chénoise, neveu de Saint-Hérem, est ressuscité
depuis deux jours : il était prisonnier des Allemands ; c'est
là où nous devrions trouver M. de Sanzei. Pour le pauvre
petit Froulai [2], il a fallu remuer et retourner, et regarder
quinze cents hommes morts en un endroit du combat, pour
trouver ce pauvre garçon, qu'on a enfin reconnu, percé de
dix ou douze coups : sa pauvre mère demande sa charge
de grand maréchal des logis (*de la maison du roi*), qu'elle
a achetée ; elle crie et pleure, et ne parle qu'à genoux. On

---

[1] C'était celui du comte de La Marck.
[2] Louis de Froulai, grand maréchal des logis de la maison du roi.

lui répond qu'on verra; et vingt-deux ou vingt-trois personnes demandent cette charge. Pour dire le vrai, on reconnaît tous les jours que jamais une défaite n'a été si remplie de désordre et de confusion que celle du maréchal de Créqui. Je vis samedi la maréchale chez M. de Pomponne : elle n'est pas reconnaissable; les yeux ne lui sèchent pas.

Ne croyez pas, ma fille, que la mort de M. de Turenne ait passé ici aussi vite que les autres nouvelles : on en parle et on le pleure encore tous les jours.

Tout en fait souvenir, et rien ne lui ressemble.

On peut dire ce vers pour lui. Heureux ceux, comme vous dites, qui n'ont pas fait la moindre attention sur cette perte! La déroute qui est arrivée depuis a bien renouvelé les éloges du héros. Vous m'avez fait grand plaisir d'avoir frissonné de ce qu'a dit Saint-Hilaire [1]; il n'est pas mort; il vivra avec son bras gauche, et jouira de la beauté et de la fermeté de son âme. Je crois que vous aurez été bien étonnée de voir une petite défaite de notre côté; vous n'en avez jamais vu depuis que vous êtes au monde. Il n'y a que le coadjuteur qui en ait profité, en donnant un air si nouveau et si spirituel à sa harangue, que cet endroit en a fait tout le prix, au moins pour les courtisans, car toutes les bonnes têtes l'ont loué depuis le commencement jusqu'à la fin. Je dînai samedi avec le coadjuteur et le bel abbé : je suis ravie quand je vois quelque Grignan.

Enfin, ma chère enfant, cherchez bien dans toute la cour et dans toute la France, il n'y a que moi qui, ayant une fille si parfaitement aimée, sois privée de la joie de la voir et de passer ma vie avec elle : ce sont des règles de la Providence auxquelles je ne puis me soumettre qu'avec des peines infinies : nous faisons donc bien de nous écrire, puisque c'est tout ce que nous avons. Je comprends l'occu-

---

[1] *Voyez* ci-dessus, lettre du vendredi 9 août 1675.

pation que vous donnent mes lettres, et combien elles vous détournent de certains devoirs. *Vous perdez connaissance*, dites-vous; je souffre deux fois la semaine que l'on m'en dise autant : il ne faut point d'autre livre que ces abominables lettres que je vous écris; je vous défie de les lire tout de suite; mais, ma fille, vous en êtes contente, c'est assez. Voilà le gros abbé qui me dit cent folies de mon voyage de Bretagne : nous trouvons que je n'ai pris ma résolution que depuis ce que j'ai su du désordre des séditieux; il dit que je ne veux pas perdre une si belle occasion, que je ne retrouverai peut-être de ma vie.

Le chevalier de Lorraine est arrivé auprès de Monsieur, comme si de rien n'était; il a trouvé quelque charitable personne qui l'a remis dans le bon ou le mauvais chemin. Cette petite nouvelle n'a pas donné beaucoup d'attention; elle a paru une misère qui n'a pas tenu sa place devant la mort de M. de Turenne et tout ce qui s'en est ensuivi. Madame d'Armagnac est accouchée d'un fils, et madame de Louvigny d'un fils aussi; madame la princesse d'Harcourt d'une fille, madame la Duchesse d'une fille; mais il y a déjà huit jours.

Notre cardinal est encore à Saint-Mihel; je m'en vais lui écrire : il le trouve bon. L'abbé de Pontcarré est très-digne de vos lettres; il les aime et les sait lire; il m'en fait part, et puis il les cache précieusement. Vous ne sauriez croire le tour surprenant et agréable que vous donnez, sans y penser, à toutes choses.

Mademoiselle est arrivée pour se baigner; elle ne va point à Fontainebleau. J'embrasse de tout mon cœur M. de Grignan et mes petits enfants; mais, ma très-belle et très-aimable, je suis à vous par-dessus tout : vous savez combien je suis loin de la radoterie, qui fait passer violemment l'amour maternel aux petits enfants; le mien est demeuré tout court au premier étage, et je n'aime ce petit peuple que pour l'amour de vous.

400. — AU COMTE DE BUSSY.

A Paris, ce 27 août 1675.

Je fais réponse à deux de vos lettres [1], mon cousin. Dans la première vous me parlez si raisonnablement de la mort de M. de Turenne, qu'il faut avoir un cœur de héros pour savoir le regretter comme vous faites, n'ayant pas toujours été de vos amis. Dans la seconde vous me louez trop, vous trouvez que j'écris bien ; il est vrai que vous êtes un si bon connaisseur, et vous flattez si peu les gens, que j'ai peine à douter de ce que vous me dites ; cependant je ne sens point que je mérite une si digne approbation.

Vous faites une très-bonne remarque sur la mort prompte et imprévue de M. de Turenne; mais il faut bien espérer pour lui, car les dévots, qui sont toujours dévorés d'inquiétude pour le salut de tout le monde, ont mis, comme d'un commun accord, leur esprit en repos sur le salut de M. de Turenne : aucun d'eux n'a gémi sur son état; ils ont cru sa conversion sincère, et l'ont prise pour un baptême; et il a si bien caché toute sa vie sa *vanité* sous des airs humbles et modestes, qu'ils ne l'ont pas découverte ; enfin ils n'ont pas douté que cette belle âme ne fût retournée tout droit au ciel, d'où elle était venue.

Mais ne faites-vous pas une remarque que j'ai faite, qui est que ce qui passe aujourd'hui pour une victoire d'avoir repassé le Rhin, sans avoir été taillés en pièces, depuis la mort de M. de Turenne, eût été un grand malheur s'il fût arrivé pendant sa vie. Ce que vous écrivez au roi sur ce sujet fait bien de l'honneur au maréchal, et à vous aussi, mon pauvre cousin.

Au reste, que dites-vous de la déroute du maréchal de Créqui? Le roi l'a nommée lui-même une défaite complète. Il a répondu divinement aux courtisans qui lui en ont

[1] *Voyez* ci-dessus les deux lettres de Bussy, 6 et 11 août 1675.

parlé : à ceux qui voulaient excuser ce maréchal, il a dit :
« — Il est vrai qu'il est fort brave, je comprends son déses-
« poir ; mais enfin mes troupes ont été battues par des
« gens qui n'avaient jamais fait autre chose que de jouer
« à la bassette. » A ceux qui le blâmaient et qui demandaient pourquoi il avait donné la bataille, il leur a répondu
comme fit autrefois le duc de Weimar, à qui le vieux
Parabère demandait : « Monsieur, pourquoi donniez-vous
cette dernière bataille que vous perdîtes? — Monsieur,
répondit le duc de Weimar, c'est que je croyais la gagner [1]. »
Cette application est fort juste et fort plaisante. A ceux
qui le voulaient consoler, lui disant qu'il n'avait quasi
point perdu de troupes, que tout revenait à Thionville et à
Metz, qu'il y avait tant de cavalerie, tant d'infanterie, il
leur répondit : « Mais en voilà plus que je n'en avais ;
« c'est une plaisante manière de faire des recrues. » Le
maréchal de Gramont dit : « C'est que vos troupes ont
fait des petits, Sire. » Les courtisans trop courtisans devraient bien se corriger de leurs basses flatteries avec un
tel maître. Le maréchal de Créqui est dans Trèves ; si
quelque balle a la commission de le tuer, je crois qu'elle le
trouvera aisément, de la manière enragée dont il s'expose.

M. le Prince est arrivé à l'armée d'Allemagne. Il a dit
à des gens qui l'ont vu à Châlons qu'il aurait bien souhaité
de causer seulement deux heures avec l'ombre de M. de
Turenne, pour prendre ses lumières sur la connaissance
qu'il avait des affaires de ce pays-là. Si la goutte l'y vient
trouver au mois d'octobre, comme elle fait tous les ans,
ce sera un étrange malheur. Vous avez sans doute entendu
louer le chevalier de Grignan sur le passage du Rhin : on
ne peut pas avoir été distingué plus agréablement ; et afin
que je fusse aussi contente du côté du maréchal de Créqui,
La Trousse y a fait des merveilles. Si M. de Luxembourg

---

[1] C'est une répétition de l'anecdote racontée dans la lettre du 19 août 1675.

fait quelque chose en Flandre, il faudra pour achever ma joie que mon fils se fasse louer, et revienne en bonne santé. Je ne sais encore ce que je deviendrai.

Sur la plainte que le maréchal d'Albret a faite au roi, que le marquis d'Ambres, en lui écrivant, ne le traitait pas de *Monseigneur*, Sa Majesté a ordonné à ce marquis de le faire ; et sur cela il a écrit cette lettre au maréchal :

« MONSEIGNEUR,

« Votre maître et le mien m'a commandé d'user avec
« vous du terme de *Monseigneur* ; j'obéis à l'ordre que je
« viens d'en recevoir avec la même exactitude que j'obéirai
« toujours à ce qui vient de sa part, persuadé que vous
« savez à quel point je suis, Monseigneur, votre très-
« humble et très-obéissant serviteur. »

Voici la réponse du maréchal d'Albret :

« MONSIEUR,

« Le roi, votre maître et le mien, étant le prince du
« monde le plus éclairé, vous a ordonné de me traiter de
« *Monseigneur*, parce que vous le devez ; et parce que je
« m'explique nettement et sans équivoque, je vous assu-
« rerai que je serai à l'avenir selon que votre conduite
« m'y obligera, Monsieur, votre très..., etc. »

Les affaires de la belle *Madelonne* m'arrêtent ici ; je ne sais ce qui me tient que je ne vous conte le procès dont il est question, tant je me sens en train de discourir : mais je m'arrête, car il se pourrait fort bien faire que vous ne fussiez pas en humeur de m'écouter, et je veux vous plaire. Je veux que vous m'aimiez toujours comme je vous aime.

401. — DU COMTE DE BUSSY A MADAME DE SÉVIGNÉ.

A Chaseu, ce 1er septembre 1675.

En me disant que vos lettres ne sont pas dignes de mon approbation, Madame, vous m'en écrivez une qui en mérite une plus grande, sans compter votre modestie ; mais, pour ne la pas offenser davantage, je vais traiter d'autre chose avec vous.

L'affaire du maréchal de Créqui est plus mauvaise pour lui que pour le roi. Sa Majesté a de grandes ressources : il n'y paraîtra pas dans quinze jours, quand même il perdrait Trèves ; mais pour la réputation de ce général, elle en pâtira longtemps, et il faudra qu'il fasse de belles choses avant de faire oublier sa mauvaise conduite à Consarbrick [1]. On me vient d'envoyer de Metz une relation exacte de cette déroute, par laquelle je vois que la tête a tourné au maréchal de Créqui dès qu'il vit les ennemis ; il n'y a que cela à croire, ou qu'il a eu intelligence avec eux : il vit défiler leur infanterie sur un pont sans faire tirer son canon sur elle, et sans la faire charger à demi passée ; quoiqu'il eût la moitié moins de troupes que les confédérés, il les laissa tous passer la Sarre tranquillement pour venir à lui, et fit comme s'il eût appréhendé qu'il lui en fût échappé un seul.

Vous voyez bien, Madame, qu'il faut avoir perdu l'esprit pour en user ainsi ; cependant c'est ce général que l'on nomma d'abord pour remplacer M. de Turenne : que sont donc les autres, qui ont moins de capacité que lui ? Il faut dire la vérité : une partie des maréchaux qu'on vient de faire est indigne de l'être. D'ordinaire le mérite attire cette dignité, ici l'on a commencé par où l'on devait finir : on a donné l'honneur, espérant que le mérite viendrait après ; et en attendant le mérite, bien souvent viennent les déroutes, comme vous voyez.

Tout ce qu'a répondu le roi aux courtisans sur l'affaire de Consarbrick est admirable ; les uns ont été mal récompensés de leur fausse générosité, les autres de leur blâme sans raison, et les autres de leur basse flatterie. Il faut parler juste devant un prince d'aussi bon entendement que le roi,

---

[1] Bussy est injuste envers le maréchal de Créqui. Ces sortes d'injustices sont fréquentes dans ses Mémoires.

et particulièrement quand il vient de perdre une bataille.

Je savais déjà la question du vieux Parabère, et la réponse du duc de Weimar; c'est ce vieux sot à qui feu monsieur votre père en fit de si plaisantes à Poitiers quand il allait voir sa maîtresse. La pensée du maréchal de Gramont ne peut faire rire que par le ton nasillard et gascon; du reste, c'est un propos de corps de garde.

Le maréchal de Créqui a fait comme M. Fouquet, qui ne savait ce qu'il faisait les premiers jours qu'on l'arrêta, mais qui après s'être reconnu fit des merveilles. Ce qu'a dit M. le Prince de M. de Turenne en passant à Châlons me paraît d'un fort honnête homme, et d'un homme qui sent bien son mérite. M. de Montecuculli se précautionnera encore davantage avec lui qu'il ne faisait avec M. de Turenne [1]. Il est vrai que le chevalier de Grignan a été heureux au combat d'Altenheim, et La Trousse à celui de Consarbrick : je m'en réjouis avec vous, et j'espère vous faire un même compliment pour M. votre fils à la fin de cette campagne.

Vous devriez me conter le procès dont il est question; je suis tellement affamé de vous entendre, que je vous donnerais une favorable audience quand vous ne me parleriez que d'interlocutoires et d'arrêts.

402. — DE MADAME DE SÉVIGNÉ A MADAME DE GRIGNAN.

A Paris, mercredi 28 août 1675.

Si l'on pouvait écrire tous les jours, je m'en accommoderais fort bien; je trouve même quelquefois le moyen de le

---

[1] Le prince de Condé força Montecuculli à repasser le Rhin; ce fut son dernier exploit. « Cette année, remarque le président Hénault, vit finir la
« carrière des trois plus grands généraux de l'Europe : M. de Turenne fut
« tué; M. le Prince se retira, et Montecuculli en fit de même, disant qu'un
« homme qui avait eu l'honneur de combattre contre Mahomet Coprogli,
« contre M. le Prince et contre M. de Turenne, ne devait pas compromettre

faire, quoique mes lettres ne partent pas; mais le plaisir d'écrire est uniquement pour vous, car à tout le reste du monde, on voudrait avoir écrit, et c'est parce qu'on le doit. Vraiment, ma fille, je m'en vais bien encore vous parler de M. de Turenne. Madame d'Elbeuf[1], qui demeure pour quelques jours chez le cardinal de Bouillon, me pria hier de dîner avec eux deux, pour parler de leur affliction; madame de La Fayette y vint : nous fîmes bien précisément ce que nous avions résolu; les yeux ne nous séchèrent pas. Madame d'Elbeuf avait un portrait divinement bien fait de ce héros, dont tout le train était arrivé à onze heures. Tous ces pauvres gens étaient en larmes, et déjà tout habillés de deuil. Il vint trois gentils-hommes, qui pensèrent mourir en voyant ce portrait : c'étaient des cris qui faisaient fendre le cœur; ils ne pouvaient prononcer une parole; ses valets de chambre, ses laquais, ses pages, ses trompettes, tout était fondu en larmes et faisait fondre les autres. Le premier qui fut en état de parler répondit à nos tristes questions : nous nous fîmes raconter sa mort. Il voulait se confesser, en se cachotant; il avait donné ses ordres pour le soir, et devait communier le lendemain dimanche, qui était le jour qu'il croyait donner la bataille.

Il monta à cheval le samedi à deux heures, après avoir mangé; et comme il avait bien des gens avec lui, il les laissa tous à trente pas de la hauteur où il voulait aller, et dit au petit d'Elbeuf : « Mon neveu, demeurez là : vous ne « faites que tourner autour de moi, vous me feriez reconnaître. » M. d'Hamilton, qui se trouva près de l'endroit où il allait, lui dit : « Monsieur, venez par ici, on tire du « côté où vous allez. — Monsieur, *lui dit-il*, vous avez raison; je ne veux point du tout être tué aujourd'hui, cela « sera le mieux du monde. » Il eut à peine tourné son che-

---

« sa gloire contre des gens qui ne faisaient que commencer à commander « des armées. »

[1] Élisabeth de La Tour, mariée à Charles de Lorraine, duc d'Elbeuf.

val, qu'il aperçut Saint-Hilaire, le chapeau à la main, qui lui dit : « Monsieur, jetez les yeux sur cette batterie que « je viens de faire placer là. » M. de Turenne revint, et dans l'instant, sans être arrêté, il eut le bras et le corps fracassés du même coup qui emporta le bras et la main qui tenaient le chapeau de Saint-Hilaire. Ce gentil-homme, qui le regardait toujours, ne le voit point tomber; le cheval l'emporte où il avait laissé le petit d'Elbeuf; il n'était point encore tombé, mais il était penché le nez sur l'arçon. Dans ce moment, le cheval s'arrête, le héros tombe entre les bras de ses gens; il ouvre deux fois de grands yeux et la bouche, et demeure tranquille pour jamais : songez qu'il était mort, et qu'il avait une partie du cœur emportée. On crie, on pleure; M. d'Hamilton fait cesser ce bruit, et ôter le petit d'Elbeuf, qui s'était jeté sur le corps, qui ne voulait pas le quitter, et se pâmait de crier. On couvre le corps d'un manteau; on le porte dans une haie; on le garde à petit bruit; un carrosse vient, on l'emporte dans sa tente. Ce fut là où M. de Lorge, M. de Roye, et beaucoup d'autres, pensèrent mourir de douleur; mais il fallut se faire violence, et songer aux grandes affaires qu'on avait sur les bras. On lui a fait un service militaire dans le camp, où les larmes et les cris faisaient le véritable deuil : tous les officiers avaient pourtant des écharpes de crêpe; tous les tambours en étaient couverts; ils ne battaient qu'un coup; les piques traînantes et les mousquets renversés. Mais ces cris de toute une armée ne se peuvent pas représenter, sans que l'on en soit tout ému. Ses deux neveux étaient à cette pompe, dans l'état que vous pouvez penser. M. de Roye, tout blessé, s'y fit porter; car cette messe ne fut dite que quand ils eurent repassé le Rhin. Je pense que le pauvre chevalier (*de Grignan*) était bien abîmé de douleur. Quand ce corps a quitté son armée, ç'a été encore une autre désolation; et partout où il a passé on n'entendait que des clameurs; mais à Langres ils se sont surpassés : ils allèrent au-devant de lui en habits de deuil, au nombre de plus de deux cents, suivis du peuple; tout le clergé en cérémonie. Il y eut un service solennel dans la ville, et en un moment ils se cotisèrent tous pour cette dépense, qui monta à cinq mille francs, parce qu'ils reconduisirent le corps jusqu'à la première ville, et voulurent défrayer tout le train. Que dites-vous de ces marques naturelles d'une affection fondée sur un mérite extraordinaire? Il arrive à Saint-Denis ce soir ou demain; tous ses gens l'allaient reprendre à deux lieues d'ici. Il sera dans une chapelle en dépôt; on lui fera un service à Saint-Denis, en attendant celui de Notre-Dame, qui sera solennel. Voilà quel fut le divertissement que nous eûmes. Nous dînâmes, comme vous pouvez penser; et jusqu'à quatre heures nous ne fîmes que soupirer. Le cardinal de Bouillon parla de vous, et répondit que vous n'auriez point évité cette triste partie si vous aviez été ici. Je l'assurai fort de votre douleur. Il vous fera réponse et à M. de Grignan. Il me pria de vous dire mille amitiés, et la bonne d'Elbeuf, qui perd tout, aussi bien que son fils. Voilà une belle chose de m'être embarquée à vous conter ce que vous saviez déjà; mais ces originaux m'ont frappée, et j'ai été bien aise de vous faire voir que voilà comme on oublie M. de Turenne en ce pays-ci.

M. de La Garde me dit l'autre jour que, dans l'enthousiasme des merveilles que l'on disait du chevalier, il exhorta ses frères [1] à faire un effort pour lui dans cette occasion, afin de soutenir sa fortune au moins le reste de cette année; et qu'il les trouva tous deux fort disposés à faire des choses extraordinaires. Ce bon La Garde est à Fontainebleau, d'où il doit revenir dans trois jours pour partir enfin, car il en meurt d'envie, à ce qu'il dit; mais les courtisans ont bien de la glu autour d'eux. Vraiment l'état de madame de Sanzei est déplorable; nous ne savons rien de son mari:

---

[1] M. le coadjuteur d'Arles et M. l'abbé de Grignan. (P.)

il n'est ni vivant, ni mort, ni blessé, ni prisonnier; ses gens n'écrivent point. M. de La Trousse, après avoir mandé, le jour de l'affaire, qu'on venait de lui dire qu'il avait été tué, n'en a plus écrit un mot ni à la pauvre Sanzei, ni à Coulanges [1]. Nous ne savons donc que mander à cette femme désolée; il est cruel de la laisser dans cet état. Pour moi, je suis très-persuadée que son mari est mort; la poussière mêlée avec son sang l'aura défiguré; on ne l'aura pas reconnu, on l'aura dépouillé; peut-être qu'il aura été tué loin des autres, par ceux qui l'ont pris, ou par des paysans, et sera demeuré au coin de quelque haie : je trouve plus d'apparence à cette triste destinée qu'à croire qu'il soit prisonnier et qu'on n'entende pas parler de lui.

Au reste, ma fille, l'abbé croit mon voyage si nécessaire, que je ne puis m'y opposer : je ne l'aurai pas toujours; ainsi je dois profiter de sa bonne volonté. C'est une course de deux mois, car le bon abbé ne se porte pas assez bien pour aimer à passer là l'hiver. Il m'en parle d'un air sincère, dont je fais vœu d'être toujours la dupe : tant pis pour ceux qui me trompent. Je comprends que l'ennui serait grand pendant l'hiver; les longues soirées peuvent être comparées aux longues marches pour être fastidieuses. Je ne m'ennuyais point cet hiver que je vous avais; vous pouviez fort bien vous ennuyer, vous qui êtes jeune; mais vous souvient-il de nos lectures? Il est vrai qu'en retranchant tout ce qui était autour de cette petite table, et le livre même, il ne serait pas impossible de ne savoir que devenir : la Providence en ordonnera. Je retiens toujours ce que vous m'avez mandé : on se tire de l'ennui comme des mauvais chemins; on ne voit personne demeurer au milieu d'un mois, pour n'avoir pas le courage de l'achever. C'est comme de mourir! vous ne voyez personne qui ne sache se tirer de ce dernier rôle. Il y a des choses dans vos lettres qu'on

---

[1] Madame de Sanzei était sœur de M. de Coulanges, et M. de La Trousse était leur cousin germain. (P.)

ne peut ni qu'on ne veut oublier. Avez-vous mon ami Corbinelli et M. de Vardes? Je le souhaite; vous aurez bien raisonné, et si vous parlez sans cesse des affaires présentes et de M. de Turenne, et que vous ne puissiez comprendre ce que tout ceci deviendra, en vérité vous êtes comme nous, et ce n'est point du tout que vous soyez en province. M. de Barillon soupa hier ici : on ne parla que de M. de Turenne; il en est véritablement très-affligé. Il nous contait la solidité de ses vertus, combien il était vrai, combien il aimait la vertu pour elle-même, combien par elle seule il se trouvait récompensé, et puis finit par dire qu'on ne pouvait pas l'aimer ni être touché de son mérite sans en être plus honnête homme. Sa société communiquait une horreur pour la friponnerie et pour la duplicité, qui mettait tous ses amis au-dessus des autres hommes; dans ce nombre on distingua fort le chevalier, comme un de ceux que ce grand homme aimait et estimait le plus, et aussi comme un de ses adorateurs. Bien des siècles n'en donneront pas un pareil. Je ne trouve pas qu'on soit tout à fait aveugle en celui-ci, au moins les gens que je vois : je crois que c'est se vanter d'être en bonne compagnie. Je viens de regarder mes dates; il est certain que je vous ai écrit le vendredi 16; je vous avais écrit le mercredi 14, et le lundi 12. Il faut que *Pacolet* ou la bénédiction de Montélimart ait porté très-diaboliquement cette lettre; examinez ce prodige. Mais disons encore un mot de M. de Turenne : voici ce qui me fut conté hier. Vous connaissez bien Pertuis [1], et son adoration et son attachement pour M. de Turenne; dès qu'il eut appris sa mort, il écrivit au roi, et lui manda : « Sire, j'ai perdu M. de Turenne; je sens
« que mon esprit n'est point capable de soutenir ce mal-
« heur; ainsi, n'étant plus en état de servir Votre Ma-
« jesté, je lui demande la permission de me démettre du

---

[1] Il avait été capitaine des gardes de M. de Turenne. (P.)

« gouvernement de Courtrai. » Le cardinal de Bouillon empêcha qu'on ne rendît cette lettre; mais, craignant qu'il ne vînt lui-même, il dit au roi l'effet du désespoir de Pertuis. Le roi entra fort bien dans cette douleur, et dit au cardinal de Bouillon qu'il en estimait davantage Pertuis, et qu'il ne voulait pas que Pertuis songeât à se retirer, le croyant trop honnête homme pour ne pas toujours faire son devoir, en quelque état qu'il pût être. Voilà comme sont ceux qui regrettent ce héros. Au reste, il avait quarante mille livres de rente de partage : et M. Boucherat a trouvé que toutes ses dettes et ses legs payés il ne lui restait que dix mille livres de rente; c'est deux cent mille francs pour ses héritiers, pourvu que la chicane n'y mette pas le nez. Voilà comme il s'est enrichi en cinquante années de service. Adieu, ma chère enfant; je vous embrasse mille fois avec une tendresse qui ne se peut représenter.

403. — A LA MÊME.

A Paris, vendredi 30 août 1675.

Je prends la résolution de partir mercredi 4 du mois prochain. Je vais droit à Orléans : j'y trouverai M. d'Harouïs, et nous nous y embarquerons dimanche, après la messe. Je vous écrirai encore mercredi en partant : je serai quelque temps à Nantes, et puis aux Rochers. Mon retour est assuré, si je suis en vie, pour le mois de novembre; j'ai cependant un grand regret à notre commerce, qui va être tout déréglé : mais la vie est pleine de choses qui blessent le cœur.

Je reviens du service de M. de Turenne à Saint-Denis. Madame d'Elbeuf m'est venue prendre : elle a paru me souhaiter; le cardinal de Bouillon m'en a priée d'un ton à ne pouvoir le refuser. C'était une chose bien triste : son corps était là au milieu de l'église; il y est arrivé cette nuit avec une cérémonie si lugubre, que M. Boucherat, qui l'a reçu et qui y a veillé toute la nuit, en a pensé mourir de pleurer. Il n'y avait que la famille, désolée, et tous les domestiques, en deuil et en pleurs : on n'entendait que des soupirs et des gémissements. Il y avait d'amis M. Boucherat, M. de Harlai, M. de Meaux et M. de Barillon; mesdames Boucherat y étaient, et les nièces. Madame d'Elbeuf a pensé crever; la vapeur s'y est mêlée : on ne peut pas douter de la douleur de cette pauvre femme. Ç'a été une chose triste de voir tous ses gardes debout, la pertuisane sur l'épaule, autour de ce corps qu'ils ont si mal gardé, et, à la fin de la messe, de les voir porter sa bière jusqu'à une chapelle au-dessus du grand autel, où il est en dépôt. Cette translation a été touchante; tout était en pleurs, et plusieurs criaient sans pouvoir s'en empêcher. Enfin, on a été dans cette chapelle, où madame d'Elbeuf a crié les hauts cris. Il y avait entre autres un petit page qui devenait fontaine. Enfin nous sommes revenus dîner tristement chez le cardinal de Bouillon, qui a voulu nous avoir. Il m'a priée par pitié de retourner ce soir, à six heures, le prendre pour le mener à Vincennes, et madame d'Elbeuf. Ils m'ont fort parlé de vous. Le cardinal dit qu'il vous écrira aujourd'hui; mais je m'en vais fermer mon paquet avant que de les aller prendre, afin de n'être point en inquiétude de revenir de bonne heure : la lune nous conduira jusqu'où il lui plaira. Peut-être que j'irai demain passer le soir à Livry, pour jouir de cette belle Diane et dire adieu à l'aimable abbaye. L'abbé y est depuis trois jours; il ne nous parle plus que de retraite : c'est la grande mode[1]. Que dites-vous du nom de M. le Prince, qui a fait lever le siége d'Haguenau, comme il fit fuir les ennemis l'année passée à Oudenarde? Voilà ce qu'il y a de vrai. Je ne sais rien de Fontainebleau, si ce n'est qu'on y jouera quatre des belles pièces de Corneille, quatre de Racine, et

---

[1] A cause de la retraite du cardinal de Retz.

deux de Molière. Je ne puis pardonner à Cavoye[1] d'être à Fontainebleau plutôt qu'à Saint-Denis ce matin. Adieu, ma chère fille; embrassez-moi, je vous en conjure, et ne me dites point que vous ne méritez pas mon extrême tendresse; et pourquoi ne la méritez-vous pas, s'il est vrai que vous m'aimiez? Par quel autre endroit en seriez-vous indigne? Embrassez-moi encore, ma chère enfant, et soyez aise que je vous aime plus que moi-même, puisque vous m'aimez un peu.

Les gens du pauvre Sanzei reviennent; et quoiqu'on n'ait pas retrouvé son corps, ils croient qu'il a été tué. On dispose sa femme à cette triste nouvelle, sans pourtant oser encore lui faire prendre le deuil. La comtesse de Fiesque fut ainsi trois mois du marquis de Piennes, son premier mari, qui est encore à revenir.

404. — A LA MÊME.

A Paris, mercredi 4 septembre 1675.

Madame de Puisieux m'a mandé que je croyais partir aujourd'hui, et qu'elle me donnait avis que je ne partais que lundi; je l'ai crue sans raisonner. Me voilà donc, ma très-chère, jusqu'à lundi. La cour revient vendredi. J'irai encore au service de M. de Turenne, et je recevrai vos lettres réglément encore quelques jours : c'est précisément la chose que je regrette le plus quand elle me manque. Je reviens à vendredi dernier. Après vous avoir écrit, je retournai prendre le cardinal de Bouillon, madame d'Elbeuf et Barillon. Notre promenade fut triste; mais charmante, au clair de la lune. Il me donna la lettre que je vous envoie, et me pria fort de l'envoyer le même jour; je ne l'ai pas fait. Le gros abbé m'a fait encore sa cour avec une de vos lettres; il vous a mandé tout ce qu'il y a de nouvelles. Le siége

---

[1] Il avait été fort aimé de M. de Turenne.

d'Haguenau levé¹, c'est bien loin des malheurs que vous prévoyiez ; mais le Montecuculli n'a quitté son entreprise que pour embarrasser M. le Prince, qui, se trouvant plus faible que lui, s'est un peu retiré vers Schelestadt. M. de Lorraine (*le duc Charles IV*), en écrivant à sa fille² sur la déroute (*de Consarbrick*), ne nomme le maréchal de Créqui que *le bon maréchal, le bon Créqui* : il y a un air malin dans cette lettre, qui ressemble bien à l'esprit *de Son Altesse, mon père*³. Il serait à souhaiter que les équipages des morts, ou crus morts, ne revinssent point. Les gens de M. de Sanzei content cette déroute d'une terrible façon. Nous avions deux mille hommes au fourrage ; nous n'étions que cinq mille contre vingt-deux mille ; on ne croyait pas la rivière guéable : elle l'était en trois endroits ; de sorte que l'armée des ennemis passait, et prenait nos troupes en flanc. La Trousse disait son avis ; mais la tête tourne à moins. Le maréchal combattit comme un désespéré, et puis s'alla jeter dans Trèves, où il fait une défense d'Orondate. Il s'est sauvé beaucoup de troupes ; la terreur et la confusion ont été plus loin que la tuerie.

On n'a point trouvé le corps de M. de Sanzei ; mais ses gens l'ont vu se jeter dans un escadron qui s'appelle *Sans quartier* : il cria, en s'y jetant, qu'on n'en fît point aussi. Il combattit longtemps : ce qui resta de son régiment se rallia, et de lui point de nouvelles. Peut-on l'imaginer autre part que sur le champ de bataille, où l'on n'a pu ni l'aller chercher d'abord, ni le reconnaître quand on y est allé au bout de douze jours ? La pauvre madame de Sanzei arriva samedi à sept heures du matin, comme je montais

---

[1] M. de Matthieu, qui commandait dans Haguenau, était lieutenant-colonel du régiment de la marine, et officier d'une grande distinction. Il avait dit plusieurs fois, avant que la place fût assiégée : *Tant que Matthieu sera, Haguenau au roi sera.* Il devint colonel du régiment de la marine le 29 août 1675, c'est-à-dire peu de jours après la levée du siége. (P.)

[2] Anne de Lorraine, comtesse de Lillebonne. (P.)

[3] Manière de parler de madame de Lillebonne. *Voyez* ci-après, lettre du 29 septembre.

en calèche pour m'en aller à Livry. Je descendis, et ne la quittai pas de tout le jour. Elle pensa trouver à la porte l'équipage de son mari, qui revint une heure après elle. On ne pouvait voir sans pleurer tous ces pauvres gens et tout ce train maigre et triste. Elle s'en retournera dans quelques jours à Autri : elle est fort affligée, et pleure de bon cœur. On ne voulait point qu'elle prît le deuil; j'ai ri de cette vision. M. de Sauzei reviendra le jour d'Enoch, d'Élie, de saint Jean-Baptiste, du feu marquis de Piennes, et du marquis d'Estrées. Quelle folie de douter de sa mort! et au bout du compte s'il revenait, on ôterait le bandeau [1], et l'on deviendrait grosse : pourvu qu'on ne se remarie pas, on est toujours en état de recevoir son mari.

Au reste, Lannoi, c'est-à-dire madame de Montrevel, est enragée. Après avoir été pendue un mois aux oreilles du roi et de *Quanto*, et demandé ce régiment royal avec fureur, comme elle fait toutes choses, on l'a donné au marquis de Montrevel [2], oncle de son mari, qui leur a déjà ôté la lieutenance générale (*de Bresse*). On ne sait quelles mesures il a prises, ni de quelle manœuvre il s'est servi; mais enfin, à l'heure qu'il paraissait le moins, on lui a donné ce joli régiment : il est vrai qu'il est brave jusqu'à la folie; c'est celui qui faisait l'amoureux de madame de Coulanges, qui est beau et bien fait : j'oubliais qu'il plaide contre son neveu, et qu'il est son ennemi mortel; car toute cette famille est divisée.

Le chevalier de Coislin [3] est revenu après la mort de M. de Turenne, disant qu'il ne pouvait plus servir après avoir perdu cet homme-là; qu'il était malade; que pour

---

[1] C'était l'usage des veuves de ce temps-là de porter un bandeau de crêpe sur le front. (P.)

[2] Depuis maréchal de France. (P.)

[3] Charles-César de Cambout de Coislin, chevalier de Malte, ayant quitté le service, se retira de la cour et du monde pour se livrer à tous les exercices de la plus haute piété. (P.)

le voir, et pour être avec lui, il avait fait cette dernière campagne ; mais que ne l'ayant plus, il s'en allait à Bourbon. Le roi, informé de tous ces discours, a commencé par donner son régiment, et a dit que sans la considération de ses frères, il l'aurait fait mettre à la Bastille. Je ne sais pourquoi je vous conte toutes ces bagatelles ; celle de la Montrevel m'a paru plaisante. Pour cette fois, il n'y a pas de grands événements ; puisque vous en êtes lasse, on ne vous en mandera plus ; mais s'il vous en souvient, vous en aviez voulu : vous fûtes servie fort promptement ; et puis tout d'un coup vous dites que c'est assez : nous nous taisons.

Faucher, de l'hôtel d'Estrées, vint me voir hier ; il s'en retourne à Rome par la Savoie. Nous causâmes fort ; il me conta toute la querelle du pape et de l'ambassadeur[1] ; il me fit voir le cardinalat du *Marseille* fort éloigné ; et enfin, après avoir bien discouru, et de Portugal, et de Savoie, et *d'ogni cosa*, il voulut voir votre portrait : il est romain, il s'y connaît ; je voudrais que vous et M. de Grignan eussiez pu voir l'admiration naturelle dont il fut surpris, quelles louanges il donna à la ressemblance, mais encore plus à la bonté de la peinture, à cette tête qui sort, à cette gorge qui respire, à cette taille qui s'avance : il fut une demi-heure comme un fou. Je lui parlai du portrait de la Saint-Géran : il l'a vu ; je lui dis que je le croyais mieux peint ; il me pensa battre, il m'appella *ignorante* et *femme*, qui est encore pis ; il appelle des traits de maître ces endroits qui me paraissaient grossiers : c'est ce qui fait le blanc, le lustre, la chair, et sortir la tête de la toile ; enfin, ma fille, vous auriez ri de sa manière d'admirer. Il en a fait tant de bruit, que M. de Louvigny[2] vint hier me voir ; mais en effet c'était votre portrait qu'il venait voir ; il en

---

[1] François-Annibal duc d'Estrées, ambassadeur à Rome. Il s'agissait des premières discussions sur l'affaire des *franchises*. (M.)
[2] Fils du maréchal de Gramont.

fut charmé. Je voudrais bien le porter avec moi; ah! que
je disais vrai l'autre jour quand je vous assurais que quelqu'un qui m'aimerait devrait être content d'être aimé de
moi comme j'aime cette aimable copie.

Je crains que M. le Prince ne soit malade; je crois l'avoir
ouï dire. Nous sommes bien loin de faire passer le Rhin à
Montecuculli; c'est lui qui nous presse un peu vers Schelestadt, et qui nous fait abandonner la Basse-Alsace. Le
maréchal de Créqui fait toujours le démon dans Trèves.
La maréchale s'est si bien mis dans la tête que Sanzei y
est avec son mari, que Madame de Sanzei n'ose pas encore
prendre le deuil; au moins elle attendra jusqu'à la fin du
siége. M. de Saint-Thou, allant avec trente maîtres reconnaître un mouvement des ennemis, rencontra deux cents
cavaliers; il les prit pour être des nôtres, et s'avança trop :
ses gens l'abandonnèrent. On lui demanda s'il voulait
quartier; il dit que non; cela est bien imprudent : ils l'ont
tué, et rendu sa sœur et son vilain mari les plus riches
gens de France. Le songe est bien singulier.

Je comprends fort bien tous les compliments que vous
avez reçus sur le sujet de vos beaux-frères, et les échos
qui répondent un mois après comme ceux d'Oulioules;
cela est fort incommode, en vérité; un poltron et un sot,
comme vous dites, vous donneraient bien moins d'affaires.

Madame de Coëtquen n'est pas digne d'être affligée si
longtemps. Elle prit à madame d'Elbeuf, il y a deux ans,
un petit portrait de M. de Turenne, qu'elle avait au bras.
Madame d'Elbeuf le lui a redemandé plusieurs fois; elle a
dit qu'elle l'avait perdu. Il nous est venu une pensée,
qu'il ne l'est pas pour tout le monde. Ah, grand héros!
faut-il que l'on vous sacrifie¹! Ce n'est pas d'aujourd'hui que
l'on offense les héros, quand ils ne sont pas dans leur tripot.

¹ On a vu dans une note de la lettre 172 comment madame de Coëtquen
avait trahi l'amitié de Turenne. C'est au chevalier de Lorraine qu'on la
soupçonne ici d'avoir sacrifié ce portrait. (A. G.)

Madame de Vaubrun est à nos sœurs de Sainte-Marie ; elle est comme folle, et se moque du père de Sainte-Marthe (*de l'Oratoire*), son confesseur. Elle a fait venir dans l'église le corps de son mari¹ ; on lui a fait un service plus magnifique que celui de M. de Turenne à Saint-Denis. Elle a son cœur sur une petite crédence ; elle le voit, elle le touche, elle a deux bougies devant, elle y passe les journées entières du dîner au souper, nettement ; et quand on vient l'avertir qu'il y a sept heures qu'elle est là, elle ne croit pas qu'il y ait une demi-heure. Personne ne peut la gouverner, et l'on craint que l'esprit ne lui tourne. Madame de Langeron est toujours inconsolable ; si je puis continuer ces deux sortes d'afflictions, vous aurez sujet d'être contente. On assurait hier que l'empereur avait fait faire un service à M. de Turenne. Adieu, ma très-chère et très-aimable enfant : on ne peut imaginer plus de tendresse que j'en ai pour vous.

405. — A LA MÊME.

A Paris, vendredi 6 septembre 1675.

Je vous regrette, ma chère enfant ; et cette rage de m'éloigner encore de vous, et de voir pour quelques jours notre commerce dégingandé, me donne une véritable tristesse. Pour achever l'agrément de mon voyage, *Hélène* ne vient pas avec moi ; j'ai tant tardé, qu'elle est dans son neuf ; j'ai *Marie* qui jette sa gourme, comme vous savez ; mais ne soyez point en peine de moi, je m'en vais un peu essayer de n'être pas servie si fort à ma mode, et d'être un peu dans la solitude. J'aimerai à connaître la docilité de mon esprit, et je suivrai les exemples de courage et de raison que vous me donnez. Madame de Coulanges ne fait-elle pas aussi des merveilles de s'ennuyer à Lyon ? Ce se-

---

¹ Tué le 1ᵉʳ août, à l'affaire d'Altenheim. (P.).

rait une belle chose que je ne susse vivre qu'avec les gens qui me sont agréables : je me souviendrai de vos sermons; je m'amuserai à payer mes dettes et à manger mes provisions; je penserai beaucoup à vous, ma très-belle; je lirai, je marcherai, j'écrirai, je recevrai de vos lettres. Hélas! la vie ne se passe que trop; elle s'use partout. Je porte une infinité de remèdes bons ou mauvais; je les aime tous, mais surtout il n'y en a pas un qui n'ait son patron, et qui ne soit la médecine de mes voisins : j'espère que cette boutique me sera fort inutile, car je me porte extrêmement bien.

Je fus avant-hier toute seule à Livry, me promener délicieusement avec la lune; il n'y avait aucun serein; j'y fus depuis six heures du soir jusqu'à minuit, et je me suis fort bien trouvée de cette petite équipée. Je devais bien cette honnêteté à la belle Diane et à l'aimable abbaye. Il n'a tenu qu'à moi d'aller à Chantilly en très-bonne compagnie; mais je ne me suis pas trouvée assez libre pour faire un si délicieux voyage; ce sera pour le printemps qui vient. J'ai été tantôt chez Mignard, pour voir le portrait de Louvigny : il est parlant; mais je n'ai pas vu Mignard; il peignait madame de Fontevrauld, que j'ai regardée par le trou de la porte. Je ne l'ai pas trouvée jolie. L'abbé Têtu était auprès d'elle, dans un charmant badinage. Les Villars étaient à ce trou avec moi : nous étions plaisantes.

M. le Prince, qui a fait lever le siége d'Haguenau, est un peu étonné d'être sur la défensive, et de se reculer et se retrancher vers Schelestadt : la goutte et le mois d'octobre ne diminueront pas son chagrin. Pour moi, j'emporte l'inquiétude de mon fils; il me semble que je m'en vais avoir la tête dans un sac pendant dix ou douze jours; et vous jugez bien que sans de bonnes raisons je ne quitterais pas Paris dans ce temps de nouvelles. Saint-Thou avait songé la veille qu'il a été tué qu'il avait eu un démêlé avec le prince d'Orange, et qu'il lui avait dit de si bonnes injures, que ce prince l'avait fait maltraiter par ses gardes :

il conta ce songe; et ce fut par ses gardes qu'il fut tué follement, car il ne voulut jamais de quartier, quoiqu'il fût seul contre deux cents : c'est une belle pensée. Tout le monde se moque de lui, quoique Voiture nous ait appris que c'est fort mal fait de se moquer des trépassés. La pauvre Sanzei est tiraillée par de ridicules espérances que son mari n'est point mort, et veut attendre la fin du siége de Trèves pour prendre son deuil. Adieu, ma très-aimable; je ne puis vous dire combien je suis à vous; quoique je dise un peu plus que vous ce que je sens, mes démonstrations n'égalent point mes sentiments.

406. — A LA MÊME.

A Paris, lundi 9 septembre 1675.

Adieu, ma très-chère, je m'en vais monter en carrosse. Je quitte Paris pour quelque temps, avec la douleur de ne recevoir plus si réglément vos lettres, ni celles de mon fils, dont l'armée n'est point tant composée de *pâtissiers*, que je ne sois fort en peine de lui, non pas quand je pense au prince d'Orange, mais à M. de Luxembourg, qui est *dans l'armée de mon fils,* et à qui les mains démangent furieusement. Hélas! vous souvient-il de notre folie, que M. de Turenne était *dans l'armée de votre frère?* Enfin, voilà tous mes commerces dérangés; je n'espère pas même que je puisse encore être bonne à votre divertissement : tout le fagotage de bagatelles que je vous mandais va être réduit à rien; et si vous ne m'aimiez, vous feriez fort bien de ne pas ouvrir mes lettres. Je m'en vais donc, ma très-chère, avec le bon abbé et *Marie;* j'ai deux hommes à cheval et six chevaux : je m'en vais par Orléans et par Nantes. Je vous écrirai par les chemins : c'est une de mes tendresses, comme dit Monceaux.

Je n'ai jamais vu un homme adorable comme d'Hacqueville; je ne sais pas comme sont les *autres,* mais pour celui que nous connaissons, je croirais qu'il n'a point son pareil, sans la notoriété qui dit *les d'Hacqueville* [1]. Je lui ai recommandé une affaire du sénéchal de Rennes; ne le connaît-on point dans votre voisinage? Elle était épineuse, et il fallait de l'habileté pour l'entendre; je priai d'Hacqueville d'y entrer; il en a fait la sienne, il y a travaillé, il a disputé contre Parère [2], qui était contraire; il l'a rapportée devant M. de Pomponne, pour empêcher qu'il ne la comprît mal; enfin il n'y a qu'à baiser les pas par où il passe. Le sénéchal est si étonné de trouver un cœur comme celui-là sur la terre, et d'avoir gagné son affaire, qu'il me croit la plus riche femme de France d'avoir un tel ami : il a raison. Servez-vous-en donc, sans crainte de le fatiguer; et du gros abbé (*de Pontcarré*), si vous avez quelque lettre de change à envoyer, car il faut connaître les talents. Vous ne manquerez pas de nouvelles : la bonne Troche vous mandera les grandes; mais, comme vous dites, tout va bien; il n'y aura que douceur et agrément dans le reste de cette année : comprenez un peu ce que c'est que ce grand prince de Condé, qui se retire, qui se retranche, et qui envisage le mois d'octobre et la goutte [3]. M. de Lorraine ne voulait point qu'on s'amusât au siège de Trèves, et disait : « Vous y périrez, Messieurs; songez qu'il y a quatre « mille hommes dans Trèves, et un maréchal de France « en colère. » En effet, ce maréchal fait des miracles; il nettoie la tranchée tous les deux ou trois jours avec une propreté extraordinaire; mais enfin, mes belles, rien n'est imprenable, il faudra se rendre. La maréchale (*de Créqui*) dit toujours que M. de Sanzei est dans Trèves; je ne le crois point du tout : ce serait une belle chose si pendant que sa femme le pleure d'un côté et refuse l'espérance de

---

[1] On l'appelait les d'Hacqueville parce qu'il se multipliait pour le service de ses amis. (M.)
[2] Premier commis de M. de Pomponne. (P.)
[3] Cette campagne fut la dernière et passe pour être une des plus belles du grand Condé. (A. G.)

le trouver dans cette place assiégée, elle allait apprendre qu'il y eût été tué! Ce sont des folies.

Je dis hier adieu à M. de La Garde; s'il vous embrasse, laissez-le faire, c'est pour moi : je l'aime et l'estime beaucoup; profitez bien de son bon esprit. Je vous exhorte, ma chère enfant, à conserver votre santé, si vous m'aimez. J'entends que vous me dites la même chose, et je vous assure que je le ferai dans la vue de vous plaire : ne vous amusez point à vous inquiéter en l'air, cela n'est point de votre bon esprit; conservez bien votre courage, et m'en envoyez un peu dans vos lettres : c'est une bonne provision dans cette vie. Parlez-moi beaucoup de vous : tous les détails sont admirables quand l'amitié est à un certain point.

Écrivez à notre cher cardinal : savez-vous bien que vous n'avez pas pensé droit sur la cassolette, et qu'il a été piqué de la hauteur dont vous avez traité cette dernière marque de son amitié? Assurément vous avez outré les beaux sentiments; ce n'est pas là, ma fille, où vous devez sentir l'horreur d'un présent d'argenterie : vous ne trouverez personne de votre sentiment, et vous devez vous défier de vous quand vous êtes seule de votre avis.

Hier au soir je dis adieu au plus beau de tous les prélats[1] : il me pria de lui prêter mon portrait, c'est-à-dire le vôtre, pour le porter chez madame de Fontevrauld; je le refusai *rabutinement*, et lui dis que je l'avais refusé à MADEMOISELLE, et en même temps je le portai moi-même dans une petite chambre, où il fut placé et reçu avec tendresse et envie de me plaire. Je suis sûre qu'on ne l'en tirera pas : on sait trop bien ce que c'est pour moi que cette charmante peinture; et si on vient le demander ici, on dira que je l'ai emporté. M. de Coulanges vous apprendra où il est. M. de Pomponne le voulut voir l'autre jour; il lui

---

[1] L'abbé de Grignan.

parlait, et croyait que vous deviez répondre, et qu'il y avait de la gloire à votre fait : votre absence a augmenté la ressemblance; ce n'est pas ce qui m'a le moins coûté à quitter.

Nous avons ri aux larmes de votre madame de La Charce et de Philis, sa fille aînée, âgée de trente-neuf ans; je la vois d'ici. Que voulez-vous dire que vous ne narrez point bien? Il n'y a chose au monde si plaisamment contée, et personne n'écrit si agréablement; mais il faut pleurer d'être dans un pays où l'on porte le deuil si burlesquement. Je vous remercie de la peine que vous avez prise de narrer cette folie. C'est un style que vous n'aimez pas, mais il m'a bien réjouie : M. de Coulanges vous en parlera. Il lut cet endroit en perfection. Il me semble que je n'ai plus rien à dire; *qu'on me mène aux Rochers, je ne veux plus écrire; allons, l'abbé, c'est fait*[1] : je vais partir, belle Comtesse; adieu donc, ma très-chère Comtesse :

> Je vais partir, belle Hermione[2].
> Je vais exécuter ce que l'abbé m'ordonne,
> Malgré le péril qui m'attend.

C'est pour dire une folie; car notre province est plus calme que la Saône.

On fait présentement à Notre-Dame le service de M. de Turenne en grande pompe. Le cardinal de Bouillon et madame d'Elbeuf vinrent hier me le proposer; mais je me contente de celui de Saint-Denis : je n'en ai jamais vu un si bon. N'admirez-vous point ce que fait la mort de ce héros, et la face que prennent les affaires depuis que nous ne l'avons plus? Ah, ma chère enfant! qu'il y a longtemps que je suis de votre avis! rien n'est bon que d'avoir une

---

[1] Parodie de ces vers de Corneille dans *Polyeucte*, acte IV, scène IV :

> Qu'on me mène à la mort, je n'ai plus rien à dire.
> Allons, gardes, c'est fait.

[2] Parodie de l'adieu de Cadmus.

belle et bonne âme : on la voit en toutes choses comme au travers d'un cœur de cristal; on ne se cache point. Vous n'avez point vu de dupes là-dessus; on n'a jamais pris longtemps l'ombre pour le corps : il faut être, si l'on veut paraître. Le monde n'a point de longues injustices : vous devez être de cet avis pour vos propres intérêts. Adieu, ma chère enfant; je vous embrasse de tout mon cœur.

407. — A LA MÊME.

A Orléans, mercredi 11 septembre 1675.

Enfin, ma fille, me voilà prête à m'embarquer sur notre Loire : vous souvient-il du joli voyage que nous y fîmes? J'y penserai souvent : quoique votre Rhône soit *terribilis*, je voudrais être aussi près de me confier à sa prud'homie. Il ne faut point que je prétende à vivre agréablement sans vous : je vous écrirai de tous les lieux où je le pourrai. J'attends demain de grand matin une lettre de vous, que j'ai dit qu'on m'adressât ici. Vous dites que l'espérance est si jolie; hélas! il faut qu'elle le soit encore au-delà de ce que vous dites, pour nourrir, comme elle fait, plus de la moitié du monde : je suis une des plus attachées à sa cour.

J'emporte du chagrin de mon fils : on ne quitte qu'avec peine les nouvelles de l'armée; je lui mandais, comme à vous, l'autre jour qu'il me semblait que j'allais mettre ma tête dans un sac, où je ne verrais ni n'entendrais rien de tout ce qui se va passer sur la terre. M. de La Trousse reviendra sur sa parole; il n'aura point le gouvernement de Philippeville[1]. Nous ne saurions deviner encore ce que la fortune lui garde; souvent c'est un coup de mousquet : Dieu l'en préserve! Je vis le matin que je partis le grand-maître[2] et la bonne Troche. La dernière me mena à la messe, et

---

[1] Vacant par la mort du marquis de Vaubrun. (P.)
[2] Henri de Daillon, duc du Lude.

attendre mon carrosse chez madame de La Fayette, où je trouvai le marquis de Saint-Maurice, qui revient d'Angleterre faire part de la mort de son duc [1] : c'est la cérémonie.

Je m'en vais d'Orléans jouer de mon reste, et me mêler de vous dire encore des nouvelles; vous devinerez les auteurs. Il est certain que l'ami et *Quanto* sont véritablement séparés; mais la douleur de la demoiselle est fréquente, et même jusqu'aux larmes, de voir à quel point l'ami s'en passe bien : il ne pleurait que sa liberté, et ce lieu de sûreté contre la dame du château; le reste, par quelque raison que ce puisse être, ne lui tenait plus au cœur. Il a retrouvé cette société qui lui plaît; il est gai et content de n'être plus dans le trouble, et l'on tremble que cela ne veuille dire une diminution, et l'on pleure; et si le contraire était, on pleurerait et on tremblerait encore : ainsi le repos est chassé de cette place. Voilà sur quoi vous pouvez faire vos réflexions, comme sur une vérité : je crois que vous m'entendez.

Pour l'Angleterre, Kéroualle [2] n'a été trompée sur rien; elle avait envie d'être la maîtresse du roi (*Charles II*), elle l'est; il passe quasi toutes les nuits avec elle, à la vue de toute la cour. Elle a un fils qui vient d'être reconnu, et à qui on a donné deux duchés. Elle amasse des trésors, et se fait redouter et respecter de qui elle peut; mais elle n'avait pas prévu de trouver en son chemin une jeune comédienne [3] dont le roi est ensorcelé : elle n'a pas le pouvoir de l'en détacher un moment; il partage ses soins, son temps et sa santé entre les deux. La comédienne est aussi fière que la duchesse de Portsmouth : elle la morgue, elle lui fait la grimace, elle l'attaque, et lui dérobe souvent le roi; elle se

---

[1] Charles-Emmanuel, duc de Savoie, mort le 12 juin 1675.
[2] Louise-Renée de Penancoët de Kéroualle, créée en 1672 duchesse de Portsmouth en Angleterre, et en 1684 duchesse d'Aubigny en France, pour elle et pour Charles de Lenox, duc de Richemont, son fils. (P.)
[3] Elle se nommait Nel Gwin. (P.)

vante de ses préférences : elle est jeune, folle, hardie, débauchée et plaisante; elle chante, elle danse; et fait son métier de bonne foi. Elle a un fils du roi, et veut qu'il soit reconnu; voici son raisonnement : cette duchesse, dit-elle, fait la personne de qualité; elle dit que tout est son parent en France; dès qu'il meurt quelque grand, elle prend le deuil : eh bien ! puisqu'elle est de si grande qualité, pourquoi s'est-elle faite catin ? elle devrait mourir de honte. Pour moi, c'est mon métier, je ne me pique pas d'autre chose : le roi m'entretient, je ne suis qu'à lui présentement; il m'a fait un fils, je prétends qu'il doit le reconnaître, et je suis assurée qu'il le reconnaîtra, car il m'aime autant que sa Portsmouth. Cette créature tient le haut du pavé, et décontenance et embarrasse extraordinairement la duchesse. Voilà de ces originaux qui me font plaisir. J'ai trouvé que d'Orléans je ne pouvais vous rien mander de meilleur : du moins sont-ce des vérités.

Je me porte très-bien, mon enfant; je me sais bon gré d'être une substance qui pense et qui lit : sans cela notre bon abbé m'amuserait peu. Vous savez qu'il est fort occupé *des beaux yeux de sa cassette*; mais pendant qu'il la regarde et la visite de tous côtés, le cardinal Commendon [1] me tient très-bonne compagnie. Le temps et le chemin sont admirables : ce sont de ces jours de cristal où l'on ne sent ni chaud ni froid. Notre équipage nous amènerait fort bien par terre; c'est pour nous divertir que nous allons sur l'eau. Ne soyez point en peine de *Marie*, elle me fait tout comme *Hélène*; je préviens votre inquiétude. Adieu, ma très-chère; je vous aime, et cette tendresse fait ma plus douce et plus charmante occupation.

Je ne me vante pas d'être des amies de M. le Premier [2]; mais je l'ai vu assez souvent chez M. de La Rochefoucauld,

---

[1] La vie du cardinal Commendon, traduite du latin de Gratiani par Fléchier.

[2] Henri, comte de Bérenghen, premier écuyer de la petite écurie du roi.

chez madame de Lavardin, chez lui, et deux fois chez moi :
il me trouve avec ses amis, et vous savez les sortes de réverbérations que cela fait.

408. — A M. DE COULANGES.

A Orléans, mercredi 11 septembre 1675.

Nous voici arrivés sans aucune aventure; je me suis reposée cette nuit, comme je vous l'avais dit, dans le lit de Thoury. Nous avons trouvé ce matin deux grands vilains pendus à des arbres sur le grand chemin; nous n'avons pas compris pourquoi des pendus, car le bel air des grands chemins, il me semble que ce sont des roués. Nous avons été occupés à deviner cette nouveauté; ils faisaient une fort vilaine mine, et j'ai juré que je vous le manderais. A peine sommes-nous descendus ici, que voilà vingt bateliers autour de nous, chacun faisant valoir la qualité des personnes qu'il a menées et la bonté de son bateau; jamais les couteaux de Nogent ni les chapelets de Chartres n'ont fait plus de bruit. Nous avons été longtemps à choisir; l'un nous paraissait trop jeune, l'autre trop vieux; l'un avait trop d'envie de nous avoir, cela nous paraissait d'un gueux dont le bateau était pourri; l'autre était glorieux d'avoir mené M. de Chaulnes; enfin la prédestination a paru visible sur un grand garçon, fort bien fait, dont la moustache et le procédé nous ont décidés. Adieu donc, mon vrai cousin, nous allons voguer sur la belle Loire; elle est un peu sujette à se déborder, mais elle en est plus douce.

409. — A MADAME DE GRIGNAN.

A Tours, samedi 14 septembre 1675.

J'ai reçu votre lettre à Orléans un moment avant que de partir : ce me fut une grande provision et une grande consolation dans ma navigation. Entre plusieurs choses qui sont agréables dans votre lettre, il y en a une qui m'a touchée : vous me dites que je prends bien des peines pour vous, mais qu'elles ne me coûtent guère, et que c'est le comble des obligations. C'est si bien savoir ce que je pense, que par cela seul, ma chère enfant, je serais trop payée. Je veux vous donner quelque jour le plaisir de lire quelques-unes des lettres que vous m'écrivez.

Je ne sais plus que vous dire de M. de Turenne, ni de Pertuis¹ : je crains que celui-ci ne se console en mon absence. J'avais laissé madame de Vaubrun prête à *devenir folle*; madame de Langeron prête à *mourir* ; j'avais assez bien réussi dans tout ce que vous m'aviez *recommandé*² : mais je ne vous réponds plus de rien, je ne sais plus rien : j'ai la tête dans un sac. Je sais pourtant que Trèves est pris ; je ne crois pas qu'on y ait retrouvé Sanzei : je plains encore plus sa femme. *Quanto gli doveva parere il dubbio buono, se dovea soffrire tanto del certo* : voilà qui doit décider.

Il me semble que M. de La Trousse revient sur sa parole, et qu'il n'a pas beaucoup perdu de son équipage ; je le plaindrais s'il n'avait pas retrouvé *les beaux yeux de sa cassette* ; cette folie nous est revenue en même temps : je venais de vous l'écrire. Je comprends aisément les douceurs que vous mande madame de Vaudemont³ : elle est très-aimable ; j'honore l'amitié que vous conservez l'une pour l'autre, malgré tout ce qui vous sépare : je vous loue de continuer fidèlement votre commerce.

J'ai couché cette nuit à Véret. M. d'Effiat savait ma marche : il me vint prendre sur le bord de l'eau avec l'abbé. Sa maison passe tout ce que vous avez jamais vu de beau, d'agréable, de magnifique ; et le pays est plus charmant qu'*aucun autre qui soit sur la terre habitable* :

---

[1] *Voyez* la lettre du 28 août.
[2] Badinage sur le goût de madame de Grignan pour les grandes douleurs. (A. G.)
[3] Anne-Élisabeth de Lorraine, mariée au prince de Vaudemont.

je ne finirais point. M. et madame de Dangeau y sont venus dîner avec moi, et s'en vont à Valencey. M. d'Effiat vient de nous ramener ici : il n'y a qu'une lieue et demie d'un chemin semé de fleurs; il nous a quittés en vous faisant mille sortes d'amitiés. Je n'ai point de quoi vous écrire : c'est le vilain papier de l'hôtesse qui me force de finir. Nous reprenons demain notre bateau, et nous allons à Saumur.

J'ai vu à Véret des lettres de Paris : on croit que le prince d'Orange veut reprendre Liége : je crains que M. de Luxembourg ne veuille l'empêcher, ou qu'il ne fasse un siége; cela me trouble pour mon pauvre Sévigné. On dit aussi que M. le Prince ne veut pas attendre l'hiver en Allemagne, et qu'on y enverra M. de Schomberg. Ma fille, ce n'est plus pour vous apprendre des nouvelles que je vous écris; c'est pour en causer avec vous. Je me ressouviens l'autre jour, à Blois, d'un endroit si beau où nous nous promenions avec le pauvre petit comte des Chapelles, qui voulait retourner le sonnet d'*Uranie* [1].

Je veux finir mes jours dans l'amour de Marie.

Mon Dieu! ma chère enfant, que je suis fâchée de vous quitter, et que je vous aime chèrement! Je vous embrasse d'un cœur qui n'a point son pareil. Si j'offense M. de Grignan, j'en suis bien fâchée, et je le baise pour l'apaiser. Si vous avez M. de Vardes et notre Corbinelli, je ne vous plains point avec cette bonne compagnie. L'histoire des croisades est fort belle; mais le style du P. Maimbourg me déplaît fort : il sent l'auteur qui a ramassé le délicat des mauvaises *ruelles* [2].

Faites grâce à mon style en faveur de l'histoire : je le veux bien.

---

[1] Le fameux sonnet de Voiture. (P.)

[2] On appelait ainsi, dans le langage des *précieuses*, une alcôve où les dames recevaient des visites familières, et tenaient bureau d'esprit.

410. — A LA MÊME.

Mardi 17 septembre 1675.

Voici une bizarre date. *Je suis dans un bateau, dans le courant de l'eau, fort loin de mon château*; je pense même que je puis achever : *ah! quelle folie!* car les eaux sont si basses, et je suis si souvent engravée, que je regrette mon équipage, qui ne s'arrête point et qui va son train. On s'ennuie sur l'eau quand on y est seule : il faut un petit comte des Chapelles et une mademoiselle de Sévigné. Mais enfin c'est une folie de s'embarquer, quand on est à Orléans, et peut-être même à Paris : c'est pour dire une gentillesse. Il est vrai cependant qu'on se croit obligé de prendre des bateliers à Orléans, comme à Chartres d'acheter des chapelets.

Je vous ai mandé comme j'avais vu l'abbé d'Effiat dans sa belle maison. Je vous écrivis de Tours; je vins à Saumur, où nous vîmes Vineuil; nous repleurâmes M. de Turenne : il en a été vivement touché. Vous le plaindrez quand vous saurez qu'il est dans une ville où personne n'a vu le héros. Vineuil est bien vieilli, bien toussant, bien crachant et dévot, mais toujours de l'esprit; il vous fait mille et mille compliments. Il y a trente lieues de Saumur à Nantes; nous avons résolu de les faire en deux jours, et d'arriver aujourd'hui à Nantes. Dans ce dessein, nous allâmes hier deux heures de nuit; nous nous engravâmes, et nous demeurâmes à deux cents pas de notre hôtellerie sans pouvoir aborder. Nous revînmes au bruit d'un chien, et nous arrivâmes à minuit dans un *tugurio* plus pauvre, plus misérable qu'on ne peut vous le représenter : nous n'y avons trouvé que deux ou trois vieilles femmes, qui filaient, et de la paille fraîche, sur quoi nous avons tous couché sans nous déshabiller. J'aurais bien ri, sans l'abbé, que je meurs de honte d'exposer ainsi à la fatigue d'un voyage. Nous

nous sommes rembarqués à la pointe du jour, et nous étions si parfaitement bien établis dans notre gravier, que nous avons été près d'une heure avant que de reprendre le fil de notre discours : nous voulons, contre vent et marée, arriver à Nantes. Nous ramons tous. J'y trouverai de vos lettres, ma fille; mais j'ai si bonne opinion de votre amitié, que je suis persuadée que vous serez bien aise de savoir des nouvelles de mon voyage, et comme on m'a dit que la poste va passer à Ingrande, je vais y laisser cette lettre chemin faisant. Je me porte très-bien; il ne me faudrait qu'un peu de causerie. Je vous écrirai de Nantes, comme vous pouvez penser. Je suis impatiente de savoir de vos nouvelles, et de l'armée de M. de Luxembourg; cela me tient fort au cœur : il y a neuf jours que j'ai ma tête dans ce sac. L'histoire des croisades est très-belle, surtout pour ceux qui ont lu le Tasse, et qui revoient leurs vieux amis en prose et en histoire; mais je suis servante du style du jésuite. La vie d'Origène est divine[1]. Adieu, ma très-chère, très-aimable et très-parfaitement aimée; vous êtes ma chère enfant. J'embrasse le *matou*.

411. — A LA MÊME.

A Nantes, vendredi 20 septembre 1675.

J'ai justement reçu ici, ma chère enfant, la lettre où vous me croyez une vagabonde sur le bord de l'Océan : peut-on rien voir de plus juste que vos supputations? Je vous ai écrit sur la route, et même du bateau, autant que je l'ai pu. J'arrivai ici à neuf heures du soir, au pied de ce grand château que vous connaissez, au même endroit par où se sauva notre cardinal (*de Retz*). On entendit une petite barque; on demande : *Qui va là?* J'avais ma ré-

---

[1] Cette vie est de Thomas du Fossé, l'un des écrivains de Port-Royal; il a également donné celles de saint Thomas de Cantorbery et de Tertullien. (A. G.)

ponse toute prête, et en même temps je vois sortir par la petite porte M. de Lavardin avec cinq ou six flambeaux de poing devant lui, accompagné de plusieurs nobles, qui vient me donner la main, et me reçoit parfaitement bien. Je suis assurée que du milieu de la rivière cette scène était admirable : elle donna une grande idée de moi à mes bateliers. Je soupai fort bien : je n'avais ni dormi ni mangé depuis vingt-quatre heures; j'allai coucher chez M. d'Harouïs. Ce ne sont que festins au château et ici. M. de Lavardin ne me quitte point; il est ravi de causer avec moi; il m'a conté en détail toute l'histoire de cette province, et les conduites différentes de ceux qui ont le commandement. C'est une chose extraordinaire, et qui m'a fort amusée. En récompense, je lui ai donné du nôtre, et cet échange a fait de grandes conversations. Il a en vérité de très-bonnes et grandes qualités; il a une hauteur et une audace qui jusque ici lui ont fort bien réussi; et puis tout d'un coup une douceur et une déférence pour le gouverneur, qui le rehaussent encore. Il a donné le *Monseigneur* à messieurs de La Feuillade et de Duras, et, par familiarité, il a mis : *Mon très-honoré seigneur*. Voilà une légère consolation : c'est pour vous dire qu'il en faut passer par là, ou ne point écrire.

J'ai vu nos filles de Sainte-Marie, qui vous adorent encore et se souviennent de toutes les paroles que vous prononçâtes chez elles. Nous allons à la Silleraye [1]. M. de Lavardin m'y vient conduire, et de là aux Rochers, où je serai mardi. Hélas! ma fille, quelle misère! pouvez-vous souffrir mes lettres présentement? Je remercie M. de Grignan de les regretter. L'abbé se porte très-bien, et moi encore au delà, s'il se peut. M. de Guitaud m'a mandé l'heureuse couche de sa femme; j'y pensais, et j'en étais en peine. Il me donne beaucoup de soupçon de vous : je

---

[1] Terre qui appartenait à M. d'Harouïs. (P.)

n'ose appuyer ma pensée sur cette sorte de malheur, je le mets au delà de tous, et j'en serais très-affligée, s'il était certain. M. de Coulanges me mande qu'enfin la pauvre Sanzei a pris le deuil. La Mousse était avec elle à Autri, et s'y en retourne encore; elle en a plus de besoin que jamais.

Je suis toujours en peine de mon fils. Il me semble que M. de Luxembourg a bien envie de perdre sa petite bataille : c'est une cruelle chose que ce métier-là. Je me réjouis, ma fille, que vous ayez M. l'archevêque (*d'Arles*); je vois d'ici toutes vos conférences; je vois ce qu'on y propose et ce qu'on y résout. Je ne vous conseille pas d'entreprendre de m'ôter la sensibilité que j'ai pour tous vos intérêts : c'est me conseiller de mourir, en paroles couvertes; car tant que je serai en ce monde, j'en serai plus touchée et plus occupée que de tout ce qui peut jamais m'arriver. Comptez là-dessus, et plaignez-moi de vous être aussi inutile que je le suis; car enfin que peut-on faire pour vous? Saluez très-respectueusement M. l'archevêque pour moi; je lui souhaite une bonne santé, pour le bonheur de sa famille et de ses amis. M. d'Harouïs vous fait un million de compliments. Nous lisons ici les gazettes; j'avais trouvé fort plaisant l'endroit que vous y avez remarqué. M. de Montgaillard fut tué, il y a cinq ou six jours, par un frère de Tonquedec; ils étaient mal ensemble. Montgaillard se jeta sur lui comme un furieux, et lui donna des coups de cette canne dont il s'était déjà si bien servi avec son lieutenant. Pont-Gand tire son épée, et lui en donne au travers du corps, et le jette mort. Cette scène s'est passée en Basse-Bretagne, dans une petite ville où est M. de Chaulnes. Vous serez bien instruite des nouvelles de Bretagne. Ma pauvre enfant, vous me faites pitié de lire mes lettres, et je me fais pitié aussi de vous écrire de si grandes misères.

J'étais en peine ce matin de mon fils; mais j'ai vu dans

toutes les nouvelles que M. de Luxembourg prend le chemin de garder la Flandre. Vous aurez trouvé la capitulation de Trèves bien infâme : le maréchal est bien heureux de n'avoir été que lié et livré prisonnier aux ennemis [1]. Cette armée des confédérés va joindre les Impériaux ; mais nous sommes assurés que M. le Prince ne se battra que quand il voudra : voilà l'avantage des bons joueurs d'échecs.

M. de Coulanges s'en va à Lyon : il me mande qu'il a laissé votre portrait en gage, faute d'argent, à un de ses marchands ; le joli portrait ! j'aime fort la bonne peinture, mais je vous avoue que votre ressemblance ne nuit pas à me le faire aimer.

Vous avez raison d'approuver le bruit qui court que je vais en Provence ; en bonne justice, ne devrait-on pas suivre les sentiments de son cœur, quand ils sont aussi vifs et aussi justes que les miens ? Ah ! quelle folie ! et en disant cela, me voici à Nantes. Je vous plaindrai quand vous serez au bout de vos cinq mois du séjour de Grignan : Aix et Lambesc me plaisent moins que la liberté de ce château. Vous avez fait toutes vos visites, vous voilà bien. Je n'ai point écrit à cette princesse [2] sur la mort de son fils ; que fait-on à ces malheurs-là ? Et Vardes, et mon ami Corbinelli, que sont-ils devenus ? Le fils de Félix [3] est évêque d'Apt ou de Gap.

Songez, ma fille, que je reçois vos lettres le neuvième jour ; je vous dis cela, *fuor di proposito*, pour vous ôter

---

[1] Le maréchal de Créqui, après avoir défendu Trèves pendant un mois avec une grande valeur, fut fait prisonnier de guerre par la trahison d'un capitaine de cavalerie, nommé Boisjourdan, qui souleva contre M. de Créqui toute la garnison, et sortit de la place pour aller, à l'insu du maréchal, dresser avec les assiégeants les articles de la capitulation. Boisjourdan, voulant se sauver dans le pays ennemi, fut arrêté, et eut la tête tranchée à Metz. (P.)

[2] Je crois que Madame de Sévigné parle d'Anne d'Ornano, comtesse d'Harcourt, tante de M. de Grignan, dont le fils César, comte de Montlaur, avait été tué le 27 juillet précédent. (M.)

[3] Premier chirurgien du roi.

l'idée que je sois aux antipodes. La pauvre Vaubrun est toujours dans l'abîme de la douleur : je suis bien de votre sentiment, il y a de certaines pertes dont on ne doit point se consoler, et qui empêchent de revoir le monde ; il faut tirer les verroux sur soi, comme disait notre bon cardinal. Le petit cardinal (*de Bouillon*) a bien son oncle dans le cœur : je me suis fort moquée du service de Notre-Dame, après celui de Saint-Denis. Vous pouvez resserrer vos mouchoirs, je ne vous ferai plus pleurer. Je reviens encore sur l'âme de Cavoye ; la mienne n'en était pas contente à Paris ; il était à la cour, et se portait bien : nous dira-t-il qu'il craignait de pleurer ? Le pauvre petit ! voilà un grand malheur ; je voudrais que vous eussiez vu Barillon et le bon homme Boucherat. Adieu, ma très-chère, je vous embrasse tendrement : ne le croyez-vous pas, et ne voyez-vous point combien je vous aime ?

412. — A LA MÊME.

A la Silleraye, mardi 24 septembre 1675.

Me voici, ma fille, dans ce lieu où vous avez été un jour avec moi ; mais il n'est pas reconnaissable : il n'y a pas pierre sur pierre de ce qui était en ce temps-là. M. d'Harouïs manda de Paris, il y a quatre ans, à un architecte de Nantes, qu'il le priait de lui bâtir une maison, dont il lui envoya le dessin, qui est très-beau et très-grand. C'est un grand corps de logis de trente toises de face, deux ailes, deux pavillons ; mais comme il n'y pas été trois fois pendant tout cet ouvrage, tout cela est mal exécuté : notre abbé est au désespoir ; M. d'Harouïs ne fait qu'en rire. Il nous y amena hier au soir. M. de Lavardin est venu dîner avec nous, et m'arrête jusqu'à demain matin. Il est impossible de rien ajouter aux honnêtetés, aux confiances et aux extrêmes considérations de M. de Lavardin pour moi ; je vous assure que M. de Grignan ne pourrait pas m'en témoigner davantage, ni même plus d'amitié : je n'ose plus vous dire du bien de lui ; mais il a des qualités bien solides, et un désintéressement qui lui donne des tons bien propres au commandement. Je vous endormirai quelque jour des affaires de cette province : elles sont dignes d'attention ; et, présentement, il faut que vous souffriez qu'elles fassent mes nouvelles. Quand mes lettres arriveront au milieu de celles de Paris, elles auront assez de l'air d'une dame de province qui vous parle et vous confie les intrigues d'Avignon ou de quelque autre ville. Enfin, ma chère enfant, la seule amitié que vous avez pour moi fera valoir mes lettres. Nous avons appris des nouvelles de la cour, qui ne sont pas en grand nombre : on mande que M. Félix n'est point évêque de Gap, c'est de Digne. Mais que je vous trouve heureuse d'avoir M. de Saint-Paul, et lui! Plût à Dieu que nous en eussions autant dans cette Province ! vous en auriez bien moins d'inquiétude. Je vous souhaite encore un petit M. Laurens, qu'on dit qui sera placé à la première voiture. J'avais dessein de faire un compliment à Molinier ; mais c'est à M. l'archevêque et à M. le coadjuteur que je dois adresser la parole. Ils sont camarades et confrères : j'en suis ravie.

Nos pauvres Bas-Bretons, à ce qu'on nous vient d'apprendre, s'attroupent quarante, cinquante par les champs ; et dès qu'ils voient les soldats, ils se jettent à genoux et disent *meâ culpâ* : c'est le seul mot de *français* qu'ils sachent ; comme nos Français qui disaient qu'en Allemagne le seul mot de *latin* qu'on disait à la messe, c'était *Kyrie, eleison*. On ne laisse pas de pendre ces pauvres Bas-Bretons ; ils demandent à boire et du tabac, et qu'on les dépêche ; *et de Caron pas un mot*[1]. De sept jours que j'ai été à Nantes, j'ai passé trois après-dînées chez nos sœurs.

---

[1] Allusion à un dialogue de Lucien, déjà cité dans la lettre 176.

de Sainte-Marie : elles ont de l'esprit, elles vous adorent, et sont charmées du *petit ami*[1], que je porte toujours avec moi ; car s'il allait tonner, comme disait Langlade à M. d'Andilly, voyez un peu sans cela ce que je deviendrais. M. de Lavardin vous fait mille compliments, et M. d'Harouïs veut, je crois, vous écrire, tant je le trouve enthousiasmé de vous : je l'aime, comme vous savez, et je me divertis à l'observer. Je voudrais que vous vissiez cet esprit supérieur à toutes les choses qui font l'occupation des autres ; cette humeur douce et bienfaisante, cette âme aussi grande que celle de M. de Turenne : elle me paraît un vrai modèle pour faire celle des rois, et j'admire combien nous estimons les vertus morales. Je suis assurée que si M. d'Harouïs mourait, on ne serait non plus en peine de son salut qu'on l'a été de celui de M. de Turenne. Nous partons demain pour les Rochers, où je recevrai et trouverai de vos nouvelles, ma très-aimable et très-chère. J'ai été deux jours en ce pays plus que je ne voulais ; c'est ce qui fait que je n'y ai reçu que deux de vos lettres. Je me porte très-bien ; et vous, mon enfant, dormez-vous? Votre bise est-elle traitable? Il fait présentement ici un temps admirable. Je vous embrasse avec une tendresse extrême ; je crois que vous n'en doutez pas.

413. — A LA MÊME.

Aux Rochers, dimanche 29 septembre 1675.

Je vous ai écrit, ma fille, de tous les lieux où je l'ai pu ; et comme je n'ai eu un soin si exact pour notre cher d'Hacqueville, ni pour mes autres amis, ils ont été dans des peines de moi dont je leur suis trop obligée : ils ont fait l'honneur à la Loire de croire qu'elle m'avait abîmée. Hélas, la pauvre créature! je serais la première à qui elle

---

[1] C'est-à-dire du portrait de madame de Grignan en miniature. (P.)

eût fait ce mauvais tour; je n'ai eu d'incommodité que parce qu'il n'y avait pas assez d'eau dans cette rivière. D'Hacqueville me mande qu'il ne sait que vous dire de moi, et qu'il craint que son silence sur mon sujet ne vous inquiète. N'êtes-vous pas trop aimable, ma chère enfant, d'avoir bien voulu paraître assez tendre à mon égard pour qu'on vous épargne sur les moindres choses? Vous m'avez si bien persuadée la première, que je n'ai eu d'attention qu'à vous écrire très-exactement. Je partis donc de la Silleraye le lendemain du jour que je vous écrivis, qui fut le mercredi; M. de Lavardin me mit en carrosse, et M. d'Harouïs m'accabla de provisions. Nous arrivâmes ici jeudi. Je trouvai d'abord mademoiselle du Plessis plus affreuse, plus folle et plus impertinente que jamais : son goût pour moi me déshonore; *je jure sur ce fer* de n'y contribuer d'aucune douceur, d'aucune amitié, d'aucune approbation. Je lui dis des rudesses abominables; mais j'ai le malheur qu'elle tourne tout en raillerie : vous devez en être persuadée après le soufflet dont l'histoire a pensé faire mourir Pomenars de rire [1]. Elle est donc toujours autour de moi; mais elle fait la grosse besogne : je ne m'en incommode point; la voilà qui me coupe des serviettes. J'ai trouvé ces bois d'une beauté et d'une tristesse extraordinaires; tous les arbres que vous avez vus petits sont devenus grands et droits, et beaux en perfection; ils sont élagués, et font une ombre agréable; ils ont quarante ou cinquante pieds de hauteur. Il y a un petit air d'amour maternel dans ce détail : songez que je les ai tous plantés, et que je les ai vus, comme disait M. de Montbazon de ses enfants, *pas plus grands que cela*. C'est ici une solitude faite exprès pour y bien rêver; vous en feriez bien votre profit, et je n'en use pas mal : si les pensées n'y sont pas tout à fait noires, elles y sont tout au moins gris brun.

---

[1] *Voyez* la lettre du 26 juin 1671.

J'y pense à vous à tout moment; je vous regrette, je vous souhaite : votre santé, vos affaires, votre éloignement, que pensez-vous que tout cela fasse entre chien et loup? J'ai ces vers dans la tête :

> Sous quel astre cruel avez-vous mis au jour
> L'objet infortuné d'une si tendre amour ?

Il faut regarder la volonté de Dieu bien fixement, pour envisager sans désespoir tout ce que je vois, dont assurément je ne vous entretiendrai pas.

Ne soyez point en peine de l'absence d'*Hélène* : Marie me fait fort bien ; je ne m'impatiente point; ma santé est comme il y a six ans; je ne sais d'où me revient cette fontaine de Jouvence : mon tempérament fait précisément ce qui m'est nécessaire. Je lis et je m'amuse; j'ai des affaires que je fais devant l'abbé, comme s'il était derrière la tapisserie. Tout cela, avec cette jolie espérance, empêche, comme vous dites, qu'on ne fasse la dépense d'une corde pour se pendre. Je trouvai l'autre jour une lettre de vous, où vous m'appelez *ma bonne maman* : vous aviez dix ans, vous étiez à Sainte-Marie, et vous me contiez la culbute de madame Amelot, qui de la salle se trouva dans une cave; il y a déjà du bon style à cette lettre. J'en ai trouvé mille autres qu'on écrivait autrefois à Mademoiselle de Sévigné : toutes ces circonstances sont bien heureuses pour me faire souvenir de vous; car sans cela où pourrais-je prendre cette idée? Je n'ai point reçu de vos lettres le dernier ordinaire; j'en suis toute triste. Je ne sais non plus des nouvelles du coadjuteur, de La Garde, du Mirepoix, du Bellièvre, que si tout était fondu : je m'en vais un peu les réveiller.

N'admirez-vous point le bonheur du roi? On me mande la mort de *Son Altesse, mon père*[1], qui était un bon en-

---

[1] Charles IV, duc de Lorraine, mort le 17 septembre. Madame de Lille-

nemi, et que les Impériaux ont repassé le Rhin, pour aller défendre l'empereur du Turc, qui le presse en Hongrie. Voilà ce qui s'appelle des étoiles heureuses ; cela nous fait craindre en Bretagne de rudes punitions. Je m'en vais voir la bonne Tarente [1] ; elle m'a déjà envoyé deux compliments, et me demande toujours de vos nouvelles ; si elle le prend par là, elle me fera fort bien sa cour. Vous dites des merveilles sur Saint-Thou ; *au moins on ne l'accusera pas de n'avoir conté son songe qu'après son malheur* : cela est plaisant. Je vous plains de ne pas lire toutes vos lettres ; mais quoiqu'elles fassent toutes ma chère et unique consolation, et que j'en connaisse tout le prix, je suis bien fâchée d'en tant recevoir. Le bon abbé est fort en colère contre M. de Grignan ; il espérait qu'il lui manderait si le voyage de *Jacob* a été heureux, s'il est arrivé à bon port dans la terre promise ; s'il y est bien placé, bien établi, lui et ses femmes, ses enfants, ses moutons, ses chameaux ; cela méritait bien un petit mot. Il a dessein de le reprendre quand il ira à Grignan [2]. Comment se portent vos enfants ? Adieu, ma très-aimable et très-chère. Je reçois fort souvent des lettres de mon fils ; il est bien affligé de ne pouvoir sortir de ce malheureux guidonnage ; mais il doit comprendre qu'il y a des gens présents et pressants qu'on a sur les bras, à qui on doit des récompenses, qu'on préférera toujours à un absent qu'on croit placé, et qui ne fait simplement que s'ennuyer dans une longue subalternité, dont

---

bonne, sa fille, disait, en parlant de lui : *Son Altesse, mon père.* (P.) Ce prince était tout mensonge et tout contradiction. Sa destinée, sa conduite et son caractère ont été bien peints par le poëte Pavillon dans une pièce de vers qu'il intitula *Testament de Charles IV. Voyez* les Œuvres de Pavillon.
(A. G.)

[1] La princesse de Tarente habitait *Château-Madame,* dans le faubourg de Vitré. (M.)

[2] Il s'agit de petites figures en cire coloriés par Gaston Zumbolo, natif de Syracuse. Il avait traité le sujet du départ de Jacob pour la terre de Chanaan. On connaît de lui plusieurs petits chefs-d'œuvre, parmi lesquels on distingue une *Nativité* et une *Descente de Croix.* Il est probable que le sujet du départ de Jacob avait été acheté par madame de Coulanges.

on ne se soucie guère. Ah! que c'est bien précisément ce que nous disions, après une longue navigation, se trouver à neuf cents lieues d'un cap, et le reste!

414. — A LA MÊME.

Aux Rochers, mercredi 2 octobre 1675.

Il y a deux jours que j'ai reçu votre lettre : c'est le dixième jour; je pouvais la recevoir plus tôt : si la poste fût arrivée le mardi à Paris, je l'aurais reçue dès le vendredi, au lieu du lundi. Voilà des attestations et des calculs qui me font souvenir du bon Chésières [1]; mais je crois que vous les souffrez, et que vous voyez où ils vont et d'où ils viennent. Votre lettre m'a touchée sensiblement; il me paraît que vous avez senti ce second éloignement; vous m'en parlez avec tendresse; pour moi, j'en ai senti les douleurs, et je les sens encore tous les jours. Il me semblait que nous étions déjà assez loin; encore cent lieues d'augmentation m'ont blessé le cœur, et je ne puis m'arrêter sur cette pensée sans avoir grand besoin de vos sermons : ce que vous me dites en deux mots sur le peu de profit que vous en tirez quelquefois vous-même est d'une tendresse qui me touche fort. Vous voulez donc aussi que je vous parle de mes bois; la stérilité de mes lettres ne vous en dégoûte point : eh bien, ma fille, je vous dirai que j'y fais honneur à la lune, que j'aime, comme vous savez. La Plessis s'en va, le bon abbé craint le serein, moi je ne l'ai jamais senti : je demeure avec *Beaulieu* et mes laquais jusqu'à huit heures. Vraiment, ces allées sont d'une beauté, d'une tranquillité, d'une paix, d'un silence à quoi je ne puis m'accoutumer. Si je pense à vous, si c'est avec tendresse, si j'y suis sensible, c'est à vous à l'imaginer; car il ne m'est pas possible de vous le bien représenter. Je me trouve fort à mon aise toute seule; je crains qu'il ne me vienne des

---

[1] Mort au mois d'avril précédent.

madames, c'est-à-dire de la contrainte. J'ai été voir la bonne princesse (de Tarente); elle me reçut avec transport. Le goût qu'elle a pour vous n'est point d'une Allemande; elle est touchée de votre personne, et de ce qu'elle croit de votre esprit. Elle n'en manque pas à sa manière; elle aime sa fille [1] et en est occupée : elle me conta ce qu'elle souffre de son absence, et m'en parla comme à la seule personne qui puisse comprendre sa peine.

Voici donc, ma chère enfant, des nouvelles de la cour de Danemark; je n'en sais plus de la cour de France, mais pour celles de Copenhague, elles ne vous manqueront pas. Vous saurez donc que cette princesse de La Trémouille est favorite du roi et de la reine, qui est sa cousine germaine. Il y a un prince, frère du roi, fort joli, fort galant, que nous avons vu en France, qui est passionné de la princesse; et la princesse pourrait peut-être sentir quelque disposition à ne le haïr pas. Mais il se trouve un favori qui est tout puissant, qui s'appelle M. le comte de *Kinghstoghmkllfel* [2], vous entendez bien : ce comte est amoureux de la princesse, mais la princesse le hait; ce n'est pas qu'il ne soit brave, bien fait, et qu'il n'ait de l'esprit, de la politesse, mais il n'est pas gentil-homme, et cette seule pensée fait évanouir. Le roi est son confident, et voudrait bien

---

[1] Charlotte-Émilie-Henriette de la Trémouille, mariée à Antoine d'Altembourg, comte d'Oldenbourg. (P.)

[2] On se doute bien que madame de Sévigné prend plaisir à estropier ce nom. Le favori dont il s'agit s'appelait Schuhmaker, fils d'un marchand de vin de Copenhague, devenu comte de Griffenfeld, et grand-chancelier de Danemark. Il s'était élevé, par ses talents, d'une petite place de commis jusqu'à la faveur sans bornes du roi Christian V. Épris d'une vive passion pour mademoiselle de La Trémouille, alors retirée à Copenhague, il refusa à cause d'elle la princesse Louise-Charlotte, fille du duc de Holstein-Augustembourg. Mais ce roman, dont madame de Sévigné ne donne que le premier chapitre, eut un dénoûment tragique. Dans l'année 1676 le comte de Griffenfeld fut arrêté, mis en jugement, et condamné à perdre la tête sur un échafaud. Exaction, vénalité, haute-trahison, tels étaient ses crimes : il dut ce malheur à ses liaisons avec la France. Louis XIV, voulant se servir des Suédois contre les Hollandais, empêchait la guerre entre le Danemark et la Suède, et il paraît que Griffenfeld secondait secrètement les vœux de Louis XIV contre les projets mêmes du roi de Danemark. (A. G.)

faire ce mariage; la reine soutient sa cousine, et voudrait bien le prince; mais le roi s'y oppose, et le favori fait sentir à son rival tout le poids de sa jalousie et de sa faveur. La princesse pleure, et écrit à sa mère des lettres de quarante pages; elle a demandé son congé : le roi ni la reine n'y veulent point consentir, chacun par différents intérêts. On éloigne le prince sous divers prétextes, mais il revient toujours : présentement, ils sont tous à la guerre contre les Suédois, se piquant de faire des actions romanesques pour plaire à la princesse. Le favori lui dit en partant : « Madame, je vois de quelle manière vous me traitez, mais « je suis assuré que vous ne me sauriez refuser votre es-« time. » Voilà le premier tome; je vous en manderai la suite, et je ne veux pas qu'il y ait dorénavant en France une personne mieux instruite que vous des intrigues de Danemark. Quand je ne vous parlerai point de cette cour, je vous parlerai de *Pilois*[1], car il n'y a rien entre deux. Ce sont des secrets pourtant que tout ceci; surtout ne dites pas le nom du comte...

Je suis fort aise que vous dormiez à Grignan, et que vous n'y soyez pas si dévorée. Pensez-vous être seule en peine d'une santé? Je songe fort à la vôtre. Vos fleurs et vos promenades me font plaisir. J'espère que j'aurai des bouquets de ce grand jardin[2] que je connais; j'avais dessein de vous demander un peu de vos bons muscats : quelle honte de ne m'en pas offrir! mais c'est qu'ils ne sont pas encore mûrs.

Ma fille, au nom de Dieu, dites-moi de quel ton vous me parlez du refus de votre portrait que j'ai fait à la sœur de *Quanto*[3] : je crois que vous trouvez que j'ai été trop rude : répondez-moi là-dessus. Je suivis mon premier mouvement; et je crois que j'en suis brouillée avec le

---

[1] Jardinier des Rochers.
[2] Jardin potager du château de Grignan.
[3] Madame de Fontevrault.

coadjuteur. On me mande que vous l'aurez bientôt. Quand je songe quelle compagnie de campagne il va trouver, j'admire qu'il puisse tant regretter les dames qu'il voit tous les jours. La Trousse est à Paris, comme vous savez ; on parle de lui donner la charge de Froulai : ce serait un pas pour ce pauvre guidon. Il est vrai que cette année est terrible pour le maréchal de Créqui : je trouve, comme vous, qu'il n'est en sûreté ni en repos qu'avec les ennemis. Il a un peu dissipé les légions qu'on lui avait confiées ; mais je trouve qu'elles ne lui ont que trop obéi le jour de la bataille. On me mande que M. de Mirepoix est fort désabusé de la contrainte de tenir sa parole, et que nous n'aurons la ratification qu'à la pointe de l'épée.

J'ai oublié de vous dire que cette bonne Tarente me revint voir deux jours après que j'eus été chez elle ; ce fut une grande nouvelle dans le pays ; elle fut transportée de votre petit portrait. Nos filles qui sont en *Danemark* nous font une grande causerie. Écrivez-moi une douceur pour la princesse, à qui je serai ravie de pouvoir la montrer ; c'est elle qui serait mon médecin, si j'étais malade ; elle est habile, et m'a promis d'une essence entièrement miraculeuse, qui l'a guérie de ses horribles vapeurs ; on en met trois gouttes dans tout ce que l'on veut, et l'on est guéri comme par miracle. Ce n'est pas que je ne sois présentement dans une parfaite santé ; mais on est aise d'avoir ce remède dans sa cassette. Je trouve que vous oubliez fort la manière de me remercier, qui était si bonne ; c'était de vous réjouir avec moi des occasions que j'avais de vous servir : cela était admirable. Je vous prie de faire mes compliments à M. l'archevêque, et d'embrasser M. de Grignan pour moi. Je suis toute à vous, ma très-chère : voilà, comme vous dites, une belle nouvelle.

415. — A LA MÊME.

Aux Rochers, dimanche 16 octobre 1675.

Vraiment, ma fille, vous me contez une histoire bien lamentable de vos pauvres lettres perdues; est-ce Baro qui a fait cette sottise? On est gaie, gaillarde, on croit avoir entretenu tous ses bons amis; pour M. l'archevêque, je le plains encore davantage, car il n'écrit que pour des choses importantes; et il se trouve que toute la peine qu'on a prise, c'est pour être dans un bourbier, dans un précipice. Voilà M. de Grignan rebuté d'écrire pour le reste de sa vie : quelle aventure pour un paresseux! Vous verrez que désormais il n'écrira plus, et ne voudra point hasarder de perdre sa peine. Si vous mandez ce malheur au coadjuteur, il en fera bien son profit. Je comprends ce chagrin le plus aisément du monde; mais j'entre bien aussi dans celui que vous allez avoir de quitter Grignan pour aller dans la contrainte des villes : la liberté est un bien inestimable; vous le sentez mieux que personne, et je vous plains, ma très-chère, plus que je ne vous le puis dire. Vous n'aurez ni Vardes ni Corbinelli; c'eût été pourtant une bonne compagnie. Vous deviez bien me nommer les quatre dames qui vous venaient assassiner; pour moi, j'ai le temps de me fortifier contre ma méchante compagnie; je les sens venir par un côté, et je m'égare par l'autre : c'est un tour que je fis hier à une sénéchale de Vitré; et puis je gronde qu'on ne m'ait pas avertie. Demandez-moi ce que je veux dire; ce sont des friponneries qu'on est tentée de faire dans ce parc. Vous souvient-il d'un jour que nous évitâmes les Fouesnels? Je me promène fort; ces allées sont admirables. Je travaille comme vous; mais, Dieu merci, je n'ai point une friponne de Montgobert qui me réduise aux traînées; c'est une humiliation que je ne comprends pas que vous puissiez souffrir. Je ne noircis point ma soie avec ma laine, je me trouve fort bien d'aller mon grand chemin; il me semble que je n'ai que dix ans, et qu'on me donne un petit bout de canevas pour me jouer : il faudrait que vos chaises fussent bien laides pour n'être pas aussi belles que votre lit. J'aime fort tout ce que me mande Montgobert; elle me plaît toujours, je la trouve *salée*, et tous ses tons me font plaisir. C'est un bonheur d'avoir dans sa maison une compagnie comme celle-là; j'en avais une autrefois dont je faisais bien mon profit : M. d'Angers (*Henri Arnauld*) me mandait l'autre jour que c'était une sainte.

J'ai trouvé la réponse du maréchal d'Albret très-plaisante; il y a plus d'esprit que dans son style ordinaire; elle m'a paru d'une grande hauteur; l'*affectionné serviteur* est d'une dure digestion : voilà le *Monseigneur* bien établi[1]. Vous avez donc ri, ma fille, de tout ce que je vous mandais d'Orléans; je le trouvai plaisant aussi : c'était le reste de mon sac, qui me paraissait assez bon. N'êtes-vous point trop aimable d'aimer les nouvelles de mes bois et de ma santé? C'est bien précisément pour l'amour de moi : je me relève un peu par les affaires de Danemark. On menace Rennes de transférer le parlement à Dinan : ce serait la ruine entière de cette province. La punition qu'on veut faire à cette ville ne se passera pas sans beaucoup de bruit.

J'ai toujours oublié de vous remercier, ma très-chère, de tous les souhaits et de toutes les prières que vous avez fait faire pour mon voyage; c'est vous qui l'avez rendu heureux. Mon fils me mande que le sien finira bientôt, selon toutes les apparences, et qu'il me viendra reprendre ici. N'avez-vous point encore M. de La Garde? Et notre coadjuteur, où est-il? Vous avez trouvé sa harangue comme je vous avais dit; cet endroit *des armes journalières* était la plus heureuse et la plus agréable chose du monde; jamais

---

[1] *Voyez* la lettre du 27 août 1675.

rien aussi n'a été tant approuvé. On me mande que M. de Villars s'en va ambassadeur en Savoie; il me semble qu'il y aurait à cela de *l'évêque meunier*[1], sans que d'Hacqueville me parle de douze mille écus de pension; cette augmentation est considérable. Mais que deviendra la Saint-Géran? N'est-elle pas assez sage pour vivre sur sa réputation? Que deviendraient ses épargnes si elle ne les dépensait?

J'ai reçu des lettres de Nantes : si le marquis de Lavardin et d'Harouïs faisaient l'article de cette ville dans la gazette, vous y auriez vu assurément mon arrivée et mon départ. Je vous rends bien, ma très-chère, l'attention que vous avez à la Bretagne; tout ce qui vous entoure à vingt lieues à la ronde m'est considérable. Il vint ici l'autre jour un augustin; c'est une manière de *Fraté*; il a été par toute la province; il me nomma cinq ou six fois M. de Grignan et M. d'Arles; je le trouvai fort habile homme : je suis assurée qu'à Aix je ne l'aurais pas regardé.

A propos, vous ai-je parlé d'une lunette admirable, qui faisait notre amusement dans le bateau? C'est un chef-d'œuvre; elle est encore plus parfaite que celle que l'abbé vous a laissée à Grignan. Cette lunette rapproche fort bien les objets de trois lieues : que ne les rapproche-t-elle de deux cents! Vous pouvez penser l'usage que nous en faisions sur ces bords de Loire; mais voici celui que j'en fais ici : vous savez que par l'autre bout elle éloigne, et je la tourne sur mademoiselle du Plessis, et je la trouve tout d'un coup à deux lieues de moi. Je fis l'autre jour cette sottise sur elle et sur mes voisins; cela fut plaisant, mais personne ne m'entendit : s'il y avait eu quelqu'un que j'eusse pu regarder seulement, cette folie m'aurait bien réjouie. Quand on se trouve bien oppressé de méchante compagnie, il n'y a qu'à faire venir sa lunette et la tour-

---

[1] Il avait été ambassadeur extraordinaire en Espagne en 1672. (P.)

ner du côté qui éloigne : demandez à Montgobert si elle n'aurait pas ri ; voilà un beau sujet pour dire des sottises. Si vous avez Corbinelli, je vous recommande la lunette. Adieu, ma chère enfant ; Dieu merci, comme vous dites, nous ne sommes pas des montagnes, et j'espère vous embrasser autrement que de deux cents lieues : vous allez vous éloigner encore, j'ai envie d'aller à Brest. Je trouve bien rude que madame la grande-duchesse ait une dame d'honneur, et que ce ne soit pas la bonne Rarai ; les *Guisardes* lui ont donné la Sainte-Même. On me mande que la bonne mine de La Trousse est augmentée de la moitié, et qu'il aura la charge de Froulai[1].

416. — DU COMTE DE BUSSY A MADAME DE SÉVIGNÉ.

A Chaseu, ce 1er octobre 1675.

Enfin, Madame, voilà le mariage de mademoiselle de Bussy arrêté, et le jour pris au 4 novembre prochain. Je vous envoie la copie d'une procuration ; je vous supplie de m'en envoyer une pareille. De tous les gentils-hommes qui n'ont point été à la guerre ni à la cour, il n'y en a pas un que j'aimasse mieux que celui-ci, et vous en demeurerez d'accord avec moi quand vous le connaîtrez. Ce que j'en estime le plus, c'est un grand désir qu'il a de suivre mes conseils, qui peut-être seront plus heureux pour lui qu'ils n'ont été pour moi. Il veut prendre de l'emploi à la guerre : il a du bien pour y subsister, il a de l'esprit, il est sage, et il me paraît vigoureux. Avec de l'application, il peut obtenir quelque chose, et du moins se mettre en passe d'avoir l'agrément d'une lieutenance de roi en Auvergne, ou dans *la* comté de Bourgogne, si elle nous demeure.

Depuis que vous êtes partie de Paris, il s'est passé un

---

[1] Ce fut M. de Cavoie qui obtint la charge de grand maréchal des logis, vacante par la mort de M. de Froulai, tué à Consarbrick. (P.). Le marquis de La Trousse était laid, mais il était d'une très-belle taille. (M.)

événement bien plus extraordinaire en la prise de Trèves, que celui du combat de Consarbrick; il y a longtemps qu'on perd des batailles dans le royaume, mais on n'a jamais vu un maréchal de France, défendant une place, être forcé l'épée à la gorge par les officiers de la garnison de signer une capitulation qu'ils avaient faite sans lui. Dans la première affaire le maréchal de Créqui avait perdu l'honneur; dans la seconde il l'allait recouvrer s'il avait été secondé, mais il a été malheureux, et c'est un grand défaut à la guerre. Ne croyez-vous pas, Madame, qu'il voudrait n'être encore que le chevalier de Créqui? pour moi, je le souhaiterais si j'étais à sa place, car on pourrait croire qu'il mériterait un jour d'être maréchal de France, et l'on voit aujourd'hui qu'il en est indigne.

Dans le temps que nous craignions que les confédérés ne vinssent prendre M. le Prince par derrière, ils se retirent chacun chez eux, et Montecuculli de même; ne diriez-vous pas que la fortune veut faire réparation au roi de la mort de M. de Turenne et des malheurs de M. de Créqui?

417. — DE MADAME DE SÉVIGNÉ A MADAME DE GRIGNAN.

Aux Rochers, mercredi 9 octobre 1675.

Je reçus lundi matin votre lettre du dimanche : cela est d'une justesse admirable; mais hélas! ma chère fille, voilà qui est fait, vous vous éloignez, et ce ne sera plus la même chose. J'entre fort dans le regret que vous avez de quitter Grignan : cette vie vous convient bien mieux que cette représentation que vous êtes obligée de faire dans les villes, avec ce cérémonial perpétuel qu'il faut observer. J'ai écrit à d'Hacqueville. Au reste, qu'il ne me vienne plus parler de ses accablements ; c'est lui qui les aime : il vous écrit trois fois la semaine; vous vous contenteriez d'une, et le gros abbé (*de Pontcarré*) le soulagerait d'une autre : voilà comme il s'accommoderait. Je lui ai proposé la même chose, et je ne lui écris qu'une fois en huit jours, pour lui donner l'exemple. Il n'entend point cette sorte de tendresse, et veut écrire comme le juge voulait juger[1] : j'en suis dans une véritable peine; car je suis persuadée que cet accablement nous le fera mourir : si vous aviez vu sa table les mercredis, les vendredis, les samedis, vous croiriez être au bureau de la grand'poste. Pour moi, je ne me tue point à écrire; je lis, je travaille, je me promène, je ne fais rien : *bella cosa far niente,* dit un de mes arbres; l'autre lui répond, *amor odit inertes.* On ne sait auquel entendre; mais ce que je sens de vrai, c'est que je n'aime point à m'enivrer d'écriture. J'aime à vous écrire, je parle à vous, je cause avec vous : il me serait impossible de m'en passer; mais je ne multiplie point ce goût; le reste va, parce qu'il le faut.

Je reçus hier une lettre de Coligny[2], qui me demande mon consentement pour épouser ma nièce de Bussy : ah! je le lui donne; il s'appelle Langheac, et sa mère était Coligny; notre cardinal élevait jusqu'aux nues cette maison de Langheac. A propos, il fait des remèdes; il faut qu'il se trouve incommodé, puisqu'il s'y résout. Ne négligez point de lui écrire : vous lui devez tout au moins ce soin et cette marque de respect et de reconnaissance; ne craignez point de le distraire : il n'est pas encore au troisième ciel. On m'a dit en secret une chose qui me fait une peine extrême : c'est que le cardinal d'Estrées fait tout ce qu'il peut au monde, par ses amis et par ses intrigues, pour faire changer le pape sur le sujet du chapeau du cardinal de Retz, et le faire donner à M. de Marseille. Je vous avoue qu'un coup de poignard ne me serait pas plus sensible que cette aventure; il est vrai aussi que notre cardinal ne fait que tracasser le pape pour l'obliger à considérer les raisons de sa lettre. Si l'on se sert de ce contre-temps pour le faire

---

[1] Allusion aux *Plaideurs* de Racine.
[2] Marquis de Coligny, par Barbe de Coligny de Cressia, sa mère.

changer d'avis, n'en serions-nous pas au désespoir? A vous parler confidemment, c'est de d'Hacqueville que je tiens ce que je vous écris; il me prie que cela ne passe point; peut-être qu'il vous en a dit autant : vous en userez selon votre discrétion; en attendant, je hais le cardinal d'Estrées de sa bonne volonté.

M. de Chaulnes amène quatre mille hommes à Rennes pour en punir les habitants; l'émotion est grande dans la ville, et la haine incroyable dans toute la province contre le gouverneur. Nous ne savons plus quand on tiendra nos états. J'ai prié M. de Luxembourg et M. de La Trousse de me renvoyer mon fils, s'ils ont dessein de ne plus rien faire cette année; je serai bien aise qu'il vienne ici pour voir un peu par lui-même ce que c'est que l'illusion de croire avoir du bien, quand on n'a que des terres. Les pauvres exilés[1] de la rivière de Loire ne savent point encore leurs crimes; ils s'ennuient fort. Vassé était à six lieues de Veret; je ne pus le voir.

Je suis en peine du rhume de la petite; je sens de la tendresse particulière pour elle, et mettrai sur mon compte toutes les petites bontés que vous aurez pour elle; je lui rends l'amitié qu'elle a eue pour moi dès qu'elle a commencé de connaître : elle a une place dans mon cœur. Je suis toujours à mes croisades. Vous devez être fort touchée de Judas Machabée; c'était un grand héros. Quelle honte si vous n'achevez pas ce livre! Que vous faut-il donc? et l'histoire, et le style, tout est divin. Adieu, la plus aimable du monde et la plus aimée : comptez, comptez un peu les cœurs où vous régnez, et n'oubliez pas le mien. Vous allez avoir M. le coadjuteur; vous serez bien heureux tous deux.

---

[1] Messieurs d'Olonne, de Vassé et de Vineuil étaient exilés. Ce fut au retour de cet exil que le roi demandant à M. de Vineuil ce qu'il faisait à Saumur, lieu de son exil, M. de Vineuil dit au roi qu'il allait tous les matins à la halle, où se débitaient les nouvelles, et qu'un jour on y disputait pour savoir quel était l'aîné du roi ou de Monsieur. (P.)

On joue des sommes immenses à Versailles : le hoca est défendu à Paris, sur peine de la vie, et on le joue chez le roi ; cinq mille pistoles en un matin, ce n'est rien. C'est un coupe-gorge ; chassez bien ce jeu de chez vous. Je m'ennuie d'entendre toujours dire : Les Impériaux ont repassé le Rhin : non, ils ne l'ont pas repassé ; je voudrais bien qu'ils prissent leur parti. Je prends celui d'embrasser M. de Grignan ; je le remercie de me souhaiter dans son château. Je suis bien fâchée que vous n'y ayez point vu Vardes ni Corbinelli ; le rendez-vous est pour l'année prochaine. J'ai mandé à M. de Lavardin l'affaire de M. d'Ambres ; il y songeait souvent. Vous voilà un peu mortifiés, messieurs les grands seigneurs [1] ; vous jugez bien que ceux qui décident ont intérêt à soutenir les dignités : il faut suivre les siècles, celui-ci n'est pas pour vous.

418. — DE MADAME DE SÉVIGNÉ AU COMTE DE BUSSY.

Aux Rochers, ce 9 octobre 1675.

Voilà donc le mariage de mademoiselle de Bussy tout assuré. Savez-vous bien que j'en suis fort aise, et qu'après avoir tant traîné, il nous fallait une conclusion. J'ai reçu un compliment très-honnête de M. de Coligny. Je vois bien que vous n'avez pas manqué de lui dire que je suis votre aînée [2], et que mon approbation est une chose qui tout au moins ne lui saurait faire de mal.

A propos de cela, je vous veux faire un petit conte qui me fit rire l'autre jour. Un garçon étant accusé en justice d'avoir fait un enfant à une fille, il s'en défendait à ses juges, et leur disait : Messieurs, je pense bien que je n'y ai pas nui, mais ce n'est pas à moi l'enfant. Mon cousin, je vous demande pardon, je trouve cela naïf et plaisant. S'il

---

[1] A cause du *Monseigneur*, qu'ils disputaient en écrivant à ces messieurs les maréchaux de France ; ce qui fut décidé en faveur de ces derniers. (P.)
[2] C'est-à-dire de la branche aînée des Rabutins.

vous vient un petit conte à la traverse, ne vous en contraignez pas.

Mais pour revenir à M. de Coligny, il est certain que mon approbation ne lui peut pas nuire. Sa lettre me paraît de très-bon sens, et tout homme qui sait faire un compliment comme celui-là, aussi simple et aussi juste, doit avoir de la raison et de l'esprit. Je le souhaite pour l'amour de ma nièce, que j'aime fort. A tout hasard, les leçons que vous lui donnez pour savoir s'ennuyer et se divertir sont très-bonnes en ménage. Je suis les règles que vous me donnez pour vivre longtemps : je ne suis pas au lit plus de sept heures ; je mange peu, j'ajoute à vos préceptes de marcher beaucoup ; mais ce que je fais de mal, c'est que je ne puis m'empêcher de rêver tristement dans de grandes allées sombres que j'ai. C'est un poison pour nous que la tristesse, et c'est la source des vapeurs. Vous avez raison de trouver que ce mal est dans l'imagination ; vous l'avez parfaitement défini : c'est le chagrin qui le fait naître, et la crainte qui l'entretient. Un admirable remède pour moi serait d'être avec vous : le chagrin me serait inconnu, et vous m'apprendriez à ne pas craindre la mort. Il y a douze jours que je suis ici ; j'y suis venue par la rivière de Loire : cette route est délicieuse. J'y ai vu en passant l'abbé d'Effiat à Veret ; cette maison est admirable. Je vis aussi Vineuil à Saumur. Il est dévot ; c'est un sentiment qui est bien naturel dans le malheur et dans la vieillesse. Je les trouve moins patients que vous : c'est qu'ils ont moins de santé, de force d'esprit et de philosophie.

J'ai été quelques jours à Nantes, où M. de Lavardin et M. d'Harouïs m'ont régalée en reine. Enfin, je suis arrivée dans ce désert, où je trouve des promenades que j'ai faites, et dont le plan me donne un ombrage qui me fait souvenir que je ne suis pas jeune. Le bon abbé ne m'a point quittée. Nous pensons fort à régler nos affaires, et je profite de ses bontés. Il n'y a rien de si juste et de si bien réglé que nos comptes; il ne manque qu'une petite circonstance à notre satisfaction : c'est de recevoir de l'argent. C'est ce qu'on ne voit point ici; l'espèce manque, c'est la vérité. Êtes-vous aussi mal en Bourgogne?

Je ne crois pas passer ici l'hiver; mais si je retourne à Paris, ce sera pour les affaires de la belle *Madelonne*, car, il faut l'avouer, j'ai une belle passion pour elle. Je ne dis rien de mon fils; cependant je l'aime extrêmement, et ses intérêts me font bien autant courir que ceux de ma fille. Il s'ennuie fort dans la charge de guidon. Cette place est jolie à dix-neuf et vingt ans; mais quand on y a demeuré sept ans, c'est pour en mourir de chagrin. Si vous connaissiez quelque Bourguignon qui nous voulût faire le plaisir de nous l'acheter, je vous payerais votre courtage. Cette charge nous a coûté vingt-cinq mille écus; elle vaut près de quatre mille livres de rente, à cause d'une pension de mille écus que nous y avons attachée. Adieu, Comte; j'embrasse ma nièce; mandez-moi un peu des nouvelles de votre noce. Langheac est un terrible nom pour la grandeur et pour l'ancienneté. Je l'ai entendu louer jusqu'aux nues par le cardinal de Retz; il est dans la solitude. Que dites-vous de la beauté de cette retraite? Le monde, par rage de ne pouvoir mordre sur un si beau dessein, dit qu'il en sortira. Eh bien, envieux, attendez donc qu'il en sorte, et en attendant taisez-vous; car de quelque côté qu'on puisse regarder cette action, elle est belle; et si on savait comme moi qu'elle vient purement du désir de faire son salut, et de l'horreur de sa vie passée, on ne cesserait point de l'admirer.

419. — DU COMTE DE BUSSY A MADAME DE SÉVIGNÉ.

A Chaseu, ce 19 octobre 1675.

Je reçus hier votre lettre, Madame, qui me donna la joie que vos lettres ont accoutumé de me donner. Enfin voilà votre nièce sur le point de passer le pas : elle va trouver ce qu'elle cherchait. A propos de chercher, ceci me fait souvenir du pauvre chevalier de Rohan [1], qui ayant rencontré un soir bien tard, à Fontainebleau, madame d'Heudicourt seule qui passait dans une galerie, lui demanda ce qu'elle cherchait : Rien, dit-elle. Ma foi, Madame, lui répondit-il, je ne voudrais pas avoir perdu ce que vous cherchez. Voilà mon petit conte, Madame. Vous m'avez permis d'en faire un aussi, je me sers de la liberté que vous m'avez donnée. J'ai trouvé le vôtre plaisant au dernier point, et je m'en sais bon gré, car il faut avoir de l'esprit pour trouver cela aussi plaisant qu'il l'est. Je n'ai eu garde de dire au marquis de Coligny que vous fussiez mon aînée : j'avais trop peur qu'il ne voulût pas épouser la fille d'un cadet ; mais il a ouï parler de vous à la comtesse de Dalet, sa belle-mère, et je lui ai paru entêté de votre mérite.

Cela est étrange que vous connaissiez si bien la source de votre mal, et que vous ne vous en soulagiez pas. Songez souvent à la nécessité de mourir, Madame, et vous ne craindrez pas tant la mort que vous faites. Ce n'a été qu'en me familiarisant avec cette pensée que j'en ai diminué l'appréhension. Elle rend tristes les gens qui la rejettent et qui ne la prennent pas souvent. En moi elle fait tout autre chose ; elle me fait suivre le précepte de Salomon : *bien vivre et se réjouir*; et d'autant plus que cela fait vivre plus longtemps. Ainsi c'est à force d'aimer la vie que je ne crains pas la mort. Il est certain que si je vous voyais souvent, Madame, je vous ferais entendre raison là-dessus. Mais en attendant que cela se puisse, je veux souvent traiter par lettre cette matière avec vous. Ne vous allez pas mettre dans la tête que c'est votre seul intérêt qui m'oblige à entreprendre votre cure, c'est le mien aussi ; et je crois, moi

---

[1] Celui qui fut décapité le 27 novembre 1674, pour crime de haute trahison. (A. G.)

qui aime la joie, que je mourrais si vous étiez morte, ne sachant avec qui rire finement.

Je comprends bien que votre voyage ait été agréable : vous avez presque marqué chaque gîte par la vue d'un honnête exilé. Il fallait encore que vous trouvassiez d'Olonne à Orléans, l'abbé de Bellebat à Blois, et moi à Amboise. Vous avez trouvé la véritable raison pour quoi j'ai plus de patience que l'abbé d'Effiat [1] et Vineuil. Le chagrin qu'ils ont de passer leur vie hors du monde les fait malades ; et moi, qui ai passé par la prison, je suis trop heureux de n'être plus qu'exilé. Je me porte si bien que j'espère de vivre plus longtemps que mes plus jeunes ennemis, et en attendant leur mort, je jouis d'une santé qui n'a pas la moindre altération. J'ai bonne opinion des gens qui vous régalent en reine, et sur ce pied-là j'estimerais la fortune plus que je ne fais si elle vous en avait donné le rang plutôt qu'à mademoiselle d'Arquien [2]. Je suis bien fâché que vos promenoirs vous fassent souvenir que vous n'êtes plus jeune, mais je ne veux pas que vous en ayez du chagrin. Vous êtes trop heureuse d'avoir le bon abbé ; il fait tout ce qu'il peut pour votre service, qui est de régler vos comptes, car je ne pense pas que vous lui demandiez qu'il fasse de la fausse monnaie pour vous. L'argent est aussi rare en Bourgogne qu'en Bretagne ; je cherche partout à troquer du blé et du vin contre du brocart et du velours pour les habits de noces de ma fille.

Vous aimez la belle *Madelonne*, Madame, et vous avez raison : c'est le goût le plus généralement approuvé qu'on puisse avoir. L'inquiétude de M. de Sévigné n'est pas mal fondée de s'ennuyer dans sa charge ; on ne sert que pour s'avancer, et un guidon ne s'avance pas, tant que ses officiers supérieurs ne meurent ou ne quittent point. Je m'in-

---

[1] Frère de l'infortuné marquis de Cinq-Mars, grand-écuyer de France sous Louis XIII. (M.)
[2] Femme de Jean Sobieski, roi de Pologne.

formerai s'il y a quelque jouvenceau dans le pays pour votre charge; et je vous quitterai à bon marché pour la peine de ma négociation.

Je vous manderai des nouvelles de la noce. Le cardinal de Retz a raison d'estimer le nom de Langheac; cela est bon, je le sais bien, et je ne serai pas surpris, comme le fut M. de Sévigné à Bourbilly, quand M. de Coligny me fera voir la grandeur de sa maison. Mais, à propos du cardinal de Retz, j'ai trouvé le dessein de sa retraite fort beau. J'ai cru qu'il ne se repentirait jamais de l'avoir pris; et que s'il en avait quelque tentation, il était trop honnête homme pour y succomber. J'ai trouvé plaisant ce que vous dites au monde là-dessus, *qu'il attende que le cardinal de Retz sorte de sa retraite pour parler, et qu'en attendant il se taise.* Mais vous avez beau dire, le monde ne se taira pas, il n'aime point à louer, et surtout les choses admirables. Quand il ne peut, comme vous voyez, mordre sur le présent, il se retranche sur l'avenir. Faisons bien et laissons-le dire. Mais je vous fais une leçon, Madame, dont je ne profite pas moi-même; car le *Misanthrope* n'est pas plus déchaîné contre ce qui le choque, que je le suis contre les gens qui veulent à tort et à travers gâter les belles actions.

Adieu, ma chère cousine; au reste, ne m'appelez plus comte, j'ai passé le temps de l'être. Je suis pour le moins aussi las de ce titre que M. de Turenne l'était de celui de maréchal. Je le cède volontiers aux gens qu'il honore.

420. — DE MADAME DE SÉVIGNÉ A MADAME DE GRIGNAN.

Aux Rochers, dimanche 15 octobre 1675.

Vous avez raison de dire que les dates ne font rien pour rendre agréables les lettres de ceux que nous aimons. Eh mon Dieu! les affaires publiques nous doivent-elles être si chères? Votre santé, votre famille, vos moindres actions, vos sentiments, vos *pétoffes* de Lambesc, c'est là ce qui me touche ; et je crois si bien que vous êtes de même, que je ne fais aucune difficulté de vous parler des Rochers, de mademoiselle du Plessis, de mes allées, de mes bois, de nos affaires, du *bien bon* et de Copenhague, quand l'occasion s'en présente. Croyez donc que tout ce qui vient de vous m'est très-considérable, et que jusqu'à vos traînées de tapisserie, je suis aise de tout savoir. Si vous voulez encore des aiguilles pour en faire, j'en ai d'admirables. Pour moi j'en fis hier d'infinies ; elles étaient aussi ennuyeuses que ma compagnie : je ne travaille que quand elle entre ; et dès que je suis seule, je me promène, je lis, ou j'écris. La Plessis ne m'incommode pas plus que *Marie* : Dieu me fait la grâce de ne point écouter ce qu'elle dit ; je suis à son égard comme vous êtes pour beaucoup d'autres. Elle a vraiment les meilleurs sentiments du monde ; j'admire que cela puisse être gâté par l'impertinence de son esprit et la *ridiculité* de ses manières ; il faudrait voir l'usage qu'elle fait de ma tolérance, et comme elle l'explique, et les chaînes qu'elle en fait pour s'attacher à moi, et comme je lui sers d'excuse pour ne plus voir ses amies de Vitré, et les adresses qu'elle a pour satisfaire sa sotte gloire, car la sotte gloire est de tout pays, et la crainte qu'elle a que je ne sois jalouse d'une religieuse de Vitré : cela ferait une assez méchante farce de campagne.

Je dois vous dire des nouvelles de cette province. M. de Chaulnes est à Rennes avec beaucoup de troupes ; il a mandé que si l'on en sortait, ou si l'on faisait le moindre bruit, il ôterait pour dix ans le parlement de cette ville : cette crainte fait tout souffrir. Je ne sais point encore comme ces gens de guerre en usent à l'égard des pauvres bourgeois. Nous attendons madame de Chaulnes à Vitré, qui vient voir la princesse (*de Tarente*) : nous sommes en sûreté sous ses auspices ; mais je puis vous assurer que quand il n'y aurait que moi, M. de Chaulnes prendrait plaisir à me marquer des égards ; c'est la seule occasion où je pourrais répondre de lui. N'ayez donc aucune inquiétude : je suis ici comme dans cette Provence que vous dites qui est à moi.

Je ne remercierai point d'Hacqueville de vous écrire trois fois la semaine : c'est se moquer de lui ; les louanges qu'il mérite là-dessus sont trop loin de ma pensée. Il m'écrit deux fois ; j'en veux retrancher une par mon exemple, et c'est par pure amitié pour lui, ne voulant avoir qu'une médiocre part à l'assassinat que nous lui faisons tous. Il succombera, et puis nous serons au désespoir : c'est une perte irréparable, et tous *les autres d'Hacqueville* ne nous consoleront point de celui-là. Il m'a fait grand plaisir, cette dernière fois, de m'ôter la colère que j'avais contre le cardinal d'Estrées ; il m'apprend que le nôtre a été refusé en plein consistoire, sur sa propre lettre, et qu'après cette dernière cérémonie il n'y a plus rien à craindre ; de sorte que le voilà trois fois cardinal malgré lui, du moins les deux dernières, car pour la première, s'il m'en souvient, il ne fut pas trop fâché. Écrivez-lui pour vous moquer de son chagrin ; d'Hacqueville est ravi : je l'en aime. Je reçois souvent de petits billets de ce cher cardinal ; je lui en écris aussi ; je tiens ce léger commerce très-mystérieux et très-secret : il m'en est plus cher. Vous ne devez pas manquer de lui écrire aussi : vous seriez ingrate si vous ne conserviez pour lui bien de l'attachement. Il a été un peu malade, il se porte bien : il me mande que nous serions contents de la sagesse qu'il a eu à faire des remèdes.

Vous n'avez pas peur de Ruyter[1] : *Ruyter pourtant est le dieu des combats, Guitaud ne lui résiste pas* ; mais en vérité l'étoile du roi lui résiste : jamais il n'en fut une si fixe. Elle dissipa l'année passée cette grande flotte ; elle fait mourir le prince de Lorraine ; elle renvoie Montecuculli

---

[1] Amiral de la flotte hollandaise. (P.)

chez ses parents, et fera la paix par le mariage du prince Charles. Je disais l'autre jour cette dernière chose à madame de Tarente; elle me dit qu'il était marié à l'impératrice douairière : quoique cette noce n'ait pas éclaté, elle ne laisserait pas d'empêcher l'autre. Vous verrez que cette impératrice mourra si sa vie fait un inconvénient. Votre raisonnement est d'une telle justesse sur les affaires d'État, qu'on voit bien que vous êtes devenue politique dans la place où vous êtes. J'ai écrit à la belle princesse de Vaudemont; elle est infortunée, et j'en suis triste, car elle est très-aimable. Je n'osais écrire à madame de Lillebonne; mais vous m'avez donné courage. Je crains que vous n'ayez pas le petit Coulanges; sa femme m'écrit tristement de Lyon, et croit y passer l'hiver : c'est une vraie trahison pour elle que de n'être pas à Paris. Elle me mande que vous avez eu un assez grand commerce. La Trousse est à Paris et à la cour, accablé d'agréments et de louanges; il les reçoit d'une manière à les augmenter. On dit qu'il aura la charge de Froulai; si cela était, il y aurait un mouvement dans la compagnie, et je prie notre d'Hacqueville d'y avoir quelque attention pour notre pauvre guidon, qui se meurt d'ennui dans le guidonnage. Je lui mande de venir ici; je voudrais le marier à une petite fille qui est un peu juive de son *estoc*; mais les millions nous paraissent de bonne maison. Cela est fort en l'air; je ne crois plus rien après avoir manqué la petite d'Eaubonne[1]. Madame de Villars me mande encore des merveilles du chevalier (*de Grignan*). Je crois que ce sont les premières qu'on a renouvelées; mais enfin c'est un petit garçon qui a bien le meilleur bruit qu'on puisse jamais souhaiter. Je prie Dieu que les lueurs d'espérance pour une de vos filles[2] puissent réussir; ce serait une

---

[1] Le marquis de Sévigné avait recherché Antoinette Lefèvre d'Eaubonne, cousine de M. d'Ormesson.

[2] Françoise-Julie de Grignan, fille du premier lit de M. de Grignan, et qui épousa M. de Vibraye, en 1689. (*Journal de Dangeau.*)

grand affaire. La paresse du coadjuteur devrait bien cesser dans de pareilles occasions.

Écoutez une belle action du procureur général[1]. Il avait une terre, de la maison de Bellièvre, qu'on lui avait fort bien donnée; il l'a remise dans la masse des biens des créanciers, disant qu'il ne saurait aimer ce présent, quand il songe qu'il fait tort à des créanciers qui ont donné leur argent de bonne foi : cela est héroïque. Jugez s'il est pour nous contre M. de Mirepoix; je ne connais point une plus belle ni une plus vilaine âme que celle de ces deux hommes. Le *bien bon* est toujours le *bien bon*; ce sont des armes parlantes : les obligations que je lui ai sont innombrables. Ce qui me les rend sensibles, c'est l'amitié qu'il a pour vous, et le zèle pour vos affaires, et comme il se prépare à confondre le Mirepoix.

Je n'ose penser à vous voir; quand cette espérance entre trop avant dans mon cœur, et qu'elle est encore éloignée, elle me fait trop de mal : je me souviens de ce que je souffris à la maladie de ma pauvre tante, et comme vous me fîtes expédier cette douleur; je ne suis pas encore à portée de recevoir cette joie. Vous m'assurez que vous vous portez fort bien; Dieu le veuille, ma bonne : cet article me tient extrêmement au cœur. Pour moi, je suis dans la parfaite santé. Vous aimeriez bien ma sobriété et l'exercice que je fais, et sept heures au lit, comme une carmélite. Cette vie dure me plaît; elle ressemble au pays; je n'engraisse point, et l'air est si épais et si humain, que ce teint qu'il y a si longtemps que l'on loue n'en est point changé : je vous souhaite quelquefois une de nos soirées, en qualité de pommade de pieds de mouton. J'ai dix ouvriers qui me divertissent fort. *Rahuel et Pilois*, tout est à sa place. Vous devez être persuadée de ma confiance par les pauvretés dont je remplis ma lettre. Depuis que je me

---

[1] Achille de Harlay, depuis premier président. (P.)

suis plainte, en vers, de la pluie, il fait un temps charmant ; de sorte que je m'en loue en prose. Toute notre province est si occupée de ces punitions, que l'on ne fait point de visites ; et sans vouloir contrefaire la dédaigneuse, j'en suis extrêmement aise. Vous souvient-il quand nous trouvions qu'il n'y avait rien de si bon en province qu'une méchante compagnie, par la joie du départ? C'est un plaisir que je n'aurai point cette année.

Ma bonne, quand je vous écrirais encore quatre heures, je ne pourrais pas vous dire à quel point je vous aime, et de quelle manière vous m'êtes chère. Je suis persuadée du soin de la Providence sur vous, puisque vous payez tous vos arrérages, et que vous voyez une année de subsistance. Dieu prendra soin des autres ; continuez votre attention sur votre dépense : cela ne remplit point les grandes brèches, mais cela aide à la douceur présente, et c'est beaucoup. M. de Grignan est-il sage? je l'embrasse dans cette espérance, ma très-bonne, et je suis entièrement à vous.

421. — A LA MÊME.

Aux Rochers, mercredi 16 octobre 1673.

Je ne suis point entêtée, ma fille, de M. de Lavardin ; je le vois tel qu'il est. Ses plaisanteries et ses manières ne me charment point du tout : je les vois comme j'ai toujours fait ; mais je suis assez juste pour rendre au vrai mérite ce qui lui appartient, quoique je le trouve pêle-mêle avec quelques désagréments ; c'est à ses bonnes qualités que je me suis solidement attachée, et par bonheur je vous en avais parlé à Paris, car sans cela vous croiriez que l'enthousiasme d'une bonne réception m'aurait enivrée ; enfin je souhaiterai toujours à ceux que j'aimerai plus de charmes ; mais je me contenterai qu'ils aient autant de vertus. C'est le moins lâche et le moins bas courtisan que j'aie jamais vu : vous aimeriez bien son style dans de certains endroits, vous qui parlez. Tant y a, ma fille, voilà ma justification, dont vous ferez part au gros abbé, si jamais par hasard *il a mal au gras des jambes*[1] sur ce sujet.

Je suis fort aise que vous ayez remarqué, comme moi, la diligence admirable de nos lettres, et le beau procédé de *Riaux*, et de ces autres messieurs si obligeants qui viennent prendre nos lettres, et les portent nuit et jour, en courant de toutes leurs forces, pour les faire aller plus promptement. Je vous dis que nous sommes ingrats envers les postillons et même envers M. de Louvois[2], qui les établit partout avec tant de soin. Mais quoi ! ma très-chère, nous nous éloignons encore ; et toutes nos admirations vont cesser : quand je songe que dans votre dernière lettre vous répondez encore à celle que je vous écrivis de La Silleraye, et qu'il y aura demain trois semaines que je suis aux Rochers, je comprends que nous étions déjà assez loin sans cette augmentation.

D'Hacqueville me dit qu'une fois la semaine c'est assez écrire pour des affaires ; mais que ce n'est pas assez pour son amitié, et qu'il augmenterait plutôt d'une lettre que d'en retrancher une. Vous jugez bien que puisque le régime que je lui avais ordonné ne lui plaît pas, je lâche la bride à toutes ses bontés, et lui laisse la liberté de son écritoire : songez qu'il écrit de cette furie à tout ce qui est hors de Paris, et voit tous les jours tout ce qui y reste ; ce sont *les d'Hacqueville* ; adressez-vous à eux, ma fille, en toute confiance : leurs bons cœurs suffisent à tout. Je me veux donc ôter de l'esprit de les ménager ; j'en veux abuser : aussi bien, si ce n'est moi qui le tue, ce sera un autre. Il n'aime que ceux dont il est accablé : accablons-le donc sans ménagement.

Je voudrais que vous vissiez de quelle beauté ces bois sont présentement. Madame de Tarente y fut hier tout le

---

[1] Expression familière de l'abbé de Pontcarré lorsqu'il était importuné de quelque discours. (P.)

[2] Surintendant général des postes. (P.)

jour; il faisait un temps admirable. Elle me parla fort de vous : elle vous trouve bien plus jolie que *le petit ami* [1]. Sa fille est malade : elle en était triste; je la mis en carrosse au bout de la grande allée; et comme elle me priait fort de me retirer, elle me dit : *Madame, vous me prenez pour une Allemande.* Je lui dis : « Oui, Madame, assurément, je vous prends pour une Allemande [2] : j'aurais plutôt obéi à madame votre belle-fille [3]. » Elle entendit cela comme une Française. Il est vrai que sa naissance doit, ce me semble, donner une dose de respect à ceux qui savent vivre. Elle a un style romanesque dans ce qu'elle conte, et je suis étonnée que cela déplaise à ceux même qui aiment les romans. Elle attend madame de Chaulnes. M. de Chaulnes est à Rennes avec les Forbin et les Vins, et quatre mille hommes : on croit qu'il y aura bien de la *penderie*. M. de Chaulnes y a été reçu comme le roi; mais comme c'est la crainte qui a fait changer leur langage, M. de Chaulnes n'oublie pas toutes les injures qu'on lui a dites, dont la plus douce et la plus familière était *gros cochon*, sans compter les pierres dans sa maison et dans son jardin, et des menaces dont il paraissait que Dieu seul empêchait l'exécution; c'est cela qu'on va punir. D'Hacqueville, *de sa propre main*, car ce n'est point dans son billet de nouvelles, qu'on pourrait avoir copié, me mande que M. de Chaulnes, suivi de ses troupes, est arrivé à Rennes le samedi 12 octobre. Je l'ai remercié de ce soin, et je lui apprends que M. de Pomponne se fait peindre par Mignard; mais tout ceci entre nous, car savez-vous bien qu'il est délicat et blond? Je reçois des lettres de votre frère toutes pleines de lamentations de Jérémie sur son guidonnage; il dit justement tout ce que

---

[1] Le portrait en miniature de madame de Grignan. (P.)
[2] Madame de Tarente était fille de Guillaume V, landgrave de Hesse-Cassel. (P.)
[3] Madeleine de Créqui, duchesse de La Trémouille. (P.)

nous disions quand il l'acheta. C'est ce cap, dont il est encore à neuf cents lieues; mais il y avait des gens qui lui mettaient dans la tête que puisque je venais de vous marier, il fallait aussi l'établir, et par cette raison, qui devait produire, au moins pour quelque temps, un effet contraire, il fallut céder à son empressement, et il s'en désespère : il y a des cœurs plaisamment bâtis en ce monde. Enfin, ma fille, soyons bien persuadées que c'est une vilaine chose que les charges subalternes.

Vous savez bien que notre cardinal l'est à fer et à clou. Nous devons tous en être ravis à telle fin que de raison : c'est toujours une chose triste qu'une dégradation. Au nom de Dieu, ne négligez point de lui écrire : il aime mes billets, jugez des vôtres. Vous ne m'aviez point dit que votre premier président (*M. Marin*) a battu sa femme : j'aime les coups de plat d'épée; cela est brave et nouveau. On sait bien qu'il faut les battre, disait l'autre jour un paysan; mais le plat d'épée me réjouit. Je m'en vais parier que la petite d'Oppède n'est point morte : je connais ceux qui doivent mourir. Il est vrai que le bonheur des Français surpasse toute croyance en tout pays : j'ai ajouté ce remerciement à ma prière du soir. Ce sont les ennemis qui font toutes nos affaires : ils se reculent quand ils voient qu'ils nous pourraient embarrasser. Vous verrez ce que deviendra Ruyter sur votre Méditerranée. Le prince d'Orange songe à s'aller coucher, et j'espère votre frère. Je vous réponds de cette province, et même de la paix. Il me semble qu'elle est si nécessaire que, malgré la conduite de ceux qui ne la veulent pas, elle se fera toute seule. Je suivrai votre avis, ma chère enfant, je vais m'entretenir de l'espérance de vous revoir : je ne puis commencer trop tôt pour me récompenser des larmes que notre séparation et même la crainte m'ont fait répandre si souvent.

J'embrasse M. de Grignan, car je crois qu'il est revenu de la chasse. Mandez-moi bien de vos nouvelles; vous voyez que je vous accable des miennes. La Saint-Géran s'est mêlée de m'écrire sérieusement sur l'ambassade de madame de Villars, qui, à ce qu'elle dit, ira à Turin ; je le crois, puisqu'il n'y a qu'une régente. Je lui ai fait réponse dans son même style ; mais ce n'a pas été sans peine. Ne vous ont-elles pas remerciée de votre eau de la reine de Hongrie ? Elle est divine : pour moi, je vous en remercie encore ; je m'en enivre tous les jours. J'en ai dans ma poche : c'est une folie comme du tabac ; quand on y est accoutumé, on ne peut plus s'en passer. Je la trouve excellente contre la tristesse ; j'en mets le soir, plus pour me réjouir que pour le serein, dont mes bois me garantissent. Vous êtes trop bonne de craindre que les loups, les cochons et les châtaignes ne m'y fassent une insulte. Adieu, mon enfant ; je vous aime de tout mon cœur ; mais c'est au pied de la lettre, et sans en rien rabattre.

422. — A LA MÊME.

Aux Rochers, dimanche 20 octobre 1675.

Nous ne pouvons nous lasser d'admirer la diligence et la fidélité de la poste : enfin, je reçois le 18 la lettre du 9 ; c'est le neuvième jour, c'est tout ce qui se peut souhaiter. Mais, ma fille, il faut finir nos admirations, et, comme vous dites, vous vous éloignez encore, afin que nous soyons précisément aux lieux que la Providence nous a marqués. Pour moi, je m'acquitte mal de ma résidence ; mais pour vous, bon Dieu ! M. d'Angers (*H. Arnauld*) n'en fait pas davantage ; et quand je pense à notre éloignement, et combien je serais digne de jouir du plaisir d'être avec vous, et comme vous êtes pour moi, précisément dans le temps que nous sommes aux deux bouts de la terre, ne me demandez point de rêver gaiement à cet endroit-là de notre destinée : le bon sens s'y oppose, et ma tendresse encore plus. Il faut se jeter promptement dans la soumission que nous devons à la Providence. Je suis fort aise que vous ayez vu M. de La Garde : mon âme est fort honorée d'être à son gré. Il est bon juge ; je vous plains de le quitter si tôt. Je pense que vos conversations ont été bien infinies. Il mène donc M. l'archevêque (*d'Arles*) à La Garde [1] ? C'est fort bien dit, c'est un fleuve qui rend fertiles et heureux tous les pays par où il passe : je trouve qu'il a fait des merveilles à Grignan.

M. de Chaulnes est à Rennes avec quatre mille hommes ; il a transféré le parlement à Vannes : c'est une désolation terrible. La ruine de Rennes emporte celle de la province. Madame de Marbeuf est à Vitré ; elle m'a fait mille amitiés de Madame de Chaulnes, et des compliments de M. de Vins, qui veut me venir voir. Il s'en faut beaucoup que je n'aie peur de ces troupes ; mais je prends part à la tristesse et à la désolation de toute la province. On ne croit pas que nous ayons d'états ; et si on les tient, ce sera encore pour racheter les édits que nous achetâmes deux millions cinq cent mille livres il y a deux ans, et qu'on nous a tous redonnés, et on y ajoutera peut-être encore de mettre à prix le retour du parlement à Rennes. M. de Montmoron [2] s'est sauvé ici, et chez un de ses amis, à trois lieues d'ici, pour ne point entendre les pleurs et les cris de Rennes, en voyant sortir son cher parlement. Me voilà bien Bretonne, comme vous voyez ; mais vous comprenez bien que cela tient à l'air que l'on respire, et aussi à quelque chose de plus ; car, de l'un à l'autre, toute la province est affligée. Ne soyez nullement en peine de ma santé, ma chère belle : je me porte très-bien. Madame de Tarente m'a donné d'une essence qui l'a guérie de vapeurs bien pires que les miennes. On en met quinze jours durant deux gouttes dans le premier breuvage que l'on boit à table, et cela guérit entièrement. Elle en conte des expériences qui

---

[1] Le château de La Garde était situé à trois lieues de Grignan.
[2] Il était Sévigné, et doyen du parlement de Bretagne. (P.)

ont à assez l'air de celles de la comédie du *Médecin forcé*; mais je les crois toutes, et j'en prendrais présentement, sans que je ferais scrupule de me servir d'un remède si admirable, quand je n'en ai nul besoin. Cette princesse ne songe qu'à sa santé : n'est-ce pas assez? Vous croyez bien que je ne manquerai pas de prendre toutes ces médecines; mais en vérité ce ne sera pas quand je me porte bien. Je vous manderai dans quelque temps la suite des prospérités du bateau. Vous ferez la Plessis trop glorieuse, car je lui dirai comme vous l'aimez ; à la réserve de ce que je vous disais l'autre jour, je ne pense pas qu'il y ait une meilleure créature ; elle est tous les jours ici. J'ai dans ma poche de votre admirable eau de la reine de Hongrie ; j'en suis folle, c'est le soulagement de tous les chagrins ; je voudrais en envoyer à Rennes. Ces bois sont toujours beaux : le vert en est cent fois plus beau que celui de Livry. Je ne sais si c'est la qualité des arbres ou la fraîcheur des pluies ; mais il n'y a pas de comparaison. Tout est encore aujourd'hui du même vert du mois de mai ; les feuilles qui tombent sont feuille-morte, mais celles qui tiennent sont encore vertes : vous n'avez jamais observé cette beauté. Pour l'arbre bienheureux qui vous sauva la vie, je serais tentée d'y faire bâtir une chapelle ; il me paraît plus grand, plus fier et plus élevé que les autres : il a raison, puisqu'il vous a sauvée ; du moins je lui dirai la stance de Médor dans l'Arioste, quand il souhaite tant de bonheur et tant de paix à cet antre qui lui avait fait tant de plaisir [1]. Pour nos sentences, elles ne sont point défigurées ; je les visite souvent ; elles sont même augmentées, et deux arbres voisins disent quelquefois les deux contraires : *la lontananza ogni gran piaga salda, et piaga d'amor non si sana mai*. Il y en a cinq ou six dans cette contrariété. La bonne princesse était ravie ; je le suis de la lettre que vous

---

[1] *Orlando furioso*, ch. XXIII, st. 109.

avez écrite au bon abbé, sur le voyage de *Jacob* [1] dans la terre promise de votre cabinet.

Madame de Lavardin me mande, comme une manière de secret encore pour quelques jours, que d'Olonne marie son frère à mademoiselle de Noirmoutier [2]. Il lui donne toutes les terres du Poitou, une infinité de meubles et de pierreries; il en fait ses enfants; ils sont tous à la Ferté-Milon, où cette jolie affaire se doit terminer. Je n'eusse jamais cru que d'Olonne eût été propre à se soucier de son nom et de sa famille. Adieu, ma très-belle et très-aimable enfant; je vous aime assurément de tout mon cœur.

423. — AU COMTE DE BUSSY.

Aux Rochers, ce 20 octobre 1675.

Voilà, mon cher cousin, la procuration que vous me faites l'honneur de me demander pour le mariage de ma nièce. On ne peut pas l'approuver plus que je fais; je vous le mandai il y a huit ou dix jours. J'ai reçu même une lettre de notre amant, qui, par un excès de politesse, me demande mon approbation. Sa lettre est droite, simple, disant ce qu'il veut dire d'un tour noble, et qui n'est point abimé dans la convulsion des compliments, comme dit la comédie. Enfin, sur l'étiquette du sac, on peut fort bien juger que c'est un homme de bon sens et de bon esprit. Je joins à cela le goût qu'il a pour vous, qu'on ne peut avoir qu'à proportion qu'on a du mérite, et cette grande naissance dont le cardinal de Retz m'a entretenue : je conclus que ma nièce est fort heureuse d'avoir si bien rencontré. M'entendez-vous bien, ma chère nièce, je m'en vais commencer à vous mettre l'un auprès de l'autre; car je lui veux faire plaisir. Je ne prétends pas aussi vous désobliger, vous aimant comme je vous aime. Mandez-moi, mon cou-

---

[1] *Voyez* ci-dessus une des notes de la lettre du 29 septembre précédent.
[2] Yolande-Julie de La Trémouille, fille du duc de Noirmoutier.

sin, des nouvelles de cette belle fête. Cette province est dans une grande désolation. M. de Chaulnes a ôté le parlement de Rennes pour punir la ville; ces messieurs sont allés à Vannes, qui est une petite ville où ils seront fort pressés.

Les mutins de Rennes se sont sauvés il y a longtemps : ainsi les bons pâtiront pour les méchants; mais je trouve tout fort bon, pourvu que les quatre mille hommes de guerre qui sont à Rennes, sous messieurs de Forbin et de Vins, ne m'empêchent point de me promener dans mes bois, qui sont d'une hauteur et d'une beauté merveilleuse. Adieu, Comte; puisque nous nous aimons encore, nous nous aimerons toute notre vie.

424. — A MADAME DE GRIGNAN.

Aux Rochers, mercredi 25 octobre 1675.

J'ai reçu votre lettre justement comme j'allais à Vitré. Ce que vous me mandiez de la princesse était si naturel, si à propos, si précisément ce que je souhaitais, que je vous en remerciai mille fois intérieurement. Je lus à madame de Tarente tout ce qui la regardait; elle en fut ravie. Sa fille est malade; elle en reçoit pourtant des lettres, mais d'un style qui n'est point fait : ce sont des *chère maman* et des tendresses d'enfant, quoiqu'elle ait vingt ans. Tous ses amants sont à la guerre. MADAME écrit en allemand de grandes lettres à madame de Tarente : je me les fais expliquer. Elle lui parle avec beaucoup de familiarité et de tendresse, et la souhaite fort. Il me paraît que madame de Monaco aurait sujet de craindre la princesse, si celle-ci était catholique; car sa place serait bien son fait. MADAME lui dit qu'elle ne peut être contente qu'en la voyant établie auprès d'elle. Madame de Monaco voulut un jour donner sur la bonne Tarente; MADAME, malgré cette belle passion, la fit taire brusquement.

Madame de Chaulnes vient à Vitré voir la princesse, et c'est là que j'irai rendre mes devoirs à la gouvernante et à la petite personne [1]; ce me sera une grande commodité. J'ai eu ici madame de Marbeuf pendant vingt-quatre heures; c'est une femme qui m'aime, et qui en vérité a de bonnes qualités et un cœur noble et sincère. Elle a vu tous les désordres de cette province de fort près; elle me les joua au naturel : ce sont des choses à pâmer de rire, et que vous ne croiriez pas si je vous les écrivais; mais pour vous endormir quelque jour cela sera merveilleux. Cette marquise de Marbeuf [2] s'en va à Digne pour un rhumatisme. Elle ira vous voir; je vous prierai en ce temps-là de la recevoir comme une de mes amies. D'Hacqueville me mande que pendant votre assemblée il ne vous laissera point manquer de nouvelles; je le remercie fort de ses soins. Il m'apprend que notre parlement est transféré, et qu'il y a des troupes à Rennes [3], mais *de sa propre main*.

Notre cardinal non-seulement est *recardinalisé*, mais vous savez bien qu'en même temps il a eu ordre du pape de sortir de Saint-Mihel; de sorte qu'il est à Commercy [4] : je crois qu'il y sera fort en retraite, et qu'il n'aura plus de ménagerie. Le voilà revenu à ce que nous souhaitions tous. Sa Sainteté a parfaitement bien fait, ce me semble : la lettre du consistoire est un panégyrique. Je serais fâchée de mourir sans avoir encore une fois embrassé cette chère Éminence. Vous devez lui écrire, et ne le point abandonner, sous prétexte qu'il est dans la troisième région : on

---

[1] Mademoiselle de Murinais, mariée en août 1674 à Henri de Maillé, marquis de Kerman. (A. G.)

[2] Louise-Gabrielle de Louet, femme de Claude de Marbeuf, président à mortier au parlement de Rennes. (P.)

[3] Il mandait de Paris à madame de Sévigné ce qui se passait en Bretagne, où elle était. (P.)

[4] Le cardinal de Retz avait une jolie maison de campagne à Ville-Issey, tout auprès de Commercy.

n'y est jamais assez pour aimer les apparences d'oubli de ceux qui nous doivent aimer. Vous avez donc été bien étonnée de cette pièce d'argent [1]; elle est comme je vous l'ai dépeinte : je la place dessus ou dessous la table de votre beau cabinet.

Vous avez peur, ma fille, que les loups ne me mangent; c'est depuis que nous savons qu'ils n'aiment pas les cotrets. Il est vrai qu'ils feraient un assez bon repas de ma personne; mais j'ai tellement mon infanterie autour de moi, que je ne les crains point. *Beaulieu* [2] vous prie de croire que dans ses assiduités auprès de moi, entouré des petits laquais de *ma mère*, il a dessein de vous faire sa cour. Sa femme n'est point encore accouchée; ces créatures-là ne comptent point juste. Vous me priez, ma très-chère, de vous laisser dans la *capucine* [3], pendant que je me promènerai; je ne le veux point : je ferais ma promenade trop courte. Vous viendrez toujours avec moi, malgré vous, quand vous devriez sentir un peu de serein; il n'est point dangereux ici, c'est de la pommade. Je ne saurais m'appliquer à démêler les droits de l'*autre* [4]; je suis persuadée qu'ils sont grands, mais quand on aime d'une certaine façon, et que tout le cœur est rempli, je pense qu'il est difficile de séparer si juste; enfin sur cela chacun fait à sa mode et comme il peut. Je ne trouve pas qu'on soit si fort maîtresse de régler les sentiments de ce pays-là; on est bien heureux quand ils ont l'apparence raisonnable. Je crois que de toutes façons vous m'empêchez d'être ridicule; je tâche aussi de me gouverner assez sagement pour n'incommoder personne : voilà tout ce que je sais.

Madame de Tarente a une étoile merveilleuse pour les

---

[1] C'était cette cassolette dont M. le cardinal de Retz faisait présent à madame de Grignan. (P.)
[2] Un valet de chambre de madame de Sévigné. (P.)
[3] On a déjà vu que c'était une cabane du parc des Rochers.
[4] Il est question des droits de l'amour et de l'amitié, et par l'*autre*, c'est l'amour qui est désigné. (P.)

entêtements; c'est un grand mal quand à son âge cela sort de la famille. Je vous conterai mille plaisantes choses, qui vous feront voir l'extravagance et la grande puissance de l'*orviétan*; cela vous divertira et vous fera pitié. C'est un mal terrible que cette disposition à se prendre par les yeux. La princesse m'a donné le plus beau petit chien du monde : c'est un épagneul ; c'est toute la beauté, tout l'agrément, toutes les petites façons, hormis qu'il ne m'aime point; il n'importe, je me moquerai de ceux qui se sont moqués de la pauvre *Marphise*. Cela est joli à voir briller et chasser devant soi dans une allée. M. l'archevêque (*d'Arles*) nous mande le grand ordre qu'il a mis dans vos affaires : Dieu en soit béni et prenne soin de l'avenir. Il nous parle du mariage de mademoiselle de Grignan : je le trouve admirable. Il faudrait tâcher de suivre fidèlement cette affaire, et ne se point détourner de ce dessein. Mettez-y d'Hacqueville en l'absence du coadjuteur; c'est un homme admirable pour surmonter les lenteurs et les difficultés par son application et sa patience. Vous avez besoin d'une tête comme la sienne pour conduire cette barque chez M. de Montausier [1]; c'est un coup de partie, et voilà les occasions où d'Hacqueville n'a point son pareil.

Je croyais avoir été trop rude de refuser ce portrait à madame de Fontevrauld [2]; il me semblait que puisque tout le monde s'offrirait en corps et en âme, j'avais été peu du monde et de la cour de ne pas faire comme les autres : mais vous ne me blâmez point, et je suis pleinement contente. Ne vous ai-je point parlé d'une rudesse qu'avait faite l'*ami de Quanto* (*le roi*) au fils de M. de La Rochefoucauld (*Marsillac*)? La voici d'un bon auteur. On parlait de vapeurs; le fils dit qu'elles venaient d'un certain charbon que l'on sent en voyant accommoder les fontaines.

[1] Françoise-Julie de Grignan, depuis madame de Vibraye, était nièce du duc de Montausier.
[2] Sœur de madame de Montespan.

L'ami dit tout haut à *Quanto* : « Mon Dieu ! que les gens
« qui se veulent mêler de raisonner sont haïssables ! pour
« moi, je ne trouve rien de si sot. » Comme ce style n'est
point naturel, tout le monde en fut surpris, et l'on ne savait où se mettre; mais cela fut réparé par mille bontés,
et il n'en fut plus question. Voyez combien les vapeurs
sont bizarres. Adieu, ma très-chère; je ne veux plus vous
parler de mon amitié, mais parlez-moi de la vôtre et de
tout ce qui vous regarde. Madame d'Escars est en Poitou
avec sa fille : qu'elle est heureuse !

Il y a un homme en ce pays[1] qui écrit beaucoup de lettres, et qui de peur de prendre l'une pour l'autre a soin
de mettre le dessus avant que d'écrire le dedans : cela m'a
fait rire.

425. — A LA MÊME.

Aux Rochers, dimanche 27 octobre 1675.

Je n'ai point reçu de vos lettres, ma très-chère et très-belle; c'est une grande tristesse pour moi. Il ne me tombe
jamais dans l'esprit que ce soit votre faute : je connais
votre soin; mais je comprends que votre débarquement
de Grignan a causé ce désordre. Madame de Chaulnes et
la petite personne[2] sont venues voir la princesse de Tarente à Vitré. Cette duchesse m'envoya d'abord un compliment fort honnête, disant qu'elle me viendrait voir.
J'y fus dîner le lendemain; elle me reçut avec joie, et
m'entretint deux heures avec affectation et empressement,
pour me conter toute leur conduite depuis six mois, et
tout ce qu'elle a souffert, et les horribles périls où elle
s'est trouvée : elle sait que je trafique en plusieurs endroits, et que je pouvais avoir été instruite par des gens

---

[1] Cet homme est l'abbé de Coulanges, qu'elle ne nomme point, pour se faire pardonner sa petite malice.
[2] Madame de Kerman.

qui m'auraient dit le contraire. Je la remerciai fort de sa
confiance et de l'honneur qu'elle me faisait de vouloir
m'instruire. En un mot, cette province a grand tort; mais
elle est rudement punie, et au point de ne s'en remettre
jamais. Il y a cinq mille hommes à Rennes, dont plus de
la moitié y passeront l'hiver : ce sera assez pour y faire
des petits, comme dit le maréchal de Gramont. MM. de
Forbin et de Vins s'ennuient fort de leur emploi; ce dernier m'a accablée de compliments; je crois qu'il viendra
ici. Ils s'en retourneront dans quinze jours; mais toute
l'infanterie demeurera. On a pris à l'aventure vingt-cinq
ou trente hommes que l'on va pendre. On a transféré le
parlement : c'est le dernier coup, car Rennes sans cela ne
vaut pas Vitré. Madame de Tarente nous a sauvés des contributions. Je ne veux point dire ce que M. de Chaulnes
m'a mandé; mais quand je serais seule dans le pays, je ne
serais pas moins sûre des ménagements qu'il a pour *Sévigné*, qui est aux portes de Rennes. Les malheurs de cette
province retardent toutes les affaires, et achèvent de tout
ruiner. Je fus coucher à *ma tour (la tour de Sévigné)* ; dès
huit heures du matin, ces deux bonnes princesse et duchesse étaient à mon lever. La pauvre petite personne est
toute consternée; elle a toujours l'idée de la mort et des
périls; elle regrette bien la tranquillité et la paresse de
Sully. M. de Saint-Malo était à Vitré; c'est l'aumônier de
madame de Chaulnes. Je fus ravie de revenir ici. Je fais
une allée nouvelle, qui m'occupe; je paye mes ouvriers en
blé, et ne trouve rien de solide que de s'amuser et de se
détourner de la triste méditation de nos misères. Ces soirées dont vous êtes en peine, ma fille, je les passe sans
ennui; j'ai quasi toujours à écrire, ou bien je lis, et insensiblement je trouve minuit. L'abbé me quitte à dix, et les
deux heures que je suis seule ne me font point mourir,
non plus que les autres. Pour le jour, je suis en affaires
avec l'abbé, ou je suis avec mes chers ouvriers, ou je tra-

vaille à mon très-commode ouvrage. Enfin, mon enfant, la vie passe si vite, et par conséquent nous approchons si tôt de notre fin, que je ne sais comme on peut si profondément se désespérer des affaires de ce monde. On a le temps ici de faire des réflexions; c'est ma faute si mes bois ne m'en inspirent l'envie. Je me porte toujours très-bien; tous mes gens vous obéissent admirablement : ils ont des soins ridicules de moi; ils viennent me trouver le soir, armés de toutes pièces, et c'est contre un écureuil qu'ils veulent tirer l'épée.

J'ai reçu une très-aimable lettre du coadjuteur; il se plaint extrêmement de vos railleries, et me prie de le venger, m'assurant que si je l'abandonne, Dieu ne l'abandonnera pas. Il m'envoya sa harangue, qui ne perd rien pour être imprimée : elle est belle en perfection. Il m'envoie aussi la lettre que vous lui écrivez sur ce sujet : elle est admirable; elle est piquante et salée ; partout vous lui donnez des traits dont il est fort digne, car vous savez que personne n'entend si bien raillerie que lui; il est tombé en bonne main. Je l'aime trop de m'avoir envoyé cette lettre; elle m'est encore meilleure aujourd'hui, parce que je n'en ai point d'autre. J'avais bien envie de vous mander ce que vous lui dites sur vos évêques : vous avez bien vu que je le pensais. J'attends de vos nouvelles avec impatience; je sens le chagrin que vous avez eu de quitter votre château, et votre liberté, et votre tranquillité : le cérémonial est un étrange livre pour vous. Adieu, ma très-chère et trop aimable; je suis entièrement à vous, et vous embrasse de tout mon cœur avec une tendresse infinie. Si M. de Grignan a le loisir de s'approcher, je l'embrasserai aussi, et lui demanderai des nouvelles de sa santé. Je suis au désespoir de n'être point en lieu de vous pouvoir rendre service à tous deux : c'est là ma véritable tristesse. Votre Provence est d'une sagesse et d'une tranquillité qui font voir que toutes les règles de la physionomie sont fausses.

On me mande qu'on parle fort de la paix; je la souhaite: il me semble qu'elle sera bonne à tout le monde. On souhaitait ainsi la guerre; c'est que nous avons des inquiétudes; nous cherchons une bonne place, nous nous tournons d'un côté sur l'autre.

426. — A LA MÊME.

Aux Rochers, mercredi 30 octobre 1675.

Mon Dieu, ma fille, que votre lettre d'Aix est plaisante! Au moins relisez vos lettres avant que de les envoyer; laissez-vous surprendre à leur agrément, consolez-vous par ce plaisir de la peine que vous avez d'en tant écrire. Vous avez donc baisé toute la Provence; il n'y aurait pas de satisfaction à baiser toute la Bretagne, à moins que l'on n'aimât à sentir le vin. Vous avez bien caressé, ménagé, distingué la bonne baronne; et vous savez comme elle m'a toujours paru, et combien je vous conseille de vous servir, en sa faveur, de votre bonne lunette. Vous ne me dites rien de Roquesante, ni du bon cardinal [1]; j'aime tant celui de Commercy [2], que j'en aime toutes les calottes rouges dignement portées; car je me tiens et tiendrai offensée des autres : vous dites sur cela tout ce qu'il faut. Je comprends vos *pétoffes* [3] admirablement; il me semble que j'y suis encore.

On nous dépeint ici M. de Marseille [4] l'épée à la main, à côté du roi de Pologne, ayant eu deux chevaux tués sous lui, et donnant la chasse aux Tartares, comme l'archevêque Turpin la donnait aux Sarrasins : dans cet état, je pense qu'il méprise bien la petite assemblée de Lambesc. Je comprends le chagrin que vous avez eu de quitter Gri-

---

[1] Le cardinal Grimaldi, archevêque d'Aix. (P.)
[2] Le cardinal de Retz, qui s'était retiré à Commercy. (P.)
[3] Mot gascon qui signifie *balivernes*, *fadaises*, et dans le langage de madame de Sévigné, *lanterneries*. (M.)
[4] Il était alors ambassadeur en Pologne. (P.)

gnan et la bonne compagnie que vous y aviez ; la résolution de vous y retrouver tous après l'assemblée est bien naturelle. Voulez-vous savoir des nouvelles de Rennes ? Il y a présentement cinq mille hommes, car il en est venu encore de Nantes. On a fait une taxe de cent mille écus sur le bourgeois ; et si on ne trouve point cette somme dans vingt-quatre heures, elle sera doublée, et exigible par les soldats. On a chassé et banni toute une grande rue, et défendu de les recueillir sur peine de la vie ; de sorte qu'on voyait tous ces misérables, femmes accouchées, vieillards, enfants, errer en pleurs au sortir de cette ville, sans savoir où aller, sans avoir de nourriture, ni de quoi se coucher. Avant-hier on roua un violon qui avait commencé la danse et la pillerie du papier timbré ; il a été écartelé après sa mort, et ses quatre quartiers exposés aux quatre coins de la ville, comme ceux de *Josseran*[1] à Aix. Il dit en mourant que c'étaient les fermiers du papier timbré qui lui avaient donné vingt-cinq écus pour commencer la sédition ; et jamais on n'a pu en tirer autre chose. On a pris soixante bourgeois : on commence demain à pendre. Cette province est un bel exemple pour les autres, et surtout de respecter les gouverneurs et les gouvernantes, de ne leur point dire d'injures, et de ne point jeter de pierres dans leur jardin.

Je vous ai mandé comme madame de Tarente nous a tous sauvés ; elle était hier dans ces bois par un temps enchanté : il n'est question ni de chambre ni de collation ; elle entre par la barrière, et s'en retourne de même. Elle me montra des lettres de Danemark. Ce favori[2] se fait porter les paquets de la princesse jusqu'à l'armée, comme par méprise, et pour avoir un prétexte, en les lui envoyant, de l'assurer de sa passion. Je reviens à notre Bretagne : tous les villages contribuent pour nourrir les troupes, et l'on

---

[1] Ce misérable avait assassiné son maître, qui était un gentil-homme de Provence, de la maison de Pontevez. (P.)
[2] Le comte de Griffenfeld.

sauve son pain en sauvant ses denrées. Autrefois on les vendait, et l'on avait de l'argent; mais ce n'est plus la mode, tout cela est changé. M. de Molac est retourné à Nantes; M. de Lavardin vient à Rennes. Tout le monde plaint bien M. d'Harouïs[1]; on ne comprend pas comme il pourra faire, ni ce qu'on demandera aux états, s'il y en a. Enfin vous pouvez compter qu'il n'y a plus de Bretagne; et c'est dommage. Mon fils est fort alarmé de ce que le chevalier de Lauzun a permission de se défaire : nous avons écrit à M. de La Trousse, qui parlera à M. de Louvois, pour que le guidon puisse monter sans qu'il lui en coûte rien; nous verrons comme cela se tournera. D'Hacqueville vous en pourra instruire plutôt que moi; ce qui me console un peu, c'est qu'il y a bien loin depuis avoir permission de vendre sa charge, jusqu'à avoir trouvé un marchand; le temps n'est plus, comme il y a six ans, que je donnai vingt-cinq mille écus à M. de Louvois un mois plus tôt que je ne lui avais promis; on ne pourrait pas présentement trouver dix mille francs dans cette province. On fait l'honneur à MM. de Forbin et de Vins de dire qu'ils s'y ennuient beaucoup, et qu'ils ont une grande impatience de s'en aller. Ne vous ai-je pas mandé le joli mariage de mademoiselle de Noirmoutier avec le frère de d'Olonne? Je trouve très-beau ce qu'a fait Monceaux pour M. de Turenne : je n'aime guère le mot de *parmi* dans un si petit ouvrage. Je vous embrasse, ma très-chère et très-aimable, et suis tout entière à vous.

427. — A LA MÊME.

Aux Rochers, dimanche 5 novembre 1675.

Je suis fort occupée de toutes vos affaires de Provence; et si vous prenez intérêt à celles de Danemark, j'en prends

---

[1] Trésorier général des états de Bretagne. (P.)

bien davantage à celles de Lambesc. J'attends l'effet de cette défense qu'on devait faire au parlement d'envoyer à la maison de ville; j'attends la nomination du procureur du pays, et le succès du voyage du consul, qui veut être noble par ordre du roi. J'ai fort ri de ce premier président, et des effets de sa jalousie : on lui faisait une grande injustice de croire qu'un homme élevé à Paris ne sût pas vivre, et ne donnât pas plutôt une bonne couple de soufflets que des coups de plat d'épée. Je suis bien étonnée qu'il soit jaloux de ce petit garçon qui sentait le tabac : il n'y a personne qui ne soit dangereux pour quelqu'un. Il me semble que le vin des Bretons figure avec le tabac des Provençaux.

J'admire toujours qu'on puisse prononcer une harangue sans manquer et sans se troubler, quand tout le monde a les yeux sur vous, et qu'il se fait un grand silence. Ceci est pour vous, monsieur le Comte; je me réjouis que vous possédiez cette hardiesse, qui est si fort au-dessus de mes forces. Mais, ma fille, c'est du bien perdu que de parler si agréablement, puisqu'il n'y a personne. Je suis piquée, comme vous, que l'intendant et les évêques ne soient point à l'ouverture de cette assemblée; je ne trouve rien de plus indigne, ni de moins respectueux pour le roi et pour celui qui a l'honneur de le représenter. Si l'on attend que M. de Marseille soit revenu de ses ambassades, on attendra longtemps; car apparemment il n'en fera pas pour une. Je me suis plainte à d'Hacqueville; c'est tout ce que je puis faire d'ici, et puis voilà qui est fait pour cette année : n'en direz-vous rien à madame de Vins? Elle m'a écrit une lettre fort vive et fort jolie; elle se plaint de mon silence, elle est jalouse de ce que j'écris à d'autres, elle veut désabuser M. de Pomponne de ma tendresse; il n'y a plus que pour elle : je n'ai jamais vu un fagot d'épines si révolté. Je lui fais réponse, et me réjouis qu'elle se soit mise à être tendre, et à parler de la jalousie autrement qu'en interligne : je ne croyais pas qu'elle écrivît si bien ; elle me parle de vous, et m'attaque fort joliment. J'eus ici, le jour de la Toussaint, M. Boucherat et M. de Harlay, son gendre, à dîner; ils s'en vont à nos états, que l'on ouvre quand tout le monde y est. Ils me dirent leur harangue; elle est fort belle. La présence de M. Boucherat sera salutaire à la province et à M. d'Harouïs. M. et madame de Chaulnes ne sont plus à Rennes. Les rigueurs s'adoucissent ; à force d'avoir pendu, on ne pendra plus. Il ne reste que deux mille hommes à Rennes. Je crois que Forbin et Vins s'en vont par Nantes; Molac y est retourné. C'est M. de Pomponne qui a protégé le malheureux dont je vous ai parlé. Si vous m'envoyez le roman de votre premier président, je vous enverrai, en récompense, l'histoire lamentable, avec la chanson du violon qui fut roué à Rennes. M. Boucherat but à votre santé; c'est un homme aimable et d'un très-bon sens. Il a passé par Veret ; il a vu à Blois madame de Maintenon, et M. du Maine, qui marche : cette joie est grande. Madame de Montespan fut au-devant de ce joli prince, avec la bonne abbesse de Fontevrauld et madame de Thianges. Je crois qu'un si heureux voyage réchauffera les cœurs des deux amies.

Vous me faites un grand plaisir, ma très-chère, de prendre soin de ma petite : je suis persuadée du bon air que vous avez à faire toutes les choses qui sont pour l'amour de moi. Je ne sais pourquoi vous dites que l'absence dérange toutes les amitiés : je trouve qu'elle ne fait point d'autre mal que de faire souffrir. J'ignore entièrement les délices de l'inconstance, et je crois pouvoir vous répondre et porter la parole pour tous les cœurs où vous régnez uniquement, qu'il n'y en a pas un qui ne soit comme vous l'avez laissé. N'est-ce pas être bien généreuse de me mêler de répondre pour d'autres cœurs que le mien? Celui-là, du moins, vous est-il bien assuré. Je ne vous trouve plus si entêtée de votre fils; je crois que c'est votre faute, car il avait trop d'esprit pour n'être pas toujours fort joli. Vous ne comprenez point encore trop bien l'amour maternel; tant mieux, ma fille : il est violent; mais à moins que d'avoir des raisons comme moi, ce qui ne se rencontre pas souvent, on peut à merveille se dispenser de cet excès. Quand je serai à Paris, nous parlerons de nous revoir : c'est un désir et une espérance qui me soutiennent la vie.

Adieu, ma très-chère. Je serais ravie, aussi bien que vous, que nous puissions nous allier peut-être aux Machabées; mais cela ne va pas bien. Je souhaite que votre lecture aille mieux; ce serait une honte dont vous ne pourriez pas vous laver, de ne pas finir Josèphe [1] : hélas! si vous saviez ce que j'achève, et ce que je souffre du style du jésuite (*Maimbourg*), vous vous trouveriez bien heureuse d'avoir à finir un si beau livre [2].

428. — A LA MÊME.

Aux Rochers, mercredi 6 novembre 1675.

Quelle lettre, ma très-chère! Quels remercîments ne vous dois-je point d'avoir employé vos yeux, votre tête, votre main, votre temps à me composer un si agréable livre! Je l'ai lu et relu, et le relirai encore avec bien du plaisir et bien de l'attention : il n'y a nulle lecture où je puisse prendre plus d'intérêt; vous contentez ma curiosité sur tout ce que je souhaitais, et j'admire votre soin à me faire des réponses si ponctuelles; cela fait une conversation toute réglée et très-délicieuse. Mais en vérité, ma fille, ne vous tuez pas : cette crainte me fait renoncer au plaisir d'avoir souvent de pareils divertissements. Vous ne sauriez douter qu'il n'y ait bien de la générosité dans le soin que je prends de vous ménager sur l'écriture.

---

[1] Auteur des *Antiquités judaïques*.
[2] *L'Histoire des Juifs*, traduite par Arnauld d'Andilly.

Je comprends avec plaisir la considération de M. de Grignan dans la Provence après ce que j'ai vu. C'est un agrément que vous ne sentez plus; vous êtes trop accoutumés d'être honorés et aimés dans une province où l'on commande.

Si vous voyiez l'horreur, la détestation, la haine qu'on a ici pour le gouverneur, vous sentiriez bien plus que vous ne faites la douceur d'être aimés et honorés partout. Quels affronts! quelles injures! quelles menaces! quels reproches, avec de bonnes pierres qui volaient autour d'eux! Je ne crois pas que M. de Grignan voulût de cette place à de telles conditions : son étoile est bien contraire à celle-là. Vous me parlez de cette héroïque signature que vous avez faite pour M. de Grignan : vous ne doutez pas des beaux sentiments de notre cardinal [1]; je ne parle pas des miens : vous voyez cependant ce qu'il vous conseillait. Il y a de certaines choses, ma fille, que l'on ne conseille point : on expose le fait; les amis font leur devoir de ne point commettre les intérêts de ceux qu'ils aiment; mais quand on a l'âme aussi parfaitement belle et bonne que vous l'avez, on ne consulte que soi, et l'on fait précisément comme vous avez fait. N'avez-vous pas vu combien vous avez été admirée? N'êtes-vous pas plus aise de ne devoir qu'à vous une si belle résolution? Vous ne pouviez mal faire : si vous n'eussiez point signé, vous faisiez comme tout le monde aurait fait; et en signant vous faisiez au delà de tout le monde [2]. Enfin, mon enfant, jouissez de la beauté de votre action, et ne nous méprisez pas, car nous avons fait notre devoir; et dans une pareille occasion, nous ferions peut-être comme vous, et vous comme nous : tout cela s'est fort bien passé. Je suis ravie que M. de Grignan récompense cette marque de votre amitié par une plus grande attention à ses affaires : la sagesse dont vous le louez, et dont

---

[1] Le cardinal de Retz conseillait de ne pas signer. (P.)
[2] Madame de Grignan s'était engagée pour son mari. (A. G.)

il profite, est la seule marque de reconnaissance que vous souhaitiez de lui.

A MONSIEUR DE GRIGNAN.

Monsieur le Comte, je suis ravie qu'elle soit contente de vous; trouvez bon que je vous en remercie par l'extrême intérêt que j'y prends, et que je vous conjure de continuer : vous ne sauriez y manquer sans ingratitude, et sans faire tort au sang des Adhémars. J'en vois un dans les croisades, qui était un grandissime seigneur il y a six cents ans; il était aimé comme vous : il n'aurait jamais voulu donner un moment de chagrin à une femme comme la vôtre. Sa mort mit en deuil une armée de trois cent mille hommes, et fit pleurer tous les princes chrétiens. Je vois aussi un Castellane, mais celui-ci n'est pas si ancien, il est moderne; il n'y a que cinq cent vingt ans qu'il faisait aussi une très-grande figure. Je vous conjure donc, par ces deux grands-pères, qui sont mes amis particuliers, de vous abandonner à la conduite de votre femme, et en le faisant, voyez ce que vous faites pour vous.

A MADAME DE GRIGNAN.

Enfin, ma fille, sans le vouloir et sans y penser, j'écris une grande lettre à M. de Grignan. Votre confidence avec l'intendant sur ces deux maisons qui font tant de bruit chez M. L.... est une très-plaisante chose. J'aime à attaquer de certains chapitres comme ceux-là, avec de certaines gens dont il semble qu'on n'ose approcher. Il n'y a qu'à prendre courage, ce sont les feux du Tasse; mais au moins M. de P...... saura quelque jour ce que c'est que cette grande maison de V.... Il me paraît que de mentir sur une chose de fait comme celle-là, c'est donner hardiment de la fausse monnaie comme Pomenars. D'ici à demain je ne pourrais pas vous dire à quel point votre épisode de Messine m'a divertie [1]; c'est un original que cette pièce, le prince, le ministre : mais qu'est donc devenue cette valeur dont on se vantait dans la jeunesse autrefois? Le prince me paraît présentement comme le comte *di Culagna* dans la *Secchia* [2]; et pour la figure, n'est-il point justement comme on dépeint le sommeil dans l'Arioste, ou comme Despréaux représente la Mollesse dans son *Lutrin?* Mais, ma fille, on ne peut point vivre longtemps en cet état: j'en garderai plus soigneusement le portrait que vous m'en faites; il est de Mignard.

Je suis votre exemple pour madame du Janet : je veux bien ne me souvenir que de sa bonté, de l'attachement qu'elle a pour vous, et des bonnes larmes que nous avons répandues ensemble; je vous prie donc de l'embrasser pour moi, et de me mander si mon souvenir lui fait quelque léger plaisir. J'en aurais beaucoup que le mariage de notre fille réussît : si vous n'avez plus personne auprès de M. de Montausier, il me semble que vous pourriez y faire entrer notre d'Hacqueville : il vaut autant bien tué que mal tué. Tout d'un coup, après avoir voulu le ménager, je retombe sur lui, et lui fais plus de mal que tous les autres. Faites comme moi : c'est un ami inépuisable. Puisque vous ne me plaignez pas quand je suis tout entourée de troupes, et que vous croyez que ma confiance n'est point fondée sur ma sûreté, vous aurez pitié de moi en apprenant que nous avons à Rennes deux mille cinq cents hommes de moins; cela est bien cruel, après en avoir eu cinq mille : vraiment il y a des endroits dans vos lettres qui ressemblent à des éclairs.

Le bon cardinal, comme vous savez, est à Commercy de-

---

[1] Messine s'était révoltée contre les Espagnols. M. de Vivonne y fit entrer un secours de blé et d'hommes, et les Messinois, dans leur enthousiasme, voulurent se donner à Louis XIV, et le proclamèrent leur roi. Tel est l'*Épisode de Messine*, qui avait *diverti* madame de Sévigné.

[2] *La Secchia rapita*, poëme italien du Tassoni.

puis son bref ; je crois qu'il y sera dans la même retraite ; mais il me semble que *vêpres* sont bien loin de son château. Je croirais assez qu'il aimait autant prendre médecine à Saint-Mihel que de ne la pas prendre. Il n'était pas si docile à Paris. Pour vous, ma petite, vous n'êtes point changée à l'égard de *vêpres;* vous les trouvez plus noires que jamais : vous souvient-il des folies de mon fils ?

Vous êtes toujours bien méchante quand vous parlez de madame de La Fayette ; je lui ferai quelques légères amitiés de votre part. Elle m'écrit souvent de sa propre main ; mais à la vérité ce sont des billets, car elle a un mal de côté que vous lui avez vu autrefois, et qui est très-dangereux. Elle ne sort point du tout de sa chambre, et n'a point été un seul jour à Saint-Maur : voyez s'il faut être languissante. M. de La Rochefoucauld a la goutte ; si malgré le lait, la goutte prend cette liberté tous les ans, ce sera une grande misère. Madame de Coulanges vient à Paris ; elle a gardé assez longtemps sa très-extravagante mère. M. de Coulanges vous est trop obligé de vos reproches ; s'il avait pu vous aller voir, il y aurait été. Il a vu la pauvre Rochebonne dans le plus triste château de France [1] ; elle me fait pitié : n'ira-t-elle point à Lyon ? Madame de Verneuil y était à la Toussaint ; il y avait chez elle madame de Coulanges, le cardinal de Bonzi et Briole : n'était-ce pas Paris ? Ce Briole doit à sa bonne mine le plus grand parti du pays : voilà comme on est heureux ; et nous autres, tout nous échappe.

Je suis ravie que vous aimiez *Josèphe*[2], et Hérode, et Aristobule ; continuez, je vous en prie ; voyez les siéges de Jérusalem et de Jotapat ; prenez courage, tout est beau, tout est grand. Cette lecture est magnifique et digne de vous : ne la quittez pas sans rime ni raison. Pour moi, je suis dans l'histoire de France : les croisades m'y ont jetée ;

---

[1] Le château de Thézé, dans le Lyonnais.
[2] L'*Histoire des Juifs*, par Josèphe, traduite par Arnauld d'Andilly.

elles ne sont pas comparables à la dernière des feuilles de *Josèphe*. Ah! que l'on pleure bien Aristobule et Mariamne! Pourquoi me dites-vous qu'en achevant la lecture de votre lettre je dirai que *les grands parleurs sont par moi détestés*? Il y a des histoires, des épisodes, et mille agréments dans ce que vous appelez *votre livre*; et moi, j'écris depuis plus de deux heures sans avoir rien dit; enfin c'est une rage de vouloir vous parler à toute force, comme *le docteur*. Je finis pourtant, et je vous embrasse avec une extrême tendresse. Je me porte parfaitement bien; les soirées sont un peu longues, et il pleut; voilà tout ce que je sais.

M. de Tulle (*Mascaron*) a surpassé tout ce qu'on espérait de lui dans l'Oraison funèbre de M. de Turenne; c'est une action pour l'immortalité.

429. — A LA MÊME.

Aux Rochers, dimanche 10 novembre 1675.

Je suis fâchée, ma très-chère, je n'ai point reçu de vos lettres cet ordinaire; et je sens, par ce petit chagrin, quelle consolation c'est d'avoir des nouvelles d'une personne que l'on aime beaucoup : cela rapproche; on est occupée des pensées que cela jette dans l'esprit; et quoiqu'elles soient quelquefois mêlées de tristesse, on les aime bien mieux que l'ignorance. Nous avons un petit été de Saint-Martin, froid et gaillard, que j'aime mieux que la pluie; je suis toujours dehors faite comme un loup-garou. Le dessus de mon humeur dépend fort du temps; de sorte que pour savoir comme je suis, vous n'avez qu'à consulter les astres. Mais votre Provence vous dira toujours des merveilles; le beau temps ne vous est de rien, vous y êtes trop accoutumée; pour nous, nous voyons si peu le soleil, qu'il nous fait une joie particulière. Il y a de belles moralités à dire là-dessus; mais c'est assez parler de la pluie et du beau temps.

M. de Vins a été un mois à Rennes, disant tous les jours qu'il venait ici, qu'il était de mes amis, et proche parent des Grignans. M. et madame de Chaulnes, madame de Marbeuf, Tonquedec, Coëtlogon, lui parlaient de moi, de mes belles allées; il prenait leur ton. Mais c'est ce qui s'appelle brave jusqu'au dégaîné, car il est passé à la Guerche, qui n'est qu'à trois lieues d'ici, sans oser approcher de moi; j'eusse parié d'avance qu'il n'y fût pas venu : ma fille, il y a des gens qui vont, et d'autres qui ne vont pas. Forbin et lui ont touché le cœur de deux dames de Rennes : elles sont sœurs; ce sont les marquises de G... et de C...; ce sont des constantes amours; nos champs n'ont point de fleurs plus passagères; mais on ne veut pas perdre la saison d'aimer.

Madame de Lavardin m'envoie ses relations de Paris : c'est une plaisante chose; ces commerces sont agréables : c'est la marquise d'Uxelles, l'abbé de La Victoire [1], Longueil et quelques autres. Rien ne fut plus agréable que la surprise qu'on fit au roi : il n'attendait M. du Maine que le lendemain; il le vit entrer dans sa chambre, marchant et mené seulement par la main de madame de Maintenon; ce fut un transport de joie. M. de Louvois alla voir en arrivant cette gouvernante; elle soupa chez madame de Richelieu, les uns lui baisant la main, les autres la robe; et elle se moquant d'eux tous, si elle n'est bien changée; mais on dit qu'elle l'est. Madame de Coulanges revient; je n'en ai jamais douté. On ne parle que de cette admirable oraison funèbre de M. de Tulle; il n'y a qu'un cri d'admiration sur cette action; son texte était : *Domine, probasti me et cognovisti me;* et cela fut traité divinement: j'ai bien envie de la voir imprimée [2].

Voilà, ma chère enfant, ce qui s'appelle causer; car vous

---

[1] L'abbé Lenet.
[2] Il s'agit de l'oraison funèbre de Turenne, prononcée aux Carmélites de la rue Saint-Jacques, par Mascaron, évêque de Tulle.

comprendrez toujours que je ne prétends pas vous apprendre des nouvelles de mille lieues loin. Il y a des commerces qui sont assurément fort agréables; je vous conseille de prier M. de Coulanges qu'il vous mande, en mon absence, de certaines bagatelles qu'on aime quelquefois bien autant que les gazettes. On dit qu'il n'est pas vrai que M. de Bailleul [1] vende sa charge; je pense que sur cela vous diriez comme de la bouche de M. de Champlâtreux [2], qui était auprès de son œil : n'est-elle pas aussi bien là qu'ailleurs? Est-il vrai que l'armée de Catalogne s'en va punir Bordeaux comme on a puni Rennes? Je ne crois pas à Ruyter : vous avez beau me dire qu'il est sur votre Méditerranée, c'est une vision : ne disait-on pas la même chose l'année passée sur notre mer? Vous savez bien que cela était faux. Mon fils croit que M. de Louvois lui continuera ses aimables distinctions, en lui faisant donner de l'argent pour monter à l'enseigne; c'est bien pis que *les neuf cents lieues* : mais que faire? Cette jolie circonstance rend son voyage incertain. Adieu, ma très-aimable; je vous embrasse avec une tendresse qui est, ce me semble, au point de la perfection; plût à Dieu vous le pouvoir témoigner comme je le sens!

430. — A LA MÊME.

Aux Rochers, mercredi 13 novembre 1675.

Les voilà toutes deux, ma très-chère; il me paraît que je les aurais reçues réglément comme à l'ordinaire, sans que Ripert m'a retardée d'un jour par son voyage de Versailles. Quelque goût que vous ayez pour mes lettres, elles ne peuvent jamais vous être ce que les vôtres me sont; et puisque Dieu veut qu'elles soient présentement ma seule

---

[1] Louis de Bailleul, président au parlement de Paris.
[2] Jean-Édouard Molé de Champlâtreux, président à mortier au parlement de Paris.

consolation, je suis heureuse d'y être très-sensible. Mais en vérité, ma fille, il est douloureux d'en recevoir si long-temps, et cependant la vie se passe sans jouir d'une présence si chère. Je ne puis m'accoutumer à cette dureté; toutes mes pensées et toutes mes rêveries en sont noircies : il me faudrait un courage que je n'ai pas pour m'accommoder d'une si extraordinaire destinée. J'ai regret à tous mes jours qui s'en vont, et qui m'entraînent sans que j'aie le temps d'être avec vous; je regrette ma vie, et je sens pourtant que je la quitterais avec moins de peine, puisque tout est si mal rangé pour me la rendre agréable. Dans ces pensées, ma très-chère, on pleure quelquefois sans vous le dire, et je mériterai vos sermons malgré moi, et plus souvent que je ne voudrai; car ce n'est jamais volontairement que je me jette dans ces tristes méditations : elles se trouvent tout naturellement dans mon cœur, et je n'ai pas l'esprit de m'en tirer. Je suis au désespoir, ma fille, de n'avoir pas été maîtresse aujourd'hui d'un sentiment si vif; je n'ai pas accoutumé de m'y abandonner. Parlons d'autre chose : c'est un de mes tristes amusements que de penser à la différence des jours de l'année passée et de celle-ci. Quelle compagnie les soirs! quelle joie de vous voir, et de vous rencontrer, et de vous parler à toute heure! que de retours agréables pour moi! Rien ne m'échappe de tous ces heureux jours, que les jours mêmes qui sont échappés. Je n'ai pas au moins le déplaisir de n'avoir pas senti mon bonheur : c'est un reproche que je ne me ferai point; mais, par cette raison, je sens bien vivement le contraire d'un état si heureux.

Vous ne me dites point si vous avez été assez bien traités dans votre assemblée, pour ne donner au roi que le don ordinaire; on augmente le nôtre. Je pensai battre le bonhomme Boucherat[1] quand je vis cette augmentation; je

---

[1] Louis Boucherat, commissaire du roi aux états de Bretagne, et depuis chancelier de France.

ne crois pas qu'on en puisse payer la moitié. Les états s'ouvriront demain, c'est à Dinan : tout ce pauvre parlement est malade à Vannes. Rennes est une ville comme déserte ; les punitions et les taxes ont été cruelles ; il y aurait des histoires tragiques à vous conter d'ici à demain. La Marbeuf ne reviendra plus ici ; elle démêle ses affaires pour s'aller établir à Paris. J'avais pensé que mademoiselle de Méri[1] ferait très-bien de louer une maison avec elle ; c'est une femme très-raisonnable, qui veut mettre sept ou huit cents francs à une maison ; elles pourront ensemble en avoir une de onze à douze cents livres. Elle a un bon carrosse, elle ne serait nullement incommode, et on n'aurait de société avec elle qu'autant que l'on voudrait ; elle serait ravie de me plaire et d'être dans un lieu où elle me pourrait voir, car c'est une passion, qui pourtant ne la rend point incommode. Il faudrait que d'ici à Pâques mademoiselle de Méri demandât une chambre à l'abbé d'Effiat : j'ai jeté tout cela dans la tête de La Troche.

Je trouve, ma très-chère, que je vous réponds assez souvent par avance, comme *Trivelin*, et sur ma santé et sur M. de Vins : vous n'attendez point trois semaines. La réflexion est admirable, qu'avec tous nos étonnements de nos lettres que nous recevons du 3 au 11, c'est neuf jours ; il nous faut pourtant trois semaines avant que de dire : *Je me porte bien, à votre service.*

Vous êtes étonnée que j'aie un petit chien ; voici l'aventure. J'appelais, par contenance, une chienne courante d'une madame qui demeure au bout de ce parc. Madame de Tarente me dit : Quoi ! vous savez appeler un chien ? je veux vous en envoyer un, le plus joli du monde. Je la remerciai, et lui dis la résolution que j'avais prise de ne me plus engager dans cette sottise. Cela se passe, on n'y pense plus ; deux jours après je vois entrer un valet de

---

[1] Cousine germaine de madame de Sévigné.

chambre avec une petite maison de chien, toute pleine de rubans, et sortir de cette jolie maison un petit chien tout parfumé, d'une beauté extraordinaire, des oreilles, des soies, une haleine douce, petit comme *Sylphide*, blondin comme un blondin ; jamais je ne fus plus étonnée, ni plus embarassée : je voulus le renvoyer, on ne voulut jamais le reporter. La femme de chambre qui l'avait élevé en a pensé mourir de douleur. C'est *Marie*[1] qu'aime le petit chien ; il couche dans sa maison et dans la chambre de Beaulieu ; il ne mange que du pain ; je ne m'y attache point, mais il commence à m'aimer : je crains de succomber. Voilà l'histoire que je vous prie de ne point mander à *Marphise*[2], car je crains ses reproches : au reste, une propreté extraordinaire. Il s'appelle *Fidèle* ; c'est un nom que les amants de la princesse n'ont jamais mérité de porter ; ils ont été pourtant d'un assez bel air ; je vous conterai quelque jour ses aventures. Il est vrai que son style est tout plein d'évanouissement, et je ne crois pas qu'elle ait eu assez de loisir pour aimer sa fille, au point d'oser se comparer à moi. Il faudrait plus d'un cœur pour aimer tant de choses à la fois ; pour moi, je m'aperçois tous les jours que les gros poissons mangent les petits : si vous êtes mon préservatif, comme vous le dites, je vous suis trop obligée, et je ne puis trop aimer l'amitié que j'ai pour vous. Je ne sais de quoi elle m'a gardée ; mais quand ce serait de feu et d'eau, elle ne me serait pas plus chère. Il y a des temps où j'admire qu'on veuille seulement laisser entrevoir qu'on ait été capable d'approcher à neuf cents lieues d'un cap. La bonne princesse en fait toute sa gloire, au grand mépris de son miroir, qui lui dit tous les jours qu'avec un tel visage il faut perdre même le souvenir. Elle m'aime beaucoup : on en médirait à Paris ; mais ici c'est une faveur qui me fait honorer de mes paysans. Ses chevaux sont malades ; elle ne

---

[1] Une des femmes de madame de Sévigné. (P.)
[2] Petite chienne que madame de Sévigné avait laissée à Paris. (P.)

peut venir aux Rochers, et je ne l'accoutume point à recevoir de mes visites plus souvent que tous les huit ou dix jours : je lui dis en moi-même, comme M. de Bouillon à sa femme : Si je voulais aller en carrosse rendre des devoirs, et n'être pas aux Rochers, je serais à Paris.

L'été de Saint-Martin continue, et mes promenades sont fort longues. Comme je ne sais point l'usage d'un grand fauteuil, je repose *mia corporea salma* tout du long de ces allées ; j'y passe des jours toute seule avec un laquais, et je n'en reviens point que la nuit ne soit bien déclarée, et que le feu et les flambeaux ne rendent ma chambre d'un bon air. Je crains l'entre chien et loup quand on ne cause point, et je me trouve mieux dans ces bois que toute seule dans une chambre : c'est ce qui s'appelle *se mettre dans l'eau de peur de la pluie* ; mais je m'accommode mieux de cette grande tristesse que de l'ennui d'un fauteuil. Ne craignez point le serein, ma fille ; il n'y en a point dans les vieilles allées : ce sont des galeries ; ne craignez que la pluie extrême, car en ce cas il faut revenir, et je ne puis rien faire qui ne me fasse mal aux yeux. C'est pour conserver ma vue que je vais à ce que vous appelez le serein. Ne soyez en aucune peine de ma santé : je suis dans la très-parfaite.

Je vous remercie du goût que vous avez pour *Josèphe* : n'est-il pas vrai que c'est la plus belle histoire du monde ? Je vous envoie par Ripert une troisième partie des *Essais de Morale*, que je trouve admirable : vous direz que c'est la seconde, mais ils font la seconde *De l'Éducation d'un Prince*, et voici la troisième. Il y a un traité *De la Connaissance de Soi-Même*, dont vous serez fort contente ; il y en a un *De l'Usage qu'on peut faire des mauvais Sermons*, qui vous eût été bon le jour de la Toussaint. Vous faites bien, ma fille, de ne vouloir point oublier l'italien ; je fais comme vous, j'en lis toujours un peu.

Ce que vous dites de M. de Chaulnes est admirable. Il fut hier roué vif un homme à Rennes (c'est le dixième), qui confessa d'avoir eu dessein de tuer ce gouverneur : pour celui-là, il méritait bien la mort. Les médecins de ce pays ne seront pas si complaisants que ceux de Provence, qui accordent par respect à M. de Grignan qu'il a la fièvre ; ceux-ci compteraient pour rien la fièvre pourprée à M. de Chaulnes, et nulle considération ne pourrait leur faire avouer que son mal fût dangereux. On voulait, en exilant le parlement, le faire consentir, pour se racheter, qu'on bâtit une citadelle à Rennes ; mais cette noble compagnie voulut obéir fièrement, et partit plus vite qu'on ne voulait ; car tout se tournerait en négociation ; mais on aime mieux les maux que les remèdes.

Notre cardinal est à Commercy comme à l'ordinaire ; le pape ne lui laisse pas la liberté de suivre son goût. L'intendante est-elle avec vous ? Vous me direz oui ou non dans trois semaines Ah, ma fille ! vous avez eu trop bonne opinion de moi à la Toussaint ; ce fut le jour que M. Boucherat et son gendre vinrent dîner ici, de sorte que je ne fis point mes dévotions. La princesse était à l'oraison funèbre de Scaramouche, faisant honte aux catholiques : cette vision est fort plaisante. Je souhaite fort que M. l'archevêque fasse le mariage qui vous est si bon. Je crois que mon fils s'en va dans les quartiers de fourrages, qui signifient bientôt après ceux d'hiver.

Je veux qu'en mon absence M. de Coulanges vous mande de certaines choses qu'on aime à savoir. Vous me proposez pour régime une nourriture bien précieuse : je ne vous réponds pas tout à fait de vous obéir ; mais en vérité je ne mange pas beaucoup, je ne regarde pas les châtaignes, je ne suis point du tout engraissée ; mes promenades de toutes façons m'empêchent de profiter de mon oisiveté. Mademoiselle de Noirmoutier s'appellera madame de Royan ; vous dites vrai, le nom d'Olonne[1] est trop difficile

---

[1] Allusion à la vie peu édifiante de la comtesse d'Olonne, tant *célébrée* dans les *Amours des Gaules*.

à purifier. Adieu, ma chère enfant, vous êtes donc persuadée que j'aime ma fille plus que les autres mères; vous avez raison, vous êtes la chère occupation de mon cœur, et je vous promets de n'en avoir jamais d'autre, quand même je trouverais en mon chemin une fontaine de Jouvence. Pour vous, ma fille, quand je songe comme vous avez aimé le chocolat, je ne sais si je ne dois point trembler : puis-je espérer d'être plus aimable, et plus parfaite, et plus toutes sortes de choses? Il vous faisait battre le cœur : peut-on se vanter de quelque fortune pareille? Vous devriez me cacher ces sortes d'inconstances. Adieu, ma très-chère Comtesse; mandez-moi si vous dormez, si vous n'êtes point brésillée, si vous mangez, si vous avez le teint beau, si vous n'avez point mal à vos belles dents : mon Dieu, que je voudrais bien vous voir et vous embrasser!

431. — A LA MÊME.

Aux Rochers, dimanche 17 novembre 1675.

Je mets sur votre conscience, ma chère fille, tout le bien que vous dites sur mon sujet : vous avez fait à l'intendant un portrait de moi qui me flatte beaucoup; mais je vous avoue que j'aimerais mieux avoir votre estime et votre approbation sincère que celle de tout le reste du monde, dont on m'a tant voulu flatter autrefois. Je trouve qu'on ne souhaite l'estime que de ceux qu'on aime et qu'on estime; c'est une grande peine que de croire n'être pas dans ce degré; et par la même raison jugez de mes sentiments sur ce que vous me dites.

Je vous ai mandé comme madame de Vins m'a écrit joliment sur la jalousie qu'elle a de madame de Villars : jamais vous n'avez vu un si joli fagot d'épines; je lui ai fait réponse, et je lui écrirai dans quelque temps, car elle est si tendre que je craindrais qu'elle ne prît trop à cœur une seconde apparence d'oubli. Pour son mari, vous lui faites grâce de croire que ce soient les ordres de Pologne qui l'aient empêché de venir ici : ce sont les ordres qu'il reçoit toujours de sa timidité, quand il est question de chercher une bonne compagnie. Il a été un jour entier à Laval, et a passé à trois lieues d'ici; il y a bien de la vanité à ce discours, mais je dis vrai. Voyez par combien de raisons il devait venir me voir : *Provence, Pomponne, Grignan*[1].

Je fus hier chez la princesse; j'y trouvai un gentil-homme de ce pays, très-bien fait, qui perdit un bras le jour que M. de Lorges repassa le Rhin [2]; je l'interrogeai extrêmement sur tout ce qui se passa à cette armée, et sur la douleur et le désordre qu'y apporta la mort de M. de Turenne : ce détail d'un homme qui y était est toujours fort curieux; il vint à parler, sans me connaître, du régiment de Grignan et de son colonel : vraiment je ne crois pas que rien fût plus charmant que les sincères et naturelles louanges qu'il donna au chevalier; les larmes m'en vinrent aux yeux. Pendant tout le combat le chevalier fit des actions et de valeur et de jugement qui sont dignes de toute sorte d'admiration : cet officier ne pouvait s'en taire, ni moi me lasser de l'écouter. C'est quelque chose d'extraordinaire que le mérite de ce beau-frère : il est aimé de tout le monde. Voilà de quoi son humeur négative et sa qualité de *petit glorieux* m'eussent fait douter; mais point : c'est un autre homme; c'est le cœur de l'armée, dit ce pauvre estropié, qui a des douleurs incroyables; devinez où : c'est au bout des doigts de la main dont il a perdu le bras. Je voulus dire d'où cela venait, mais je ne pus jamais le faire comprendre; ma fille, je vous prie de me l'expliquer, vous me ferez un extrême plaisir.

---

[1] Le marquis de Vins était *Provençal* ; il était *beau-frère* de *M. de Pomponne*, et proche parent de *messieurs de Grignan*. (P.)

[2] A l'affaire d'Altenheim. (P.)

Un président [1] m'est venu voir, avec qui j'ai une affaire que je vais essayer de finir pour avancer mon retour autant que je le puis. Ce président avait avec lui un fils de sa femme, qui a vingt ans, et que je trouvai, sans exception, la plus agréable et la plus jolie figure que j'aie jamais vue ; j'allai dire que je l'avais vu à cinq ou six ans, et que j'admirais, comme M. de Montbazon, qu'on pût croître en si peu de temps : sur cela, il sort une voix terrible de ce joli visage, qui nous plante au nez, d'un air ridicule, que *mauvaise herbe croît toujours.* Voilà qui fut fait, je lui trouvai des cornes ; s'il m'eût donné un coup de massue sur la tête, il ne m'aurait pas plus affligée : je jurai de ne plus me fier aux physionomies :

> Non, non, je le promets,
> Non, je ne m'y fierai jamais.

Voici des nouvelles de notre province ; j'en ai reçu un fagot de lettres : les Lavardin, les Boucherat et les d'Harouïs me rendent compte de tout. M. de Harlay demanda trois millions ; chose qui ne s'est jamais donnée que quand le roi vint à Nantes ; pour moi, j'aurais cru que c'eût été pour rire. Ils promirent d'abord, comme des insensés, de les donner, et en même temps M. de Chaulnes proposa de faire une députation au roi, pour l'assurer de la fidélité de la province, et de l'obligation qu'elle lui a d'avoir bien voulu envoyer des troupes pour la remettre en paix, et que la noblesse n'a eu aucune part aux désordres qui sont arrivés. M. de Saint-Malo se botte aussitôt pour le clergé ; Tonquedec voulait aller pour sa noblesse ; mais M. de Rohan, président (*des états*), a voulu aller, et un autre, pour le tiers. Ils passèrent tous trois avant-hier à Vitré : il est inouï qu'un président de la noblesse ait jamais fait une pareille course. Il n'y a qu'un exemple dans les chroniques d'un général portugais qui voulut porter lui-même la nou-

---

[1] M. de Meneuf. *Voyez* la lettre du 15 décembre suivant.

velle d'une bataille qu'il avait gagnée contre les Castillans, et laissa sa pauvre armée à la gueule du loup. On ne voit point l'effet de cette députation ; pour moi, je crois que tout est réglé et joué, et qu'ils nous rapporteront quelque grâce : je vous le manderai ; mais jusque ici nous n'en voyons pas davantage.

M. de Montmoron a été ici deux ou trois jours pour des affaires : il a bien de l'esprit ; il m'a dit de ses vers ; il sait et goûte toutes les bonnes choses ; nous relûmes la mort de Clorinde. Ma fille, ne dites point, Je la sais par cœur : relisez-la, et voyez comme tout ce combat et ce baptême sont conduits ; finissez à *ahi vista ! ahi conoscenza*[1] ! Ne vous embarrassez point dans les plaintes qui vous consoleraient ; je vous réponds que vous en serez contente. Madame de Guitaud doit bien l'être de Joubert, d'être accouchée si heureusement ; le pauvre homme eut bien de la peine : ce sont de ces travaux-là qu'il lui faut. Je crois que la sagesse et la droite raison n'étaient pas appelées au conseil de ce voyage ; l'événement l'a rendu heureux, mais ce sont des coups de miracle qui ne me rendraient pas plus traitable dans une pareille occasion. Quand je songe comme je vous ai vue à Aix, ma chère enfant, n'espérez pas que je pusse avoir aucun repos. Madame de Béthune fait bien le contraire de sa sœur, si elle va accoucher en Pologne ; c'est une agréable place que celle qu'elle va tenir[2].

Celle que vous tenez vous paraît ennuyeuse par la disette de *non*, et votre cœur en est affadi ; vous souhaitez un *Montausier*, et moi je souhaite que celui que vous questionnez présentement ne vous dise point *non*. Ce mariage me paraît une merveilleuse chose ; encore ce *oui*-là, et puis plus ; nous attendrons en repos le *semeur* de *négatives*. Les

---

[1] *Jérusalem délivrée*, chant XII.
[2] Louise-Marie de La Grange d'Arquien, marquise de Béthune ; elle était sœur de la reine de Pologne, et son mari était ambassadeur du roi de France auprès du roi de Pologne. (P.)

regards du *Bonzi* en sont fort éloignés; ils paraissent donc à madame de Coulanges comme à nous. Les négatives se jettent sur les payements d'argent; nous lui ressemblons en ce pays, où nous ne voyons que des gens qui disent *non* quand nous leur demandons notre pauvre bien. Adieu, ma très-aimable; je pense à vous et la nuit et le jour : vous me faites comprendre ce que sont les vrais dévots.

Il y a un chevalier de Sévigné à Toulon, qui est votre parent et mon filleul; le chevalier de Buous dit qu'il est fort brave : s'il va saluer M. de Grignan, je le prie de lui faire quelque honnêteté particulière, à cause du nom. Il voudrait bien avoir un vaisseau : vous qui gouvernez M. de Seignelay, vous pourriez bien aisément obtenir pour lui ce qu'il souhaite.

432. — A LA MÊME.

Aux Rochers, mercredi 20 novembre 1675.

Je n'ai point reçu de vos lettres, ma fille; c'est une grande tristesse. Du But me mande que cela vient du mauvais temps, et que le courrier de Provence n'arrive plus assez tôt pour que votre paquet soit mis avec celui de Bretagne. Je ne crois point cela, et je m'imagine que votre rhume est augmenté, que vous avez la fièvre, et que vous n'avez pas voulu me faire écrire par un autre : voilà, ma chère Comtesse, de quelle couleur sont les pensées que l'on a ici; j'espère qu'elles s'éclairciront vendredi, et que je ne serai pas tombée des nues comme me voilà : je ne sais que dire, tant je suis décontenancée.

Nous attendons le retour de M. de Rohan et de M. de Saint-Malo. Quoiqu'ils ne soient allés simplement que pour dire au roi notre bonne volonté, car je crois que ce sera tout, je suis persuadée qu'ils rapporteront quelque grâce. On leur a déjà préparé aux états deux mille pistoles à chacun; nos folies de libéralités sont parvenues au comble de toutes les petites-maisons du monde. Je crois qu'il vaut mieux que cela soit à cet excès, et entièrement ridicule, que d'être à portée de pouvoir l'exécuter. De tout ceci, je ne plains que M. d'Harouïs[1], dont la perte est comme assurée dans un temps où l'on demande l'argent qu'on empêche de recevoir : son intérêt me tient fort au cœur.

Madame de Vins m'écrit encore une fort jolie lettre ; j'allais lui écrire. Elle m'a encore agacée. Elle se joue toujours sur cette tendresse que nous lui avons apprise : je vous montrerais ma réponse, si je n'avais, hélas ! qu'à passer d'une chambre à l'autre ; mais le moyen de la faire voyager si loin ? Je crois que mon fils viendra bientôt : il m'aidera fort à passer le reste du temps que je dois être ici. J'ai chargé d'Hacqueville d'une consultation pour l'affaire que j'ai avec ce président ; c'est une de mes raisons pour être aux Rochers, et j'ai cru qu'il ferait avec une grande affection une chose qui avançait mon retour. Voilà de mes confiances : j'y serai quelque jour attrapée. Le *bien bon* vous mande que Rousseau est à Paris, et que vous pouvez lui écrire pour vos affaires : quand nous y serons, nous ne penserons tous qu'à vous servir. Vous ne sauriez trop ménager d'Hacqueville : vous tenez une grande place dans le commerce que j'ai avec lui. Le bon cardinal m'a écrit, et me mande que la Saint-Martin est sonnée : je lui réponds que je le sais, et qu'il ne se charge point de cette inquiétude dans son désert, les inquiétudes sont mauvaises dans les déserts, et que je lui rendrai bon compte du Mirepoix. Il ne me paraît pas que cette Éminence nous ait encore oubliées. Je m'amuse à faire abattre de grands arbres ; le tracas que cela fait représente au naturel ces tapisseries où l'on peint les ouvrages de l'hiver : des arbres qu'on abat, des gens qui scient, d'autres qui font des bûches, d'autres qui chargent une charrette, et moi au mi-

---

[1] Trésorier général des états de Bretagne.

lieu, voilà le tableau. Je m'en vais faire planter; *car que faire aux Rochers, à moins que l'on ne plante*[1]?

Voilà un petit billet du comte de Saint-Maurice, qui vous apprendra des nouvelles de la Mazarine[2]. On m'assure dans ce moment qu'elle est à six lieues de Paris: *oh! la folle! oh! la folle!* Le roi a donné encore à madame de Fontevrauld, outre les dix mille écus, un diamant de trois mille louis: j'en suis fort aise. Je ne saurais écrire aujourd'hui au coadjuteur; comment fera-t-il, ponctuel comme il est, pour souffrir le retardement de cette réponse? Ne le grondez point de m'avoir envoyé votre lettre; elle était admirable, il n'y a rien que j'aime tant. Et M. de La Garde, l'avez-vous? c'est un homme que j'estime et qui vaut beaucoup. J'ai en vérité besoin de savoir tout ce qui se passe où vous êtes. Adieu, ma chère enfant; je causerai davantage une autre fois.

433. — A LA MÊME.

Aux Rochers, dimanche 24 novembre 1675.

Si on pouvait avoir un peu de patience, on épargnerait bien du chagrin. Le temps en ôte autant qu'il en donne; vous savez que nous le trouvons un vrai brouillon, mettant, remettant, rangeant, dérangeant, imprimant, effaçant, approchant, éloignant, et rendant toutes choses bonnes ou mauvaises, et quasi toujours méconnaissables. Il n'y a que notre amitié que le temps respecte et respectera toujours. Mais où suis-je, ma fille? voici un étrange égarement; car je veux dire simplement que la poste me retient vos lettres un ordinaire, parce qu'elle arrive trop tard à Paris, et qu'elle me les rend au double le courrier d'après:

[1] Parodie d'un vers de La Fontaine, dans la fable du *Lièvre et des Grenouilles*:

Car que faire en un gîte, à moins que l'on ne songe?

[2] Madame de Mazarin, toujours fuyant son mari, toujours manquant de tout, finit par se fixer en Angleterre, où M. de Saint-Maurice l'avait vue.

c'est donc pour cela que je me suis extravaguée, comme vous voyez. Qu'importe? En vérité, il faut un peu, entre bons amis, laisser trotter les plumes comme elles veulent : la mienne a toujours la bride sur le cou.

On eût été bien étonné chez M. de Pomponne que cet hôtel de ville (*d'Aix*), qui vous paraît *une caverne de larrons*, vous eût servie à votre gré. Je crois qu'il faut mieux, pour entretenir la paix, que cela soit ainsi. La question est de savoir si vous ne vous divertissez point mieux d'une guerre où vous avez toujours tout l'avantage. Je sais du moins comme vous êtes pour la paix générale; je n'écrirai rien à Paris de cette humeur guerrière, car M. de Pomponne, qui est *amico di pace e di riposo*, vous gronderait. D'Hacqueville me mande qu'on ne peut pas être mieux que nous sommes dans cette maison; si vous en êtes contente, écrivez à M. de Pomponne et à madame de Vins : quand on a eu dessein de faire plaisir à quelqu'un, on est aise de savoir qu'on y a réussi.

Le petit Marsan [1] a fait, en son espèce, la même faute que Lauzun, c'est-à-dire de différer et de donner de l'air à une trop bonne affaire. Cette maréchale d'Aumont lui donnait cinq cent mille écus; mais M. Le Tellier ne le veut pas, et le roi l'a défendu. On me mande pourtant que la maréchale a parlé à Sa Majesté, et qu'elle n'a point paru folle, et que M. Marsan a dit au roi : « Sire, comme j'ai « vu que mes services ne méritaient aucune récompense « auprès de vous, j'avais tâché de me mettre en état de « vous les rendre à l'avenir sans vous importuner de ma « misérable fortune. »

La reine perdit l'autre jour la messe et vingt mille écus avant midi. Le roi lui dit : Madame, supputons un peu combien c'est par an. Et M. de Montausier lui dit le lendemain : Eh bien, Madame, perdrez-vous encore au-

---

[1] Charles de Lorraine, comte de Marsan. (M.)

jourd'hui la messe pour le hoca? Elle se mit en colère. Ce sont des gens qui reviennent de Versailles, et qui recueillent toutes ces ravauderies pour me les mander. Je ne sais rien du tout du présent allégorique de *Quanto* à M. de Marsillac. J'ai trouvé votre parodie très-plaisante et très-juste; je la chante admirablemnt, mais personne ne m'écoute: il y a quelque chose de fou à chanter toute seule dans un bois. Je suis persuadée du vœu de l'évêque [1] dans la bataille: *e fece voto, e fu liberato*; mais voici la suite: *passato il pericolo, schernito il santo*. Je crois qu'il est fort occupé de la teinture de son chapeau; Dieu merci, il n'aura pas le *nôtre* [2]; il est bien cloué sur une meilleure tête que la sienne. Je ne sais pas trop bien ce que nous en pouvons faire; mais je suis ravie qu'il nous soit demeuré. M. de Cossé hait le pape, et moi je l'aime.

Vous parlez bien plaisamment de nos misères; nous ne sommes plus si roués: un en huit jours, seulement pour entretenir la justice. Il est vrai que la *penderie* me paraît maintenant un rafraîchissement. J'ai une tout autre idée de la justice depuis que je suis en ce pays: vos galériens me paraissent une société d'honnêtes gens, qui se sont retirés du monde pour mener une vie douce. Nous vous en avons bien envoyé par centaines; ceux qui sont demeurés sont plus malheureux que ceux-là. Je vous parlais des états, dans la crainte qu'on ne les supprimât pour nous punir; mais nous les avons encore, et vous voyez même que nous donnons trois millions, comme si nous ne donnions rien du tout. Nous nous mettons au-dessus de la petite circonstance de ne les pouvoir payer; nous la traitons

---

[1] Il s'agit de l'évêque de Marseille, depuis cardinal de Janson. Ambassadeur de France en Pologne avant M. de Béthune, il avait beaucoup contribué à l'élection de Jean Sobieski; il le suivit dans une de ses campagnes contre les Turcs, et même il combattit auprès de ce prince. Madame de Sévigné fait allusion à ce trait de sa vie, qui rappelle les mœurs du temps de Charlemagne et de Philippe-Auguste.

[2] C'est-à-dire celui de M. le cardinal de Retz. (P.)

de bagatelle. Vous me demandez si tout de bon nous sommes ruinés : oui et non. Si nous voulions ne point partir d'ici, nous y vivons pour rien, parce que rien ne se vend ; mais il est vrai que pour de l'argent, il n'y en a plus dans cette province.

434. — A LA MÊME

Aux Rochers, mercredi 27 novembre 1675.

Il faut s'y accoutumer, ma fille, je reçois vos deux paquets à la fois : la saison a dérangé un de nos jours de poste, et c'est le plus grand mal qu'elle me puisse faire; je me moque du froid, de la neige, de la gelée et de ses autres désagréments. M. de Coulanges est à Paris : j'en ai reçu une grande lettre très-gaillarde; il veut aussi vous écrire. Ses plumes me paraissent bien taillées; il ne demande qu'à les exercer. Nous nous disons les uns aux autres : Où est mon fils? il y a longtemps qu'il est parti de l'armée; il n'est point à Paris, où pourrait-il être? Pour moi, je n'en suis point en peine, et je suis assurée qu'il chante vêpres auprès de sa jolie abbesse; vous savez que c'est toujours son chemin de passer chez elle. Je vous envoie ce troisième petit tome des *Essais de Morale*, dont je vous ai parlé : lisez-le ma fille, sans préjudice de *Josèphe*, que je souhaite que vous acheviez, et mandez-moi si vous ne trouvez pas ce petit livre digne du premier que vous avez approuvé. Mademoiselle de Méri est revenue de La Trousse ; je m'en réjouis pour vous. Elle est fort embarrassée pour une maison : ceci est un peu vous parler des vaisseaux et des galères ; mais vous savez que je cause.

N'ayez pas peur que je mande à Paris ce que vous m'avez écrit touchant vos affaires de Provence : comme je me suis assurée que la moindre plaisanterie fâcherait M. de Pomponne, je me garderais bien d'en écrire un seul mot, ni même à d'Hacqueville, qui a les mêmes sentiments. C'est samedi, jour de Saint-André, que l'on fera votre consul. Je me souviens de cette fête, et j'admire que vous ayez réussi à y faire ce que vous voulez, pêle-mêle avec ceux qui m'en paraissent les patrons : c'est que vous êtes fort aimés. Nous sommes étonnés de voir qu'en quelque lieu du monde on puisse aimer un gouvernement. Nos députés, qui étaient courus si extravagamment porter la nouvelle du don ont eu la satisfaction que notre présent a été reçu sans chagrin; et, contre l'espérance de toute la province, ils reviennent sans rapporter aucune grâce. Je suis accablée des lettres des états; chacun se presse de m'instruire. Ce commerce de traverse me fatigue un peu. On tâche d'y réformer les libéralités et les pensions, et l'on reprend de vieux règlements qui couperaient tout par la moitié; mais je parie qu'il n'en sera rien, et que comme cela tombe sur nos amis les gouverneurs, lieutenants généraux, commissaires du roi, premiers présidents et autres, on n'aura ni la hardiesse ni la générosité de rien retrancher.

Madame de Quintin est à Dinan. Son style est enflé comme sa personne. Ceux qui sont destinés à faire des harangues puisent là toutes leurs grandes périodes. C'est une chose bien dangereuse qu'une provinciale de qualité, et qui a pris, à ce qu'elle croit, l'air de la cour. Il y a ici une petite madame de N....., qui n'y entend pas tant de finesse : elle est belle et jeune; elle est de la maison de M....., et n'a point été changée en nourrice. Voilà ce qui s'appelle bien précisément des nouvelles de Bretagne.

Nous travaillons à finir une sotte affaire avec un président, pour recevoir le reste du payement d'une terre : c'est ce qui nous arrête présentement.

Le mariage du joli prince (*de Marsan*) n'est pas tout à fait rompu; mais on dit que tous les trésors dont on a parlé seront réduits à cent mille écus : ah! pour cent mille écus, je ne voudrais pas coucher avec cette sorcière. Je suis persuadée, ma fille, que vous passerez le mois de décembre à

Grignan; vous coupez toujours tout ce que vous pouvez sur le séjour d'Aix : vous vous moquez de la Durance. Pour moi, je ne reviens point de l'étonnement de sa furie et de sa violence; je n'oublierai jamais les chartreux de Bompas [1], *bon repas*, car vous souvient-il quelle bonne chère nous y fîmes! Ah, mon enfant! j'étais avec vous; ce souvenir m'est tendre : je vous épargne toutes mes pensées et tous mes sentiments sur ce sujet. Vous avez une humeur et un courage qui ne s'accommodent point de tout ce qui me nourrit. Je m'amuse les soirs à lire l'histoire de la prison et de la liberté de M. le Prince : on y parle sans cesse de notre cardinal. Il me semble que je n'ai que dix-huit ans; je me souviens de tout : cela divertit fort. Je suis plus charmée de la grosseur des caractères que de la bonté du style : c'est la seule chose que je consulte pour mes livres du soir. Adieu, ma très-chère enfant; vous êtes ma véritable tendresse et tout ce qui me plaît le plus au monde : il ne me faut qu'un doigt pour compter ce qui est sur ce ton-là.

435. — A LA MÊME.

Aux Rochers, dimanche 1er décembre 1675.

Voilà qui est réglé, ma très-chère, je reçois deux de vos lettres à la fois; et il y a un ordinaire où je n'en ai point de vous : il faut savoir aussi la mine que je lui fais, et comme je le traite en comparaison de l'autre. Je suis comme vous, ma fille, je donnerais de l'argent pour avoir la parfaite tranquillité du coadjuteur sur les réponses, et pouvoir les garder dans ma poche deux mois, trois mois, sans m'inquiéter; mais nous sommes si sottes, que nous avons ces réponses sur le cœur; il y en a beaucoup que je fais pour les avoir faites; enfin c'est un don de Dieu que

---

[1] Maison de chartreux, située au bord de la Durance. (P.)

cette noble indifférence. Madame de Langeron disait sur les visites, et je l'applique à tout : *Ce que je fais me fatigue, et ce que je ne fais pas m'inquiète.* Je trouve cela très-bien dit, et je le sens. Je fais donc à peu près ce que je dois, et jamais que des réponses : j'en suis encore là. Je vous donne avec plaisir le dessus de tous les paniers, c'est-à-dire la fleur de mon esprit, de ma tête, de mes yeux, de ma plume, de mon écritoire, et puis le reste va comme il peut. Je me divertis autant à causer avec vous, que je laboure avec les autres. Je suis assommée surtout des grandes nouvelles de l'Europe.

Je voudrais que le coadjuteur eût montré cette lettre que j'ai de vous à madame de Fontevrault : vous n'en savez pas le prix. Vous écrivez comme un ange ; je lis vos lettres avec admiration ; cela marche ; vous arrivez. Vous souvient-il, ma fille, de ce menuet que vous dansiez si bien, où vous arriviez si heureusement, et de ces autres créatures qui n'arrivaient que le lendemain ? Nous appelions ce que faisait feu MADAME et ce que vous faisiez *gagner pays*. Vos lettres sont tout de même.

Pour votre pauvre petit *frater*, je ne sais où il s'est fourré ; il y a trois semaines qu'il ne m'a écrit. Il ne m'avait point parlé de cette promenade sur la Meuse. Tout le monde le croit ici. Il est vrai que sa fortune est triste. Je ne vois point comme toute cette charge se pourra emmancher, à moins que Lauzun ne prenne le guidon en payement, et quelque supplément que nous tâcherons de trouver ; car d'acheter l'enseigne à pur et à plein, et que le guidon nous demeure sur les bras, ce n'est pas une chose possible. Vous raisonnez fort juste sur tout cela ; nous sommes dans vos sentiments, et nous nous consolons de monter sous les pieds de deux hommes [1], pourvu que le guidon nous serve de premier échelon.

---

[1] Le marquis de La Trousse et le marquis de La Fare : l'un était capitaine-lieutenant, et l'autre sous-lieutenant des gendarmes-dauphin. (P.)

J'achèverai ici l'année très-paisiblement ; il y a des temps où les lieux sont assez indifférents ; on n'est point trop fâchée d'être tristement plantée ici. Madame de La Fayette vous rend vos honnêtetés ; sa santé n'est pas bonne, mais celle de M. de Limoges[1] est encore pire. Il a remis au roi tous ses bénéfices ; je crois que son fils, c'est-à-dire l'abbé de La Fayette, en aura une abbaye. Voilà la pauvre Gascogne bien mal menée, aussi bien que nous. On nous envoie encore six mille hommes pour passer l'hiver : si les provinces ne faisaient rien de mal à propos, on serait assez embarrassé de toutes ces troupes. Je ne crois point que la paix soit si proche. Vous souvient-il de tous les raisonnements qu'on faisait sur la guerre, et comme il devait y avoir bien des gens tués? C'est une prophétie qu'on peut toujours faire sûrement, aussi bien que celle que vos lettres ne m'ennuieront certainement point, quelque longues qu'elles soient ; ah ! vous pouvez l'espérer sans chimère : c'est ma délicieuse lecture. Rippert vous porte un troisième petit tome des *Essais de Morale*, qui me paraît digne de vous : je n'ai jamais vu une force et une énergie comme il y en a dans le style de ces gens-là. Nous savons tous les mots dont ils se servent ; mais jamais, ce me semble, nous ne les avons vus si bien placés ni si bien enchâssés. Le matin, je lis l'Histoire de France ; l'après-dînée, un petit livre dans les bois, comme ces *Essais*, la Vie de saint Thomas de Cantorbéry, que je trouve admirable, ou les Iconoclastes ; et le soir, tout ce qu'il y a de plus grosse impression : je n'ai point d'autre règle. Ne lisez-vous pas toujours Josèphe? Prenez courage, ma fille, et finissez *miraculeusement* cette histoire. Si vous prenez les *Croisades*, vous y verrez deux de vos grands-pères, et pas un de la grande maison de V..... ; mais je suis sûre qu'à certains endroits vous jetterez le livre par la place, et mau-

---

[1] François de La Fayette, abbé de Dalon, évêque de Limoges, était oncle du mari de madame de La Fayette. (M.)

direz le jésuite [1], et cependant l'histoire est admirable.

La bonne Troche fait très-bien son devoir; je n'ai guère d'obligation de ce que l'on fait pour vous. La princesse et moi nous ravaudions l'autre jour dans des paperasses de feu madame de La Trémouille : il y a mille vers; nous trouvâmes une infinité de portraits, entre autres celui que madame de La Fayette fit de moi sous le nom d'un inconnu [2]. Il vaut mieux que moi; mais ceux qui m'eussent aimée il y a seize ans l'auraient pu trouver ressemblant. Que puis-je répondre, ma très-chère, aux trop aimables tendresses que vous me dites, sinon que je suis tout entière à vous, et que votre amitié est la chose du monde qui me touche le plus?

436. — A LA MÊME.

Aux Rochers, mercredi 4 décembre 1675.

Voici le jour que j'écris sur la pointe d'une aiguille; car je ne reçois plus vos lettres que deux à la fois le vendredi. Comme je venais de me promener avant-hier, je trouvai au bout du mail le *frater*, qui se mit à deux genoux aussitôt qu'il m'aperçut, se sentant si coupable d'avoir été trois semaines sous terre, à chanter *matines*, qu'il ne croyait pas me pouvoir aborder d'une autre façon. J'avais bien résolu de le gronder, et je ne sus jamais où trouver de la colère : je fus fort aise de le voir. Vous savez comme il est divertissant; il m'embrassa mille fois; il me donna les plus méchantes raisons du monde, que je pris pour bonnes. Nous causons fort, nous lisons, nous nous promenons, et nous achèverons ainsi l'année, c'est-à-dire le reste. Nous avons résolu d'offrir notre chien de guidon, et de souffrir encore quelque supplément, selon que le roi l'ordonnera.

---

[1] Le père Maimbourg, auteur de l'*Histoire des Croisades*.
[2] On peut voir ce portrait à la suite des *Mémoires de Mademoiselle*.

Si le chevalier de Lauzun ¹ veut vendre sa charge entière, nous le laisserons trouver des marchands de son côté, comme nous en chercherons du nôtre, et nous verrons alors à nous accommoder.

Nous sommes toujours dans la tristesse des troupes qui nous arrivent de tous côtés avec M. de Pommereuil. Ce coup est rude pour les grands officiers ; ils sont mortifiés à leur tour, c'est-à-dire le gouverneur, qui ne s'attendait pas à une si mauvaise réponse sur le présent de trois millions. M. de Saint-Malo est revenu ; il a été mal reçu aux états : on l'accuse fort d'avoir fait une méchante manœuvre à Saint-Germain ; il devait au moins demeurer à la cour, après avoir mandé ce malheur en Bretagne, pour tâcher de ménager quelque accommodement. Pour M. de Rohan, il est enragé, et n'est point encore revenu ; peut-être qu'il ne reviendra pas. M. de Coulanges me mande qu'il a vu le chevalier de Grignan, qui s'accommode mal de mon absence. Je suis plus touchée que je ne l'ai encore été de n'être pas à Paris, pour le voir et causer avec lui. Mais savez-vous bien, ma chère, que son régiment est dans le nombre des troupes qu'on nous envoie? Ce serait une plaisante chose s'il venait ici : je le recevrais avec une grande joie.

J'ai fort envie d'apprendre ce qui sera arrivé de votre procureur du pays ; je crains que M. de Pomponne, qui s'était mêlé de cette affaire, croyant vous obliger, ne soit un peu fâché de voir le tour qu'elle a pris. Cela se présente en gros comme une chose que vous ne voulez plus après l'avoir souhaitée. Les circonstances qui vous ont obligés à prendre un autre parti ne sauteront pas au yeux, du moins je le crains, et je souhaite me tromper. Il me semble que vous devez être bien instruite des nouvelles, à cette heure que le chevalier est à Paris. M. de Coulanges vient de re-

---

¹ François de Nompar de Caumont, né en 1647.

cevoir un violent dégoût : M. Le Tellier a ouvert sa bourse à Bagnols, pour lui faire acheter une charge de maître des requêtes, et en même temps lui donne la commision qu'il avait refusée à M. de Coulanges, et qui vaut, sans bouger de Paris, plus de deux mille livres de rente. Voilà une mortification sensible, et sur quoi, si madame de Coulanges[1] ne fait rien changer par une conversation qu'elle doit avoir eue avec ce ministre, Coulanges est très-résolu de vendre sa charge (de maître des requêtes) : il m'en écrit outré de douleur. Vous savez très-bien les espérances de la paix : les gazettes ne vous manquent pas, non plus que les lamentations de cette province. M. le cardinal me mande qu'il a vu le comte de Sault, Renti et Biran[2] : il a si peur d'être l'ermite de la foire, qu'il est allé passer l'avent à Saint-Mihel. Parlez-moi de vous, ma chère enfant : comment vous portez-vous? votre teint n'est-il point en poudre? êtes-vous belle, quand vous voulez? Enfin je pense mille fois à vous, et vous ne me sauriez trop parler de ce qui vous regarde. Je laisse la plume à cet honnête garçon, et je vous embrasse de tout mon cœur.

MONSIEUR DE SÉVIGNÉ.

Que veut-on dire de cet honnête garçon? On ne me trouve pas bon à jeter aux chiens, parce que je suis quinze jours à faire cent cinquante lieues de pays ; et quand je me serais un peu arrêté en chemin, serait-ce un grand malheur? Cependant, on gronde contre moi, on jure, parce qu'on ne me voit point, et qu'on ne jouit point des charmes de ma présence : voilà ce que c'est que d'être trop charmant. Ah, mon père! pourquoi me faisiez vous si beau?

---

[1] Madame de Coulanges était nièce de madame Le Tellier.
[2] Le comte de Sault, qui fut depuis duc de Lesdiguières ; — le marquis de Renti, de la maison de Croy ; — le marquis de Biran, qui fut depuis duc de Roquelaure et maréchal de France. (M.)

J'ai reçu votre lettre ; et l'amitié tendre et solide que vous m'avez toujours témoignée me fait croire sans beaucoup de peine que vous vous intéressez autant que vous dites à l'état de mes affaires : ma mère vous dit précisément de quoi il est question. Vous croyez bien que je n'achèterai pas la charge de M. de Lauzun, et que je ne me ruinerai pas de fond en comble pour en avoir deux très-subalternes. Voilà où j'en suis, pour n'avoir pas voulu opiniâtrément suivre votre conseil ; mais en vérité c'est une faute qui devrait être expiée par sept ans de purgatoire, dont il y en a eu six de passés sous M. de La Trousse, et qui ne méritait pas un enfer perpétuel comme celui que j'envisage, si Dieu n'y met la main. Enfin, pour cette fois, je suivrai l'avis des bonnes têtes qui nous gouvernent. J'ai entendu parler de tous vos triomphes de Provence ; je ne saurais vous dire tout l'intérêt que j'y prends. Je vous embrasse très-tendrement, ma chère petite sœur : voyez comme vous en avez toujours usé avec moi ; voyez tout ce que vous avez voulu faire pour moi, contre vos propres intérêts ; souvenez-vous combien on vous a dit que vous étiez aimable et estimable, et vous pourrez comprendre à peu près comme je suis pour vous.

MADAME DE SÉVIGNÉ CONTINUE.

Ma chère fille, Bourdelot m'a envoyé des vers qu'il a faits à la louange de M. le Prince et de M. le Duc [1] ; il vous les envoie aussi. Il m'écrit qu'il n'est point du tout poëte ; je suis bien tentée de lui répondre : Et pourquoi donc faites-vous des vers ? qui vous y oblige ? Il m'appelle *la mère des Amours* ; mais il a beau dire, je trouve ses vers méchants :

---

[1] L'abbé Bourdelot, médecin du grand Condé, lui plaisait beaucoup par sa gaieté, et même sa familiarité. La reine Christine l'avait goûté beaucoup. Elle se mit en tête d'apprendre à jurer, voulant disait-elle, tout savoir. Ce fut Bourdelot qu'elle prit pour maître. (A. G.)

je ne sais si c'est que les louanges me font mal au cœur, comme elles auront fait à M. le Prince. Madame de Villars vous embrasse et vous aime : que dites-vous de ce chemin? Je me fie à vous pour dire une amitié pour moi au triste voyageur. J'embrasse la pauvre petite *Dague*. Le bon abbé vous est acquis; et moi, ma chère petite, ne vous suis-je pas acquise?

437. — A LA MÊME.

Aux Rochers, dimanche 8 décembre 1675.

J'attendais deux de vos paquets par le dernier ordinaire, et je n'en ai point reçu du tout. Quand les postes tarderaient, comme je le crois bien présentement, j'en devrais toujours avoir reçu un; car je ne compte jamais que vous m'ayez oubliée. Cette confiance est juste, et je suis assurée qu'elle vous plaît; mais comme les pensées noires voltigent assez dans ces bois, j'ai d'abord voulu être en peine de vous; mais le bon abbé et mon fils m'assurent que vous m'auriez fait écrire. Je ne veux point demeurer sur cette crainte; elle est trop insupportable, je veux me prendre à la poste de tout, quoique je ne comprenne rien à l'excès de ce déréglement, et espérer demain de vos nouvelles; je les souhaite avec l'impatience que vous pouvez vous imaginer. D'Hacqueville est enrhumé, avec la fièvre; j'en suis en peine, car je n'aime la fièvre à rien : on dit qu'elle *consume*, mais c'est la vie. Quoiqu'on dise *les d'Hacqueville*, il n'y en a en vérité qu'un au monde comme le nôtre. N'a-t-il point déjà commencé de vous parler d'un voyage incertain que le roi doit faire en Champagne ou en Picardie? Depuis que ses gens, pour notre malheur, ont commencé à répandre une nouvelle de cet agrément, c'est pour trois mois; il faut voir aussi ce que je fais de cette feuille volante qui s'appelle les *Nouvelles*. Pour la lettre de d'Hacqueville, elle est tellement pleine de mon fils, et de ma fille, et de notre pauvre Bretagne, qu'il faudrait être dénaturée pour ne se pas crever les yeux à la déchiffrer [1]. M. de Lavardin est mon résident aux états : il m'instruit de tout ; et comme nous mêlons quelquefois l'italien dans nos lettres, je lui avais mandé, pour lui expliquer mon repos et ma paresse ici :

> ...... *D'ogni oltraggio, e scorno*
> *La mia famiglia, e la mia greggia illese*
> *Sempre qui fur, nè strepito di Marte,*
> *Ancor turbò questa ramota parte* [2].

A peine ma lettre a-t-elle été partie, qu'il est arrivé à Vitré huit cents cavaliers, dont la princesse est bien mal contente. Il est vrai qu'ils ne font que passer ; mais ils vivent, ma foi, comme dans un pays de conquête, nonobstant notre bon mariage avec Charles VIII et Louis XII [3]. Les députés sont revenus de Paris. M. de Saint-Malo, qui est Guémadeuc, votre parent et sur le tout *une linotte mitrée*, comme disait madame de Choisy, a paru aux états, transporté et plein des bontés du roi, et surtout des honnêtetés particulières qu'il a eues pour lui, sans faire nulle attention à la ruine de la province, qu'il a apportée agréablement avec lui : ce style est d'un bon goût à des gens pleins, de leur côté, du mauvais état de leurs affaires. Il dit que Sa Majesté est contente de la Bretagne et de son présent, qu'elle a oublié le passé, et que c'est par confiance qu'on envoie ici huit mille hommes, comme on envoie un équipage chez soi quand on n'en a que faire. Pour M. de Rohan, il a des manières toutes différentes, et qui ont plus de l'air d'un bon compatriote. Voilà nos chiennes de nouvelles ; j'ai envie de savoir des vôtres, et ce qui sera arrivé

---

[1] L'écriture de M. d'Hacqueville était de la plus grande difficulté. (P.)
[2] *Gerusalemme liberata*, canto VII, st. 8.
[3] Le mariage d'Anne, duchesse de Bretagne, qui, ayant épousé Charles VIII, et ensuite Louis XII, son successeur, réunit ce duché à la France. (A. G.)

de votre procureur du pays. Vous ne devez pas douter que les Jansons n'aient écrit de grandes plaintes à M. de Pomponne; je crois que vous n'aurez pas oublié d'écrire aussi et à madame de Vins, qui s'était mêlée d'écrire pour Saint-Andiol. C'est d'Hacqueville qui doit vous servir et vous instruire de ce côté-là. Je vous suis inutile à tout, *in questa remota parte*; c'est un de mes plus grands chagrins. Si jamais je me puis revoir à portée de vous être bonne à quelque chose, vous verrez comme je récompenserai le temps perdu. Adieu, ma très-chère et très-aimée, je vous souhaite une parfaite santé; c'est le vrai moyen de conserver la mienne, que vous aimez tant : elle est très-bonne. Je vous embrasse très-tendrement, et vous dirais combien mon fils est aimable et divertissant; mais le voilà : il ne faut pas le gâter.

MONSIEUR DE SÉVIGNÉ.

Je n'aurais rien à vous dire aujourd'hui, ma petite sœur, après ce que je vous mandai il y a trois jours, si nous n'avions passé l'après-dînée avec mademoiselle du Plessis, qui est toujours charmante et divine; l'illustre fille dont j'ai à vous entretenir a quelque chose de si étrangement beau et de si furieusement agréable, qu'elle peut aller de pair avec l'aimable Tisiphone. Une lèpre qui lui couvre la bouche est jointe à cette prunelle qui fait souhaiter un parasol au milieu des brouillards, et tout son désespoir est que cela l'empêche de baiser ma mère à tous les quarts d'heure. Elle a eu une manière de peste sur le bras qui l'a retenue longtemps chez elle; *je me suis laissé dire*[1] que les Rochers n'en valaient pas moins. Présentement nous sommes dans l'espérance qu'elle aura la fièvre quarte; elle nous en a fait ses plaintes, et les recommençait à tout moment pour attirer notre compassion. Elle a voulu nous montrer la force

[1] Locution de mademoiselle du Plessis, répétée par ironie. (M.)

de son esprit, disant qu'elle était toute résolue à passer son hiver avec deux jours de santé et un de maladie. Pour nous, nous nous sommes jugés en même temps attaqués de la fièvre double-tierce, et nous sommes assez fâchés de prévoir que nous aurons, par son moyen, deux jours de maladie contre un de santé : du reste, les Rochers sont assez agréables. Ma mère continue à signaler ses bontés pour cette maison, en y faisant des merveilles. Le *bien bon* a aligné des plans toute cette après-dînée. La chapelle est faite ; on y dira la messe dans huit jours. Dieu nous conserve, ma petite sœur, une si bonne mère et un si bon oncle. Je ne vous dis rien de ma charge : tout ira bien à force de mal aller. Je vous embrasse mille fois, et M. de Grignan, que j'aime et honore parfaitement. Ma mère vient de s'écrier : Ah, mon Dieu ! je n'ai rien dit à ce *matou*! Je ne sais de qui elle parle ; mais elle m'a dit après : Mon fils, faites mes compliments à M. de Grignan !

438. — A LA MÊME.

Aux Rochers, mercredi 11 décembre 1675.

Il n'y a qu'à avoir un peu de patience, ma très-chère, on trouve ce que l'on désire. J'ai reçu deux de vos paquets, que je devais avoir déjà reçus ; mais enfin les voilà, et vous ne vous trompez pas, si vous croyez qu'ils font présentement ma plus sensible joie. Je vous remercie de comprendre un peu, malgré votre philosophie, toutes les pensées que je puis avoir sur les distances infinies qui nous séparent. Vous les sentez donc, et vous êtes frappée comme moi de cette disposition de la Providence ; mais vous l'envisagez avec plus de courage que moi, car cette dureté m'est toujours nouvelle. Je me souviens sans cesse du passé, dont le présent et l'avenir ne me consolent point : voilà un champ bien ample pour exercer un cœur aussi tendre et aussi peu fortifié que le mien. J'ai fait mille fois réflexion à ces bonnes dames qui ont su faire leur devoir de leur goût. La Troche a si bien repétri et refagoté sa fortune, qu'elle s'est établie dans cette bonne ville de Paris, y faisant le siége de son empire, et le lieu de toutes ses affaires. Elle a établi son fils à la cour, contre vent et marée, et se fait un attachement d'être auprès de lui. Pour la Marbeuf, elle avait un peu commencé du temps de son mari, et elle ne se contraint plus présentement : elle va louer une maison pour cent ans, et baise très-humblement les mains à la pauvre Bretagne. Et vous, ma chère fille, qui êtes née et élevée dans ce pays, vous que j'ai toujours aimée et souhaité d'avoir près de moi, voyez quel orage vous jette au bout du monde. Quand on veut achever sa lettre, il faut passer vite sur cet endroit, et reprendre des forces, dans l'espérance de quelque changement. Nous avons des visions, d'Hacqueville et moi, qui sont très-bonnes ; ce n'est pas ici le temps de vous les écrire.

Venons aux malheurs de cette province : tout y est plein de gens de guerre ; il y en aura à Vitré, malgré la princesse : Monsieur l'appelle sa bonne, sa chère tante ; je ne trouve pas qu'elle en soit mieux traitée. Il en passe beaucoup par la Guerche, qui est au marquis de Villeroi, et il s'en écarte qui vont chez les paysans, les volent et les dépouillent. C'est une étrange douleur en Bretagne que d'éprouver cette sorte d'affliction, à quoi ils ne sont pas accoutumés. Notre gouverneur a une amnistie générale ; il la donne d'une main, et de l'autre, huit mille hommes qu'il commande, comme vous : ils ont leurs ordres. M. de Pommereuil[1] vient ; nous l'attendons tous les jours ; il a l'inspection de cette petite armée, et pourra bientôt se vanter d'y joindre un assez beau gouvernement. C'est le plus honnête homme et le plus bel esprit de la robe ; il est fort de mes amis ; mais je doute qu'il soit aussi bon à l'user que

---

[1] Auguste Robert de Pommereuil, intendant de Bretagne.

votre intendant, que vous avez si bien apprivoisé; je crains qu'on ne le change. Je ne puis vous mander aujourd'hui des nouvelles de Languedoc, comme vous en souhaitez : contentez-vous de celles de Guyenne. Je trouve qu'ils sont bien protégés, et qu'on s'adoucit fort pour eux. Nous ne sommes pas si heureux; nos protections, si nous en avions, nous feraient plus de mal que de bien, par la haine de deux hommes. Je crois que nous ne laisserons pas de trouver, ou du moins de promettre toujours les trois millions, sans que notre ami (*M. d'Harouïs*) soit abîmé, car il s'est coulé une affection pour lui dans les états, qui fait qu'on ne songe qu'à l'empêcher de périr. Il me semble qu'en voilà assez sur ce chapitre.

Je suis aise que vous ne soyez point retournée à Grignan : c'est de la fatigue et de la dépense; cette sagesse et cette règle, dont le *bien bon* vous rend mille grâces, ont empêché ce mouvement. Mandez-moi si les petis enfants ne viennent pas vous trouver. Nous avons ici un temps admirable : nous faisons des allées nouvelles d'une grande beauté. Mon fils nous amuse, et nous est très-bon : il prend l'esprit des lieux où il est, et ne transporte de la guerre et de la cour dans cette solitude que ce qu'il en faut pour la conversation. Quand il ne pleut point, nous sommes bien moins à plaindre qu'on ne pense de loin; le temps que nous avons destiné ici passera comme un autre. Ma lettre n'a pas été jusqu'à M. de Louvois : tout se passe entre Lauzun et nous; s'il veut prendre le guidon, nous offrons un léger supplément; s'il veut vendre sa charge entière, contre toute sorte de raison, qu'il cherche un marchand de son côté, comme nous du nôtre : voilà tout.

J'ai écrit au chevalier, pour m'affliger avec lui de ce qu'il ne m'a pas trouvée à Paris : nous ferions de belles lamentations sur notre société de l'année passée, et nous repleurerions fort bien M. de Turenne. Je ne sais quelle idée vous avez de la princesse[1]; elle n'est rien moins qu'*Artémise*. Elle a le cœur comme de cire, et s'en vante, disant assez plaisamment qu'elle a le cœur ridicule. Cela tombe sur le général, mais le monde en a fait des applications particulières. J'espère que je mettrai des bornes à cette ridiculité, par tous les discours que je fais, comme une innocente, de l'horreur qu'il faut avoir pour les femmes qui poussent cette tendresse un peu trop loin, et du mépris que cela leur attire. Je dis des merveilles, et l'on m'écoute, et l'on m'approuve tout autant que l'on peut. Je me crois obligée, en conscience, à lui parler sur ce ton-là, et je veux avoir l'honneur de la redresser.

Ce que vous dites sur *Fidèle*[2] est fort plaisant et fort joli. C'est la vraie conduite d'une coquette que celle que j'ai eue; il est vrai que j'en ai la honte, et que je m'en justifie, comme vous avez vu, car il est certain que j'aspirais au chef-d'œuvre de n'avoir aimé qu'un chien, malgré les *maximes* de M. de La Rochefoucauld[3], et je suis embarrassée de *Marphise*; je ne comprends pas ce qu'on en fait. Quelle raison lui donnerai-je? cela jette insensiblement dans les menteries; tout au moins, je lui conterai bien toutes les circonstances de mon nouvel engagement. Enfin, c'est un embarras où j'avais résolu de ne me jamais trouver : c'est un grand exemple de la misère humaine; ce malheur m'est arrivé par le voisinage de Vitré.

Je suis lasse à mourir de la fadeur des nouvelles; nous avons bien besoin de quelque événement, comme vous dites, aux dépens de qui il appartiendra; puisque ce ne peut plus être la mort de M. de Turenne, *vogue la galère*.

---

[1] La princesse de Tarente. Elle avait perdu son mari le 14 septembre 1672. (P.)

[2] C'est le petit chien dont il est parlé ci-devant, lettre du 15 novembre. (P.)

[3] M. de La Bruyère a dit, après M. de La Rochefoucauld, qu'il était plus rare de trouver une femme qui n'eût eu qu'un amant, que d'en trouver une qui n'en eût point eu. (P.)

Vous me dites des choses admirables; je les lis, je les admire, je les crois; et tout de suite vous me mandez qu'il n'y a rien de plus faux : je reconnais bien le style et le bavardage des provinces. Vous jugez superficiellement de celui qui gouverne celle-ci, quand vous croyez que vous feriez de même; non, vous ne feriez point comme il a fait, et le service du roi ne le voudrait pas. Ah, que vous aviez bon esprit l'hiver passé! ce n'est point ici le temps de penser aux députations; faisons la paix, et puis nous penserons à tout.

Pour la religion des juifs, je le disais en lisant leur histoire : *Si Dieu m'avait fait la grâce d'y être née* [1], je m'y trouverais mieux qu'en toute autre, hormis la bonne : je la trouve magnifique. Vous devez l'aimer encore plus par cette année de repos et de robes de chambre, où vous seriez un exemple de piété dans votre grand fauteuil : jamais sabbat n'aurait été mieux observé. Ripert a reçu les *Essais de Morale*; il y a plusieurs traités, et surtout un qui me plaît plus que les autres : vous le devinerez. Je suis ravie de votre bonne santé et de votre beauté; car je vous aime toute. Cette pommade vient de votre petite femme, à qui vous l'aviez demandée. Vous vous en êtes toujours bien trouvée en Provence, mais dans un autre pays la pommade est trop engraissante. Je vous souhaite souvent à l'air de ces bois, qui nourrit le teint comme à Livry, hormis qu'il n'y a point de serein, et que l'air est admirable. Nous y parlons souvent de vous; mais, ma fille, nous ne vous y voyons pas, ni vous nous : c'est ce qui est assurément bien cruel : je ne m'accoutumerai jamais à cet horrible éloignement. Le *bien bon* vous loue fort de votre habileté et du soin que vous avez de payer vos arrérages : c'est tout, c'est *la loi et les prophètes*. Puisque M. de Grignan est si sage, je l'embrasse malgré sa barbe; elle est

---

[1] C'est à propos d'un mot de M. de R......, qui avait dit : *Si Dieu m'eût fait la grâce d'être né Turc, je mourrais Turc.* (P.)

bien quelquefois comme la cour de Monsieur, et la barbe de votre petit frère s'en veut mêler aussi; je plains la pauvre Montgobert. Mandez-m'en toujours des nouvelles, et de votre jeu. Il me semble que je vous vois, avec vos petits doigts, tirer des primes. Tous ces temps sont derrière nous : il faut en revenir à dire que le bien et le mal font le même chemin; mais ils nous laissent de différents souvenirs. Vous avez fait un dîner de grand appareil : où étais-je? car je connais tout; je vois d'ici toutes les grandeurs bien rassemblées. Vous dites des merveilles sur le mariage du petit prince (de Marsan)¹ et de la maréchale. Il est vrai que la disproportion était grande; mais que savez-vous s'il en est échappé? En vérité, vous n'avez pas besoin de mes lettres pour écrire; vous discourez fort bien sans avoir un thème. Vous me ravissez de me parler de la vivacité de *la Pantoufle* ²; vos réflexions sont admirables sur le passé, et sur cet écueil qu'elle trouve sur la fin de sa vie; cela doit faire trembler : assurément la tête de leurs chevaux se heurtera en arrivant à Paris chacun de son côté. Il en faut revenir à Solon : *Nulle louange avant la mort*, cela est bien contraignant pour moi, qui aime à louer ce qui est louable; le moyen d'attendre? J'irai toujours mon train, quitte à changer quand on changera. Adieu, ma très-chère et très-aimable; vous ne sauriez être plus parfaitement aimée que vous l'êtes de moi.

439. — A LA MÊME.

Aux Rochers, dimanche 15 décembre 1675.

Ah, mon enfant! que je viens bien de me promener dans *l'humeur de ma fille!* Il n'est point question en ce pays de

---

¹ Avec la maréchale d'Aumont, mariage qui n'eut pas lieu. *Voyez* la lettre du 1er de l'an 1685.
² C'est probablement la marquise de Soliers, dont elle dit dans sa lettre du 19 novembre 1675 : « Je vis hier madame de *Souliers*, avec qui j'ai raisonné *pantoufle* assez longtemps. »

l'humeur de ma mère ¹. Je viens de ces bois; vraiment ces allées sont d'un agrément à quoi je ne m'accoutume point. Il y en a six que vous ne connaissez point du tout, mais celles que vous connaissez sont fort embellies par la beauté du plant. Le mail est encore plus beau que tout le reste, et c'est *l'humeur de ma fille*. Il fait présentement doux et sec; j'y suis demeurée au delà de l'entre-chien-et-loup, mais c'est parce qu'aujourd'hui il ne passe point de troupes; car quand il en vient à Vitré, on m'oblige, contre mon gré, à me retirer une heure plus tôt. C'est là, ma très-chère, où j'ai bien le loisir de vous aimer. Je comprends très-bien que vous n'avez pas toujours ce temps-là; il en faut jouir quand on peut. Vous êtes au milieu de mille choses qui empêchent fort qu'on ne puisse trouver sa tendresse à point nommé; mais il est vrai que trois jours après il me paraît que vous vous acquittez bien de votre promesse de m'aimer une autre fois, et je crois qu'en vérité vous m'aimez beaucoup.

Je suis ravie que vous ayez Roquesante; c'est, sans offenser tout le reste, le plus honnête homme de Provence, et celui dont l'esprit et le cœur sont les plus dignes de votre amitié. Vous m'avez fort obligée de lui faire mes compliments, sans attendre trois semaines : il y a des choses sur quoi on peut répondre aisément. Ne m'oubliez pas, sur toute chose, auprès de votre très-digne cardinal (*Grimaldi*) : Dieu vous le conserve encore cent ans; je crois qu'il a bien été de ceux qui ont recloué le chapeau sur la tête du nôtre.

Vous m'étonnez, en me disant que mes lettres sont bonnes : je suis ravie qu'elles vous plaisent; vous savez comme je suis là-dessus. Je ne vous dis rien des vôtres, de peur de *faire mal au gras des jambes du gros abbé* ² ; mais

---

¹ Nom d'une allée des jardins de l'abbaye de Livry. (M.)
² Quand l'abbé de Pontcarré était importuné de quelque discours qu'on tenait devant lui, il disait *qu'on lui faisait mal au gras des jambes*. (P.)

sans cela je saurais bien qu'en dire : je vous en montrerai, et vous en jugerez. Vous croyez bien aisément que je ne souhaite rien tant que de raccommoder Fontainebleau avec moi ; je ne saurais encore soutenir la pensée du mal qu'il m'a fait [1], et vous êtes bien juste quand vous croyez que mon amitié n'est jamais moindre que ce jour-là, quoiqu'elle ne fasse point tant de bruit. Vous avez donc vu cet abbé de La Vergne [2] et les *Essais de Morale* ; ceux que je vous envoie arrivent à peu près aussi diligemment que nos réponses. Le traité de *tenter Dieu* me paraît le plus utile, et celui *de la ressemblance de l'amour-propre et de la charité* le plus lumineux, pour parler leur langage. Mandez-moi ce que vous en pensez. Je vous trouve bien à votre aise dans votre fauteuil ; il ne serait question que de voir entrer quelqu'un qui ne fût point à Aix. Hélas ! vous souvient-il de tout ce qui entrait l'hiver passé ? Vous avez touché bien droit à ce qui fait mon indifférence pour mon retour ; elle est telle que sans les affaires que nous avons à Paris [3], je ne verrais aucun jour que je voulusse prendre plutôt qu'un autre pour quitter cet aimable désert ; mais plusieurs raisons nous déterminent à prendre nos mesures, de sorte que nous arrivions à Paris au commencement du carême. C'est le vrai temps pour plaider, et je suis à peu près comme la comtesse de Pimbêche : j'espère que tout ira bien. Puisque vous voulez savoir la suite de l'affaire que j'ai avec Meneuf, c'est qu'il est au désespoir que nous lui ayons donné une haute justice, parce qu'il n'a plus de prétexte pour ne pas achever de me payer. Il avait compté sur une remise de cinq ou six mille francs, qui s'évanouit par ce papier qui était entre les mains de Vaillant, sans que la vertu lui en fût connue : c'est à l'abbé que j'ai encore cette obligation,

---

[1] C'est là que madame de Sévigné s'était séparée de sa fille. (A. G.)
[2] Pierre de La Vergne-Tressan, aussi illustre par ses vertus et sa piété que par sa naissance. (P.)
[3] Le procès entre M. de Grignan et le marquis de Mirepoix.

parce qu'il est écrit que j'en dois avoir de toutes les sortes au *bien bon*. J'attends la fin de cette petite affaire; c'est un plaisir de voir les convulsions de la mauvaise foi, qui ne sait plus où se prendre, et qui est abandonnée de tous ses prétextes. Je ne comprends rien à mon Berbisy; il me mande positivement qu'il vous a envoyé des *moyeux*¹. Je m'en vais lui écrire, car j'aime bien les voir gober à M. de Grignan. Je l'embrasse pendant que le voilà, quand ce serait le troisième jour de sa barbe épineuse et cruelle : on ne peut pas s'exposer de meilleure grâce. J'avais bien résolu de traiter le chevalier de la même sorte; mais je crains bien que nous n'ayons que son régiment. J'avais dessein de vous dire que si je le tenais ici, je le mangerais de caresses; mais vous me le dites : je n'ai qu'à vous avouer que vous avez raison, et que j'aimerais fort à le voir ici; pourvu qu'il ne plût point à verse, je suis assurée qu'il ne s'y ennuierait point. Parlez-moi, ma chère petite, de votre jeu, de votre santé; je n'ai point été longtemps en peine de votre rhume : ce ne fut pas l'ordinaire d'après que la poste me manqua. J'ai reçu depuis huit jours quatre paquets, deux à la fois : il ne s'en perd aucun; pour le dérangement, il faut s'y résoudre. Ne mandez point à Paris que je n'irai pas si tôt; ce n'est pas que je craigne que quelqu'un ne se pende; mais c'est que je ne veux pas donner cette joie à qui vous savez². Adieu, ma chère enfant; vous ne sauriez vous tromper quand vous croyez que je vous aime de tout mon cœur. Voilà le petit *frater* qui va vous dire ce que je fais les jours maigres, et comme on a dit aujourd'hui la première messe dans notre chapelle; car, quoiqu'il y ait quatre ans qu'elle soit bâtie, elle était dénuée de bien des choses, et nous ne pouvions nous en servir. Le *bien bon* vous aime et vous conjure d'être toujours habile, comptante, calculante et supputante, car c'est tout : et qu'im-

---

¹ Espèce de prune qu'on fait sécher.
² Au marquis de Mirepoix.

porte d'avoir de l'argent, pourvu qu'on sache seulement combien il est dû. Vos fermiers font bien mieux leur devoir que les nôtres : vous payez vos arrérages mieux qu'aucune personne de la cour ; c'est ce qui fait un grand honneur et un grand crédit. Je m'ennuie de n'entendre point parler du mariage de votre belle-fille. M. d'Ormesson marie son fils à une jeune veuve, afin qu'il n'y en ait pas deux ensemble. Je vous manderai quand il faudra lui écrire. Nos états sont finis ; il nous manque neuf cent mille francs de fonds : cela me trouble, à cause de M. d'Harouïs. On a retranché toutes les pensions et gratifications à la moitié. M. de Rohan n'osait, dans la tristesse où est cette province, donner le moindre plaisir ; mais M. de Saint-Malo [1], *linote mitrée*, âgé de soixante ans, a commencé : vous croyez que c'est les prières de quarante heures ; c'est le bal à toutes les dames, et un grand souper : ç'a été un scandale public. M. de Rohan, honteux, a continué, et c'est ainsi que nous chantons en mourant, semblables au cygne ; car mon fils le dit, et il cite l'endroit où il l'a lu ; c'est sur la fin de Quinte-Curce.

MONSIEUR DE SÉVIGNÉ.

Ma tante de Biais m'a appris cette érudition, mais elle ne m'a point appris ce que je fis hier, dont je vais vous rendre compte. Vous savez, ou du moins vous vous doutez que je ne passe pas ma vie aux Rochers, et qu'ainsi toutes les histoires du pays ne me sont pas extrêmement familières. Il vint donc une grande assemblée de recteurs pour assister à la cérémonie de notre chapelle. M. du Plessis était parmi. Je crus qu'il était à propos de parler des gens du métier, et je commençai par demander des nouvelles de M. de Villebrune [2]. On me dit qu'il était réfugié en

---

[1] Sébastien de Guémadeuc, évêque de Saint-Malo, mort en 1702. (P.)
[2] Ce Villebrune, après avoir été capucin, se fit médecin ; madame de Sévigné l'aimait beaucoup en cette dernière qualité. Il faut voir sur ce *bénéfice* la lettre du 5 juillet 1676.

Basse-Bretagne, et qu'il avait perdu son bénéfice. Là-dessus
me voilà à prendre la parole, et à dire que je m'étais bien
douté qu'il ne le garderait guère, et qu'il se trouverait
bientôt quelque drôle éveillé qui le lui ôterait. Et puis je
me mets sur la friperie de Villebrune; j'assure que des capucins m'en ont parlé d'une étrange manière; que sa vie
rendait croyable tout ce qu'on m'en avait dit, et qu'un
compère qui avait jeté le froc aux orties ne devait pas être
de trop bonnes mœurs. Ce beau discours faisait deux fort
bons effet : le premier, c'est que l'abbé du Plessis, par une
ingratitude horrible, a fait perdre le bénéfice à Villebrune;
et le second, c'est que le recteur de Bréal [1], qui faisait la
cérémonie, a été capucin lui-même : ainsi mes paroles
étaient une épée tranchante à deux côtés, selon les paroles de l'Apocalypse, dont je ne croyais pas que la lecture dût jamais produire cet effet en moi. Autre érudition :
vendredi dernier était le premier jour maigre que j'avais
passé ici; et je demandai jeudi au soir à ma mère comment elle faisait les vendredis. Mon fils, dit-elle, je prends
une beurrée, et je chante : ce qu'il y a de bon ou de mauvais, c'est que cela est au pied de la lettre.

Ma mère vous conseille d'écrire un mot à madame de
La Fayette, sur l'abbaye [2] que le roi lui a donnée depuis
peu; elle l'en alla remercier mercredi dernier. Sa Majesté
reçut son compliment avec beaucoup d'honnêteté; et madame de La Fayette lui embrassa les genoux avec la même
tendresse qui lui fit verser des larmes pour le péril que
M. le Duc devait courir dans cinq ou six mois. Elle vit
madame de Montespan, M. du Maine lui parla, et tant de
prospérités ont valu à ma mère une lettre de deux pages :
voici qui est un peu *Ravaillac* [3]. Adieu, ma petite sœur,

---

[1] Bréal est le nom d'une paroisse située à une lieue des *Rochers*.
[2] L'abbaye de Dalon, dont son grand-oncle, l'évêque de Limoges, s'était démis. (M.)
[3] Assassin de Henri IV. Il fut écartelé le 27 mai 1610.

aimez-moi toujours un peu, et obtenez-moi la même grâce de M. de Grignan : dites-lui que je l'honore, que je l'aime, et que, ne pouvant l'imiter par les qualités aimables, je tâche au moins à faire en sorte que ma barbe ressemble à la sienne, autant qu'il est en mon pouvoir; trop heureux si je pouvais lui donner la couleur du corbeau, qui le fait paraître à vos yeux et aux miens un parfait Adonis.

La *divine* Plessis est toujours malade; c'est aujourd'hui le jour de notre accès : plaignez-nous, car il doit être long; peut-être qu'il commencera dès dix heures. Nous avons eu tous ces derniers jours, en sa place, une petite personne fort jolie, dont les yeux ne nous faisaient point souvenir de ceux de la *divine*. Nous avons remis, par son moyen, le reversis sur pied; et au lieu de *biguer*, nous disons *bigler*. J'espère que le plaisir de dire aujourd'hui cette sottise devant la Plessis nous consolera de sa présence : elle vous salue avec sa roupie ordinaire. Pour vous montrer la vieillesse et la capacité de la petite personne qui est avec nous, c'est qu'elle nous vient d'assurer que le lendemain de la veille de Pâques était un mardi; et puis elle s'est reprise, et a dit : C'est un lundi; mais comme elle a vu que cela ne réussissait pas, elle s'est écriée : Ah, mon Dieu! que je suis sotte! c'est un vendredi. Voilà où nous en sommes. Si vous aviez la bonté de nous mander quel jour vous croyez que c'est, vous nous tireriez d'une grande peine.

Si vous trouvez quelque embarras dans les dates, c'est que ma mère vous écrivit hier au soir au sortir du mail, et moi je vous écris ce matin en y allant tuer des écureuils.

440. — A LA MÊME

Aux Rochers, mercredi 18 décembre 1675.

Je viens d'écrire à M. de Pomponne et à madame de Vins, parce que M. d'Hacqueville me l'a conseillé. Je crois avoir pris le ton qu'il faut. J'envoie mes lettres ouvertes à ce dernier, qui est effrayé d'être seul contre tant de gens qui viennent fondre sur nous; il craint que vous n'ayez négligé d'envoyer les défenses de vos amies; il voit cette affaire au conseil, où M. Colbert a sa voix aussi bien que M. de Pomponne : il a voulu être soutenu de mes pauvres lettres, dont il fera ce qu'il voudra. Je regrette de n'être pas en lieu de pouvoir agir moi-même, non pas que je crusse faire mieux que d'Hacqueville : c'est qu'on est deux, et que j'aurais au moins le plaisir de faire quelques pas pour vous; mais la Providence n'a pas rangé ce bon office au nombre de ceux que j'ai dessein de vous rendre. Il est vrai que d'Hacqueville ne laisse rien à désirer; je n'ai jamais vu des tons et des manières fermes et puissantes pour soutenir ses amis comme celles qu'il a : c'est un trésor de bonté, d'amitié et de capacité, à quoi il faut ajouter une application et une exactitude dont nul autre que lui n'est capable. J'attends donc la fin de cette affaire avec l'espérance que me donne la confiance que j'ai en lui; cependant je ne laisserai pas d'ouvrir ses lettres désormais avec beaucoup d'émotion, parce que je m'intéresse à la conclusion de cette affaire, qui me paraît d'importance pour la Provence et pour vous. On ne vous conseille point de faire aucune représaille du côté de la noblesse. Ceux que vous pourriez attaquer en ont moins qu'ils ne pensent; mais ils en ont plus qu'il ne nous en faut, nous verrons. Je suis à une belle distance pour mettre mon nez dans tout cela. J'écrivis il y a trois jours à l'illustre *Sapho*[1] et à Corbinelli : ce n'est point par cet endroit que nous périrons; je crains un ministre.

J'ai passé un jour à Vitré avec M. de Pommereuil, qui me dit, quasi devant la princesse, qu'il avait séjourné pour l'amour de moi. Il a fait un grand bruit des Malicorne et

---

[1] Mademoiselle de Scuderi.

des Laval de notre connaissance, et de l'amitié qu'il a pour moi. Je n'en avais rien dit; car je hais ce style de dire toujours que tout est de nos amis : c'est un air de gueule enfarinée, qui n'appartient qu'à qui vous savez. J'ai donc gardé mon petit silence, jusqu'à ce que M. de Pommereuil ait dit des merveilles, et alors j'ai dit qu'oui; et nous voilà dans des conversations infinies. Nous fîmes une anatomie de toute la Bretagne, pendant que la princesse priait Dieu avec son petit troupeau. Il est reçu comme un Dieu, et c'est avec raison; il apporte l'ordre et la justice pour régler dix mille hommes, qui sans lui nous égorgeraient tous. Sa commission n'est que jusqu'au printemps; il ne l'a prise que pour faire sa cour, et non pas pour faire sa fortune, qui va plus loin; il ne songe qu'à faire plaisir. Il vivra fort bien avec M. de Chaulnes; mais il fera valoir au maître les choses qu'il lui cédera pour vivre doucement; car il trouve que, pourvu qu'on ne cède point comme un sot, on fait sa cour de ne point faire d'incidents, parce qu'ils interrompent le service et l'unique but qu'on doit avoir, qui est d'aller au bien. Il me parla de vous, et j'en fus touchée comme on l'est de parler de soi-même.

Vous avez trouvé fort plaisamment d'où vient l'attachement qu'on a pour les confesseurs; c'est justement la raison qui fait qu'on parle dix ans de suite avec un amant; car avec ces premiers on est comme mademoiselle d'Aumale : on aime mieux dire du mal de soi que de n'en point parler. On me mande que cette *précieuse*[1] fera à son retour une grande figure[2]. Je suis étonnée de ce qu'on

---

[1] On voit que le mot *précieuse* est ici pris en mauvaise part; il avait donc changé de sens depuis la pièce de Molière, c'est-à-dire depuis environ seize ans. La remarque mérite une place dans l'histoire anecdotique de notre langue.

[2] Mademoiselle d'Aumale, sœur de madame de Schomberg, fut l'élève, l'amie, la confidente de madame de Maintenon. Elle se fit religieuse à Saint-Cyr. On connaît d'elle des mémoires sur madame de Maintenon; mais ces mémoires sont restés manuscrits.

m'apprend de madame de Maintenon; on dit qu'elle n'est plus si fort l'admiration de tout le monde, et que le proverbe a fait son effet en elle; mon amie de Lyon (*madame de Coulanges*) m'en paraît moins coiffée; la dame d'honneur (*madame de Richelieu*) même n'a plus les mêmes empressements, et cela fait faire des réflexions morales et chrétiennes à ma petite amie [1] : ne parlez point de ceci. Je vous conseille de faire tenir un petit compliment, par d'Hacqueville, à madame de La Fayette sur cette abbaye. Adieu, ma très-chère enfant; il me semble que je ne vous aime point aujourd'hui; je vous aimerai une autre fois; voilà ce qui doit vous consoler. Parlez-moi des *Essais de Morale*; n'est-ce pas un aimable livre?

441. — DE MADAME DE SÉVIGNÉ AU COMTE DE BUSSY.

Aux Rochers, ce 20 décembre 1675.

Je ne saurais comprendre pourquoi je ne vous écris pas, car assurément c'est à moi à féliciter la nouvelle mariée de son nouveau mariage [2], à faire mes compliments au nouvel époux et au nouveau beau-père. Enfin tout est nouveau, mon cousin, hormis mon amitié pour vous, qui est fort ancienne, et qui me fait très-souvent penser à vous et à tout ce qui vous touche. J'avais dans la tête que vous m'aviez promis de me mander des nouvelles de votre noce, et je pense que c'est cela que j'attendais; mais c'eût été un excès d'honnêteté, car selon toutes les règles c'est à moi à recommencer. J'ai été fort aise que vous ayez approuvé mon petit conte : j'ai trouvé aussi admirable celui de madame d'Heudicourt [3]. Pour moi, je ne trouve point qu'il les faille bannir, quand ils sont courts et tout pleins

---

[1] Je crois que c'est madame de Vins, belle-sœur de M. de Pomponne, qu'elle désigne par ce mot. (M.)

[2] Le mariage de mademoiselle de Bussy avec le marquis de Coligny. *Voyez* la lettre du 9 octobre précédent.

[3] *Voyez* la lettre de Bussy du 19 octobre précédent.

de sel comme ceux que vous faites ; car assurément personne ne peut atteindre à vos tons et à votre manière de conter ; nous l'avons souvent dit, la belle Madelonne et moi. Mais parlons d'autre chose.

Vous ne voulez pas qu'on vous appelle comte ; et pourquoi, mon cher cousin? Ce n'est pas mon avis. Je n'ai encore vu personne qui se soit trouvé déshonoré de ce titre. Les comtes de Saint-Aignan, de Sault, du Lude, de Grignan, de Fiesque, de Brancas, et mille autres, l'ont porté sans chagrin. Il n'a point été profané comme celui de marquis. Quand un homme veut usurper un titre, ce n'est point celui de comte, c'est celui de marquis, qui est tellement gâté qu'en vérité je pardonne à ceux qui l'ont abandonné. Mais pour comte, quand on l'est comme vous, je ne comprends point du tout qu'on veuille le supprimer. Le nom de Bussy est assez commun ; celui de comte le distingue, et le rend le nôtre où l'on est accoutumé ; on ne comprendra point ni d'où vous vient ce chagrin, ni cette vanité, car personne n'a commencé à désavouer ce titre. Voilà le sentiment de votre petite servante, et je suis assurée que bien des gens seront de mon avis. Mandez-moi si vous y résistez, ou si vous vous y rendez, et en attendant je vous embrasse, mon cher *Comte*.

Vous savez les misères de cette province : il y a dix ou douze mille hommes de guerre, qui vivent comme s'ils étaient encore au delà du Rhin. Nous sommes tous ruinés ; mais qu'importe ? nous goûtons l'unique bien des cœurs infortunés : nous ne sommes pas seuls misérables : on dit qu'on est encore pis en Guyenne.

Je serai à Paris au commencement du carême. Mon fils est ici depuis huit ou dix jours. Il est assez aise de se reposer de ses courses continuelles. Vous ai-je dit que parmi les louanges que le cardinal de Retz donnait à la maison de Langheac, il disait qu'elle était sans *médisance et sans chimère*.

442. — DE MADAME DE SÉVIGNÉ A MADAME DE GRIGNAN.

A Vitré, samedi pour dimanche 22 décembre 1675.

Je suis venue ici, ma fille, pour voir madame de Chaulnes et la petite personne [1], et M. de Rohan, qui s'en vont à Paris. Madame de Chaulnes m'a écrit pour me prier de lui venir dire adieu ici : elle devait venir dès hier ; et l'excuse qu'elle donne, c'est qu'elle craignait d'être volée par les troupes qui sont par les chemins. C'est aussi que M. de Rohan l'avait priée d'attendre à aujourd'hui ; et cependant, chair et poisson se perdent, car dès jeudi on l'attendait. Je trouve cela un peu familier, après avoir mandé elle-même positivement qu'elle viendrait. Madame la princesse de Tarente ne trouve pas ce procédé d'un trop bon goût : elle a raison ; mais il faut excuser des gens qui ont perdu la tramontane. C'est dommage que vous n'éprouviez la centième partie de ce qu'ils ont souffert ici depuis un mois. Il est arrivé dix mille hommes dans la province, dont ils ont été aussi peu avertis, et sur lesquels ils ont autant de pouvoir que vous ; ils ne sont en état de faire ni bien ni mal à personne. M. de Pommereuil est à Rennes avec eux tous ; il est regardé comme un dieu, non pas que tous les logements ne soient réglés dès Paris ; mais il punit et empêche le désordre ; c'est beaucoup. Madame de Rohan et madame de Coëtquen ont été fort soulagées. Madame la princesse de Tarente espère que MONSIEUR et MADAME la feront soulager aussi ; c'est une grande justice, puisqu'elle n'a au monde que cette terre, et qu'il est fâcheux, en sa présence, de voir ruiner ses habitants. Nous nous sauverons, si la princesse se sauve. Voilà, ma très-chère, un grand article de la Bretagne ; il en faut passer par-là : vous connaissez comme cela frappe la tête dans les provinces.

[1]. Mademoiselle de Murinais, alors dame de Kerman. (M.)

Je n'ai pas attendu votre lettre pour écrire à M. de Pomponne et à madame de Vins; je l'ai fait tout de mon mieux. J'en avais demandé conseil à d'Hacqueville, qui me paraît espérer beaucoup de ce côté-là. Ne vous retenez point quand votre plume veut parler de la Provence : ce sont mes affaires; mais ne la retenez sur rien, car elle est admirable quand elle a la bride sur le cou; elle est comme l'Arioste : on aime ce qui finit et ce qui commence; le sujet que vous prenez console de celui que vous quittez, et tout est agréable. Celui du froc aux orties, que l'on jette tout doucement pour plaire à Sa Sainteté, et le reste, est une chose à mourir de rire; mais ne le dites pas à M. de Grignan, qui est sage. Pour moi, j'en demande pardon à Dieu, mais je ne crois pas qu'il y ait rien au monde de plus plaisant et de mieux écrit; vous êtes plus gaie dans vos lettres que vous ne l'êtes ailleurs. Vous avez soif d'être seule : eh, mon Dieu, ma chère! venez dans nos bois, c'est une solitude parfaite, et un si beau temps encore, que j'y passe tous les jours jusqu'à la nuit, et je pense à vous mille et mille fois avec une si grande tendresse, que ce serait la méconnaître que de croire que je la pusse décrire. Mon fils me met en furie par le sot livre qu'il vient lire autour de moi; c'est *Pharamond* [1] : il me détourne de mes livres sérieux, et, sous prétexte que je me fais mal aux yeux, il me fait écouter des sornettes que je veux oublier. Vous savez comme faisait madame du Plessis [2] à Frênes, c'est justement de même; il va et vient; il songe fort à m'amuser et à me divertir. Il voulait vous écrire aujourd'hui; mais je doute qu'il puisse le faire. Nous ne sommes pas chez nous, et pendant que je suis ici, il joue à l'ombre dans la chambre de la princesse.

Si j'étais en lieu, ma fille, de vous donner des conseils, je vous donnerais celui de ne pas penser présentement

---

[1] Roman de La Calprenède. (P.)
[2] *Voyez*, sur les réunions à Frênes, sa lettre du 1ᵉʳ août 1675.

d'aller à Grignan : à quel propos ce voyage? C'est une fatigue, c'est une Durance, c'est une bise ; à quoi bon ce tracas? Vous êtes toute rangée à Aix; passez-y votre hiver. Pour moi, qui suis à la campagne, je ne pense point aux villes ; mais si j'étais dans une ville, tout établie, la seule idée de la campagne me ferait horreur. Je parle un peu de loin, sans savoir vos raisons. Celles de M. de Maillanes [1] pour aimer La Trousse peuvent être bonnes; ces messieurs nous honorent quelquefois de leurs méchantes humeurs, et se font adorer des étrangers. Mais savez-vous que j'ai ouï dire beaucoup de bien de Maillanes, et que M. le Prince en parla au roi fort agréablement comme d'un très-brave garçon? Je fus ravie quand on me conta cela à Paris. Voyons, je vous prie, jusqu'où peut aller la paresse du coadjuteur. Mon Dieu, qu'il est heureux, et que j'envierais quelquefois son épouvantable tranquillité sur tous les devoirs de la vie! On se ruine quand on veut s'en acquitter. Voilà toutes les nouvelles que je sais de lui.

Je vous ai mandé comme Bourdelot m'a honorée [2], aussi bien que vous, de son froid éloge : je vous en ai assez dit pour vous faire entendre que je le trouve comme vous l'avez trouvé. Mon Dieu, que je lui fis une bonne réponse! cela est sot à dire ; mais j'avais une bonne plume, et bien éveillée ce jour-là : quelle rage! peut-on avoir de l'esprit, et se méconnaître à ce point-là? Vous avez une musique, ma chère; je crois que je la trouverais admirable; j'honore tout ce qui est opéra, mais quoique je fasse l'entendue, je ne suis pas si habile que M. de Grignan, et je crois que j'y pleurerais comme à la comédie. Madame de Beaumont a-t-elle toujours bien de l'esprit? et Roquesante? jeûnent-ils toujours tous deux au pain et à l'eau? Pourquoi tant de pénitences, avec tant d'indulgences plénières qu'il a apportées? Encore faut-il appuyer ces dernières sur quelque chose.

[1] Hermite de Maillanes, fils d'un maître des comptes de Provence.
[2] *Voyez* ci-dessus la lettre du 4 décembre courant.

Disons deux mots de Danemark : la princesse[1] est au siége de Wismar avec le roi et la reine ; les deux amants y font des choses romanesques. Le favori a traité un mariage pour le prince, et a laissé le soin à la renommée d'apprendre cette nouvelle à la jolie princesse; il fut même deux jours sans la voir : cela n'est pas le procédé d'un sot; pour moi, je crois qu'il se trouvera à la fin qu'il est le fils de quelque roi des Visigoths[2].

Vous me faites peur de votre vieille veuve qui se marie à un jeune homme : c'est un grand bonheur de n'être point sujette à se coiffer de ces oisons-là; il vaut mieux les envoyer paître que de les y mener. Vous êtes étonnée que tout ce qui vous entoure ne comprenne point que vous souhaitez quelquefois d'être séparée de leur bonne compagnie; et moi, je ne puis m'accoutumer à une chose, c'est de voir avec quelle barbarie ils souhaitent tous que je passe le reste de ma vie aux Rochers, mais à bride abattue, sans jamais faire aucun retour, que l'on peut trouver quelque société plus délicieuse que celle de mademoiselle du Plessis : cela m'impatiente qu'en toute une province il n'y ait personne qui se doute que l'on connaisse quelqu'un à Paris; j'avais dessein de m'en plaindre à vous.

Nous avons si bien aliéné, et vendu, et tracassé, que je crois que nous donnerons nos trois millions : *Nous serons si sots que nous prendrons La Rochelle.* C'est un vieux conte que vous appliquerez[3]. Nous avons fait les mêmes libéralités qu'à l'ordinaire; on a même sauvé M. d'Harouïs des abîmes que l'on craignait pour lui. On a frondé si durement contre M. de Saint-Malo que son neveu (*Guémadeuc*) s'est trouvé obligé de se battre contre un gentil-homme de Basse-Bretagne. Adieu, ma très-chère enfant; la confiance que

---

[1] Charlotte-Émilie-Henriette de La Trémouille, fille de madame la princesse de Tarente. (P.)
[2] Il était le fils d'un marchand de vin de Copenhague.
[3] C'est ce que les grands seigneurs disaient au siége de La Rochelle en 1628. (P.)

vous avez que j'aime passionnément vos grandes lettres, m'oblige sensiblement et me fait voir que vous êtes juste. Je vous remercie de me les souhaiter, comme la plus aimable chose que je puisse recevoir, et vous devez aussi me plaindre quand je suis privée de cette consolation par les retardements de la poste.

Dimanche

Je quittai hier cette lettre pour madame de Chaulnes, pour M. de Rohan et pour la petite personne ; ils soupèrent ici, et sont partis ce matin pour Laval, et tout droit à Paris. Il me semble que M. de Rohan est assez aise d'être avec la petite. Madame de Chaulnes m'a fort conté les affaires des états ; je l'ai fait convenir que M. de Saint-Malo avait été ridicule avec son bal : elle me paraît la mort au cœur de toutes ces troupes, et M. de Chaulnes, qui est demeuré à Rennes, très-embarrassé de M. de Pommereuil. Toute cette compagnie m'a fort parlé de vous. Quand je serai aux Rochers, je vous écrirai plus longtemps : en vérité, ma fille, c'est toute ma consolation que de vous parler.

443. — A LA MÊME.

Aux Rochers, le jour de Noël 1675.

Voici le jour où je vous écrirai, ma fille, tout ce qu'il plaira à ma plume : elle veut commencer par la joie que j'eus de revenir ici de Vitré dimanche, en paix et en repos, après deux jours de discours, de révérences, de patience à écouter des choses qui sont préparées pour Paris : j'eus pourtant le plaisir d'en contester quelques-unes, comme le bal de M. de Saint-Malo aux états. Madame de Tarente riait fort de me voir échauffée, et pleine de toutes mes raisons pour l'improuver ; mais j'aime mieux être dans ces bois, faite comme *les quatre chats* (hélas ! vous en souvient-il ?), que d'être à Vitré avec l'air d'une madame. La bonne princesse alla à son prêche; je les entendais tous qui *chantaient des oreilles*[1], car je n'ai jamais ouï des tons comme ceux-là. Ce fut un grand plaisir pour moi d'aller à la messe; il y avait longtemps que je n'avais senti tant de joie d'être catholique. Je dînai avec le ministre; mon fils disputa comme un démon. J'allai à vêpres pour les contrecarrer; enfin je compris la sainte opiniâtreté du martyre. Mon fils est allé à Rennes voir le gouverneur, et nous avons fait cette nuit nos dévotions dans notre belle chapelle. J'ai encore cette petite, qui est fort jolie: sa maison est au bout de ce parc; sa mère est fille de la bonne femme Marcille: vous ne vous en souvenez pas. Sa mère est à Rennes; je l'ai retenue. Elle joue au trictrac, au reversis. Elle est assez belle, et toute naïve, c'est Jeannette; elle m'incommode à peu près comme *Fidèle*. La Plessis a la fièvre quartaine: quand elle vient, et qu'elle trouve cette petite, c'est une très-bonne chose que de voir sa rage et sa jalousie, et la presse qu'il y a à tenir ma canne ou mon manchon. Mais en voilà bien assez, c'est un grand article de rien du tout.

Les Forbins ont une affaire de grande importance; c'est au sujet du petit Janson[2], qui a tué en duel le neveu de M. de La Feuillade, Chassingrimon[3]. Cette affaire est au parlement; et le roi a dit que si on avait fait justice de la mort de Châteauvilain[4], qu'on croit avoir été tué en duel, il n'y en aurait pas eu beaucoup d'autres. Voilà donc un

---

[1] Expression de Panurge dans Rabelais.
[2] C'est le même qui, après s'être retiré en Allemagne, où il servit à la levée du siège de Vienne et à la prise de Bude, revint en France sous un faux nom, au moment où la guerre fut déclarée entre l'Empire et la France. Louis XIV, touché de cette action loyale et courageuse, lui donna un grade dans un régiment étranger. Dangereusement blessé à la bataille de Marsaille, il se retira à la Trappe, où il fit profession sous le nom de frère Arsène, le 7 décembre 1705, et mourut en 1710.
[3] Jean-Charles d'Aubusson de Chassingrimon, chevalier de Malte, tué en 1675. (M.)
[4] Tué dans la nuit du 20 novembre 1674. (M.)

garçon comme les autres, hors de France, dans les pays étrangers : toute cette maison est fort intriguée.

Que dites-vous de la pauvre madame de Puisieux? Ce rhume devient une fluxion sur la poitrine ; c'est ainsi que ces fluxions se sont introduites familièrement dans les maisons. Cette bonne Puisieux nous aurait rendu mille services contre le Mirepoix, et la voilà morte. Lancy, notre parent, est mort aussi en trois jours : c'était une âme faite exprès ; j'en suis affligée. Priez d'Hacqueville de faire vos compliments chez les Rarai : voilà tout ce qu'il vous en coûtera. M. le cardinal de Retz me confie qu'il est à Saint-Mihel pour passer les fêtes, que je n'en dise rien, de peur du scandale. Il m'a été impossible de ne lui pas dire l'endroit de Rome de votre dernière lettre ; c'est une harmonie que l'arrangement de tous les mots qui le composent : je suis assurée qu'il le trouvera fort bon, et qu'il reconnaîtra bien le style et les discours de sa chère nièce. Madame de Coulanges a eu une grande conversation avec son gros cousin (*M. de Louvois*), dont elle espère beaucoup pour M. de Coulanges. La grande femme [1] ne vous écrit-elle point? Madame de Vins vient de m'écrire encore une lettre fort jolie, et, comme vous dites, bien plus flatteuse qu'elle ; elle me dit que pour ne point souhaiter mon amitié il n'y a point d'autre invention que de ne m'avoir jamais vue, et toute la lettre sur ce ton-là : n'est-ce pas un fagot de plumes au lieu d'un fagot d'épines? M. d'Hacqueville croit qu'elle fera fort bien pour nous, quoiqu'elle ait été un peu fâchée que ce qu'on avait souhaité se soit tourné tout d'une autre façon. Connaissez-vous le Boulay [2]? Oui ; il a rencontré par hasard madame de Courcelles [3] ; la voir et l'adorer n'a été qu'une même chose : la fantaisie leur a pris d'aller

---

[1] Madame d'Heudicourt.

[2] Il était Bruslard et homme de bonne compagnie. (P.)

[3] Madame de Courcelles était de Lenoncourt. Sa vie, toute romanesque, et ses lettres ont été publiées.

à Genève; ils y sont. C'est de ce lieu qu'il a écrit à Manicamp¹ la plus plaisante lettre du monde. Madame de Mazarin court les champs de son côté; on la croit en Angleterre, où il n'y a, comme vous savez, ni foi ni loi, ni prêtre; mais je crois qu'elle ne voudrait pas, comme dit la chanson², qu'on en eût chassé le roi.

Pour Jabac, nous en sommes désolés : quelle sotte découverte, et que les vieux péchés sont désagréables³! Le bon abbé priera Rousseau de tâcher de faire patienter jusqu'à notre retour. N'est-ce point abuser du loisir d'une dame de votre qualité, que de vous conter de tels fagots? car il y a *fagots et fagots* : ceux qui répondent aux vôtres sont en leur place; mais ceux qui n'ont ni rime ni raison, n'est-ce point une véritable folie? Je vais donc vous *souhaiter les bonnes fêtes*⁴, et vous assurer, ma très-chère, que je vous aime d'une parfaite et véritable tendresse, et que, selon toutes les apparences, elle me conduira *in articulo mortis*. Vous ai-je dit que madame de Fontevrault était allée chez madame de Coulanges voir votre portrait? Il en vaut bien la peine.

444. — A LA MÊME.

Aux Rochers, dimanche 29 décembre 1675.

Les voilà, mes bonnes petites lettres; ne me plaignez point d'en lire deux à la fois. Vous savez ma folie; quand je reçois une de vos lettres, je trouve que j'en voudrais bien encore une, et la voilà. C'est une double joie, c'est une provision; tant que je ne suis pas en peine de vous, rien ne me peut mieux consoler de ce jour de poste, à qui je fais

---

¹ M. de Longueval-Manicamp, intime ami de M. du Boulay. (P.)
² Chanson de Blot. (P.)
³ Il s'agissait d'une ancienne dette pour marchandises livrées à madame de Grignan. (P.)
⁴ L'usage de *souhaiter les bonnes fêtes* à Noël et à Pâques s'observe encore dans certaines provinces, et surtout en Provence. (P.)

la mine; la pensée ne me vient jamais que vous ne m'ayez pas écrit. *Mongobert* ne me dirait-elle pas toujours de vos nouvelles? Mandez-moi comme elle se porte; je l'embrasse et l'aime toujours. Je reviens à la poste. C'est l'hiver qui cause ce déréglement. En vérité, vos lettres méritent bien d'être attendues, et d'être reçues comme je les reçois. En voilà de madame de Vins, de M. de Pomponne, et de Corbinelli; j'ai bien rivé le clou à Corbinelli, et à sa muse, en voulant mettre au même rang ce que je lui demande et ce qu'elle me demanderait.

Vous verrez que madame de Vins a toujours sur le cœur ce qu'elle vous a mandé. Puisqu'elle vous donne une si belle occasion de vous justifier, faites-le, ma belle, et dites vos bonnes petites raisons, afin qu'on les entende, et que personne n'ait plus rien sur le cœur. M. de Pomponne me gronde encore de ce que j'avais mis dans la lettre de madame de Vins qu'il aimait M. de Marseille (*M. de Janson*) plus que moi. Enfin ce côté-là me paraît tout plein d'amitié; et M. d'Hacqueville me mande que nous avons tous les sujets du monde d'en être contents. Toutes vos raisons sont arrivées; tout a été fait dans l'ordre; il ne craint que M. Colbert. Pour moi, je crois qu'on renverra cette affaire à M. l'intendant, et c'est cela que vous voulez. Je pense qu'il vaudrait mieux qu'on ordonnât que les choses demeurassent comme elles sont. Mais, hélas! dans le monde où l'on fait ce qu'on peut, et ceci, comme nous, ma bonne, vous regarde: fait-on, je ne dis pas la moitié, Dieu m'en garde! mais fait-on seulement le quart de ce qu'on veut?

On nous fait espérer le départ de *Figuriborum*[1]; je ne dis pas la paix, car vous ne voulez pas croire qu'un traité puisse être signé par lui. Que vous êtes plaisante de vous

---

[1] M. de Monmerqué croit cette expression dérisoire dirigée contre Charles Colbert, marquis de Croissy, que le roi venait d'envoyer au congrès de Nimègue en qualité de l'un de ses plénipotentiaires, et qui, dans la suite, succéda à M. de Pomponne dans le ministère.

souvenir de ce temps si différent de celui-ci! Eussions-nous jamais cru que *Figuriborum* eût fait une figure? Jamais homme n'a été ridiculisé comme lui. Il faut avouer que vous êtes la première personne du monde. Il y a un petit homme qui s'est vanté de s'être soustrait à votre plaisanterie; vous aviez assez d'envie de lui marcher sur le haut de la tête, mais n'avez-vous point peur d'être excommuniée?

Je vous remercie, ma fille, de conserver quelque souvenir *del paterno nido*. Hélas! notre château en Espagne serait de vous y voir : quelle joie! et pourquoi serait-il impossible de vous revoir encore dans ces belles allées? Que dites-vous du mariage de La Mothe[1]? La beauté, la jeunesse, la conduite font-elles quelque chose pour bien établir les demoiselles? Ah, Providence! il en faut revenir là. Madame de Puisieux[2] est ressuscitée; mais n'est-ce pas mourir deux fois bien près l'une de l'autre, car elle a quatre-vingts ans. Madame de Coulanges m'apprend la bonne compagnie de notre quartier; mais cela ne me presse point d'y retourner plus tôt que je n'ai résolu. Je ne m'y sens attirée que par des affaires; car pour des plaisirs, je n'en espère point, et l'hiver n'est point en ce pays-ci ce que l'on pense; il ne me fait nulle horreur. Nous suivons vos avis pour mon fils, nous consentons à quelques fausses mines; et si l'on nous refuse, chacun en rendra de son côté. En attendant, il me fait ici une fort bonne compagnie, et il trouve que j'en suis une aussi; il n'y a nul air de maternité à notre affaire. La princesse (*de Tarente*) en est étonnée, elle qui n'a qu'un benêt de fils, qui n'a point d'âme dans le corps. Elle est bien affligée des troupes qui sont arrivées à Vitré. Elle espérait, avec raison, d'être exemptée; mais cependant voilà un bon régi-

---

[1] L'une des trois filles de la maréchale de La Mothe-Houdancourt. Toutes les trois se firent connaître par leurs aventures galantes. Celle-ci épousa le marquis de la Vieuville, chevalier d'honneur de la reine.

[2] Charlotte d'Estampes-Valançay mourut le 8 septembre 1677. (P.)

ment dans sa ville : c'était une chose plaisante si c'eût été le régiment de Grignan. Mais savez-vous qu'il est à la Trinité, c'est-à-dire à Bodégat [1] ? J'ai écrit au chevalier (*de Grignan*), non pas pour rien déranger, car tout est réglé, mais afin que l'on traite doucement et honnêtement mon fermier, mon procureur fiscal et mon sénéchal : cela ne coûtera rien, et me fera grand honneur. Cette terre m'est destinée, à cause de votre partage.

Si je vois ici le Castallane [2], je le recevrai fort bien ; son nom et le lieu où il a passé l'été me le rendront considérable. L'affaire de mon président [3] va bien ; il se dispose à me donner de l'argent : voilà une des affaires que j'avais ici. Celle qu'entreprend l'abbé de La Vergne est digne de lui : vous me le représentez un fort honnête homme.

Ne voulez-vous point lire les *Essais de Morale*, et m'en dire votre avis ? Pour moi, j'en suis charmée ; mais je le suis fort aussi de l'oraison funèbre de M. de Turenne [4] ; il y a des endroits qui doivent avoir fait pleurer tous les assistants ; je ne doute pas qu'on ne vous l'ait envoyée : mandez-moi si vous ne la trouvez pas très-belle. Ne voulez-vous point achever *Josèphe* ? Nous lisons beaucoup, et du sérieux, et des folies, et de la fable, et de l'histoire. Nous nous faisons tant d'affaires, que nous n'avons pas le temps de nous tourner. On nous plaint à Paris, on croit que nous sommes au coin de notre feu à mourir d'ennui et à ne pas voir le jour ; mais, ma fille, je me promène, je m'amuse ; ces bois n'ont rien d'affreux : ce n'est pas d'être ici ou de n'être pas à Paris qu'il faut me plaindre. Je ne me charge point de vos compliments pour madame de La Fayette ; priez-en M. d'Hacqueville. La machine ronde n'a été que deux ou trois jours sans tourner ; il a été à Saint-

---

[1] Terre auprès de Nantes, qui appartenait à la maison de Sévigné. (P.)
[2] Un parent de M. de Grignan. (P.)
[3] M. de Meneuf.
[4] Par Mascaron. *Voyez* la lettre suivante.

Germain pour vous; il est occupé de nos affaires : c'est un ami adorable. M. de Coulanges espère beaucoup d'une conversation que sa femme a eue avec M. de Louvois ; s'ils avaient l'intendance de Lyon, conjointement avec le beau-père, ce serait un grand bonheur. Voilà le monde ; ils ne travaillent que pour s'établir à cent lieues de Paris. Je ne puis comprendre la nouvelle passion du *Charmant* (*M. de Villeroi*) : je ne me représente pas qu'on puisse parler de deux choses avec cette matérielle Chimène. On dit que son mari lui défend toute autre société que celle de madame d'Armagnac : je suis comme vous, mon enfant, je crois toujours voir la vieille Médée avec sa baguette faire fuir, quand elle voudra, tous ces vains fantômes matériels. On disait que M. de La Trousse en voulait à la maison *visum visu*; mais je ne le crois point délogé, et je chanterais fort bien le contrepied de la chanson de l'année passée :

> La Trousse est vainqueur de Brancas;
> Têtu ne lui résiste pas.
> De lui seul Coulange est contente,
> Que chacun chante, etc.

Mais c'est entre vous et moi, la belle; car je sais fort bien comme il faut dire ailleurs : vous êtes fidèle et discrète. Vous me paraissez avoir bien envie d'aller à Grignan : c'est un grand tracas; mais vous recevrez mes conseils quand vous en serez revenue. Ces compliments pour ces deux hommes qui sont chez eux il y a plus d'un mois m'ont fait rire. La longueur de nos réponses effraye, et fait bien comprendre l'horrible distance qui est entre nous : ah, ma fille! que je la sens, et qu'elle fait bien toute la tristesse de ma vie! Sans cela, ne serais-je point trop heureuse avec un joli garçon comme celui que j'ai. Il vous dira lui-même s'il ne souffre pas d'être éloigné de vous. Mais je l'attends, il n'est point encore arrivé; c'est une fragile créature; encore s'il se mariait pendant son voyage!

mais je suis assurée qu'on le retient pour rien du tout. S'il se divertit, il est bien. Adieu, ma très-chère et très-aimable, et très-parfaitement aimée. Parlez-moi de votre santé et de votre beauté, tout cela me plaît. J'embrasse M. de Grignan, quand ce serait ce troisième jour de barbe épineuse et cruelle : on ne peut s'exposer de meilleure grâce.

445. — A LA MÊME.

Aux Rochers, le premier jour de l'an 1676.

Nous voici donc à l'année *qui vient*, comme disait M. de Montbazon : ma très-chère, je vous la souhaite heureuse; et si vous croyez que la continuation de mon amitié entre dans la composition de ce bonheur, vous pouvez y compter sûrement.

Voilà une lettre de d'Hacqueville, qui vous apprendra l'agréable succès de nos affaires de Provence : il surpasse de beaucoup mes espérances. Vous aurez vu à quoi je me bornais par les lettres que j'ai reçues il y a peu de jours, et que je vous envoyai. Voilà donc cette grande épine hors du pied, voilà cette caverne de larrons détruite, voilà l'ombre de M. de Marseille conjurée, voilà le crédit de la cabale évanoui, voilà l'insolence terrassée : j'en dirais d'ici à demain. Mais, au nom de Dieu, soyez modestes dans vos victoires : voyez ce que dit le bon d'Hacqueville, la politique et la générosité vous y obligent. Vous verrez aussi comme je trahis son secret pour vous, par le plaisir de vous faire voir le dessous des cartes, qu'il a dessein de vous cacher à vous-même; mais je ne veux point laisser équivoques dans votre cœur les sentiments que vous devez avoir pour l'ami et pour la belle-sœur¹, car il me paraît qu'ils ont fait encore au delà de ce qu'on m'en écrit, et pour toute

¹ M. de Pomponne et madame de Vins. (P.)

récompense ils ne veulent aucun remerciement. Servez-les donc à leur mode, et jouissez en silence de leur véritable et solide amitié. Gardez-vous bien de lâcher le moindre mot qui puisse faire connaître au bon d'Hacqueville que je vous ai envoyé sa lettre; vous le connaissez : la rigueur de son exactitude ne comprendrait pas cette licence poétique. Ainsi, ma fille, je me livre à vous, et vous conjure de ne me point brouiller avec un si bon et si admirable ami. Enfin, ma très-chère, je me mets entre vos mains; et, connaissant votre fidélité, je dormirai en repos; mais répondez-moi aussi de M. de Grignan, car ce ne serait pas une consolation pour moi que de voir courir mon secret par ce côté-là.

En voici encore un autre : voici le jour des secrets, comme la *journée des dupes*. Le *frater* est revenu de Rennes; il m'a rapporté une sotte chanson, qui m'a fait rire : elle vous fera voir en vers une partie de ce que je vous dis l'autre jour en prose. Nous avions dans la tête un fort joli mariage, mais il n'est pas *cuit :* la belle n'a que quinze ans, et l'on veut qu'elle en ait davantage pour penser à la marier. Que dites-vous de l'habile personne dont nous vous parlions la dernière fois, et qui ne put du tout deviner quel jour c'est que le lendemain de la veille de Pâques ? C'est un joli petit bouchon qui nous réjouit fort; *cela n'aura vingt ans que dans six ans d'ici* [1]. Je voudrais que vous l'eussiez vue les matins manger une beurrée longue comme d'ici à Pâques, et l'après-dînée croquer deux pommes vertes avec du pain bis. Sa naïveté et sa jolie petite figure nous délassent de la guinderie et de l'esprit *fichu* de mademoiselle du Plessis.

Mais parlons d'autre chose : ne vous a-t-on pas envoyé l'oraison funèbre de M. de Turenne? M. de Coulanges et le petit cardinal m'ont déjà ruinée en ports de lettres; mais

---

[1] Vers de Benserade.

j'aime bien cette dépense. Il me semble n'avoir jamais rien vu de si beau que cette pièce d'éloquence. On dit que l'abbé Fléchier [1] veut la surpasser; mais je l'en défie : il pourra parler d'un héros, mais ce ne sera pas de M. de Turenne; et voilà ce que M. de Tulle a fait divinement à mon gré. La peinture de son cœur est un chef-d'œuvre; et cette droiture, cette naïveté, cette vérité dont il était pétri, enfin, ce caractère, comme il dit, également éloigné de la souplesse de l'orgueil et du faste de la modestie. Je vous avoue que j'en suis charmée; et si les critiques ne l'estiment plus depuis qu'elle est imprimée,

Je rends grâces aux dieux de n'être pas Romain [2].

Ne me dites-vous rien des *Essais de Morale, et du traité de tenter Dieu, et de la ressemblance de l'amour-propre et de la charité?* C'est une belle conversation que celle que l'on fait de deux cents lieues loin. Nous faisons de cela pourtant tout ce qu'on en peut faire. Je vous envoie un billet de la jolie abbesse : voyez si elle se joue joliment; il n'en faut pas davantage pour voir l'agrément de son esprit. Adieu, ma très-aimable et très-chère; je vous recommande tous mes secrets; je vous embrasse très-tendrement, et suis à vous plus qu'à moi-même.

Je laisse la plume à l'honnête garçon qui est à mon côté droit : il dit que vous aviez trempé la vôtre dans du feu en lui écrivant; il est vrai qu'il n'y a rien de si plaisant.

DE MONSIEUR DE SÉVIGNÉ.

Que dis-je, du feu? c'est dans du fiel et du vinaigre que vous l'avez trempée, cette impertinente plume, qui me dit tant de sottises, sauf correction. Et où avez-vous donc pris, madame la Comtesse, que je ne fusse pas capable de choi-

---

[1] Depuis évêque de Lavaur, et ensuite de Nîmes. (P.)
[2] Vers de Corneille dans *les Horaces*. (P.)

sir une amie? Est-ce parce que je m'étais adonné pendant trois ans à une personne qui n'a pu s'accommoder de ce que je ne parlais pas en public, et que je ne donnais pas la bénédiction au peuple? Vous avez eu du moins grande raison d'assurer que ma blessure était guérie, et que j'étais dégagé de ses fers. Je suis trop bon catholique pour vouloir rien disputer à l'Église. C'est depuis longtemps qu'il est réglé que le clergé a le pas sur la noblesse. Il m'est tombé depuis peu entre les mains une lettre de cette grande lumière de l'Église : il écrivait à la personne aimée, et la priait de répondre à sa tendresse par quelque marque de la sienne; voici ce qu'il lui disait : « Ne me refusez point, je vous prie, cette grâce, et songez que vous me rendrez un office singulier. » Cela n'était-il pas bien touchant? J'écrivais encore mieux à madame de Choisy. Je suis redevenu esclave d'une autre beauté brune, dans mon voyage de Rennes. C'est madame de......, celle qui priait Dieu si joliment aux Capucins : vous souvenez-vous comme vous la contrefaisiez? Elle est devenue bel-esprit, et dit les élégies de la comtesse de La Suze en langage breton.

La *Divine* est à nos côtés depuis neuf heures du matin; elle nous a déjà conté les plus jolis détails du monde de son mal, et nous a dit qu'elle était montée à cheval, pour venir voir ma mère, dès qu'elle a été quitte d'un *lavement* qu'elle avait été obligée de prendre à cause d'une *brûlaison* insupportable qu'elle avait à l'endroit par où était sorti un flux de ventre qui la tourmentait depuis hier midi. Bonjour et bon an, ma belle petite sœur; ne vous moquez plus de moi ni de mon goût, qui est très-bon. J'en juge par l'amitié très-véritable que j'ai pour M. de Grignan, que j'honore de tout mon cœur.

446. — DU COMTE DE BUSSY A MADAME DE SÉVIGNÉ.

A Bussy, ce 5 janvier 1676.

Il me semble que j'avais tort de ne pas écrire à la belle *Madelonne* [1], Madame ; vous verrez dans la lettre que je lui écris, et que je vous envoie, ce qui m'en avait empêché et ce qui enfin m'y a fait résoudre. Si elle était à Paris, notre commerce serait plus réglé, et vous seriez plus contente. J'ai toujours assez compris la peine que vous avez eue à vous séparer de cette agréable enfant, ma chère cousine, mais je la comprends bien mieux depuis que j'ai marié ma fille [2] : je ne vous dis pas depuis que je l'ai quittée, car nous sommes encore ensemble, et je ne prévois pas même que nous nous séparions ; mais la peur que j'en eus d'abord me donna du chagrin : cela me fit songer à vous et vous plaindre plus que je ne faisais. Je savais, il y avait longtemps, qu'il était bien rude de se séparer de ce qu'on aimait fort et de ce qu'on devait fort aimer ; je viens de l'apprendre par l'appréhension seulement, et cela me fait croire que ce serait pour moi une peine mortelle si c'était une séparation effective. J'ai des raisons encore d'attachement que vous n'avez pas : ma fille a été toute ma consolation dans ma disgrâce, et elle me tient aujourd'hui lieu de fortune. J'aime bien mes autres enfants, comme vous aimez fort M. de Sévigné, mais assurément nos deux filles sont hors du *pair*. Adieu, ma chère cousine ; voici une lettre bien paternelle, une autre fois vous en aurez une de moi qui sera plus badine et plus tendre pour vous.

447. — DU COMTE DE BUSSY A MADAME DE GRIGNAN.

A Bussy, ce 5 janvier 1676.

Je vous avais promis de vous écrire en Provence, Ma-

---

[1] Madame de Grignan.
[2] La marquise de Coligny.

dame, et je me l'étais promis à moi-même, quand vous partites de Paris; mais depuis, faisant réflexion à la longueur du temps que ma lettre mettrait à aller jusqu'à vous, je changeai de dessein, car enfin il faut qu'elle aille de Bourgogne à Paris, de Paris en Bretagne, qu'elle revienne de Bretagne à Paris, et qu'elle aille de là en Provence. Cependant je viens de me raviser; et j'ai cru qu'en ne vous mandant point de nouvelles, qui assurément ne le seraient plus pour vous quand vous les recevriez, je pourrais vous écrire toute autre chose. Ce n'est pas que je n'aie un événement à vous mander. C'est le mariage de ma fille de Bussy avec le marquis de Coligny d'Auvergne, de la maison de Langheac; et quoiqu'elle soit peut-être accouchée quand vous recevrez ma lettre, et que cela puisse vous faire faire des jugements téméraires, mille raisons m'obligent de vous le mander, et je vous prierai seulement, pour la justification de ma fille, d'examiner les dates, de ne tirer aucune conséquence de ce que vous aurez appris le mariage et les couches presqu'en même temps, et de ne pas confondre tant de rares merveilles. Mais à propos de couches, vous vous souvenez bien de la lettre que vous m'avez promise [1] dès que vous auriez appris que je serais grand-père. Je m'attends à un *opéra* [2]. Adieu, Madame; je vous assure que je vous aime bien; faites-moi réponse : je languirai un peu en l'attendant, car je ne la pourrai guère recevoir avant l'année qui vient; mais, comme vous savez, de toutes les bonnes choses il vaut mieux tard que jamais.

448. — DE MADAME DE SÉVIGNÉ A MADAME DE GRIGNAN.

Aux Rochers, dimanche 5 janvier 1676.

En voilà deux encore, ma fille; elles sont en vérité les

---

[1] *Voyez* la lettre du 10 mai 1675.
[2] Ce mot est devenu proverbe; il exprime l'attente de quelque chose de beau, la haute opinion qu'on a d'une chose.

très-bien venues : je n'en reçois jamais trois à la fois; j'en serais fâchée, parce que je serais douze jours à les attendre : c'est bien assez de huit; mais pour être surchargée de cette lecture, ce n'est pas une chose possible, c'est de celle-là qu'on ne se lasserait jamais; et vous-même, qui vous piquez d'inconstance sur ce chapitre, je vous défierais bien de n'y être pas attentive, et de n'aller pas jusqu'à la fin. C'est un plaisir dont vous êtes privée, et que j'achète bien cher; je ne conseille pas à M. de Grignan de me l'envier. Il est vrai que les nouvelles que nous recevons de Paris sont charmantes. Je suis comme vous, jamais je n'y réponds un seul mot; mais pour cela je ne suis pas muette : l'article de mon fils et de ma fille suffit pour rendre notre commerce assez grand : vous l'aurez vu par la dernière lettre que je vous ai envoyée.

D'Hacqueville me recommande encore le secret que je vous ai confié, et que je vous recommande à proportion. Il me dit que jamais la Provence n'a tant fait parler d'elle. Il a raison, je trouve cette assemblée de noblesse un coup de partie. Vous ne pouvez pas douter que je ne prenne un grand intérêt à ce qui se passe autour de vous; quelles sortes de nouvelles me pourraient être plus chères? Tout ce que je crains, c'est qu'on ne trouve que la sagesse de la Provence fait plus de bruit que la sédition des autres provinces. Je vous remercie de vos nouvelles de Languedoc; vous m'avez instruite de tout en quatre lignes. Mais que vous avez bien fait de m'expliquer pourquoi vous êtes à Lambesc! car je ne manquais point de dire : Pourquoi est-elle là? Je loue le torticolis qui vous a empêchée d'avoir la fatigue de manger avec ces gens-là; vous avez fort bien *laissé paître vos bêtes* sans vous. Je n'oublierai jamais l'étonnement que j'eus, quand j'y étais à la messe de minuit, et que j'entendis un homme chanter un de nos airs profanes au milieu de la messe : cette nouveauté me surprit beaucoup.

Vous aurez lu les *Essais de Morale*, dont je crois que vous êtes contente. L'endroit de *Josèphe* que vous me dites est un des plus beaux qu'on puisse jamais lire : il faut que vous avouiez qu'il y a une grandeur et une dignité dans cette histoire, qui ne se trouve en nulle autre. Si vous ne me parliez de vous et de vos occupations, je ne vous donnerais rien du nôtre, et ce serait une belle chose que notre commerce. Quand on s'aime, et qu'on prend intérêt les uns aux autres, je pense qu'il n'y a rien de plus agréable que de parler de soi ; il faut retrancher sur les autres, pour faire cette dépense entre amis. Vous aurez vu par ce que vous a mandé mon fils de notre voisine, qu'elle n'est pas de cette opinion : elle nous instruit agréablement de tous les détails dont nous n'avons aucune curiosité [1]. Pour nos soldats, on gagnerait beaucoup qu'ils fissent comme vos cordeliers ; ils s'amusent à voler ; ils mirent l'autre jour un petit enfant à la broche ; mais d'autres désordres, point de nouvelles. M. de Chaulnes m'a écrit qu'il voulait me venir voir ; je lui dis très-bonnement de n'en rien faire, et que je renonce à l'honneur que j'en recevrais, par l'embarras qu'il me donnerait ; que ce n'est pas ici comme à Paris, où mon chapon suffisait à tant de bonne compagnie.

Vous avez donc vu ma lettre de consolation à B.... [2] ; peut-on lui en écrire une autre ? Vraiment vous me le dépeignez si fort au naturel, que je crois encore l'entendre, c'est-à-dire si l'on peut, car pour moi je trouve qu'il y a un grand brouillard sur toutes ses expressions. Vous me dites bien sérieusement, en parlant de ma lettre, *monsieur votre père* ; j'ai cru que nous n'étions point du tout parentes : que vous était-il à votre avis ? Si vous ne répondez à cette question, je m'adresserai à la fillette qui est avec nous ; je ne sais si elle y répondra comme au *lende-*

---

[1] Les détails de la santé de mademoiselle du Plessis.
[2] Peut-être le comte de Brancas.

main de la veille de Pâques. Au reste, mademoiselle du Plessis s'en meurt; toute morte de jalousie, elle s'enquiert de tous nos gens comme je la traite; il n'y en pas un qui ne se divertisse à lui donner des coups de poignard : l'un lui dit que je l'aime autant que vous; l'autre, que je la fais coucher avec moi, ce qui serait assurément la plus grande marque de ma tendresse; l'autre, que je la mène à Paris, que je la baise, que j'en suis folle, que mon oncle l'abbé lui donne dix mille francs; que si elle avait seulement vingt mille écus, je la ferais épouser à mon fils. Enfin, ce sont de telles folies, et si bien répandues dans le petit domestique, que nous sommes contraints d'en rire très-souvent, à cause des contes perpétuels qu'ils nous font : la pauvre fille ne résiste point à tout cela. Mais ce qui nous a paru très-plaisant, c'est que vous la connaissez encore si bien, et qu'il soit vrai, commes vous le dites, qu'elle n'ait plus la fièvre quarte dès que j'arrive : par conséquent elle la joue; mais je suis assurée que nous la lui redonnerons *véritable* tout au moins. Cette famille est bien destinée à nous réjouir; ne vous ai-je pas conté comme feu son père nous a fait pâmer de rire six semaines de suite? Mon fils commence à comprendre que ce voisinage est la plus grande beauté des Rochers.

Je trouve plaisant le rendez-vous de votre voyageur, ce n'est pas le triste voyageur, mais de cet autre voyageur avec Montvergne; c'est quasi se rencontrer à la tête des chevaux, que d'arriver au cap de Bonne-Espérance à un jour l'un de l'autre. Je prendrais le rendez-vous que vous me proposez pour le *détroit* [1], si je n'espérais de vous en donner un autre moins capable de nous enrhumer; car il faut songer que vous avez un torticolis. Vous ne pouvez pas douter de la joie que j'aurais d'entretenir cet homme des Indes, quand vous vous souviendrez combien je vous

---

[1] Apparemment le détroit de Gibraltar.

ai importunée d'Herrera [1], que j'ai lu avec un plaisir extraordinaire. Si vous aviez autant de loisir et de constance que moi, ce livre serait digne de vous. Mais reparlons un peu de cette assemblée de noblesse; expliquez-moi ces six syndics de robe, et ces douze de la noblesse. Je pensais qu'il n'y en eût qu'un, et le marquis de Buous ne l'est-il pas pour toujours? Répondez-moi là-dessus. Ces partis sont plaisants, cent d'un côté et huit de l'autre. Cet homme dont vous avez si bien fondé la haine qu'il avait pour M. de Grignan, vous embarrassera plus que tout le reste, par la protection de madame de Vins [2]. Le d'Hacqueville me le mande, et me recommande si fort de ne vous rien dire de l'autre affaire, que je serais perdue pour jamais s'il croyait que je l'eusse trahi : il faut que le grand Pomponne craigne les Provençaux. Le bon d'Hacqueville va et vient sans cesse à Saint-Germain pour nos affaires ; sans cela nous ne lui pardonnerions pas le style général et ennuyeux dont il nous favorise. J'avoue que cet endroit dont vous me parlez est un peu répété ; mais vous le pardonnerez à ma curiosité qui a commencé, et ma plume a fait le reste, car je vous assure que les plumes ont grande part aux verbiages dont on remplit quelquefois ses lettres. Un des souhaits que je vous fais au commencement de cette année, c'est que mes verbiages vous plaisent autant que les vôtres me sont agréables.

Si la gazette de Hollande avait dit *mademoiselle* de La Trémouille au lieu de *madame*, elle aurait dit vrai; car mademoiselle de Noirmoutier, de la maison de La Trémouille, a épousé, comme vous savez, cet autre La Trémouille; car ils sont de même maison. Elle s'appellera madame de Royan. Je vous ai mandé tout cela [3]. La bonne prin-

---

[1] Écrivain espagnol, auteur d'une *Histoire générale des Indes*, en quatre volumes *in-folio*, et de divers autres ouvrages historiques. (P.)
[2] Madame de Vins, qui était belle-sœur de M. de Pomponne, était d'ailleurs en grande considération auprès de ce ministre. (P.)
[3] Sous la date du dimanche 20 octobre 1675.

cessé (*de Tarente*) et son bon cœur m'aiment toujours; elle a été un peu malade; elle se fait suer dans une vraie machine pour tous ces maux. Le feu comte du Lude disait qu'il n'avait jamais eu de mal, mais qu'il s'était toujours fort bien trouvé de suer : sérieusement, c'est un des remèdes de Du Chêne pour toutes les douleurs du corps; et si j'avais un torticolis, et que je prisse, comme je fais toujours, le remède de ma voisine, vous entendriez dire que je suis *sous l'archet*. La princesse dit toujours des merveilles de vous; elles vous connaît et vous estime. Pour moi, je crois que, par métempsycose, vous vous êtes trouvée autrefois en Allemagne. Votre âme aurait-elle été dans le corps d'un Allemand? Non; vous étiez sans doute le roi de Suède, un de ses amants: car *la plupart des amants sont des Allemands*[1]. Adieu, ma très-chère enfant; notre ménage embrasse le vôtre. Voilà le *frater*.

MONSIEUR DE SÉVIGNÉ.

Vous ne comprendrez jamais, ma petite sœur, combien ce que vous avez dit de la Plessis est plaisant; que quand vous saurez qu'il y a un mois qu'elle joue la fièvre quarte, pour faire justement tomber que sa fièvre la quitte le jour que ma mère va dîner au Plessis[2]. La joie de savoir ma mère au Plessis la transporte au point qu'elle jure ses grands dieux qu'elle se porte bien, et qu'elle est au désespoir de ne s'être pas habillée. Mais, Mademoiselle, lui disait-on, ne sentez-vous point quelque commencement de frisson? — Allons, allons, reprenait l'enjouée *Tisiphone*, divertissons-nous, jouons au volant, ne parlons pas de ma fièvre; c'est une méchante, c'est une intéressée. *Une intéressée?* lui dit ma mère, toute surprise. — Oui, madame, une intéressée qui veut toujours être avec moi. — Je la croyais généreuse, lui dit tout doucement ma mère. Cela n'empêcha pas que la joie de voir la bonne compagnie

---

[1] Réminiscence d'un vaudeville de Sarrazin. *Voyez*, tome I, sa lettre du 1er mai 1671.

[2] Le château du Plessis d'Argentré, à une lieue des Rochers.

chez elle ne chassât la fièvre qu'elle n'avait pas eue. Nous espérons que l'excès de la jalousie la lui donnera tout de bon : nous appréhendons qu'elle n'empoisonne la petite personne qui est ici, et qu'on appelle partout la petite favorite de madame la princesse et de madame de Sévigné. Elle disait hier à *Rahuel*[1] : « J'ai eu une consolation en « me mettant à table, c'est que madame a repoussé la pe- « tite pour me faire placer auprès d'elle. » *Rahuel* lui répondit avec son air breton : « Ah! Mademoiselle, je ne « m'en étonne pas : c'est pour faire honneur à votre âge; ou- « tre que la petite est à présent de la maison. Madame la « regarde comme si elle était la cadette de madame de Gri- « gnan. » Voilà ce qu'elle eut pour sa consolation. Vous avez raison de dire du mal de toutes ces troupes de Bretagne; elles ne font que tuer et voler, et ne ressemblent point du tout à vos moines. Quoique je sois assez content de madame ma mère et de monsieur mon oncle, et que j'aie quelque sujet de l'être, je ne laisserai pas, suivant vos avis, de les mettre hors de la maison à la fin du mois. Je les escorterai pourtant jusqu'à Paris, à cause des voleurs, et afin de faire les choses honnêtement. Adieu, ma petite sœur; comment vous trouvez-vous de la fête de Noël? Vous avez *laissé paître vos bêtes*, c'est bien fait. Les monts et les vaux sont fréquents en Provence; je vous souhaite seulement de gentils pastoureaux pour vous y tenir compagnie. Je salue M. de Grignan : il ne me dit pas un mot; je ne m'en vengerai qu'en me portant bien, et en revenant de toutes mes campagnes

MADAME DE SÉVIGNÉ *continue*.

Voilà, Dieu merci, bien des folies. Si la poste savait de quoi nos paquets sont remplis, le courrier les laisserait à moitié chemin. Je vous conterai mercredi un songe.

---

[1] Concierge du château des Rochers.

449. — A LA MÊME.

Aux Rochers, mercredi 8 janvier 1676.

Voici le jour de vous conter mon songe. Vous saurez que vers les huit heures du matin, après avoir songé à vous la nuit, sans ordre et sans mesure, il me sembla bien plus fortement qu'à l'ordinaire que nous étions ensemble, et que vous étiez si douce, si aimable et si caressante pour moi, que j'en étais toute transportée de tendresse; et sur cela je m'éveille, mais si triste et si oppressée d'avoir perdu cette chère idée, que me voilà à soupirer et à pleurer d'une manière si immodérée, que je fus contrainte d'appeler *Marie*; et avec de l'eau froide et de l'eau de la reine de Hongrie je m'ôtai le reste de mon sommeil, et je débarrassai ma tête et mon cœur de l'horrible oppression que j'avais. Cela me dura un quart d'heure, et tout ce que je vous en puis dire, c'est que jamais je ne m'étais trouvée dans un tel état. Vous remarquerez que voici le jour où ma plume est la maîtresse [1].

Vous avez passé quinze jours bien tristement à Lambesc; on en plaindrait une autre que vous, mais vous avez un tel goût pour la solitude, qu'il faut compter ce temps comme votre carnaval. Que dites-vous de la Saint-Géran, qui vient de partir avec son gros mari, pour aller passer le sien à La Palisse [2]? C'est un voyage d'un mois, qui surprend tout le monde dans cette saison. Elle reviendra bien sûrement pour les sermons; mais voyez quelle fatigue pour ne pas quitter ce cher époux. Le grand Béthune disait, quand Saint-Géran eut reçu ce coup de canon [3] : « Le gros Saint-« Géran est bon homme, honnête homme; mais il a besoin « d'être tué pour être estimé solidement. » Sa femme n'est

---

[1] Elle ne recevait les lettres de sa fille que le vendredi.
[2] Château situé après Moulins, sur la route de Lyon à Paris.
[3] Devant Besançon, en mars 1674. (P.)

pas de cet avis, ni moi non plus; mais cette folie s'est trouvée au bout de ma plume.

La princesse vint hier ici, encore toute faible d'avoir sué. Elle est afiligée de la ruine que les gens de guerre lui causent, et du peu de soin que MONSIEUR et MADAME ont eu de la faire soulager. Elle croit que madame de Monaco contribue à cet oubli, afin de lui soustraire les aliments, et de l'empêcher de venir à Paris, où la proximité de la princesse lui ôte toujours un peu le plaisir d'être cousue avec MADAME : leur haine est réciproque. A propos de réciproque, un gentil-homme de la princesse contait assez plaisamment qu'étant aux états, à ce bal de M. de Saint-Malo, il entendit un Bas-Breton qui parlait à une demoiselle de sa passion ; la belle répondait ; enfin, tant fut procédé, que la nymphe, impatientée, lui dit : « Monsieur, vous pouvez m'ai-« mer tant qu'il vous plaira ; mais je ne puis du tout vous « *réciproquer.* » Je trouve que fort souvent on peut faire cette réponse, qui coupe court, et qui est en vérité toute la meilleure raison qu'on puisse donner. Mon fils est allé à Vitré voir les dames ; il m'a priée de vous faire mille amitiés. Je crois que le bon d'Hacqueville réglera le supplément; et puisque Lauzun prendra notre guidon, voilà le *frater* monté d'un cran ; il n'est plus qu'à neuf cents lieues du Cap. Il a fait ici un temps enragé depuis trois jours ; les arbres pleuvaient dans le parc, et les ardoises dans le jardin. Toutes nos pensées de mariage ont été, je crois, emportées par ce grand vent : un père nous a dit que sa fille n'avait que quinze ans, et qu'il ne voulait la marier qu'à vingt; un autre qu'il voulait de la robe : au moins, nous n'avons pas à nous reprocher que rien échappe à nos attentions. Adieu, ma chère enfant; ne voulez-vous pas bien que je vous embrasse?

450. — DU COMTE DE BUSSY A MADAME DE SÉVIGNÉ.

A Bussy, ce 9 janvier 1676.

Je reçus avant-hier votre lettre du 20 décembre, ma belle cousine, qui est une réponse à une lettre que je vous écrivis le 19 octobre; vous en devez avoir reçu depuis ce temps-là deux autres de moi, sans compter celle que je viens de vous écrire, avec une pour madame de Grignan. Vous voyez par là que je me trouve bien de votre commerce; et, il faut dire la vérité, c'est à mon gré le plus agréable qui soit au monde : vous savez que je m'y connais et que je suis sincère. Les *nouveaux* mariés et le *nouveau* beau-père vous rendent mille grâces de la part que vous prenez à leur satisfaction, et ils vous en souhaitent une pareille dans l'établissement de monsieur votre fils.

Quand je vous ai mandé ma lassitude sur le titre de comte, j'ai cru que vous entendriez d'abord la raison que j'avais d'en avoir; mais puisqu'il vous la faut expliquer, ma chère cousine, je vous dirai que la promotion aux grands honneurs de la guerre que l'on a faite m'a donné meilleure opinion de moi que je n'avais, et que, m'étant fait à moi-même la justice qu'on m'a refusée, j'ai été honteux de la qualité de comte [1]. En effet, me trouvant sans vanité égal en naissance, en capacité, en services, en courage et en esprit aux plus habiles de ces maréchaux, et fort au-dessus des autres, je me suis fait maréchal *in petto*, et j'ai mieux aimé n'avoir aucun titre, que d'en avoir un qui ne fût plus digne de moi. De me dire maintenant que je serai confondu dans le grand nombre de gens qui portent le nom de Bussy [2], je vous répondrai que je serai assez honorablement différencié par celui de Rabutin, qui accompagnera toujours l'autre.

[1] *Voyez* la fin de la lettre de Bussy, 19 octobre 1675.
[2] *Voyez* la lettre de madame de Sévigné, 20 décembre 1675.

Je crois, ma chère cousine, que vous approuverez mes raisons, car vous n'êtes pas personne à croire qu'il y a de la faiblesse à changer d'opinion, quand vous en voyez une meilleure.

Mais puisque nous sommes sur ce chapitre, il faut que je l'épuise, et que je vous fasse tout d'un coup comprendre de quelle manière je veux que vous me conceviez, afin que vous me fassiez ainsi concevoir à ceux à qui vous parlerez de moi. Je vous envoie pour cela une relation de ce qui se passe entre Duras[1] et moi, et les réflexions que j'ai faites sur cet événement. Je les aurais envoyées à tous mes amis de la cour, si l'intérêt de Coligny ne m'en eût empêché; mais il est assez des amis de Duras, il va servir cette campagne auprès de lui, et tout le bien dont il jouit est dans son gouvernement.

Je vous plains fort pour les maux que la guerre fait à vos sujets; mais je ne plains guère les Bretons en général, qui sont assez fous pour s'attirer mal à propos l'indignation d'un aussi bon maître que le nôtre. Je voudrais bien pouvoir aller à Paris comme vous, ou que vous eussiez affaire à Bourbilly pour deux ou trois mois. Adieu, ma belle cousine; si vous trouvez du plaisir à m'appeler comte, ne vous en contraignez pas, je veux bien être votre comte, de tous les sens dont vous le pouvez entendre.

451. — DE MADAME DE SÉVIGNÉ A MADAME DE GRIGNAN.

Aux Rochers, dimanche 12 janvier 1676.

Vous pouvez remplir vos lettres de tout ce qu'il vous plaira, et croire que je les lis toujours avec un grand plaisir et une grande approbation : on ne peut pas mieux écrire, et l'amitié que j'ai pour vous ne contribue en rien à ce jugement.

---

[1] Le duc de Duras, maréchal de France.

Vous me ravissez d'aimer les *Essais de Morale* : n'avais-je pas bien dit que c'était votre fait? Dès que j'eus commencé à les lire, je ne songeai plus qu'à vous les envoyer : vous savez que je suis communicative, et que je n'aime point à jouir d'un plaisir toute seule. Quand on aurait fait ce livre pour vous, il ne serait pas plus digne de vous plaire. Quel langage! quelle force dans l'arrangement des mots! on croit n'avoir lu de français qu'en ce livre. Cette ressemblance de la charité avec l'amour-propre, et de la modestie héroïque de M. de Turenne et de M. le Prince avec l'humilité du christianisme.... Mais je m'arrête, il faudrait louer cet ouvrage depuis un bout jusqu'à l'autre, et ce serait une bizarre lettre. En un mot, je suis fort aise qu'il vous plaise, et j'en estime mon goût. Pour *Josèphe*, vous n'aimez pas sa vie : c'est assez que vous ayez approuvé ses actions et son histoire. N'avez-vous pas trouvé qu'il jouait d'un grand bonheur dans cette cave où ils tiraient à qui se poignarderait le dernier?

Nous avons ri aux larmes de cette fille qui chanta tout haut dans l'église cette chanson déshonnête dont elle se confessait : rien au monde n'est plus nouveau ni plus plaisant; je trouve qu'elle avait raison. Assurément le confesseur voulait entendre la chanson, puisqu'il ne se contentait pas de ce que la fille lui avait dit en s'accusant. Je vois d'ici le bonhomme de confesseur pâmé de rire le premier de cette aventure. Nous vous mandons souvent des folies; mais nous ne pouvons payer celle-là. Je vous parle toujours de notre Bretagne : c'est pour vous donner la confiance de me parler de Provence; c'est un pays auquel je m'intéresse plus qu'à nul autre. Le voyage que j'y ai fait m'empêche de pouvoir m'ennuyer de tout ce que vous me dites, parce que je connais tout et comprends tout le mieux du monde. Je n'ai pas oublié la beauté de vos hivers. Nous en avons un admirable; je me promène tous les jours, et je fais quasi un nouveau parc autour de ces grandes places du bout du mail; j'y fais planter quatre rangs d'allées. Ce sera une très-belle chose; tout cet endroit est uni et défriché.

Je partirai, malgré tous ces charmes, dans le mois de février. Les affaires de l'abbé le pressent encore plus que les vôtres; c'est ce qui m'a empêchée de penser à offrir notre maison à mademoiselle de Méri. Elle s'en plaint à bien du monde; je ne comprends point le sujet qu'elle en a. Le *bien bon* est transporté de vos lettres; je lui montre souvent les choses qui lui conviennent : il vous remercie de tout ce que vous dites des *Essais de Morale*; il en a été ravi. Nous avons toujours la petite personne; c'est un petit esprit vif et tout battant neuf, que nous prenons plaisir d'éclairer. Elle est dans une parfaite ignorance; nous nous faisons un jeu de la défricher généralement sur tout : quatre mots de ce grand univers, des empires, des pays, des rois, des religions, des guerres, des astres, de la carte; ce chaos est plaisant à débrouiller grossièrement dans une petite tête, qui n'a jamais vu ni ville ni rivière, et qui ne croyait pas que la terre entière allât plus loin que ce parc : elle nous réjouit. Je lui ai dit aujourd'hui la prise de Wismar[1]; elle sait fort bien que nous en sommes fâchés, parce que le roi de Suède est notre allié. Enfin vous voyez l'extravagance de nos amusements. La princesse est ravie que sa fille ait pris Wismar; c'est une vraie Danoise. Elle demande aussi que MONSIEUR et MADAME lui envoient l'exemption entière des gens de guerre; de sorte que nous voilà tous sauvés.

Madame de La Fayette est fort reconnaissante de votre lettre : elle vous trouve très-honnête et très-obligeante; mais ne vous paraît-il pas plaisant que son beau-frère n'est point du tout mort, et qu'on ne sait point les vérités de Toulon à Aix? Sur les questions que vous faites au *frater*, je décide hardiment que celui qui est en colère, et qui le dit, est préférable au *traditor* qui cache son venin sous de belles et de douces apparences. Il y a une stance dans

---

[1] Ville du pays de Meckelbourg, sur la mer Baltique.

l'Arioste qui peint la fraude ; ce serait bien mon affaire, mais je n'ai pas le temps de la chercher [1]. Le bon d'Hacqueville me parle encore du voyage de la Saint-Géran ; et pour me faire voir que ce voyage sera court, c'est, dit-il, qu'elle ne pourra recevoir qu'une de mes lettres à La Palisse. Voilà comme il traite une connaissance de huit jours : il n'en est pas moins bon pour les autres ; mais cela est admirable. J'oubliais de vous dire que j'avais pensé, comme vous, aux diverses manières de peindre le cœur humain, les uns en blanc, et les autres en noir à noircir. Le mien est pour vous de la couleur que vous savez.

MONSIEUR DE SÉVIGNÉ.

Je ne suis point en bonne humeur ; je viens d'avoir une conversation avec le *bien bon* sur le malheur du temps, et vous savez comme ce chapitre met le poignard dans le sein. Je n'ai pas laissé de sourire de l'histoire de la fille de Lambesc ; jugez ce que j'aurais fait si j'avais été dans mon naturel. Elle avait autant d'envie d'avoir l'absolution que le bon père de savoir la chanson ; et apparemment ils se contentèrent tous deux. Pour les *Essais de Morale*, je vous demande très-humblement pardon, si je vous dis que le *Traité de la connaissance de soi-même* me paraît distillé, sophistiqué, galimatias en quelques endroits, et surtout ennuyeux presque d'un bout à l'autre. J'honore de mon approbation *les manières dont on peut tenter Dieu* ; mais vous qui aimez tant les bons styles, et qui vous y connaissez si bien, du moins si on peut en juger par le vôtre, pouvez-vous mettre en comparaison le style de Port-Royal avec celui de M. Pascal ? C'est celui-là qui dégoûte de tous les autres. M. Nicole met une quantité de belles paroles dans le sien ; cela fatigue et fait mal à la fin : c'est

---

[1] Cette stance est la 87e du chant XIV de *Roland le Furieux*.

comme qui mangerait trop de *blanc-manger*[1]. Voilà ma décision. Pour vous adoucir l'esprit, je vous dirai que Montaigne est raccommodé avec moi sur beaucoup de chapitres; j'en trouve d'admirables et d'inimitables, et d'autres puérils et extravagants : je ne m'en dédis point. Quand vous aurez fini *Josèphe*, je vous exhorte à essayer un certain *Traité des Morales*, de Plutarque, qui a pour titre : *Comment on peut discerner l'ami d'avec le flatteur*. Je l'ai relu cette année, et j'en ai été plus touché que la première fois. Mandez-nous si la question que vous me faites des gens qui évaporent leur bile en discours impétueux, ou de ceux qui la gardent sous de beaux semblants, regarde madame de La Fayette; nous n'en savons rien, parce que nous ne savons peut-être pas tout ce que vous savez. Je me révolte contre ce qu'elle nous mande de l'oraison funèbre de M. de Tulle, parce que je la trouve belle et très-belle; je me révolte un peu moins sur le jugement peu avantageux qu'elle porte des *Essais de Morale*; et sans voir les vers du nouvel opéra[2], je consens volontiers à tout le mal qu'elle en dit. Adieu, ma belle petite sœur.

452. — A LA MÊME.

Aux Rochers, vendredi 17 janvier 1676.

A force de me parler d'un torticolis, vous me l'avez donné. Je ne puis remuer le côté droit; ce sont, ma chère enfant, de ces petits maux que personne ne plaint, quoiqu'on ne fasse que criailler. Mon fils s'en pâme de rire; je lui donnerai sur le nez tout aussitôt que je le pourrai. En attendant, ma chère enfant, je vous embrasse de tout mon cœur avec le bras gauche. Le *frater* va vous conter des *lanternes*.

---

[1] Mot qui commence à vieillir, et remplacé par celui de crème ou gelée.
[2] C'est l'opéra d'*Atys*, imprimé avant la représentation.

MONSIEUR DE SÉVIGNÉ.

Je ne ris point, ainsi que ma mère vous le mande; mais comme son mal n'est rien qui puisse causer la moindre inquiétude, on la plaint de ses douleurs, on l'amuse dans son lit, et du reste on cherche à la soulager autant qu'il est possible. Je crois que vous voulez bien vous reposer sur moi et sur le *bien bon* de tout ce qui regarde une santé qui nous est si précieuse; soyez tranquille de ce côté-là, ma petite sœur, et croyez que nous serons assurément guéris quand vous commencerez d'être en peine.

Voici l'histoire de notre province. On vous a mandé comme était M. de Coëtquen avec M. de Chaulnes : il était avec lui ouvertement aux épées et aux couteaux; il avait présenté au roi des mémoires contre la conduite de M. de Chaulnes, depuis qu'il est gouverneur de cette province. M. de Coëtquen revient de la cour pour se rendre à son gouvernement[1] par ordre du roi : il arrive à Rennes, va voir M. de Pommereuil, et passe depuis huit heures du matin qu'il est à Rennes jusqu'à neuf heures du soir sans aller chez M. de Chaulnes; il n'avait pas même dessein d'y aller, comme il le dit à M. de Coëtlogon, et se faisait un honneur de braver M. de Chaulnes dans sa ville capitale. A neuf heures du soir, comme il était à son hôtellerie, et n'avait plus qu'à se coucher, il entend arriver un carrosse, et voit monter dans sa chambre un homme avec un bâton d'exempt : c'était le capitaine des gardes de M. de Chaulnes, qui le pria, de la part de son maître, de venir jusqu'à l'évêché : c'est où demeure M. de Chaulnes. M. de Coëtquen descend, et voit vingt-quatre gardes autour du carrosse, qui le mènent sans bruit et en fort bon ordre à l'évêché. Il entre dans l'antichambre de M. de Chaulnes, et

---

[1] De Saint-Malo.

y demeure un demi-quart d'heure avec des gens qui avaient ordre de l'y arrêter. M. de Chaulnes paraît enfin, et lui dit : « Monsieur, je vous ai envoyé querir pour vous ordon- « ner de faire payer les francs-fiefs dans votre gouverne- « ment. Je sais, *ajouta-t-il*, ce que vous avez dit au roi, « mais il le fallait prouver »; et tout de suite il lui tourna le dos, et rentra dans son cabinet. Le Coëtquen demeura fort déconcerté, et, tout enragé, regagna son hôtellerie.

453. — A LA MÊME.

Aux Rochers, dimanche 19 janvier 1676.

Je me porte mieux, ma très-chère; ce torticolis était un très-bon petit rhumatisme : c'est un mal très-doulou- reux, sans repos, sans sommeil; mais il ne fait peur à per- sonne. Je suis au huitième; un peu d'émotion et les sueurs me tireront d'affaire : j'ai été saignée une fois du pied, et l'abstinence et la patience achèveront bientôt : je suis par- faitement bien servie par *Larmechin*[1], qui ne me quitte ni nuit ni jour. Enfin, ma fille, j'eus hier un extrême plaisir à lire vos lettres; c'est une conversation qui me ravit. Ne venez point me dire que vos bons succès de Provence vous sont fort indifférents : je ne sais ce qui peut plaire au monde, si ce n'est une si parfaite petite victoire, et dont les effets doivent être si agréables dans la suite, et si hono- rables pour vous. J'ai ces bonnes nouvelles un peu plus tôt que vous; et celle de l'assemblée de la noblesse, qui a été aussi confirmée, a comblé la mesure. Je vous envoie la lettre de M. de Pomponne; il me semble qu'elle est toute pleine de bonne amitié. D'Hacqueville me mande que notre cardinal a une fluxion sur la poitrine; j'en suis excessive- ment en peine, et bien plus que de moi. Je vous écrirais fort volontiers vingt-sept ou vingt-huit pages; mais il ne

---

[1] Valet de chambre du marquis de Sévigné.

n'est pas possible : mon fils vous dira le reste. Adieu, je vous embrasse, et c'est aujourd'hui du bras droit.

MONSIEUR DE SÉVIGNÉ.

Vous voyez dans ce que vous écrit ma mère l'état véritable de sa santé; mais quoique sa maladie ne fasse nulle frayeur, et que les sueurs commencent à diminuer ses douleurs, elles sont toujours si cruelles, que l'état où nous la voyons fend le cœur à tous ceux qui l'aiment; je crois que vous me faites bien la grâce de penser que je suis de ce nombre, et que je fais tout ce qui est en mon petit pouvoir pour la soulager. Je voudrais bien de tout mon cœur lui être bon à quelque chose; mais, par malheur, je ne suis bon à rien; et si j'ai quelque mérite, c'est celui d'avoir *Larmechin*, qui fait des merveilles jour et nuit. Vos lettres sont très-bonnes, et même nécessaires pour la santé et pour le divertissement de notre chère malade, c'est dommage qu'elles ne viennent que de huit en huit jours. Nous n'ajoutons pas foi à votre philosophie sur vos victoires de Provence : vous pouvez voir par l'affaire de M. de Coëtquen que la Provence n'est pas la seule province où il y ait des cabales. Ne trouvez-vous point plaisant que M. d'Hacqueville nous mande de Paris le détail de cette affaire, comme si nous n'étions pas à sept lieues de Rennes, et que nous n'eussions pas quelquefois des nouvelles de ce pays barbare?

Vous saurez assurément les querelles qui sont arrivées aux noces de La Mothe[1] : comme à celles de Thétis, la Discorde aux crins de coulœuvres se mêla parmi les duchesses et les princesses, qui sont les déesses de la terre. Enfin tout est assoupi, et il n'en arrivera point de nouvelle guerre. Celle que nous avons contre les Espagnols, les Hollandais et les Allemands suffira. Nous avons lu les vers de l'opéra :

---

[1] *Voyez* la lettre du 29 décembre 1675.

jamais vous n'avez entendu parler d'un goût aussi corrompu que le nôtre depuis que nous sommes en Bretagne. Nous trouvons l'oraison funèbre de M. de Tulle fort belle, et nous trouvons l'opéra (*Atys*) de cette année incomparablement au-dessus de tous les autres. Pour vous dire la vérité, comme nous ne l'avons que depuis hier, nous n'avons encore lu que le prologue et le premier acte, que nous honorons de notre approbation. Ne croyez pas, s'il vous plaît, que nous en fassions autant de la *suite de Pharamond* : nous anathématisons tout ce qui n'est pas de La Calprenède[1]. Adieu, ma chère sœur ; nous divertissons ma mère autant que nous pouvons : c'est presque la seule chose dont elle ait présentement besoin, car pour le reste, il faut qu'il ait son cours, et nous comptons sur trois semaines. Sa fièvre a diminué justement le sept, et c'est une marque assurée qu'il n'y a nul danger. Ne nous écrivez point de lettres qui nous puissent faire de la peine ; elles viendraient hors de saison, et le chagrin de vous savoir en peine ne sera pas nécessaire à madame votre mère convalescente. Mille compliments à M. de Grignan et à sa barbe, l'un portant l'autre.

454. — DE MONSIEUR DE SÉVIGNÉ A LA MÊME.

Aux Rochers, mardi 21 janvier 1676.

Commencez, s'il vous plaît, ma petite sœur, à croire fermement tout ce que nous vous dirons aujourd'hui, le *bien-bon* et moi, et ne vous effarouchez point si par hasard vous ne voyez point de l'écriture de ma mère. L'enflure est encore si grande sur les mains, que je ne crois pas que nous lui permettions de les mettre à l'air. Il y a encore une autre raison, c'est que depuis hier, qui était le neuf, la sueur s'est

---

[1] La Calprenède mourut avant d'avoir achevé le *Pharamond*. Les sept premiers volumes seulement sont de lui ; les cinq derniers appartiennent à Pierre d'Ortigni de Vaumorière.

tellement mise sur les parties qui sont enflées, qu'il ne faut pas se jouer à la faire rentrer. C'est la santé qui revient; et il n'y a que ce moyen de guérir ses mains, ses pieds et ses jarrets. Il y a encore un peu de douleur, et beaucoup d'enflure, mais sans fièvre. Voilà le véritable état de notre *maman mignonne*. Ne croyez point qu'on n'ait pas eu soin d'elle, et qu'elle ait été abandonnée; il y a à Vitré un très-bon médecin : elle a été saignée du pied en perfection ; enfin elle est aussi bien qu'à Paris ; et ce qu'il y a de bon, c'est qu'elle le trouve ainsi elle-même, et qu'elle est fort en repos de ce côté-là. Enfin il n'y aurait plus qu'à rire, si on pouvait trouver l'invention de la faire demeurer dans son lit sur les fesses d'une autre; mais comme, par malheur, c'est toujours sur les siennes, elle en souffre présentement les plus grandes incommodités. La maladie a été rude et douloureuse pour la première qu'elle ait eue en sa vie; mais comme c'est presque une nécessité d'être malade cette année, il vaut incomparablement mieux qu'elle ait eu ce rhumatisme, quelque cruel et douloureux qu'il ait été, qu'un de ces rhumes sur la poitrine, qui ont tant couru, surtout dans un pays où la saignée du bras aurait été presque impossible. Enfin nous trouvons tous les jours de la consolation à notre misère, et nous sentons quasi plus vivement le plaisir de voir ma mère les deux bras empaquetés dans vingt serviettes, et ne se pouvant soutenir sur ses jarrets, que nous ne sentions celui de la voir se promener et chanter du matin au soir dans nos allées. La petite personne qui est ici, quand elle voyait les douleurs de ma mère augmenter vers le soir, n'y entendait point d'autre finesse que de pleurer; voilà où elle en est. Elle est toujours l'objet de la jalousie de la Plessis, qui se fait un mérite auprès de ma mère de haïr cette petite comme le diable. Voici ce qui s'est passé aujourd'hui : ma mère s'assoupissait doucement dans son lit, et la petite fille, le *bien bon* et moi nous étions auprès du feu. La Plessis est entrée. On lui a fait signe d'aller doucement; elle a obéi ponctuellement. Comme elle était au milieu de la chambre, ma mère a toussé et a demandé vite son mouchoir pour cracher. La petite et moi nous nous sommes levés pour y aller; mais la Plessis nous a prévenus : elle a couru au lit, et au lieu de porter le mouchoir à la bouche de ma mère, elle lui a pincé le nez d'une force qui a fait crier les hauts cris à la pauvre malade. Ma mère n'a pu s'empêcher de *renasquer* un peu contre le zèle indiscret qui avait causé ce transport, et puis on s'est mis à rire. Si vous aviez vu cette petite comédie, vous n'auriez pu vous en empêcher. Adieu, ma petite sœur : n'ayez ni peine ni frayeur de ce qui se passe ici ; nous espérons qu'avant que cette lettre soit à vous, ma mère se promènera un peu dans le jardin. S'il arrive quelque chose d'extraordinaire entre ci et demain, on vous le mandera avant que de fermer le paquet. Ce qui nous ravit, c'est qu'à l'heure qu'il est il ne peut rien arriver que de bon. J'embrasse de tout mon cœur M. de Grignan.

455. — DE MADAME DE SÉVIGNÉ A LA MÊME.

Aux Rochers, lundi 27 janvier 1676.

J'ai encore les mains enflées, mon enfant; mais que cela vous persuade la fin de tout le rhumatisme, qui a toujours diminué depuis cette crise dont nous vous parlâmes le neuf de mon mal.

MONSIEUR DE SÉVIGNÉ
écrit sous la dictée de madame de Sévigné.

Il est donc vrai que depuis cette sueur, à la suite de plusieurs autres petites, je me trouve sans fièvre et sans douleur; il ne me reste plus que la lassitude du rhumatisme. Vous savez ce que c'est pour moi que d'être seize jours sur les reins, sans pouvoir changer de situation. Je me suis rangée dans ma petite alcôve, où j'ai été très-chaudement et parfaitement bien servie. Je voudrais bien que mon fils ne fût pas mon secrétaire en cet endroit, pour vous dire ce qu'il a fait en cette occasion. Ce mal a été fort commun dans ce pays, et ceux qui ont évité la fluxion sur la poitrine y sont tombés; mais, pour vous dire le vrai, je ne croyais pas être sujette à cette loi commune : jamais une femme n'a été plus humiliée ni plus traitée contre son tempérament. Si j'avais fait un bon usage de tout ce que j'ai souffert, je n'aurais pas tout perdu : il faudrait peut-être m'envier; mais je suis impatiente, ma fille, et je ne comprends pas comment on peut vivre sans pieds, sans jambes, sans jarrets et sans mains. Il faut que vous pardonniez aujourd'hui cette lettre à l'occupation naturelle d'une personne malade; c'est à n'y plus revenir. Dans peu de jours je serai en état de vous écrire tout comme les autres. Il me semble avoir entendu dire, pendant que j'avais la fièvre, que votre cardinal Grimaldi [1] était mort; j'en serais en vérité bien fâchée. Adieu, ma chère enfant; avec tout cela mon mal n'a été que douloureux, et tous ceux qui prennent intérêt à moi n'ont pu trouver un moment le moindre sujet d'avoir peur : la fièvre même était nécessaire pour consumer l'humeur du rhumatisme; et présentement que je n'en ai plus, il n'y a qu'à attendre patiemment le retour de mes forces, et que l'enflure se dissipe. J'embrasse M. de Grignan. La princesse a fait des merveilles pendant ma maladie.

MONSIEUR DE SÉVIGNÉ.

Je n'ai plus rien à vous dire après cela, ma petite sœur, si ce n'est que je viens d'avoir une dispute avec le *bien bon*:

---

[1] Jérôme de Grimaldi, archevêque d'Aix, qui mourut doyen des cardinaux, le 4 novembre 1685, âgé de quatre-vingt-dix ans. Il fut extrêmement regretté dans son diocèse, et surtout des pauvres. (P.)

il dit que l'écriture de ma mère, telle qu'elle est, était fort nécessaire pour vous rassurer ; moi je soutiens qu'elle est beaucoup plus propre à vous épouvanter, et que vous auriez bien fait l'honneur au *bien bon* et à moi de vous en rapporter à nous sur la santé de ma mère, et que le style de nos lettres vous aurait ôté vos inquiétudes. Voilà ma pensée : car je ne crois pas que vous me soupçonniez d'une assez grande force d'esprit pour écrire des plaisanteries dans le temps que je serais frappé de quelque chose de terrible. Mandez-nous votre avis, pour terminer cette dispute. Je salue M. de Grignan, et baise la *Dague* au front.

456. — LE MÊME, *sous la dictée de madame de Sévigné*,
A LA MÊME.

Aux Rochers, mercredi 29 janvier 1676.

Ce qui vous paraîtra plaisant, ma fille, c'est que je suis guérie, que je n'ai plus ni fièvre, ni douleurs, et que pourtant je ne vous écrirai point ; mais c'est par la raison même que je suis guérie que je ne puis écrire. Mes douleurs se sont changées en enflure ; de sorte que cette pauvre main droite ne peut plus me servir à griffonner comme ces jours passés : c'est encore un peu d'incommodité, qui ne durera pas longtemps. Je ne suis présentement qu'à me consoler des maux que le lit m'a donnés pendant quinze jours. Je commence à me promener par ma chambre ; je reprends mes forces : cet état n'est pas à plaindre, et je vous prie de ne vous en point faire une peine, dans le temps que nous nous en faisons un plaisir sensible. J'ai lu vos deux lettres, elles sont divines ; vous me faites des représentations admirables : si jamais je puis avoir la main libre, j'y ferai réponse ; en attendant, croyez que vous ne perdez rien avec moi, ni de l'agrément de votre commerce, ni de l'amitié que vous me témoignez. Une des plus grandes joies que j'aie eues du retour de ma santé, c'est l'inquiétude que cela vous ôtera. Vous n'en devez plus avoir, puisque nous vous avons mandé toutes choses dans l'exacte vérité, et que nous goûtons présentement les délices de la convalescence. Je vous embrasse, ma chère enfant, de tout mon cœur; le *bien bon* en fait autant. Et pour moi, ma petite sœur, vous croyez bien que je ne m'y épargne pas. Je n'ai rien à vous dire aujourd'hui de moi-même, si ce n'est l'extrême joie que j'ai de vous voir hors d'intrigue.

457. — DE MADAME DE SÉVIGNÉ A LA MÊME.

Aux Rochers, vendredi 31 janvier 1676.

Ne soyez nullement en peine de moi; je suis hors d'affaire, quoique j'aie les bras, les jarrets, les pieds gros et enflés, et que je ne m'en aide point : on m'assure que cette incommodité, qui est incroyable, finira bientôt. J'ai été mille fois mieux ici qu'à Paris; je suis servie et traitée comme la reine.

MONSIEUR DE SÉVIGNÉ.

Oh! la belle écriture! Ne trouvez-vous pas que ma mère eût tout aussi bien fait de ne vous pas écrire? Nous l'en voulions empêcher; mais elle l'a voulu : je souhaite que cela vous serve de consolation; souhaitez-nous en récompense un peu de patience pour supporter l'enflure et la faiblesse qui restent. Ma mère croyait que du moment qu'elle n'aurait plus de douleurs elle pourrait aller à cloche-pied; elle est un peu attrapée de s'en voir si éloignée. Tout ira bien, pourvu que l'impatience ne fasse point de mauvais effet. Nous voulions vous envoyer une lettre de madame de Vins, que ma mère reçut le dernier ordinaire; mais à force de l'avoir voulu conserver, il arrive que nous ne la trouvons point. Sachez en gros que cette lettre était fort honnête; madame de Vins assurait qu'elle était persuadée que les Grignans avaient eu toute la raison de leur côté dans ces deux dernières affaires, et qu'elle ne vous avait point écrit, parce qu'elle vous connaissait trop d'esprit et trop de bon sens pour vouloir recommencer vos démêlés, puisque la cause en était ôtée. Elle dit aussi qu'elle a eu tant de chaleur pour les Grignans, parce qu'ils avaient raison, qu'elle en est devenue suspecte aux autres; voilà grossièrement le sujet de la pièce. Vous pouvez croire à cette heure que vous avez lu la lettre; je pense que nous la retrouverons dans quinze jours ou trois semaines. On a eu si grand'peur de l'égarer, qu'on l'a mise bien précieusement dans quelque petit coin, où personne ne pût la toucher : nous n'y avons pas touché nous-mêmes, tant on a bien réussi à faire ce qu'on voulait. Adieu, ma petite sœur.

458. — DE MONSIEUR DE SÉVIGNÉ,
sous la dictée de madame de Sévigné, A LA MÊME.

Aux Rochers, dimanche 2 février 1676.

Nous avons lu vos deux dernières lettres avec un plaisir et une joie qu'on ne peut avoir qu'en les lisant. Nous craignons celles où vous allez faire de grands cris sur le mal que j'ai eu : premièrement, parce que vous vous en prendrez à moi; et cela n'est pas juste. Tout le monde, en ce pays, a eu des rhumatismes, ou des fluxions sur la poitrine : choisissez. Il y a six semaines que madame de Marbeuf en est dangereusement malade; ainsi il fallait bien payer le tribut d'une façon ou d'une autre; et pour vos inquiétudes et vos frayeurs, elles commencent justement dans le temps qu'il n'y a plus de sujet d'en avoir. Je suis présentement hors de toute fièvre et des douleurs du rhumatisme; ce qui me reste est d'avoir les mains et les pieds enflés; en sorte que je ne saurais me guérir en marchant de tous les maux que je me suis faits dans le lit; mais cela s'appelle des incommodités, et point du tout des dangers. Ainsi, ma chère enfant, mettez-vous l'esprit en repos : nous ne songeons qu'à reprendre des forces, et à nous en aller à Paris, où je vous donnerai de mes nouvelles. Je ne vous saurais écrire aujourd'hui, j'ai la main droite encore trop enflée; pour la gauche, elle ne l'est plus du tout; elle est toute désenflée et toute ridée; ç'a été une joie extraordinaire de la voir en cet état. Je vous assure qu'un rhumatisme est une des plus belles pièces qu'on puisse avoir; j'ai un grand respect pour lui : il a son commencement, son accroissement, son période et sa fin; heureusement c'est à ce dernier terme que nous sommes.

Pour madame de Vins et son beau-frère (*M. de Pomponne*), je crois vous les avoir découverts par un côté qui vous doit contenter, puisqu'il me contente. Ils n'ont point voulu paraître tels qu'ils ont été : ils ont leurs raisons, et il faut laisser à nos amis la liberté de nous servir à leur mode. Il me paraît qu'ils ont observé beaucoup de régime et de ménagement du côté de la Provence; il faut sur cela suivre leurs vues et leurs pensées, d'autant plus agréablement, qu'ils ont bien voulu me laisser voir d'ici le dessous des cartes, qui est enchanté pour vous. Ils viennent de m'écrire tous deux sur ma maladie. Voyez s'il y a rien de si obligeant : voilà les lettres. Ainsi, ma fille, gardez-moi donc bien tous mes petits secrets, et gardons-nous bien de nous plaindre des gens dont nous devons nous louer.

Je comprends le bruit et l'embarras que vous avez dans votre *rond*[1]. Mandez-moi si le bonhomme de Sannes joue toujours au piquet, et s'il croit être en vie. Voici le temps qu'il faut se divertir malgré qu'on en ait; si vous en étiez aussi aise que votre fille l'est de danser, je ne vous plain-

---

[1] C'est un cabinet, appelé le *rond* parce qu'il est pratiqué dans une ancienne tour du palais des comtes de Provence, où était le logement de M. de Grignan, à Aix. (P.)

drais pas ; jamais je n'ai vu une petite fille si dansante naturellement. Au reste, je suis entièrement de votre avis sur les *Essais de Morale*, je gronde votre frère ; le voilà qui va vous parler.

MONSIEUR DE SÉVIGNÉ.

Et moi, je vous dis que le premier tome des *Essais de Morale* vous paraîtrait tout comme à moi, si la Marans et l'abbé Têtu ne vous avaient accoutumée aux choses fines et distillées. Ce n'est pas d'aujourd'hui que les galimatias vous paraissent clairs et aisés. De tout ce qui a parlé de l'homme et de l'intérieur de l'homme, je n'ai rien vu de moins agréable ; ce ne sont point là ces portraits où tout le monde se reconnaît. Pascal, la Logique de Port-Royal, et Plutarque, et Montaigne, parlent bien autrement : celui-ci parle, parce qu'il veut parler, et souvent il n'a pas grand'chose à dire. Je vous soutiens de plus que ces deux premiers actes de l'opéra sont jolis, et au-dessus de la portée ordinaire de Quinault : j'en ai fait tomber d'accord ma mère ; mais elle veut vous en parler elle-même. Dites-nous ce que vous y trouvez de si mauvais, et nous vous y répondrons, au moins sur ces premiers actes ; car pour l'assemblée des Fleuves, je vous l'abandonne. Ma très-belle, et très-aimable petite sœur, ma mère vous embrasse avec sa main ridée ; et pour moi, je vous embrasserais aussi si j'osais, étant brouillé avec vous comme je le suis.

459 — LE MÊME, *sous la dictée de madame de Sévigné*,
   A LA MÊME.

Aux Rochers, lundi 5 février 1676.

Devinez ce que c'est, mon enfant, que la chose du monde qui vient le plus vite, et qui s'en va le plus lentement ; qui vous fait approcher le plus près de la convalescence, et qui vous en retire le plus loin ; qui vous fait toucher l'état du monde le plus agréable, et qui vous empêche le plus d'en jouir; qui vous donne les plus belles espérances, et qui en éloigne le plus l'effet? Ne sauriez-vous le deviner? *jetez-vous votre langue aux chiens?* C'est un rhumatisme. Il y a vingt-trois jours que j'en suis malade; depuis le quatorze, je suis sans fièvre et sans douleurs, et dans cet état bienheureux, croyant être en état de marcher, qui est tout ce que je souhaite, je me trouve enflée de tous côtés, les pieds, les jambes, les mains, les bras; et cette enflure, qui s'appelle ma guérison, et qui l'est effectivement, fait tout le sujet de mon impatience, et ferait celui de mon mérite, si j'étais bonne. Cependant je crois que voilà qui est fait, et que dans deux jours je pourrai marcher : *Larmechin* me le fait espérer, *o che spero!* Je reçois de partout des lettres de réjouissance sur ma bonne santé, et c'est avec raison. Je me suis purgée une fois de la poudre de M. de Lorme, qui m'a fait des merveilles. Je m'en vais encore en reprendre; c'est le véritable remède pour toutes ces sortes de maux. On me promet après cela une santé éternelle; Dieu le veuille! Le premier pas que je ferai sera d'aller à Paris : je vous prie donc, ma chère enfant, de calmer vos inquiétudes; vous voyez que nous vous avons toujours écrit sincèrement. Avant que de fermer ce paquet, je demanderai à ma grosse main si elle veut bien que je vous écrive deux mots : je ne trouve pas qu'elle le veuille; peut-être qu'elle le voudra dans deux heures. Adieu, ma très-belle et très-aimable; je vous conjure tous de respecter, avec tremblement, ce qui s'appelle un rhumatisme; il me semble que présentement je n'ai rien de plus important à vous recommander. Voici le *frater* qui peste contre vous depuis huit jours, de vous être opposée, à Paris, au remède de M. de Lorme.

MONSIEUR DE SÉVIGNÉ.

Si ma mère s'était abandonnée au régime de ce bon homme, et qu'elle eût pris tous les mois de sa poudre, comme il le voulait, elle ne serait pas tombée dans cette maladie, qui ne vient que d'une réplétion épouvantable d'humeurs; mais c'était vouloir assassiner ma mère, que de lui conseiller d'en essayer une prise. Cependant ce remède si terrible, qui fait trembler en le nommant, qui est composé avec de l'antimoine, qui est une espèce d'émétique, purge beaucoup plus doucement qu'un verre d'eau de fontaine, ne donne pas la moindre tranchée, pas la moindre douleur, et ne fait autre chose que de rendre la tête nette et légère, et capable de faire des vers, si on voulait s'y appliquer. Il ne fallait pourtant pas en prendre. Vous moquez-vous mon frère, de vouloir faire prendre de l'antimoine à ma mère? Il ne faut seulement que du régime, et prendre un petit bouillon de séné tous les mois : voilà ce que vous disiez. Adieu, ma petite sœur : je suis en colère quand je songe que nous aurions pu éviter cette maladie avec ce remède, qui nous rend si vite la santé, quelque chose que l'impatience de ma mère lui fasse dire. Elle s'écrie : O mes enfants, que vous êtes fous de croire qu'une maladie se puisse déranger! ne faut-il pas que la Providence de Dieu ait son cours? et pouvons-nous faire autre chose que de lui obéir? Voilà qui est fort chrétien; mais prenons toujours, à bon compte, de la poudre de M. de Lorme.

460. — LE MÊME, *sous la dictée de madame de Sévigné.*
A LA MÊME.

Aux Rochers, dimanche 9 février 1676.

Voilà justement ce que nous avions prévu. Je vois vos

inquiétudes et vos tristes réflexions dans le temps que je suis guérie. J'ai été frappée rudement de l'effet que vous ferait cette nouvelle, vous connaissant comme je vous connais pour moi; mais enfin vous aurez vu la suite de cette maladie, qui n'a rien eu de dangereux. Nous n'avions point dessein de vous faire de finesse dans le commencement; nous vous parlions de torticolis, et nous croyions en être quittes pour cela; mais le lendemain cela se déclara pour un rhumatisme, c'est-à-dire pour la chose du monde la plus douloureuse et la plus ennuyeuse; et présentement, quoique je sois guérie, que je marche dans ma chambre, et que j'aie été à la messe, je suis toute pleine de cataplasmes : cette impossibilité d'écrire est quelque chose d'étrange, et qui a fait en vous tout le mauvais effet que j'en avais appréhendé. Croiriez-vous bien que notre eau de la reine de Hongrie m'a été contraire pendant tout mon mal? Je vois avec combien d'impatience vous avez attendu nos secondes lettres, et je suis trop obligée à M. de Roquesante d'avoir bien voulu partager votre ennui en les attendant : il y a des héros d'amitié dont je fais grand cas. Je remercie les *Pichons* d'avoir remercié Dieu de si bon cœur, et je promets à M. de Grignan deux lignes de ma main aussitôt qu'on m'aura ôté mes cataplasmes. Je vous prie bien sérieusement de remercier toutes les dames et toutes les personnes qui se sont intéressées à ma santé; et quoique ce soit au dessein de vous plaire que je doive ces empressements, ils ne laissent pas de m'être fort agréables, et je vous conjure de leur en témoigner ma reconnaissance. Je crains que votre frère ne me quitte : voilà un de mes chagrins. On ne lui parle que de revues, que de brigade, que de guerre. Cette maladie-ci dérange bien nos bons petits desseins. Je fais venir en tous cas *Hélène*, pour ne pas tomber des nues; et le temps nous rassemblera. Je vous conjure d'avoir soin de vous et de votre santé : vous savez que c'est la marque la plus sensible que vous puissiez me donner de votre amitié. Adieu, ma très-aimable ; je vous embrasse de toute la tendresse de mon cœur. Voici le *frater* qui veut parler à M. de Grignan.

MONSIEUR DE SÉVIGNÉ A MONSIEUR DE GRIGNAN.

Quoique ma sœur ait pris toutes sortes de soins pour cacher l'état où elle est, vous ne devez pas douter, mon très-cher frère, que je n'eusse pris toutes les précautions imaginables pour la ménager en cas que la maladie de ma mère nous eût fait la moindre frayeur ; mais heureusement nous n'avons eu que le chagrin de lui voir souffrir des douleurs insupportables, sans qu'il y ait jamais eu aucune apparence de danger. Vous aurez bien pu vous en apercevoir par nos lettres, qui vous auront tout à fait rassuré. Soyez persuadé, mon très-cher frère, que je ne pouvais manquer de faire mon devoir en cette occasion : ma sœur a une place dans mon cœur, qui ne me permet pas de l'oublier. Depuis que nous sommes dans la joie de voir revenir, à vue d'œil, la santé de ma mère, je me console de la maladie, parce qu'elle lui apprendra à se conserver, comme une personne mortelle, et parce qu'elle est cause que j'ai reçu de vous la lettre du monde la plus obligeante et la plus pleine d'amitié. Croyez aussi, Monsieur, que vous ne sauriez aimer personne qui vous honore plus que moi, ni qui ait pour vous plus d'estime et de tendresse.

LE MÊME A MADAME DE GRIGNAN.

Je reviens à vous, ma petite sœur, pour vous mander les détails que vous souhaitiez ; dès le premier ordinaire, il eût fallu faire comme le valet de chambre de feu mon oncle de Châlons[1], qui disait : *Monsieur a la fièvre quarte*

---

[1] Jacques de Neuchèse, évêque de Châlons-sur-Saône. (P.)

depuis hier matin. Nous vous avons mandé tout ce qu'il y avait à vous mander. Remerciez-nous seulement, et ne vous avisez pas de nous gronder en la moindre chose, parce que vous auriez tort. Nous avons l'abbé de Chavigni pour évêque de Rennes; vous trouverez que nous en devons être bien aises, pour peu que vous oubliiez le mépris et l'aversion qu'il a pour Montaigne. Je vous embrasse mille fois, ma petite sœur. Je vous prie de faire encore pour moi des amitiés à M. de Grignan. J'ai enfin vu une lettre de lui à un autre qu'à vous; je la conserverai aussi comme un trophée de bonté et de gloire; c'en est assez pour peindre mon ressentiment.

461. — DE MADAME DE SÉVIGNÉ A LA MÊME.

Aux Rochers, mercredi 12 février 1676.

Ma fille, il n'est plus question de moi : je me porte bien, c'est-à-dire autant que l'on se porte bien de la queue d'un rhumatisme; car ces enflures s'en vont si lentement, que l'on perdrait fort bien patience si l'on ne sortait d'un état qui fait trouver celui-là fort heureux. Est-il vrai que le chevalier de Grignan se soit trouvé depuis dans le même embarras? Je ne comprends point ce qu'un *petit glorieux* peut faire d'un mal qui commence d'abord à vous soumettre, pieds et poings liés, à son empire[1]. On dit aussi que le cardinal de Bouillon n'est pas exempt de cette petite humiliation. Oh! le bon mal! et que c'est bien fait de le voir un peu jeté parmi les courtisans! Mon fils est allé à Vitré pour une affaire; c'est pourquoi je donne sa charge de secrétaire à une petite personne dont je vous ai souvent parlé, et qui vous prie de trouver bon qu'elle vous baise respectueusement les mains. *Hélène* sera ici dans quatre jours; j'ai compris que je ne pourrais m'en passer, voyant

---

[1] Le chevalier de Grignan avait alors vingt-six ans. (M.)

bien que mon fils me va ôter *Larmechin*. Il y a tant d'incommodité dans la santé qui suit la guérison d'un rhumatisme, qu'on ne saurait se passer d'être bien servie. Voilà une lettre que la bonne princesse vient de m'envoyer pour vous; savez-vous bien que je suis touchée de l'extrême politesse et de la tendre amitié qu'il y a dans ce procédé? Je ne suis pas en peine de la façon dont vous y ferez réponse.

462. — DE MONSIEUR DE SÉVIGNÉ,
sous la dictée de madame de Sévigné, A LA MÊME.

Aux Rochers, dimanche 16 février 1676.

Puisque vous jugez la question, qu'il vaut mieux ne point voir de l'écriture de la personne qu'on aime que d'en voir de mauvaise, je crois que je ne proposerai rien cette fois-ci à ma main enflée; mais je vous conjure, ma fille, d'être entièrement hors d'inquiétude. Mon fils me fit promener hier par le plus beau temps du monde; je m'en trouvai fortifiée, et si mes enflures veulent bien me quitter après cinq semaines de martyre, je me retrouverai dans une parfaite santé. Comme j'aime à être dorlotée, je ne suis pas fâchée que vous me plaigniez un peu, et que vous soyez persuadée qu'un rhumatisme comme celui que j'ai eu est le plus cruel de tous les maux qu'on puisse avoir. Le *frater* m'a été d'une consolation que je ne vous puis exprimer; il se connaît assez joliment en fièvre et en santé. J'avais de la confiance en tout ce qu'il me disait; il avait pitié de toutes mes douleurs, et le hasard a voulu qu'il ne m'ait trompé en rien de ce qu'il m'a promis, pas même à la promenade d'hier, dont je me suis mieux portée que je n'espérais. *Larmechin*, de son côté, m'a toujours veillée depuis cinq semaines, et je ne comprends point du tout ce que j'eusse fait sans ces deux personnes. Si vous voulez savoir quelque chose de plus d'un rhumatisme, demandez-le au pauvre Marignane[1], qui me fait grand'pitié, puisqu'il est dans l'état où je ne fais que de sortir. Ne croyez point que la coiffure en toupet ni les autres ornements que vous me reprochez aient été en vogue : j'ai été malade de bonne foi pour la première fois de ma vie, *et pour mon coup d'essai, j'ai fait un coup de maître.* Tout le souci qu'on a eu de ma santé en Provence marque bien celui qu'on a de vous plaire; je vous prie de ne pas laisser d'en faire des remerciements partout où vous le jugerez à propos. Je ne cherche plus que des forces pour nous mettre sur le chemin de Paris, où mon fils s'en va, le premier, à mon regret. Je suis fort touchée de la dévotion d'Arles; mais je ne puis croire que celle du coadjuteur le porte jamais à de telles extrémités. Nous vous prions de nous mander la suite de ce zèle si extraordinaire. Je suis bien aise que vous ayez vu le dessous des cartes du procédé de M. de Pomponne et de madame de Vins, et que vous soyez entrée dans leur politique, sans en avoir rien fait retourner à Paris; ce sont des amis sur lesquels nous pouvons compter. Adieu, ma très-chère enfant; il me semble que c'est tout ce que j'ai à vous dire; si je n'étais en peine de vous et de votre santé, je serais dans un état digne d'envie; mais la misère humaine ne comporte pas tant de bonheur. J'embrasse M. de Grignan de tout mon cœur, et vous, ma fille, avec une tendresse infinie.

463. — DE MADAME DE SÉVIGNÉ A LA MÊME.

Aux Rochers, mercredi, jour des cendres, 19 février 1676.

Je souhaite, ma chère fille, que vous ayez passé votre carnaval plus gaiement que moi ; rien n'a dû vous en em-

---

[1] Le marquis de Marignane, premier consul d'Aix.

pêcher. Il y a longtemps que ma santé ne donne plus d'inquiétude, et qu'elle ne me donne que de l'ennui. La fin ridicule d'un rhumatisme est une chose incroyable : on ressent des douleurs qui font ressouvenir du commencement ; l'on meurt de peur : une main se renfle traîtreusement, un torticolis vous trouble ; enfin c'est une affaire que de se remettre en parfaite santé ; et comme je l'entreprends, j'en suis fort occupée. Il ne faut pas appréhender que je retombe malade par ma faute : je crains tout ; l'on se moque de moi. Voilà donc, comme vous voyez, ce qui compose une femme d'assez mauvaise compagnie. D'un autre côté, le bon abbé ne se porte pas bien ; il a mal à un genou, et un peu d'émotion tous les soirs ; cela me trouble. Madame de Marbeuf est venue me voir à Rennes, mais je l'ai renvoyée passer le carnaval chez la bonne princesse ; elles reviendront tantôt me voir. Mon fils a passé deux jours avec elles ; il s'en va dans cinq ou six. C'est une perte pour moi ; mais il n'y a pas moyen qu'il diffère davantage ; nous ne penserons plus qu'à le suivre. Mais, ma fille, qui me peut guérir des inquiétudes où je suis pour vous ? Elles sont extrêmes ; et je demande à Dieu tous les jours d'en être soulagée par une nouvelle, telle et aussi heureuse que je la puisse souhaiter. Je ne sais quand mes lettres redeviendront supportables ; mais présentement elles sont si tristes et si pleines de moi, que je m'ennuie de les entendre relire. Vous avez trop de bon goût pour n'être pas de même : c'est pourquoi je m'en vais finir ; aussi bien la petite fille [1] se moque de moi. J'attends vos lettres, comme la seule joie de mon esprit. Je suis ravie d'entrer dans tout ce que vous me dites, et de sortir un peu de tout ce que je dis. *Hélène* est arrivée depuis deux jours ; elle me console de *Larmechin*, qui s'en va. On me mande mille choses de Paris, sur quoi l'on pourrait dis-

---

[1] La petite personne, dont il a déjà été parlé, lui servait dans ce moment-là de secrétaire. (P.)

courir, si l'on n'avait point les mains enflées. Adieu, ma très-chère et très-aimable ; vous savez combien je suis à vous ; conservez-moi tendrement votre chère et précieuse amitié. J'embrasse M de Grignan et les *Pichons*. Comment se porte Marignane ? Il me semble que nous sommes bien proches du côté du rhumatisme. Je vous envoie une douzaine de souvenirs à distribuer comme il vous plaira ; mais il y en a un pour Roquesante, qui ne doit jamais être confondu.

464. — A LA MÊME.

Aux Rochers, dimanche 23 février 1676.

Vous êtes accouchée à huit mois, ma très-chère : quel bonheur que vous vous portiez bien ! mais quel dommage d'avoir perdu encore un pauvre petit garçon ! Vous qui êtes si sage, et qui grondez les autres, vous avez eu la fantaisie de vous laver les pieds ; quand on a poussé si loin un si bel ouvrage, comment peut-on le hasarder, et sa vie en même temps ? car il me semble que votre travail prenait un mauvais train. Enfin, ma fille, par la grâce de Dieu, vous en êtes sortie heureusement, vous avez été bien secourue. Vous pouvez penser avec quelle impatience j'attends de secondes nouvelles de votre santé, et si je suis bien occupée et bien remplie des circonstances de cet accouchement. Je vous rends grâces de vos trois lignes, et à vous, mon cher Comte, des soins que vous prenez de m'instruire. Vous savez ce que c'est pour moi que la santé de votre chère femme ; mais vous l'avez laissée trop écrire : c'est une mort que cet excès ; et pour ce lavage des pieds, on dit qu'il a causé l'accouchement. C'est dommage de la perte de cet enfant ; je la sens, et j'ai besoin de vos réflexions chrétiennes pour m'en consoler ; car, quoi qu'on vous dise, vous ne le sauverez pas à huit mois. J'aurais eu peur que l'inquiétude de ma maladie n'y eût contribué, sans que j'ai trouvé qu'il y a eu quinze jours d'intervalle. Enfin, Dieu soit loué et remercié mille et mille fois, puisque ma chère comtesse se porte bien : ma vie tient à cette santé ; je vous la recommande, mon très-cher, et j'accepte de tout mon cœur le rendez-vous de Grignan.

465. — DE MONSIEUR DE SÉVIGNÉ A LA MÊME.

Aux Rochers, dimanche 23 février 1676.

Vous n'avez qu'à venir nous donner à cette heure des règles et des avis pour notre santé ; on vous répondra comme dans l'Évangile : *Médecin, guéris-toi toi-même*. J'ai présentement de grands avantages sur vous ; tel que je suis,

J'ai tant fait que nos gens sont enfin dans la plaine [1].

Ma mère se porte à merveille ; elle prit hier, pour la dernière fois, de la poudre de M. de Lorme, qui lui a très-bien fait. Elle se promène dès qu'il fait beau ; je lui donne des conseils, dont elle se trouve bien ; *je n'accouche point à huit mois* ; je dois croire, après cela, que ma mère se reposera sur moi de tout ce qui la regarde, et qu'elle méprisera beaucoup votre petite capacité, qui s'avise de se laver les jambes deux heures durant, étant grosse de huit mois. L'on vous pardonne pourtant, puisque vous vous en portez bien, et que les lettres que nous avons reçues de vous, de M. de Grignan et de la petite *Dague* [2], nous ôtent toutes sortes d'inquiétudes. Quelque douce néanmoins que fût la manière de nous apprendre cette nouvelle, ma mère en fut émue à un point qui nous fit beaucoup de frayeur. Nous jouions au reversi quand les lettres arrivèrent ; l'impatience de ma mère ne lui permit pas d'attendre que le coup fût fini pour ouvrir

---

[1] Vers de La Fontaine, dans *le Coche et la Mouche*.
[2] Nom que le marquis de Sévigné donnait à Montgobert, demoiselle de compagnie de madame de Grignan.

votre paquet : elle le fit ouvrir à M. du Plessis, qui était spectateur. Il commença par la lettre de la *Dague* pour moi ; et à ce mot d'*accouchement* qui était sur le dessus, quoique le dedans fût fort gaillard, elle ne put s'empêcher d'avoir une émotion extraordinaire : c'est un des restes que sa maladie lui a laissés. Le sujet en était bien juste ; mais le caractère enjoué de la *Dague* nous rassura tous en un moment, et ma mère seule eut besoin de voir de votre écriture. Je suplie M. de Grignan de recevoir mes compliments sur votre bonne santé, et les vœux très-sincères que je fais pour la vie de son fils. Il n'en doit pas douter, pour peu qu'il me fasse l'honneur de juger un peu de moi par lui-même ; et cela est encore bien éloigné des larmes dont il m'honora, quand on lui dit de mes nouvelles il y a dix-huit mois [1]. Pour la *Dague*, je ne lui dis rien, j'attends à me venger de toutes ses injures que je me sois caché à Grignan dans cet escalier où le vent fait de si bons effets. Je vous embrasse mille fois, ma chère petite sœur : il n'y a point de danger aujourd'hui ; car il y a longtemps que je n'ai mis de poudre à ma perruque.

466. — DE MADAME DE SÉVIGNÉ A LA MÊME.

Aux Rochers, mercredi 26 février 1676.

J'attends avec impatience mes lettres de vendredi ; il me faut encore cette confirmation de votre chère et précieuse santé. Je vous embrasse tendrement, et vais vous dire le reste par mon petit secrétaire.

Je ne vous parle plus de ma santé ; elle est très-bonne, à la reserve de mes mains, qui sont toujours enflées. Si l'on écrivait avec les pieds, vous recevriez bientôt mes grandes lettres ; en attendant, je quitte les pensées de ma maladie, pour m'occuper de celles qui me sont venues de Provence :

---

[1] *Voyez* la lettre du 5 septembre 1674.

elles en sont assez capables ; et pourvu que votre bonne santé continue, j'aurai assez de sujet de remercier Dieu. Nous avons ici un temps admirable ; cela me fortifie, et avance mon voyage de Paris.

On me mande que M. le Prince s'est excusé de servir cette campagne ; je trouve qu'il fait fort bien. M. de Lorges est enfin maréchal de France. N'admirez-vous point combien il en aurait peu coûté de lui avancer cet honneur de six ou sept mois ? Toutes mes lettres ne sont pleines que du retour de M. et madame de Schomberg : pour moi, je crois qu'il ira en Allemagne. Tout le monde veut aussi que je sois en état de monter en carrosse, depuis que j'ai appris votre heureux accouchement. Il est vrai que c'est une grande avance que d'avoir l'esprit en repos : j'espère l'avoir encore davantage quand j'aurai reçu mes secondes lettres. Mon fils s'en va à Paris, pour tâcher de conclure une affaire miraculeuse, que M. de La Garde a commencée avec le jeune Viriville¹ ; c'est pour vendre le guidon. J'aime La Garde de tout mon cœur ; je vous prie d'en faire autant, et de lui écrire pour le payer de l'obligation que je lui ai. J'ai encore ici la bonne Marbeuf, qui m'est d'une consolation incroyable. Adieu, mon enfant.

467. — A LA MÊME.

Aux Rochers, dimanche 1ᵉʳ mars 1676.

Écoutez, ma fille, comme je suis heureuse. J'attendais vendredi de vos lettres : elles ne m'ont jamais manqué ce jour-là. J'avais langui huit jours ; j'ouvre mes paquets, je n'en trouve point : je pensai m'évanouir, n'ayant pas encore assez de forces pour soutenir de telles attaques. Hélas ! que serait devenue ma pauvre convalescence avec une

---

¹ Grolée de Viriville, dont la sœur fut mariée au maréchal de Tallart. (M.)

telle inquiétude à supporter? et le moyen d'attendre et d'avaler les moments jusqu'à lundi? Enfin, admirez combien d'Hacqueville est destiné à me faire plaisir, puisque, même en faisant une chose qui devait être inutile, à cause de deux de vos lettres que je devais avoir, il se rencontre qu'elle me donne la vie, et très-assurément me conserve la santé, en m'envoyant la lettre du 19 février, qu'il venait de recevoir de Davonneau, et qui est écrite de votre part; ce qui me fait voir que le dixième de votre couche vous étiez, et votre petit aussi, en très-bonne santé. Quel soulagement, ma fille, d'un moment à l'autre! et quel mouvement de passer de l'excès du trouble et de la douleur à une juste et raisonnable tranquillité! J'attends lundi mes paquets, égarés et retardés précisément le jour que je les souhaitais. Cette date du 19 me redonne tous les soins de ma santé, qui allait être abandonnée; ma main n'en peut plus, mais je me porte très-bien, et je vous embrasse et mon cher comte.

Je repose donc ma main, ma très-chère, et fais agir celle de mon petit secrétaire. Je veux revenir encore à d'Hacqueville, et je veux approuver l'excès de ses soins, puisque cette fois ils m'ont été si salutaires. J'avoue que si j'avais reçu mes deux lettres, comme je le devais, j'aurais ri de sa lettre, comme quand il me mande aux Rochers les nouvelles de Rennes; mais je n'en veux plus rire, depuis le plaisir qu'il m'a fait. Mon fils est parti, et nous sommes assez seules, la petite fille et moi. Nous lisons, nous écrivons, nous prions Dieu. L'on me porte en chaise dans ce parc, où il fait divinement beau : cela me fortifie. J'y ai fait faire des beautés nouvelles, dont je jouirai peu cette année, car j'ai le nez tourné vers Paris. Mon fils y est déjà, dans l'espérance de conclure l'excellente affaire de M. de La Garde. La bonne princesse me vient voir souvent, et s'intéresse à votre santé. La Marbeuf s'en est retournée : elle m'était fort bonne pour me rassurer contre des traitresses de douleurs qui reviennent quelquefois, et dont il faut se moquer, parce que c'est la manière de peindre le rhumatisme : c'est un aimable mal. Adieu, ma très-belle, je remercie M. Davonneau de sa lettre du 19 février.

FIN DU DEUXIÈME VOLUME.

LIBRAIRIE DE **FIRMIN DIDOT FRÈRES**, RUE JACOB, 56.

Imprimeurs de l'Institut.

UNIVERS PITTORESQUE.

EUROPE.

GRÈCE ANCIENNE, par M. POUQUEVILLE (de l'Institut). 1 vol. et 114 planches . . . . 6 fr.
GRÈCE sous la domination romaine, byzantine, turque, et régénérée. **ILLYRIE, SERVIE, VALACHIE, MOLDAVIE**, etc., par M. W. BRUNET DE PRESLE. (*Sous presse.*)
ITALIE MODERNE, par M. le chev. ARTAUD (de l'Institut), ancien chargé d'affaires à Florence et à Rome. 1 vol. et 93 pl.
SICILE, par M. DE LA SALLE, correspondant de l'Institut, avec 24 grav. } 6 fr.
ITALIE ANCIENNE, par M. DURUY, prof. d'histoire de l'Académie de Paris, comprenant le récit des faits et les antiquités italiennes, religion, art militaire, institutions, mœurs, etc. 2 vol. . . . 12 fr.
SUÈDE et **NORWÈGE**, par M. LE BAS, membre de l'Institut, maître de conférences à l'École normale. 1 fort vol. et 56 planch. . . . 6 fr.
ALLEMAGNE, par le même. 2 vol. 200 grav. 12 fr.
AUTRICHE, *Bohème, Hongrie, Prusse, Saxe, Bavière, Hanovre et Petits États de l'Allemagne*, par le même. 1 vol. et 76 pl. . . . 6 fr.
DANEMARK, par M. EYRIÈS, de l'Institut. 1 vol. 24 pl. . . . 4 fr.
SUISSE et **TYROL**, par M. DE GOLBÉRY, correspondant de l'Institut, 1 fort vol. et 93 grav. 6 fr.
RUSSIE et **SIBÉRIE**, par M. CHOPIN. Crimée et provinces asiatiques, *Circassie* et *Géorgie*, par M. C. FAMIN, et **Arménie**, par M. BORÉ, orientaliste. 2 vol. et 156 pl. . . . 12 fr.
TURQUIE, par M. JOUANNIN, 1er secrét.-interp. du Roi, et par VAN GAVER. 1 vol. et 180 grav. 6 fr.
POLOGNE, par M. FORSTER. 1 vol. et 36 grav. 4 fr.
ANGLETERRE, 3 vol. et 136 grav., par MM. GALIBERT et PELLÉ, rédact. de la Revue britan. 18 fr.
ÉCOSSE, IRLANDE et fin de l'Angleterre, par les mêmes. 1 vol. et 72 grav. . . . 6 fr.
VILLES ANSÉATIQUES, par M. ROUX DE ROCHELLE, présid. de la Soc. de géogr., minist. plénipotent. à Hambourg. 1 vol. et 14 pl. . . . 6 fr.
BELGIQUE et **HOLLANDE**, par M. VAN HASSELT. 1 fort vol. et 60 pl. . . . 6 fr.
ESPAGNE, par MM. GUÉROULT et Joseph LAVALLÉE. Îles Baléares, Sardaigne, Corse. 2 v. 12 fr.
PORTUGAL, par M. FERDINAND DENIS, et fin de l'Espagne, par M. LAVALLÉE. 1 vol. . . . 4 fr.
FRANCE, par M. LE BAS (de l'Institut), maître de conférences à l'École normale.
Ire Partie. *Annales historiques*. 2 vol. avec 33 cart. histor. color. dressées par M. DUSSIEUX.
IIe Partie, comprenant le *Dictionn. encycloped. de l'histoire de France*. 12 vol., avec 620 grav. représentant tout ce que la France a de remarquable.
Texte des 12 gros volumes. . . . 55 fr.
Planches 3 volumes. . . . 25 fr.

AFRIQUE.

TABLEAU, général de l'**AFRIQUE ANCIENNE**, et Histoire des *Vandales*, de l'*Afrique chrétienne*, *Cyrénaïque*, *Carthage*, *Numidie*, *Mauritanie*, par MM. DAVEZAC, DUREAU DE LA MALLE, YANOSKI et LACROIX. 1 vol. . . . 6 fr.
ÉGYPTE ANCIENNE, par M. CHAMP.-FIGEAC, conserv. à la biblioth. du roi. 1 vol. 92 grav. 6 fr.
ÉGYPTE sous la domination arabe, française et sous Méhémet-Ali, par MM. MARCEL, membre de l'expédition d'Égypte, RYME et PIRISSE D'AVESNE (en publication). 1 vol.
SÉNÉGAMBIE et **GUINÉE**, par M. TARDIEU. *Nubie*, par M. N. DESVERGERS. 1 vol. . . . 6 fr.
ÎLES DE L'AFRIQUE, par M. DAWEZZAC. *Malte, Açores, Madère, Canaries, Sainte-Hélène, Bourbon, de France, Madagascar*. etc. 1 vol. . . . 7 fr.
AFRIQUE AUSTRALE, orientale, centrale, *Maroc*. 1 vol. de 32 feuilles, avec 211 gravures. 4 fr.
ALGER, *Tunis, Tripoli et Fezzan*, par MM. HOEFER et MARCEL. 1 vol. . . . 6 fr.

ASIE.

CHINE, par M. PAUTHIER, orientaliste. 1 vol. 73 planch. . . . 6 fr.
CHINE MODERNE. (Sous presse.) 1 vol.
JAPON, *Cochinchine, empires des Birmans, Siam, Tonkin, île Ceylan*, par le colonel DUBROIS DE JANCIGNY, aide de camp du roi d'Oude. 1 vol. 6 fr.
PERSE, par M. DUBEUX, de la bibliothèque du roi. 1 vol. et 68 grav. . . . 6 fr.
INDE, par MM. DE JANCIGNY et RAYMOND, attaché à l'ambassade de Chine. 1 vol. et 88 grav. 6 fr.
PALESTINE, par M. Munck, orientaliste de la bib. du roi. 1 vol.-fort vol. et 71 grav. . . . 6 fr.
SYRIE ANCIENNE, par M. YANOSKI, professeur d'hist. au collège de Henri IV, et **SYRIE MODERNE**, avec les Croisades, par M. J. DAVID, orientaliste. . . . 6 fr.
ARABIE, par M. N. DESVERGERS, orient. 1 v. 6 fr.
TARTARIE, grande et petite. *Mongolie, Turcomans, Boukarie, Kirguis, Belouchistan, Cabahul, Afghanistan, Kalmoukie, Népaul, Thibet, Dzakhourie, Mantchourie, empire Birman de Siam, Cochinchine, Annam, Tonkin et île de Ceylan*, par M. DUBEUX, conservat. à la bibliot. royale (en publication).
CHALDÉE, *Assyrie, Médie, Bactyrienne, Mésopotamie, Phénicie, Palmyrène*, par M. le docteur HOEFER. 1 vol. . . . 6 fr.
ASIE MINEURE et *îles de la Grèce*, par M. LACROIX, professeur d'histoire de l'Académie de Paris et d'Athènes. 1 vol. (*Sous presse.*)

AMÉRIQUE.

ÉTATS-UNIS, par M. ROUX DE ROCHELLE, anc. min. plénip. auprès des États-Unis, précéd. de la Société de géogr., etc. 1 vol. et 96 grav. . . . 5 fr.
BRÉSIL, par M. FERDINAND DENIS, conservat. à la bibliot. Sainte-Geneviève. *Colombie* et *Guyane*, par M. CESAR FAMIN. 1 vol. et 106 grav. 6 fr.
BUENOS-AYRES, *Paraguay, Uruguay, Chili*, par M. CESAR FAMIN, consul de France. *Terres postaires, îles de l'Océan*, par M. le vicolon. BORY DE SAINT-VINCENT, et par M. FREDERIC LACROIX. 1 vol. et 88 planches. . . . 6 fr.
MEXIQUE, *Guatimala* et *Texas*, par M. DE LA RENAUDIÈRE, vice-président de la Soc. de géogr. *Pérou*, par M. LACROIX. 1 vol. et 88 pl. . . . 6 fr.
ANTILLES, la *Guadeloupe*, la *Martinique, Canada, Californie, Orégon*, par M. FERD. DENIS, conserv. à la biblioth. Sainte-Geneviève. 1 vol. . . . 6 fr.

OCÉANIE.

MALAISIE et **POLYNÉSIE**, précédées du Tableau général de l'Océanie; par M. DE RIENZI, voyageur en Océanie. 2 forts vol. et 304 pl. et cartelets. 12 fr.
MÉLANÉSIE, AUSTRALIE et fin de l'Océanie, 1 fort vol. et 106 pl. et 1 carte. . . . 6 fr.

www.ingramcontent.com/pod-product-compliance
Lightning Source LLC
Chambersburg PA
CBHW071401230426
43669CB00010B/1415